T. Kaiser · T. Köster | Materielles Öffentliches Recht im Assessorexamen

Materielles Öffentliches Recht im Assessorexamen

Von

Torsten Kaiser

Rechtsanwalt
Wirtschaftsjurist (Univ. Bayreuth)
Herausgeber der Juristischen Arbeitsblätter (JA)
Seminarleiter bei den Kaiserseminaren

Thomas Köster

Richter am Sozialgericht Detmold
Dipl.-Verwaltungswirt (FH)
Seminarleiter bei den Kaiserseminaren

Verlag Franz Vahlen München 2010

Verlag Franz Vahlen im Internet:
vahlen.de

ISBN 978 3 8006 4063 8

© 2010 Verlag Franz Vahlen GmbH
Wilhelmstraße 9, 80801 München

Druck: Druckhaus Nomos, In den Lissen 12, 76547 Sinzheim
Satz: Satz-Offizin Hümmer GmbH, Waldbüttelbrunn
Umschlagkonzeption: Martina Busch, Grafikdesign, Fürstenfeldbruck

Gedruckt auf säurefreiem, alterungsbeständigem Papier
(hergestellt aus chlorfrei gebleichtem Zellstoff)

Vorwort

Viele Referendare beklagen zeitliche Probleme bei der Vorbereitung auf das Assessorexamen. Dieses verwundert nicht, wenn man berücksichtigt, dass in den praktischen Ausbildungsstationen eine Reihe von Pflichtarbeiten abzuliefern sind und der Gesetzgeber den »Vorbereitungsdienst« auf zwei Jahre begrenzt hat, wovon allerdings nur wenige Monate zur effektiven Examensvorbereitung zur Verfügung stehen. Mit dem vorliegenden Buch möchten wir Ihnen aus dieser Klemme helfen. Es ermöglicht Ihnen, sich innerhalb einer überschaubaren Zeit effektiv auf die Rechtsgebiete vorzubereiten, die nach unserer Erfahrung regelmäßig in öffentlich-rechtlichen Prüfungsaufgaben des Assessorexamens auftauchen.

Für das vorliegende Werk haben wir eine Vielzahl von Examensklausuren analysiert und die typischen Rechtsschutzkonstellationen zusammengefasst. Hierbei erheben wir weder den Anspruch auf eine wissenschaftliche Darstellung der Rechtsgebiete noch auf Vollständigkeit. Unser Ziel ist vielmehr, die länderübergreifend auftauchenden Klausurprobleme und einheitlichen Grundstrukturen in komprimierter Weise darzustellen. Auf eine Darstellung landesrechtlicher Besonderheiten haben wir daher bewusst verzichtet. Hierbei ist uns natürlich bewusst, dass gerade das öffentliche Recht landesrechtlich geprägt ist. Dennoch genießen bei den Prüfungsämtern spezifisch landesrechtliche Aufgabenstellungen im Assessorexamen nach unserer Erfahrung nicht die oberste Priorität. So ist es keineswegs ungewöhnlich, dass ein Aktenauszug in leicht abgewandelter Form in verschiedenen Bundesländern als Examensaufgabe gestellt wird.

Das vorliegende Buch ist in drei Abschnitte gegliedert. Der erste Abschnitt befasst sich mit allgemein-verwaltungsrechtlichen Problemen in der Assessorklausur. Hierzu zählen etwa die Aufhebung von Verwaltungsakten, das Wiederaufgreifen des Verfahrens sowie besonders relevante staatshaftungsrechtliche Ansprüche. Letztere spielen etwa in Anwaltsklausuren eine große Rolle. Der zweite Abschnitt behandelt die klassischen Gebiete des besonderen Verwaltungsrechts. Unser Augenmerk liegt hier vor allem auf den klassischen Rechtsschutzproblemen im allgemeinen Gefahrenabwehrrecht einschließlich seiner versammlungsrechtlichen Bezüge und dem öffentlichen Baurecht. Daneben haben wir die examensrelevantesten Rechtsschutzkonstellationen aus denjenigen Materien des besonderen Verwaltungsrechts erörtert, die unserer Erfahrung nach ebenfalls häufig im Assessorexamen abgefragt werden. Auch hier haben wir bewusst auf eine lehrbuchartige Darstellung verzichtet und stattdessen die typischen Klausurprobleme in den regelmäßig auftretenden prozessualen Einkleidungen behandelt. Das Ziel einer konzentrierten Darstellung der wichtigsten Probleme bestimmt schließlich auch den Inhalt des dritten Abschnitts, der sich den verfassungsrechtlichen Bezügen einer Assessorklausur widmet. Die vielerorts zu beobachtende Fehlvorstellung, im zweiten Examen spielten staatsrechtliche Fragen nur eine untergeordnete Rolle, kostet vielen Kandidaten wertvolle Punkte. Aus diesem Grund haben wir neben einer zusammenfassenden Darstellung der besonders häufig zu erörternden Grundrechte die in Klausuren relevant werdenden verfassungsrechtlichen Bezüge behandelt.

Das Werk knüpft an das von den Autoren verfasste Buch »Die öffentlich-rechtliche Klausur im Assessorexamen« an. Dort werden die relevantesten verwaltungsgerichtlichen, verwaltungsbehördlichen und anwaltlichen Klausurtypen einschließlich der prozessrechtlichen Bezüge erörtert. Dessen Lektüre sei Ihnen wärmstens ans Herz gelegt!

Die Verfasser veranstalten Wochenendseminare zur Vorbereitung auf das Assessorexamen. In dem speziellen Seminar zum materiellen öffentlichen Recht werden die in diesem Buch behandelten Rechtsgebiete in den typischen prozessualen Einkleidungen vertieft besprochen. Zudem behandeln wir in diesem Seminar auch die aktuelle examensrelevante Rechtsprechung und die aktuellen Prüfungsschwerpunkte umfangreicher als es in einem Buch möglich ist. Zusammen mit einer konzentrierten Lektüre dieses Skripts sind Sie optimal auf das materielle Recht im Assessorexamen vorbereitet.

Für Anregungen und Kritik unter th.koester@gmx.de sind wir jederzeit dankbar.

Lübeck und Detmold, im Mai 2010   Die Verfasser

Inhalt

Vorwort		V
Abkürzungs- und Literaturverzeichnis		XIII

1. Teil. Klausuren aus dem allgemeinen Verwaltungsrecht ... 1

1. Kapitel. Der Verwaltungsakt ... 1

A. Begriffsmerkmale des Verwaltungsakts ... 1
- I. Maßnahme ... 2
- II. Behördenbegriff ... 2
- III. Hoheitlichkeit ... 3
- IV. Regelung ... 3
- V. Einzelfall ... 5
- VI. Außenwirkung ... 5

B. Aufhebung von Verwaltungsakten ... 6
- I. Rücknahme von Verwaltungsakten (§ 48 VwVfG) ... 7
- II. Widerruf von Verwaltungsakten (§ 49 VwVfG) ... 13
- III. Abwicklung nach Aufhebung des Verwaltungsakts (§ 49a VwVfG) ... 17
- IV. Rücknahme und Widerruf im Rechtsbehelfsverfahren (§ 50 VwVfG) ... 18

C. Wiederaufgreifen des Verfahrens gem. § 51 VwVfG ... 19
- I. Zulässigkeit des Antrags auf Wiederaufgreifen des Verfahrens ... 20
- II. Begründetheit des Antrags auf Wiederaufgreifen des Verfahrens ... 20

D. Nebenbestimmungen zum Verwaltungsakt ... 21
- I. Vorliegen einer Nebenbestimmung ... 21
- II. Rechtsschutz gegen Nebenbestimmungen ... 23

E. Zusage und Zusicherung ... 25

2. Kapitel. Der Verwaltungsvertrag ... 27

A. Bestehen eines »öffentlich-rechtlichen Vertrags« ... 28

B. Wirksamkeit des Verwaltungsvertrags ... 30
- I. Formelle Voraussetzungen ... 30
- II. Materielle Voraussetzungen ... 30

3. Kapitel. Staatshaftungsrecht ... 33

A. Öffentlich-rechtlicher Abwehr- und Unterlassungsanspruch ... 34
- I. Dogmatische Herleitung der Anspruchsgrundlage ... 35
- II. Tatbestand ... 36
- III. Rechtsfolge ... 38

B. Öffentlich-rechtlicher Folgenbeseitigungsanspruch ... 39
- I. Anwendbarkeit des allgemeinen FBA ... 40
- II. Dogmatische Herleitung ... 41
- III. Tatbestand ... 41
- IV. Rechtsfolge ... 44

C. Öffentlich-rechtlicher Erstattungsanspruch ... 46
- I. Anwendbarkeit des öffentlich-rechtlichen Erstattungsanspruchs ... 47
- II. Dogmatische Herleitung der Anspruchsgrundlage ... 47
- III. Tatbestand ... 48
- IV. Rechtsfolge ... 48

D. Ansprüche aus öffentlich-rechtlichen Sonderbeziehungen ... 49
- I. Tatbestand ... 50
- II. Rechtsfolge, Beweislast und Konkurrenzen ... 51

E. Ansprüche aus öffentlich-rechtlicher Geschäftsführung ohne Auftrag ... 51
- I. Anwendbarkeit der öffentlich-rechtlichen GoA ... 52
- II. Voraussetzungen der GoA ... 53
- III. Rechtsfolge ... 54

4. Kapitel. Klausuren aus dem Verwaltungsvollstreckungsrecht ... 54

A. Vollstreckung aus verwaltungsgerichtlichen Titeln nach der VwGO ... 55

B. Vollstreckung aus einem Verwaltungsakt ... 55
- I. Vollstreckung von Handlungs-, Duldungs- oder Unterlassungspflichten ... 55
- II. Vollstreckung von Geldforderungen ... 67

2. Teil Klausuren aus dem besonderen Verwaltungsrecht ... 69

1. Kapitel. Allgemeines Gefahrenabwehrrecht ... 69

A. Rechtsschutz gegen polizeiliche Verwaltungsakte (Ordnungsverfügungen) ... 69
- I. Ermächtigungsgrundlage ... 70
- II. Formelle Rechtmäßigkeit polizeilichen Einschreitens ... 78
- III. Vorliegen der materiellen Voraussetzungen ... 80
- III. Rechtsfolge ... 90

B. Rechtsschutz gegen polizeiliche Realakte ... 92
- I. Rechtsschutz gegen Gefährderansprachen bzw. Gefährderanschreiben ... 92
- II. Rechtsschutz gegen offene Videoüberwachung ... 92

C. Rechtsschutz gegen Gefahrenabwehrverordnungen ... 93

2. Kapitel. Versammlungsrecht ... 96

A. Anwendungsbereich des Versammlungsgesetzes ... 97

B. Ermächtigungsgrundlagen und Klausurtypen im Versammlungsrecht ... 99
- I. Rechtsschutz gegen Maßnahmen bei Versammlungen in geschlossenen Räumen ... 99
- II. Rechtsschutz gegen Maßnahmen bei Versammlungen unter freiem Himmel ... 100

3. Kapitel. Öffentliches Baurecht ... 105

A. Rechtsschutz gegen Bauleitpläne ... 106
- I. Zulässigkeit des Normenkontrollantrags ... 106
- II. Begründetheit des Normenkontrollverfahrens ... 110

B. Rechtsschutz gegen die Versagung einer Baugenehmigung ... 115
- I. Zulässigkeit der Verpflichtungsklage ... 115
- II. Begründetheit der Verpflichtungsklage ... 117

C. Rechtsschutz im Verfahren der Erteilung des gemeindlichen Einvernehmens (§ 36 BauGB) 137
D. Rechtsschutz im baurechtlichen Nachbarstreit 139
    I. Rechtsschutz des Nachbarn im Hauptsacheverfahren 139
    II. Vorläufiger Rechtsschutz des Nachbarn 144
    III. Verpflichtungsbegehren auf bauaufsichtliches Einschreiten 147
E. Rechtsschutz gegen bauordnungsrechtliche Verfügungen 147
    I. Ermächtigungsgrundlage 148
    II. Formelle Rechtmäßigkeit 148
    III. Materielle Rechtmäßigkeit 148

4. Kapitel. Umweltrecht 151

1. Abschnitt. Immissionsschutzrecht 152

A. Anlagenbezogener Immissionsschutz 152
    I. Anlagenbezogener Immissionsschutz bei genehmigungsbedürftigen Anlagen ... 153
    II. Anlagenbezogener Immissionsschutz bei nicht genehmigungsbedürftigen Anlagen 163
B. Gebietsbezogener Immissionsschutz 168

2. Abschnitt. Kreislaufwirtschafts- und Abfallrecht 169

3. Abschnitt. Bodenschutzrecht 173

A. Behördliche Ermächtigungsgrundlagen im BBodSchG 174
    I. Maßnahmen aufgrund der bodenschutzrechtlichen Generalklausel (§ 10 I 1 BBodSchG) 174
    II. Sonstige Ermächtigungsgrundlagen im BBodSchG 180
B. Sekundärrechtliche Ansprüche 181

4. Abschnitt. Wasserrecht 182

A. Rechtsschutz gegen die Versagung einer wasserrechtlichen Gestattung 182
B. Rechtsschutz Dritter gegen die Erteilung wasserrechtlicher Gestattungen ... 184
C. Rechtsschutz gegen gewässeraufsichtliche Verfügungen 185

5. Kapitel. Gewerberecht 185

A. Klausuraufgaben aus der Gewerbeordnung 186
    I. Klausuren aus dem stehenden Gewerbe 186
    II. Klausuren aus dem Reisegewerbe 194
    III. Klausuren aus dem Marktgewerbe 196
B. Klausuren aus dem Gaststättenrecht 199
    I. Rechtsschutz gegen Versagung einer gaststättenrechtlichen Erlaubnis ... 199
    II. Rechtsschutz im gaststättenrechtlichen Nachbarstreit 200
    III. Rechtsschutz gegen gaststättenrechtlichen Auflagen gem. § 5 GastG ... 200
    IV. Rechtsschutz gegen Beschäftigungsverbote gem. § 21 I GastG 202
    V. Rechtsschutz gegen die Aufhebung von gaststättenrechtlichen Erlaubnissen ... 202

C. Klausuren aus dem Handwerksrecht ... 202
    I. Rechtsschutz gegen behördliche Maßnahmen im zulassungspflichtigen Handwerk ... 203
    II. Rechtsschutz gegen behördliche Maßnahmen im zulassungsfreien Handwerk ... 205

D. Klausuren aus dem Personenbeförderungsrecht ... 205

6. Kapitel. Kommunalrecht ... 208

A. Rechtsschutz gegen Versagung des Zugangs zu kommunalen öffentlichen Einrichtungen ... 208
    I. Prozessuale Probleme ... 209
    II. Materiell-rechtliche Probleme ... 210

B. Rechtsschutz gegen kommunale Satzungen ... 213
    I. Rechtmäßigkeit einer kommunalen Satzung ... 213
    II. Rechtmäßigkeit eines satzungsgemäßen Anschluss- und Benutzungszwangs ... 214

C. Rechtsschutz im Zusammenhang mit kommunalrechtlichen Bürgerbegehren ... 216

D. Rechtsschutz im Kommunalverfassungsstreit ... 217
    I. Zulässigkeit der Klage ... 218
    II. Begründetheit der Klage ... 220

E. Rechtsschutz gegen kommunalaufsichtliche Maßnahmen ... 221

F. Klausuren aus dem kommunalen Wirtschaftsrecht ... 223
    I. Zulässigkeit der Konkurrentenklage ... 223
    II. Begründetheit der Konkurrentenklage ... 224

7. Kapitel. Beamtenrecht ... 226

A. Rechtsschutz des Beamten gegen dienstliche Anordnungen ... 226

B. Rechtsschutz im beamtenrechtlichen Konkurrentenstreit ... 228

C. Ansprüche des Dienstherrn ... 231
    I. Rechtsschutz des Beamten gegen die Geltendmachung eines Schadensersatzanspruchs des Dienstherrn ... 231
    II. Rechtsschutz des Beamten gegen die Geltendmachung sonstiger Ansprüche des Dienstherrn ... 232

D. Ansprüche des Beamten ... 232
    I. Anspruch auf Anerkennung eines Dienstunfalles ... 233
    II. Sonstige Fürsorgeansprüche ... 235

8. Kapitel. Schulrecht ... 236

A. Rechtsschutz gegen Schulordnungsmaßnahmen ... 236

B. Rechtsschutz gegen Schulorganisationsmaßnahmen ... 238

9. Kapitel. Straßen- und Straßenverkehrsrecht ... 238

A. Klausuren aus dem Straßenrecht ... 238

B. Klausuren aus dem Straßenverkehrsrecht	240
I. Rechtsschutz gegen Entziehung einer Fahrerlaubnis	240
II. Rechtsschutz gegen die Anordnung zur Führung eines Fahrtenbuchs	242
III. Rechtsschutz auf Vornahme und Abwehr straßenverkehrsbeschränkender Maßnahmen	243

10. Kapitel. Ausländerrecht — 246

A. Rechtsschutz gegen Versagung eines Aufenthaltstitels nach dem AufenthG	246
I. Rechtsschutz im Hauptsacheverfahren	247
II. Vorläufiger Rechtsschutz im Verfahren auf Erteilung des Aufenthaltstitels	249
B. Rechtsschutz gegen aufenthaltsbeendigende Maßnahmen	250
I. Rechtsschutz gegen Ausweisungsverfügungen (§§ 53 ff. AufenthG)	250
II. Rechtsschutz im vorläufigen Rechtsschutzverfahren	253
C. Rechtsstellung von Unionsbürgern	253

11. Kapitel. Subventionsrecht — 254

A. Rechtsschutz gegen die Versagung einer Subvention	254
B. Rechtsschutz des Begünstigten gegen Aufhebung des Subventionsbescheids	258
C. Rechtsschutz des Wettbewerbers gegen die Begünstigung eines Konkurrenten	259
I. Rechtsschutz des Wettbewerbers (nur) gegen die Begünstigung eines Konkurrenten	259
II. Rechtsschutz des Wettbewerbers auf gleiche Begünstigung	260
III. Rechtsschutz des Wettbewerbers auf Begünstigung anstelle des Dritten	260

12. Kapitel. Informationsfreiheitsrecht — 261

A. Zulässigkeit einer Klage	262
B. Begründetheit der Klage	263
I. Anwendbarkeit des IFG	263
II. Anspruchsberechtigte	264
III. Anspruchsgegner	264
IV. Anspruchsausschluss (§§ 3–6 IFG Bund)	264

3. Teil Staatsrecht — 265

1. Kapitel. Bezüge zum (materiellen) Verfassungsrecht — 265

A. Anknüpfungen an Rechtsstaatsprinzip (Art. 20 III GG)	265
I. Verstoß gegen Rückwirkungsverbot	265
II. Grundsatz der Gesetzmäßigkeit der Verwaltung	266
B. Verhältnis zwischen nationalem Recht und europäischem Gemeinschaftsrecht	267
C. Verhältnis zwischen nationalem Recht und Europäischer Menschenrechtskonvention (EMRK)	267

2. Kapitel. Typische Grundrechtsprobleme im Assessorexamen 268

A. Grundfragen der Grundrechtsanwendung 268
  I. Grundrechtsberechtigung 268
  II. Grundrechtsbindung 269

B. Die »Basics« der am häufigsten auftauchenden Grundrechte 269
  I. Freiheitsgrundrechte 270
  II. Allgemeiner Gleichheitssatz (Art. 3 I GG) 277

Stichwortverzeichnis 281

Abkürzungs- und Literaturverzeichnis

a.A.	anderer Ansicht
a.a.O.	am angegebenen Ort
AbfG	Abfallgesetz
a.E.	am Ende
AEUV	Vertrag über die Arbeitsweise der Europäischen Union
a.F.	alte Fassung
AG	Amtsgericht
Alt.	Alternative
AOsofVz	Anordnung der sofortigen Vollziehung
Art.	Artikel
AssEx	Assessorexamen
a.W.	aufschiebende Wirkung
Az.	Aktenzeichen
BauGB	Baugesetzbuch
BauR	Zeitschrift für das gesamte öffentliche und private Baurecht
Beschl.	Beschluss
betr.	betreffend
BGB	Bürgerliches Gesetzbuch
BGH	Bundesgerichtshof
BGHZ	Amtliche Entscheidungssammlung des BGH
BImSchG	Bundes-Immissionsschutzgesetz
BNatSchG	Bundesnaturschutzgesetz
Bosch/Schmidt	Bosch/Schmidt, Praktische Einführung in das verwaltungsgerichtliche Verfahren, 8. Aufl. 2005
BRRG	Beamtenrechtsrahmengesetz
BT-Drucks.	Bundestagsdrucksache
BVerfG	Bundesverfassungsgericht
BVerfGG	Bundesverfassungsgerichtsgesetz
BVerwGE	Entscheidung des Bundesverwaltungsgerichts
bzgl.	bezüglich
bzw.	beziehungsweise
c.i.c.	culpa in contrahendo
Decker/Konrad	Öffentlich-rechtliche Assessorklausuren mit Erläuterungen, 4. Aufl. 2007
d.h.	das heißt
Dietlein/Burgi/Hellermann	Öffentliches Recht in Nordrhein-Westfalen, 3. Aufl. 2009
Dreier	Kommentar zum Grundgesetz, 2. Aufl. 2008
Dürr/Middecke	Baurecht NRW, 3. Aufl. 2005
DVBl.	Deutsches Verwaltungsblatt
e.A.	einer Ansicht
EGMR	Europäischer Gerichtshof für Menschenrechte
Einf v	Einführung vor
Einl v	Einleitung vor
EMRK	Europäische Menschenrechtskonvention
etc.	et cetera
EUV	Vertrag über die Europäische Union
evtl.	eventuell
Eyermann/Bearbeiter	Kommentar zur Verwaltungsgerichtsordnung, 12. Aufl. 2006
f./ff.	folgende/fortfolgende
FBA	Folgenbeseitigungsanspruch
FFK	Fortsetzungsfeststellungsklage
Fichte	Typische Fehler in Assessorklausuren, 2005

XIII

Abkürzungs- und Literaturverzeichnis

Finkelnburg/Domberg/Külpmann	Vorläufiger Rechtsschutz im Verwaltungsstreitverfahren, 5. Auflage 2008
Frenz	Bundesbodenschutzgesetz, 3. Aufl. 2004
Frotscher/Kramer	Wirtschaftsverfassungs- und Wirtschaftsverwaltungsrecht, 5. Aufl. 2008
FStrG	Bundesfernstraßengesetz
GastG	Gaststättengesetz
GbR	Gesellschaft bürgerlichen Rechts
gem.	gemäß
GemO	Gemeindeordnung
GewArch	Gewerbearchiv
GewO	Gewerbeordnung
GG	Grundgesetz
ggf.	gegebenenfalls
Glaser/Klement	Öffentliches Wirtschaftsrecht, 2009
GPA	Gemeinsames Prüfungsamt Nord
grds.	grundsätzlich
GVG	Gerichtsverfassungsgesetz
h.	herrschende
Happ/Allesch/Geiger/Metschke	Die Station in der öffentlichen Verwaltung, 6. Aufl. 2006
h.L.	herrschende Literatur
h.M.	herrschende Meinung
Hs.	Halbsatz
i.d.R.	in der Regel
IFG	Informationsfreiheitsgesetz
i.H.v./i.H.d.	in Höhe von/in Höhe der/des
insb.	insbesondere
InsO	Insolvenzordnung
i.R.d./i.R.e./i.R.v.	im Rahmen der/des, im Rahmen einer/eines, im Rahmen von
i.S.d./i.S.v.	im Sinne der/des/von
i.Ü.	im Übrigen
i.V.m.	in Verbindung mit
JA	Juristische Arbeitsblätter
JR	Juristische Rundschau
JuS	Juristische Schulung
JZ	Juristenzeitung
Kaiser/Kaiser/Kaiser	Die Anwaltsklausur Zivilrecht, 3. Aufl. 2010
Kaiser/Kaiser/Kaiser	Die Zivilgerichtsklausur im Assessorexamen, 4. Aufl. 2010
Kaiser/Kaiser/Kaiser	Die Zwangsvollstreckungsklausur im Assessorexamen, 3. Aufl. 2010
Kaiser/Köster	Die öffentlich-rechtliche Klausur im Assessorexamen, 2010
Koehl/Spieß	Anwaltliche Tätigkeit im Öffentlichen Recht, Band I und II, 2007
Kopp/Ramsauer	Kommentar zum Verwaltungsverfahrensgesetz, 10. Aufl. 2008
Kopp/Schenke	Kommentar zur Verwaltungsgerichtsordnung, 16. Aufl. 2009
Kotulla	Umweltrecht, 4. Aufl. 2007
KrW	Kreislaufwirtschaft
Kuhla/Hüttenbrink	Der Verwaltungsprozess, 3. Aufl. 2002
Landmann/Rohmer	Kommentar zur Gewerbeordnung, 55. Aufl. 2009
LBO	Landesbauordnung
Leuze-Mohr	Öffentliches Recht für Rechtsreferendare, 2. Aufl. 2009
LG	Landgericht
LK	Leistungskondiktion

LNatSchG	Landesnaturschutzgesetz
Maurer	Allgemeines Verwaltungsrecht, 17. Aufl. 2009
MDR	Monatsschrift für Deutsches Recht
m.w.N.	mit weiteren Nachweisen
n.F.	neue Fassung
NJ	Neue Justiz
NJOZ	Neue Juristische Online Zeitschrift
NJW	Neue Juristische Wochenschrift
NJW-RR	Neue Juristische Wochenschrift – Rechtsprechungs-Report
Nr.	Nummer
NWVBl.	Nordrhein-Westfälische Verwaltungsblätter
NVwZ	Neue Zeitschrift für Verwaltungsrecht
NZBau	Neue Zeitschrift für Baurecht und Vergaberecht
obj.	objektiv
o.g.	oben genannt(e)
OLG	Oberlandesgericht
OLGReport	OLG-Report (getrennt für jedes OLG)
OVG	Oberverwaltungsgericht
Pieroth/Schlink/Kniesel	Polizei- und Ordnungsrecht, 5. Aufl. 2008
Pietzner/Ronellenfitsch	Das Assessorexamen im Öffentlichen Recht, 12. Aufl. 2010
Posser/Wolff/Bearbeiter	VwGO, 2. Aufl. 2008
pVV	positive Vertragsverletzung
Quaas/Zuck (Hrsg.)	Prozesse in Verwaltungssachen, 1. Aufl. 2008
RSB	Rechtsschutzbedürfnis
RG	Reichsgericht
RGZ	Amtliche Sammlung in Zivilsachen/Strafsachen des Reichsgerichts
Rn.	Randnummer
RSB	Rechtsschutzbedürfnis
Rspr.	Rechtsprechung
RVO	Rechtsverordnung(en)
S.	Seite/Satz/Siehe
s.	siehe
Schmidt/Kahl	Umweltrecht, 7. Aufl. 2006
Schoch/Schmidt-Aßmann/Pietzner/Bearbeiter	VwGO, Loseblatt, 17. Aufl. 2009
SGB	Sozialgesetzbuch
Wolff/Decker/Bearbeiter	Studienkommentar VwGO/VwVfG, 2. Aufl. 2007
s.o./u.	siehe oben/unten
sog.	sogenannt(e/er)
st.	ständige(r)
Stelkens/Bonk/Sachs/Bearbeiter	VwVfG, 7. Aufl. 2008
str.	strittig
StVZO	Straßenverkehrs-Zulassungs-Ordnung
StVG	Straßenverkehrsgesetz
TA	Technische Anleitung
Tettinger/Wank	GewO, 7. Aufl. 2004
Thomas/Putzo	Kommentar zur Zivilprozessordnung, 30. Aufl. 2009
u.a.	unter anderem
u.E.	unseres Erachtens
Urt.	Urteil
u.U.	unter Umständen
UVP	Umweltverträglichkeitsprüfung
v.a.	vor allem
VA	Verwaltungsakt

Var.	Variante
v.A.w.	von Amts wegen
VGH	Verwaltungsgerichtshof
vgl.	vergleiche
Volkert	Volkert, Die Verwaltungsentscheidung, 4. Aufl. 2002
Vor/Vorb	Vorbemerkung
VV	Verwaltungsvorschriften
VwGO	Verwaltungsgerichtsordnung
VwVfG	Verwaltungsverfahrensgesetz
WaffG	Waffengesetz
wg.	wegen
WHG	Wasserhaushaltsgesetz
Wolffgang/Hendricks/Merz	Polizei- und Ordnungsrecht in Nordrhein-Westfalen, 1998
WS	Widerspruch
z.B.	zum Beispiel
z.T.	zum Teil

Die Autoren dieses Lehrbuches sind Mitglieder des »Kaiserteams«.
Nähere Informationen zu den Crash-Kursen der
Kaiserseminare unter

www.kaiserseminare.com

1. Teil. Klausuren aus dem allgemeinen Verwaltungsrecht

Das allgemeine Verwaltungsrecht ist auch im Assessorexamen von zentraler Bedeutung. Die Vorschriften über das Verwaltungshandeln normieren allgemeine Maßstäbe für die Rechtmäßigkeit bzw. Rechtswirksamkeit einzelner Handlungsformen, die das besondere Verwaltungsrecht uneingeschränkt übernimmt oder bereichsspezifisch modifiziert.

Herausragende Bedeutung bei den Handlungsformen hat der einseitige Verwaltungsakt (hierzu 1. Kapitel). Der zweiseitige Verwaltungsvertrag wird in den examensrelevanten Grundzügen (hierzu 2. Kapitel), schlichte Tathandlungen (z.B. Äußerungen, Immissionen) werden als typische Gegenstände der wichtigsten staatshaftungsrechtlichen Ansprüche (hierzu 3. Kapitel) dargestellt. Auf Rechtsverordnungen wird im Gefahrenabwehrrecht, auf Satzungen im Baurecht eingegangen. Im 4. Kapitel werden die typischen Klausurkonstellationen des Verwaltungsvollstreckungsrechts erörtert.

1. Kapitel. Der Verwaltungsakt

Das zentrale behördliche Handlungsinstrument ist der Verwaltungsakt. Ihm gilt besondere Aufmerksamkeit, denn er steht regelmäßig im Mittelpunkt der öffentlich-rechtlichen Assessorklausur. Er ist idealer Prüfungsgegenstand bei der Anfertigung von Urteilen und Beschlüssen und bietet sich auch für verwaltungspraktische Aufgabenstellungen, Anwaltsklausuren und Aktenvorträge an. Vielfach geht es bei dem Verwaltungsakt um dessen Aufhebung im Wege der Rücknahme oder des Widerrufs (B.), mitunter auch durch Wiederaufgreifen des Verfahrens (C.) sowie um Nebenbestimmungen zum Verwaltungsakt (D.).

A. Begriffsmerkmale des Verwaltungsakts

Mit dem Verwaltungsakt, der wichtigsten Handlungsform der öffentlichen Verwaltung, werden Sie im Assessorexamen ständig konfrontiert werden. Entweder müssen Sie einen solchen in einer behördlichen Aufgabenstellung entwerfen oder als Anwalt oder Verwaltungsgericht überprüfen. In der Annahme, dass Sie sich mit diesem bereits in der Vorbereitung auf das Referendarexamen intensiv auseinander gesetzt haben, werden nachfolgend zur Wiederholung nur die typischen Examensprobleme erörtert. In den folgenden Abschnitten des Skripts werden diese vertieft behandelt.

> **Übersicht: Tatbestandsmerkmale des Verwaltungsakts und examensrelevante Probleme**
> I. **Maßnahme** (+), bei jedem Verhalten mit Entscheidungscharakter
> II. **Behörde** (+), bei jeder Stelle, die Aufgaben der öffentlichen Verwaltung wahrnimmt (§ 1 IV VwVfG); (P) Beliehene; (P) Verwaltungshelfer
> III. **Gebiet des öffentlichen Rechts** (+), wenn Maßnahme auf öffentlich-rechtlicher Grundlage oder in hoheitlicher Handlungsform ergeht
> IV. **Regelung** (+), wenn Maßnahme final auf Herbeiführung einer Rechtsfolge gerichtet ist; (P) Abgrenzung Wiederholende Verfügung/Zweitbescheid; (P) Verfahrensakte und vorbereitende Verfügungen; (P) Umweltpläne nach BImSchG
> V. **Einzelfall** (+), wenn Regelung eines konkreten oder abstrakten Sachverhalts für einen individualisierten Personenkreis ergeht; (P) Abgrenzung zur Rechtsnorm nach der äußeren Form und (subsidiär bei Mehrdeutigkeit) nach dem Inhalt; (P) Abgrenzung zur Allgemeinverfügung gem. § 35 S. 2 VwVfG:
>   1. Adressatenbezogene Allgemeinverfügung (§ 35 S. 2 Var. 1 VwVfG), z.B. Alkoholausschankverbot gem. § 19 GastG; Smog-Alarm gem. § 40 I BImSchG str.; (P) Abgrenzung zum Sammel-VA, also gleichlautendem VA an feststehendem Personenkreis

1. Teil. Klausuren aus dem allgemeinen Verwaltungsrecht

> 2. **Sachbezogene Allgemeinverfügung** (§ 35 S. 2 Var. 2 VwVfG), z.B. Widmung einer Sache zur öffentlichen Sache/öffentlichen Einrichtung; Benennung von Straßen; Eintragung eines Objekts in Denkmalliste
> 3. **Benutzungsregelnde Allgemeinverfügung** (§ 35 S. 2 Var. 3 VwVfG), z.B. Ge- und Verbote enthaltene Verkehrszeichen (nicht Gefahrenhinweise!)
>
> VI. **Außenwirkung** (+), wenn bezweckte Rechtsfolge bei einer außerhalb der Verwaltung stehenden Person eintreten soll; (P) Streitigkeiten innerhalb juristischer Personen; (P): Sonderstatusverhältnisse

I. Maßnahme

3 Das wenig klausurrelevante Merkmal ist bei jeder behördlichen Handlung gegeben, die einen eigenen Entscheidungscharakter hat.[1]

II. Behördenbegriff

4 Der in § 1 IV VwVfG[2] normierte verfahrensrechtliche Behördenbegriff, wonach Behörde jede Stelle ist, die Aufgaben der öffentlichen Verwaltung wahrnimmt, gilt auch für § 35 VwVfG.[3]

> **Klausurhinweis:** Aktenauszüge aus dem Informationszugangsrecht sind derzeit bei den Prüfungsämtern beliebter Prüfungsgegenstand.[4] Beachten Sie, dass der Behördenbegriff nach den Informationsfreiheitsgesetzen über den verfahrensrechtlichen Begriff hinausgeht. § 1 I 3 IFG Bund etwa gewährt einen Informationszugang auch in den Fällen, in denen sich die öffentliche Hand zur Erfüllung ihrer Aufgaben privater Personen oder Unternehmen bedient, ohne diese zu beleihen.[5] Anspruchsgegner bleibt aber auch in diesem Fall die Behörde, deren Aufgaben der Antrag betrifft (§ 7 I 2 IFG Bund).

Problem: Handlungen eines Beliehenen

Beliehene, also Personen des Privatrechts, die durch oder aufgrund Gesetzes bestimmte hoheitliche Verwaltungsaufgaben wahrnehmen, sind verfahrensrechtlich Behörden und können daher Verwaltungsakte erlassen.[6] Für die Übertragung bedarf es wegen des institutionellen Gesetzesvorbehalts also stets einer Ermächtigung. Fehlt eine solche, ist die Beleihung fehlerhaft.

Problem: Handlungen eines Verwaltungshelfers

5 Handlungen eines Verwaltungshelfers, also einer Person, die auftragsgemäß und nach Weisung der beauftragenden Behörde handelt, werden demgegenüber unmittelbar der beauftragenden Behörde zugerechnet. Im Gegensatz zu Beliehenen sind Verwaltungshelfer damit nicht selbst Behörden. Die Frage, ob eine Person als Verwaltungshelfer zu qualifizieren ist, wird vereinzelt in (staatshaftungsrechtlichen) Klausuren problematisiert. In teilweiser Abkehr von der traditionellen Werkzeugtheorie,[7] die danach fragt, in welchem Umfang die beauftragende Behörde dem Beauftragten Weisungen erteilen kann (so dass dieser nur als Werkzeug tätig wird), stellt die neuere Rspr. wesentlich auf das Außenverhältnis zwischen der Behörde und dem Bürger ab.

6 Besonders klausurrelevant ist in diesem Zusammenhang die Tätigkeit eines Abschleppunternehmers. Soweit dieser im Rahmen der hoheitlichen Aufgabenwahrnehmung eingesetzt wird (z.B. bei polizeirechtlichen Vollstreckungsmaßnahmen) handelt es sich bei diesem um einen Verwaltungshelfer. Dennoch berücksichtigt die Rspr. auch insoweit den dem Unternehmer eingeräum-

---

1 *Kopp/Ramsauer* § 35 VwVfG Rn. 25.
2 Zum Zwecke der Generalisierung wird das VwVfG zitiert. Es kommt indes nur zur Anwendung, wenn Bundesbehörden handeln. Dies ist jedoch die Ausnahme (Art. 83 GG). Deshalb dürfte in den meisten Klausuren das jeweilige Landesverwaltungsrecht gelten (§ 1 III VwVfG i.V.m. den jeweiligen Landesverwaltungsgesetzen).
3 *Kopp/Ramsauer* § 35 VwVfG Rn. 28.
4 Im Einzelnen hierzu: 2. Teil, 12. Kapitel.
5 Vgl. *Schmitz/Jastrow* NVwZ 2005, 984 (988) m.w.N.
6 *Maurer* § 9 Rn. 22.
7 BGHZ 121, 161 = NJW 1993, 1258 (1259) m.w.N.

ten Entscheidungsspielraum. Je begrenzter dieser ist, desto näher liegt es, ihn als bloßen Erfüllungsgehilfen eines Trägers öffentlicher Gewalt anzusehen.[8] Ein Verwaltungshelfer liegt damit nicht vor, wenn ein Umzugsunternehmen eine Jahresgenehmigung zur Aufstellung von Verkehrsschildern hat. Dies gilt jedenfalls dann, wenn das Unternehmen einen eigenen Entscheidungsspielraum hat, ob und wann es Verkehrsschilder aufstellt.[9]

> **Klausurhinweis:** Die Frage, ob ein Verwaltungshelfer tätig geworden ist, kann in der Klausur an unterschiedlichen Stellen zu problematisieren sein. Einerseits im Rahmen des materiellen Prüfungsaufbaus innerhalb der Frage, ob ein Verwaltungsakt vorliegt (s.o.); andererseits kann die Problematik bei einem prozessualen Einstieg bei der Eröffnung des Verwaltungsrechtswegs gem. § 40 I 1 VwGO (»öffentlich-rechtliche Streitigkeit«) eine Rolle spielen. Gerade in Abschleppfällen, in denen ein Rückzahlungsanspruch, bei Fehlen einer spezialgesetzlichen Anspruchsgrundlage aus dem allgemein anerkannten öffentlich-rechtlichen Erstattungsanspruch geltend gemacht wird, stellt sich zudem die Frage, ob eine »öffentlich-rechtliche« Leistungsbeziehung zu dem in Anspruch genommenen Hoheitsträger gegeben ist.[10] Aber auch in dieser Konstellation werden Sie mit dem Problem bereits bei der Eröffnung des Verwaltungsrechtswegs konfrontiert werden.

III. Hoheitlichkeit

Die Regelung muss zudem hoheitlich erfolgen, also dem öffentlichen Recht zuzuordnen sein. Dieses Merkmal ist zu bejahen, wenn die Entscheidung im Vollzug öffentlich-rechtlicher Vorschriften ergeht.[11]

7

Anhand dieses Merkmals grenzen Sie privatrechtliche Rechtsakte (z.B. Kündigung eines privatrechtlichen Mietvertrags) von Verwaltungsakten ab.[12]

IV. Regelung

Examensrelevant ist insb. das Merkmal der Regelung, mit dem der Verwaltungsakt von schlicht hoheitlichem Handeln abgegrenzt wird. Eine regelnde Wirkung ist gegeben, wenn die Maßnahme ihrem finalen Ausspruch nach auf die Herbeiführung einer Rechtsfolge gerichtet ist.[13] Mangels Regelungswirkung scheiden daher Handlungen aus, denen ihrem Inhalt nach oder nach den näheren Umständen weder unmittelbar noch konkludent ein behördlicher Regelungswille entnommen werden kann. Hierzu gehören insb. schlichte Tathandlungen (Realakte), bloße Wissenserklärungen ohne unmittelbaren Rechtswirkungscharakter (z.B. Hinweise, Warnungen, bloße Vorbereitungshandlungen, schlichte Zahlungsaufforderungen[14] und rechtserhebliche Willenserklärungen, die jedoch keinen anordnenden Charakter aufweisen).[15] Auch die tatsächliche Bereitstellung von Informationen stellt regelmäßig einen bloß tatsächlichen Vorgang dar und entfaltet demzufolge keine Regelungswirkung. Etwas anderes kann allerdings gelten, wenn vor Bereitstellung der Information eine regelnde Entscheidung darüber ergeht, ob die Voraussetzungen für den Informationszugang erfüllt sind.

8

> **Klausurhinweis:** Bei der Bearbeitung von Aktenauszügen, in denen der Informationszugangsanspruch nach einem IFG problematisiert wird, werden Sie daher regelmäßig zur Frage der statthaften Klageart Stellung nehmen müssen. Teilweise ergibt sich aus den IFGs ausdrücklich die Statthaftigkeit der Verpflichtungsklage (z.B. § 9 IV 1 IFG Bund). Aber auch ohne ausdrückliche gesetzliche Regelung[16] erfolgt die Bereitstellung der Informationen durch Verwaltungsakt (§ 35 VwVfG). Dass nach dem Willen des

---

8 OLG Hamm Urt. v. 09.06.1998 – 9 U 129/97, NVwZ-RR 1999, 223 (224) m.w.N.
9 VGH Mannheim, Urt. v. 16.12.2009 BeckRS 2010, 45756.
10 Im Einzelnen hierzu: 1. Abschnitt, 4. Kapitel.
11 *Maurer* § 9 Rn. 11.
12 *Maurer* § 9 Rn. 11.
13 *Kopp/Ramsauer* § 35 VwVfG Rn. 48.
14 BVerwG, Urt. v. 26.04.1968 – VI (113.67 – BVerwGE 29, 310); anders hingegen wenn die Aufforderung in der äußeren Form eines VA ergeht; *Kintz* Rn. 127.
15 Decker/Wolff/*Wolff* § 35 VwVfG Rn. 34.
16 So fehlt z.B. im IFG NRW eine ausdrückliche Feststellung.

> Gesetzgebers eine Verpflichtungsklage statthaft sein dürfte, ergibt sich zudem aus dem Umstand, dass vielfach ausdrücklich Regelungen zum Widerspruchsverfahren statuiert werden. Ein solches ist aber bei Leistungsklagen grds. nicht statthaft. Da die IFGs zudem von dem Antragsgrundsatz ausgehen, dürfte dem Gesetzgeber die Entscheidung durch Verwaltungsakt vorgeschwebt haben.

Problem: Abgrenzung eines nichtregelnden Hinweises vom feststellenden Verwaltungsakt

9 Häufiger ist in Klausuren zwischen einem nicht regelnden bloßen Hinweis und einem feststellenden Verwaltungsakt zu unterscheiden. Letzterer ist gegeben, wenn sich der verfügende Teil des Verwaltungsaktes darauf beschränkt, das Ergebnis eines behördlichen Subsumtionsvorganges festzuschreiben. Kriterien für die Prüfung sind zunächst der Wortlaut der Erklärung und der Zusammenhang, in welchem die Äußerung erfolgt ist. War das Rechtsverhältnis oder einzelne Rechte zwischen den Beteiligten streitig oder zumindest klärungsbedürftig oder ist die gesetzliche Bestimmung nicht ohne weiteres aus sich heraus klar, spricht dieses für die Annahme eines feststellenden Verwaltungsaktes.

Problem: Abgrenzung der wiederholenden Verfügung vom Zweitbescheid

10 Ergeht ein sog. Zweitbescheid, mit dem die Behörde über den Inhalt eines (ggf. bereits bestandskräftig gewordenen) Verwaltungsakts hinausgehend eine neue Sachentscheidung trifft, liegt ein neuer Verwaltungsakt vor, der den Klageweg ggf. nach Durchführung eines Vorverfahrens neu eröffnet.[17] Von diesem Zweitbescheid abzugrenzen ist die sog. wiederholende Verfügung, die solche Fälle erfasst, in denen die Behörde nur erklärend auf den bereits ergangenen Verwaltungsakt hinweist. Da diese Unterrichtung im Gegensatz zum Zweitbescheid keine eigenständige Regelungswirkung enthält, stellt die wiederholende Verfügung keinen Verwaltungsakt dar.

Der zentrale prozessuale Unterschied zwischen Zweitbescheid und wiederholender Verfügung besteht folglich darin, dass die Verwaltung mit einem Zweitbescheid in eine neue Sachprüfung eintritt, so dass der Klageweg voll eröffnet wird, während bei einer bloß wiederholenden Verfügung eine bereits getroffene Entscheidung lediglich bestätigt oder bekräftigt wird. In der zuletzt genannten Konstellation müssen Sie allerdings Folgendes beachten: Ein anfechtbarer Verwaltungsakt liegt jedenfalls vor, wenn die Behörde den Antrag des Antragstellers nach § 51 VwVfG (Wiederaufgreifen des Verfahrens) ablehnt. Diese Entscheidung ist dann anfechtbar, wobei zu beachten ist, dass die Regelungswirkung allein darin besteht, dass die Behörde das Wiederaufgreifen des Verfahrens ablehnt; eine Sachentscheidung trifft sie in der Regel nicht.[18]

Problem: Vorbereitende Akte

Ebenfalls keine Regelungswirkung entfalten bloße Vorbereitungshandlungen, da bei diesen eine endgültige Regelungswirkung nicht bezweckt wird. Dieses ist im Hinblick auf § 44a VwGO bedeutsam, da für solche Vorbereitungshandlungen i.d.R. eine isolierte Anfechtung ausscheidet. Unselbstständige Vorbereitungs- oder Teilakte sind auch die Bewertung von Klassenarbeiten oder Einzelnoten oder die Aufforderung zur Vorlage des Ergebnisses einer medizinisch-psychologischen Untersuchung (MPU).[19]

Problem: Vorläufiger Verwaltungsakt

11 Gerade in subventionsrechtlichen Klausuren kann der vorläufige Verwaltungsakt eine Rolle spielen. Bei diesem soll die Regelung nach seinem Erklärungswert nur eine vorläufige sein (Bsp.: Die Subvention wird »vorbehaltlich des Ergebnisses der noch durchzuführenden Betriebsprüfung« gewährt). Dieser enthält eine Regelung dergestalt, dass dem Adressat ein vorläufiges Recht zum Behaltendürfen eingeräumt wird. Da die Regelung ausdrücklich für vorläufig erklärt wird, ist die Verwaltung berechtigt, durch einen späteren Verwaltungsakt aus der vorläufigen Entscheidung eine endgültige Entscheidung zu machen. Hierbei ist sie – bitte merken – nicht über die Vertrauensschutzprüfung nach § 48 II VwVfG oder die Befristungsregelung nach § 48 IV VwVfG eingeschränkt, da der vorläufige Verwaltungsakt eben nicht aufgehoben, sondern in eine endgül-

---

17 *Kuhla/Hüttenbrink* D 42.
18 *Kuhla/Hüttenbrink* D 43.
19 *Maurer* § 9 Rn. 9.

tige Entscheidung umgeformt wird.[20] Wegen dieser weitreichenden Konsequenz ergeben sich erhöhte Anforderungen an die Bestimmtheit, so dass der vorläufige Verwaltungsakt auch als solcher bezeichnet werden muss.[21]

Hinweis für Anwaltsklausuren: Eine endgültige Entscheidung über den Anspruch des Mandanten erfolgt prozessual in Gestalt einer Verpflichtungsklage. Diese endgültige Entscheidung führt zur Erledigung des vorläufigen Bescheides.

V. Einzelfall

Häufiger stellt sich die Frage des Rechtsschutzes gegen Allgemeinverfügungen i.S.d. § 35 S. 2 VwVfG. Diese Vorschrift unterscheidet drei Formen:

- **Personenbezogene Allgemeinverfügungen** i.S.v. § 35 S. 2, 1. Var. VwVfG richten sich an einen nach allgemeinen Merkmalen bestimmten oder bestimmbaren Kreis von Adressaten aus Anlass einer bestimmten konkreten Situation.[22] Von der Rechtsnorm unterscheidet sich diese Form der Allgemeinverfügung durch die Konkretheit des geregelten Sachverhalts. Daher stellen konkrete anlassbezogene Regelungen wie z.B. ein präventives Versammlungsverbot oder die Feststellung eines Smog-Alarms eine personenbezogene Allgemeinverfügung dar.[23]
- **Sachbezogene Allgemeinverfügungen** i.S.v. § 35 S. 2, 2. Var. VwVfG regeln die öffentlich-rechtliche Eigenschaft einer Sache oder Benutzung durch die Allgemeinheit.[24] Diese bezieht sich damit auf den rechtlichen Zustand einer Sache. Klausurrelevant sind insb. die Widmung eines Weges für den öffentlichen Verkehr, die Namensgebung einer öffentlich-rechtlichen Sache (z.B. eines Bahnhofs oder einer Straße), die Festsetzung eines Volksfestes nach §§ 60b II, 69 I GewO oder die konstitutive Eintragung in eine Denkmalliste.[25] Zudem stellt die Widmung oder Entwidmung einer öffentlichen Einrichtung (Friedhof, Schlachthof) eine sachbezogene Allgemeinverfügung dar, sofern diese Regelung nicht durch Rechtsverordnung erfolgt.[26]
- **Benutzungsregelnde Allgemeinverfügungen** i.S.v. § 35 S. 2, 3. Var. VwVfG betreffen die Benutzung einer Sache durch die Allgemeinheit. Eine besonders klausurrelevante Erscheinungsform sind Verkehrschilder, die die Benutzung der öffentlichen Straße regeln.

VI. Außenwirkung

Außenwirkung entfaltet die Maßnahme, wenn sie gegenüber einer außerhalb der Verwaltung stehenden Person unmittelbare Rechtsfolgen herbeiführen soll, was zu verneinen ist, wenn die Maßnahme ein bloßes Verwaltungsinternum bildet.

Problem: Außenwirkung bei Sonderstatusverhältnissen

Klausurrelevant sind hierbei die Sonderstatusverhältnisse, in denen der Bürger zum Staat in einem besonders engen Näheverhältnis steht.

Im Beamtenverhältnis hat der Dienstvorgesetzte das Recht, innerdienstliche Weisungen bzgl. der Diensterledigung auszusprechen. Diese Anordnungen enthalten eine Regelungsqualität, allerdings ohne Außenwirkung, wenn der Adressat lediglich als Teil der Verwaltung betroffen ist. Demgegenüber besteht Außenwirkung, wenn der Beamte darüber hinaus in seiner persönlichen Rechtsstellung betroffen ist. In ähnlicher Weise entfaltet im Schulverhältnis eine Anordnung nur dann Außenwirkung, wenn der Adressat in seiner persönlichen Rechtsstellung als Träger eigener Rechte betroffen ist. Einzelheiten hierzu finden Sie im *Kopp/Ramsauer* unter § 35 VwVfG Rn. 88.

---

[20] BVerwG, Urt. v. 19.11.2009 – 3 C 7/09 Beck RS 2010, 45411; Decker/Wolff/*Wolff* § 35 VwVfG Rn. 65 m.w.N.
[21] BVerwG, Urt. v. 14.04.1983 – 3 C 8/82 DVBl. 1983, 851 (853).
[22] *Kopp/Ramsauer* § 35 VwVfG Rn. 103.
[23] *Kopp/Ramsauer* § 35 VwVfG Rn. 103.
[24] *Kopp/Ramsauer* § 35 VwVfG Rn. 106.
[25] OVG Münster, Urt. v. 20.06.1991 NVwZ 1992, 991.
[26] *Kopp/Ramsauer* § 35 VwVfG Rn. 109 m.w. Beispielen.

Problem: Außenwirkung bei organschaftlichen Maßnahmen

Für kommunalverfassungsrechtliche Streitigkeiten ist wichtig, dass Maßnahmen innerhalb der Selbstverwaltungskörperschaft oder innerhalb des Organs selbst keine Außenwirkung entfalten. Daher ist beim Kommunalverfassungsstreit regelmäßig die Feststellungsklage (§ 43 I VwGO) statthaft; ist das Begehren auf ein Tun, Dulden oder Unterlassen (i.d.R. beim innerorganisatorischen Störungsbeseitigungsanspruch) gerichtet, kommt die allgemeine Leistungsklage in Betracht. Eine Anfechtungsklage (§ 42 I VwGO) scheidet jedenfalls aus.

Problem: Außenwirkung bei Maßnahmen der Kommunalaufsicht

Bei Kommunalaufsichtsakten ist zwischen Maßnahmen im Rahmen der Rechtsaufsicht einerseits und solchen der Fachaufsicht andererseits zu unterscheiden.

- **Rechtsaufsichtliche** Maßnahmen betreffen die Gemeinde in ihrer Eigenschaft als selbstständige Körperschaft (Art. 28 II GG) und beinhalten Außenwirkung. Dieses gilt auch, wenn durch die Maßnahme eine fachaufsichtliche Weisung durchgesetzt werden soll. Dieses lässt sich auch bei der Geltendmachung eines Informationsrechts vertreten (str.).
- Bei Maßnahmen der **Fachaufsicht** geht die Rspr. wohl überwiegend von einer fehlenden Außenwirkung aus. Ausnahmsweise liegt aber Außenwirkung vor, wenn die Fachaufsichtsbehörde kein Weisungsrecht besitzt oder die Grenzen des zulässigen Weisungsrechts überschreitet. Zudem kann eine Außenwirkung angenommen werden, wenn die Weisung einen Rechtsstatus berührt, der der Gemeinde ausdrücklich zugewiesen ist.[27]

Problem: Außenwirkung bei Organisationsakten

Häufiger ist in Klausuren die Außenwirkung bei sog. Organisationsakten zu untersuchen. Diese können im Einzelfall Außenwirkung entfalten, wenn sie sich unmittelbar auf den Bürger auswirken. Anzunehmen ist dieses z.B. in wirtschaftsverwaltungsrechtlichen Klausuren bei der Festsetzung eines Volksfestes gem. § 69 GewO.[28]

Problem: Gemeindliches Einvernehmen

Bei dem gemeindlichen Einvernehmen (§ 36 BauGB) müssen Sie unterscheiden:

- Die **Ersetzung** des Einvernehmens (§ 36 II 3 BauGB) entfaltet wegen Art. 28 II GG (Planungshoheit) Außenwirkung und stellt einen VA dar. Dennoch kann die Ersetzung nach wohl h.M. nicht isoliert angefochten werden (§ 44a VwGO). Überwiegend wird angenommen, dass die Gemeinde nur eine Anfechtungsklage gegen die Baugenehmigung selbst erheben kann.[29]
- Die **Erteilung** bzw. **Versagung** des Einvernehmens wirkt hingegen nur verwaltungsintern.

B. Aufhebung von Verwaltungsakten

14 Die Vorschriften über die Aufhebung von Verwaltungsakten dienen dem Ausgleich zwischen dem Vertrauen des Adressaten auf den Fortbestand von Verwaltungsakten und dem Interesse der Verwaltung an der Herstellung rechtmäßiger Zustände (Gesetzmäßigkeit der Verwaltung; Art. 20 III GG). Gegenstand der Aufhebung eines Verwaltungsakts im Wege der Rücknahme ist der rechtswidrige Verwaltungsakt. Hier stehen sich die konträren Interessen von Bürger und Verwaltung von Anfang an gegenüber. Die Aufhebung eines Verwaltungsakts im Wege des Widerrufs gilt über den Wortlaut des § 49 VwVfG hinaus sowohl für rechtmäßige Verwaltungsakte als auch für rechtswidrige Verwaltungsakte.

Die allgemeinen Vorschriften über Rücknahme und Widerruf nach den §§ 48 ff. VwVfG gelten nur subsidiär und werden von speziellen Vorschriften des jeweiligen Fachrechts verdrängt. Bei etwaigen Regelungslücken im Fachrecht ist mitunter fraglich, ob die allgemeinen Bestimmungen

---

[27] Decker/Wolff/*Wolff* § 35 VwVfG Rn. 87.
[28] Decker/Wolff/*Wolff* § 35 VwVfG Rn. 88 m.w.N.
[29] *Kopp/Schenke* § 42 VwGO Rn. 138a.

daneben zur Anwendung kommen oder ob das Fachrecht abschließend sein soll und bewusst Regelungslücken in Kauf nimmt.[30]

Klausurhinweis: In vielen Aktenauszügen ist dem streitbefangenen Bescheid nicht unmittelbar zu entnehmen, ob eine Aufhebung in Form einer Rücknahme oder eines Widerrufs erfolgen soll. Zudem kann ein Verwaltungsakt, mit dem wörtlich die Nichtigkeit einer Genehmigung festgestellt wird, im Fall der fehlenden Voraussetzungen des § 44 VwVfG nach Maßgabe des § 47 VwVfG in einen Rücknahmebescheid nach § 48 VwVfG umzudeuten sein. Eine solche Umdeutung ist zulässig, da die Feststellung der Nichtigkeit einer Genehmigung einerseits und die Rücknahme des Verwaltungsakts andererseits auf ein gleiches Ziel gerichtet sind.[31]

I. Rücknahme von Verwaltungsakten (§ 48 VwVfG)

Übersicht: Rücknahme eines Verwaltungsakts (§ 48 VwVfG)

1. Anwendbarkeit des § 48 VwVfG
   - (–), wenn abschließende Spezialregelungen, z.B. §§ 44 ff. SGB X; § 3 StVG.
   - (P) Verhältnis zu spezialgesetzlichen Aufhebungsregelungen, insb. GastG; BImSchG; AufenthG; WaffG
2. Formelle Aufhebungsvoraussetzungen
   a) Zuständigkeit: örtliche Zuständigkeit: § 48 V VwVfG; sachliche Zuständigkeit
   b) Verfahren (insb. § 28 VwVfG)
   c) Form
3. Materielle Aufhebungsvoraussetzungen
   a) Tatbestand
      - (anfängliche) Rechtswidrigkeit des VA (+) bei Verletzung von Außenrechtsnormen; (P) Rechtswidrigkeit bei Verletzung von Verwaltungsvorschriften; (P) »Rechtswidrig gewordener VA« str.
      - Belastender VA: Keine weiteren Voraussetzungen (»Freie Aufhebbarkeit«)
      - Begünstigender VA (+), wenn rechtlicher Vorteil begründet oder bestätigt wird (§ 48 I 2 VwVfG)

      > Bei Geldleistungsverwaltungsakten: § 48 II VwVfG
      > - § 48 II 3 VwVfG
      >   – § 48 II 3 Nr. 1 VwVfG; (P) Zurechnung der Handlungen Dritter
      >   – § 48 II 3 Nr. 2 VwVfG; (P) »Erwirken« setzt nach h.M. kein final zielgerichtetes Verhalten voraus
      >   – § 48 II 3 Nr. 3 VwVfG; (P) Bezugspunkt = Rechtswidrigkeit, nicht objektive Sachlage; (P) subjektiver Sorgfaltsmaßstab
      > - § 48 II 2 VwVfG; (P) »Verbrauch« der Leistung; (P) Unzumutbarkeit der Rückgängigmachung einer Vermögensdisposition
      > - § 48 II 1 VwVfG (Allgemeine Abwägungsregelung)

      > Bei sonstigen Verwaltungsakten: § 48 III VwVfG

      - Wahrung der Ausschlussfrist gem. § 48 IV VwVfG; (P) Anwendbarkeit bei Rechtsanwendungsfehlern nach Rspr. (+); (P) Nach Rspr. Entscheidungsfrist, die erst bei vollständiger Entscheidungsreife beginnt; (P) »Behörde« ist geschäftsverteilungsgemäß zuständiger Amtswalter
   b) Rechtsfolge: Ermessen ◄── z.T. werden Voraussetzungen des § 48 II–48 IV als Ermessensgrenze geprüft

---
30 *Kopp/Ramsauer* § 48 VwVfG Rn. 37.
31 *Kopp/Ramsauer* § 47 VwVfG Rn. 13.

1. Anwendbarkeit des § 48 VwVfG

15 Bevor Sie die Rücknahme des Verwaltungsakts nach der Generalnorm des § 48 VwVfG prüfen, müssen Sie klären, ob die Anwendbarkeit dieser Vorschrift ggf. durch abschließende Spezialregelungen verdrängt wird.

- Im **Sozialverwaltungsrecht** existieren spezialgesetzliche Vorschriften über die Aufhebung von Verwaltungsakten (§§ 44 ff. Sozialgesetzbuch Zehntes Buch – SGB X). Diese sind strukturell mit den Vorschriften der §§ 48 ff. VwVfG vergleichbar und verdrängen diese. In der Vergangenheit sind bereits Aktenauszüge ausgegeben worden, in denen Sie diese spezialgesetzlichen Regelungen anwenden müssen, die dann dem Aktenauszug als Anlage beigefügt sind. Bei der Auslegung der §§ 44 ff. SGB X greifen Sie auf die nachstehenden Ausführungen zurück, da die Vorschriften des SGB X ähnlich ausgelegt werden wie die des VwVfG.

> **Klausurhinweis:** Denkbar ist etwa die Prüfung der Rechtmäßigkeit einer Aufhebungsentscheidung über zu Unrecht gewährtes Wohngeld.[32] In Sozialleistungsstreitigkeiten müssen Sie ggf. die Gerichtskostenfreiheit gem. § 188 S. 2 VwGO beachten. Die evtl. Gerichtskostenfreiheit berücksichtigen Sie im Kostentenor wie folgt: »*Die Kosten des Verfahrens, für das Gerichtskosten nicht erhoben werden, trägt der (...).*«

- Problematisch ist zudem das Verhältnis zu § 15 I GastG. Diese Vorschrift normiert eine spezielle Rücknahmepflicht bei Vorliegen von Versagungsgründen nach § 4 I Nr. 1 GastG. Die allgemeine Ermessensnorm des § 48 VwVfG wird durch § 15 I GastG aber nicht verdrängt. Anders verhält es sich nur mit dem Widerruf der Genehmigung. Hier sehen die **§ 15 II und III GastG** ein abgeschlossenes System von Widerrufspflicht und Widerrufsermessen vor, das einen Rückgriff auf § 49 VwVfG verbietet.
- **§ 3 StVG** regelt abschließend die Entziehung einer Fahrerlaubnis.
- Examensrelevanz hat zudem **§ 45 I WaffG**, der Rücknahmevoraussetzungen für waffenrechtliche Erlaubnisse normiert.
- Rechtswidrige Verkehrsregelungen werden nach § 48 VwVfG aufgehoben; insoweit stellen weder § 45 I 1 StVO noch § 45 III 1 StVO Spezialregelungen dar.[33]

2. Formelle Aufhebungsvoraussetzungen

16 In formeller Hinsicht existieren wenig Klausurprobleme. Zur Rücknahme ist die im Zeitpunkt der Aufhebungsentscheidung zuständige Behörde befugt. Dieses folgt für die örtliche Zuständigkeit ausdrücklich aus § 48 V VwVfG. Hat ursprünglich eine sachlich unzuständige Behörde entschieden, ist für die Rücknahme die zum Zeitpunkt der Rücknahmeentscheidung tatsächlich zuständige Behörde entscheidungsbefugt.[34] Vor Rücknahme des Verwaltungsakts ist gem. § 28 I VwVfG eine Anhörung erforderlich.

3. Materielle Aufhebungsvoraussetzungen

a) Rechtswidrigkeit des VA

17 Materiell muss der aufzuhebende Verwaltungsakt objektiv rechtswidrig sein. Dieses ist bei Verletzung von Außenrechtsnormen[35] zu bejahen.

Problem: Rechtswidrigkeit wegen Verstoß gegen Verwaltungsvorschriften

Sind im Aktenauszug Verwaltungsvorschriften abgedruckt, gegen die verwaltungsseitig verstoßen worden ist, müssen Sie bei der späteren Rücknahmeentscheidung beachten, dass die Verletzung von internen Verwaltungsrichtlinien allein grds. keine Rechtswidrigkeit begründet. Eine

---

32 Sind die Vorschriften der §§ 44 ff. SGB X anwendbar, sollten Sie bei der Eröffnung der Verwaltungsrechtswegs die abdrängende Zuweisung an die Sozialgerichte gem. § 51 Sozialgerichtsgesetz (SGG) im Auge behalten.
33 VGH Mannheim, Urt. v. 19.11.2009 – BeckRS 2009 42395.
34 Für diese Auffassung *Kopp/Ramsauer* § 48 VwVfG Rn. 146; allerdings str.
35 Einschließlich der Vorschriften des Gemeinschaftsrechts.

Rechtswidrigkeit kann sich aber mittelbar aus einem Verstoß gegen Art. 3 I GG i.V.m. dem Grundsatz der Selbstbindung der Verwaltung ergeben, wenn die Behörde in vergleichbaren Fällen entsprechend der Verwaltungsvorschrift vorgegangen ist.[36] Ergibt sich aus dem Aktenauszug, dass die Behörde in anderen Sachverhalten die internen Vorschriften regelmäßig beachtet hat, müssen Sie über diesen Weg prüfen, ob die Verwaltungsvorschriften eingehalten worden sind. Maßgeblicher Zeitpunkt für die Beurteilung der Rechtswidrigkeit ist grundsätzlich der Zeitpunkt des Verwaltungsakterlasses (sog. anfängliche Rechtswidrigkeit). Die Aufhebung rechtswidrig gewordener Verwaltungsakte richtet sich hingegen nach § 49 VwVfG (str.).[37]

b) Begünstigender Verwaltungsakt

Die Rechtmäßigkeit der Rücknahme bemisst sich danach, ob es sich um einen begünstigenden oder einen nicht begünstigenden Verwaltungsakt handelt. Während ein rechtswidriger belastender Verwaltungsakt nach dem Grundsatz der freien Rücknehmbarkeit (§ 48 I 1 VwVfG) jederzeit aufgehoben werden kann, kann die Rücknahme eines begünstigenden Verwaltungsaktes nur erfolgen, wenn die einschränkenden Voraussetzungen der § 48 I 2, II–IV VwVfG erfüllt sind.

Begünstigend ist ein Verwaltungsakt, wenn er ein Recht oder einen rechtlich erheblichen Vorteil begründet oder bestätigt (§ 48 I 2 VwVfG). Die Frage der Begünstigung ist stets im Zeitpunkt der Rücknahme zu beurteilen. Dies kann dazu führen, dass ein belastender Verwaltungsakt begünstigend ist, wenn er aufgehoben wird, da zugleich eine belastende Regelung (Verböserung) getroffen wird. Dann war der ursprüngliche Verwaltungsakt weniger belastend. Dessen Rücknahme bemisst sich aus Sicht der nachträglichen Verböserung nach den § 48 I 2 VwVfG i.V.m. § 48 II und IV VwVfG.

c) Besondere Voraussetzungen des § 48 II–III VwVfG

Anschließend prüfen Sie bei rechtswidrigen, begünstigenden Verwaltungsakten die Voraussetzungen des § 48 II VwVfG bzw. § 48 III VwVfG. Insoweit müssen Sie wie folgt unterscheiden:

Bei Verwaltungsakten, mit denen Geldleistung oder teilbare Sachleistung gewährt wird	Bei sonstigen Verwaltungsakten
§ 48 II VwVfG	**§ 48 III VwVfG**

• § 48 II 3 VwVfG
  – § 48 II 3 Nr. 1 VwVfG; (P) Zurechnung der Handlungen Dritter
  – § 48 II 3 Nr. 2 VwVfG; (P) »Erwirken« setzt nach h.M. keine final zielgerichtetes Verhalten voraus
  – § 48 II 3 Nr. 3 VwVfG; (P) subjektiver Fahrlässigkeitsmaßstab
• § 48 II 2 VwVfG; (P) »Verbrauch« der Leistungen (–), wenn Leistung noch im Vermögen vorhanden
• § 48 II 1 VwVfG
	• Vertrauen nach traditioneller Rspr. nicht erheblich, sondern bei Prüfung des Ausgleich des Vermögensnachteils auf Sekundärebene relevant; a.A. neuere Rspr., die Vertrauensschutzerwägungen i.R.d. Ermessens berücksichtigt (jedenfalls dann, wenn Vertrauen durch finanziellen Ausgleich nicht angemessen kompensierbar ist).
	• Beispiel: VA über Verteilung der Straßenangehörigkeit, Bauvorbescheide, Wehrdienstzurückstellungen

§ 48 IV VwVfG

---

36 *Kopp/Ramsauer* § 48 VwVfG Rn. 30 m.w.N.; *Maurer* § 11 Rn. 18.
37 S.u. Rn. 26.

> **Aufbauhinweis:** § 48 I 2 VwVfG verweist auf Einschränkungen, die bei der Rücknahme eines begünstigenden Verwaltungsaktes zu beachten sind. Es ist nicht fehlerhaft, diese Einschränkungen als spezielle normative Schranken des Ermessens zu prüfen.[38] So können etwa die Einschränkungen des § 48 II VwVfG als inhaltliche Ermessensgrenze verstanden werden. § 48 IV VwVfG könnte als zeitliche Grenze des Rücknahmeermessens verstanden werden. Wir empfehlen hingegen mit der traditionellen Auffassung der Rspr. die Einschränkungen des § 48 II–IV VwVfG bereits auf tatbestandlicher Ebene zu prüfen. Hierfür spricht auch, dass § 48 VwVfG grammatisch zwischen den (auf Tatbestandsseite zu prüfenden) Einschränkungen der §§ 48 II–IV VwVfG und dem Ermessen differenziert.

aa) Spezieller Vertrauensschutz nach § 48 II VwVfG

20 § 48 II VwVfG normiert einen speziellen Vertrauensschutz für Geldleistungsverwaltungsakte und sonstige Sachleistungsverwaltungsakte. Voraussetzung des Vertrauensschutzes ist, dass der Begünstigte auf den Bestand des Verwaltungsaktes vertraut hat und sein Vertrauen unter Abwägung mit den öffentlichen Interessen an einer Rücknahme schutzwürdig ist. Diese allgemeine Formel des § 48 II 1 VwVfG wird durch die nachfolgenden Sätze 2 und 3 durch positive und negative Beispiele konkretisiert. Aus alledem ergibt sich folgendes Prüfungsschema:[39]

> - **Hat der Begünstigte tatsächlich auf den Verwaltungsakt vertraut?** Diese Forderung ergibt sich aus § 48 II 1 VwVfG. Tatsächliches Vertrauen ist beispielsweise zu verneinen, wenn der Begünstigte den Verwaltungsakt überhaupt nicht gekannt hat. Ein Fall, in dem der Begünstigte von dem Verwaltungsakt keine Kenntnis hat, dürfte jedoch kaum klausurrelevant sein.
> - **Ist das Vertrauen des Begünstigten schutzwürdig?** Dies ist zunächst nicht der Fall, wenn ein spezieller Ausschlussgrund des § 48 II 3 VwVfG gegeben ist. Liegt ein spezieller Ausschlussgrund des § 48 II 3 VwVfG nicht vor, kommt es zur Prüfung der allgemeinen Regelvermutung gemäß § 48 II 2 VwVfG: Danach ist das Vertrauen in der Regel schutzwürdig, wenn der Begünstigte gewährte Leistungen verbraucht oder Vermögensdispositionen getroffen hat, die er nicht mehr oder nur unter unzumutbaren Nachteilen rückgängig machen kann.
> - **Überwiegt das Vertrauen des Begünstigten das öffentliche Interesse an der Rücknahme?** Diese grundsätzliche Frage ergibt sich wiederum aus § 48 II 1 VwVfG. Sie ist nur zu beantworten durch eine umfassende Abwägung. Dabei kommt es auf die konkreten Umstände und ihr Gewicht im Einzelfall an.

Zunächst prüfen Sie das tatsächliche Vertrauen, danach dessen Schutzwürdigkeit. Letzteres entfällt bereits dann, wenn die Voraussetzungen des § 48 II 3 VwVfG erfüllt sind.

- Bei § 48 II 3 **Nr. 1** VwVfG müssen Sie berücksichtigen, dass das Verhalten des Begünstigten gerade ursächlich für die Rechtswidrigkeit des Verwaltungsaktes gewesen ist (»*er* ... erwirkt hat.«). Allerdings ist das Fehlverhalten eines Vertreters des Begünstigten diesem zuzurechnen. Diese Zurechnung hat die Rspr. auch bei einem Ehegatten bejaht, der durch Bestechungshandlungen einen Zuwendungsbescheid für das Wohnhaus der Ehefrau erwirkt hat.[40] Nach dieser Entscheidung kommt es entscheidend auf die Risikosphäre bzw. den Verantwortungsbereich des Begünstigten an. Liegt ein Fall des § 48 II 3 Nr. 1 VwVfG vor, greift im Übrigen die Jahresfrist des § 48 IV 1 VwVfG nicht ein (§ 48 IV 2 VwVfG). Deshalb müssen Sie in der Klausur regelmäßig klären, ob (lediglich) ein Fall des § 48 II 3 Nr. 2 oder 3 VwVfG vorliegt oder sogar ein Fall des § 48 II 3 Nr. 1 VwVfG. Dieses gilt jedenfalls dann, wenn Probleme der Ausschlussfrist in den Aktenauszug eingebaut sind.
- Vertrauensschutz entfällt nach § 48 II 3 **Nr. 2** VwVfG ferner dann, wenn der Begünstigte den zurückzunehmenden Verwaltungsakt durch Angaben erwirkt hat, die in wesentlicher Beziehung unrichtig oder unvollständig waren. Klausurrelevant ist hierbei das Tatbestandsmerkmal »erwirkt«. Nach der Rspr.[41] liegt ein Erwirken bereits vor, wenn die fehlerhaften Angaben für die Rechtswidrigkeit des Verwaltungsakts ursächlich sind. Ein darüber hinausgehendes

---

[38] In diese Richtung jüngst: BVerwG, Urt. v. 22.08.2007, 8 C 6/06; so auch Stelkens/Bonk/Sachs/*Sachs* § 48 VwVfG Rn. 110.
[39] *Maurer* § 11 Rn. 30 f.
[40] OVG Münster, Urt. v. 14.07.2004 – 10 A 4471/01 NWVBl. 2005, 71.
[41] BVerwG, Beschl. v. 16.02.1990 NVwZ 1990, 1069 (1071) m.w.N.

ziel- und zweckgerichtetes Handeln ist nach der Rspr. nicht erforderlich. Dieser Auffassung sollten Sie mit dem Hinweis folgen, dass es keinen sachlichen Grund geben dürfte, den Begriff des »Erwirkens« anders als in § 48 II 3 Nr. 1 VwVfG auszulegen. Bitte beachten Sie, dass *Kopp/Ramsauer* an dieser Stelle die Minderheitsauffassung vertreten.

- Schließlich sollten Sie bei der Auslegung des § 48 II 3 **Nr. 3** VwVfG daran denken, dass es nicht auf die Kenntnis oder grob fahrlässige Unkenntnis der die Rechtswidrigkeit begründenden Umstände ankommt, sondern darauf, ob der Begünstigte nach seiner individuellen Urteils- und Einsichtsfähigkeit (subjektiver Sorgfaltsmaßstab) die Rechtswidrigkeit des Verwaltungsaktes kannte.[42] Die Kenntnis bzw. grob fahrlässige Unkenntnis der tatsächlichen Umstände, die zur Rechtswidrigkeit des VA geführt haben, reichen daher nicht. Maßgebend für die »grobe Fahrlässigkeit« ist der individuelle Bildungsstand des Betroffenen. Hierzu wird Ihnen der Sachverhalt Hinweise (Schulabschluss, Erfahrungen mit Behörden etc.) geben.

Liegt ein Fall des § 48 II 3 VwVfG nicht vor, prüfen Sie anschließend, ob ein Fall des **§ 48 II 2 VwVfG** gegeben ist. Die Vorschrift ist – anders als ihr Wortlaut vermuten lässt – eng zu verstehen:

- Ein **Verbrauch der Leistungen** i.S.d. § 48 II 2, 1. Var. VwVfG liegt nur vor, wenn sog. Luxusaufwendungen vorgenommen wurden. Wurden die empfangenen Leistungen hingegen zur Schuldentilgung verwendet oder für Anschaffungen, die bei bereicherungsrechtlicher Betrachtung noch im Vermögen des Begünstigten vorhanden sind, kommt die Regelvermutung nicht zum Zuge.[43]
- Eine **Vermögensdisposition** nach § 48 II 2, 2. Var. VwVfG ist weitergehend. Hierunter fällt jedes Verhalten, das in einem ursächlichen Zusammenhang mit dem begünstigenden Verwaltungsakt steht und Auswirkungen auf die Vermögenssituation des Betroffenen hat.[44] Schutzwürdig ist diese Disposition aber nur, wenn deren Rückgängigmachung unmöglich oder für den Betroffenen unzumutbar ist, etwa weil eingegangene Verpflichtungen nicht mehr rückgängig gemacht werden können (was im Rahmen der ggf. inzident zu prüfenden §§ 495, 501, 503 BGB n.F. allerdings der Fall sein kann) oder die Rückabwicklung mit erheblichen Verlusten verbunden ist und daher nach den individuellen Einkommens- und Vermögensverhältnissen des Betroffenen unzumutbar ist.[45]

Schließlich nehmen Sie gemäß **§ 48 II 1 VwVfG** eine Abwägung zwischen Vertrauensschutz des Betroffenen und dem öffentlichen Aufhebungsinteresse vor. Dabei müssen Sie die Auswirkungen der Rücknahme für den Begünstigten, die Folgen der Nichtrücknahme für die Allgemeinheit und für Dritte, die Art und das Zustandekommen des Verwaltungsakts (je förmlicher das Verwaltungsverfahren ausgestaltet ist, desto mehr darf der Begünstigte auf den Bestand des Verwaltungsakts vertrauen), die Schwere der Rechtswidrigkeit und die seit dem Erlass des Verwaltungsakts verstrichene Zeit (je weiter der Erlasszeitpunkt zurückliegt, desto stärker ist das Vertrauen des Begünstigten) berücksichtigen. Überwiegt die Schutzwürdigkeit des Begünstigten, wäre die Rücknahme rechtswidrig.

Bei Anfertigung der Klausur ist hierbei Folgendes zu berücksichtigen: Bei der Abwägungsentscheidung im Sinne des § 48 II VwVfG wird das Rücknahmeermessen i.d.R. durch das gesetzliche Gebot, bei der Aufstellung und Ausführung des Haushaltsplans die Grundsätze der Wirtschaftlichkeit und Sparsamkeit zu beachten, gelenkt. Daraus folgt, dass in den Fällen der rechtswidrigen Gewährung von öffentlichen Zuschüssen im Regelfall das Ermessen nur durch eine Entscheidung zugunsten der Rücknahme fehlerfrei ausgeübt werden kann. Die Haushaltsgrundsätze überwiegen also i.d.R. das Interesse des Begünstigten, die Leistung behalten zu dürfen und verbieten einen umfassenden Verzicht auf die Rücknahme der Subventionsentscheidung, wenn der mit der Bewilligung verfolgte Zweck verfehlt wird.[46] Der Hinweis auf die Grundsätze der Wirtschaftlichkeit und Sparsamkeit in dem im Aktenauszug abgedruckten Verwaltungsakt reicht demzufolge in aller Regel. Sie sollten daher mit der Annahme eines Ermessensfehlers

---

42 BVerwG, Urt. v. 22.09.1993 – 2 C 34/91 – NVwZ-RR 1994, 369 f.
43 Decker/Wolff/*Decker* § 48 VwVfG Rn. 26 m.w.N.
44 *Kopp/Ramsauer* § 48 VwVfG Rn. 97 m.w.N.
45 *Kopp/Ramsauer* § 48 VwVfG Rn. 97a m.w.N.
46 BVerwG, Urt. v. 16.06.1997 – 3 C 22/96 – NJW 1998, 2233–2234.

eher zurückhaltend sein. Es müssen stets besondere Gründe vorliegen, um eine andere Entscheidung zugunsten des Bürgers rechtfertigen zu können.[47] Für die Klausur – vor allem die verwaltungspraktische Klausur – heißt dies, dass die Ermessenserwägungen nicht umfassend dargelegt werden müssen. Sie sollten aber den Grundsatz des intendierten Ermessens deutlich zum Ausdruck bringen. Für verwaltungsgerichtliche Aufgaben folgt hieraus, dass ein Ermessensfehler vielfach nicht gegeben ist, weil ohnehin nur die Aufhebungsentscheidung sachlich richtig ist. Für die Anwaltsklausur heißt dies, dass der von dem Prüfungsamt dem Mandanten in den Mund gelegte Hinweis auf die vermeintliche Ermessensfehlerhaftigkeit häufig ins Leere läuft. Hierzu sollten Sie ggf. im Mandantenschreiben Stellung nehmen.

bb) Sonstige begünstigende Verwaltungsakte, die nicht unter § 48 II VwVfG fallen

21 Die Rücknahme eines begünstigenden Verwaltungsaktes, der nicht unter § 48 II VwVfG fällt, erfolgt nach § 48 I VwVfG unter Berücksichtigung von § 48 III VwVfG. Die Vorschrift des § 48 I VwVfG eröffnet Ermessen. Bei dieser Ermessensentscheidung könnte sich die Frage stellen, ob Vertrauensgesichtspunkte überhaupt in die Rücknahmeentscheidung eingestellt werden können. Denn schließlich gewährt § 48 III VwVfG für Verwaltungsakte, die nicht unter Absatz 2 fallen (also insb. statusbegründende Verwaltungsakte wie z.B. Vertriebenenausweis oder Einbürgerungsbescheide, daneben aber auch Bauvorbescheide oder Rückstellungsbescheide vom Wehrdienst) einen Sekundärausgleich für das enttäuschte Vertrauen. Die Existenz eines Sekundärausgleichs für sonstige begünstigende Verwaltungsakte könnte vermuten lassen, dass das enttäuschte Vertrauen bei diesen Verwaltungsakten nur durch Geld kompensiert wird, nicht aber der Rücknahme als solcher entgegensteht. Dieses ist aber nicht der Fall. Die heutige Auffassung geht davon aus, dass bei Rücknahme sonstiger begünstigender Verwaltungsakte im Rahmen der Ermessensentscheidung eine Abwägung zwischen dem Vertrauen und dem öffentlichen Interesse an der Rücknahme vorzunehmen ist.[48] Dieses kann jedenfalls dann gelten, wenn das schutzwürdige Vertrauen des Betroffenen durch einen bloßen finanziellen Ausgleich nicht angemessen aufgefangen wird. Für diese Abwägung kann man sich an der Prüfungsreihenfolge orientieren, die § 48 II VwVfG vorgibt. Um Missverständnissen vorzubeugen, wird allerdings von einer analogen Anwendung dieser Vorschrift abgeraten.

Im Übrigen sollten Sie im Examen taktisch denken: Es kann sein, dass der Lösungsvorschlag noch einer älteren Position der Rspr. folgt, wonach die Interessen des Bürgers allein durch den in § 48 III VwVfG vorgesehenen Vermögensschutz berücksichtigt werden. Daher wird die Behörde ggf. vortragen, dass bei § 48 III VwVfG eine Vertrauensschutzprüfung wegen der gesetzlichen Systematik des § 48 VwVfG nicht erfolgen darf. Finden Sie im Aktenauszug viele Anhaltspunkte, die eine Vertrauensschutzprüfung ermöglichen, sollten Sie in jedem Fall der neuen Rspr. folgen und die vorgetragenen Argumente der Behörde zurückweisen.

d) Rücknahmefrist (§ 48 IV VwVfG)

22 Die Rücknahmefrist des § 48 IV VwVfG gilt bei allen begünstigenden Verwaltungsakten, sofern der Verwaltungsakt nicht durch arglistige Täuschung, Drohung oder Bestechung erwirkt wurde (vgl. § 48 IV 2 i.V.m. § 48 II 3 Nr. 1 VwVfG). Diese Norm ist zu einer der umstrittensten Vorschriften des gesamten Verwaltungsverfahrensrechts geworden. Entsprechend häufig spielt sie eine Rolle in Examensklausuren. Der Streit über die Auslegung des § 48 IV VwVfG betrifft drei Fragen:[49]

- **Ist die Vorschrift anwendbar?** Die Vorschrift kommt jedenfalls zur Anwendung, wenn der Behörde nach Erlass des Verwaltungsaktes Tatsachen (Fakten) bekannt werden, die die Rechtswidrigkeit des Verwaltungsaktes indizieren (Tatsachenfehler). Neben expliziten Ausnahmen (§ 48 IV 2 VwVfG sowie § 50 VwVfG – hierzu später) ist jedoch strittig, ob die Vorschrift auch eingreift, wenn die Behörde zwar vom zutreffenden Sachverhalt ausgegangen ist, aber später erkennt, dass sie das Recht falsch ausgelegt oder angewendet hat und der Verwaltungsakt deshalb rechtswidrig ist (sog. Rechtsanwendungsfehler). Das BVerwG bejaht die Anwendbarkeit des § 48 IV VwVfG auf Rechtsanwendungsfehler.[50]

---

47 Decker/Wolff/*Decker* § 48 VwVfG Rn. 37.
48 BVerwG, Beschl. v. 07.11.2000 NVwZ-RR 2001, 198; OVG Bremen, Beschl. v. 25.02.2004 NordÖR 2004, 160; OVG Münster, Urt. v. 14.07.2004 NWVBl. 2005, 71 (73).
49 *Maurer* § 11 Rn. 35a.
50 Urt. v. 25.06.1982 – 8 C 122/81 – NVwZ 1983, 91 f.

- **Wann beginnt die Frist?** Nach der Rspr. beginnt die Frist erst dann zu laufen, wenn die Behörde alle für die Rücknahmeentscheidung maßgeblichen Tatsachen kennt, wenn sie also auch die für die Gewährung von Vertrauensschutz und die Ermessenserwägung relevanten Tatsachen ermittelt hat.[51] Demzufolge handelt es sich bei § 48 IV VwVfG nicht um eine (nach Kenntnis der Rechtswidrigkeit beginnende) Bearbeitungsfrist, sondern um eine (nach Aufklärung aller Tatsachen beginnende) Entscheidungsfrist. Diese Auffassung ist sehr behördenfreundlich. In der Klausur greifen Sie dann i.d.R. auf den Eingang der Stellungnahme im Anhörungsverfahren zurück.
- **Wer muss Kenntnis erlangen?** Die Vorschrift spricht lediglich von der Behörde. Der Große Senat des Bundesverwaltungsgerichts lässt es für den Fristbeginn nicht genügen, dass irgendwelche Amtsträger die Informationen erlangt haben. Es muss sich vielmehr um den behördenintern zuständigen Amtswalter handeln.[52] Klausurtypisch sind Fälle, in denen der maßgebliche Informationsträger schon seit geraumer Zeit innerhalb der Behörde herumgereicht wird und erst spät den tatsächlich zuständigen Amtswalter erreicht. In dem Zeitpunkt des Eingangs des Schriftstücks bei der Behörde ist die Jahresfrist häufig verstrichen. Auch hier hat die ständige Rspr. behördenfreundlich entschieden. Die Frist beginnt also erst, wenn der zuständige Amtswalter Kenntnis erlangt.

e) Ermessen

§ 48 VwVfG eröffnet Ermessen (»kann«). Die an § 40 VwVfG zu orientierende Ermessensentscheidung bezieht sich sowohl auf das Entscheidungsermessen (»ob«) als auch auf das Auswahlermessen (»wie«). Hierbei sind die öffentlichen Interessen gegenüber dem privaten Interesse des Betroffenen abzuwägen. Der Sachverhalt wird viele Gesichtspunkte enthalten, die im Rahmen der Ermessensentscheidung eine Rolle spielen. 23

Sofern nach dem Bearbeitervermerk eine **behördliche Entscheidung** zu entwerfen ist, müssen Sie hier einen Schwerpunkt der Klausurlösung legen. Bei der gem. § 39 I 3 VwVfG besonders zu begründenden Ermessensentscheidung müssen Sie umfassend darstellen,

- dass Sie als Behörde erkannt haben, dass Ermessen auszuüben ist (»Bei der von mir vorzunehmenden Ermessensentscheidung habe ich zu berücksichtigen, dass (...)«;
- welchen Zweck das Rechtsgebiet verfolgt, aus dessen Bereich der zurückzunehmende Verwaltungsakt stammt;
- welche Umstände für die Ermessensentscheidung ermittelt worden sind;
- wie die Belange des Betroffenen mit den öffentlichen Belangen abgewogen werden.

Wenn allerdings ein Fall intendierten Ermessens vorliegt, sollten Sie klarstellen, dass der Gesetzgeber eine Regelwertung zugunsten der Aufhebung vorgenommen hat.

II. Widerruf von Verwaltungsakten (§ 49 VwVfG)

> **Übersicht: Widerruf von Verwaltungsakten**
>
> 1. Anwendbarkeit des § 49 VwVfG; insb.
>   - Spezialgesetzliche Vorschriften für Sozialleistungen: §§ 46, 47 SGB X
>   - (P) § 49 VwVfG wird durch § 15 II und III GastG verdrängt
> 2. Formelle Aufhebungsvoraussetzungen
>   a) Zuständigkeit: Örtliche Zuständigkeit gem. § 49 V VwVfG; sachliche Zuständigkeit richtet sich nach Fachrecht im Zeitpunkt der Widerrufsentscheidung
>   b) Verfahren (insb. Anhörung gem. § 28 VwVfG)
>   c) Form
> 3. Materielle Aufhebungsvoraussetzungen
>   a) Tatbestand
>   - Rechtmäßigkeit des Ursprungs-VA; (P) § 49 VwVfG gilt aber erst Recht auch bei rechtswidrigen VAen
>   - Belastender VA: keine weiteren Voraussetzungen

---

[51] BVerwGE 70, 356 (362 ff.).
[52] BVerwGE 70, 356 (364).

> - Begünstigender VA (§ 48 I 2 VwVfG); (P) Verwaltungsakt mit Mischwirkung
>
> > **Mit Wirkung für die Zukunft: § 49 II VwVfG**
> >
> > - Widerrufsvorbehalt (Nr. 1); (P) Rechtmäßigkeit der Beifügung der Auflage als Nebenbestimmung bei fehlender Bestandskraft prüfen; i.Ü. wegen Tatbestandswirkung nur auf Ermessensebene relevant
> > - Nichterfüllung einer Auflage (Nr. 2)
> > - Änderung der Sach- (Nr. 3) bzw. Rechtslage (Nr. 4)
> > - Schwere Nachteile für Gemeinwohl (Nr. 5)
>
> > Sehr examensrelevant: Ergänzende Voraussetzungen für Widerruf von Geldleistungs-VA bzw. teilbare Sachleistungen mit **Wirkung für die Vergangenheit: § 49 III 1 VwVfG**
> >
> > - Zweckwidrige Mittelverwendung (Nr. 1)
> > - Nichterfüllung einer Auflage (Nr. 2)
>
> - Einhaltung der Ausschlussfrist (§ 49 II 2 bzw. III 2 i.V.m. § 48 IV VwVfG)
>
> b) Rechtsfolge: Fehlerfreie Ausübung des Widerrufsermessens bzgl. »Ob« und »Wie«

1. Anwendbarkeit des § 49 VwVfG

24 Der Widerruf eines rechtmäßigen Verwaltungsaktes richtet sich im Allgemeinen nach § 49 VwVfG. Existieren Spezialnormen, stellt sich – wie bei § 48 VwVfG – die Frage nach dem Konkurrenzverhältnis. Ein Rückgriff auf die allgemeine Bestimmung des § 49 VwVfG ist zumindest dann verwehrt, wenn das Fachrecht eine abschließende Regelung trifft.

- Im Sozialverwaltungsrecht gelten als Sondervorschriften die §§ 46, 47 SGB X, die die Anwendbarkeit des § 49 VwVfG ausschließen.
- Im Wirtschaftsverwaltungsrecht besteht ein Konkurrenzproblem im Verhältnis zum GastG. **§ 15 II und III GastG** regeln umfassend und abschließend die Voraussetzungen für den Widerruf einer Gaststättenerlaubnis. Für § 49 VwVfG bleibt daneben kein Raum.[53] Im Übrigen richtet sich die Aufhebung von Erlaubnissen vielfach nach § 49 VwVfG.[54]
- **§ 45 II WaffG** regelt abschließend den Widerruf waffenrechtlicher Erlaubnisse.
- Weitere wichtige spezielle Widerrufsvorschriften, z.B. § 21 BImSchG oder weitere Widerrufsgründe aus dem Wirtschaftsverwaltungsrecht werden im Abschnitt zum besonderen Verwaltungsrecht dargestellt.

2. Formelle Aufhebungsvoraussetzungen

25 In formeller Hinsicht gelten keine Besonderheiten. Die örtliche Zuständigkeit folgt aus § 49 V i.V.m. § 3 VwVfG. Für die sachliche Zuständigkeit gelten die Ausführungen zur Rücknahme eines Verwaltungsakts entsprechend. Die formell regelmäßig erforderliche Anhörung gem. § 28 VwVfG wird in den Aktenauszügen seltener problematisiert.

3. Materielle Aufhebungsvoraussetzungen

a) Rechtmäßigkeit des Verwaltungsakts

26 Der aufzuhebende Verwaltungsakt muss grds. rechtmäßig sein. Die Prüfungsämter erwarten in diesen Fällen vielfach eine umfassende Prüfung der Rechtmäßigkeit der aufzuhebenden Entscheidung. Maßgebend ist, ob der Verwaltungsakt im Zeitpunkt des Erlasses im Einklang mit der Rechtsordnung stand.[55]

---

53 Im Gegensatz zu § 15 I GastG, neben dem auch § 48 VwVfG zur Anwendung gelangt, s.o.
54 Im Einzelnen hierzu s.u., 2. Teil, Kapitel »Gewerberecht«.
55 Wolff/Decker/*Decker* § 49 Rn. 3.

1. Kapitel. Der Verwaltungsakt

Problem: Anwendbarkeit des § 49 VwVfG auf rechtswidrige Verwaltungsakte

Nach h.M. ist – über den Wortlaut des § 49 VwVfG hinausgehend – die Vorschrift auch für die Aufhebung rechtswidriger Verwaltungsakte anwendbar, sofern die Voraussetzungen des § 48 VwVfG nicht vorliegen (sog. »Erst-Recht-Schluss«).[56] In der Klausurbearbeitung müssen Sie aber dennoch die Rechtmäßigkeit bzw. Rechtswidrigkeit prüfen. In aller Regel ist es ein schwerer Fehler, wenn Sie wegen des »Erst-Recht-Schlusses« die Rechtswidrigkeit dahinstehen lassen.

Problem: Rechtswidrig gewordener Verwaltungsakt

Problematisch ist der Fall, in dem ein Dauerverwaltungsakt ursprünglich rechtmäßig erlassen wurde, aber aufgrund einer später eintretenden Änderung der Sach- oder Rechtslage rechtswidrig geworden ist. Teilweise wird die Auffassung vertreten, dass sich bei einem Dauerverwaltungsakt die Rechtmäßigkeit stets erneuern müsse, was die Anwendbarkeit des § 48 VwVfG eröffnet.[57] Da allerdings nach h.M. für die Beurteilung der Rechtmäßigkeit des Verwaltungsakts der Zeitpunkt des Erlasses des Verwaltungsaktes maßgebend ist, wird diese Auffassung kritisiert. Daher wird in der neueren Rspr. der rechtswidrig gewordene Verwaltungsakt unter § 49 II Nr. 3 und 4, III VwVfG subsumiert.[58]

b) Begünstigender Verwaltungsakt

Der aufzuhebende Verwaltungsakt ist begünstigend, wenn er ein Recht oder ein rechtlich erheblichen Vorteil begründet oder bestätigt (§ 48 I 2 VwVfG). Dieses beurteilt sich nach dem objektiven Regelungsgehalt des Verwaltungsakts unter Berücksichtigung des Zwecks der ggf. zugrunde liegenden Norm.[59] **27**

c) Vorliegen eines Widerrufsgrundes

§ 49 II und III VwVfG enthalten Widerrufsgründe. Auch hier ist wie bei § 48 VwVfG zwischen Verwaltungsakten, die eine Geld- oder teilbare Sachleistung zur Erfüllung eines bestimmten Zwecks gewähren oder hierfür Voraussetzung sind (§ 49 III VwVfG) und sonstigen Verwaltungsakten (§ 49 II VwVfG) zu unterscheiden. Geldleistungsverwaltungsakte können (nur) unter den Voraussetzungen des Abs. 3 auch für die Vergangenheit widerrufen werden, weshalb gerade diese Norm sehr examensrelevant ist. Im Übrigen sind rechtmäßige Verwaltungsakte nur für die Zukunft widerrufbar. **28**

Mit Wirkung für die Zukunft: § 49 II 1 VwVfG	Ergänzende Voraussetzungen für Widerruf von Geldleistungs-VA bzw. teilbare Sachleistungen mit **Wirkung für die Vergangenheit**: § 49 III 1 VwVfG
• Widerrufsvorbehalt (Nr. 1) • Nichterfüllung einer Auflage (Nr. 2) • Änderung der Sach- (Nr. 3) bzw. Rechtslage (Nr. 4); (P) »rechtswidrig gewordener Verwaltungsakt« • Schwere Nachteile für Gemeinwohl (Nr. 5)	• Zweckwidrige Mittelverwendung (Nr. 1) • Nichterfüllung einer Auflage (Nr. 2)
(§ 49 II 2 VwVfG) § 48 IV VwVfG	(§ 49 III 2 VwVfG)

aa) Vorliegen eines Widerrufsgrundes gem. § 49 II VwVfG

Für den Widerruf mit Wirkung für die Zukunft merken Sie sich folgende Gesichtspunkte: **29**

- Nach dem klausurrelevanten **Widerrufsvorbehalt nach § 49 II 1 Nr. 1 VwVfG** ist ein Widerruf zulässig, wenn dieser im Verwaltungsakt vorgesehen ist. Dieser Widerrufsvorbehalt ist eine Nebenbestimmung, dessen Rechtmäßigkeit sich nach § 36 VwVfG bemisst. Klausurrelevant sind vor allem zwei Konstellationen. Beide betreffen die Frage der Zulässigkeit des Widerrufs bei einem rechtswidrigen Widerrufsvorbehalt: Ist der Verwaltungsakt zum Zeitpunkt des Widerrufs noch anfechtbar, so dürfte es in jedem Fall darauf ankommen, dass der Wider-

---

[56] Wolff/Decker/*Decker* § 49 Rn. 4 m.w.N.
[57] BVerwG 66, 65 (68); NVwZ-RR 1994, 269; OVG Münster NVwZ-RR 1988, 3.
[58] BVerwGE 31, 222 (223); 84, 111; *Erichsen/Brügge* Jura 1999, 155 (157); *Ehlers/Kallerhoff* Jura 2009, 823 (825).
[59] *Ehlers/Kallerhoff* Jura 2009, 823 (827).

rufsvorbehalt auch rechtmäßig ist. Etwas Anderes gilt jedoch nach Auffassung des BVerwG für den Fall des unanfechtbar gewordenen Verwaltungsaktes.[60] Hier entfaltet der Verwaltungsakt mit dem Widerrufsvorbehalt Tatbestandswirkung. Zu überlegen ist gleichwohl, ob man die Rechtswidrigkeit des Widerrufsvorbehalts bei der Ermessensausübung zugunsten des Adressaten berücksichtigt.

> **Klausurhinweis:** In § 49 II VwVfG ist der Widerrufsvorbehalt als Widerrufsgrund genannt. In § 48 VwVfG, wo es um die Rücknahme rechtswidriger Verwaltungsakte geht, jedoch nicht. Um auch diesen Fall zu erfassen, wird nach ständiger Rspr. angenommen, dass § 49 VwVfG erst Recht bei rechtswidrigen Verwaltungsakten zur Anwendung gelangt. Gerade in dieser Konstellation gelangt der sog. »Erst-Recht-Schluss« zur Anwendung.

- Der begünstigende Verwaltungsakt kann ferner widerrufen werden, wenn er mit einer Auflage verbunden worden ist und der Betroffene diese nicht oder nicht innerhalb einer ihm gesetzten Frist erfüllt hat, **§ 49 II 1 Nr. 2 VwVfG**. Liegt dieser Widerrufsgrund vor, müssen Sie eine genaue Ermessensprüfung unter besonderer Berücksichtigung der Verhältnismäßigkeit vornehmen. Bei der Erforderlichkeit sollten Sie darauf hinweisen, dass die Behörde zunächst einmal die zwangsweise Durchsetzung der Auflage als weniger einschneidendes Mittel versuchen muss. Im Übrigen wäre der Widerruf einer Genehmigung einer bereits errichteten Anlage unangemessen, wenn eine relativ unwichtige Auflage nicht erfüllt worden ist.
- Ein Widerruf nach **§ 49 II 1 Nr. 3 VwVfG** kommt bei veränderter Sachlage in Betracht. Hier ist zu fragen, ob die Behörde aufgrund der nachträglich eingetretenen Tatsachen berechtigt wäre, den Verwaltungsakt nicht zu erlassen. Entscheidend ist damit, ob auf Grund der nunmehr gebotenen Sachlage die Behörde verpflichtet oder bei Ermessen berechtigt wäre, den jetzt beantragten Verwaltungsakt abzulehnen. Typischer Anwendungsfall ist die Konstellation, in der ein Erlaubnisinhaber nach Erlaubniserteilung wegen einer Straftat verurteilt wird.
- **§ 49 II 1 Nr. 4 VwVfG** bezieht sich demgegenüber auf eine geänderte Rechtslage. Unter einer solchen versteht man die Änderung des geschriebenen Rechts, nicht aber die veränderte Auslegung einer unveränderten Regelung durch die Rechtsprechung oder eine Änderung der behördlichen Auslegungspraxis. Auch die Änderung von Verwaltungsvorschriften begründet keine Änderung der Rechtslage. Bei diesem Widerrufsgrund kommt hinzu, dass der Begünstigte von der Vergünstigung noch keinen Gebrauch gemacht hat (also noch nicht »ins Werk gesetzt« hat) oder auf Grund des Verwaltungsakts noch keine Leistungen empfangen hat.
In den Fällen des § 49 II 1 Nr. 3 und Nr. 4 VwVfG muss ohne Widerruf das öffentliche Interesse gefährdet sein. Hierfür reicht es nicht aus, dass der Widerruf als solcher im öffentlichen Interesse liegt, sondern er muss zur Beseitigung oder Verhinderung eines andernfalls drohenden Schadens für den Staat, die Allgemeinheit oder anderweitig geschützte Rechtsgüter erforderlich sein.[61]
- Schließlich ist ein Widerruf noch zulässig, um schwere Nachteile für das Gemeinwohl zu verhüten oder zu beseitigen, **§ 49 II 1 Nr. 5 VwVfG**. Dieser Auffangtatbestand ist auf wenige Extremfälle beschränkt und wird in der Klausur keine Rolle spielen.

§ 49 II 2 VwVfG verweist schließlich auf die Ausschlussfrist gem. § 48 IV VwVfG.[62]

bb) Widerrufsgründe nach § 49 III VwVfG

30 Handelt es sich um einen Geldleistungsverwaltungsakt oder einen sonstigen Sachleistungsverwaltungsakt, gilt **§ 49 III VwVfG**. Da die Behörden vielfach die Leistungsrückzahlung (z.B. von Wohngeld, Subventionen etc.) anstreben, müssen Sie daher gerade § 49 III VwVfG im Blick haben, da nur diese Ermächtigungsgrundlage im Gegensatz zu § 49 II VwVfG einen Widerruf mit Wirkung für die Vergangenheit ermöglicht.

- Nach **§ 49 III 1 Nr. 1 VwVfG** liegt ein Widerrufsgrund vor, wenn die Leistung nicht, nicht alsbald oder nicht mehr für den im Verwaltungsakt bestimmten Zweck verwendet wird. Auf ein Verschulden kommt es nicht an. Falls nicht nachgewiesen werden kann, dass die Mit-

---

60 BVerwG, Urt. v. 21.11.1986 NVwZ 1987, 498.
61 BVerwG, Urt. v. 24.01.1992 NVwZ 1992, 565.
62 S.o., Rn 22.

tel zweckentsprechend verwendet werden, geht dieses zu Lasten des Subventionsempfängers.[63]
- Im Übrigen ist ein Widerruf gem. **§ 49 III 1 Nr. 2 VwVfG** zulässig, wenn ein Verwaltungsakt mit einer Auflage verbunden ist, die der Begünstigte nicht oder nicht fristgemäß erfüllt hat. Hier gilt das zur Nichterfüllung einer Auflage gemäß § 49 II 1 Nr. 2 VwVfG Gesagte entsprechend. Denkbar ist z.B. der Verstoß gegen Bewirtschaftungsauflagen. Unproblematisch sind Klausuren, in denen die Auflagen im Verwaltungsakt selbst enthalten sind. Schwierigkeiten bereiten hingegen die Fälle, in denen der Zuwendungsbescheid selbst die Auflagen nicht enthält, ein zusätzlich geschlossener öffentlich-rechtlicher Vertrag zwischen der Zuwendungsbehörde und dem Empfänger aber eine Verpflichtung enthält, dass die Zuwendungen zurückzuzahlen sind, wenn gegen die Bestimmungen des Vertrags einschließlich konkreter Bewirtschaftungsauflagen verstoßen wird. Um zu klären, ob die Vereinbarung wirksam ist, müssen Sie in der Klausur dann ggf. die Wirksamkeit des öffentlich-rechtlichen Vertrags gem. §§ 54 ff. VwVfG prüfen (Vorliegen eines »öffentlich-rechtlichen« Vertrags; Schriftform; Voraussetzungen des § 59 VwVfG).[64] Schließlich müssen Sie gerade bei § 49 III 1 Nr. 2 VwVfG das Gebot der Verhältnismäßigkeit beachten. Die Nichterfüllung einer bloß geringfügigen Auflage, rechtfertigt nicht ohne Weiteres den Widerruf.[65]

d) Ermessen

Die Entscheidung über den Widerruf steht im Ermessen der Behörde. Hier kommt es zur Abwägung zwischen dem Interesse am Fortbestand des Verwaltungsaktes und den Widerrufsgründen. Im Rahmen des § 49 III VwVfG wird das Ermessen – ähnlich wie bei § 48 II VwVfG – wegen der haushaltsrechtlichen Grundsätze der Wirtschaftlichkeit und Sparsamkeit zugunsten einer Aufhebungsentscheidung reduziert sein. Danach ist es grds. nicht zu beanstanden, wenn bei Vorliegen von Widerrufsgründen der begünstigende Verwaltungsakt aufgehoben wird.[66] Nur ausnahmsweise ist die Aufhebung unverhältnismäßig, etwa wenn die Pflichtverletzung nur ein geringes Gewicht hat oder die wirtschaftliche Existenz durch die Aufhebung nachweislich ernsthaft gefährdet ist. Dann ist die Aufhebung ggf. auf bestimmte Zeiträume zu beschränken.

31

III. Abwicklung nach Aufhebung des Verwaltungsakts (§ 49a VwVfG)

Soweit ein Verwaltungsakt rechtsgestaltend gem. §§ 48, 49 VwVfG mit Wirkung für die Vergangenheit zurückgenommen oder widerrufen worden oder infolge Eintritts einer auflösenden Bedingung unwirksam geworden ist, sind bereits erbrachte Leistungen zu erstatten (§ 49a I 1 VwVfG).[67] Beachten Sie, dass das Rückzahlungsgebot einen weiteren Verwaltungsakt darstellt (§ 49a I 2 VwVfG), der auch nicht voraussetzt, dass der Aufhebungsbescheid bestandskräftig oder sofort vollziehbar ist.[68] § 49a I 2 VwVfG begründet zugleich die in Aktenauszügen vereinzelt in Frage gestellte Befugnis zum Erlass des Verwaltungsaktes (VA-Befugnis). Da das Rückzahlungsgebot einen eigenständigen Verwaltungsakt bildet, müssen Sie diesen getrennt von der rechtsgestaltenden Aufhebungsentscheidung prüfen. Beachten Sie, dass die in den Aktenauszügen abgedruckten Verwaltungsakte häufig nur die Rückforderung erklären, nicht aber ausdrücklich die Aufhebung des Verwaltungsaktes (vereinfacht: »Bitte erstatten Sie 5.000 €.«). In solchen Fällen wird konkludent mit der Rückforderungsentscheidung die Aufhebung ausgesprochen. Das Klagebegehren (§ 88 VwGO) erfasst dann auch die Anfechtung der Aufhebungsentscheidung. Etwaige Anfechtungsanträge bzgl. des Rückforderungsgebots stehen in objektiver Klagehäufung zur Anfechtung der Aufhebung selbst (§ 44 VwGO).

32

Für den Umfang der Erstattung verweist das Gesetz auf die §§ 812 ff. BGB, wobei für den Wegfall der Bereicherung besondere Bestimmungen gelten, § 49a II 2 VwVfG. Allerdings kann die

---

63 OVG Münster NVwZ-RR 2003, 803.
64 Zu den klausurrelevanten Schwerpunkten im Einzelnen Rn. 43.
65 *Leuze-Mohr/Diebold*, S. 51.
66 BVerwG, Urt. v. 26.06.2002 – 8 C 30.01, NVwZ 2003, 211.
67 In einigen Bundesländern existiert keine ausdrückliche Ermächtigungsgrundlage für den Rückforderungsbescheid. Anspruchsgrundlage für die Rückforderung ist dann der allgemeine öffentlich-rechtliche Erstattungsanspruch.
68 *Kopp/Ramsauer* § 49a VwVfG Rn. 11 m.w.N.

Möglichkeit der Erhebung der Entreicherungseinrede ausgeschlossen sein, etwa wenn die Beteiligten vereinbart haben, dass bei zweckwidriger Verwendung der Mittel die gewährten Zuwendungen »in voller Höhe zurückzuzahlen« sind. Ggf. müssen Sie eine abgedruckte Vereinbarung dahingehend auslegen.

IV. Rücknahme und Widerruf im Rechtsbehelfsverfahren (§ 50 VwVfG)

33 Die Regelungen der §§ 48, 49 VwVfG betreffen unmittelbar nur den einseitig begünstigenden und den einseitig belastenden Verwaltungsakt. Es gibt aber zahlreiche Konstellationen, in denen es um die Aufhebung begünstigender Verwaltungsakte mit belastender Drittwirkung geht (Bsp: die den Bauherrn begünstigende Genehmigung greift in die Rechte des Nachbarn ein).[69]

Wie sich mittelbar aus § 50 VwVfG ergibt, bestimmen sich Rücknahme und Widerruf begünstigender Verwaltungsakte mit belastender Drittwirkung nach den Vorschriften und Grundsätzen über die Rücknahme und den Widerruf begünstigender Verwaltungsakte. Es gelten daher auch hier die sich aus dem Vertrauensschutzprinzip ergebenden Einschränkungen. Bei der Interessenabwägung sind allerdings nicht nur die Belange des Einzelnen und der Allgemeinheit gegeneinander abzuwägen, sondern auch die Interessen des belasteten Dritten mit einzubeziehen. Dieser Konstellation trägt § 50 VwVfG Rechnung.

Die Vorschrift geht davon aus, dass ein begünstigender Verwaltungsakt mit belastender Drittwirkung von einem Dritten angefochten wurde und bestimmt für diesen Fall, dass der angefochtene Verwaltungsakt von der zuständigen Behörde ohne Rücksicht auf die vertrauensschutzbedingten Einschränkungen der §§ 48, 49 VwVfG zurückgenommen oder widerrufen werden darf. Die Durchbrechung des Vertrauensschutzes setzt jedoch eine restriktive Handhabung des § 50 VwVfG voraus.

Bitte beachten Sie, dass § 50 VwVfG den Vertrauensschutz nicht vollständig ausschließt, sondern nur die Vorschriften der § 48 I 2 und II bis IV sowie § 49 II bis IV und VI VwVfG. Haftungsrechtlich hat dieses etwa zur Folge, dass der Begünstigte nach Aufhebung des VA keinen Entschädigungsanspruch nach § 48 III VwVfG hat. In Betracht kommt i.d.R. allenfalls ein Anspruch nach Art. 34 GG/§ 839 BGB.[70] Im Rahmen allgemeiner Ermessenserwägungen auf Grundlage der § 48 I 1 VwVfG sowie § 49 I VwVfG ist der Vertrauensschutz weiterhin zu berücksichtigen.[71]

> **Übersicht: Aufhebung eines Verwaltungsakts im Rechtsbehelfsverfahren (§ 50 VwVfG)[72]**
> 1. Es muss sich um einen begünstigenden Verwaltungsakt mit belastender Drittwirkung handeln.
> 2. Ein Dritter muss diesen durch Einlegung eines förmlichen Rechtsmittels (Widerspruch oder Anfechtungsklage) angefochten haben. Anfechtbarkeit genügt nicht.
> 3. Der Anfechtungsrechtsbehelf des Dritten muss zulässig sein. Diese Voraussetzung lässt sich dem Wortlaut des § 50 VwVfG zwar nicht entnehmen, ergibt sich aber aus dem Vertrauensschutz des Begünstigten. Besonderes Augenmerk bei der Zulässigkeitsprüfung verdienen hierbei die Befugnis (Vorliegen drittschützender Vorschriften) sowie die Beachtung der Anfechtungsfrist, bei Nichtbekanntgabe gegenüber dem Dritten ggf. des Rechtsschutzinteresses.
> 4. Das Rechtsmittelverfahren des Dritten muss noch laufen.
> 5. Mit der Aufhebung durch die Behörde muss dem Rechtsmittel abgeholfen werden, wobei es nicht auf die jeweils vorgetragenen rechtlichen Argumente, sondern auf das Ergebnis ankommt.
> 6. Umstritten ist, ob und inwieweit das Rechtsmittel begründet sein muss.
>   a) Teilweise wird die Begründetheit des Rechtsmittels nicht gefordert: § 50 VwVfG verweise auch auf § 49 VwVfG und damit auf einen rechtmäßigen Verwaltungsakt. In diesem Fall könne das Rechtsmittel des Dritten jedoch nie begründet sein.
>   b) Teilweise wird vertreten, das Rechtsmittel des Dritten dürfe nicht offenkundig unbegründet sein. Der Wegfall des Vertrauensschutzes sei ausnahmsweise nur dann gerechtfertigt, wenn der Rechtsbehelf nicht offensichtlich unbegründet ist.

---

69 *Maurer* § 11 vor Rn. 67, 68.
70 *Maurer* § 11 Rn. 71 a.E.
71 OVG Münster NWVBl. 2005, 71.
72 *Maurer* § 11 Rn. 70 f.

> c) Schließlich wird verlangt, das Rechtsmittel des Dritten müsse in vollem Umfang begründet sein. Für diese Ansicht sprechen vor allem der Wortlaut (»abgeholfen wird«), ferner die ratio der Vorschrift, die der Behörde die Möglichkeit gibt, einer Aufhebung durch die Rechtsmittelinstanz zuvorzukommen, und vor allem der Grundsatz des Vertrauensschutzes.

C. Wiederaufgreifen des Verfahrens gem. § 51 VwVfG

Die Aufhebung eines unanfechtbaren Verwaltungsaktes kann auf unterschiedliche Weise verlangt werden. Im Normalfall denkt man an das Wiederaufgreifen des Verfahrens gem. § 51 VwVfG (hierzu nachfolgend). Man sollte (gerade für anwaltliche Aufgabenstellungen) nicht außer Acht lassen, dass der Adressat eines Verwaltungsaktes dessen Aufhebung auch nach §§ 48 ff. VwVfG verlangen kann. Diese Möglichkeit lässt § 51 V VwVfG ausdrücklich zu. Dieses wurde z.B. in einer Examensklausur relevant, bei der es um den Anspruch eines Grundstückseigentümers auf Entwidmung eines Weges ging, der über sein Grundstück verlief. Zu berücksichtigen war vor allem, dass die Widmung bestandskräftig geworden ist und deshalb nicht mehr unmittelbar angreifbar war, sondern andere Instrumente in Betracht zu ziehen waren. In der Anwaltsklausur ist in einem solchen Fall an einen Antrag auf ermessensfehlerfreie Entscheidung über die Aufhebung der Widmung zu denken.

34

Ungeachtet dessen hat der Betroffene unter bestimmten Voraussetzungen einen Anspruch auf Wiederaufgreifen des Verfahrens mit dem Ziel der Aufhebung oder Änderung des unanfechtbaren Verwaltungsaktes. Dabei müssen zwei Verfahrensabschnitte streng unterschieden werden, nämlich (erstens) die Entscheidung über das Wiederaufgreifen des Verfahrens und (zweitens) die Entscheidung über die Aufhebung oder Änderung in der Sache.

> **Übersicht: Wiederaufgreifen des Verfahrens (§ 51 VwVfG)**
>
> **1. Stufe: Entscheidung über das Wiederaufgreifen des Verfahrens**
>
> I. Zulässigkeit des Antrags
>   1. **Antrag** auf Wiederaufgreifen des Verfahrens
>   2. **Statthaftigkeit des Antrags** (+), wenn VA unanfechtbar geworden ist; (P) bei unrichtiger RBB ggf. (–)
>   3. **Antragsbefugnis** (+), bei Beschwer durch Erstbescheid
>   4. **Fehlendes Verschulden**, Wiederaufgreifensgrund in früherem Verfahren insb. durch Rechtsbehelf geltend zu machen, § 51 II VwVfG.
>   5. **Antragsfrist** (§ 51 III VwVfG): Drei Monate beginnend ab dem Tag, an dem der Betroffene Kenntnis von dem Wiederaufgreifensgrund erhalten hat; Fristberechnung gemäß § 31 VwVfG mit Möglichkeit der Wiedereinsetzung in den vorigen Stand (§ 32 VwVfG)
> II. **Begründetheit des Antrags**: Vorliegen eines Wiederaufgreifensgrundes i.S.d. § 51 I VwVfG:
>   1. Änderung der Sach- oder Rechtslage zugunsten des Betroffenen (Nr. 1); (P) Änderung der Rspr. nach h.M. keine Änderung der Rechtslage; (P) Gemeinschaftsrechtskonforme Auslegung des § 51 I Nr. 1 VwVfG
>   2. Vorliegen neuer Beweismittel (Nr. 2)
>   3. Wiederaufnahmegründe entsprechend § 580 ZPO (Nr. 3)
>
> **2. Stufe: Sachentscheidungsebene**
>
> Die zu treffende Sachentscheidung richtet sich nach materiellem Recht, das für die Rechtmäßigkeit des Verwaltungsaktes maßgebend ist (h.M.; nach a.A. §§ 48, 49 VwVfG).

Für das Verständnis von § 51 VwVfG ist grundlegend, dass die Wiederaufnahme ein zweistufiges Verfahren darstellt. Im Rahmen der von § 51 VwVfG geregelten ersten Stufe ist zu prüfen, ob ein Antrag auf Wiederaufgreifen des Verfahrens zulässig und begründet ist. Erst wenn dieses bejaht wird, ist auf der zweiten Stufe der Antrag auf Aufhebung oder Änderung des unanfechtbaren Verwaltungsakts zu prüfen.

1. Stufe: Entscheidung über das Wiederaufgreifen des Verfahrens

In einer ersten Stufe ist die Zulässigkeit und Begründetheit des Antrags auf Wiederaufgreifen des Verfahrens zu erörtern.

I. Zulässigkeit des Antrags auf Wiederaufgreifen des Verfahrens

35 Im Rahmen der Zulässigkeit des Antrags prüfen Sie die in der vorstehenden Übersicht genannten Gesichtspunkte. Das Wiederaufgreifen setzt gem. § 51 I 1. Hs. VwVfG einen **Antrag** voraus. Dieses wird in Klausuren wohl wenig Probleme bereiten.

Der Antrag auf Wiederaufgreifen ist nur **statthaft**, wenn der Verwaltungsakt tatsächlich unanfechtbar geworden ist. Dieses ist nicht der Fall, wenn ein Widerspruch oder eine Anfechtungsklage zulässig ist, weil die Rechtsbehelfsbelehrung unrichtig war und folglich nicht die einmonatige Widerspruchsfrist lief, sondern die Jahresfrist (§§ 70 II, 58 II VwGO). In diesem Fall scheitert die Zulässigkeit des Wiederaufnahmeantrags an dem Erfordernis des unanfechtbaren Verwaltungsakts.

Problematisiert werden könnte in einem Aktenauszug die Frage des **fehlenden Verschuldens** (§ 51 II VwVfG). Zulässig ist der Wiederaufgreifensantrag nur, wenn der Betroffene ohne grobes Verschulden, also ohne Vorsatz oder grobe Fahrlässigkeit außerstande war, den Wiederaufgreifensgrund in dem früheren Verfahren, insb. durch einen evtl. statthaften Rechtsbehelf geltend zu machen. Ein zur Unzulässigkeit des Antrags führendes grobes Verschulden liegt erst vor, wenn dem Betroffenen das Bestehen des Grundes bekannt war oder sich nach den ihm bekannten Umständen aufdrängen müssen und er sich dennoch unter Vernachlässigung der einem ordentlichen Beteiligten zumutbaren Sorgfaltspflichten nicht weiter darum gekümmert hat.[73] Diese hohe Hürde wird voraussichtlich nicht überschritten werden. Daher dürfte es sich in der Klausur allenfalls um eine unschädliche leichte Fahrlässigkeit handeln.

Schließlich ist die **Antragsfrist** (§ 51 III VwVfG) zu beachten.

II. Begründetheit des Antrags auf Wiederaufgreifen des Verfahrens

36 Im Rahmen der Begründetheit des Antrags sind die Wiederaufgreifensgründe nach § 51 I Nr. 1 bis 3 VwVfG zu prüfen.

- **§ 51 I Nr. 1 VwVfG** zielt auf einen Widerruf. Denn der Betroffene macht geltend, dass sich nach Erlass des Verwaltungsaktes die Sach- oder Rechtslage geändert habe und deshalb der Verwaltungsakt, dessen ursprüngliche Rechtmäßigkeit nicht angezweifelt wird, nunmehr mit geltendem Recht unvereinbar sei. Beachten Sie, dass die Änderung der höchstrichterlichen Rspr. grds. keine Änderung der Rechtslage beinhaltet und ihr auch nicht gleichzusetzen ist.[74] Die Rechtsprechung legt nur Rechtsnormen aus, schafft aber keine Rechtslage. Letzteres ist Sache der Legislative.
- Neue Beweismittel im Sinne des **§ 51 I Nr. 2 VwVfG** sind keine neuen Tatsachen, sondern beziehen sich auf alte Tatsachen, die bereits zur Zeit des Erlasses des Verwaltungsaktes vorlagen. In Betracht kommen etwa Sachverständigengutachten, Urkunden oder Zeugen. Die neuen Beweismittel indizieren die (ursprüngliche) Rechtswidrigkeit des Verwaltungsakts und daher die Rücknahme.

---

[73] *Kopp/Ramsauer* § 51 VwVfG Rn. 45.
[74] BVerwGE 95, 86 (89 f.); *Ludwigs* Jura 2009, 226 (229) m.w.N.; etwas anderes kann bei Gemeinschaftsrechtswidrigkeit gelten. Hier kann sich aus Art. 4 III EUV (effet utile) die Verpflichtung zum Wiederaufgreifen des Verfahrens ergeben, wenn aufgrund einer Entscheidung des EuGH feststeht, dass die nationale Rechtsauslegung gemeinschaftsrechtswidrig ist – EuGH NVwZ 2004, 459 – *Kühne & Heitz*.

1. Kapitel. Der Verwaltungsakt

- Mit dem Verweis des § 51 I Nr. 3 VwVfG gelten schließlich auch die zivilprozessualen Wiederaufnahmegründe nach § 580 ZPO entsprechend.

2. Stufe: Antrag auf Aufhebung oder Änderung des bestandskräftigen Verwaltungsakts

§ 51 VwVfG ist eine rein verfahrensrechtliche Vorschrift. Sie gibt dem Bürger das Recht, eine erneute Sachentscheidung zu verlangen. Die Behörde hat in dieser Hinsicht kein Ermessen (»hat«). Nach welchem Recht sich die Sachentscheidung richtet ist umstritten. Nach überwiegender Auffassung gilt allein das materielle Recht des zugrunde liegenden Verwaltungsaktes. Eine andere Auffassung prüft die Vorschriften der §§ 48 f. VwVfG. Das leuchtet nicht ein. Zwar ist der Verweis in § 51 V VwVfG uneindeutig. Allerdings hat der Betroffene unabhängig von dem Vorliegen der Wiederaufgreifensgründe einen Anspruch auf ermessensfehlerfreie Entscheidung über die Rücknahme oder Widerruf auch eines unanfechtbaren Verwaltungsaktes. Das Vorliegen eines Wiederaufgreifensgrundes nach § 51 I VwVfG würde also keine Verbesserung der Situation des Betroffenen herbeiführen, würde man die Sachentscheidung auch in diesem Fall nach §§ 48 f. VwVfG beurteilen.

In prozessualer Hinsicht müssen Sie in jedem Fall die unterschiedlichen Verfahrensabschnitte beachten: Lehnt die Behörde das Wiederaufgreifen des Verfahrens ab, weil sie den Antrag für unzulässig oder unbegründet hält, ist gegen diese Entscheidung Verpflichtungsklage statthaft. Sie ist gerichtet auf die Aufhebung oder Änderung des Verwaltungsakts. Eine ausschließlich auf Wiederaufgreifen gerichtete Klage ist demgegenüber unzulässig.[75] Falls das Gericht feststellt, dass der Antrag auf Wiederaufgreifen tatsächlich unzulässig oder unbegründet ist, weist es die Klage ab. Stellt das Gericht fest, dass der Antrag zulässig und begründet ist, muss das Gericht die Sache zur Spruchreife führen (§ 113 V VwGO) und in der Sache entscheiden.

D. Nebenbestimmungen zum Verwaltungsakt

Idealer Prüfungsstoff im Assessorexamen sind ferner Rechtsfragen im Zusammenhang mit Nebenbestimmungen zum Verwaltungsakt. Diese spielen in der Praxis eine bedeutende Rolle und führen zu prozessualen und materiellrechtlichen Problemen in den examensrelevanten Gebieten des besonderen Verwaltungsrechts (insb. Baurecht, Wirtschaftsverwaltungsrecht und Umweltrecht).

I. Vorliegen einer Nebenbestimmung

Eine Nebenbestimmung liegt vor, wenn eine Hauptregelung (bzw. Hauptverwaltungsakt) durch eine zusätzliche Bestimmung ergänzt oder beschränkt wird. § 36 II VwVfG zählt die denkbaren Nebenbestimmungen auf. Danach gibt es unselbstständige Nebenbestimmungen in Gestalt von Befristung, Bedingung und Widerrufsvorbehalt (»erlassen werden mit«) sowie selbstständige Nebenbestimmungen (»verbunden werden mit«) in Form der Auflage und des Auflagenvorbehalts. Was unter diesen Nebenbestimmungen im Einzelnen zu verstehen ist, ergibt sich ebenfalls aus § 36 II VwVfG. Dort werden sämtliche Nebenbestimmungen definiert.

Problem: Abgrenzung Bedingung – Auflage

Von Bedeutung ist die Abgrenzung zwischen Bedingung und Auflage. Denn in Klausuren ist häufig nur von einer »Nebenbestimmung« die Rede. Da aber die konkrete Zulässigkeitsprüfung (nicht die statthafte Rechtsschutzform) regelmäßig von der Art der Nebenbestimmung abhängt, müssen Sie klären, um welche Art von Nebenbestimmung es sich handelt. Von einer (auflösenden oder aufschiebenden) Bedingung spricht man, wenn die innere Wirksamkeit der Hauptregelung von einem bestimmten Ereignis abhängig gemacht wird, dessen Eintritt noch ungewiss ist. Die Auflage enthält demgegenüber eine eigene Sachregelung, nämlich die Verpflichtung des durch den Verwaltungsakt Begünstigten zu einem bestimmten Tun, Dulden oder Unterlassen. Im Gegensatz zur Bedingung enthält die Auflage damit eine zusätzliche Verpflichtung und ist

---

75 BVerwGE 106, 171; *Neumann* NVwZ 2000, 1244 (1254).

selbst Verwaltungsakt. Die Auslegung einer »Nebenbestimmung«, insb. die Abgrenzung zwischen Bedingung und Auflage, erfolgt nach den folgenden vier Gesichtspunkten:

> 1. In erster Linie ist auf die Bezeichnung im Aktenstück abzustellen. Die Bezeichnung ist allerdings nur ein erstes Indiz, kein maßgebliches Kriterium, da die Terminologie auch in der Verwaltungspraxis häufig noch sehr unpräzise ist.
>
> 2. Entscheidend ist letztlich der Wille der Behörde. Dieser ist aus ihren Erklärungen zu ermitteln. Als Faustregel sollten Sie sich Folgendes merken: Eine Bedingung ist dann gewollt, wenn der Behörde die Beachtung der Nebenbestimmung so wichtig erscheint, dass sie die Wirksamkeit des Verwaltungsakts davon abhängig machen will. Dies sollte sich aus den Umständen des Einzelfalls ermitteln lassen.
>
> 3. Ein weiteres Indiz ist die Zulässigkeit der jeweiligen Nebenbestimmung nach dem Fachrecht. Darf nach dem speziellen Recht beispielsweise eine Bedingung, nicht aber eine Auflage erfolgen, dann ist im Zweifel Ersteres anzunehmen. Es kann davon ausgegangen werden, dass die Behörde rechtmäßig handeln will.
>
> 4. Bleiben bei alledem noch Zweifel, ist von der Auflage als weniger einschneidendes Mittel auszugehen.

Problem: Abgrenzung zur modifizierenden Auflage bzw. zur selbstständigen Verfügung

Es gibt Regelungen, die zwar im Aktenstück als »Auflagen« bezeichnet werden, materiell aber keine Nebenbestimmungen (also auch keine Bedingungen) darstellen. Hierzu sollten Sie sich zwei Konstellationen merken:

- Erstens gibt es **Inhaltsbestimmungen**, die die Reichweite der Hauptregelung konkretisieren. Eine klausurrelevante Ausgestaltung ist die sog. modifizierende Auflage. Eine solche liegt vor, wenn nicht eine zusätzliche Leistungspflicht begründet wird, sondern der Inhalt des Verwaltungsakts, die eigentliche Genehmigung qualitativ verändert, also modifiziert wird. Bei einem Verwaltungsakt, der mit der Nebenbestimmung in Form einer Auflage verbunden ist, erhält der Bürger hingegen qualitativ das, was er beantragt hat (den Hauptverwaltungsakt) unter einer zusätzlichen Leistungsverpflichtung. Bei einer modifizierenden Auflage erhält der Bürger nicht das, was er beantragt hat, sondern etwas Anderes (aliud). Das Erhaltene weicht damit wesentlich von dem Kern des Beantragten ab.

  > **Beispiel:** A beantragt eine Baugenehmigung für ein Vorhaben mit Satteldach, erhält aber eine Baugenehmigung für das Vorhaben mit Flachdach.[76]

  Bei einer Inhaltsbestimmung bzw. modifizierenden Auflage gibt es keinen Streit über die statthafte Rechtsschutzform. In jedem Fall ist eine Verpflichtungsklage zu erheben und in der Begründetheit die Frage zu beantworten, ob der Bürger einen Anspruch auf den begehrten Verwaltungsakt hat. Gerade im Umweltrecht liegen entgegen der sprachlichen Fassung als »Auflage« häufig Inhaltsbestimmungen vor (z.B. »Auflage zur Einhaltung von Lärmgrenzwerten«).

- Zweitens gibt es Regelungen, die als »Auflagen« bezeichnet werden, tatsächlich aber weder Nebenbestimmungen noch modifizierende Auflagen sind. Es handelt sich vielmehr um **selbständige Verfügungen**, die nicht mit einem anderen (Haupt-)Verwaltungsakt verbunden werden.

  > **Beispiele:** Eine versammlungsrechtliche Auflage im Sinne des § 15 I VersG oder eine gaststättenrechtliche Auflage nach § 5 I GastG.

Der Erlass selbständiger Verfügungen in Form von »Auflagen« ist nicht an das Vorhandensein von einem Hauptverwaltungsakt gekoppelt. Denn die Durchführung einer Versammlung ist nur anzeige- nicht aber genehmigungspflichtig. Die besonders klausurrelevante »Auflage«

---

[76] *Maurer* § 12 Rn. 16.

i.S.d. § 5 I GastG ist ferner »jederzeit« zulässig. Deshalb kann sie auch nachträglich zur Gaststättengenehmigung ergehen, während Nebenbestimmungen stets mit dem Hauptverwaltungsakt verbunden werden (§ 36 II VwVfG). Ergeht die »Auflage« nach Erlass der gaststättenrechtlichen Genehmigung, kann es sich allein wegen dieser zeitlichen Zäsur nicht um eine Nebenbestimmung in Gestalt der Auflage handeln. Wer in einer solchen Konstellation die Zulässigkeit einer Nebenbestimmung prüft, hat verloren.

II. Rechtsschutz gegen Nebenbestimmungen

Problem: Statthafte Klageart gegen Nebenbestimmungen

Nebenbestimmungen führen zu prozessualen und materiellrechtlichen Fragen. Prozessual stellt sich die Frage nach der statthaften Klageart. Bei verwaltungsgerichtlichen Entscheidungen ist dieses Problem damit im Rahmen der Entscheidungsgründe bei der Zulässigkeit aufzugreifen. Nur Folgendes sei noch einmal in Erinnerung gerufen: Im Grundsatz lassen sich verschiedene Grundpositionen zur statthaften Klageart ausmachen. Einige unterscheiden nach der Art der Nebenbestimmung (bei selbständigen Nebenbestimmungen Anfechtungsklage, bei unselbständigen Nebenbestimmungen Verpflichtungsklage) bzw. der Art der Hauptregelung (bei gebundener Rechtsfolge Anfechtungsklage, bei Ermessensbestimmungen Verpflichtungsklage), andere halten stets die Anfechtungsklage oder die Verpflichtungsklage bei allen Nebenbestimmungen für statthaft. In der Klausur sollten Sie diesen Streit nicht ausbreiten, sondern bündig die jüngere Auffassung des BVerwG vertreten. Dieses geht nunmehr von der Anfechtbarkeit aller Nebenbestimmungen aus, sofern sie von der Hauptregelung logisch (oder anders gesagt: prozessual) teilbar sind. Statthafte Klageart ist daher stets die Anfechtungsklage gemäß § 42 I Var. 1 VwGO. Dies überzeugt. Denn die Auswahl der Klageart hat sich am Interesse des Klägers zu orientieren (§ 88 VwGO). Der Kläger möchte allein die Aufhebung der missliebigen Nebenbestimmung erreichen. Dies kann er nur, wenn die Nebenbestimmung isoliert angefochten wird. Der Wortlaut des § 113 I 1 VwGO (»soweit«) lässt dieses zu. Mit der Erhebung einer Verpflichtungsklage würde er andererseits mehr riskieren, als er möchte. Dieses widerspricht der Rechtsschutzgarantie (Art. 19 IV GG). Deshalb stellt allein die isolierte Anfechtung bzw. Teilanfechtung die prozessuale Bewehrung seines materiellrechtlichen Beseitigungsanspruchs dar. Mehr müssen Sie in der Klausur hierzu nicht schreiben.

Der Streit um die statthafte Klageart ist – wie dargestellt – weitgehend ausgefochten. Das BVerwG vertritt hierzu eine relativ klare Linie. Dieser sollten Sie folgen. In der Klausur wird es daher vor allem um die materiellrechtliche Prüfung der Zulässigkeit der Nebenbestimmung und der Aufhebbarkeit gehen. Diese beiden Aspekte sollten Sie voneinander unterscheiden.

1. Schritt: Prüfung der Rechtmäßigkeit der Nebenbestimmung

Die Maßstäbe der Rechtmäßigkeit der Nebenbestimmung ergeben sich aus § 36 VwVfG. Die Vorschrift unterscheidet nach der Art der Hauptregelung. Besteht auf den begehrten Verwaltungsakt ein Anspruch, gilt § 36 I VwVfG. »Unbeschadet des Absatz 1« – also bei Ermessensentscheidungen – gilt § 36 II VwVfG. Die Frage, ob auf den begehrten Verwaltungsakt ein Anspruch besteht, richtet sich nach der abstrakten Rechtsfolge des Hauptverwaltungsaktes und ist unabhängig von dem Vorliegen der konkreten Tatbestandsvoraussetzungen. Ist die Rechtsfolge als **gebundene Entscheidung** ausgestaltet, so besteht ein Anspruch auf dessen Erteilung. Umgekehrt hat der Antragssteller auf Verwaltungsakte, die in das Ermessen der Behörde gestellt werden, keinen Anspruch.

> **Beispiele:** Auf die Erteilung der Baugenehmigung hat man einen Anspruch (»ist zu erteilen«). Die Zulässigkeit von Nebenbestimmungen richtet sich nach den Maßstäben des § 36 I VwVfG.
>
> Die Erteilung eines Baudispenses (§ 31 BauGB) steht demgegenüber im Ermessen der Behörde (»kann erteilt werden«). Hier richtet sich die Zulässigkeit einer Nebenbestimmung nach § 36 II VwVfG.

Hat der Bürger einen Anspruch auf Erteilung des Hauptverwaltungsaktes, gelten die Maßstäbe des Absatz 1: Danach ist eine Nebenbestimmung nur zulässig, wenn sie durch Rechtsvorschrift zugelassen ist (Vorbehalt des Gesetzes) oder wenn sie sicherstellen soll, dass die gesetzlichen Voraussetzungen des Verwaltungsakts erfüllt werden. Es reicht in der Klausur aus, wenn Sie eine dieser beiden Varianten bejahen. Einige Klausuren sind so konzipiert, dass Sie sowohl die erste als auch die zweite Variante bejahen können.

> **Beispiel:** Eine Gaststättengenehmigung wird der Ehefrau unter der Auflage erteilt, dass sie ihren mehrmals wegen einschlägiger Delikte vorbestraften Ehemann nicht mehr in der Gaststätte beschäftigt. Die Auflage ist aufgrund § 21 I GastG zulässig. § 21 GastG erlaubt den Erlass einer selbständigen Verfügung und fungiert daher auch als Ermächtigungsgrundlage für eine Nebenbestimmung (a maiore ad minus). Die Auflage dient aber zugleich der Sicherstellung der gesetzlichen Voraussetzungen nach § 4 I Nr. 1 GastG. Denn die Einstellung eines unzuverlässigen Ehemannes würde zur Unzuverlässigkeit der Antragstellerin führen (sog. Reflexunzuverlässigkeit).

Die Prüfung der Rechtmäßigkeit der Nebenbestimmung bei einem Hauptverwaltungsakt, auf den ein Anspruch besteht, läuft im Ergebnis auf einen »normale« Rechtmäßigkeitsprüfung hinaus, in der formelle (Zuständigkeit, Verfahren, Form) und materielle Gesichtspunkte (Tatbestand, Rechtsfolge) einfließen und ggf. im Rahmen der Verhältnismäßigkeit das besondere Koppelungsverbot nach § 36 III VwVfG zu beachten ist.

Ist der Erlass des Hauptverwaltungsaktes demgegenüber in das **Ermessen** der Behörde gestellt, so erlaubt § 36 II VwVfG den Erlass von Nebenbestimmungen ohne weitere Voraussetzungen. Bei der Zulässigkeitsprüfung kommt es aber vor allem darauf an, dass die Ermessensausübung ordnungsgemäß, d.h. pflichtgemäß ist. Sie müssen also zu den klassischen Ermessensfehlern (Ermessensausfall, -überschreitung, -fehlgebrauch) bezogen auf die Verbindung zwischen Hauptverwaltungsakt und Nebenbestimmung Stellung beziehen. Im Regelfall dürfte dies auf eine Verhältnismäßigkeitsprüfung hinauslaufen. Das Koppelungsverbot des § 36 III VwVfG gilt auch hier.

2. Schritt: Isolierte Aufhebbarkeit der Nebenbestimmung

Gelangen Sie zur Feststellung, dass die Nebenbestimmung rechtswidrig war, stellt sich die Frage der isolierten Aufhebbarkeit der Nebenbestimmung. Die Rspr. spricht in diesem Zusammenhang auch von der Frage der materiell-rechtlichen Teilbarkeit im Gegensatz zur prozessualen Teilbarkeit im Rahmen der statthaften Rechtsschutzform. Hinter dem Problem der isolierten Aufhebbarkeit (bzw. materiell-rechtlichen Teilbarkeit) steht Art. 20 III GG (Grundsatz der Gesetzmäßigkeit der Verwaltung). Dieses folgt aus der Überlegung, dass die isolierte Aufhebung einer rechtswidrigen Nebenbestimmung nicht dazu führen darf, dass ein im Übrigen rechtswidriger Zustand herbeigeführt wird.

Der Klageantrag zielt bei isolierter Anfechtung auf die Aufhebung der Nebenbestimmung (*»es wird beantragt, den Bescheid vom (...) in Gestalt des Widerspruchsbescheides (...) insoweit aufzuheben, als er unter der Bedingung steht, dass (...).«*). Das Gericht trennt im Erfolgsfall den Hauptverwaltungsakt von der Nebenbestimmung und greift damit in die Gesamtentscheidung der Behörde ein. Vor diesem Hintergrund muss die isolierte Aufhebbarkeit am Ende der Klausur noch einmal aufgegriffen werden. Der normative Anknüpfungspunkt ist wiederum der Wortlaut des § 113 I 1 VwGO (»soweit«). Danach subsumieren Sie unter die Auffassung der Rechtsprechung. Diese differenziert nach der Art der Hauptregelung (gebundene Entscheidung oder Ermessen) und gelangt auf diese Weise zu zwei unterschiedlichen Konstellationen:

- Bei der ersten Konstellation besitzt der Kläger einen Rechtsanspruch auf Erlass des begünstigenden Verwaltungsakts mit dem nach Aufhebung der Nebenbestimmung verbleibenden Inhalt. Der Hauptverwaltungsakt ist also als gebundene Entscheidung konzipiert und die Nebenbestimmung erweist sich als rechtswidrig.
- Die zweite Konstellation kommt in Betracht, wenn die Erteilung des Hauptverwaltungsakts in das Ermessen der Behörde gestellt ist. In diesem Fall geht die Rechtsprechung von einer materiell-rechtlichen Teilbarkeit aus, wenn die Behörde bei Kenntnis der Rechtswidrigkeit der Nebenbestimmung den begünstigenden Verwaltungsakt auch ohne die belastende Nebenbestimmung erlassen hätte. Diese Konstellation läuft also auf eine hypothetische Prüfung hinaus und muss vor allem die Bedeutung der Nebenbestimmung für die behördliche Entscheidung gewichten. Hier gilt folgende Regel: Je wichtiger die Nebenbestimmung für die Behörde war,

desto weniger darf man annehmen, dass die Behörde den Hauptverwaltungsakt auch ohne Nebenbestimmung erlassen hätte.[77]

E. Zusage und Zusicherung

In vielen Aktenauszügen stellt sich die Frage, ob behördliche Erklärungen eine bindende Verpflichtung für ein späteres Verwaltungshandeln erzeugen. 40

- Im Allgemeinen wird dieses Problem in ein **Leistungsklageverfahren** eingebaut. Der Kläger macht dann unter Hinweis auf eine (i.d.R. im Aktenauszug abgedruckten) Erklärung der Behörde aus der Vergangenheit einen Anspruch auf eine bestimmte Leistung geltend. Begehrt der Kläger im Hinblick auf diese Erklärung den Erlass eines bestimmten Verwaltungsakts, findet die Problematik in ein Verpflichtungsklageverfahren Eingang.
  In der Mehrzahl der Aktenauszüge ist dies nur ein kleinerer Mosaikstein der Klausur. Regelmäßig hat sich die Behörde durch die frühere Erklärung im Ergebnis nämlich nicht gebunden, so dass die Klage aus der Erklärung allein nicht begründet ist. Daher müssen Sie in aller Regel im Anschluss an die Prüfung der Zusage bzw. Zusicherung i.d.R. gesetzliche Anspruchsgrundlagen erörtern.

  > A. Zulässigkeit der Leistungs-/Verpflichtungsklage
  > B. Begründetheit der Klage
  >   I. Anspruchsgrundlage
  >   1. Anspruch aus öffentl.-rechtl. Sonderbeziehung: Vertrag/**Zusicherung**
  >   2. Anspruch aus einfachgesetzlichen Grundlagen
  >   II. (...)

- Denkbar ist daneben die Einbettung der Zusicherung in ein **Anfechtungsbegehren**. In diesem Fall ergeht entgegen der vermeintlichen Zusicherung, einen bestimmten Verwaltungsakt nicht zu erlassen, dieser doch und wird durch den Kläger angefochten. Dieser Bescheid ist i.S.d. § 113 I 1 VwGO rechtswidrig, wenn sich die Behörde durch ihre Erklärung tatsächlich gebunden hat. Inzident läuft diese Klausur ebenfalls regelmäßig auf die Abgrenzung der Zusicherung von einem Hinweis hinaus. Gerade diese Konstellation ist für Anwaltsklausuren relevant.

  > A. Zulässigkeit der Anfechtungsklage
  > B. Begründetheit der Anfechtungsklage
  >   I. Rechtswidrigkeit des VA
  >   1) Wegen entgegenstehender **Zusicherung**
  >   2) Ermächtigungsgrundlage
  >   II. Subjektive Rechtsverletzung

- Eine weitere Rechtsschutzkonstellation ist ein Anfechtungsrechtsbehelf gegen die Aufhebung einer Zusicherung oder eine Feststellungsklage gerichtet auf die Feststellung des Vorliegens oder Nichtvorliegens der Voraussetzungen des § 38 III VwVfG.

---

[77] Zur Darstellung innerhalb der Entscheidungsgründe sowie der Formulierung vgl. *Kaiser/Köster* Die öffentlich-rechtliche Klausur im Assessorexamen, Rn. 157.

1. Teil. Klausuren aus dem allgemeinen Verwaltungsrecht

Übersicht: Anspruch aus behördlichen Zusagen

Zusicherung	Zusage i.e.S.
Verpflichtung einer Behörde, einen bestimmten Verwaltungsakt zu erlassen oder zu unterlassen	Verpflichtung einer Behörde zu bestimmten Tun, Dulden oder Unterlassen

1. Stufe

Auslegung: Beinhaltet die behördliche Erklärung nach ihrem analog § 133 BGB auszulegenden Erklärungsgehalt überhaupt eine verbindliche Erklärung, einen bestimmten Verwaltungsakt zu erlassen bzw. zu unterlassen?

(–), wenn Erklärung als unverbindliche Auskunft auszulegen ist (Realakt ohne Verpflichtung zu bestimmten Verhalten)

(–), bei vorweg regelnder (insb. baurechtl.) Teilregelung/Vorbescheid, mit denen bereits über einen Teil des späteren VA abschließend entschieden wird

2. Stufe

Wirksamkeit der Zusicherung (§ 38 II VwVfG analog)

- Zuständigkeit (§ 38 I 1 VwVfG)
- Schriftform (§ 38 I 1 VwVfG)
- Keine Nichtigkeit; Rechtswidrigkeit schadet demgegenüber nicht (vgl. § 38 II VwVfG)

In Klausur ggf. Inzidentprüfung: Aufhebung der Bindungswirkung

- Aufhebung (ggf. auch konkludent) gem. § 38 II VwVfG i.V.m.
  - § 48 VwVfG bei rw Zusicherung
  - § 49 VwVfG bei rm Zusicherung

  Voraussetzungen der Zusicherung
  - Formell: Zuständigkeit; Verfahren; evtl. Beteiligung Dritter
  - Materiell
    - Zulässigkeit der Zusicherung
    - Rechtmäßigkeit des zugesicherten VA
    - Ggf. Ermessensausübung

- Wegfall der Geschäftsgrundlage gem. § 38 III VwVfG

Beruft sich der Kläger im Aktenauszug auf eine behördliche Erklärung, müssen Sie zunächst klären, ob diese Erklärung ihrem analog § 133 BGB auszulegenden Erklärungsgehalt nach überhaupt ein verbindliches Versprechen enthält, einen bestimmten Verwaltungsakt zu erlassen oder zu unterlassen. Vielfach scheitert es bereits an diesem selbstverpflichtenden Bindungswillen der Behörde, so dass Sie oftmals zur zweiten Stufe nicht gelangen werden. Zur Erreichung der Bindungswirkung muss sich die behördliche Erklärung auf einen bestimmten Verwaltungsakt beziehen.

- Hieraus folgt, dass eine Zusicherung dann nicht vorliegt, wenn die Behörde bloß eine **Auskunft** ohne verbindlichen Erklärungsinhalt abgegeben hat (z.B. »derzeit steht das Vorhaben im Einklang mit den baurechtlichen Bestimmungen, so dass zu einem behördlichen Einschreiten kein Anlass besteht.«). Einer solchen Erklärung fehlt der behördliche Wille zur Selbstverpflichtung und stellt lediglich eine informative Mitteilung über tatsächliche Umstände oder rechtliche Verhältnisse dar.[78] Gerade diese Abgrenzung der Zusicherung von der Auskunft ist sehr klausurrelevant.

- Eine Zusicherung liegt dann nicht mehr vor, wenn die Behörde nicht etwa verbindlich erklärt, einen bestimmten Verwaltungsakt zu erlassen, sondern bereits eine abschließende Entscheidung über einen Teil des späteren Verwaltungsakts vorweg erlässt. Eine solche **Teilregelung** liegt z.B. in einem baurechtlichen Vorbescheid, mit dem ein Teil der Baugenehmigung, nämlich die Entscheidung über die bauplanungsrechtliche Zulässigkeit des Vorhabens, vorweggenommen wird. Im BImSchG ist ein solcher Vorbescheid in § 9 BImSchG vorgesehen.[79]

Liegt nach dem Ergebnis Ihrer Prüfung demnach eine selbstverpflichtende Erklärung mit Bindungswillen vor, stellt sich die Frage nach der Wirksamkeit der Zusicherung. Für diese Frage gelten die Grundsätze über Verwaltungsakte entsprechend (§ 38 II VwVfG). Eine zur Unwirksamkeit führende Nichtigkeit werden Sie voraussichtlich im Aktenauszug nicht finden. Klausurrelevant ist demgegenüber der Fall, in dem die Zusicherung (wie Verwaltungsakte) trotz Rechtswidrigkeit wirksam ist. Diese Wirksamkeit kann allerdings überwunden werden:

- Durch Aufhebung der Zusicherung gem. §§ 38 II i.V.m. 48, 49 VwVfG. Dies läuft in der Klausur ggf. auf eine umfassende Inzidentprüfung hinaus, in der Sie die im Prüfungsschema genannten Gesichtspunkte prüfen müssen.
- Zudem entfällt die Bindungswirkung der Zusicherung, wenn die Geschäftsgrundlage entfällt (§ 38 III VwVfG).

2. Kapitel. Der Verwaltungsvertrag

Nicht selten wird in Aktenauszügen die Wirksamkeit öffentlich-rechtlicher Verträge aufgeworfen. Typisch sind folgende Rechtsschutzkonstellationen: 41

- Zunächst wird der Verwaltungsvertrag (inzident) regelmäßig im Rahmen eines öffentlich-rechtlichen Erstattungsanspruchs, also in der Begründetheit einer allgemeinen Leistungsklage bei der Frage relevant, ob ein Rechtsgrund für die Vermögensverschiebung besteht.
- Zudem gibt es (insb. aus Anwaltsperspektive zu bearbeitende) Klausuren, bei denen es um unmittelbare Ansprüche aus dem Vertrag geht. Prozessual handelt es sich ebenfalls häufig um eine allg. Leistungsklage. Allerdings kommt auch eine Verpflichtungsklage in Betracht, wenn die Vertragspflicht in dem Erlass eines Verwaltungsakts besteht.
- Darüber hinaus kann die Assessorklausur auf die Prüfung von Schadenersatzansprüchen wegen der Verletzung vertraglicher Pflichten hinauslaufen. Die Wirksamkeit des Vertrags ist dann i.d.R. (Ausnahme: Ansprüche aus c.i.c.) Voraussetzung für ein verwaltungsrechtliches Schuldverhältnis, das entsprechende Pflichten begründet. In dieser Konstellation stellen sich vor allem auch Rechtswegprobleme (vgl. § 40 II 1 VwGO).
- Schließlich wird der öffentlich-rechtliche Vertrag im Rahmen eines Anfechtungsbegehrens gegen die Aufhebung eines Verwaltungsakts relevant, der zur Vertragserfüllung erlassen worden ist: Die Nichtigkeit des Verwaltungsvertrags führt i.d.R. nur zur Rechtswidrigkeit des Ausführungsbescheids. Soll letzterer gem. § 48 VwVfG aufgehoben werden, müssen Sie also die Nichtigkeit des Vertrags im Rahmen der »Rechtswidrigkeit« des Ursprungs-VAs erörtern.

---

78 *Maurer* § 9 Rn. 62, *Diedrichsen* JuS 2006, 60 (62).
79 Anders als die Teilgenehmigung gem. § 8 BImSchG. Dieser bezieht sich im Gegensatz zum Vorbescheid nicht auf einzelne Vorfragen, sondern beschränkt sich auf einen Teil des gesamten Vorhabens; vgl. *Maurer* § 9 Rn. 63a.

1. Teil. Klausuren aus dem allgemeinen Verwaltungsrecht

examensrelevant:
Vertragsgegenstand

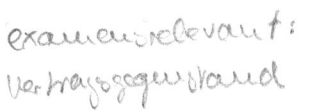

> **Übersicht: Ansprüche aus Verwaltungsvertrag (§§ 54 ff. VwVfG)**
>
> I. Bestehen eines »öffentlich-rechtlichen Vertrags«
>   1. Rechtsnatur richtet sich nach Schwerpunkt des Vertrags (h.M.)
>   2. (gleichberechtigte) Vertragliche Regelung; (P) »Hinkender Austauschvertrag«; (P) Abgrenzung zum mitwirkungsbedürftigen Verwaltungsakt
> II. Wirksamkeit des Vertrags
>   1. Formelle Voraussetzungen
>   a) Einigung (§ 62 S. 2 VwVfG i.V.m. §§ 145 ff. BGB); (P) kommunalrechtliche Vertretungsbefugnisse; (P) kommunalrechtliche Mitwirkungsverbote
>   b) Schriftform (§ 57 VwVfG); (P) Verzicht auf Urkundeneinheit (Prüfung auch unter 2c) aa) möglich); (P) ggf. § 311b BGB bei Grundstückskaufverträgen
>   c) Ggf. Mitwirkung Dritter (§ 58 VwVfG) jedenfalls bei Verfügungsgeschäften; (P) Zustimmungserfordernis bei Verpflichtungsvertrag
>   2. Materielle Voraussetzungen: Keine Nichtigkeit gem. § 59 VwVfG
>   a) Kein Vertragsformverbot (Prüfung auch unter 2c) bb) möglich)
>   b) Nichtigkeit gem. § 59 II VwVfG beim subordinationsrechtlichen Vertrag (Verwaltungsaktersetzungsvertrag)
>   aa) Vorliegen eines subordinationsrechtlichen Vertrags
>   bb) Nichtigkeit gem. § 59 II VwVfG
>   (1) § 59 II Nr. 1 VwVfG
>   (2) § 59 II Nr. 2 VwVfG (P) Kollusives Zusammenwirken (in der Klausur vielfach (–), dann i.d.R. § 59 II Nr. 4 VwVfG weiterprüfen)
>   (3) § 59 II Nr. 3 VwVfG
>   (4) § 59 II Nr. 4 VwVfG (P) Unzulässige Gegenleistung beim gegenseitig verpflichtenden (ggf. hinkenden) Austauschvertrag
>   c) Keine Nichtigkeit gem. § 59 I VwVfG
>   aa) § 125 BGB; ggf. § 311b BGB bei Grundstückskaufverträgen
>   bb) § 134 BGB; (P) Vertragsformverbote; (P) Reichweite des gesetzlichen Verbots (wird gerade Inhalt missbilligt?)
>   cc) § 138 BGB
>   dd) § 142 BGB
> III. Rechtsfolge:
>   1. § 59 III VwVfG (Teilnichtigkeit oder Gesamtnichtigkeit)
>   2. § 58 VwVfG

Der Verwaltungsvertrag ist ein öffentlich-rechtlicher Vertrag i.S.d. §§ 54 ff. VwVfG. Die Frage, ob ein öffentlich-rechtlicher Vertrag vorliegt, ist deshalb bei verwaltungsgerichtlichen Klausuren regelmäßig ein Problem der Eröffnung des Verwaltungsrechtswegs (§ 40 I 1 VwGO – Vorliegen einer öffentlich-rechtlichen Streitigkeit – bzw. 40 II 1 VwGO). Falls in anwaltlichen Aufgabenstellungen nach Ansprüchen des Mandanten gefragt wird, ist die Frage des Vorliegens eines öffentlich-rechtlichen Vertrags entweder im materiell-rechtlichen Gutachten und/oder im prozessualen Abschnitt des Gutachtens bei der Frage des Rechtswegs anzusprechen.

A. Bestehen eines »öffentlich-rechtlichen Vertrags«

42 Hoheitsträger können sowohl privatrechtliche (z.B. Werkvertrag zwischen Polizei und Abschleppunternehmen)[80] als auch öffentlich-rechtliche Verträge abschließen (Wahlfreiheit). Die §§ 54 ff. VwVfG gelten nur für öffentlich-rechtliche Verträge. Die Anwendbarkeit dieser Bestimmungen setzt voraus, dass gemäß der Begriffsdefinition des § 54 S. 1 VwVfG »ein Rechtsverhältnis auf dem Gebiet des öffentlichen Rechts [...] durch Vertrag begründet, geändert oder aufgehoben« wird.

---

80 Quaas/Zuck/*Hartung* § 3 Rn. 27 m.w.N.

Problem: Rechtsverhältnis auf Gebiet des öffentlichen Rechts

Die Rechtsnatur des Vertrags bestimmt sich also nach dem Vertragsgegenstand, d.h. nach den im Vertrag geregelten Rechten und Pflichten (Gegenstandstheorie). Beziehen sich die betreffenden Rechte und Pflichten auf einen Lebenssachverhalt, der durch das öffentliche Recht geregelt wird (und wirkt demzufolge das öffentliche Recht prägend auf die vertragliche Ausgestaltung ein), so handelt es sich um einen öffentlich-rechtlichen, andernfalls um einen privatrechtlichen Vertrag (Beispiel für einen öffentlich-rechtlichen Vertrag: Die Behörde verspricht einem Grundstückseigentümer vertraglich die Erteilung einer Baugenehmigung, während der Bürger sich zur Errichtung des Bauwerks verpflichtet). Bei mehreren Leistungspflichten in einem Vertrag, die sich bei isolierter Betrachtung nach dem Öffentlichen Recht und dem Zivilrecht richten, stellen Sie auf den prägenden Schwerpunkt des Vertrags in seiner Gesamtheit und nicht – wie eine Minderansicht – auf einzelne Vertragselemente ab (Beispiel für einen prägenden öffentlich-rechtlichen Schwerpunkt: Pflicht des Bürgers zu einer Geldzahlung oder Grundstücksübereignung als Gegenleistung für eine hoheitliche Maßnahme (z.B. Erteilung eines Verwaltungsakts)). Etwas anderes gilt nur dann, wenn zwei selbstständige Verträge in einer Vertragsurkunde zusammengefasst werden (z.B. Grundstückskaufvertrag und erschließungsrechtlicher Ablösevertrag).[81] In diesem Fall liegen ein öffentlich-rechtlicher und ein privatrechtlicher Vertrag vor. Im Regelfall dürfte aber nur ein einheitlicher öffentlich-rechtlicher (Verwaltungs-)Vertrag in Rede stehen.

Problem: Abgrenzung von Verwaltungsvertrag und Verwaltungsakt

Zweiseitiger Verwaltungsvertrag und einseitiger Verwaltungsakt bilden zwei eigenständige Kategorien. Ein Verwaltungsvertrag kommt wie im Zivilrecht durch übereinstimmende Willenserklärung (Angebot und Annahme analog §§ 145 ff. BGB, § 62 S. 2 VwVfG) zustande. Schwierigkeiten der Einordnung als Verwaltungsvertrag oder Verwaltungsakt gibt es insb. in drei Fällen:

- Ein Verwaltungsvertrag liegt zum Ersten beim **hinkenden bzw. kupierten Austauschvertrag** vor, bei dem nur die Leistung oder die Gegenleistung, nicht aber beide vertraglichen Pflichten explizit erwähnt werden. Hier folgt das Bestehen einer zweiseitigen Regelung – in Abgrenzung zur Zusicherung oder privaten Willenserklärung – aus einer Auslegung analog §§ 133, 157 BGB. Materiell wird der hinkende Austauschvertrag i.d.R. im Rahmen der §§ 59 II Nr. 4 i.V.m. § 56 VwVfG relevant.
- Zum Zweiten kann ein begünstigender Verwaltungsakt (Recht) mit einer **selbständigen Nebenbestimmung** etwa in Form einer belastenden Auflage (Pflicht) verbunden werden. Hier müssen Sie erkennen, dass nur eine einseitige Regelung der Behörde vorliegt. Auch dies lässt sich durch Auslegung analog §§ 133, 157 BGB ermitteln.
- Drittens stellt sich die Abgrenzungsfrage beim **mitwirkungsbedürftigen Verwaltungsakt**: Während Vertragspartner gleichberechtigt Einfluss auf die inhaltliche Gestaltung des Vertrags nehmen können, ist dies beim mitwirkungsbedürftigen Verwaltungsakt nicht der Fall. Seine Wirksamkeit hängt zwar von der Zustimmung oder Mitwirkung des Adressaten ab (Beispiel: Entgegennahme der Urkunde); seine inhaltliche Gestaltung ist davon aber unabhängig.

> **Klausurhinweis:** In den veröffentlichten Lösungsvorschlägen werden regelmäßig zu den vorstehenden Problemen Ausführungen gemacht. Insb. sollten Sie – wenngleich in der gebotenen Kürze – einige Hinweise zur öffentlich-rechtlichen Natur des Vertrags aufnehmen (Vertragsgegenstandstheorie). Ob Ausführungen zur Abgrenzung von anderen Formen des Verwaltungshandelns erforderlich sind, richtet sich nach dem konkreten Prüfungsfall. Ausführungen dürften sinnvoll sein, wenn der Anspruchsgegner vortragen sollte, dass Ansprüche aus einem Verwaltungsvertrag z.B. deshalb ausscheiden sollen, weil »die Vertragspflichten nicht ausdrücklich geregelt worden« seien. Dann sollten Sie etwas zum »hinkenden Austauschvertrag« schreiben.

---

81 BGHZ 76, 16; Wolff/Decker/*Decker* Vor § 54 Rn. 13.

B. Wirksamkeit des Verwaltungsvertrags

I. Formelle Voraussetzungen

43 Rechtswidrig ist ein Verwaltungsvertrag, wenn er in formeller Hinsicht (Zuständigkeit, Verfahren, Form) nicht den gesetzlichen Anforderungen genügt. Die §§ 57, 58 VwVfG normieren hierbei besondere Anforderungen.

- Auch der Verwaltungsvertrag kommt durch **Angebot auf Vertragsschluss** und dessen **Annahme** zustande (§ 62 S. 2 VwVfG i.V.m. §§ 145 ff. BGB).
- Beachten Sie ferner, dass ein Verwaltungsvertrag stets der **Schriftform** bedarf, § 57 VwVfG. Ein Verstoß gegen dieses Erfordernis führt analog § 125 BGB i.V.m. § 59 I VwVfG zur Nichtigkeit des Verwaltungsvertrags, es sei denn, spezialgesetzlich (vgl. etwa § 311b I 2 BGB) ist eine Heilung vorgesehen. Häufig sind an dieser Stelle Klausurprobleme eingebaut. Bitte beachten Sie, dass das Schriftformerfordernis gem. § 57 VwVfG zwei Funktionen hat: Einerseits die Warnfunktion, andererseits die Beweisfunktion.[82] Ein »Evergreen« ist der Fall der fehlenden Urkundeneinheit (§ 126 II BGB). Nach der Rspr. reicht es im Hinblick auf den Zweck der Schriftform aus, wenn dem schriftlichen Vertragsangebot eine unmissverständliche schriftliche Annahmeerklärung der Behörde gegenübersteht, auch wenn dies nicht in einer Urkunde schriftlich ausdrücklich dokumentiert ist.[83] Dieses ist jetzt auch in § 126 II 2 BGB gesetzlich verankert. Unter strengen Voraussetzungen kann zugunsten des Bürgers ein Formmangel – wie im Zivilrecht – unbeachtlich sein, wenn die Berufung auf die Ungültigkeit einen schweren Verstoß gegen Treu und Glauben darstellt.[84] Sind die Voraussetzungen der Unbeachtlichkeit nicht gegeben, ist ein Anspruch aus c.i.c. denkbar, der nach streitiger Ansicht grds. in einer verwaltungsgerichtlichen Klage durchzusetzen ist. Für Grundstücksgeschäfte gelten entsprechend § 311b BGB, § 62 S. 2 VwVfG strengere Voraussetzungen (notarielle Beurkundung).
- Sofern der Vertrag nach § 58 VwVfG der **Zustimmung eines Dritten** (§ 58 I VwVfG) oder **einer Behörde** (§ 58 II VwVfG; Beispiel: gemeindliches Einvernehmen im Sinne des § 36 BauGB) bedarf, ist er bis zur Erteilung der erforderlichen Zustimmung schwebend unwirksam. Die Vorschrift des § 58 I VwVfG gilt nach ihrem Wortlaut nur für Verträge, die in die Rechte des Dritten eingreifen. Damit sind in jedem Fall Verfügungsverträge gemeint (Beispiel: in einem Vertrag zwischen Baubehörde und Grundstückseigentümer wird eine nachbarbelastende Baugenehmigung erteilt). Umstritten ist demgegenüber, ob die Vorschrift auch für Verpflichtungsverträge (Beispiel: In einem Vertrag zwischen Baubehörde und Grundstückseigentümer verpflichtet sich Erstere zur späteren Erteilung einer drittbelastenden Baugenehmigung). Mit Blick auf den verfolgten Schutzzweck des § 58 I VwVfG wird die Geltung des § 58 I VwVfG für Verpflichtungsverträge von der h.M. bejaht.[85]

II. Materielle Voraussetzungen

44 Darüber hinaus kann er in materieller Hinsicht fehlerhaft sein. Dies ergibt sich bereits aus § 54 S. 1 VwVfG: Danach ist der Verwaltungsvertrag nur insoweit zulässig (rechtmäßig), als »Rechtsvorschriften nicht entgegenstehen«.

1. Kein Vertragsformverbot

45 Die Einschränkung des § 54 S. 1 VwVfG normiert in jedem Fall ein sog. Handlungsformverbot (str., ob sie sich darüber hinaus auch auf den Vertragsinhalt bezieht). Bei dem Handlungsformverbot geht es um die Frage, ob die Behörde überhaupt in Form eines Vertrags die betreffenden Rechte oder Pflichten regeln durfte. Dabei müssen Sie erkennen, dass es bestimmte Handlungsformverbote gibt, die sich nur auf das sog. »Verfügungsgeschäft« beziehen (Beispiel: Die Beamtenernennung darf aufgrund ihrer strengen Formgebundenheit – Aushändigung einer Ernen-

---

[82] BVerwG NVwZ 2005, 1083 (1084).
[83] BVerwG NJW 1995, 1104.
[84] *Kopp/Ramsauer* § 57 VwVfG Rn. 15 m.w.N.
[85] *Kopp/Ramsauer* § 58 VwVfG Rn. 7 m.w.N.

nungsurkunde – nicht durch vertragliche Erklärung vorgenommen werden), nicht aber für das entsprechende Verpflichtungsgeschäft (Beispiel: Verpflichtung der Behörde, jemanden zu einem Beamten zu ernennen) Geltung beanspruchen.

Im Übrigen müssen Sie erkennen, dass die frühere Auffassung, wonach ein unzulässiger (rechtswidriger) Verwaltungsvertrag nichtig sei, mit dem geltenden Verfahrensrecht nicht mehr zu vereinbaren ist. Vielmehr sind die Nichtigkeitsgründe – ähnlich wie beim Verwaltungsakt – abschließend aufgezählt (§ 59 VwVfG). Es gibt also Verwaltungsverträge, die gegen die Rechtsordnung verstoßen, aber gleichwohl rechtswirksam sein können (Beispiel: der von der unzuständigen Behörde geschlossene Vertrag). Dieses müssen Sie sich merken. Denn in Klausuren entscheidet regelmäßig die Wirksamkeit des Vertrags (Beispiele: ein Rechtsgrund für das Behaltendürfen im Rahmen der öffentlich-rechtlichen Erstattung erfordert nur das Vorliegen einer wirksamen Vereinbarung; Bestehen unmittelbarer oder mittelbarer Ansprüche aus einem wirksamen Vertrag bzw. Bestehen von Ansprüchen aus öffentlich-rechtlicher c.i.c. mit Blick auf das Nichtbestehen eines Vertrags). Gleichwohl werden Sie erkennen, dass fast alle Rechtsverstöße im Rahmen der Nichtigkeitsgründe geprüft werden und zur Unwirksamkeit des Vertrags führen. Hierin liegt ein wichtiger Unterschied zum Verwaltungsakt (§ 44 VwVfG).

2. Keine Nichtigkeit gem. § 59 II VwVfG

> **Hinweis:** Die Nichtigkeit des Vertrags prüfen Sie in folgender Reihenfolge: § 59 II VwVfG, § 59 I VwVfG, § 59 III VwVfG (Teilnichtigkeit oder Gesamtnichtigkeit) sowie § 58 VwVfG. Auf diese Weise gelangen Sie zu allen Rechtsverstößen.

Im Rahmen der Verwaltungsverträge unterscheidet man 46

- **Koordinationsrechtliche Verträge** (Beispiel: gemeindliche Gebietsänderungsverträge zwischen gleichgeordneten Gemeinden) und
- **Subordinationsrechtliche Verträge**, bei denen sich die Vertragsparteien in einem Über-Unterordnungsverhältnis gegenüber stehen (Beispiel: Dispensvertrag zwischen Baubehörde und untergeordnetem Privaten, Vertrag über Baulast, wenn auch Bauaufsichtsbehörde Verpflichtungen eingeht[86], Zuwendungsvereinbarungen zur Ausgestaltung einer Subventionsgewährung).

§ 54 S. 1 VwVfG bezieht sich auf beide Verträge. § 54 S. 2 VwVfG nennt einen typischen Anwendungsfall des subordinationsrechtlichen Vertrags von besonderer Bedeutung für das Assessorexamen (»Verwaltungsaktersetzungsvertrag«). Schließlich gibt es Vergleichsverträge und Austauschverträge, die in den §§ 55, 56 VwVfG charakterisiert werden. § 59 II VwVfG enthält spezielle Nichtigkeitsgründe für den subordinationsrechtlichen Vertrag i.S.d. § 54 S. 2 VwVfG. In der Klausur müssen Sie daher – bevor Sie in die Prüfung der Nichtigkeitsgründe des § 59 II VwVfG einsteigen – stets vorab (kurz) erörtern, dass es sich um einen subordinationsrechtlichen Vertrag handelt. Klausurtaktisch dürfte das Ergebnis dieser Frage vielfach vorprogrammiert sein: Da gerade die Prüfung des § 59 II VwVfG viele Probleme aufwirft, dürfen Sie i.d.R. davon ausgehen, dass es sich bei der im Aktenauszug abgedruckten Vereinbarung um einen subordinationsrechtlichen Vertrag handelt. Der Grund wird darin bestehen, dass sich die Vertragspartner in einem Über-/Unterordnungsverhältnis gegenüberstehen.

- **§ 59 II Nr. 1 VwVfG** stellt eine Parallele zum nichtigen Verwaltungsakt her. Bei einem Verfügungsvertrag gilt § 44 VwVfG direkt, bei einem Verpflichtungsvertrag kommt § 44 VwVfG zumindest über § 38 II VwVfG (Zusicherung) zur Anwendung. Klausurrelevant ist die Konstellation im Beamtenrecht, in der die Behörde sich zur Ernennung eines Beamten vertraglich verpflichtet. In diesem Fall kommt § 44 II Nr. 2 VwVfG nicht zum Zuge, da sich dieses Formerfordernis nur auf die Verfügung, nicht jedoch auf die Verpflichtung bezieht. Damit greift § 59 II Nr. 1 VwVfG im Ergebnis nicht ein (ist aber i.d.R. anzusprechen). Nichtig wäre ein verpflichtender Vertrag zur Beamtenernennung jedoch, wenn diese von einem eignungs-

---

[86] *Leuze-Mohr/Meyberg* S. 91 m.w.N.

oder leistungsfremden Gesichtspunkt abhängig gemacht würde (§ 59 II Nr. 1 i.V.m. § 44 I VwVfW).[87]

- Der sehr examensrelevante **§ 59 II Nr. 2 VwVfG** hat einen engeren Anwendungsbereich, als sein weiter Wortlaut vermuten lässt: Notwendig ist ein kollusives Zusammenwirken von Behörde und Bürger, also ein bewusstes und gewolltes Zusammenwirken, um den rechtswidrigen Zustand herbeizuführen. Die Kenntnis nur eines Vertragspartners oder das bloße Kennenmüssen auch einzelner Vertragsteile reicht nicht aus.[88] In Aktenauszügen wird § 59 II Nr. 2 VwVfG sehr häufig thematisiert, im Ergebnis aber mangels kollusiven Zusammenwirkens abzulehnen sein.

- Bei **§ 59 II Nr. 3 VwVfG** geht es um Vergleichsverträge i.S.d. § 55 VwVfG, bei denen die Gefahr groß ist, dass sie – insb. von der Behörde – zur Umgehung des Rechts eingesetzt werden. Denn bei diesen Verträgen wird in Kauf genommen, dass sie letztlich mit der Rechtslage nicht übereinstimmen. Dies könnte namentlich Behörden dazu verleiten, leichtfertig eine Ungewissheit über den Sachverhalt oder die Rechtslage anzunehmen, um Vereinbarungen zu treffen, die den rechtlichen Anforderungen nicht genügen. § 59 II Nr. 3 VwVfG soll den Missbrauch unter Hinweis auf die Voraussetzungen des § 55 VwVfG abwehren. Die Nichtigkeit des Vergleichsvertrags tritt danach ein, wenn die Behörde ermessensfehlerhaft den Vergleichsvertrag abgeschlossen hat, z.B. indem sie gegen den Grundsatz der Gleichbehandlung verstößt (h.M.). Gerade diese Fallgruppe müssen Sie sich merken. Als zweite wichtige Fallgruppe gehört zu § 59 II Nr. 3 VwVfG der Fall, in dem mangels objektiver Ungewissheit oder fehlendem gegenseitigen Nachgebens schon begrifflich ein Vergleichsvertrag nicht gegeben ist.

- Der wichtigste Nichtigkeitsgrund für den Austauschvertrag ist **§ 59 II Nr. 4 VwVfG**. Die Vorschrift zielt damit (ähnlich wie § 36 III VwVfG) auf die Einhaltung des Koppelungsverbots. Im Rahmen dieser Vorschrift müssen Sie regelmäßig zwei Aspekte klären: Erstens das Vorliegen eines Austauschvertrags; zweitens die Frage der unzulässigen Gegenleistung. Der Austauschvertrag ist dadurch gekennzeichnet, dass sich die Behörde zu einer Leistung und der Bürger zu einer Gegenleistung verpflichtet. Die Leistung der Behörde besteht vielfach in dem Erlass eines sog. vertragserfüllenden Bewilligungsbescheides. (Bsp.: Die Beteiligten vereinbaren vertraglich Konditionen einer Zuwendung; die Behörde verpflichtet sich zum Erlass eines ausführenden Zuwendungsbescheides.) Allerdings gilt § 59 II Nr. 4 VwVfG auch, wenn der Vertrag eine einseitige Verpflichtung des Bürgers enthält, aber die behördliche Leistung stillschweigend voraussetzt (sog. hinkender Austauschvertrag).

> **Beispiel:** Bürger verpflichtet sich zur Zahlung einer Geldsumme; die behördliche Verpflichtung zur Erteilung einer Baugenehmigung wird zwar nicht ausdrücklich im Vertrag aufgenommen, aber von den Parteien stillschweigend vorausgesetzt.

Bei der Frage, ob eine unzulässige Gegenleistung verabredet wird, müssen Sie zwischen gebundenen Ansprüchen und Ermessensentscheidungen unterscheiden. § 56 I VwVfG gilt sowohl für gebundene Ansprüche als auch für Ermessensentscheidungen; § 56 II VwVfG demgegenüber nur für gebundene Ansprüche.

Ein klausurrelevanter Fall des Koppelungsverbots liegt vor, wenn Leistung und Gegenleistung nicht in einem sachlichen inneren Zusammenhang stehen. Dies ist beispielsweise dann der Fall, wenn die Ernennung eines Beamten von der Zahlung einer Geldsumme abhängig gemacht wird. Denn die Ernennung des Beamten ist allein von den Voraussetzungen des Art. 33 II GG (Prinzip der Bestenauslese) abhängig, nicht aber von der Zahlung einer Geldsumme. Unzulässig wäre auch eine Vertragspflicht zur Zahlung eines Geldbetrages als »wirtschaftlicher Ausgleich« für die Vorteile eines vertraglich vereinbarten Anspruchs auf Erteilung einer Baugenehmigung.

3. Allgemeine Nichtigkeitsvorschrift des § 59 I VwVfG

47 § 59 I VwVfG verweist auf die entsprechenden Nichtigkeitsgründe des BGB. Neben den weniger examensrelevanten Folgen einer Anfechtung von Willenserklärungen (§ 142 BGB i.V.m.

---

[87] Hk-VerwR/*Fehling* § 59 VwVfG Rn. 28.
[88] *Erichsen* Jura 1994, 47 (49).

§§ 119, 120, 123 BGB) sollten Sie den bereits oben erörterten Verstoß gegen das Schriftformgebot (**§ 125 BGB**) im Rahmen des § 59 I VwVfG erörtern. Lernkontrolle: Wann kann auf den Grundsatz der Urkundeneinheit verzichtet werden?

Besondere Aufmerksamkeit verdient das gesetzliche Verbot des **§ 134 BGB**. Die Anwendbarkeit dieser Vorschrift über § 59 I VwVfG wird zwar nicht in Abrede gestellt. Allerdings würde eine uferlose Anwendung der Vorschrift die speziellen Nichtigkeitstatbestände überflüssig machen und die grds. Entscheidung des Gesetzgebers für eine Vertragsbeständigkeit aufheben. Deshalb bedarf es einer engen Interpretation der Bestimmung. Es kommt also darauf an, welche Anforderungen an ein »gesetzliches Verbot« im Sinne des § 134 BGB zu stellen sind. Die Rechtsprechung sagt hierzu zunächst Folgendes: Gesetzliche Verbote i.S.v. § 134 BGB können nicht nur in formellen Gesetzen, Rechtsverordnungen und Satzungen, sondern auch im Gemeinschaftsrecht enthalten sein.[89] Ferner muss es sich um eine spezifizierte Norm handeln, allgemeine Grundsätze wie etwa der Grundsatz der Rechtstaatlichkeit genügen nicht.

Entscheidend ist vor allem folgender Leitsatz: Ein Verstoß gegen eine Verbotsnorm des § 134 BGB liegt wie im Zivilrecht vor, wenn das von der verletzten Norm geschützte Interesse derart schwerwiegend ist, dass das Interesse am Bestand des Vertrags ohne Weiteres dahinter zurücktreten muss. Für die Entscheidung dieser Frage ist eine Abwägung erforderlich. Abwägungserheblich sind vor allem folgende Gesichtspunkte: Handelt es sich bei der Norm um eine zwingende, den Vertragsinhalt missbilligende Vorschrift (dann Nichtigkeit) oder normiert die verletzte Norm lediglich Form- oder Verfahrensfragen (dann keine Nichtigkeit).

3. Kapitel. Staatshaftungsrecht

Klausuren mit staatshaftungsrechtlichen Schwerpunkten werden häufig gestellt. Dies gilt sowohl für die Ansprüche auf Schadensersatz und Entschädigung, also das Staatshaftungsrecht im engeren Sinne, als auch für die noch wichtigeren Ansprüche auf reale Abwehr und Rückgängigmachung eingetretener Folgen hoheitlichen Handelns. Vor allem Letztere spielen eine erhebliche Rolle in Assessorklausuren. Zwei besondere Schwierigkeiten treten hinzu: Zum Ersten ist das System des Staatshaftungsrecht disparat. Es setzt sich aus einer Vielzahl bundes-, landes- und gewohnheitsrechtlicher Institute zusammen. Ein guter Überblick über das Gesamtsystem ist daher eine unabdingbare Voraussetzung für die sichere Auswahl der einschlägigen Anspruchsgrundlage. Zum Zweiten können Sie bei den gewohnheitsrechtlich anerkannten Instituten nicht auf einfaches Recht zurückgreifen. Sie müssen Voraussetzungen und Probleme vielmehr also kennen. Verschiedene Anspruchsgrundlagen und deren klausurrelevante Probleme sind allerdings im *Palandt* kommentiert. Bitte nehmen Sie diesen bei der Bearbeitung der nachfolgenden Darstellung, vor allem aber – sofern er als Hilfsmittel zugelassen ist – im Examen zur Hand.

48

---

89 Z.B. die Verletzung des Notifizierungsverfahrens (Art. 107 ff. AEUV); *Haas/Hoffmann* JA 2009, 119 (123).

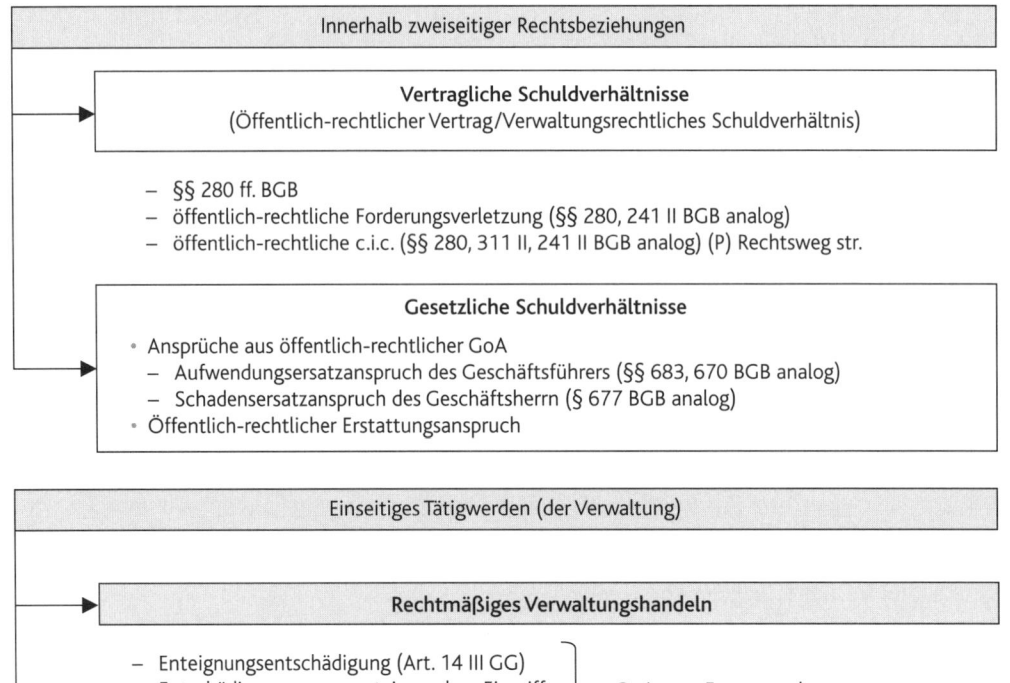

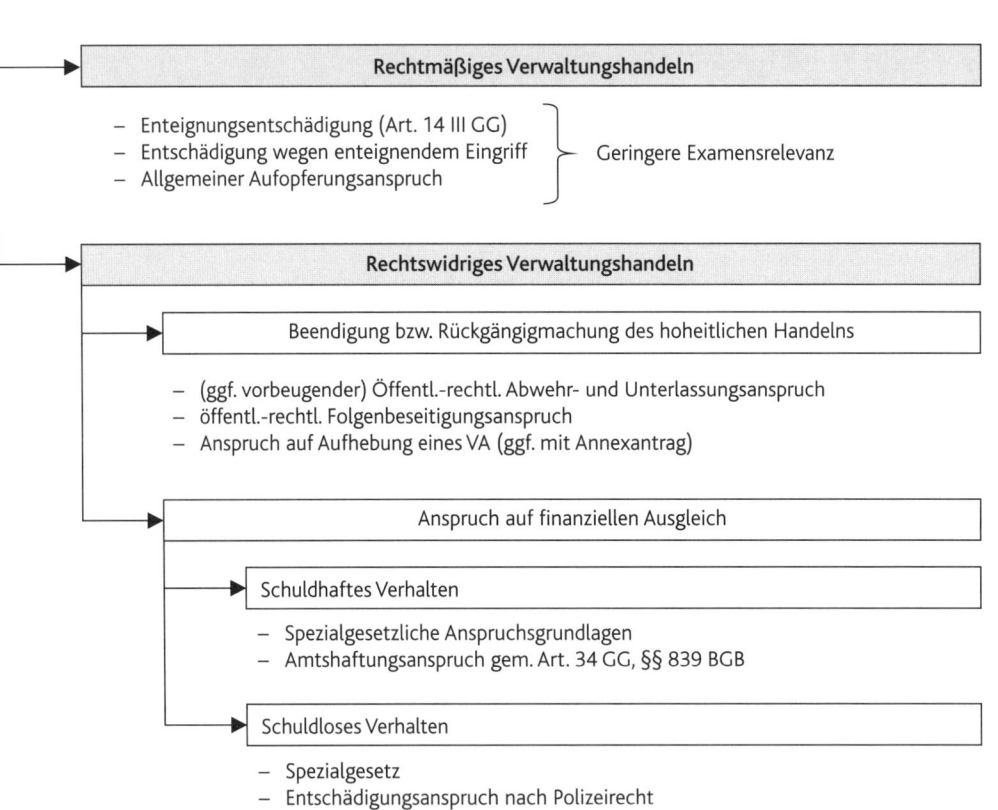

```
┌─────────────────────────────────────────────────────────────────┐
│                Innerhalb zweiseitiger Rechtsbeziehungen          │
└─────────────────────────────────────────────────────────────────┘
     │   ┌─────────────────────────────────────────────────────┐
     ├──▶│            Vertragliche Schuldverhältnisse           │
     │   │ (Öffentlich-rechtlicher Vertrag/Verwaltungsrechtliches│
     │   │                  Schuldverhältnis)                    │
     │   └─────────────────────────────────────────────────────┘
     │     – §§ 280 ff. BGB
     │     – öffentlich-rechtliche Forderungsverletzung (§§ 280, 241 II BGB analog)
     │     – öffentlich-rechtliche c.i.c. (§§ 280, 311 II, 241 II BGB analog) (P) Rechtsweg str.
     │
     │   ┌─────────────────────────────────────────────────────┐
     └──▶│            Gesetzliche Schuldverhältnisse            │
         └─────────────────────────────────────────────────────┘
           • Ansprüche aus öffentlich-rechtlicher GoA
             – Aufwendungsersatzanspruch des Geschäftsführers (§§ 683, 670 BGB analog)
             – Schadensersatzanspruch des Geschäftsherrn (§ 677 BGB analog)
           • Öffentlich-rechtlicher Erstattungsanspruch
```

```
┌─────────────────────────────────────────────────────────────────┐
│                  Einseitiges Tätigwerden (der Verwaltung)        │
└─────────────────────────────────────────────────────────────────┘
     │   ┌─────────────────────────────────────────────────────┐
     ├──▶│              Rechtmäßiges Verwaltungshandeln         │
     │   └─────────────────────────────────────────────────────┘
     │     – Enteignungsentschädigung (Art. 14 III GG)  ⎫
     │     – Entschädigung wegen enteignendem Eingriff  ⎬ Geringere Examensrelevanz
     │     – Allgemeiner Aufopferungsanspruch           ⎭
     │
     │   ┌─────────────────────────────────────────────────────┐
     └──▶│             Rechtswidriges Verwaltungshandeln        │
         └─────────────────────────────────────────────────────┘
           │   ┌─────────────────────────────────────────────┐
           ├──▶│ Beendigung bzw. Rückgängigmachung des hoheitlichen Handelns │
           │   └─────────────────────────────────────────────┘
           │     – (ggf. vorbeugender) Öffentl.-rechtl. Abwehr- und Unterlassungsanspruch
           │     – öffentl.-rechtl. Folgenbeseitigungsanspruch
           │     – Anspruch auf Aufhebung eines VA (ggf. mit Annexantrag)
           │
           │   ┌─────────────────────────────────────────────┐
           └──▶│         Anspruch auf finanziellen Ausgleich  │
               └─────────────────────────────────────────────┘
                 │   ┌──────────────────────────────┐
                 ├──▶│      Schuldhaftes Verhalten  │
                 │   └──────────────────────────────┘
                 │     – Spezialgesetzliche Anspruchsgrundlagen
                 │     – Amtshaftungsanspruch gem. Art. 34 GG, §§ 839 BGB
                 │
                 │   ┌──────────────────────────────┐
                 └──▶│      Schuldloses Verhalten   │
                     └──────────────────────────────┘
                       – Spezialgesetz
                       – Entschädigungsanspruch nach Polizeirecht
                       – Öffentlich-rechtlicher Erstattungsanspruch
                       – Entschädigung wegen enteignungsgleichem Eingriff
```

A. Öffentlich-rechtlicher Abwehr- und Unterlassungsanspruch

49 Der öffentlich-rechtliche Unterlassungsanspruch kommt im Assessorexamen vor allem in zwei Konstellationen vor:

- Zum Ersten erstrebt der Antragsteller Ehrschutz gegen Äußerungen eines Hoheitsträgers.
- Zum Zweiten – gerade diese Fallkonstellation ist klausurrelevant – geht es um Abwehransprüche gegen Immissionen hoheitlich betriebener Anlagen.

Das Ziel in beiden Konstellationen besteht in der Abwehr bzw. dem Unterlassen bevorstehender oder noch andauernder Beeinträchtigungen. In diesem Punkt unterscheidet sich der öffentlich-rechtliche Unterlassungsanspruch von dem Folgenbeseitigungsanspruch, der auf Rückgängigmachung eingetretener Folgen – etwa auf Widerruf einer bestimmten Äußerung – gerichtet ist. Vielfach wird in Aktenauszügen eine Zurechnungsproblematik aufgeworfen, etwa wenn die Störungen unmittelbar von Privaten verursacht werden. Ein weiterer Klausurschwerpunkt liegt häufig in der Bestimmung der Rechtswidrigkeit des Eingriffs. Weitere Probleme treten bisweilen hinzu: Denkbar sind etwa Aktenauszüge, in denen der öffentlich-rechtliche Abwehr- und Unterlassungsanspruch in objektiver (eventueller) Klagehäufung (§ 44 VwGO) neben eine Drittanfechtungsklage eines Nachbarn gegen eine Genehmigung tritt. In diesen Fällen möchte der Kläger primär die Baugenehmigung aufheben lassen. Ist dieser Antrag ohne Erfolg, möchte der Kläger mindestens sicherstellen lassen, dass keine unzumutbaren Lärmimmissionen auftreten. Sie prüfen dann zunächst die Zulässigkeit und Begründetheit des Hauptantrags; anschließend die Zulässigkeit des Hilfsantrags (als Leistungsklage). Sodann bejahen Sie die Voraussetzungen des § 44 VwGO und nehmen schließlich im Rahmen des Hilfsantrags zur Begründetheit der allgemeinen Leistungsklage Stellung.

Übersicht: Allgemeiner Abwehr- und Unterlassungsanspruch

I. Dogmatische Herleitung: Rechtsstaatsprinzip (Art. 20 III GG); Abwehrfunktion der Grundrechte oder Rechtsgedanke der §§ 1004, 12, 862 BGB – Streitentscheidung entbehrlich, da Figur jedenfalls gewohnheitsrechtlich anerkannt

II. Tatbestand
   1. Betroffenheit eines subjektiv-öffentlichen Rechts (grundrechtlich geschützte oder einfachgesetzliche Position)
   2. Hoheitlicher, unmittelbar bevorstehender oder andauernder Eingriff
      a) »Hoheitlichkeit« des Eingriffs nach Sachzusammenhangskriterium (häufig Daseinsvorsorge) beurteilen; (P) Zurechenbarkeit des Handelns »Privater«
      b) Nach herrschendem »modernen Eingriffsbegriff« kommt es nicht darauf an, ob Eingriff final, unmittelbar und/oder imperativ erfolgt.
      c) Eingriff ist unmittelbar bevorstehend oder andauernd
   3. Rechtswidrigkeit des Eingriffs; (P) zwischen Werturteilen und Tatsachenbehauptungen unterscheidender eigener Rechtswidrigkeitskatalog bei Äußerungen von Hoheitsträgern; (P) bei Immissionen öffentlich-rechtlich betriebener Anlagen Erheblichkeitsschwelle des § 3 BImSchG maßgebend

III. Rechtsfolge
   1. Unterlassung des rechtswidrigen Eingriffs; nicht: Anspruch auf bestimmte Schutzmaßnahmen (Fehlerquelle insb. in Anwaltsklausuren; richtiger Antrag etwa: »den Beklagten zu verurteilen, sicherzustellen, dass in der Zeit von 8.00 Uhr bis 22.00 Uhr ein Lärmpegel von (...) dBA nicht überschritten wird«; im Einzelnen: *Kaiser/Köster*, Die öffentlich-rechtliche Klausur im Assessorexamen)
   2. Anspruchsgrenzen:
      a) tatsächliche Grenzen
      b) rechtliche Grenzen
      c) (P) Unzumutbarkeit der Anspruchserfüllung: nur bei eklatantem Missverhältnis zwischen Unterlassungsaufwand und subjektiver Beeinträchtigung
      d) (P) Verwirkung

I. Dogmatische Herleitung der Anspruchsgrundlage

In den Entscheidungsgründen eines Urteils oder in einem Anwaltsgutachten sollten Sie kurz feststellen, dass die Rechtsfigur eine geeignete Anspruchsgrundlage bildet. Viele Worte zur dogmatischen Herleitung sind im Assessorexamen allerdings entbehrlich. Es reicht aus, wenn Sie bündig feststellen, dass das Institut gewohnheitsrechtlich anerkannt ist. Seine Stütze (Rechtsgedanke des §§ 1004, 12, 862 BGB analog, Art. 20 III GG oder Abwehrfunktion der Grundrechte) kann dahinstehen, weil Voraussetzungen und Rechtsfolge in der Rechtsprechung nicht umstritten sind.[90]

---

90 BVerwG DVBl. 1989, 463.

II. Tatbestand

1. Betroffenheit eines subjektiv-öffentlichen Rechts

51 Zunächst prüfen Sie die Betroffenheit eines subjektiv-öffentlichen Rechts als Bezugspunkt des hoheitlichen Eingriffs. Dieses folgt häufig aus **Grundrechten**. Wichtig ist hier, dass Sie vor allem den sachlichen Schutzbereichs des jeweiligen Grundrechts bestimmen und dabei auf Gegenstand und Umfang der grundrechtlichen Gewährleistung Bezug nehmen. Subjektive Rechte können zudem aus **einfachem Recht** folgen. Denkbar ist etwa der kommunalrechtliche Anspruch auf Durchführung eines Bürgerbegehrens bzw. Bürgerentscheids, der durch Erklärungen eines Kommunalorgans (z.B. Bürgermeister) beeinträchtigt wird.

2. Hoheitlicher, unmittelbar bevorstehender oder andauernder Eingriff

Haben Sie die Betroffenheit eines subjektiven Rechts bejaht, prüfen Sie sodann das Vorliegen eines hoheitlichen unmittelbar bevorstehenden oder andauernden Eingriff in das Recht. Dabei legen Sie ein **modernes Eingriffsverständnis** zugrunde. Es kommt also nicht auf die Merkmale »rechtlich, final, unmittelbar und mit Befehl und Zwang« an. Entscheidend ist, ob die hoheitliche Maßnahme zurechenbar ein grundrechtlich geschütztes Verhalten verkürzt. Ob die Maßnahme rechtsförmlich oder tatsächlich erfolgt, ist irrelevant.

Gerade bei einem Eingriff durch Realakt stellt sich die Frage, ob der Hoheitsträger auch **hoheitlich** handelte. Denn ein Realhandeln ist zunächst rechtsformneutral, zumal Hoheitsträger auch privatrechtlich handeln können. Auf dieses Problem stoßen Sie bei einer prozessualen Aufgabenstellung regelmäßig schon bei der Eröffnung des Verwaltungsrechtswegs. Denn der Verwaltungsrechtsweg ist nur eröffnet bei öffentlich-rechtlichen Streitigkeiten im Sinne des § 40 I VwGO. Öffentlich-rechtlich ist die Streitigkeit, wenn die dem Streit zugrunde liegenden Normen dem Öffentlichen Recht zuzuordnen sind. Abwehransprüche gegen Realhandlungen des Staates könnten sich aber auch aus dem Zivilrecht ergeben (§§ 906, 1004 BGB), soweit der Staat privatrechtlich gehandelt hat. Die Rechtsnatur der in Frage kommenden Ansprüche richtet sich wiederum nach der Rechtsnatur der hoheitlichen Betätigung. Maßgeblich für deren Rechtscharakter ist die Zielsetzung der Handlung und der Sachzusammenhang. Stehen die Handlungen im Zusammenhang mit öffentlich-rechtlicher Aufgabenerfüllung (z.B. indem eine Erklärung eines Bürgermeisters als »offizielle Pressemitteilung« erfolgt) und gibt es keine Indizien dafür, dass diese Aufgabe ausnahmsweise privatrechtlich wahrgenommen wird, dann sind die Handlungen und dementsprechend auch der Abwehranspruch dem Öffentlichen Recht zuzuordnen.

Besonders häufig steht in Aktenauszügen die Aufgabenwahrnehmung im Sachzusammenhang mit der öffentlichen **Daseinsvorsorge** (Betrieb einer öffentlichen Einrichtung in Form einer Kläranlage, Musikschule etc.). Auch wenn die abzuwehrende Handlung in einem Zusammenhang mit einer **hoheitlichen Verkehrssicherungspflicht** (nach StWG des Landes) erfolgt, liegt gleichermaßen eine hoheitliche Immission vor. Diese Konstellation sollten Sie sich z.B. bei der Frage nach einem Rechtsschutz gegen Lichtimmissionen von öffentlichen Straßenlaternen merken.

Problem: Handeln Privater

Ein weiteres Problem, das sich im Rahmen des »hoheitlichen Eingriffs« stellen kann, ist die Frage, ob und inwieweit sich der Staat das Handeln Privater als eigenes Handeln zurechnen lassen muss. Die Zurechnung der Handlungen beliehener Personen oder Verwaltungshelfern ist nach den allgemeinen Grundsätzen zu beantworten.[91] Zurechnungsprobleme stellen sich in Klausuren insb. bei der Benutzung öffentlicher Einrichtungen durch Private (Bsp: Bürger nutzen kommunale Sporthalle oder Altglascontainer). Dabei ist von folgendem Grundsatz auszugehen: Wird die Einrichtung bestimmungsgemäß genutzt, muss sich der Staat das Handeln der Privaten wie eigenes zurechnen lassen. Der Hoheitsträger steuert insoweit durch die Benutzungsordnung. Wird die Einrichtung außerhalb der Grenzen der Benutzungsordnung genutzt (Bsp: Altglascontainer wird entgegen der Beschilderung nach 20.00 Uhr befüllt; Kinder nutzen Sport-

---

91 S.o. 1. Abschnitt, 1. Kapitel, Rn. 5 f.

anlage im späten Sommerabend) ist die Zurechnung zum Hoheitsträger nur ausnahmsweise zu bejahen, wenn dieser zumutbare Sicherungsmaßnahmen unterlässt, z.B. indem er keine Hinweisschilder aufstellt oder die Beschilderung nicht von Pflanzenbewuchs freigehalten wird. Den technischen »Umweg« über das Unterlassen zumutbarer Sicherungsmaßnahmen sollten Sie sich für die Klausurbearbeitung merken!

3. Rechtswidrigkeit des Eingriffs

Von hoher Klausurrelevanz ist die Frage der Rechtswidrigkeit des Eingriffs.[92] Eine Rechtfertigung des Eingriffs unter Berufung auf Grundrechte scheidet von vornherein aus. Denn Hoheitsträger können sich bei öffentlich-rechtlichem Handeln nach h.M. nicht auf Grundrechte berufen (Konfusionsargument gem. Art. 20 III GG).

Deshalb formulieren Sie zunächst allgemein, dass Immissionen bei Fehlen einer Duldungspflicht rechtswidrig sind. Bei rechtsförmlichen Handlungen, wie beispielsweise dem Erlass eines Verwaltungsaktes, die seinerseits gesetzesakzessorisch erfolgt, kann sich die Duldungspflicht nur aus der Anwendung der zugrunde liegenden Vorschrift ergeben. In diesen Fällen prüfen Sie die maßgeblichen Normen. Problematisch ist die Bestimmung der Rechtswidrigkeit (Unzumutbarkeit) insb. in folgenden Konstellationen:

Problem: Rechtswidrigkeitsmaßstab bei Äußerungen von Hoheitsträgern

Bei Äußerungen von Hoheitsträgern unterscheidet die Rechtsprechung zwischen Tatsachenbehauptungen und Werturteilen. Maßgebendes Unterscheidungskriterium ist wie bei §§ 1004, 823 BGB, ob der Gehalt der Äußerung einer objektiven Klärung mit den Mitteln des Beweises zugänglich ist (dann Tatsachenbehauptung) oder nicht (dann Werturteil).[93]

- **Tatsachenbehauptungen** sind rechtswidrig, sofern sie unwahr sind.
- Schwierigkeiten bei der Feststellung der Rechtswidrigkeit ergeben sich insb. bei geäußerten **Werturteilen**. Insoweit gilt: Der mit einer Äußerung verbundene Eingriff eines Staatsorgans in die Grundrechte Betroffener (regelmäßig das allgemeine Persönlichkeitsrecht aus Art. 2 I GG i.V.m. Art. 1 GG) ist nur rechtmäßig, wenn er im Rahmen seiner Aufgabenzuweisung, jedenfalls in Verbindung mit der Wahrnehmung grundrechtlicher Schutzpflichten zum Erhalt zentraler Grundrechtspositionen, erfolgt und wenn ein gewichtiger, dem Inhalt und der Bedeutung des berührten Grundrechts entsprechender Anlass besteht. Schließlich dürfen etwaige Werturteile nicht unsachgemäß sein, sondern müssen auf einem im Wesentlichen zutreffenden oder zumindest sachgerecht und vertretbar begründeten Tatsachenkern beruhen. Entsprechend dem Verhältnismäßigkeitsgrundsatz bestimmt sich das dabei einzuhaltende Maß der Sachaufklärung nach dem Gewicht der Gefahr sowie nach dem Inhalt und der Funktion der Äußerung. Im Examen wird das Prüfungsamt eine Schwerpunktbildung bei der Frage erwarten, ob sich die Erklärungen noch im Rahmen einer sachlichen Information bewegen oder die Grenze der Unzulässigkeit überschritten worden ist. Letzteres wäre aber erst dann der Fall, wenn die Erklärungen bewusst irreführend sind, falsche Behauptungen aufstellen oder persönliche Verunglimpfungen enthalten. Tendenziell sollten Sie bei der Annahme einer solchen rechtswidrigen Schmähkritik eher zurückhaltend sein. Ein Werturteil wird nicht deshalb rechtswidrig sein, weil die Erklärung sehr pointiert vorgetragen wird.

Problem: Rechtswidrigkeitsmaßstab bei öffentlich-rechtlichen Immissionen

Öffentlich-rechtliche Immissionen sind nicht allein wegen ihrer Gemeinwohlbindung zulässig, sondern ebenso wie privatrechtliche Immissionen nur in dem Umfang hinzunehmen, wie eine rechtliche Duldungspflicht des Betroffenen besteht. Duldungspflichten können sich zunächst aus öffentlich-rechtlichen Vorschriften ergeben. Zu nennen sind hier die §§ 22, 3 BImSchG, die danach erlassenen Rechtsverordnungen, Verwaltungsrichtlinien nach § 48 BImSchG (TA Luft, TA Lärm) sowie Vorschriften des Bauplanungsrechts (Wohngebiet, Mischgebiet nach BauNVO).

---

92 Hierzu auch Palandt/*Bassenge* § 906 Rn. 37 ff.
93 Vgl. auch *Kaiser/Kaiser/Kaiser* Materielles Zivilrecht im Assessorexamen, S. 142.

> **Klausurhinweis:** An dieser Schnittstelle erfolgt in vielen Aktenauszügen eine umfangreiche Inzidentprüfung des Bauplanungsrechts. Die Erheblichkeit der Umwelteinwirkung beurteilt sich nämlich (auch) danach, ob die in Rede stehende Anlage nach Maßgabe des Bauplanungsrechts generell oder ausnahmsweise zulässig ist. Um diese Feststellung treffen zu können, werden Sie im Aktenauszug Hinweise zur baurechtlichen Charakteristik der näheren Umgebung finden. Anhand dieser Angaben ordnen Sie die Umgebung einem der in der BauNVO genannten Gebiete zu und erörtern anschließend, ob die Anlage generell oder ausnahmsweise baurechtlich zulässig ist. In einigen Aktenauszügen finden Sie allerdings auch eine Festlegung der Gebietsart im Bearbeitervermerk.

Fehlen spezielle öffentlich-rechtliche Maßstäbe gelten subsidiär die allgemeinen Vorschriften des privaten Immissionsschutzrechts nach § 906 BGB. Bei § 906 BGB gehen Sie dann systematisch vor und prüfen die Wesentlichkeit, die Ortsüblichkeit und ggf. die wirtschaftliche Zumutbarkeit von Abwehrmaßnahmen. So sollten Sie beispielsweise beim Lärmschutz im Rahmen eines Volksfestes auch auf die traditionelle Entwicklung des Festes im Ort abstellen. Dieses Argument werden Sie von Veranstaltern eines Festes häufig hören. Allerdings greift dieses Argument nur insoweit durch, als es um den »traditionellen« Lärm geht. Der Hinweis auf die traditionelle Etablierung des Festes greift nicht, soweit es sich um »neuartigen Lärm mit überlautem Schall mit Hilfe von neuen elektronischen Anlagen« handelt.[94]

> **Klausurhinweis und Zusammenfassung:** Gerade die Abwehransprüche gegen störende Hoheitsträger bilden einen häufigen Klausurgegenstand. Begehrt der Kläger (nur) Schutz vor einer bestimmten Störungsintensität (z.B. Lärmbelästigung zur Nachtzeit, Geruchsbelästigung während bestimmter Betriebszeiten) ist die allg. Leistungsklage (in Gestalt der Unterlassungsklage) statthaft. Ausnahmsweise kann ggf. eine Verpflichtungsklage statthaft sein, wenn von dem Hoheitsträger die vollständige Einstellung der Tätigkeit durch entwidmende Allgemeinverfügung gem. § 35 S. 2 VwVfG verlangt wird. Für die Leistungsklage ist der Verwaltungsrechtsweg gem. § 40 I 1 VwGO eröffnet, da der verfolgte Abwehranspruch öffentlich-rechtlicher Art ist. Der Betrieb der Anlage dient nämlich i.d.R. der öffentlichen Daseinsvorsorge. Diese Rechtsnatur teilt der Abwehranspruch.[95] Die Klagebefugnis ergibt sich unproblematisch aus einer möglichen Gesundheitsbeeinträchtigung (Art. 2 II 1 GG) und der möglichen Eigentumsbeeinträchtigung (Art. 14 I 1 GG). Der auf der Begründetheitsebene zu prüfende Anspruch ergibt sich nicht aus dem drittschützenden § 22 I BImSchG, weil diese Norm keine Abwehrrechte normiert.[96] Daher prüfen Sie anschließend den allgemeinen Abwehr- und Unterlassungsanspruch mit den in diesem Abschnitt erörterten typischen Klausurproblemen (insb. »Eingriff durch hoheitliches Handeln«; »Rechtswidrigkeit«).

III. Rechtsfolge

52 Auf der Rechtsfolgenseite ist schließlich Folgendes zu beachten: Der Kläger hat keinen Anspruch auf eine bestimmte Schutzmaßnahme. Es geht ihm vielmehr um Abwehr bzw. Unterlassen nicht duldungspflichtiger Beeinträchtigungen. Bezogen auf Immissionen bedeutet dies etwa Folgendes: Der Nachbar kann keine bestimmte Lärmschutzmaßnahme (etwa den positiven Einbau von Schallschutzmaßnahmen) verlangen, sondern allein beanspruchen, dass die Zumutbarkeitsgrenze nicht überschritten wird. Dies kann durch den Hoheitsträger beispielsweise auch durch Einstellung des Betriebs erfolgen. In einer Anwaltsklausur müssen Sie bei der Formulierung des Klageantrags an diesen wichtigen Unterschied denken. In einer gerichtlichen Klausur müssen Sie ggf. den Klageantrag teilweise abweisen, wenn der Kläger z.B. die Verpflichtung zur Errichtung von Lärmschutzmaßnahmen begehrt.

Problem: Unzumutbarkeit der Erfüllung

Schließlich kann der öffentlich-rechtliche Abwehr- und Unterlassungsanspruch entfallen, wenn es für den Hoheitsträger »unzumutbar« ist, den Anspruch zu erfüllen. Diese Begrenzung läuft auf eine Abwägung zwischen den Interessen des Antragstellers und dem Aufwand des Hoheits-

---

[94] OVG Schleswig NordÖR 2007, 370.
[95] Im Einzelnen: *Kaiser/Köster* Die öffentlich-rechtliche Klausur im Assessorexamen, Rn. 128.
[96] BVerwGE 79, 254 (256); *Ehlers* Jura 2006, 351 (355); im Einzelnen s.u., 2. Teil, Abschnitt Umweltrecht.

trägers hinaus. Bedenken Sie, dass nur ein eklatantes Missverhältnis zwischen Vorteilen und Abwehr- bzw. Unterlassungsaufwand dazu führen dürfte, dass dem Anspruch nicht stattgegeben (und der Anspruchssteller in diesen Fällen auf monetären Ausgleich verwiesen) wird.

Problem: Verwirkung des Unterlassungsanspruchs

Eine Verwirkung des Anspruchs kommt nur in Betracht, wenn dessen Geltendmachung Ausdruck widersprüchlichen Verhaltens ist, indem etwa der Antragssteller gegenüber der Behörde deutlich erklärt hat, er werde keinen Anspruch geltend machen. Bloßes Schweigen führt nicht zur Verwirkung des Anspruchs. Im Ergebnis wird ein vom Anspruchsgegner geltend gemachter Einwand regelmäßig nicht durchgreifen.

B. Öffentlich-rechtlicher Folgenbeseitigungsanspruch

Der Folgenbeseitigungsanspruch (FBA) ist von hoher Examensrelevanz und kommt im Wesentlichen in zwei Konstellationen vor: 53

- Erstens kann er isoliert zur Begründung eines Leistungsbegehrens (Beispiel: Anspruch auf Widerruf einer unwahren ehrkränkenden Tatsachenbehauptung) oder aber auch eines Verpflichtungsbegehrens geltend gemacht (Beispiel: Exmittierungsverfügung gegenüber einen Obdachlosen nach Ablauf der Einweisungsfrist) werden. Statthafte Klageart ist dann die allgemeine Leistungsklage oder – bei begehrtem Erlass einer Verfügung (z.B. Exmittierung) – die Verpflichtungsklage gemäß § 42 I Var. 2 VwGO, im einstweiligen Rechtsschutz ist stets § 123 I VwGO statthaft.
- Zweitens stützt er materiell einen Annexantrag nach § 113 I 2, 3 VwGO (ggf. im einstweiligen Rechtsschutz nach § 80 V 3 VwGO – Beispiel: Anfechtung einer Sicherstellungsverfügung verbunden mit einem Herausgabeanspruch der sichergestellten Sache). Beachten Sie, dass § 113 I 2, 3 VwGO bzw. § 80 V 3 VwGO gerade nicht die materielle Grundlage für den Annexantrag ist, sondern nur dessen prozessuale Umsetzung sicherstellt. Gerade dieser Vollzugsfolgenbeseitigungsanspruch ist in polizeirechtlichen Klausuren von Bedeutung. Systematisch gehen Sie dann i.d.R. wie folgt vor:
  - Zulässigkeit und Begründetheit der Anfechtungsklage gegen Hauptverfügung (§ 113 I 1 VwGO): wenn Erfolg (+):
  - Zulässigkeit und Begründetheit des Antrags auf Rückgängigmachung der Vollzugsfolgen (§ 113 I 2, 3 VwGO)
    – Zulässigkeit des »Annexantrags«
      - Antrag auf Entscheidung nach § 113 I 2, 3 VwGO
      - Bereits erfolgte Vollziehung des VA
      - § 44 VwGO (P) Derselbe Beklagte i.d.R. (+), da § 78 VwGO nach h.M. für Annexantrag analog gilt, daher entweder beide Anträge gegen Rechtsträger (§ 78 I Nr. 1 VwGO) oder beide gegen Behörde (§ 78 I Nr. 2 VwGO i.V.m. AGVwGO)
    – Begründetheit des »Annexantrags«
      - Materielle Voraussetzungen für Folgenbeseitigung (+), wenn Voraussetzungen des Vollzugs – FBA (+)
      - Spruchreife bzgl. Beseitigungsbegehren (§ 113 I 3 VwGO)

> **Übersicht: Allgemeiner Folgenbeseitigungsanspruch**
>
> I. Anwendbarkeit des FBA
>   1. (P) Abgrenzung des FBA zum Abwehr- und Unterlassungsanspruch; (P) keine Widerrufsfähigkeit von Werturteilen im Rahmen des FBA
>   2. (P) Anwendbarkeit des FBA in dreipoligen Verwaltungsverhältnissen (+), wenn spezialgesetzliche Ermächtigungsgrundlage Eingriff ggü. Drittem rechtfertigt (z.B. Generalklausel)
> II. Dogmatische Herleitung: Rechtsstaatsprinzip (Grundsatz der Gesetzmäßigkeit der Verwaltung – Art. 20 III GG) oder §§ 1004, 12, 862 BGB analog oder Abwehrfunktion der Grundrechte: jedenfalls gewohnheitsrechtlich anerkannt, Grundlage aber nicht § 113 I 2 VwGO, der nur prozessuale Realisierung erleichtert.

> III. Tatbestand
> 1. Betroffenheit eines (wie bei § 42 II VwGO zu bestimmenden) subjektiv-öffentlichen Rechts (i.d.R. grundrechtlich geschützte Position); insb. Art. 12 I GG, Art. 14 GG
> 2. Hoheitlicher Eingriff
>   a) »Hoheitlichkeit« des Eingriffs nach Sachzusammenhangskriterium zu beurteilen; (P) Zurechnung bei unmittelbaren Störungen durch Private;
>   b) »Eingriff« erforderlich, Unterlassen nach h.M. nicht erfasst; (P) kein »Unterlassen«, wenn rechtmäßiger Eingriff nach Zeitablauf in rechtswidrigen Zustand umschlägt (Obdachloseneinweisung)
> 3. Fortdauernder, rechtswidriger und zurechenbarer Zustand (nicht Eingriff!)
>   a) Rechtswidrigkeit des eingetretenen Erfolgs (Merke: beim FBA kommt es auf das »Erfolgsunrecht« an) ist regelmäßig durch die Rechtswidrigkeit des Eingriffs indiziert (Ausnahme: Auch der rechtswidrige Verwaltungsakt entfaltet Legalisierungswirkung, solange er nicht aufgehoben wird). Allerdings kann der durch einen rechtswidrigen Eingriff geschaffene Zustand nachträglich legalisiert werden (Beispiel: Rechtswidrig gewordene Obdachloseneinweisung wird nachträglich durch den Erlass einer wirksamen Verfügung legalisiert). Umgekehrt kann der durch einen rechtmäßigen Eingriff zunächst geschaffene Zustand nachträglich rechtswidrig werden (Beispiel: Nach einer befristeten Obdachloseneinweisung ziehen die Obdachlosen nicht aus der Wohnung aus); (P) Beim Vollzugs-FBA RW(+), wenn VA gem. § 113 I 1 VwGO aufgehoben
>   b) Zurechenbarkeit der eingetretenen Folgen; (P) Zurechnung bei Handlungen Privater
>   c) Fortdauern des rechtswidrigen Zustands
> IV. Rechtsfolge
> 1. Anspruchsinhalt: Wiederherstellung des status quo ante (Minus zur Naturalrestitution)
>   a) Anspruch auf Beseitigung der unmittelbaren Folgen des Verwaltungshandelns; (P) Begriff der Unmittelbarkeit
>   b) Anspruch auf Herbeiführung eines »gleichwertigen« Zustands; (P) Gleichwertigkeit
> 2. Anspruchsgrenzen:
>   a) tatsächliche Unmöglichkeit der Unrechtsbeseitigung
>   b) rechtliche Unmöglichkeit der Unrechtsbeseitigung: (P) Drittbeteiligungsfälle
>   c) Unzumutbarkeit der Wiederherstellung
>   d) Unzulässige Rechtsausübung
>   e) (P) Auswirkungen des Mitverschuldens
> V. Verjährung: § 195 BGB analog (drei Jahre); str.

I. Anwendbarkeit des allgemeinen FBA

54 Der Rückgriff auf den allgemeinen Folgenbeseitigungsanspruch setzt das Fehlen spezialgesetzlicher Anspruchsgrundlagen voraus.

Problem: Abgrenzung des FBA vom Abwehr- und Unterlassungsanspruch

Bevor Sie in die Prüfung des FBA einsteigen, sollten Sie bereits vorab (zumindest gedanklich; in der Anwaltsklausur ggf. im Abschnitt »Auslegung des Mandantenbegehrens«) sicherstellen, dass der FBA überhaupt die richtige Anspruchsgrundlage darstellt. Insb. zum Abwehr- und Unterlassungsanspruch ergeben sich häufiger Abgrenzungsschwierigkeiten. Während der Abwehr- und Unterlassungsanspruch dazu dient, einen gegenwärtigen oder zumindest bevorstehenden rechtswidrigen Eingriff abzuwehren, zielt der FBA auf die Beseitigung eines rechtswidrigen Zustandes.

Problem: FBA bei Abwehr hoheitlicher Äußerungen

Schließlich ist im Zusammenhang mit ehrkränkenden Äußerungen zu beachten, dass der gute Ruf lediglich durch Widerruf von Tatsachenbehauptungen (Beispiel: »M war schon dreimal verheiratet!«) mit dem Folgenbeseitigungsanspruch wiederhergestellt werden kann. Werturteile (Beispiel: »Bauunternehmer A ist ein hinterlistiger Abzocker!«) sind nicht widerrufsfähig und scheiden als Gegenstand der Folgenbeseitigung aus. Hier kommen lediglich Abwehr- und Unterlassungsansprüche für die Gegenwart und Zukunft oder monetäre Ausgleichsansprüche in Betracht.

Problem: Anwendbarkeit des FBA in dreipoligen Verwaltungsrechtsverhältnissen

Bei dreiseitigen Verwaltungsrechtsverhältnissen (Bürger möchte von der Behörde die Wiederherstellung eines früheren Zustands, was nur durch ordnungsbehördliches Einschritten gegen den Dritten zu realisieren ist) stellt sich die Frage, ob der Folgenbeseitigungsanspruch von seiner Rechtsfolge her als Anspruchsgrundlage ausreicht. Nach der Rechtsprechung ist der Folgenbeseitigungsanspruch zwar die richtige Rechtsgrundlage; allerdings verlangt sie zur Durchsetzung des Anspruchs in dreipoligen Beziehungen eine gesonderte Rechtsgrundlage, da die Durchsetzung des Anspruchs zugunsten des die Folgenbeseitigung Begehrenden zugleich mit einem Eingriff in die Rechte des Dritten verbunden ist. Hier gilt der Vorbehalt des Gesetzes, wobei subsidiär auf die polizeiliche (ggf. bauordnungsrechtliche) Generalklausel zurückzugreifen ist (zu diesem Problem unter Anspruchsgrenzen mehr).

> **Klausurhinweis:** Sie müssen diese Dreieckskonstellation gedanklich abgrenzen von der »normalen« Dreieckskonstellation, die unter dem Begriff »Anspruch auf ordnungsbehördliches Einschreiten gegen Dritte« firmiert. Beim Einstieg mit dem Folgenbeseitigungsanspruch geht es um die besondere Situation, dass der Staat durch positives Handeln in die Rechte des Bürgers eingegriffen hat und Letzterer nun die spezielle Rückgängigmachung der eingetretenen Folgen verlangt. Die allgemeine Konstellation »Anspruch auf ordnungsbehördliches Einschreiten« liegt demgegenüber vor, wenn der Staat weder durch ein bestimmtes positives Vorverhalten in die Rechte des Betroffenen eingegriffen hat (also nichts getan hat) oder aber nicht die Rückgängigmachung, sondern allgemein ordnungsbehördliches Einschreiten verlangt wird. In baurechtlichen Nachbarkonstellationen (Nachbar begehrt Beseitigung einer aufgrund einer Baugenehmigung errichteten Anlage) können Sie daher auf die bauordnungsrechtliche Generalklausel zurückgreifen; sollten aber kurz (!) darauf hinweisen, dass diese subjektiven Rechtsschutz zugunsten des Nachbarn vermittelt. Diese Feststellung ist einen Satz wert, weil das Bauordnungsrecht als Gefahrenabwehrrecht grds. der »öffentlichen Sicherheit« dient.

II. Dogmatische Herleitung

Die dogmatische Herleitung des Folgenbeseitigungsanspruchs ist zwar umstritten. Hierzu werden unterschiedliche Auffassungen auch in der Rechtsprechung vertreten. So wird z.T. auf den Grundsatz der Gesetzmäßigkeit der Verwaltung als Ausprägung des Rechtsstaatsprinzips gem. Art. 20 III GG abgestellt; daneben wird auf §§ 1004, 12, 862 BGB analog abgestellt oder auf die Abwehrfunktion der Grundrechte verwiesen. In der Klausur sind diese Begründungsansätze nicht im Detail darzustellen. Es reicht aus, wenn Sie darauf hinweisen, dass das auf die vorstehenden Erwägungen gestützte Institut gewohnheitsrechtlich anerkannt ist und die dogmatische Herleitung aufgrund der gesicherten Voraussetzungen und Rechtsfolge dahinstehen kann. Diese kurze Feststellung wird allerdings auch erwartet. Schließlich können Sie darauf hinweisen, dass die prozessualen Bestimmungen der § 113 I 2, 3 VwGO, § 80 V 3 VwGO den materiellen FBA voraussetzen, ihn aber nicht begründen.

55

III. Tatbestand

1. Betroffenheit eines subjektiv-öffentlichen Rechts

Zunächst prüfen Sie die Betroffenheit eines subjektiv-öffentlichen Rechts. Dies ist der Bezugspunkt des nachfolgend darzustellenden Eingriffs. Deshalb müssen Sie genau feststellen, welches Recht überhaupt betroffen ist. Dies geht aus den Klausuren bisweilen nicht klar hervor. Im Regelfall stellen Sie auf Grundrechte ab.

56

- Bei ehrkränkenden Äußerungen kommt regelmäßig das allgemeine Persönlichkeitsrecht aus Art. 2 I GG i.V.m. Art. 1 GG zum Zuge;
- bei geschäftsschädigenden Äußerungen eher die Berufsfreiheit aus Art. 12 GG und seltener der eingerichtete und ausgeübte Gewerbebetrieb nach Art. 14 GG (zur Abgrenzung vgl. den abschließenden Grundrechtsabschnitt);

- bei Immissionen wird demgegenüber regelmäßig die Eigentumsgarantie aus Art. 14 GG relevant. Bedenken Sie, dass Sie im Schutzbereich des betroffenen Grundrechts zwischen Gegenstand und Umfang der Gewährleistung differenzieren.
- Das aufgrund einer Gebührenzahlung erworbene Grabstättennutzungsrecht, das nach Maßgabe einer Friedhofssatzung einer bestimmten Person für die Bestattung, der Errichtung eines Grabmals und der Bepflanzung zugewiesen ist, steht unter dem Schutz des Art. 14 I GG.[97]

2. Hoheitlicher Eingriff

57 In das subjektiv-öffentliche Recht muss hoheitlich eingegriffen worden sein. In diesen Voraussetzungen verbergen sich zwei Probleme:

- Zum Ersten müssen Sie feststellen, dass die Handlung des Hoheitsträgers **hoheitlich**, d.h. öffentlich-rechtlich, erfolgte. Dies ist unproblematisch bei Verwaltungsakten (in diesem Fall spricht man von einem Vollzugsfolgenbeseitigungsanspruch) oder sonstigen rechtsförmlichen Handlungen des öffentlichen Rechts. Bei Realakten müssen Sie dies jedoch unter Hinweis auf Zielsetzung und Sachzusammenhang genau nachweisen, soweit Sie dies nicht bereits im Rahmen prozessualer Fragestellungen bei der Eröffnung des Verwaltungsrechtswegs (öffentlich-rechtliche Streitigkeit i.S.d. § 40 I 1 VwGO) gemacht haben.
- Zum Zweiten muss das Handeln des Staates zu einem **Eingriff** in das subjektiv-öffentliche Recht führen. Hier gehen Sie zwar von einem modernen Verständnis aus, wonach prinzipiell jegliches staatliches Handeln, das grundrechtlich geschützte Verhaltensweisen verkürzt, als Eingriff anzusehen ist. Allerdings scheidet ein Unterlassen – auch wenn es pflichtwidrig erfolgte – regelmäßig als Anknüpfungspunkt eines Eingriffs im Rahmen des Folgenbeseitigungsanspruchs aus (Beispiel: Folgen einer rechtswidrigen Ablehnung einer beantragten Baugenehmigung). Denn das Begehren geht in diesem Fall über die bloße Herbeiführung des früheren Zustands, der vor dem »Eingriff« bestanden hat (der sog. status quo ante) hinaus. In der Klausur müssen Sie auf eine genaue sprachliche Darstellung dieses Problems achten: Eine andere Sachlage ergibt sich nämlich in solchen Fallgestaltungen, in denen die Verwaltung für den (positiven) Betrieb einer öffentliche Einrichtung verantwortlich ist (Bolzplatz, Recyclingcontainer, Skater-Anlage, Straße) und von dieser Lärmimmissionen ausgehen. Hier liegt der Anknüpfungspunkt für den Folgenbeseitigungsanspruch nicht in dem Unterlassen des Lärmschutzes, sondern in der Errichtung und Bereitstellung der öffentlichen Einrichtung. Im Gegensatz zum Unterlassen wird hier in eine bestehende Rechtsposition des Betroffenen durch den Betrieb eingegriffen und das bestimmungsgemäße Handeln Privater dem Staat wie eine eigene Handlung zugerechnet (Merke: hier geht es noch nicht um die Zurechnung der eingetretenen Folgen, sondern erst um die Zurechnung des »Eingriffs«).

Der FBA setzt also nach h.M. einen hoheitlichen Eingriff voraus, so dass ein bloßes Unterlassen nicht erfasst wird. Allerdings kann ein hoheitlicher Eingriff auch dann vorliegen, wenn die Behörde zunächst durch aktives Tun eine bestimmte Kausalkette in Gang setzt, die später durch Zeitablauf in einen rechtswidrigen Zustand mündet (Bsp.: Die Behörde weist rechtmäßig einen Obdachlosen zeitlich befristet in eine Wohnung ein. Nach Fristablauf wird der eingetretene Zustand rechtswidrig oder eine Behörde unterlässt es, eine zunächst rechtmäßig beschlagnahmte Sache nach Aufhebung der Beschlagnahmeverfügung herauszugeben).[98] Hier liegt ein tatbestandsgemäßer Eingriff vor.

3. Fortdauernder, rechtswidriger und zurechenbarer Zustand

58 Anders als beim öffentlich-rechtlichen Abwehr- und Unterlassungsanspruch geht es beim Folgenbeseitigungsanspruch nicht um die Abwehr oder das Unterlassen eines andauernden oder noch bevor stehenden Eingriffs, sondern um die Rückgängigmachung eines rechtswidrigen **Zustands**. Die Unterscheidung zwischen Eingriff und eingetretenem Zustand fällt bisweilen schwer (Beispiele: Folge einer ehrkränkenden Äußerung ist der schlechte Ruf; Folge der Auf-

---

[97] OVG Münster, Beschl. v. 10.11.1998 NVwZ 2000, 217.
[98] *Maurer* § 30 Rn. 9.

hebung verkehrsberuhigender Maßnahmen ist der Straßenlärm; Folge einer fehlerhaften Einbettung ist die Belegung der falschen Grabstätte).

In der Klausur müssen Sie stets darauf achten, worauf das Anspruchsziel gerichtet ist. Geht es um die Abwehr andauernder Belästigungen und ist es dem Antragsteller gleichgültig, in welcher Form dies geschieht, kommt der Abwehr- und Unterlassungsanspruch in Betracht (Beispiel: bei der Aufhebung verkehrsberuhigender Maßnahmen will der Kläger nicht die präzise Wiederherstellung des status quo ante – also etwa Wiederaufstellung früherer Baken und Leitpfosten –, sondern lediglich, dass der Lärm abgestellt wird – ggf. durch Schließung der gesamten Straße). Geht es dem Anspruchsteller jedoch darum, genau den früheren Zustand zu erreichen (Beispiel: Aufstellung der früheren Baken und Leitpfosten), dann kommt der Folgenbeseitigungsanspruch in Betracht.

Die **Zurechenbarkeit** setzt eine Wertung voraus. Es kommt darauf an, ob die Schadensfolgen adäquat durch das Verwaltungshandeln verursacht worden sind. Dies kann bisweilen problematisch sein.

Problem: Zurechenbarkeit bei »Dazwischentreten Privater«

Denken Sie an die Fallgruppe »Dazwischentreten Privater«: In den Aktenauszügen finden sich solche Probleme häufig (Beispiele: Obdachlose verursachen in der Wohnung Schäden; Private werfen zur Nachtzeit Leergut in Altglascontainer). Ein solches Verhalten muss sich ein Hoheitsträger ausnahmsweise nur dann zurechnen lassen, wenn dieses Fehlverhalten vorhersehbar war oder der Verwaltung bekannt wird und diese dennoch nicht einschreitet. Danach fehlt es an der Zurechenbarkeit auch dann, wenn die Gemeinde ein Gebiet als Gewerbegebiet ausweist, anschließend verschiedene Bauherrn baurechtswidrig ihr Grundstück versiegeln, wodurch bei einem Anwohner Hochwasserschäden auf dessen Grundstück eintreten. Dieses Verhalten muss sich die Gemeinde nicht zurechnen lassen, denn es war weder vorhersehbar, noch der Verwaltung bekannt.[99]

Entscheidend bei alledem ist, dass der eingetretene Zustand **rechtswidrig** sein muss (Abwehr von Erfolgsunrecht im Gegensatz zum Abwehr- und Unterlassungsanspruch – dort Handlungsunrecht). Es kommt also nicht auf die Rechtswidrigkeit des Handelns, sondern des eingetretenen Zustands an. Allerdings kann man in vielen Fällen von der Rechtswidrigkeit der Handlung auf die Rechtswidrigkeit des eingetretenen Zustands schließen, zumal sich zur Rechtswidrigkeit des Zustands bisweilen keine weiteren Ausführungen im Aktenstück befinden (Beispiel: der schlechte Ruf aufgrund einer unzulässigen Äußerung; in diesem Fall können Sie regelmäßig nur die Frage beantworten, ob die Äußerung unzulässig war und schließen dann von deren Unzulässigkeit auf die Rechtswidrigkeit des eingetretenen Zustands). Stellen Sie sich aber in jedem Fall die Frage, ob nicht möglicherweise eine Sonderkonstellation vorliegt, bei der Rechtmäßigkeit/Rechtswidrigkeit des Eingriffs und Rechtmäßigkeit/Rechtswidrigkeit des Zustands auseinanderfallen (vgl. oben im Prüfungsschema).

Wenn Sie von der Rechtswidrigkeit des Eingriffs auf die Rechtswidrigkeit des Zustands schließen wollen, führt dies regelmäßig zu einer Inzidentprüfung. Bei Äußerungen beachten Sie hierzu bitte die entsprechenden Ausführungen im Rahmen des Abwehr- und Unterlassungsanspruchs. Hier gilt Folgendes: Der gute Ruf aufgrund nachteiliger Warnungen und Empfehlungen kann regelmäßig wiederhergestellt werden, wenn Letztere rechtswidrig waren. Warnungen und Empfehlungen sind nach neuerer Rspr. nur rechtmäßig, wenn die handelnde Behörde im Rahmen ihres gesetzlichen Aufgaben- und Zuständigkeitsbereichs handelt, die veröffentlichten Informationen inhaltlich richtig und sachlich formuliert werden und die Grenzen des Verhältnismäßigkeitsgrundsatzes gewahrt sind.[100] Bei Tatsachenbehauptungen sollten Sie sich merken, dass ein Widerruf ehrverletzender Äußerungen nicht beansprucht werden kann, wenn sie wahr sind, von der jeweiligen Behörde im Rahmen ihres Aufgabenbereichs abgegeben werden und die Behörde auch hier die Grenzen des Verhältnismäßigkeitsgrundsatzes beachtet.[101]

---

99 OLG München, Urt. v. 29.09.2005 BayVBl. 2006, 478.
100 Z.B. VG Regensburg, Urt. v. 10.12.2009 – RO 3 K 08.1832.
101 So zuletzt BVerwG, Urt. v. 21.05.2008 – 6 C 13/07 NVwZ 2008, 1371.

Besonderes gilt hierbei beim Verwaltungsakt: Ungeachtet seiner Rechtmäßigkeit entfaltet er eine Duldungspflicht, solange er wirksam und nicht aufgehoben wurde. Bitte fallen Sie nicht auf den Vortrag herein, dass eine Duldungspflicht etwa deshalb nicht bestehe, weil der tragende Verwaltungsakt rechtswidrig sei. Denn auch ein rechtswidriger Verwaltungsakt begründet eine Duldungspflicht (§ 43 II VwVfG). Die Regelungswirkung des Verwaltungsakts kann aber zeitlich befristet sein (»durch Zeitablauf erledigt« i.S.d. § 43 II VwVfG). Dies bedeutet, dass nach Ablauf der Geltungsfrist keine Duldungspflicht mehr besteht (Beispiel: befristete Obdachloseneinweisung).

Schließlich können sich Pflichten zur Duldung des Zustands auch aus sonstigen öffentlich-rechtlichen Handlungen (Plan oder Vertrag) ergeben. So taucht in Aktenstücken der Fall auf, dass vertraglich auf die Geltendmachung von Rechtsbehelfen verzichtet wird. Dies führt zu zwei Fragen: Zum Ersten ist fraglich, ob der Rechtsbehelfsverzicht überhaupt den Folgenbeseitigungsanspruch erfasst; und zum Zweiten stellt sich dann die Frage, ob dieser weite Rechtsbehelfsverzicht rechtswirksam ist. Im Unterschied zum Verwaltungsakt ist hierbei zu beachten, dass sich die Rechtsunwirksamkeit regelmäßig aus der Rechtswidrigkeit der Regelung ergibt.

Beachten Sie bitte, dass die bloße Legalisierungsmöglichkeit nicht dazu führt, dass der Zustand rechtmäßig wird. Der Zustand ist vielmehr rechtswidrig. Sollte aber die Behörde bei der letzten mündlichen Verhandlung ernsthaft erklärt haben, den Zustand beispielsweise durch den baldigen Erlass einer Verfügung zu legalisieren (Beispiel: Aufstellung eines Planfeststellungsbeschlusses ist angekündigt und das Verfahren eingeleitet), könnte die Durchsetzung des Anspruchs rechtsmissbräuchlich sein. Dies ist dann aber keine Frage der Voraussetzungen sondern der Grenzen des Anspruchs. Maßgebend ist, ob der (sichere) Rechtsboden für eine Legalisierung bereits bereitet ist oder noch nicht. Solange aber eine Legalisierung noch nicht erfolgt ist, handelt es sich um ein Problem der Anspruchsgrenzen (Rechtsfolge).

IV. Rechtsfolge

1. Anspruchsinhalt

59 Der FBA ist schon sprachlich auf unmittelbare Folgenbeseitigung, also auf Wiederherstellung des ursprünglichen Zustandes gerichtet (status quo ante).

Problem: Begriff der »Unmittelbarkeit«

Inhalt des Anspruchs ist nach der Rspr. damit die Herbeiführung des »Zustandes, der unverändert bestünde, wenn es zu dem rechtswidrigen Eingriff nicht gekommen wäre.«[102] Der Anspruch auf unmittelbare Folgenbeseitigung ist wertend zu bestimmen. Bitte achten Sie darauf, dass dieser Anspruchsinhalt nicht mit der Naturalrestitution der §§ 249 ff. BGB gleichgesetzt werden kann, da bei jener nicht nur der ursprüngliche Zustand wiederherzustellen ist, sondern darüber hinausgehend der Zustand, der bei gewöhnlichem Verlauf der Dinge bestanden hätte. Der Folgenbeseitigungsanspruch ist also ein »minus«. Auch ein Anspruch auf Schadensersatz kann aus dem Folgenbeseitigungsanspruch nicht hergeleitet werden. In einigen Fällen (vgl. Anspruchsgrenzen) tendiert die Rechtsprechung jedoch zur Folgenbeseitigungsentschädigung.

2. Anspruchsgrenzen

60 Die Reichweite des Folgenbeseitigungsanspruchs ist begrenzt. Hier gibt es im Wesentlichen vier Probleme:

Problem: Unmöglichkeit der Unrechtsbeseitigung

Zum Ersten muss die Unrechtsbeseitigung tatsächlich möglich und rechtlich zulässig sein.

Die **tatsächliche Möglichkeit** steht zwar regelmäßig außer Frage, kann aber in bestimmten Fällen problematisch sein (Beispiel: Eine sichergestellte Sache wird vor Herausgabe zerstört).

---

[102] BVerwGE 94, 100 (109) = NVwZ 1994, 275.

Häufig geht es in Examensklausuren jedoch um Dreieckskonstellationen, in denen der Anspruchsteller eine spezielle Folgenbeseitigung verlangt, die nur durch den Erlass einer ordnungsbehördlichen Verfügung gegenüber einem Dritten zu realisieren ist (Beispiel: Nach Ablauf einer befristeten Einweisungsverfügung möchte der Eigentümer die Exmittierung des Obdachlosen). Hier stellt sich die Frage der **rechtlichen Unmöglichkeit**. Da die Realisierung der Folgenbeseitigung nur durch einen erneuten Eingriff in die Rechte Dritter erfolgen kann, verlangt die Rechtsprechung das Vorliegen einer gesetzlichen Ermächtigungsgrundlage.[103] Grundlage hierfür ist in der Klausur oftmals die polizeiliche Generalklausel, deren Voraussetzungen an dieser Stelle zu prüfen sind. Bedenken Sie hierbei auch das evtl. bestehende Aufgabenproblem (Eingriff zum Schutz privater Rechte).[104] Diese Drittbeteiligungsfälle tauchen in den Aktenauszügen häufig als Baunachbarstreit (Beseitigung einer baulichen Anlage nach Aufhebung einer vom Nachbarn angegriffenen Baugenehmigung) oder als Problem der Exmittierung von Obdachlosen auf.[105]

- Typisch für den **Baunachbarstreit** ist die Konstellation, in der der Nachbar sich gegen die Erteilung einer rechtswidrigen Baugenehmigung wendet. Hat der Bauherr nach Erteilung, aber vor Aufhebung bzw. Suspendierung der Baugenehmigung mit der Errichtung des Bauwerks begonnen, verlangt der Kläger bzw. der Mandant von der Bauaufsichtsbehörde die Beseitigung der Anlage, die zunächst den Erlass einer Abrissverfügung gegenüber dem Bauherrn erfordert. Hier stellen sich insb. folgende klärungsbedürftige Punkte: Aufgrund der Baufreigabe durch die Behörde ist die Realisierung des Bauvorhabens durch den Bauherrn vorhersehbar. Das Verhalten des Dritten und damit der eingetretene Zustand ist damit dem Anspruchsgegner zurechenbar. Der Folgenbeseitigungsanspruch ist damit die geeignete Anspruchsgrundlage zum Einschreiten gegen den Dritten. Denn der Anspruchsteller verlangt nicht irgendein ordnungsbehördliches Einschreiten, sondern die Wiederherstellung des status quo ante. Durch den hiermit erforderlichen Eingriff in die Rechte des Dritten bedarf es einer gesetzlichen Ermächtigungsgrundlage, z.B. in Gestalt der bauordnungsrechtlichen Generalklausel. Der Folgenbeseitigungsanspruch allein reicht hierfür nicht aus. Er wirkt gewissermaßen nur im Anspruchsverhältnis zwischen Anspruchsteller und Anspruchsgegner, nicht aber im Verhältnis zwischen Behörde und Dritten. Schließlich müssen Sie Ausführungen dazu machen, ob das behördliche Ermessen aufgrund des Folgenbeseitigungsanspruchs auf Null reduziert ist. Diese Frage ist umstritten, lässt sich aber bejahen, wenn die Position des Bauherrn nicht schutzwürdig ist, er also unbefugt weitergebaut hat (z.B. weil er entgegen eines Erfolges des Nachbarn im einstweiligen Rechtsschutz (beachte hierbei auch § 212a BauGB)) mit der Realisierung des Vorhabens fortfährt.

  Klausurhinweis: Wie bereits dargestellt, können Sie dieses Anspruchsziel auch auf die bauordnungsrechtliche Generalklausel stützen.

- Bei der **Exmittierung** eines in eine Wohnung Eingewiesenen müssen Sie neben den o.g. Aspekten regelmäßig den rechtswidrigen Zustand genau fixieren. Die tatsächliche Folge, also den Aufenthalt des Eingewiesenen in der Wohnung, hat die Behörde nach Ablauf der Einweisungsfrist zu beenden. Dann muss die Behörde die Wohnung dem Eigentümer wieder zur Verfügung stellen. Falls der ehemalige Mieter eingewiesen wurde, besteht nach h.M. ebenfalls ein Anspruch auf Exmittierung des Mieters. Dieses lässt sich damit begründen, dass der Nichtstörer (Eigentümer) durch die Einweisung verpflichtet wird, den Mieter weiter wohnen zu lassen, obwohl er i.d.R. erfolgreich auf Räumung geklagt hat. Damit verfügt die Behörde über eine infolge der erfolgreichen Räumungsklage frei gewordene Wohnung. Weil der Folgenbeseitigungsanspruch auf Wiederherstellung des früheren Zustands gerichtet ist, kann der Vermieter in diesem Fall die Herausgabe der geräumten Wohnung beanspruchen. Mangels »Unmittelbarkeit« werden aber von Eingewiesenen verursachte Schäden an der Wohnung nicht ersetzt; insoweit kommt nur ein Entschädigungsanspruch aus der Inanspruchnahme als Nichtstörer in Betracht.

---

103 VGH Kassel NVwZ 1995, 300 (301).
104 Hierzu s.u.
105 *Bumke* JuS 2005, 22, 26 f.

Problem: Unzumutbarkeit der Wiederherstellung des status quo ante

Des Weiteren stellt sich die Frage, ob die Wiederherstellung des status quo ante für den Hoheitsträger zumutbar ist. Hier geht es um Abwägung zwischen den Vorteilen für den Rechtsinhaber bei Durchsetzung der Folgenbeseitigung und den Nachteilen für die Verwaltung. Nur bei deutlichem Überwiegen der Nachteile – insb. der finanziellen Folgen – erwägt die Rechtsprechung eine Umwandlung des Folgenbeseitigungs- in einen Folgenentschädigungsanspruch. Seien Sie bei der Annahme einer solchen Fallgruppe aber zurückhaltend.

Problem: Durchsetzung des FBA als unzulässige Rechtsausübung

Darüber hinaus stellt sich die Frage, ob die Durchsetzung des FBA eine unzulässige Rechtsausübung darstellt. Insb. dann, wenn die Legalisierung möglich und in Aussicht gestellt worden ist, dürfte die Durchsetzung der Folgenbeseitigung unzulässig sein. Bitte beachten Sie aber, dass nicht allein die rechtliche Möglichkeit der nachträglichen Legalisierung ausreicht, sondern nur eine hinreichend gesicherte Erwartung, die Behörde werde von den ihr gegebenen Möglichkeiten auch zeitnah Gebrauch machen, um rechtmäßige Zustände herbeizuführen. Hierfür trägt die Behörde die Behauptungs- und Darlegungslast.[106]

Problem: Auswirkungen des Mitverschuldens des Antragstellers

Schließlich müssen Sie den § 254 BGB bzw. § 251 BGB als allgemeinen Rechtsgedanken im Rahmen des Mitverschuldens berücksichtigen. Hat es der Anspruchsteller unterlassen, gegen den drohenden Schaden vorzugehen (Beispiel: Hauseigentümer sieht zu, wie sein Grundstück rechtswidrig in Mitleidenschaft gezogen wird) führt dieses Mitverschulden bei unteilbaren Lasten nicht zum gänzlichen Wegfall des Beseitigungsanspruchs, sondern nur zu dessen Umwandlung in einen Folgenentschädigungsanspruch. Falls die Klage im gerichtlichen Verfahren zugunsten eines Folgenentschädigungsanspruchs geändert wird, ist diese Klageänderung zulässig (§ 173 VwGO i.V.m. § 264 Nr. 2 oder 3 ZPO).

Spätestens an dieser Stelle wird der Anspruchsgegner in der Klausur die Unzulässigkeit des Rechtsweges geltend machen. Dieser Einwand läuft aber ins Leere, da § 40 II 1 VwGO für Folgenbeseitigungsansprüche selbst dann keine Anwendung findet, wenn diese ausnahmsweise auf eine Geldleistung gerichtet sind.[107] Es bleibt also beim Verwaltungsrechtsweg nach § 40 I VwGO (sog. verlängerter Folgenbeseitigungsanspruch).

> **Klausurhinweis:** Beachten Sie, dass in vielen Aktenauszügen sowohl der Anspruch aus dem Abwehr- und Unterlassungsanspruch als auch ein Folgenbeseitigungsanspruch zu prüfen ist. Beide Ansprüche sind im Wege einer Leistungsklage geltend zu machen. Prozessual ergeben sich neben der Frage des Verwaltungsrechtswegs gem. § 40 I 1 VwGO (Öffentlich-rechtliche Streitigkeit?) wenig Schwierigkeiten. Werden beide Ansprüche geltend gemacht, müssen Sie kurz auf die Zulässigkeit der Klagehäufung gem. § 44 VwGO eingehen.

C. Öffentlich-rechtlicher Erstattungsanspruch

61 Der öffentlich-rechtliche Erstattungsanspruch kommt wiederholt in Klausuren vor. Er kann sowohl Ansprüche eines Bürgers gegen den Staat begründen; spiegelbildlich aber auch Ansprüche des Staates gegen den Bürger. Der Schwerpunkt der Klausur liegt regelmäßig in der Prüfung des Rechtsgrundes (bzw. der Rechtsgrundlosigkeit). Hier geht es um die Frage, ob eine wirksame Grundlage für das Behaltendürfen der Leistung besteht. Dies läuft im Normalfall auf die Prüfung der Wirksamkeit eines Verwaltungsaktes oder eines öffentlich-rechtlichen Vertrags hinaus. Während der rechtswidrige Verwaltungsakt im Regelfall nicht unwirksam ist, ist dies beim rechtswidrigen öffentlich-rechtlichen Vertrag der Fall. Besteht der Rechtsgrund für das Behaltendürfen in einem rechtswidrigen Verwaltungsakt, müssen Sie in prozessualer Hinsicht daran denken, dass

---

106 *Bumke* JuS 2005, 22 (26).
107 *Kopp/Schenke* § 113 VwGO Rn. 89 (str.).

ein Anfechtungsantrag mit einem Annexantrag auf Leistung verbunden wird (§ 113 I 1 und 2 VwGO). Ansonsten läuft der Klausureinstieg i.d.R. über eine allg. Leistungsklage.

> **Übersicht: Öffentlich-rechtlicher Erstattungsanspruch**[108]
>
> I. Anwendbarkeit:
> (P) Vorrang spezialgesetzlicher Regelungen, z.B. § 49a VwVfG; § 50 SGB X, beamtenrechtliche Rückforderungsansprüche, § 77 IV 1 VwVG i.V.m. § 21 I GebG NRW.
> II. Dogmatische Herleitung: Aus Rechtsgedanken der §§ 812 ff. BGB bzw. aus Rechtsstaatsprinzip (Gesetzmäßigkeit der Verwaltung – Art. 20 III GG) entwickeltes, jedenfalls gewohnheitsrechtlich anerkanntes Rechtsinstitut
> III. Tatbestand:
> 1. Vermögensverschiebung zwischen Anspruchsteller und Anspruchsgegner
> 2. Öffentlich-rechtliche Rechtsbeziehung zwischen Anspruchsteller und Anspruchsgegner; (P) Rechtsbeziehungen bei Zuwendungen an Dritte; (P) durch Leistung; (P) Rechtsbeziehung bei Einschaltung eines Verwaltungshelfers
> 3. Ohne Rechtsgrund: I.d.R. Hauptproblem der Klausur: Die gegenwärtige Rechtslage darf nicht durch einen Rechtsgrund gerechtfertigt sein. Als Rechtsgrund kommen in Betracht:
> a) Ein wirksamer (nicht notwendig auch rechtmäßiger) Verwaltungsakt
> b) Ein nicht nichtiger öffentlichrechtlicher Vertrag
> c) Rechtmäßige gesetzliche Vorschriften
> IV. Rechtsfolge:
> 1. Anspruchsinhalt: Herausgabe des Vermögensgegenstandes sowie grds. alle durch Vermögensverschiebung erlangten Vermögensvorteile, daneben ggf. Wertersatz (Rechtsgedanke des § 818 II BGB)
> 2. Ausschluss: (P) Hoheitsträger können sich wegen Art. 20 III GG weder auf § 814 BGB, noch auf den Wegfall der Bereicherung (§ 818 III BGB) berufen
> 3. Bei Privaten gelten Besonderheiten: Abwägung (Gedanke des § 48 II VwVfG) zwischen Interesse der Behörde an Rückgewähr der zu Unrecht gewährten Leistung und Interesse des Bürgers an Aufrechterhaltung der bestehenden (ggf. rechtswidrigen) Vermögenslage

I. Anwendbarkeit des öffentlich-rechtlichen Erstattungsanspruchs

Denken Sie daran, dass der allgemeine öffentlich-rechtliche Erstattungsanspruch durch spezialgesetzliche Erstattungsregelungen verdrängt wird. Merken Sie sich hierzu vor allem aus dem Beamtenrecht für Versorgungsbezüge § 52 II BeamtVG, für Besoldungsansprüche § 12 II–IV BBesG sowie die entsprechenden landesrechtlichen Vorschriften.[109]

Wichtig ist daneben § 49a I 1 VwVfG, der einen Erstattungsanspruch nach Aufhebung eines Verwaltungsakts begründet. Zudem können landesrechtliche Vorschriften aus dem Verwaltungsvollstreckungsrecht greifen.[110]

II. Dogmatische Herleitung der Anspruchsgrundlage

In der Klausur sollten Sie kurz die gewohnheitsrechtliche Anerkennung des Rechtsinstituts bejahen. Weitergehende Ausführungen zu Art. 20 III GG (dem Grundsatz der Gesetzmäßigkeit der Verwaltung) werden nicht erwartet und sind sogar schädlich. Denn im öffentlichen Recht besteht die gewohnheitsrechtliche Überzeugung, dass rechtsgrundlose Vermögensverschiebungen rückgängig zu machen sind.[111] Dieser Rechtsgedanke findet auch in §§ 812 ff. BGB seine Ausprägung.

---

108 Hierzu auch Palandt/*Sprau* Einf. v. § 812 Rn. 9 ff.
109 Zur Anwendbarkeit dieser Vorschriften siehe 7. Kapitel – Beamtenrecht.
110 Z.B. § 77 IV 1 VwVG NRW i.V.m. § 21 Gebührengesetz NRW (GebG NRW). Der Leistungsanspruch aus § 21 GebG NRW kann dann mit einer Anfechtungsklage verbunden werden (§ 113 IV VwGO).
111 OVG Lüneburg NVwZ 2004, 1513.

III. Tatbestand

1. Vermögensverschiebung zwischen Anspruchssteller und Anspruchsgegner

64 Der Anspruch setzt erstens eine Vermögensverschiebung zwischen Anspruchsteller und Anspruchsgegner voraus. Ob diese Verschiebung durch Leistung oder in sonstiger Weise erfolgt, ist irrelevant. Im öffentlichen Recht wird zwischen diesen beiden Varianten nicht unterschieden. Die Vermögensverschiebung betrifft regelmäßig Geldzahlungen (z.B. Bürger erhält Subventionen im Zuge eines nichtigen oder gleichzeitig angefochtenen Subventionsbescheides), kann aber auch sonstige Vermögenswerte betreffen (z.B. das Eigentum am Grundstück durch rechtsgrundlose Übereignung).

2. Öffentlich-rechtliche Rechtsbeziehung

65 Der Anspruch setzt zweitens das Bestehen einer öffentlich-rechtlichen Rechtsbeziehung voraus. An dieser Stelle ist der öffentlich-rechtliche Erstattungsanspruch von dem zivilrechtlichen Bereicherungsanspruch abzugrenzen. Hierbei ist auf die Rechtsnatur des vermeintlichen Rechtsgrundes abzustellen. Im Fall eines Leistungsverhältnisses teilt der Erstattungsanspruch die Rechtsnatur des Leistungsanspruchs (Kehrseitentheorie). Bei einer öffentlich-rechtlichen Leistungsgewährung ist damit auch der Erstattungsanspruch öffentlich-rechtlich.

Merken Sie sich an dieser Stelle stellvertretend für das Problem der Zahlung an Dritte den Klassiker der Rückforderung von Leistungen an den Erben eines Beamten. Dieser wird insb. vom BVerwG als öffentlich-rechtlicher Erstattungsanspruch angesehen, um ein Auseinanderfallen des Rechtsweges bzgl. des Leistungsanspruchs und dessen Rückabwicklung zu verhindern.[112] Nach a.A. wird demgegenüber unmittelbar auf §§ 812 ff. BGB zurückgegriffen, weil zwischen dem Leistungsempfänger und der zahlenden Behörde kein öffentlich-rechtliches Leistungsverhältnis besteht.[113] Beachten Sie aber für die Rückforderung von Besoldungszahlungen die den öffentlich-rechtlichen Erstattungsanspruch verdrängenden Spezialregelungen des § 12 III und IV BBesG sowie für die Rückforderung von Versorgungsleistungen § 52 IV und V BeamtVG.

3. Ohne Rechtsgrund

66 Schwerpunkt der Klausur ist vielfach die Frage, ob die Vermögensverschiebung ohne Rechtsgrund erfolgt ist. Dieses ist der Fall, wenn es an einem wirksamen Verwaltungsakt, Vertrag oder sonstigen Rechtsgrund fehlt. Bitte merken Sie sich, dass es für den Rechtsgrund allein auf die Wirksamkeit des Verwaltungsakts ankommt, nicht auf dessen Rechtmäßigkeit. Dies bedeutet, dass auch ein rechtswidriger Verwaltungsakt einen Rechtsgrund für die Leistung bildet, solange er nicht von der Behörde nach §§ 48, 49 VwVfG oder vom Gericht gemäß § 113 I 1 VwGO aufgehoben worden ist. Neben dem Verwaltungsakt kann auch ein wirksamer öffentlich-rechtlicher Vertrag einen Rechtsgrund für die Leistung bilden.

IV. Rechtsfolge

67 Häufig finden Sie in den Klausuren Probleme auf der Rechtsfolgenebene. An dieser Stelle unterscheiden sich der öffentlich-rechtliche Erstattungsanspruch und die §§ 812 ff. BGB wesentlich. Das ist im Übrigen auch der wesentliche Grund, weshalb in der dogmatischen Herleitung überwiegend auf Art. 20 III GG und nicht auf den Rechtsgedanken der §§ 812 ff. BGB abgestellt wird. Zunächst erfasst der öffentlich-rechtliche Erstattungsanspruch nicht anders als im Zivilrecht auch die Herausgabe der tatsächlich gezogenen Nutzungen (Rechtsgedanke des § 818 I, 1. Hs. BGB).

Allerdings kann sich der Hoheitsträger nicht auf **§ 814 BGB** mit dem Argument berufen, der Bürger habe die Rechtsgrundlosigkeit der Vermögensverschiebung gekannt (Beispiel: der Bürger verlangt Geldzahlungen, mit denen er sich die Ernennung zum Beamten auf Grundlage eines of-

---

112 BVerwG DVBl. 1990, 870.
113 So z.B. OVG Münster NJW 1980, 1974.

fensichtlich unwirksamen Vertrags »erkauft« hat, zurück). Denn der Staat ist gemäß Art. 20 III GG an Gesetz und Recht gebunden und darf eine Leistung ohne Rechtsgrund nicht behalten. Das gilt auch umgekehrt: Die öffentliche Hand darf ohne Rechtsgrund nicht leisten, so dass § 814 BGB für sie nicht gilt.[114]

Schließlich gibt es Besonderheiten bei der Geltendmachung des Entreicherungseinwands gem. **§ 818 III BGB**. Häufig wird in Aktenauszügen seitens des Anspruchsgegners der Wegfall der Bereicherung geltend gemacht. Hierbei müssen Sie unterscheiden:

- Dem Staat als Anspruchsgegner ist die Berufung auf den Wegfall der Bereicherung versperrt (Arg.: Art. 20 III GG).[115]
- Für den Bürger ist der Einwand nicht vollständig ausgeschlossen, da dessen Vertrauen auf die Beständigkeit der Leistung grds. schutzwürdig ist. Etwas anderes gilt allerdings, wenn er grob fahrlässig nicht erkannt hat, dass er keinen Anspruch auf den Bereicherungsgegenstand hat (vgl. auch § 48 II 3 Nr. 3 VwVfG). Wegen der Heranziehung dieses Vertrauensschutzabwägung wird der Bürger teils besser, vielfach aber auch ungünstiger gestellt. Ein wesentlicher Unterschied ergibt sich, wenn der Bürger das Fehlen des rechtlichen Grundes nicht kannte. Zivilrechtlich wäre dann § 819 I BGB heranzuziehen, wonach der Einwand des Bereicherungswegfalls nur bei positiver Unkenntnis ausgeschlossen ist. Nach der Rspr. ist demgegenüber beim öffentlich-rechtlichen Erstattungsanspruch das Vertrauen bereits bei einer grob fahrlässigen Unkenntnis des Fehlens des Rechtsgrundes nicht mehr schutzwürdig.[116]

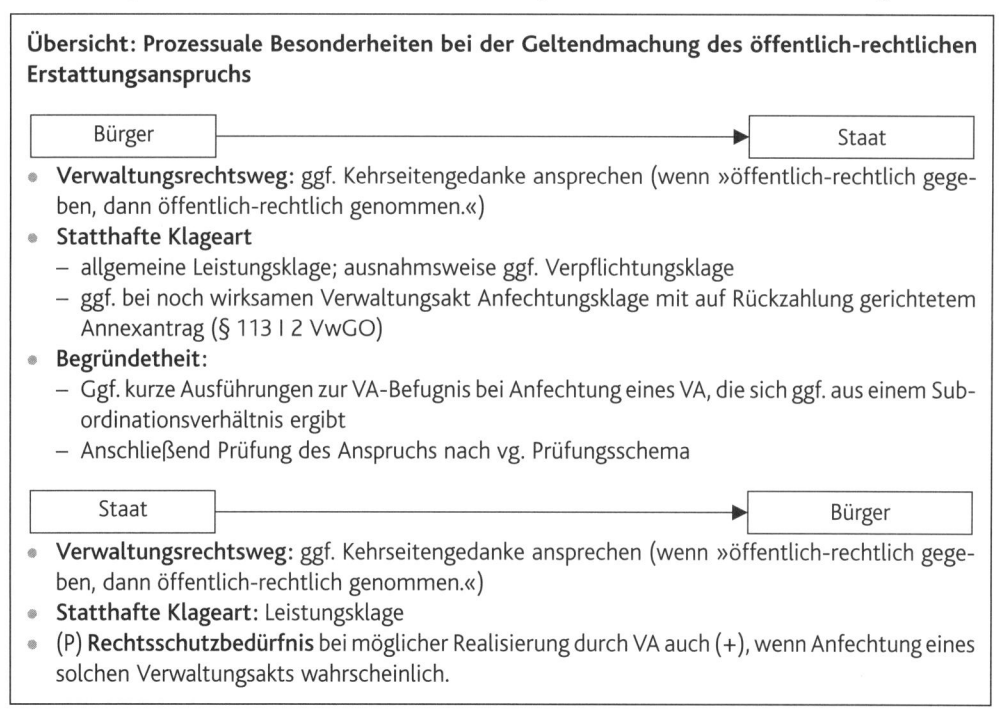

Übersicht: Prozessuale Besonderheiten bei der Geltendmachung des öffentlich-rechtlichen Erstattungsanspruchs

Bürger ⟶ Staat

- **Verwaltungsrechtsweg**: ggf. Kehrseitengedanke ansprechen (wenn »öffentlich-rechtlich gegeben, dann öffentlich-rechtlich genommen.«)
- **Statthafte Klageart**
  - allgemeine Leistungsklage; ausnahmsweise ggf. Verpflichtungsklage
  - ggf. bei noch wirksamen Verwaltungsakt Anfechtungsklage mit auf Rückzahlung gerichtetem Annexantrag (§ 113 I 2 VwGO)
- **Begründetheit**:
  - Ggf. kurze Ausführungen zur VA-Befugnis bei Anfechtung eines VA, die sich ggf. aus einem Subordinationsverhältnis ergibt
  - Anschließend Prüfung des Anspruchs nach vg. Prüfungsschema

Staat ⟶ Bürger

- **Verwaltungsrechtsweg**: ggf. Kehrseitengedanke ansprechen (wenn »öffentlich-rechtlich gegeben, dann öffentlich-rechtlich genommen.«)
- **Statthafte Klageart**: Leistungsklage
- **(P) Rechtsschutzbedürfnis** bei möglicher Realisierung durch VA auch (+), wenn Anfechtung eines solchen Verwaltungsakts wahrscheinlich.

D. Ansprüche aus öffentlich-rechtlichen Sonderbeziehungen

Zudem kann es in einer Assessorklausur (vor allem in einer Anwaltsklausur) bisweilen auch um klassische Ansprüche auf Geld (Entschädigung oder Schadenersatz) gehen. Dies ist zwar selten. Denn die wichtigsten Geldansprüche sind dem Zivilgericht zugewiesen (Art. 34 S. 3 GG, § 40 II 1 VwGO). Ausgeschlossen ist dieses aber nicht, zumal gerade im Beamtenrecht die aufdrängende Sonderzuweisung nach § 126 I BBG bzw. § 54 I BeamtStG dazu führt, dass auch klassische Geld-

---

114 BGHZ 73, 202.
115 Palandt/*Sprau* Einf. v. § 812 BGB Rn. 9.
116 BVerwGE 71, 85.

ansprüche etwa aus einem öffentlich-rechtlichen Schuldverhältnis vor dem Verwaltungsgericht geltend zu machen sind. Besondere Bedeutung haben hierbei Ansprüche aus öffentlich-rechtlichen Schuldverhältnissen und aus der öffentlich-rechtlichen Geschäftsführung ohne Auftrag. Der Amtshaftungsanspruch und die allgemeinen Aufopferungsansprüche treten dahinter zurück und werden nicht näher erörtert. Insoweit wird auf die Kommentierung im Palandt verwiesen.

> **Übersicht: Anspruch aus öffentlich-rechtlichem Schuldverhältnis**
>
> I. Tatbestand:
> 1. Vorliegen eines öffentlich-rechtlichen Schuldverhältnisses. Von der Rechtsprechung anerkannte Fallgruppen sind:
>   a) Öffentlich-rechtlicher Vertrag (oder im Fall der c.i.c.-Anbahnung eines solchen)
>   b) Öffentlich-rechtliche Benutzungs- und Leistungsverhältnisse (Nutzung kommunaler Einrichtungen); (P) Öffentlich-rechtliches Benutzungsverhältnis (+), wenn Benutzung öffentlich-rechtlich geregelt ist (beachte: Wahlfreiheit der Verwaltung)
>   c) Öffentlich-rechtliche Verwahrung (+), wenn Hoheitsträger bewegliche Sache zum Zwecke der Verwahrung in Besitz nimmt
>   d) Öffentlich-rechtliche Geschäftsführung ohne Auftrag (im Einzelnen hierzu E.)
>   e) Beamtenverhältnisse und sonstige personenbezogene Schuldverhältnisse (Zivildienst-, Wehr-, Strafgefangenen- und Schulverhältnis).
> 2. Vorliegen aller weiteren Tatbestandsvoraussetzungen für die nach Zivilrecht anerkannten Ansprüche, insb.
>   • Öffentlich-rechtliche c.i.c. (§§ 280 I, 311 II, 241 II BGB analog)
>   • Öffentlich-rechtliche pVV (§§ 280 I, 241 II BGB analog)
> III. Rechtsfolge: Richtet sich nach dem jeweiligen Anspruch.

I. Tatbestand

1. Vorliegen eines öffentlich-rechtlichen Schuldverhältnisses

68 Der entscheidende Punkt neben dem Vorliegen einer Pflichtverletzung ist vor allem das Vorliegen eines öffentlich-rechtlichen Schuldverhältnisses. Bitte beachten Sie hierbei, dass die Rspr. zur Vermeidung einer ausufernden Haftung diesen Begriff eng auslegt und das verwaltungsrechtliche Schuldverhältnis kasuistisch entwickelt hat.[117] Besondere Klausurrelevanz haben dabei folgende Fallgruppen:[118]

- Ein **öffentlich-rechtlicher Vertrag** begründet eine öffentlich-rechtliche Sonderbeziehung.
- Das **öffentlich-rechtliche Anstalts- bzw. Benutzungsverhältnis** löst ebenfalls Ansprüche aus dem verwaltungsrechtlichen Schuldverhältnis aus. Hierauf kann z.B. ein Anspruch auf Schadensersatz gestützt werden, wenn ein Bürger bei der Benutzung eines kommunalen Schwimmbades zu Schaden kommt. Hier beruht die Annahme einer verwaltungsrechtlichen Sonderbeziehung auf der Erwägung, dass der Bürger für die Leistung eine Gegenleistung erbringt und deshalb – ähnlich wie im privatrechtlichen Austauschverhältnis – schutzwürdig ist.
- Ein **öffentlich-rechtliches Verwahrungsverhältnis**[119] liegt beispielsweise bei einer Sache nach deren Sicherstellung durch die Polizei vor. Hierbei spielt es keine Rolle, ob die Sicherstellung rechtmäßig war oder nicht. Denn würde dies der Fall sein, wäre der Bürger bei einer rechtswidrigen Sicherstellung schutzloser als bei einer rechtmäßigen Sicherstellung. Die öffentlich-rechtliche Verwahrung der Sache hat zur Folge, dass die Vorschriften der §§ 688 ff. BGB mit Ausnahme des § 690 BGB (veränderter Verschuldensmaßstab) anwendbar sind. Auch § 697 BGB ist entsprechend anwendbar.[120] Gleiches gilt für die Vorschriften der §§ 280 ff. BGB.

---

117 Eine Darstellung typischer öffentlich-rechtlicher Sonderbeziehungen finden Sie unter Palandt/*Grüneberg* § 280 BGB Rn. 10 f.
118 *Maurer* § 29 Rn. 2 f.
119 Palandt/*Sprau* § 688 BGB Rn. 12.
120 BGHZ NJW 2005, 988.

- Beliebt ist ferner das **Beamtenverhältnis**, in dessen Rahmen der Beamte infolge rechtswidrig verzögerter Beförderung einen Schaden erleidet.[121] Hier ist abweichend von § 40 II 1 VwGO der Verwaltungsrechtsweg eröffnet (§ 126 I BBG bzw. § 54 I BeamtStG). Aus diesem Grund taucht gerade diese Fallgruppe häufiger in öffentlich-rechtlichen Aktenauszügen auf. Neben dem Beamtenverhältnis hat die Rspr. ein verwaltungsrechtliches Schuldverhältnis im Zivildienstrecht im Verhältnis zwischen der Bundesrepublik und einer nach § 4 I ZDG anerkannten Beschäftigungsstelle anerkannt.[122] Dieses Schuldverhältnis begründet u.a. die Pflicht des Dienstherrn, einen Zivildienstleistenden bei Vorliegen der Voraussetzungen des § 34 I ZDG im Wege der Drittschadensliquidation in Regress zu nehmen.[123]

Problem: Satzungsmäßiger Haftungsausschluss bzw. -minderung

In vielen Klausuren wird vom Hoheitsträger geltend gemacht, dass ein Anspruch durch eine kommunale satzungsrechtliche Bestimmung ausgeschlossen sei. In der Klausur werden Sie ggf. einen Auszug aus der Satzung im Anhang zum Aktenauszug finden. Grds. ist eine Haftungsbeschränkung zur Vermeidung einer Überhaftung auch durch Satzung – anders als beim verfassungsrechtlich verbürgten Amtshaftungsanspruch, der allenfalls durch einfaches Recht eingeschränkt werden kann – zulässig. Die Grenze der zulässigen Haftungsbeschränkung wird aber überschritten, wenn sie zu einer unzumutbaren Belastung des Bürgers führt und mit der hoheitlichen Aufgabe unvereinbar ist. Unzulässig ist vor allem ein Haftungsausschluss für Vorsatz und grobe Fahrlässigkeit (vgl. § 309 Nr. 7b BGB).

2. Vorliegen der weiteren Voraussetzungen

Nachdem das Vorliegen einer Sonderbeziehung geklärt ist, prüfen Sie anschließend die tatbestandlichen Voraussetzungen der in Betracht gezogenen Anspruchsgrundlage des BGB entsprechend.

69

II. Rechtsfolge, Beweislast und Konkurrenzen

In der Rechtsfolge gelten die entsprechenden Bestimmungen des BGB.

70

> **Klausurhinweis:** Bitte merken Sie sich insb. für Anwaltsklausuren (Zweckmäßigkeitserwägungen) als Verbesserung gegenüber dem gesetzlichen Amtshaftungsanspruch nach § 839 BGB i.V.m. Art. 34 GG:
> - Im Gegensatz zu § 839 BGB i.V.m. Art. 34 GG kann der Schaden im Rahmen eines öffentlich-rechtlichen Schuldverhältnisses als Naturalrestitution geltend gemacht werden.
> - Es gilt eine für den Anspruchsinhaber günstigere Beweislastverteilung (insb. § 280 I 2 BGB); beim Amtshaftungsanspruch muss der Mandant das Verschulden des Amtsträgers nachweisen, bei Ansprüchen aus öffentlich-rechtlichen Sonderbeziehungen wird das Verschulden vermutet. Dies gilt auch für die Zurechnung des Verschuldens Dritter entsprechend § 278 BGB.[124]

E. Ansprüche aus öffentlich-rechtlicher Geschäftsführung ohne Auftrag

In der Klausur können Fragen der Geschäftsführung ohne Auftrag vorrangig in vier Konstellationen auftauchen: Ein Hoheitsträger handelt für einen anderen Hoheitsträger, ein Hoheitsträger handelt für einen Bürger, ein Bürger handelt für einen Hoheitsträger oder ein Bürger handelt für einen Bürger. Aus der Sicht des Anspruchsstellers stehen vor allem zwei Ansprüche im Vordergrund:

- Zum Einen geht es um den Anspruch des Geschäftsführers gegen den Geschäftsherrn auf Ersatz der Aufwendungen **analog § 683 BGB**. Dieser Anspruch kommt nur bei berechtigter Geschäftsführung in Betracht.

---

121 BVerwG NJW 1997, 1312.
122 BVerwG, Urt. v. 19.03.1998 – 2 C 6.97.
123 BVerwG NWVBl. 2005, 25 ff.; *Shirvani* NVwZ 2010, 283, 286.
124 Palandt/*Grüneberg* § 280 BGB Rn. 10.

- Zum Anderen steht der Herausgabeanspruch des Geschäftsherrn gegen den Geschäftsführer **analog § 684 BGB** bei unberechtigter Geschäftsführung in Rede.

Beide Ansprüche setzen eine **öffentlich-rechtliche Geschäftsführung** voraus. Dies kann bei polizeirechtlichen oder vollstreckungsrechtlichen Sachverhalten gegeben sein (Beispiele: Der Rechtsträger der Ordnungsbehörde entschädigt den Nichtstörer und verlangt anschließend die Kosten von dem Verantwortlichen zurück; nach Prüfung eines Kostenerstattungsanspruchs für eine vollstreckungsrechtliche Maßnahme (Ersatzvornahme) wird in den Aktenauszügen (im Ergebnis aber i.d.R. erfolglos) vorgetragen, ein Erstattungsanspruch sei – bei Rechtswidrigkeit der Vollstreckungsmaßnahme – zumindest unter dem Gesichtspunkt der Geschäftsführung ohne Auftrag gegeben).

> **Übersicht: Anspruch aus öffentlich-rechtlicher GoA**
> I. Anwendbarkeit der öffentlich-rechtlichen GoA:
>   1. (P) Vorrang spezialgesetzlicher Regelungen, die z.T. abschließend sind und Rückgriff auf allgemeine Bestimmungen ausschließen oder aber die Anwendbarkeit der allgemeinen Bestimmungen ausdrücklich anordnen (vgl. etwa die landesgesetzlichen Bestimmungen über den Rückgriff des Rechtsträgers gegenüber dem Verantwortlichen nach Entschädigung des Nichtstörers)
>   2. (P) Anwendbarkeit der GoA hängt von der jeweiligen Fallgruppe ab:
>   a) Handelt Hoheitsträger für anderen Hoheitsträger: Anwendbarkeit der GoA (–), da andernfalls Umgehung der Kompetenzordnung (Ausnahme: Notfall)
>   b) Handelt Hoheitsträger für Bürger Anwendbarkeit streitig: Rspr.: Anwendbarkeit grds. (+); a.A.: Lit.: Anwendbarkeit (–); unstreitig Anwendbarkeit (–), wenn spezialgesetzliche Regelung Anwendbarkeit der GoA verdrängt; insb. bei vollstreckungsrechtlicher Ersatzvornahme (daher bei rechtswidriger Ersatzvornahme auch nach Rspr. kein Anspruch nach GoA)
>   c) Handelt Bürger für einen Hoheitsträger Anwendbarkeit grds. (+), wobei Vereinbarkeit mit hoheitlicher Aufgabenzuweisung problematisch; Anwendbarkeit wohl (+) bei Tätigwerden in Dringlichkeitsfällen.
>   d) Handelt Bürger für anderen Bürger Anwendbarkeit grds. (+), in diesem Fall kommt es jedoch zu einer genauen Prüfung, ob die GoA öffentlich-rechtlich oder privatrechtlich ist.
> II. Vorliegen einer öffentlich-rechtlichen GoA:
>   1. Öffentlich-rechtliche Geschäftsführung.
>   a) Geschäftsführung: Objektiv fremdes Geschäft bzw. »auch fremdes Geschäft«
>   b) Öffentlich-rechtlicher Charakter der Geschäftsführung; maßgebend ist fiktives Rechtsgeschäft des Geschäftsherrn (würde der Geschäftsherr öffentlich-rechtlich handeln, so ist auch die GoA öffentlich-rechtlich); h.M.
>   2. Fremdgeschäftsführungswille; Vermutung beim objektiv und »auch fremden Geschäft«
>   3. Ohne Auftrag
>   4. Übernahme entspricht dem Interesse und Willen des Geschäftsherrn
> III. Rechtsfolgen:
>   1. Ansprüche aus § 683 BGB unter Einschluss risikotypischer Schäden sowie § 684 BGB.
>   2. Schadensersatzansprüche analog § 280 I BGB, da GoA verwaltungsrechtliche Sonderbeziehung auslöst

I. Anwendbarkeit der öffentlich-rechtlichen GoA

71 Das zentrale Problem der öffentlich-rechtlichen Geschäftsführung ohne Auftrag ist im Grunde ihre Anwendbarkeit. Ebenso wie im Zivilrecht ist auch im Öffentlichen Recht die GoA i.d.R. ausgeschlossen, wenn die Erstattungs- und Aufwendungsersatzansprüche im Verhältnis zwischen Geschäftsführer und Geschäftsherrn abschließend geregelt sind.[125] Im Übrigen ist hinsichtlich der Anwendbarkeit der GoA im öffentlichen Recht wie folgt zu differenzieren:

---

[125] Palandt/*Sprau* Einf. v. § 677 BGB Rn. 8.

- Handelt ein **Hoheitsträger für anderen Hoheitsträger**, so ist die öffentlich-rechtliche GoA grds. nicht anwendbar, da andernfalls Zuständigkeitsregelungen unterlaufen werden. Eine Ausnahme gilt dann, wenn ein Eingreifen des Hoheitsträgers zur Abwendung einer dringenden Gefahr notwendig ist. Allerdings scheidet die tatbestandliche Voraussetzung eines »fremden Geschäfts ohne Auftrag« aus, wenn die handelnde Behörde (als Geschäftsführer) aufgrund eigener Eilkompetenz handelt. Mangels entsprechender Anwendbarkeit der Vorschriften der GoA kann eine Gemeinde daher vom Straßenbaulastträger (Land) keinen Aufwendungsersatz beanspruchen, wenn sie außerhalb der üblichen Dienstzeit eine Ölspur auf einer Straße beseitigt. Dies gilt jedenfalls, wenn ein solcher Einsatz (landesrechtlich) einen unentgeltlicher Pflichteinsatz der Feuerwehr darstellt; zumal die Gemeinde dann nicht »ohne Auftrag« gehandelt hat.[126] Besorgt eine juristische Person des öffentlichen Rechts für eine andere juristische Person des öffentlichen Rechts allerdings ein privatrechtliches Geschäft, z.B. indem eine Gemeinde für eine andere verkehrssicherungspflichtige juristische Person die Streupflicht erfüllt, sind die §§ 677 ff. BGB unmittelbar anwendbar und der Zivilrechtsweg ist eröffnet.[127]
- Handelt ein **Hoheitsträger für einen Bürger** und fehlt eine entsprechende Befugnisnorm (würde sie bestehen, läge eine berechtigte GoA vor), können die §§ 677 ff. BGB das Handeln insb. im Bereich der Eingriffsverwaltung nicht rechtfertigen. Ein nicht geregelter Aufwendungsersatz zugunsten des Staates würde die in speziellen Gesetzen geregelte Kostenverteilung umgehen und gegen den Grundsatz vom Vorbehalt des Gesetzes verstoßen. Die Anerkennung einer GoA kommt daher prinzipiell nur im Rahmen der Leistungsverwaltung oder in Notfällen in Betracht.[128]

> **Klausurhinweis:** Diese Fallgruppe werden Sie in Aktenauszügen am häufigsten antreffen; allerdings werden Sie in der Klausur mit dieser auch schnell fertig: In vielen polizeirechtlichen Aktenauszügen, in denen die Rechtmäßigkeit einer Ersatzvornahme problematisiert wird, macht die Behörde (im Fall der Rechtswidrigkeit der Vollstreckungsmaßnahme) geltend, sie könne einen Ersatz der Aufwendungen zumindest nach den Grundsätzen der GoA beanspruchen, da sie ein fremdes Geschäft (nämlich die Erfüllung einer Pflicht eines polizeirechtlich Verantwortlichen) besorgt habe. Dieser Vortrag bleibt i.d.R. erfolglos: Die Rspr. betont nämlich, dass die Kosten einer rechtswidrig vorgenommenen Ersatzvornahme regelmäßig nicht unter dem Gesichtspunkt der GoA (oder des öffentlich-rechtlichen Erstattungsanspruchs) zu ersetzen sind. Ein Rückgriff auf diese Rechtsinstitute scheidet nämlich aus, wenn vollstreckungs – bzw. kostenrechtliche Vorschriften abschließende Spezialregelungen hinsichtlich der Ersatzvornahmekosten enthalten.[129]

- Handelt ein **Bürger für einen Hoheitsträger**, ist eine entsprechende Anwendung der §§ 677 ff. BGB nur zurückhaltend zulässig, da andernfalls die Aufgabenzuweisung zugunsten der öffentlichen Hand gefährdet werden könnte. Unter Abwägung der widerstreitenden Interessen erkennt die Rspr. allerdings eine Anwendbarkeit in Dringlichkeitsfällen an.[130]
- Handelt ein **Bürger für einen anderen Bürger**, stellt sich vielfach die Frage einer öffentlichen GoA nicht. In dieser Konstellation dürfte wohl nur eine privatrechtliche GoA einschlägig sein.

II. Voraussetzungen der GoA

Entsprechend § 677 BGB muss ein (zumindest auch) **fremdes Geschäft** wahrgenommen worden sein. Das ist der Fall, wenn die Maßnahme zumindest auch in den Aufgabenbereich des Geschäftsherrn fällt. An dieser Stelle prüfen Sie, ob die wahrgenommene Aufgabe – hätte sie nicht der Geschäftsführer realisiert – von dem Geschäftsherrn erfüllt werden musste. Häufig handelt es sich in den Klausuren um ein Eingreifen Privater zur Abwehr einer Gefahr für die öffentliche Sicherheit oder Ordnung nach dem Polizeirecht. Dann liegt die wahrgenommene Aufgabe im

72

---
126 OVG Münster, Urt. v. 16.02.2007 – 9 A 4239/04.
127 BGH NJW 1971, 1218.
128 *Maurer* § 29 Rn. 11.
129 OVG Münster NVwZ-RR 2008, 437 (438).
130 Palandt/*Sprau* Einf. v § 677 Rn 15 m.w.N.

Aufgabenbereich (Rechtskreis) der Ordnungsbehörde und ist damit fremd. Der erforderliche Fremdgeschäftsführungswille wird – wie im Zivilrecht – bei einem objektiv fremden Geschäft vermutet. Eine entsprechende Vermutung gilt auch beim »auch fremden Geschäft«, wenn der Geschäftsführer in Kenntnis der Letztverantwortung des Geschäftsherrn handelt. Schließlich muss die Übernahme der Geschäftsführung dem Interesse und Willen des Geschäftsherrn entsprechen (§ 683 BGB analog). Sofern ein Bürger für einen Hoheitsträger handelt, muss die Geschäftsführung dem öffentlichen Interesse entsprechen. Dieses wird nach der Rspr. bejaht, wenn unter Berücksichtigung des Einzelfalles und Abwägung aller öffentlicher Belange das Handeln des Bürgers geboten erscheint. Hierbei darf es sich jedoch nicht um ein spezifisch hoheitliches Handeln handeln.

Ein weiteres Problem betrifft regelmäßig den **öffentlich-rechtlichen Charakter** der GoA. Dies müssen Sie bei einem prozessualen Klausureinstieg regelmäßig schon bei der Eröffnung des Verwaltungsrechtswegs klären. Hier werden unterschiedliche Auffassungen vertreten. Überwiegend ist man der Ansicht, dass die Geschäftsführung ohne Auftrag öffentlich-rechtlich ist, wenn dies dem Rechtscharakter des fiktiven Rechtsgeschäfts des Geschäftsherrn entspricht. Bitte ziehen Sie bei der Klausurlösung die Darstellung im Palandt (Einf. v. § 677 Rn. 13 ff.) heran. Besonders problematisch ist der öffentlich-rechtliche Charakter, wenn ein Bürger für einen anderen Bürger handelt.

III. Rechtsfolge

73 Als Rechtsfolge besteht ein Aufwendungsersatz analog § 683 BGB. Zudem bildet die öffentlich-rechtliche GoA eine verwaltungsrechtliche Sonderbeziehung, die Schadensersatzansprüche analog § 280 I BGB auslösen kann.

> **Klausurhinweis:** Hinsichtlich des zulässigen Rechtswegs müssen Sie unterscheiden:
> - Für Schadensersatzansprüche des Bürgers ist der ordentliche Rechtsweg eröffnet (§ 40 II 1 VwGO).[131]
> - Für Aufwendungs- und Schadensersatzansprüche des Staates ist hingegen gem. § 40 I VwGO der Verwaltungsrechtsweg eröffnet.[132]

4. Kapitel. Klausuren aus dem Verwaltungsvollstreckungsrecht

74 Aktenauszüge mit vollstreckungsrechtlichen Fragestellungen tauchen ausgesprochen häufig im Examen auf. Examensrelevant ist vor allem die Erzwingung von Handlungen, Duldungen und Unterlassungen. Deshalb müssen Sie die Prüfung der Rechtmäßigkeit des Verwaltungszwangs sowohl im gestreckten Verfahren (hierzu B.I.1.) als auch im Sofortvollzug (hierzu B.I.2.) sicher beherrschen. Diese beiden Verfahrensarten müssen Sie auseinander halten. In einigen Bundesländern (z.B. Schleswig-Holstein, Mecklenburg-Vorpommern) existiert daneben noch der beschleunigte Vollzug als Unterfall des gestreckten Verfahrens. Als wesentlichen Unterschied zwischen gestrecktem Verfahren und beschleunigtem Vollzug können Sie sich merken, dass der beschleunigte Vollzug zwar auch auf Grundlage einer ergangenen Verfügung erfolgt; der Vollzug aber wegen der Dringlichkeit der Gefahrenabwehr durch Verzicht auf die Vollziehbarkeit des Titels sowie ggf. auf die (schriftliche) Androhung eines Zwangsmittels vorgenommen wird.[133]

Häufig kleiden die Prüfungsämter vollstreckungsrechtliche Fragestellungen in eine Anfechtungsklage gem. § 42 I, 1. Var. VwGO gegen einen Kostenbescheid ein, in der inzident die Rechtmäßigkeit des Vollzugs geprüft wird (hierzu B.I.3.). Bisweilen geht der in Anspruch Genommene aber auch direkt gegen eine einer gefahrenabwehrrechtlichen Verfügung beigefügten Vollzugsmaßnahme (Androhung, Festsetzung eines Zwangsmittels) vor.

---

131 Kopp/*Schenke* § 40 VwGO Rn. 72; *Maurer* § 29 Rn. 14.
132 *Maurer* § 29 Rn. 14.
133 Auf eine Darstellung des Vollstreckungsverfahrens im »beschleunigten Vollzug« wird in diesem Skript verzichtet. Im Einzelnen zu diesem Vollstreckungsverfahren *Wehser* LKV 2003, 253.

4. Kapitel. Klausuren aus dem Verwaltungsvollstreckungsrecht

```
                    Vollstreckungsrechtliche Titel
    ┌───────────────────────────────┬───────────────────────────────┐
    │ Verwaltungsgerichtliche Titel │         Verwaltungsakt        │
    └───────────────────────────────┴───────────────────────────────┘
                          Rechtsgrundlagen
```

Vollstreckung	Vollstreckung

• zugunsten öffentlicher Hand: § 169 VwGO
• gegen öffentliche Hand: §§ 170 ff. VwGO
	• im Bereich der Bundesverwaltung
	  – VwVG, UZwG
	• im Bereich der Landesverwaltung
	  – Vollstreckung von Landesbehörden nach Bundesrecht (insbesondere §§ 58 ff. AufenthG)
	  – Spezialgesetzliches Landesrecht (z.B. PolG)
	  – Allgemeines Landesvollstreckungsrecht (z.B. VwVG des Landes)

A. Vollstreckung aus verwaltungsgerichtlichen Titeln nach der VwGO

Die Vollstreckung aus verwaltungsgerichtlichen Titeln (Urteile und Beschlüsse) zugunsten der 75 öffentlichen Hand (§ 169 VwGO) bzw. gegen die öffentliche Hand (§§ 170 ff. VwGO) hat eine geringe Examensrelevanz und wird daher auch nicht vertieft dargestellt. Zur Vorbereitung auf die mündliche Prüfung und den eher unwahrscheinlichen Klausurfall nachfolgende Übersicht:

> **Übersicht: Voraussetzungen für die Vollstreckung aus verwaltungsgerichtlichen Titeln**
> I. Antrag des Vollstreckungsgläubigers
> II. Vollstreckungstitel (§ 168 I VwGO)
> III. Vollstreckungsklausel grds. entbehrlich (§ 171 VwGO)
> IV. Zustellung des Titels und der Vollstreckungsklausel

B. Vollstreckung aus einem Verwaltungsakt

Die Vollstreckung eines Verwaltungsakts erfolgt im Bereich der Bundesverwaltung nach den 76 Vorschriften des VwVG des Bundes sowie dem UZwG.[134] Bei einer Vollstreckung durch Landesbehörden greifen die Bestimmungen des allgemeinen Vorschriften des Landesvollstreckungsrechts, die allerdings verdrängt werden, sofern eine Landesbehörde nach Bundesrecht vollstreckt (insb. im Fall der Abschiebung nach §§ 58 ff. AufenthG). Zudem werden die allgemeinen Bestimmungen des LVwVG durch die (ebenfalls sehr examensrelevanten) Vorschriften über den polizeilichen Zwang (nach PolG) verdrängt. Besonders klausurrelevant ist der Rechtsschutz gegen die Erzwingung von Handlungen, Duldungen oder Unterlassungen (hierzu I.). Etwas weniger klausurrelevant ist die Vollstreckung von Geldforderungen (hierzu II.).

I. Vollstreckung von Handlungs-, Duldungs- oder Unterlassungspflichten

Mit der Prüfung der Rechtmäßigkeit von Vollstreckungsmaßnahmen, die der Erzwingung von 77 »HDU-Verfügungen« dienen, werden Sie im Aktenauszug typischerweise in zwei Einkleidungen konfrontiert werden:

---

[134] Gesetz über den unmittelbaren Zwang bei Ausübung öffentlicher Gewalt durch Vollzugsbeamte des Bundes vom 10.03.1961 (Sart. 115).

1. Teil. Klausuren aus dem allgemeinen Verwaltungsrecht

- Einerseits im Rahmen der **Anfechtungsklage gegen eine Ordnungsverfügung**, die neben der Hauptregelung einen weiteren Verwaltungsakt in Form einer vollstreckungsrechtlichen Verfügung enthält. Bei einem solchen Klausurtyp prüfen Sie zunächst die Rechtmäßigkeit der Ordnungsverfügung(en) nach Maßgabe des materiellen Rechts. Anschließend erörtern Sie die Rechtmäßigkeit der vollstreckungsrechtlichen Maßnahme. Hierbei handelt es sich i.d.R. um einen Fall einer unproblematisch gem. § 44 VwGO zulässigen objektiven Klagehäufung. Vielfach stellt die Prüfung der Rechtmäßigkeit der vollstreckungsrechtlichen Verfügungen auch keinen Klausurschwerpunkt dar, sondern bildet nur eine ergänzende Problematik, für deren Bewältigung das Prüfungsamt nur wenig Bearbeitungszeit einkalkuliert, so dass die nachfolgend dargestellten Problemfelder »sitzen« müssen.
- Denkbar ist daneben die Prüfung des Vollstreckungsrechts im Rahmen einer **Anfechtungsklage gegen einen Kostenbescheid**. Bei diesem Klausurtyp ist das Vollstreckungsrecht inzident zu prüfen. Häufig handelt es sich hierbei um einen Fall des »Sofort-Vollzugs«.

1. Rechtschutz gegen Vollstreckungsmaßnahmen im gestreckten Verfahren

78 Die Rechtmäßigkeit des Verwaltungszwangs im gestreckten Verfahren erfordert das Vorliegen allgemeiner Vollstreckungsvoraussetzungen sowie die rechtmäßige Durchführung der Vollstreckung. Zudem darf kein Vollstreckungshindernis bestehen. In den Klausuren bzw. dem Aktenvortrag kommt es vor allem darauf an, ein klares Prüfungsschema anzuwenden:

> **Übersicht: Rechtsschutz gegen Vollstreckungsmaßnahmen im gestreckten Verfahren**
>
> **A. Zulässigkeit**
> (P) Statthafte Rechtsschutzform (P) VA-Qualität von Vollstreckungsmaßnahmen (s.u.) (P) Erledigung durch Vollzug i.d.R. (–), da weiterhin für Kosten relevant
>
> **B. Begründetheit**
>   I. Rechtmäßigkeit des vollstreckungsrechtlichen Verwaltungsakts
>   1. Ermächtigungsgrundlage
>   2. Formelle Rechtmäßigkeit
>   a) Zuständigkeit: Behörde, die auch den zu vollstreckenden VA erlassen hat
>   b) Verfahren (P) Anhörung gem. § 28 II Nr. 5 VwVfG (–) bei Maßnahmen »in« der Vollstreckung
>   c) Form
>   3. Materielle Rechtmäßigkeit
>   a) Vorliegen der allg. Vollstreckungsvoraussetzungen   ⎫
>   b) Ordnungsgemäßes Vollstreckungsverfahren   ⎬ siehe nächste Übersicht
>   c) Keine Vollstreckungshindernisse   ⎭
>   II. Subjektive Rechtsverletzung

In der Klausur ist die Prüfung der Rechtmäßigkeit einer Vollstreckungsmaßnahme häufig in eine Anfechtungsklage eingekleidet. Prozessual ergeben sich wenig Besonderheiten.

Problem: Erledigung durch Vollzug?

Häufig wird allerdings in Aktenauszügen problematisiert, ob sich die Vollstreckungsverfügung durch den Vollzug erledigt hat. Grds. ist dieses nicht der Fall, da der Verwaltungsakt als Rechtsgrund für den Vollzug fortwirkende Rechtswirkungen entfaltet. Nur ausnahmsweise, wenn durch den Vollzug irreparable Zustände geschaffen werden, führt die Vollziehung des Verwaltungsakts zu dessen Erledigung. Damit dürfen Sie von einer Erledigung nicht ausgehen, wenn sich die Vollstreckungsmaßnahmen rückgängig machen lassen.

> **Übersicht: Rechtmäßigkeit einer Vollstreckungsmaßnahme im gestreckten Verfahren**
>
> I. **Allgemeine Vollstreckungsvoraussetzungen**
>   1. Materielle Vollstreckbarkeit des VA (+), wenn vollstreckbarer Inhalt (»HDU-Verfügung«); (–), bei feststellenden, gestaltenden oder vorbereitenden Inhalten
>   2. Formelle Vollstreckbarkeit des Verwaltungsakts
>   a) Vollstreckbarkeit des VA, da entweder
>   aa) Unanfechtbarkeit des VA oder
>   bb) Sofortige Vollziehbarkeit gem. § 80 II VwGO (typischer Fall bei Ordnungsverfügungen)
>   b) Wirksamkeit der Grundverfügung reicht nach h.M. aus; (P): Rechtmäßigkeit der Grundverfügung: Jedenfalls nach Eintritt der Bestandskraft entbehrlich; aber auch vor Eintritt der Bestandskraft nach h.M. zwecks effektiver Gefahrenabwehr entbehrlich; allerdings Beschränkung bzw. Ausschluss der Kostenlast (klausurrelevant bei Anfechtung eines Kostenbescheids)
> II. **Ordnungsgemäßes Vollstreckungsverfahren**
>   1. Entschließungs- und Auswahlermessen bzgl. der richtigen Auswahl der Zwangsmittel einschl. Beachtung des Verhältnismäßigkeitsgrundsatzes
>   2. Ordnungsgemäße Durchführung im engeren Sinne
>   a) Androhung (i.d.R. schriftlich mit Fristsetzung)
>   b) (evtl.) Festsetzung
>   c) ordnungsgemäße Anwendung des Zwangsmittels
> III. **Keine Vollstreckungshindernisse**
>   1. Rechtliche Unmöglichkeit
>   2. Materiell-rechtliche Einwände (z.B. Erfüllung)

In der **Begründetheit** des Anfechtungsrechtsbehelfs prüfen Sie die Einhaltung der Vorschriften des gestreckten Vollstreckungsverfahrens.[135] Sie beginnen mit der Prüfung der **allgemeinen Vollstreckungsvoraussetzungen**, die zunächst einen materiell vollstreckbaren Verwaltungsakt voraussetzen. Dafür kommen Verfügungen in Betracht, die auf ein Tun, Dulden oder Unterlassen gerichtet sind. Feststellende und rechtsgestaltende Verfügungen scheiden demgegenüber aus. Ebensowenig können vorbereitende Maßnahmen (z.B. Anordnung einer MPU zur Feststellung der Fahreignung) vollstreckt werden. Formell vollstreckbar ist die Grundverfügung grds. in zwei Fällen:

- Der Verwaltungsakt ist unanfechtbar, weil die Widerspruchs- oder Klagefrist verstrichen ist (was in der Klausur ggf. inzident zu prüfen ist) oder
- Ein Rechtsbehelf gegen den Verwaltungsakt hat keine aufschiebende Wirkung, weil ein Fall des § 80 II VwGO vorliegt.[136] Ist gerichtlich mit einem Beschluss gem. § 80 V VwGO die sofortige Vollziehbarkeit beseitigt worden, kommt eine Vollstreckung nicht mehr in Betracht, da dieser Beschluss zurückwirkt.[137]

Problem: Rechtswidrigkeit der Grundverfügung

In zahlreichen Klausuren oder Aktenvorträgen behauptet der in Anspruch Genommene, dass die Grundverfügung rechtswidrig sei, so dass auch die Vollstreckungsmaßnahme »keinen Bestand haben könne«. Bitte merken Sie sich, dass die allgemeinen Vollstreckungsvoraussetzungen lediglich das Vorliegen einer wirksamen (nicht rechtmäßigen) Grundverfügung verlangen. Die Vollstreckung ist also solange zulässig, wie ein wirksamer Verwaltungsakt vorliegt. Dies spielt vor

---

135 § 6 I VwVG Bund; Art. 19, 20 BayVwZVG; §§ 2, 18 LVwVG BW; § 5 II VwVfG i.V.m. § 6 I VwVG; § 15 I VwVG Bbg; § 11 I BremVwVG; §§ 14, 18 I HmbVwVG; §§ 2, 69 HessVwVG; §§ 110 VwVfG MV i.V.m. §§ 79 ff. SOG MV; §§ 70 NVwVG i.V.m. 64 I NdsSOG; § 55 I VwVG NRW; § 61 I LVwG RP; § 18 SVwVG; § 19 SächsVwVG; § 71 VwVG LSA i.V.m. § 53 I SOG LSA; § 229 I LVwG SH; §§ 19, 44 I ThürVwZG.
136 Zu den klausurrelevanten Fragen des § 80 II VwGO vgl. *Kaiser/Köster* Die öffentlich-rechtliche Klausur im Assessorexamen, Rn. 337 f.
137 *Horn* Jura 2004, 447 (449).

allem bei einer bestandskräftigen Verfügung eine Rolle. Hier wäre es schlechterdings falsch, wenn Sie auf die Rechtmäßigkeit des Verwaltungsaktes eingehen. Der Antragsteller hat sich seiner Rechtsschutzmöglichkeiten begeben und der bestandskräftig gewordene Verwaltungsakt ist Grundlage der Vollstreckung. Problematisch sind indes die Konstellationen, in denen der zugrunde liegende Verwaltungsakt zum Zeitpunkt der Vollstreckung noch nicht bestandskräftig war (Fälle des § 80 II VwGO). In diesen Konstellationen können zwar Rechtsschutzlücken entstehen (Art. 19 IV GG), wenn der Antragsteller nur gegen den Vollzug im engeren Sinne vorgehen könnte, ohne dabei auch die Rechtmäßigkeit der Grundverfügung in Zweifel zu ziehen. Allerdings tendiert die Rspr. dahin, die Rechtmäßigkeit der Grundverfügung weder im Rahmen der allgemeinen Vollstreckungsvoraussetzungen noch bei der ordnungsgemäßen Durchführung der Vollstreckung zu problematisieren, sondern allenfalls im Rahmen der Kostenpflicht des Vollstreckungsschuldners (Klausurkonstellation: Anfechtung eines Kostenbescheides). Das ergibt Sinn, denn das Vollzugsverfahren dient der effektiven Gefahrenabwehr, wobei unbillige Härten auf der Ebene der Kostenlast abgemildert werden können.

> **Klausurhinweis:** Werden Sie im Aktenauszug mit dem Vollstreckungsrecht dergestalt konfrontiert, dass der angefochtenen Ordnungsverfügung ein vollstreckungsrechtlicher Verwaltungsakt beigefügt worden ist, gilt damit Folgendes:
>
> - Ist die HDU-Verfügung durch eine erfolgreiche Anfechtungsklage gem. § 113 I 1 VwGO aufgehoben und hat sie damit ihre Wirksamkeit verloren, entfallen die Voraussetzungen für die Vollstreckung, da es an einer wirksamen HDU-Verfügung fehlt. Auf die Frage der Rechtmäßigkeit der Grundverfügung brauchen Sie in diesem Fall nicht einzugehen.
> - Ist die Anfechtungsklage gegen die Hauptregelung erfolglos, liegt die erforderliche wirksame Grundverfügung vor, so dass die allgemeinen Vollstreckungsvoraussetzungen erfüllt sind. Da Sie in der Anfechtungsklage die Rechtmäßigkeit des VA ohnehin geklärt haben, brauchen Sie auf die Frage, ob die Vollstreckung einen rechtmäßigen oder nur einen wirksamen Grundverwaltungsakt erfordert, ebenfalls nicht mehr einzugehen.

Beim **ordnungsgemäßen Vollstreckungsverfahren** prüfen Sie

- das Entschließungs- und Auswahlermessen mit Blick auf das Zwangsmittel
- sowie die ordnungsgemäße Durchführung des Vollstreckungsverfahrens.

Beim Entschließungsermessen prüfen Sie, ob die zuständige Behörde zulässigerweise die Vollstreckung durchführte. Beim eher bedeutsamen Auswahlermessen stellt sich die Frage, ob die Vollstreckungsbehörde das richtige Zwangsmittel ausgewählt hat. Grds. ist das Zwangsmittel auszuwählen, das den Pflichtigen und die Allgemeinheit am Wenigsten beeinträchtigt.

> **Übersicht: Auswahl des richtigen Zwangsmittels (numerus clausus der Zwangsmittel)**
>
> - Die **Ersatzvornahme** ist die Ausführung durch einen Dritten auf Kosten des Pflichtigen im behördlichen Auftrag und kommt nur bei vertretbaren, nicht bei höchstpersönlichen Handlungen (Duldungen oder Unterlassungen) in Betracht.
> - Durch ein **Zwangsgeld** soll der Verpflichtung Nachdruck verliehen werden. Sie kommt bei unvertretbaren Handlungen, Duldungen oder Unterlassungen, daneben aber auch bei vertretbaren Handlungen in Betracht, wenn die Ersatzvornahme »untunlich« ist, etwa wenn der Pflichtige nicht in der Lage ist, die Kosten der Ersatzvornahme zu tragen.
> - Beim weniger klausurrelevanten **unmittelbaren Zwang** wird der Pflichtige unmittelbar zu einer Handlung, Duldung oder Unterlassung gezwungen oder die Handlung behördlicherseits selbst vorgenommen. Unmittelbarer Zwang erfolgt etwa durch die Einwirkung auf Personen oder Sachen oder körperliche Gewalt oder Waffengebrauch.

An dieser Stelle wird häufiger die Geeignetheit des ausgewählten Zwangsmittels diskutiert. So ist etwa eine Ersatzvornahme bei höchstpersönlichen Handlungen untauglich (Beispiel: Um Drogenabhängige von einem öffentlichen Platz fernzuhalten, droht die Polizei Ersatzvornahme an; die Androhung ist rechtswidrig, weil das angedrohte Mittel ungeeignet ist). In den Aktenauszügen kommt als richtiges Zwangsmittel insb. die Androhung von Zwangsgeld oder die Androhung einer Ersatzvornahme in Betracht.[138]

Im Übrigen muss das Zwangsmittel ordnungsgemäß angewendet worden sein. Normalerweise erfolgt das gestreckte Verfahren in drei Phasen:

> **Übersicht: Ordnungsgemäße Durchführung des Vollstreckungsverfahrens**
>
> - Androhung eines »bestimmten Zwangsmittels« mit »angemessener Frist« bei Handlungspflichten (keine Frist bei Duldungs- oder Unterlassungspflichten); (P) Reihenfolge, wenn mehrere Zwangsmittel angedroht werden; zusätzlich für jeweiliges Zwangsmittel:
>   - Zwangsgeld: Bestimmte Höhe des Zwangsgeldes; (P) Androhung eines Zwangsgeldes »für jeden Fall der Zuwiderhandlung«: Nach VwVG Bund unzulässig, landesrechtlich z.T. ausdrücklich rechtmäßig.
>   - Ersatzvornahme: Veranschlagung der vorläufigen Kosten der Ersatzvornahme
>
>   > Rechtsschutz: Die Androhung eines Zwangsmittels ist unstreitig selbstständig mittels Anfechtungsklage (§ 42 I VwGO) anfechtbar; bei ausnahmsweise vorliegender Erledigung durch Vollziehung (wenn irreparabel nicht mehr rückgängig zu machen): FFK; im vorläufigen Rechtsschutz i.d.R. wegen § 80 II 1 Nr. 3 VwGO i.V.m. AGVwGO Antrag auf Anordnung der a.W. gem. § 80 V 1, 1. Var. VwGO.
>
> - Ggf. Festsetzung, sofern landesrechtlich vorgesehen
>
>   > Rechtsschutz: Die Festsetzung ist unstreitig ein VA und mittels Anfechtungsklage (§ 42 I VwGO) selbstständig anfechtbar. Ggf. bei Erledigung FFK (s.o.); im vorläufigen Rechtsschutz i.d.R. wegen § 80 II 1 Nr. 3 VwGO i.V.m. AGVwGO Antrag auf Anordnung der a.W. gem. § 80 V 1, 1. Var. VwGO.
>
> - Ordnungsgemäße Anwendung des Zwangsmittels; (P) Verhältnismäßigkeit
>
>   > Rechtsschutz: Anwendung des Zwangsmittels
>   > - im gestreckten Verfahren bloßer Realakt; daher ggf. Leistungsklage bzw. bei Erledigung nachträgliche Feststellungsklage;
>   > - im Sofortvollzug allerdings str.; h.M. Annahme eines konkludenten Duldungsgebots (damit VA); z.T. nichtregelnder Realakt

Das ordnungsgemäße Verfahren setzt zunächst die grds. schriftliche **Androhung** des Zwangsmittels voraus.[139] Diese ist unstreitig selbstständig mittels Anfechtungsklage anfechtbar. Beachten Sie, dass sich die Androhung stets auf eines der abschließend genannten Zwangsmittel beziehen und dieses genau kennzeichnen muss (z.B. Höhe des Zwangsgeldes).[140] An das Erfordernis des »bestimmten Zwangsmittels« knüpfen verschiedene Klausurprobleme an. So ist z.B. für die Ersatzvornahme gesetzlich vorgesehen, dass die voraussichtliche Höhe der Kosten der Ersatzvornahme angegeben wird. Problematisch ist vor allem aber die Frage, ob ein Zwangsmittel (Zwangsgeld) »für jeden Fall der Zuwiderhandlung« angeordnet werden darf. Dieses ist im Anwendungsbereich des VwVG des Bundes wegen § 13 VI 2 VwVG unzulässig, wird indessen landesrechtlich vielfach ausdrücklich für zulässig erklärt.

---

138 *Leuze-Mohr*/Rosenauer, S. 80 m.w.N.
139 § 13 VwVG Bund; Art. 36 BayVwZVG; § 20 VwVG BW; § 5 II VwVfG Bln i.V.m. § 13 VwVG; § 23 23 LVwVG Bbg; § 17 BremVwVG; § 69 HessVwVG; § 110 VwVfG MW i.V.m. § 87 SOG MV; § 70 NVwG i.V.m. § 70 NdsSOG; § 63 VwVG NRW; § 66 LVwVG RP; § 19 SVwVG; § 20 SächsVwVG; § 71 LVwVG LSA i.V.m. § 59 SOG LSA; § 236 LVwG SH; § 46 ThürVwZVG.
140 *Maurer* § 20 Rn. 21.

Bestimmtheitsprobleme tauchen zudem auf, wenn in der Verfügung verschiedene Zwangsmittel gleichzeitig angedroht werden oder die Behörde offen lässt, welches Zwangsmittel Anwendung finden soll. Diese Frage ist anhand der teilweise vorliegenden gesetzlichen Bestimmungen (vgl. etwa für die Bundesverwaltung § 13 III 2 VwVG Bund) oder nach den allgemeinen Bestimmtheitsgrundsätzen gem. § 37 I VwVfG zu lösen.

Zur ordnungsgemäßen Art und Weise des Vollstreckungsverfahrens gehört schließlich die **Festsetzung** des Zwangsmittels. Dies ist die Anordnung der Vollstreckungsbehörde, dass das angedrohte Zwangsmittel nunmehr angewendet werden soll.[141] Beachten Sie allerdings, dass dieser Teil des Vollstreckungsverfahrens nur teilweise landesrechtlich vorgesehen ist. Überwiegend erfolgt eine Festsetzung nur im Fall des Zwangsgeldes; nur in Berlin,[142] Brandenburg,[143] NRW[144] und nach dem VwVG des Bundes ist dieser Teil des Vollstreckungsverfahrens auch außerhalb des Zwangsgeldes vorgesehen.

Im Rahmen der **ordnungsgemäßen Anwendung** des Zwangsmittels ist insb. der Grundsatz der Verhältnismäßigkeit zu beachten. Hier tauchen vor allem in den sog. »Abschleppfällen« Probleme auf, die unten noch erörtert werden.

Schließlich darf **kein Vollstreckungshindernis** gegeben sein. Das Zwangsmittel hat eine Beugefunktion und setzt damit voraus, dass die zu erzwingende Handlung vom Willen des Betroffenen abhängt. Klausurprobleme tauchen dann auf, wenn der Handlungspflichtige auf die Mitwirkung eines Dritten angewiesen oder die zu erzwingende Handlung unmöglich ist.

2. Rechtsschutz gegen Maßnahmen im Sofortvollzug (sog. »abgekürztes Verfahren«)

79 An die Prüfung der Rechtmäßigkeit einer Vollstreckungsmaßnahme im Sofortvollzug sollten Sie stets denken, wenn

- wegen besonderer Eilbedürftigkeit ein vorausgehender Verwaltungsakt überhaupt nicht ergangen bzw. im konkreten Fall nicht vollziehbar ist
- oder wenn die Voraussetzungen für eine Vollstreckung im gestreckten Verfahren nicht gegeben sind (etwa weil es an der Androhung des Zwangsmittels oder einer evtl. erforderlichen Festsetzung fehlt).

Typische Klausurfälle sind etwa der Sofortvollzug zum Schutz gegen Grundwasserbeeinträchtigungen infolge des Auslaufens von Öl oder das Abschleppen von Fahrzeugen. Die Rspr. tendiert dahin, auf die Prüfung der Voraussetzungen des gestreckten Verfahrens zu verzichten, wenn die Voraussetzungen des Sofortvollzugs vorliegen.

> **Übersicht: Materielle Rechtmäßigkeit einer Vollstreckungsmaßnahme im Sofortvollzug**
>
> I. **Vorliegen der allgemeinen Vollstreckungsvoraussetzungen**
> 1. (P) Ausnahmsweise ggf. Abgrenzung zur unmittelbaren Ausführung
> 2. »Handeln innerhalb der Befugnisse«: Inzidente Prüfung eines »fiktiven Verwaltungsakts«
>   a) Formelle Rechtmäßigkeit des fiktiven VA
>   b) Materielle Rechtmäßigkeit des fiktiven VA
>   aa) tatbestandliche Voraussetzungen (Gefahr für jeweiliges Schutzgut, Störereigenschaft)
>   bb) Ordnungsgemäße Rechtsfolge
> 3. Vorliegen einer gegenwärtigen Gefahr
> 4. Notwendigkeit des Sofortvollzugs (+), wenn gestrecktes Verfahren effektive Gefahrenabwehr beeinträchtigen oder verhindern würde
>
> II. **Ordnungsgemäßes Vollstreckungsverfahren**
> 1. Keine Ermessensfehler bzgl. des ausgewählten Zwangsmittels
> 2. Androhung und Festsetzung erfolgt im Sofortvollzug nicht

---

141 *Engelhardt/App* § 14 VwVG Rn. 1.
142 § 5 II VwVfG Berlin i.V.m. § 14 VwVG.
143 § 24 VwVG.
144 § 64 VwVG NRW.

> 3. Ordnungsgemäße Anwendung des Zwangsmittels
> III. **Keine Vollstreckungshindernisse**

Der Sofortvollzug setzt keinen Verwaltungsakt voraus. Es kommt vielmehr darauf an, dass die Behörde »**innerhalb ihrer gesetzlichen Befugnisse**« handelt. Daraus ergibt sich das Erfordernis einer rechtmäßigen fiktiven Grundverfügung.[145] An dieser Stelle prüfen Sie das Vorliegen der formellen und materiellen Voraussetzungen einer Ermächtigungsgrundlage für einen gedachten Verwaltungsakt, der im Wege des Sofortvollzugs vollstreckt wurde.

Zudem muss der Sofortvollzug zur Abwehr einer **gegenwärtigen Gefahr** notwendig sein. Eine solche Gefahr besteht, wenn sich diese bereits verwirklicht hat oder mit ihr bei ungehinderter Weiterentwicklung in allernächster Zeit zu rechnen ist.

Die **Notwendigkeit** des Sofortvollzugs ist gegeben, wenn der Zeitraum zwischen der Feststellung der Gefahr und dem voraussichtlichen Eintritt des Schadens so gering ist, dass bei Durchführung eines gestreckten Verfahrens eine effektive Gefahrenabwehr gefährdet oder vereitelt würde. Dieses können Sie insb. dann bejahen, wenn der Verursacher der Gefahr nicht sofort feststellbar oder erreichbar ist. Ist es allerdings möglich, gegen den Ordnungspflichtigen eine Verfügung zu erlassen und kann diese (unter Anordnung der sofortigen Vollziehung und Androhung der Ersatzvornahme) eine zeitnahe Gefahrenabwehr sicherstellen, kommt eine Vollstreckung im sofortigen Vollzug nicht in Betracht.[146]

3. Rechtmäßigkeit eines Kostenbescheids

> **Klausurhinweis:** Häufig ist die Rechtmäßigkeit eines Kostenbescheids nach einer Vollstreckungsmaßnahme zu prüfen. Diese Aufgabe eignet sich insb. auch für öffentlich-rechtliche Anwaltsklausuren. Wichtig ist hierbei vor allem ein sauberer Gutachtenaufbau, in dem Sie die Rechtmäßigkeit der Vollstreckungsmaßnahme inzident prüfen. Da nach der Rspr. bei einer bestandskräftig gewordenen Grundverfügung deren Rechtmäßigkeit in einer Anfechtungsklage gegen einen Kostenbescheid nicht mehr zu prüfen ist, steuern die Klausuren inzident vielfach auf die Prüfung der Rechtmäßigkeit einer Maßnahme im Sofortvollzug zu.
>
> Auffällig ist zudem, dass in Prüfungsaufgaben oftmals die zu prüfende (fiktive) Grundverfügung den gefahrenabwehrrechtlichen Randmaterien (z.B. dem Umweltrecht) entnommen wird. Solche Aufgaben sind i.d.R. relativ einfach zu lösen, da nur inzident (im Rahmen der Rechtmäßigkeit der Vollstreckungsmaßnahme) das besondere Gefahrenabwehrrecht zu prüfen ist; im Übrigen werden vielfach die nachfolgend dargestellten klassischen Fragen problematisiert.

> **Übersicht: Rechtmäßigkeit eines Kostenbescheides**
>
> I. **Ermächtigungsgrundlage zum Erlass des Kostenbescheides**
>   1. Ausdrückliche Ermächtigungsgrundlage (aus VwVG bzw. KostO des Landes); ggf. gewohnheitsrechtliche Anerkennung im Subordinationsverhältnis; ggf. folgt Ermächtigung konkludent aus Vorschriften über Beitreibung von Verwaltungskosten im Vollstreckungsverfahren[147]
>   2. Im Übrigen vermittelt Ermächtigung zum Erlass des Kostenbescheides zugleich Verwaltungsaktbefugnis
>   3. Anwendbarkeit der GoA nach h.M. grds. (–)
> II. **Formelle Rechtmäßigkeit** des Kostenbescheides
>   1. Zuständigkeit: grds. Vollzugsbehörde
>   2. Verfahren (P) Anhörung nicht gem. § 28 II Nr. 5 VwVfG entbehrlich, da Kostenbescheid keine Maßnahme »in« der Verwaltungsvollstreckung (ggf. Heilung gem. § 45 VwVfG)
>   3. Form: Schriftform

---

145 *Werner* JA 2000, 202 (206).
146 OVG Münster, NVwZ-RR 2008, 437 (keine Kostenerstattung für Sanierungsmaßnahme im Sofortvollzug bei einsturzgefährdetem Wetterschacht).
147 *Wolffgang/Hendricks/Merz* S. 245.

III. **Materielle Rechtmäßigkeit** des Kostenbescheides
  1. Vorliegen eines rechtmäßigen Vollzugs (Art. 20 III GG)
     a) Vollstreckungsvoraussetzungen: Inzidentprüfung

> aa) Vollstreckungsvoraussetzungen im gestreckten Verfahren
>   (1) Materielle Vollstreckbarkeit: »HDU«-Verfügung: (P): Rechtmäßigkeit der HDU-Vfg.:
>   • Unerheblich, wenn HDU-Vfg. unanfechtbar (Tatbestandswirkung)
>   • I.Ü. nach h.M. wegen Art. 20 III GG wohl erforderlich
>   (2) Formelle Vollstreckbarkeit
>   (a) Unanfechtbarkeit der HDU-Vfg., da Widerspruchs- oder Klagefrist verstrichen oder
>   (b) Sofortige Vollziehbarkeit gem. § 80 II VwGO
>
> bb) Vollstreckungsmaßnahme im Sofortvollzug
>   (1) Handeln innerhalb der Befugnisse: Inzidentprüfung eines gedachten VA
>   (2) Vorliegen einer gegenwärtigen Gefahr
>   (3) Notwendigkeit des Sofortvollzugs

     b) Ordnungsgemäßes Vollstreckungsverfahren
     c) Keine Vollstreckungshindernisse
  2. Kostenpflichtigkeit des in Anspruch Genommenen (Kostenschuldnereigenschaft): Zustands- und Handlungsstörer (P) Kostenschuldnereigenschaft des Anscheinsstörers; (P) Kostenschuldnereigenschaft beim Gefahrenverdacht; (P) Auswahlermessen bzgl. Kostenschuldner
  3. Richtigkeit des Kostenansatzes der Art und Höhe nach: (P) Erstattungsfähigkeit der angesetzten Kosten; (P) Beschränkung der Kostenpflicht bei atypischen Risiken (Opferrolle des Eigentümers) auf Verkehrswert

a) Ermächtigungsgrundlage zum Erlass des Kostenbescheides

80 Nur ausnahmsweise, wenn im Aktenauszug die Befugnis zum Erlass eines Kostenbescheides in Zweifel gezogen wird, sollten Sie erörtern, ob der Anspruch auf Ersatz der Kosten mittels Verwaltungsakt geltend gemacht werden darf (sog. VA-Befugnis). In dieselbe Richtung geht der Vortrag des Klägers, »die Verwaltung müsse eine Leistungsklage auf Zahlung der geschuldeten Beträge erheben«.

Die VA-Befugnis werden Sie bejahen können: Zwar liegt nur ausnahmsweise eine ausdrückliche Ermächtigungsgrundlage zum Erlass eines Verwaltungsaktes vor, dennoch leitet die Rspr. die VA-Befugnis aus typischen hoheitlichen Begriffen (»beigetrieben« oder »festgesetzt«) her; darüber hinaus ist gewohnheitsrechtlich anerkannt, dass auch ohne ausdrückliche Regelung der Kostenerstattungsanspruch in dem Über-/Unterordnungsverhältnis Staat/Bürger mittels Verwaltungsakt erhoben werden kann.

b) Vorliegen der formellen Voraussetzungen

81 In formeller Hinsicht stellt sich zunächst die Frage der **Zuständigkeit**. Zuständig ist grundsätzlich die Vollzugsbehörde, die auch für den Erlass des Grundverwaltungsaktes zuständig ist. Daneben kann auch im Rahmen der Amtshilfe eine andere Behörde zuständig sein. In verfahrensrechtlicher Hinsicht müssen Sie daran denken, dass der Erlass des Kostenbescheides nicht mehr Teil des Vollstreckungsverfahrens ist, sondern erst nach Abschluss des Vollstreckungsverfahrens stattfindet. Aus diesem Grund ist die **Anhörung** nicht gem. § 28 II Nr. 5 VwVfG entbehrlich.

c) Vorliegen der materiellen Voraussetzungen

aa) Rechtmäßigkeit der Vollstreckungsmaßnahme

82 Materiell setzt der Kostenbescheid grds. voraus, dass die zugrunde liegende Vollstreckungsmaßnahme rechtmäßig ist. Dies ergibt sich aus dem Rechtsstaatsprinzip gemäß Art. 20 III GG. Zudem ergibt sich aus einigen Verwaltungsvollstreckungsgesetzen, dass Kosten nur für Amtshandlungen

»nach diesem Gesetz« erhoben werden dürfen.[148] An dieser Stelle prüfen Sie die Rechtmäßigkeit des gestreckten (ggf. beschleunigten) Verfahrens oder des Sofortvollzugs. In einem Ausnahmefall ist hingegen die Rechtmäßigkeit der Grundverfügung nicht zu prüfen: Ist die Grundverfügung bestandskräftig geworden, kommt es aufgrund der Tatbestandswirkung des Verwaltungsakts nur auf die Wirksamkeit, nicht jedoch auf die Rechtmäßigkeit der Grundverfügung an.

Problem: Ausschluss des Kostenerstattungsanspruchs wegen Zuständigkeitsmangels?

Grds. schließt nach den vorstehenden Grundsätzen ein behördlicher Rechtsverstoß einen Kostenerstattungsanspruch aus. Problematisch ist, ob dies auch bei einem bloßen Zuständigkeitsmangel gilt. Nach wohl h.M. ist es bei einer Vollstreckungsmaßnahme, die durch eine unzuständige Behörde vorgenommen wird, nicht gerechtfertigt, dem Kostenpflichtigen nur wegen des Zuständigkeitsverstoßes die Kostenlast abzunehmen. Zur Begründung wird auf den Rechtsgedanken des § 46 VwVfG verwiesen.[149]

bb) Kostenschuldnereigenschaft des in Anspruch Genommenen

Anschließend ist die Frage des Kostenschuldners zu beantworten. Diesbezüglich gilt: Der Störer hat die Gefahr zu beseitigen und deshalb auch als »Pflichtiger« die Kosten zu tragen. Bei Zustands- und Verhaltensstörern ist dieses unproblematisch. 83

Problem: Kostenschuldnereigenschaft des Nichtstörers

Der Nichtstörer ist demgegenüber kein Kostenschuldner. Dieses ergibt sich (auch) aus der gesetzgeberischen Konzeption eines Entschädigungsanspruchs für Nichtstörer. Diese Vorschriften lassen erkennen, dass der Gesetzgeber nicht verantwortliche Personen von den wirtschaftlichen Lasten der Gefahrenabwehr befreien möchte.[150]

Problem: Kostenschuldnereigenschaft des Anscheinsstörers

Um eine ungerechtfertigte Kostenbelastung des Anscheinsstörers zu verhindern, kommt bei diesem eine Kostenbelastung nur in Betracht, wenn er die Gefahr selbst veranlasst oder zu verantworten hat (Frage der Zurechenbarkeit des Anscheins der Gefahr).[151]

Problem: Kostenschuldnereigenschaft bei Gefahrerforschungsmaßnahmen

Beim Gefahrenverdacht kommt eine Kostenbelastung grds. nicht in Betracht, wenn und soweit es sich um Kosten einer Gefahrerforschungsmaßnahme handelt, da diese eine von Amts wegen durchzuführende Maßnahme zur Sachverhaltsaufklärung darstellt (Untersuchungsgrundsatz nach § 24 VwVfG). Ausnahmsweise kommt eine Kostentragungspflicht – wie beim Anscheinsstörer – dann in Betracht, wenn die Gefahrenlage zurechenbar verursacht worden ist.[152] Für bodenschutzrechtliche Konstellationen merken Sie sich folgende weitere Konstellation, in der die Kostentragung für vertretbar gehalten wird: Stellt sich nach Abschluss der Gefahrerforschung heraus, dass tatsächlich eine objektive Gefahrenlage vorlag, wird die Gefahrerforschung gewissermaßen als erster Schritt der Sanierungsmaßnahmen verstanden, so dass der Verursacher kostenpflichtig sein kann.

Bitte bedenken Sie schließlich die Situation, in der der zugrunde liegende Verwaltungsakt beim gestreckten Verfahren zwar rechtswidrig, die formelle Vollstreckbarkeit aber gegeben war (Fälle des § 80 II VwGO oder des beschleunigten Vollzugs). In diesen Fällen kann die Auferlegung der Kostenlast unzulässig sein. Unter Verwaltungsträgern kommt ein Kostenersatz grds. nicht in Betracht: Ein Kostenerstattungsanspruch unter dem Gesichtspunkt der Ersatzvornahme scheitert wegen der von der h.M. angenommenen Unzulässigkeit von hoheitlichen Maßnahmen. Ein Anspruch aus öffentlich-rechtlicher Geschäftsführung kommt ebenfalls grds. nicht in Betracht, weil der kostenbelastete Verwaltungsträger aufgrund seiner Eilkompetenz nicht »ohne Auftrag« handelt und kein fremdes Geschäft ausführt.[153]

---

148 Z.B. § 77 I VwVG NRW.
149 *Wolffgang/Hendricks/Merz* Rn. 673 m.w.N.
150 *Wolffgang/Hendricks/Merz* Rn. 674.
151 OVG Hamburg NJW 1986, 2005 (2006).
152 *Wolffgang/Hendricks/Merz* Rn. 676.
153 Z.B. OVG Münster NJW 1986, 2526.

Klausurhinweis: In denjenigen Ländern,[154] die eine unmittelbare Ausführung eingeführt haben, ist vorgeschrieben, dass die der Verwaltung entstehenden Kosten von dem Verhaltens- oder Zustandsverantwortlichen zu erheben sind. Zur Kostenhöhe gilt wiederum das Verwaltungskostenrecht. Die Kosten können im Verwaltungszwang beigetrieben werden.

Problem: Auswahl des Kostenschuldners

Sind mehrere Kostenpflichtige vorhanden, hat die Behörde bei der Frage, welchen Kostenschuldner sie in Anspruch nimmt, ein personelles Auswahlermessen. Nach h.M. kann die Behörde neben den allgemeinen Grundsätzen (effektive Gefahrenabwehr, Verhältnismäßigkeit) auch die finanzielle Leistungsfähigkeit berücksichtigen.[155] Auf diese Frage sollten Sie im Assessorexamen allerdings nur eingehen, wenn der Kläger Auswahlermessensfehler geltend macht, etwa weil mehrere Schuldner in Betracht kommen.

cc) Rechtmäßigkeit der Kostenfestsetzung der Art und Höhe nach

84 Bei der Frage, ob die von der Behörde verlangten Kosten der **Art** nach gerechtfertigt sind, müssen Sie in der Klausur häufig unter verschiedenen Kostenpositionen differenzieren (z.B. Auslagen, Gebühren). Hierfür sind in den kostenrechtlichen Vorschriften i.d.R. unterschiedliche Voraussetzungen normiert.

Schließlich wird vielfach die Frage aufgeworfen, ob die Kosten der **Höhe** nach zu beanstanden sind. In der Mehrzahl der ausgewerteten Aktenauszüge ist dies aber nur ein Scheinproblem. Grds. gilt der Kostendeckungsgrundsatz. Der Polizei- bzw. Ordnungspflichtige muss denjenigen Betrag erstatten, den das zur Ersatzvornahme beauftragte, ordnungsgemäß ausgewählte Unternehmen in Rechnung stellt, wenn nicht grobe Fehlgriffe in der Preiskalkulation erkennbar sind oder überflüssige Maßnahmen durchgeführt werden.[156] Da Sie in der Klausur die Kosten der Höhe nach nicht genau überprüfen können, sollten Sie die Kostenberechnung gem. § 173 S. 1 VwGO i.V.m. § 287 II ZPO schätzen. Dieses ist auch in der verwaltungsgerichtlichen Praxis üblich. Der Kostenrahmen der jeweiligen KostO des Landes muss natürlich eingehalten werden.

Problem: Beschränkung der Kostenbelastung des Eigentümers in »Opferkonstellationen«

Die einfachgesetzlich angeordnete Kostenbelastung des pflichtigen Eigentümers ist ggf. verfassungskonform zu beschränken, wenn der Eigentümer in eine Opferrolle geraten ist (Kostenbescheid wegen Sanierung eines kampfmittelbelasteten Grundstücks, Kostenbescheid wegen behördlicherseits vorgenommener Schutzmaßnahmen gegen drohenden Felssturz). Hier geht das BVerfG davon aus, dass grds. nur eine Kostenbelastung bis zur Höhe des Verkehrswertes des Grundstücks nach Sanierung verhältnismäßig ist.[157] Ausnahmen werden z.B. dann gemacht, wenn der Eigentümer das Risiko der Sanierung bewusst in Kauf nimmt oder Früchte aus dem geringeren Wert des Grundstücks gezogen hat.[158]

Problem: Kostenerstattungsfähigkeit rechtswidrig durchgeführter Vollstreckungsmaßnahmen nach anderen Vorschriften

Wenn nach den vorstehenden Ausführungen die Vollstreckungsmaßnahme rechtswidrig ist, wird die Behörde ggf. vortragen, sie habe einen Anspruch auf Kostenerstattung aus anderen Anspruchsgrundlagen. Allerdings scheidet insb. ein Anspruch aus Geschäftsführung ohne Auftrag oder aus dem öffentlich-rechtlichen Erstattungsanspruch regelmäßig aus, wenn die (landesrechtlichen) Rechtsgrundlagen hinsichtlich der Kostenerstattungsfähigkeit eine abschließende Spezialregelung enthalten.[159]

---

154 § 8 II BadWürttPolG; Art. 9 II 1 BayPAG; § 15 II 1 BerlASOG, § 7 III HbgSOG, § 8 II 1 HessSOG; § 6 II 1 RhPfPOG, § 6 II SächsPOG, § 9 II 1 SachsAnhSOG, § 9 II 1 ThürPAG, § 12 II 1 ThürOBG.
155 OVG Lüneburg NVwZ 1990, 786 (787).
156 VGH Mannheim NJW 1990, 2270 (2271).
157 Im Einzelnen hierzu Kapitel Allgemeines Gefahrenabwehrrecht, Rn. 111.
158 BVerfG, NJW 2000, 2573.
159 OVG Münster NVwZ-RR 2008, 437 (438) m.w.N.

4. Kapitel. Klausuren aus dem Verwaltungsvollstreckungsrecht

Klausurhinweis: Von herausragender Examensrelevanz ist die Rechtmäßigkeit eines Bescheides, mit dem die Kosten des **Abschleppens eines Kfz** gefordert werden. Die Standardklausurkonstellation ist das Vorgehen gegen einen Kostenbescheid. Im Rahmen der **Zulässigkeit** werden Sie häufig kurz den Verwaltungsrechtsweg anzusprechen haben. Dieser ist gem. § 40 I 1 VwGO eröffnet. Daran ändert sich nichts, wenn der in Anspruch Genommene zusätzlich einen Anspruch auf Rückerstattung des gezahlten Geldes aufgrund des öffentlich-rechtlichen Erstattungsanspruchs verlangt, weil dieser ebenfalls vor den Verwaltungsgerichten geltend zu machen ist (Kehrseitengedanke). Problematisch ist der Fall, in dem der Bürger die Abschleppkosten bereits bei Abholung des Fahrzeugs an den Abschleppunternehmer gezahlt hat und den Geldbetrag zurückverlangt. Wenn der Unternehmer letztlich als Zahlstelle den Geldbetrag in Empfang nimmt, erbringt der Bürger durch die Zahlung an den Unternehmer, der als Leistungsmittler auftritt, eine öffentlich-rechtliche Leistung an die Behörde.[160]

Die **statthafte Klageart** richtet sich nach dem Klagebegehren (§ 88 VwGO). An dieser Stelle variieren die Klausurkonstellationen:

- Verlangt der Kläger die Erstattung der aufgrund des Leistungsbescheides bereits gezahlten Kosten: Anfechtungsklage gegen Leistungsbescheid mit Annexantrag (§ 113 I 2 VwGO). Referendare aus **NRW** sollten sich folgende Besonderheit für den Fall merken, in dem ein Bürger sein aufgrund eines Leistungsbescheides gezahltes Geld zurückverlangt: Hier besteht in § 77 IV VwVG i.V.m. § 21 I GebG NRW eine spezialgesetzliche Anspruchsgrundlage (die auch den allgemeinen öffentlich-rechtl. Erstattungsanspruch verdrängt). In diesem Fall stellt der Leistungsbescheid (trotz evtl. Rechtswidrigkeit) den Rechtsgrund für die Vermögensverschiebung dar. Dieser muss – insoweit gilt zunächst keine Besonderheit – aufgehoben werden (§ 113 I VwGO). Den auf § 77 IV VwVG i.V.m. § 21 I GebG NRW zu stützenden Rückzahlungsanspruch kann der Bürger gem. § 113 IV VwGO (Leistungsklage) mit der Anfechtungsklage verbinden. Wird nur die Leistungsklage erhoben, kann dem Rückzahlungsbegehren zugleich das Begehren auf Aufhebung des noch nicht bestandskräftigen Kostenbescheides entnommen werden (§ 88 VwGO). Ist der Kostenbescheid hingegen schon bestandskräftig, kommt nur noch eine Rückzahlung aus Billigkeitsgesichtspunkten in Betracht (§ 21 I, 2. Hs. GebG NRW).[161]
- Hat der Kläger ohne Kostenbescheid gezahlt (etwa um das Fahrzeug vom Abschleppunternehmer, an den direkt gezahlt wurde, zurückzuerhalten): Neben dem eigentlichen Vollstreckungsverwaltungsakt liegt kein anfechtbarer Verwaltungsakt vor, der sich zur Rechtmäßigkeit der Maßnahme verhält: Allgemeine Leistungsklage; eine zusätzliche Anfechtung der Vollstreckungsverwaltungsakte ist nicht erforderlich.

Im Rahmen der **Begründetheit** der Klage prüfen Sie die Rechtmäßigkeit des Kostenbescheides nach dem üblichen Aufbauschema. Zunächst prüfen Sie inzident die Rechtmäßigkeit der Gefahrenabwehrmaßnahme. Damit stellt sich zunächst die Frage der **einschlägigen Rechtsgrundlage**. Diese beurteilt sich danach, ob es sich um eine Vollstreckungsmaßnahme oder um eine Sicherstellung handelt. Wird das Fahrzeug lediglich (ohne Verwahrung) umgesetzt, liegt eine Vollstreckungsmaßnahme vor. Eine differenzierte Betrachtung ist erforderlich, wenn das Auto auf einen Verwahrungsplatz gebracht wird: Eine Sicherstellung liegt vor, wenn die Maßnahme bezwecken soll, das Fahrzeug in Verwahrung zu nehmen und andere vom Besitz auszuschließen.[162] Dies ist der Fall, wenn eine über das Falschparken hinausgehende Gefahr beseitigt werden soll.[163] Im Übrigen wird beim Abschleppen wegen eines Verkehrsverstoßes eine Ersatzvornahme angenommen, mit der das im Verkehrszeichen liegende Wegfahrgebot durchgesetzt werden soll. Wird das Fahrzeug nach dem Abschleppen in Verwahrung genommen, stellt dieser Abschnitt jedoch eine Sicherstellung dar. Damit sind in der Klausur ggf. zwei Ebenen zu unterscheiden: Die wegen des Abschleppens entstandenen Kosten sind Kosten einer Ersatzvornahme, die Kosten der Verwahrung stellen Sicherstellungskosten dar.[164] In der Begründetheitsprüfung müssen Sie diese unterschiedlichen Kostenpositionen getrennt »abarbeiten«.

Wenn Sie eine Sicherstellung ablehnen und eine Vollzugsmaßnahme bejahen, gelangen Sie zu den üblichen Prüfungsschemata im gestreckten Vollzug bzw. im Sofortvollzug. Zunächst bedarf es einer **voll-**

---
160 OVG Münster NJW 1980, 1974; *Becker* JA 2000, 677 (678).
161 *Dietlein/Burgi/Hellermann* § 3 Rn. 262.
162 OVG Lüneburg NdsVBl. 1994, 60.
163 *Becker* JA 2000, 677 (678).
164 *Götz* NVwZ 1990, 725 (732).

streckbaren Grundverfügung. Parkt jemand im Geltungsbereich eines Halte- oder Parkverbotszeichens, so resultiert daraus auch das Wegfahrgebot. Damit liegt zumindest ein konkludentes Wegfahrgebot vor.[165] Bei einer defekten Parkuhr geht die Rspr. von einem modifizierten Parkverbot aus. Längere Zeit bereits aufgestellte Verkehrszeichen sind wirksam; für Verkehrsschilder sehen die §§ 39 II, 45 IV StVO eine besondere Form der öffentlichen Bekanntgabe vor, die die allgemeinen Bekanntgabevorschriften (§ 41 VwVfG) verdrängen.[166] Problematisch ist die Wirksamkeit von Wegfahrgeboten, wenn das Verkehrsschild erst nach Abstellen des Fahrzeugs aufgestellt wird (sog. nachträgliche Straßenverkehrswidrigkeit bei »Wanderschildern«). Grundlage der Vollstreckung im gestreckten Verfahren ist das Vorliegen eines wirksamen Verwaltungsakts. Existent wird dieser aber erst, wenn er bekanntgegeben worden ist (§§ 41, 43 I VwVfG). Allerdings weiß der Verkehrsteilnehmer von dem Gebot nichts. Nach der Rspr. ist aber die im Verkehrsschild liegende Allgemeinverfügung selbst bei nachträglicher Aufstellung wirksam. Dieses gilt unabhängig von der tatsächlichen oder möglichen Kenntnisnahme, da der Verkehrsteilnehmer jedenfalls abstrakt die Möglichkeit zur Wahrnehmung hat.[167] Klausurrelevant kann auch der Fall werden, dass ein (mobiles) Verkehrsschild infolge Pflanzenbewuchses oder infolge Manipulationen durch Unbefugte derart in der (abstrakten) Wahrnehmbarkeit beeinträchtigt wird, dass die Wirksamkeit der Verfügung entfällt. Hier müssen Sie die konkreten Umstände des Einzelfalles umfassend würdigen. In der Klausur liegt damit i.d.R. eine wirksame Grundverfügung vor. Diese ist analog § 80 II 1 Nr. 2 VwGO auch sofort vollziehbar.

Klausurhinweis: In den Ländern, in denen die unmittelbare Ausführung vorgesehen ist, stellt sich häufig die Abgrenzungsproblematik zur Vollstreckungsmaßnahme im Sofortvollzug. Hierzu merken Sie sich folgende Grundsätze:

- Bei der **unmittelbaren Ausführung** handelt es sich um eine Sofortmaßnahme der Behörde, die vorgenommen wird, wenn die Heranziehung des Verantwortlichen durch VA nicht oder nicht rechtzeitig möglich ist (z.B. weil er ortsabwesend ist).[168]
- Beim **Sofortvollzug** werden Zwangsmittel angewendet, ohne dass zuvor eine Verfügung ergehen kann, weil eine besondere Gefahrensituation eine unverzügliche Vollstreckungsmaßnahme erfordert.
Als Unterscheidungskriterium können Sie sich vor Augen halten, ob ein entgegenstehender Wille durch Zwangsmittel gebrochen werden soll (dann sofortiger Vollzug) oder nicht (dann unmittelbare Ausführung).

Vielfach fehlt es – dies ist relevant für das **ordnungsgemäße Vollstreckungsverfahren** – an der für das gestreckte Verfahren je nach Landesrecht ggf. erforderlichen Festsetzung, so dass nur eine Vollstreckungsmaßnahme im Sofortvollzug oder als unmittelbare Ausführung möglich ist. Problematisch ist aber auch im Sofortvollzug die Verhältnismäßigkeit. Diese setzt eine Vollstreckungsmaßnahme stets voraus, unabhängig davon, ob es sich um ein gestrecktes oder sofortiges Vollstreckungsverfahren handelt. Diese Frage ist in den Aktenauszügen häufig Schwerpunkt der Auseinandersetzung der Beteiligten, auch wenn der Begriff der Verhältnismäßigkeit nicht ausdrücklich auftaucht. Oft läuft das Vorbringen des Klägers darauf hinaus, dass die Vollstreckungsmaßnahme mit Blick auf den konkreten Verkehrsverstoß unangemessen sei. Die Angemessenheit ist aber nach der Rspr. zu bejahen, wenn das verbotswidrige Verhalten geeignet ist, zu Behinderungen zu führen oder die Funktion der Verkehrswege zu beeinträchtigen. Eine Unverhältnismäßigkeit kommt damit nur ausnahmsweise in Betracht, etwa wenn nach sehr kurzzeitiger Überschreitung der Parkzeit abgeschleppt wird. Allerdings hat z.B. das OVG Hamburg entschieden, dass bereits ein Abschleppen nach siebenminütiger Überschreitung der Parkzeit nicht unverhältnismäßig ist.[169] Damit sollten Sie sich für problematische Fälle merken, dass die Rspr. hier i.d.R. zugunsten der Behörde entscheidet. Häufiger wird an dieser Stelle die Frage aufgeworfen, ob die Behörde vor der Abschleppmaßnahme zur Durchführung von Nachforschungen verpflichtet ist. Solche Nachforschungspflichten bestehen für die Behörde aber nur im Ausnahmefall. Auch hier sollten Sie tendenziell behördenfreundlich argumentieren. Gegenstand aktueller Rspr. ist in diesem Zusammenhang, ob durch eine gut sichtbare Anbringung der Handy-Nummer die Vollstre-

---

165 OVG Hamburg NJW 2005, 2247; OVG Schleswig NVwZ-RR 2003, 647.
166 BVerwGE 102, 316; VGH Mannheim, JuS 2010, 91; *Beaucamp* JA 2008, 612, 613.
167 BVerwGE 102, 316.
168 *Kopp/Ramsauer* § 35 VwVfG Rn. 67b.
169 OVG Hamburg NJW 2001, 3647.

ckungsmaßnahme wegen Unverhältnismäßigkeit rechtswidrig ist. Wichtig ist, dass Sie sich den systematischen Standort des Problems merken (Verhältnismäßigkeit der Maßnahme). Jenseits einzelfallbezogener Nuancen geht die Rspr. auch hier davon aus, dass dem Beamten zur Kontrolle des ruhenden Verkehrs kein übermäßiger Einsatz abzuverlangen sei und verneint daher eine Pflicht zur vorherigen telefonischen Kontaktaufnahme.[170] Die Fallkonstellationen, in denen die Unverhältnismäßigkeit einer Abschleppmaßnahme gerügt wird, sind vielschichtig und können hier nicht abschließend dargestellt werden. Entscheiden Sie hier auch aus klausurtaktischen Erwägungen: Oft streiten die Beteiligten noch über die nachfolgenden Fragen (z.B. Kostenhöhe). Dann sollten Sie die Verhältnismäßigkeit der Vollstreckungsmaßnahme i.d.R. bejahen. Andernfalls schneiden Sie sich nachfolgende Probleme ab.

Ferner muss die **Kostenforderung der Art und Höhe** nach gerechtfertigt sein. Problematisch ist in Klausuren manchmal der abgebrochene Abschleppvorgang, bei dem der Verkehrsteilnehmer während des Ladevorgangs zu seinem Fahrzeug zurückkehrt. Hierfür dürfen Kosten erhoben werden. Problematisch ist die Kostenerhebung zudem, wenn das Straßenverkehrsschild nachträglich aufgestellt wird. Nach der Rspr. wird der Grundsatz der Verhältnismäßigkeit durch eine Kostenerhebung nicht verletzt, wenn ein zunächst zulässig abgestelltes Fahrzeug erst vier Tage nach Aufstellung des Verkehrsschildes auf Kosten des Pflichtigen entfernt wird,[171] wobei hinsichtlich der Mindestdauer zwischen Aufstellung des Verkehrsschildes und der Entfernung des Fahrzeuges andere Gerichte auch drei Tage für ausreichend halten.

Schließlich muss der **richtige Kostenschuldner** in Anspruch genommen werden. Der Fahrer kann als Handlungsverantwortlicher in Anspruch genommen werden. Daneben ist der Halter als Zustandsstörer anzusehen.

II. Vollstreckung von Geldforderungen

In Aktenauszügen werden Fragen im Zusammenhang mit der Vollstreckung von Geldforderungen (Steuern, Gebühren, Beiträge, Kosten einer Ersatzvornahme etc.) eher selten problematisiert. Zur Darstellung soll daher die nachfolgende Übersicht genügen: 85

> **Übersicht: Vollstreckung von Geldforderungen**
>
> I. Vorliegen der Vollstreckungsvoraussetzungen
>   1. Vorliegen eines Verwaltungsakts (Leistungsbescheid), der eine öffentlich-rechtliche Geldforderung zum Gegenstand hat
>   2. Vollstreckbarkeit des Verwaltungsakts
>   a) z.T. nach Landesrecht: Unanfechtbarkeit oder sofortige Vollziehbarkeit gem. § 80 II VwGO (insb. § 80 II 1 Nr. 1 oder Nr. 4 VwGO)
>   b) im Übrigen bei fehlender landesrechtlicher Bestimmung str.: T.d.L. (wie a.): Unanfechtbarkeit oder sofortige Vollziehbarkeit gem. § 80 II VwGO; h.M. Bekanntgabe des VA reicht aus, da anderenfalls Ablauf der Wartefrist (s.u.) sinnlos
>   3. Grds. Fälligkeit der Forderung
>   4. Ablauf der Wartefrist von einer Woche seit Bekanntgabe des Leistungsbescheides bzw. Eintritt der Fälligkeit
>   5. Mahnung
> II. Ordnungsgemäßes Vollstreckungsverfahren
>   1. Verwaltungsintern wirkende Vollstreckungsanordnung
>   2. Ordnungsgemäße Anwendung der Zwangsmittel
>   a) Pfändung beweglicher Sachen, Forderungen und anderer Vermögensgegenstände: §§ 281 ff. AO; 309 ff. AO
>   b) Insb. Zwangsversteigerung bei Grundstücken, grundstücksgleichen Rechten (§ 322 AO)
> III. Keine Vollstreckungshindernisse

---

170 BVerwG NJW 2002, 2122; OVG Hamburg NJW 2001, 3647 (3648).
171 BVerwG NJW 1997, 1021; OVG Bautzen, Urt. v. 23.03.2009 – 3 B 891/06 juris.

2. Teil Klausuren aus dem besonderen Verwaltungsrecht

1. Kapitel. Allgemeines Gefahrenabwehrrecht

Das landesgesetzlich geregelte allgemeine Gefahrenabwehrrecht ist von dreifacher Examensrelevanz:

- Zum Ersten treten Klausuren aus dem Bereich des allgemeinen Gefahrenabwehrrechts ausgesprochen häufig auf.
- Zum Zweiten lassen sich prozessuale Fragestellungen ideal mit gefahrenabwehrrechtlichen Sachverhalten kombinieren.
- Und zum Dritten sind die Prinzipien, Regeln und Strukturen des allgemeinen Gefahrenabwehrrechts Vorbild für viele andere Bereiche des besonderen Verwaltungsrechts. Dies gilt namentlich für die Grundstruktur des materiellen Gefahrentatbestandes, für die zweigliedrige Ermessensstruktur (Entschließungs- und Auswahlermessen), für Fragen der in Anspruch zu nehmenden Personen (Störer) sowie für die Prüfung des Verhältnismäßigkeitsgrundsatzes.

Ausgehend von den verschiedenen Handlungsinstrumentarien der Verwaltung können drei gefahrenabwehrrechtliche Handlungsformen unterschieden werden: Der Verwaltungsakt (hierzu A.), der Realakt (hierzu B.) und die polizeiliche Verordnung (hierzu C.).

A. Rechtsschutz gegen polizeiliche Verwaltungsakte (Ordnungsverfügungen)

Regelmäßig werden Sie im Aktenauszug mit einer Ordnungsverfügung konfrontiert, die aus mehreren Bestandteilen zusammengesetzt ist: Einer Grundverfügung, der ein vollstreckungsrechtlicher Verwaltungsakt, nämlich eine Androhung eines Zwangsmittels (Ersatzvornahme oder Zwangsgeld), beigefügt ist.

Beispiel:

(…) Ordnungsverfügung	
1. Hiermit ordne ich die Anbringung von Felsankern zur Sicherung der Felsen auf dem Grundstück (genaue Gemarkung) an.	Zunächst Prüfung der Rechtmäßigkeit der Grundverfügung nach Maßgabe des materiellen Rechts.
	§ 44 VwGO
2. Sofern Sie dieser Verfügung nicht binnen eines Monats nach Unanfechtbarkeit nachkommen, drohe ich hiermit die Ersatzvornahme an. Die Kosten belaufen sich voraussichtlich auf (…) Euro	Anschließend Prüfung der Rechtmäßigkeit der vollstreckungsrechtlichen Verfügung (hierzu 1. Teil, 4. Kapitel)

Übersicht: Prüfung der Rechtmäßigkeit einer gefahrenabwehrrechtlichen Ordnungsverfügung

I. Ermächtigungsgrundlage
  1. Rechtsgrundlage aus präventivem Gefahrenabwehrrecht oder repressivem Strafprozessrecht (oft bei Standardmaßnahmen problematisch); (P) bei doppelfunktionalen Maßnahmen Schwerpunkt maßgebend

> 2. Spezialermächtigung aus besonderem Gefahrenabwehrrecht (z.B. § 15 I VersG, §§ 7, 8 PassG)
> 3. Ermächtigung zur Vornahme einer Standardbefugnis aus dem Landesrecht (z.B. Durchsuchung, Sicherstellung, Platzverweis); (P) Rückgriff auf Vollstreckungsrecht ggf. entbehrlich
> 4. Subsidiär: polizeiliche Generalklausel; (P) Rückgriff auf Generalklausel bei abschließender (?) Spezialermächtigung oder Standardbefugnis
>
> II. **Tatbestand**
> 1. Formelle Voraussetzungen
>   a) Zuständigkeit (sachlich, örtlich, instanziell); (P) Zuständigkeit gegenüber störendem Hoheitsträger; (P) Subsidiaritätsklausel
>   b) Verfahren (ggf. Anhörung); (P) Entbehrlichkeit der Anhörung bei Gefahr im Verzug
>   c) Form (§ 37 II VwVfG)
> 2. Materielle Voraussetzungen
>   a) Betroffenheit eines Schutzguts der öffentlichen Sicherheit (ggf. auch öffentlichen Ordnung). Fallgruppen:
>   - Funktionstüchtigkeit des Staates, seiner Einrichtungen und Veranstaltungen
>   - Private Individualrechte
>   - Geschriebene Rechtsordnung
>   - Ausnahmsweise: Kollektive Güter
>   b) Gefahr oder Störung für ein betroffenes Schutzgut
>   c) Polizeirechtliche Verantwortlichkeit
>   - Verhaltensstörer
>   - Zustandsstörer
>   - Nichtstörer (sog. Notstandspflichtiger)
>
> III. **Rechtsfolge:** Doppeltes Ermessen (Prüfung von Ermessensfehlern)
> 1. Entschließungsermessen (»ob«)
> 2. Auswahlermessen (»wie«)
>   a) Personell: Ordnungsgemäße Auswahl zwischen mehreren Pflichtigen
>   b) Inhaltlich
>   aa) Verhältnismäßigkeitsgrundsatz
>   bb) Verstoß gegen sonstiges Recht (z.B. § 37 I VwVfG)

I. Ermächtigungsgrundlage

88 Bedenken Sie, dass die Anwendung der polizeilichen Generalklausel[164] (und anderer gefahrenabwehrrechtlicher Standardmaßnahmen) stets voraussetzt, dass es sich um eine Maßnahme des präventiv-polizeilichen Gefahrenabwehrrechts handelt.

1. Abgrenzung zu repressiven Ermächtigungsgrundlagen

89 Häufig werfen die Aktenauszüge Abgrenzungsprobleme zwischen präventiv-polizeirechtlichen und strafprozessual-repressiven Ermächtigungsgrundlagen nach der StPO auf. Diese Abgrenzungsfrage stellt sich gerade bei Standardmaßnahmen.

Problem: Ermächtigungsgrundlage bei doppelfunktionalen Maßnahmen

Schwierigkeiten bereitet insb. die Abgrenzung bei doppelfunktionalen Maßnahmen. Als solche werden Maßnahmen der Gefahrenabwehrbehörden bezeichnet, die sowohl der präventiven Gefahrenabwehr als auch der repressiven Strafverfolgung dienen (Beispiel: Die Polizei observiert einen mutmaßlichen Brandstifter sowohl zur Vermeidung weiterer Brandstiftungen als auch zur Aufdeckung der bisherigen Brandstiftungen).

Der handelnde Beamte stellt sich die Frage nach der in Betracht kommenden Befugnisnorm. Liegt der Schwerpunkt im Gefahrenabwehrrecht, kommt ausschließlich eine gefahrenabwehr-

---

[164] Art. 11 BayPAG; §§ 1 I, 3 BW PolG; § 17 Abs. 1 ASOG (Bln); § 10 I BbgPolG; §§ 1 I, 10 I BremPolG; § 3 I HmbSOG; §§ 13, 16 SOG MV; § 11 NdsSOG; § 8 I PolG NRW; § 9 I 1 POG RP; § 8 I SPolG; § 1 I, 3 I SächsPolG; § 13 SOG LSA; §§ 174, 176 LVwG SH; § 12 ThürPAG.

rechtliche Befugnisnorm in Betracht. Umgekehrt kommen bei strafprozessualen Maßnahmen die Bestimmungen der StPO zum Zuge. Die Doppelfunktionalität wird ferner relevant bei dem Rechtsweg. Handelt es sich um Gefahrenabwehr, ist der Verwaltungsrechtsweg eröffnet. Bei repressiven Maßnahmen entscheidet hingegen die ordentliche Gerichtsbarkeit gemäß § 23 EGGVG bzw. analog § 98 II 2 StPO. Und schließlich wirkt sich die Frage auch auf die Kostenpflicht für die Maßnahme aus. Handelt es sich um Gefahrenabwehr, gelten landesgesetzliche Ausgleichsansprüche. Bei repressiven Verfolgungsmaßnahmen gilt ausschließlich Bundesrecht (Amtshaftung etc.).

Entscheidend für die Lösung ist der **Schwerpunkt der doppelfunktionalen Maßnahme**. Liegt dieser im Gefahrenabwehrrecht, kommen gefahrenabwehrrechtliche Ermächtigungen in Betracht. Umkehrt greifen strafprozessuale Ermächtigungen bei überwiegend repressiven Maßnahmen. Umstritten ist allerdings, wie der Schwerpunkt der Maßnahme zu bestimmen ist.

Theoretisch kann die Festlegung des Schwerpunktes aus zwei Blickwinkeln erfolgen. Einerseits kann man auf die Sicht des handelnden Beamten abstellen, andererseits könnte man vom Standpunkt des von der Maßnahme betroffenen Bürgers oder eines außenstehenden objektiven Dritten urteilen. Die Rspr. verfolgt eine vermittelnde Lösung: Zunächst billigt sie dem handelnden Beamten eine gewisse Definitions- und Entscheidungsmacht zu. Er darf zum Zeitpunkt der Maßnahme über ihren Schwerpunkt befinden (sog. Dominanzentscheidung). Allerdings ist diese Entscheidungsmacht nicht grenzenlos. Sie wird vielmehr korrigiert durch eine objektive Nachprüfung. So muss sich die Dominanzentscheidung in einem spezifischen Rahmen zwischen dem vom Ermessen geleiteten und verfassungsrechtlich ableitbaren Auftrag zum Schutz der Rechtsgüter und dem in den §§ 152 II, 163 I StPO verankerten Legalitätsprinzip bewegen. Entscheidend sind hierbei objektive (relative) Abwägungskriterien: Für einen objektiven Schwerpunkt im Bereich der Gefahrenabwehr sprechen etwa die Art und Höhe bzw. der Umfang des drohenden Schadens, der Rang und die Bedeutung bzw. Gewichtung der bedrohten Schutzgüter und der Grad der Gemeinschädlichkeit und die Zahl der betroffenen Rechtsgutträger. Bitte merken Sie sich diese Kriterien, mit denen Sie Ihren Klausurfall ohne Weiteres werden lösen können. Für Strafverfolgung streiten demgegenüber das Vorliegen eines Anfangsverdachts, die Stärke des Tatverdachts, die Einleitung eines staatsanwaltschaftlichen Ermittlungsverfahrens gem. §§ 160 ff. StPO, das Begehungsstadium (Versuch, Vollendung, Beendigung) sowie die Schwere und Intensität der Straftat. Widerspricht die (subjektive) Dominanzentscheidung des Amtswalters dem eindeutigen (objektiven) Schwerpunkt der Maßnahme, dann sind alle Maßnahmen rechtswidrig. Fehlt indes eine Dominanzentscheidung, gehen Sie von dem objektiven Schwerpunkt der Maßnahme nach den genannten Kriterien aus.

2. Vorliegen einer Spezialermächtigung

Ist geklärt, dass eine gefahrenabwehrrechtliche Ermächtigungsgrundlage eingreift, ist zu prüfen, ob eine Spezialermächtigung aus einem Gebiet des besonderen Verwaltungsrechts in Betracht zu ziehen ist. Dies ist der Fall, wenn die streitgegenständliche Gefahr im Geltungsbereich einer vom Gesetzgeber geschaffenen spezialgesetzlichen Regelungsmaterie liegt. Beachten Sie hierbei etwaige Rückgriffsverbote auf das allgemeine Gefahrenabwehrrecht, die dazu dienen, den Grundrechtsschutz der besonderen Regelungsmaterien nicht zu umgehen (Klausurkonstellation: Sowohl das allgemeine Gefahrenabwehrrecht als auch das Versammlungsrecht enthalten Ermächtigungen zum Platzverweis. Hier ist etwa zu beachten, dass der Platzverweis und die Aufforderung, sich nach einer aufgelösten Versammlung zu entfernen (§§ 13 II, 18 I VersG) unterschiedliche Maßnahmen darstellen;[165] sog. »Polizeifestigkeit von Versammlungen«).[166]

Klausurrelevanz haben zudem passbeschränkende Maßnahmen gem. **§§ 7, 8 PassG**. Bei diesen wird vielfach problematisch sein, ob ein Versagungsgrund i.S.d. § 7 I PassG gegeben ist. Beachten Sie, dass gem. § 7 II PassG von einer Passversagung abzusehen ist, wenn sie unverhältnismäßig ist, insb. wenn es genügt, den Geltungsbereich oder die Gültigkeitsdauer des Passes zu beschränken.

90

---

165 *Knemeyer* Polizei- und Ordnungsrecht, 11. Aufl. Rn. 216.
166 Zur weiteren Darstellung der versammlungsrechtlichen Befugnisse siehe 2. Kapitel.

> **Klausurhinweis zum PassG:** Aktenauszüge aus dem Regelungsbereich des PassG sind wiederholt Gegenstand von Examensklausuren gewesen. Inzident steuern die Klausuren vielfach auf die Prüfung zu, ob ein Versagungsgrund i.S.d. § 7 I PassG gegeben ist. (vgl. z.B. auch § 8 PassG). Beachten Sie insb., dass § 7 I PassG »bestimmte« Tatsachen erfordert. Hierfür reichen bloße Vermutungen der zuständigen Behörden nicht aus. Für die Annahme, dass von einer Person Gefährdungen ausgehen, dürfte wohl auch nicht ausreichen, dass eine Person in einer polizeilichen Datei (z.B. »INPOL Gewalttäter links«) gespeichert ist. Notwendig sind vielmehr objektivierbare Belege über das Gefährdungspotenzial des Betroffenen.[167]
>
> Für Aktenauszüge, in denen der **vorläufige Rechtsschutz** im Passrecht problematisiert wird, müssen Sie zudem an § 14 PassG denken, wonach Widerspruch und Anfechtungsklage gegen die Ausreiseuntersagung (§ 10 PassG) und gegen die Sicherstellung des Passes (§ 13 PassG) keine aufschiebende Wirkung haben. Dieses hat zur Folge, dass im einstweiligen Rechtsschutz auf Erteilung eines Passes (§ 7 PassG) ein Antrag gem. § 123 I VwGO statthaft ist (Regelungsanordnung). Im Fall einer Passentziehung (§ 8 PassG) bei behördlich angeordneter sofortiger Vollziehung (§ 80 II Nr. 4 VwGO) ist ein Antrag auf Wiederherstellung der aufschiebenden Wirkung (§ 80 V 1, 2. Var. VwGO) und im Fall einer Ausreiseuntersagung (§ 10 PassG) ein Antrag auf Anordnung der aufschiebenden Wirkung (§ 80 V 1, 1. Var. VwGO) statthaft.

3. Vorliegen einer Standardbefugnis

91 Ist der Anwendungsbereich einer Spezialermächtigung nicht eröffnet, stellt sich die Frage, ob das allgemeine Gefahrenabwehrrecht für die streitgegenständliche Maßnahme eine Standardermächtigung vorsieht. Ist dies der Fall, verbietet sich ebenfalls ein Rückgriff auf die polizeiliche Generalklausel. Problematisch ist hierbei vor allem die Konstellation, bei der die Standardermächtigung von ihrer Reichweite (Rechtsfolge) für die streitgegenständliche Verfügung nicht ausreicht und sich dann die Frage stellt, ob auf Grundlage der polizeilichen Generalklausel vorgegangen werden kann (Klausurkonstellation: Die Standardermächtigung des Platzverweises ist nach allgemeinem Gefahrenabwehrrecht in der Regel nur »vorübergehend« zulässig. Dies bedeutet nach h.M., dass die Verweisung einen zeitlichen Rahmen von 24 Stunden nicht überschreiten darf; längerfristige Verweisungen – wie etwa der Verweis von Drogendealern für längere Zeit vom Bahnhofsgelände – stellen Aufenthaltsverbote dar, die nicht auf Grundlage der gegenüber der Standardermächtigung allgemeineren Generalklausel ergehen dürfen, str.).

Nachfolgend werden die examensrelevantesten Befugnisse einschließlich ihrer wichtigsten Probleme erläutert.

a) Meldeauflage

92 Für eine Meldeauflage existiert keine Standardbefugnis. Insoweit wird diese Maßnahme an dieser Stelle systematisch deplatziert erörtert. Wir stellen sie dennoch in diesem Abschnitt dar, weil viele Referendare fehlerhaft nach einer Standardbefugnis zur Anordnung einer Meldeauflage suchen und in Aktenauszügen die Meldeauflage bisweilen im Zusammenhang mit einem Platzverweis erörtert wird. In einigen Klausurfällen geht es um die Rechtmäßigkeit einer Meldeauflage, mit der z.B. ein Hooligan von Fußballspielorten ferngehalten werden soll. Diese kann bei fehlender Standardermächtigung auf die polizeiliche Generalklausel gestützt werden und ist rechtmäßig, wenn eine auf in der Vergangenheit liegende Vorfälle gestützte Gefahrenprognose eine hinreichende Wahrscheinlichkeit dafür ergibt, dass sich der Hooligan auch an gewalttätigen Auseinandersetzungen zwischen Problemfans beteiligen wird.[168] Der Rückgriff auf die Generalklausel ist nicht durch die Standardbefugnis »Platzverweis« versperrt, da dieser einer Person nur aufgeben kann, einen bestimmten Ort zu verlassen oder nicht mehr zu betreten. Die Meldeauflage setzt allerdings früher an und ist qualitativ etwas anderes. Da die Meldeauflage häufig gegenüber »Fußballfans« verhängt wird, sollten sie an die Meldeauflage denken, wenn es um sog. »fanorientierte Maßnahmen« geht.

---

167 VG Stuttgart NVwZ-RR 2009, 679.
168 OVG Lüneburg NordÖR 2006, 309.

b) Erkennungsdienstliche Maßnahmen

Wiederholt sind in Aktenauszügen Probleme der erkennungsdienstlichen Maßnahmen thematisiert worden. Hierbei handelt es sich um Maßnahmen zur Feststellung äußerer Merkmale (Abnahme von Finger- und Handflächenabdrücken, Aufnahme von Lichtbildern, Feststellung äußerer körperlicher Merkmale, Messungen). Für deren Anfechtung ist der Verwaltungsrechtsweg gem. § 40 I 1 VwGO eröffnet; eine Abdrängung gem. § 23 EGGVG scheidet aus, wenn die Maßnahme nach § 81b, 2. Var. StPO durchgeführt wird.[169] Da sich die Anordnung zur Durchführung erkennungsdienstlicher Maßnahmen mit dem Vollzug erledigt, wird häufig eine Fortsetzungsfeststellungsklage analog § 113 I 4 VwGO statthaft sein. Die Klagebefugnis ergibt sich i.d.R. unproblematisch aus dem in Art. 2 I i.V.m. Art. 1 I GG verbrieften Recht auf informationelle Selbstbestimmung. Das bei Eingreifen einer FFK erforderliche besondere Fortsetzungsfeststellungsinteresse folgt aus dem Rehabilitationsinteresse, da eine erkennungsdienstliche Maßnahme mit einem erheblichen Grundrechtseingriff verbunden ist. In der Begründetheit (oder bereits bei der Eröffnung des Verwaltungsrechtswegs) wird sich die Frage nach der Ermächtigungsgrundlage stellen: Hierbei können sich Abgrenzungsschwierigkeiten zu den vielfach auch polizeigesetzlich möglichen erkennungsdienstlichen Maßnahmen ergeben.[170] § 81b, 2. Var. StPO geht allerdings der landespolizeigesetzlichen Ermächtigung vor, sofern es sich um eine vorbeugende Bekämpfung von Straftaten gegenüber einem Beschuldigten einer Straftat handelt. Die polizeigesetzlichen Vorschriften greifen hingegen, wenn der Betroffene nicht Beschuldigter ist.[171] Da es sich bei § 81b, 2. Var. StPO um eine gefahrenabwehrrechtliche Befugnis handelt, dürfen Sie bei der formellen Rechtmäßigkeit die Zuständigkeit der Polizei nicht auf § 152 StPO (Hilfspersonen der Staatsanwaltschaft) stützen; vielmehr ist die Polizei selbst originär zuständig. Da die erkennungsdienstliche Maßnahme nicht dem repressiven Ermittlungsverfahren dient, ist verfahrensrechtlich eine Zustimmung der Staatsanwaltschaft entbehrlich.[172]

93

In der Begründetheit stellen sich typischerweise folgende Fragen:

- Adressat der auf § 81b, 2. Var. StPO gestützten Maßnahme muss ein Beschuldigter eines Strafverfahrens sein. Diese Frage sollten Sie anhand der Kommentierung im Meyer-Goßner beantworten.[173] Die Beschuldigteneigenschaft kann etwa daraus folgen, dass der Kläger von einem Beamten als Beschuldigter belehrt worden ist.
- Sind die angeordneten Maßnahmen von § 81b, 2. Var. StPO überhaupt erfasst? Zu bejahen ist dieses etwa bei der Anfertigung von Lichtbildern, der Abnahme von Fingerabdrücken, der Vornahme von körperlichen Messungen oder ähnlichen Maßnahmen, die jedenfalls der Feststellung der **äußeren körperlichen Beschaffenheit** dienen.[174] Nicht erfasst sind damit beispielsweise genetische Untersuchungen (§ 81e StPO).
- Ist die Anordnung der erkennungsdienstlichen Maßnahmen »notwendig«? Diese verwaltungsgerichtlich wegen Art. 19 IV GG voll überprüfbare Frage (unbestimmter Rechtsbegriff ohne Beurteilungsspielraum) richtet sich danach, ob die Unterlagen in einem künftigen Verfahren die Ermittlungen der Polizei fördern können. Um diese häufig klausurrelevante Frage systematisch zu lösen, sollten Sie danach fragen, ob die erkennungsdienstliche Maßnahme (erstens) dem Grunde nach und (zweitens) dem Umfang nach notwendig gewesen ist. Bei der Frage, ob die Maßnahmen dem Grunde nach notwendig waren, können Sie darauf abstellen, ob gegen den Betroffenen bereits mehrere Ermittlungsverfahren liefen; ist dieses der Fall, werden Unterlagen wahrscheinlich in einem künftigen Verfahren gewinnbringend sein. Anschließend klären Sie die Notwendigkeit der Maßnahmen ihrem Umfang nach (»soweit« für Zwecke des Ermittlungsdienstes notwendig). Insoweit gilt, dass die angeordneten Maßnahmen gerade für die Aufklärung solcher Straftaten geeignet und erforderlich sein müssen, für die die Behörde die Wiederholungsgefahr annimmt (Beispiel: Fingerabdrücke sind ggf.

---

169 BVerwG NJW 1983, 772.
170 Art. 14 BayPAG; § 36 PolG BW; § 23 ASOG Bln; § 13 PolG Bbg; § 31 BremPolG; § 7 HambDatPolG; § 19 HSOG; § 31 SOG MV; § 15 NdsSOG; § 14 PolG NRW; § 11 POG RP; § 10 SPolG; § 20 SächsPolG; § 21 SOG LSA; § 183 LVwG SH; § 16 PAG Thür.
171 *Meyer-Goßner* StPO, 47. Aufl. 2009, § 81b Rn. 4.
172 *Meyer-Goßner* StPO, 47. Aufl. 2009, § 81b Rn. 13.
173 *Meyer-Goßner* StPO, 47. Aufl. 2009, Einleitung, Rn. 76.
174 *Meyer-Goßner* StPO, 47. Aufl. 2009, § 81b Rn. 8.

bei der Aufklärung von Sachbeschädigungsdelikten oder Sexualstraftaten erforderlich, nicht aber bei Staatsschutzdelikten). Zudem muss die Behörde den Grundsatz der Verhältnismäßigkeit beachten und darf etwa schwerwiegende Grundrechtseingriffe nicht zur Aufklärung etwaiger künftiger Bagatelldelikte anordnen (sog. Proportionalität der Maßnahmen zur Schwere der Tat).

Sind die Voraussetzungen für eine erkennungsdienstliche Maßnahme entfallen, kann der Betroffene die Vernichtung der erkennungsdienstlichen Unterlagen verlangen und diesen Anspruch verwaltungsgerichtlich (§ 23 EGGVG greift auch insoweit nicht) mit einer Leistungsklage (oder Verpflichtungsklage; str.) durchsetzen. Erfolgte die erkennungsdienstliche Maßnahme nach den Ermächtigungsgrundlagen des PolG, sind dort auch vielfach die Anspruchsvoraussetzungen für den Löschungsanspruch normiert. Erfolgte die erkennungsdienstliche Maßnahme demgegenüber aufgrund § 81b I, 2. Var. StPO, stützt der allg. FBA den Anspruch auf Vernichtung der Unterlagen.

c) Platzverweis

94 Die Gefahrenabwehrgesetze der Länder enthalten Ermächtigungsgrundlagen für einen Platzverweis.[175] Beachten Sie, dass spezialgesetzliche Befugnisse (etwa gem. § 36 I StVO) die Anwendbarkeit der gefahrenabwehrrechtlichen Befugnis verdrängen können. Zudem müssen Sie die Abgrenzung zur strafprozessualen Befugnis nach § 164 StPO beachten.

In formeller Hinsicht bestehen keine Besonderheiten. Allerdings sollten Sie ggf. kurz auf die Eilkompetenz der Polizei eingehen. Materiell setzt ein Platzverweis das Vorliegen einer Gefahr für die öffentliche Sicherheit (oder entsprechend dem Landesrecht) der öffentlichen Ordnung voraus. Klausurrelevant ist insb. das häufig überlesene Merkmal »vorübergehend«: Wesentlich für den Platzverweis ist dessen Kurzfristigkeit. Dieses meint Maßnahmen im »Stundenbereich«.[176] Wird ein Entfernungs- und Betretungsverbot demgegenüber nicht nur »vorübergehend«, sondern für mehrere Tage angeordnet, ist die Maßnahme nicht nach den Vorschriften des Platzverweises zu beurteilen, sondern nach der Ermächtigungsgrundlage für ein Aufenthaltsverbot bzw. der (zwischenzeitlich vielfach landesrechtlich ausgestalteten) Wohnungsverweisung. Problematisiert wird in Klausuren vielfach die Bestimmung des verbotenen »Ortes«. Dieser darf nur räumlich begrenzbare Bereiche erfassen, so dass z.B. der Platzverweis für eine gesamte Ortschaft i.d.R. unzulässig ist. Bei einer solchen Verfügung könnten zudem auch ähnlich wie beim Aufenthaltsverbot Bestimmtheitsprobleme auftreten.

Problem: Platzverweis gegenüber »jedermann«

Bei der Anordnung eines Platzverweises gegenüber Nichtstörern kann sich die Frage der polizeirechtlichen Verantwortlichkeit als Problem stellen. So wird diskutiert, ob Platzverweise gegenüber »jedermann« oder nur gegenüber polizeirechtlich Verantwortlichen ergehen dürfen. Letzteres hat sich wohl im Ergebnis durchgesetzt.[177] Dieses überzeugt, da es keinen hinreichenden Grund gibt, beim Platzverweis von den Grundsätzen der polizeirechtlichen Verantwortlichkeit abzuweichen.[178] In der Klausur wird dieser Streit allerdings i.d.R. entschärft, wenn die Voraussetzungen des polizeilichen Notstandes auch erfüllt sind. Die Entbehrlichkeit einer Streitentscheidung können Sie kurz ansprechen.

Für die tatsächliche Durchsetzung des Platzverweises reicht die Ermächtigungsgrundlage des Platzverweises selbst nicht aus; vielmehr bedarf es hierzu einer weitergehenden Maßnahme nach den vollstreckungsrechtlichen Bestimmungen. Zudem kann – je nach Landesrecht – eine Ingewahrsamnahme zur Durchsetzung des Platzverweises erfolgen.

d) Aufenthaltsverbot

95 Zwischenzeitlich ist in vielen Gefahrenabwehrgesetzen (insb. zur Bekämpfung der Drogenkriminalität) eine Standardbefugnis zur Regelung eines Aufenthaltsverbotes aufgenommen wor-

---

175 Art. 16 BayPAG; §§ 29 I ASOG Bln; § 16 I BbgPolG; § 14 I BremPolG; § 12a HmbSOG; § 31 I HSOG; § 52 I SOG MV; § 17 I NdsSOG; § 34 I PolG NRW; § 13 I POG RP; § 12 I SPolG, § 21 I SächsPolG; § 36 I SOG LSA; § 201 LVwG SH; Art. 18 ThürPAG.
176 *Dietlein/Burgi/Hellermann* § 3 Rn. 157.
177 So auch VG Schleswig NVwZ 2000, 464 (465).
178 *Dietlein/Burgi/Hellermann* § 3 Rn. 161.

den. Hiermit kann einem Adressaten aufgegeben werden, sich (in Abgrenzung zum nur vorübergehend wirkenden Platzverweis) längerfristig nicht in einen bestimmten räumlichen Bereich zu begeben. Beachten Sie, dass die Ermächtigungsgrundlagen tatbestandlich an die »Verhinderung einer strafbaren Handlung« anknüpfen, so dass einfache Gefahren für die öffentliche Sicherheit oder Ordnung zur Anordnung eines Aufenthaltsverbotes nicht ausreichen.[179]

In den Bundesländern, in denen eine Standardbefugnis für ein längerfristig wirkendes Aufenthaltsverbot nicht normiert wurde, greift die Rspr. auf die Generalklausel zurück, wobei der Verhältnismäßigkeitsgrundsatz (betroffen ist Art. 11 GG, nicht Art. 2 II 2 GG) streng zu beachten ist.[180]

Problem: Bestimmtheit des Aufenthaltsverbotes

Wiederholt wurde in Examensklausuren die Bestimmtheit des Aufenthaltsverbotes problematisiert. Beachten Sie, dass die Bezugnahme auf einen der Verfügung beigefügten Stadtplan bzw. einen hierin gekennzeichneten Bereich für die Bestimmtheit ausreichen dürfte. Im Übrigen gilt der Grundsatz, dass die Bestimmtheit auch aus der Einbeziehung der Begründung des VA folgen kann.

e) Wohnungsverweisung

Ein examensrelevantes Problem stellt ferner die Wohnungsverweisung dar. Klausuren aus diesem Bereich steuern vielfach auf eine umfassende Verhältnismäßigkeitsprüfung zu. Im Ergebnis werden die vielfach landesrechtlich normierten Standardbefugnisse für zulässig gehalten: Der Schutzbereich von Art. 13 GG erfasst den Schutz vor einem Eindringen in eine Wohnung; bei dem Verweis aus dieser ist der Schutzbereich nicht berührt. Art. 11 GG ist gleichfalls nicht verletzt: Die insoweit problematische Frage, ob landesrechtliche Normen überhaupt kompetenzrechtlich zulässig sind, ist wegen des sog. Kriminalvorbehalts (Art. 11 II a.E. GG) zu bejahen. Auch eine Verletzung des Art. 14 GG liegt nicht vor, da die Wohnungsverweisung mit Blick auf die Bedeutung der geschützten Rechtsgüter eine verhältnismäßige Inhalts- und Schrankenbestimmung darstellt; schließlich liegt eine Verletzung von Art. 6 GG nicht vor: Wegen des Schutzes der Familienangehörigen ist ein Eingriff in dieses Grundrecht nämlich gerechtfertigt. In einer Klausur ist es i.d.R. entbehrlich, abschließend zur Frage der Verfassungsmäßigkeit Stellung zu nehmen. Es dürfte ausreichen, wenn Sie darlegen, dass mit Blick auf evtl. Grundrechtskollisionen eine verfassungskonforme Auslegung möglich und ausreichend ist. Bei dieser verfassungskonformen Auslegung spielt die Dauer der Wohnungsverweisung eine entscheidende Rolle. Umstritten ist die Frage, welche Auswirkungen die Rücknahme der Anzeige hat. Nach überwiegender Auffassung ändert dieser Umstand an der Zulässigkeit der Wohnungsverweisung nichts, solange weiterhin eine Gefahr für die zu schützenden Wohnungsbewohner zu prognostizieren ist. Hierzu müssen Sie die Angaben (i.d.R.) der Ehefrau bei der Polizei und evtl. Begleitumstände umfassend würdigen. Ggf. wird in der Klausur neben dem Wohnungsverweis dem Adressaten auch aufgegeben, den Wohnungsschlüssel herauszugeben. Diese Maßnahme kann ggf. auf die Generalklausel gestützt werden.

> **Klausurhinweis:** Vereinzelt wird in Aktenauszügen die Frage problematisiert, ob eine gesetzliche Ermächtigungsgrundlage verfassungsgemäß ist. Da es sehr unwahrscheinlich ist, dass der Lösungsvorschlag des Prüfungsamtes den Entwurf eines Vorlagebeschlusses an das BVerfG (Art. 100 I GG) vorsieht, sollten Sie von der Verfassungsmäßigkeit der Vorschrift ausgehen und darlegen, dass die Kammer keine Veranlassung gesehen hat, das Verfahren auszusetzen und dem BVerfG eine konkrete Normenkontrolle vorzulegen.[181]

> **Klausurhinweis:** Soweit landesrechtlich eine Standardbefugnis zum Erlass einer Wohnungsverweisung nicht geregelt wurde, kommt allenfalls eine Ingewahrsamnahme oder aber ein Platzverweis (kurzfristig) oder ggf. ein Aufenthaltsverbot (längerfristig) in Betracht. Letzteres ist allerdings – wie der Rückgriff auf die Generalklausel – im Hinblick auf die Wesentlichkeit der Maßnahme problematisch.[182]

---

179 *Dietlein/Burgi/Hellermann* § 3 Rn. 165.
180 *Knemeyer* Polizei- und Ordnungsrecht Rn. 214 m.w.N.
181 Zu der Darstellung in der gerichtlichen Entscheidung vgl. *Kaiser/Köster* Die öffentlich-rechtliche Klausur im Assessorexamen, Rn. 229.
182 Leuze-Mohr/*Hammann/Leuze-Mohr* S. 148.

f) Ingewahrsamnahme

97 Die Gefahrenabwehrgesetze der Länder enthalten zudem – wenngleich landesrechtlich sehr unterschiedlich ausgestaltete – Vorschriften zur Ingewahrsamnahme von Personen.[183] Diese präventiv-polizeilichen Befugnisse sind von der Festnahmebefugnis gem. § 127 StPO abzugrenzen, wobei allerdings eine ursprünglich präventive Ingewahrsamnahme auch in eine Festnahme gem. § 127 StPO übergehen kann. Beachten Sie zudem, dass für die Unterbringung von psychisch Kranken spezialgesetzliche Vorschriften bestehen, die die Anwendung der gefahrenabwehrrechtlichen Bestimmungen über den Gewahrsam verdrängen.

Formell sind neben den üblichen Prüfungspunkten Zuständigkeit und Form insb. die gesetzlich im Einzelnen geregelten »Verfahrensanforderungen« zu prüfen.

Materieller Klausurschwerpunkt wird die Prüfung sein, ob ein Gewahrsamsgrund vorliegt. Hierbei sind wegen der weitreichenden Grundrechtsrelevanz die tatbestandlichen Voraussetzungen genau zu untersuchen. Zunächst rechtfertigen die Rechtsgrundlagen einen »Schutzgewahrsam«, also einen Gewahrsam zum Schutz des Betroffenen selbst, z.B. wenn sich dieser in einer hilflosen Lage befindet. Beachten Sie, dass die Ermächtigungsgrundlage kein Recht zum polizeilichen Einschreiten gegen freiverantwortliche Selbstgefährdungen vermittelt, soweit keine Rechte Dritter betroffen sind.[184] Zuständig ist die Polizei erst, wenn der Einzelne nicht mehr in der Lage ist, die Risiken realistisch einzuordnen oder abzuwehren, oder Schutzgüter Dritter betroffen sind. Dieser Gesichtspunkt steht in einer inneren Beziehung zur Zuständigkeit (Subsidiaritätsklausel).

Im Rahmen des Präventiv- bzw. Unterbringungsgewahrsams kommt dem Merkmal der »erheblichen Bedeutung für die Allgemeinheit« besondere Bedeutung zu. Dieses knüpft nicht an die abstrakte Strafsanktion des Gesetzes, sondern an den Grad der konkreten Beeinträchtigung polizeilicher Schutzgüter an.

Eine Ingewahrsamnahme in Gestalt eines Durchsetzungsgewahrsams ist zudem zulässig, um einen Platzverweis durchzusetzen.

Problem: Verbringungsgewahrsam

Ein aktuelles Problem stellt der sog. Verbringungsgewahrsam[185] dar, bei dem eine störende Person aufgelesen und in weiter Entfernung (regelmäßig in Klausuren außerhalb der Stadtgrenzen) wieder ausgesetzt und sich selbst überlassen wird. Diese Maßnahme ist nach h.M. rechtswidrig, da es an einer – gemessen an der erheblichen Grundrechtsrelevanz – hinreichenden Ermächtigungsgrundlage fehlt.[186]

Schließlich ist eine Ingewahrsamnahme zum Schutz privater Rechte zulässig. Soweit die landesrechtlichen Bestimmungen an den zivilrechtlichen Tatbestand der Selbsthilfe anknüpfen, ist dieser inzident zu prüfen.

Der **Rechtsschutz** gegen Ingewahrsamnahmen wirft verschiedene Probleme auf. Diese ergeben sich u.a. daraus, dass nach polizeilicher Ingewahrsamnahme eine amtsrichterliche Entscheidung über die An- bzw. Fortdauer der Maßnahme einzuholen ist. Allerdings entscheidet der Amtsrichter nicht über die Rechtmäßigkeit des polizeilichen Handelns an sich. Aus diesem Grund kann die Rechtmäßigkeit der Gewahrsamnahme mittels Fortsetzungsfeststellungsklage analog § 113 I 4 VwGO überprüft werden.[187] Diese ist auch dann zulässig, wenn sich die Ingewahrsamnahme vor der amtsrichterlichen Entscheidung erledigt hat.[188] Allerdings müssen Sie – je nach Ausgestaltung des Landesrechts – eine abdrängende Zuweisung an die ordentlichen Gerichte im Auge behalten. Zwar sind in den meisten Bundesländern die Verwaltungsgerichte auch

---

183 Art. 17 BayPAG; § 28 PolG BW; § 30 ASOG Bln; § 15 BremPolG; § 13 HambSOG; § 32 HSOG; § 55 SOG MV; § 18 NdsSOG; § 35 PolG NRW; § 14 POG RP; § 13 SPolG; § 22 SächsPolG; § 37 SOG LSA; § 204 LVwG SH; § 19 ThürPAG; § 17 BbgPolG.
184 *Dietlein/Burgi/Hellermann* § 3 Rn. 174.
185 Dieser wird teilweise auch als »Platzverweisungsgewahrsam« bezeichnet.
186 *Gusy* NWVBl. 2006, 1 (7 f.).
187 *Dietlein/Burgi/Hellermann* § 3 Rn. 180.
188 Leuze-Mohr/*Hammann/Leuze-Mohr* S. 146.

nach Beendigung der Freiheitsentziehung für die Prüfung der Rechtmäßigkeit der polizeilichen Maßnahme zuständig; Ausnahmen gelten aber gem. § 40 I 2 VwGO kraft Landesrechts in Bayern (Art. 18 II 2 BayPAG); Berlin (§ 31 II u. III 1 ASOG Bln) und Niedersachsen.[189]

g) Sicherstellung

Aktenauszüge, in denen die Rechtmäßigkeit einer Sicherstellungsverfügung zu prüfen ist, sind häufig Gegenstand von Examensklausuren. Typischerweise handelt es sich um eine Anfechtungssituation gegen eine Sicherstellungsanordnung. Vertiefte Ausführungen zum Verwaltungsrechtsweg sind allenfalls erforderlich, wenn dem Adressaten der Sicherstellungsanordnung (auch) die Begehung von Straftaten oder Ordnungswidrigkeiten zur Last gelegt wird. Gleichwohl wird eine Abdrängung an ein ordentliches Gericht gem. § 23 EGGVG ausscheiden, wenn die angefochtene Sicherstellung zumindest dem Schwerpunkt nach präventiv-polizeilichen Zwecken gedient hat.[190] Im Rahmen der statthaften Klageart wird häufig eine eingetretene Erledigung der Sicherstellungsverfügung zu berücksichtigen sein, so dass (bei Erledigung vor Klageerhebung) eine Fortsetzungsfeststellungsklage analog § 113 I 4 VwGO statthaft sein wird.[191] Im Rahmen der statthaften Klageart können Sie zudem mit der adressatenneutralen Sicherstellung konfrontiert werden. Diese kommt in Betracht, wenn nicht feststellbar ist, welche Person für die Gefahr verantwortlich ist. Da diese Maßnahme als Realakt ergeht,[192] kommt insoweit eine Feststellungsklage in Betracht.

98

In der Begründetheit der Klage prüfen Sie die materiellen Voraussetzungen der Sicherstellungsanordnung.[193] Die maßgebenden landesrechtlichen Bestimmungen stützen in aller Regel zunächst eine Sicherstellung zur Abwehr einer gegenwärtigen Gefahr. Diese tatbestandlichen Voraussetzungen prüfen Sie nach den allgemeinen Grundsätzen.[194]

Zudem kommt eine Sicherstellung von Sachen in Betracht, um den Eigentümer oder den rechtmäßigen Inhaber der tatsächlichen Gewalt vor Verlust oder Beschädigung einer Sache zu schützen.

> **Klausurhinweis:** In den sehr klausurrelevanten Abschleppkonstellationen erweist sich vielfach die Abgrenzung zwischen Sicherstellung einerseits und einer vollstreckungsrechtlichen Ersatzvornahme andererseits als problematisch. Meistens wird mit der Entfernung des Fahrzeugs ein straßenverkehrsrechtliches Handlungsge- oder Verbot im Wege der Ersatzvornahme vollzogen. Denkbar ist allerdings auch, dass die zuständige Behörde das Ziel verfolgt, den Eigentümer oder den rechtmäßigen Inhaber der tatsächlichen Gewalt vor Verlust oder Beschädigung der Sache zu schützen. So kann es sich z.B. bei einem Abschleppen eines ungesichert am Straßenrand abgestellten Oldtimers um eine Sicherstellung handeln.[195] Die Rechtmäßigkeit solcher Maßnahmen richtet sich dann in erster Linie danach, ob das polizeiliche Tätigwerden dem mutmaßlichen Willen des Berechtigten entspricht.[196] Dieses hängt davon ab, wie hoch im konkreten Fall die prognostische Wahrscheinlichkeit eines Schadenseintritts ist. Irrelevant ist, ob der Berechtigte die Abschleppmaßnahme nachträglich billigt. Im Aktenauszug wird der Kläger diese Billigung ggf. ausdrücklich verneinen, wobei dieser Einwand (damit) nicht durchgreift.

---

189 Posser/Wolff/*Reimer* § 40 VwGO Rn. 202.
190 So z.B. bei einer Sicherstellung eines Motorrades an einem Unfallschwerpunkt VGH München NJOZ 2009, 2695 (2697).
191 Zu deren besonderen Sachentscheidungsvoraussetzungen *Kaiser/Köster* Die öffentlich-rechtliche Klausur im Assessorexamen, Rn. 209 ff.
192 Z.B. Sicherstellung straßenrechtswidrig aufgestellter Altkleidercontainer; OVG Münster NWVBl. 2000, 216.
193 Art. 25 BayPAG, §§ 32 I PolG BW, § 38 ASOG Bln; § 25 BbgPolG; § 23 BremPolG; § 14 HmbSOG; § 61 SOG MV; § 26 NdsSOG; § 43 PolG NRW; § 22 POG RP; § 21 SPolG; § 26 SächsPolG; § 45 SOG LSA; § 210 LVwG SH; § 27 ThürPAG; für Bundespolizei: § 47 BPolG.
194 Als sicherstellungsfähige Sache kommt auch Bargeld in Betracht (präventive Gewinnabschöpfung), wenn dies zur Abwehr einer gegenwärtigen Gefahr erforderlich ist; OVG Lüneburg NVwZ-RR 2009, 954.
195 BayVGH NJW 2001, 1960.
196 OVG Münster, Beschl. v. 11.04.2003 – 5 A 4351/01 m.w.N.

Problem: (Rechtsnatur des) Vollzugs der Sicherstellung

Für die Frage der richtigen Rechtsschutzform müssen Sie ggf. die Natur der Sicherstellung klären: Bei freiwilliger Herausgabe der Sache handelt es sich um einen bloßen Realakt, der von der Ermächtigungsgrundlage der Sicherstellung mitgetragen wird. Widersetzt sich der Betroffene der Sicherstellung, muss auf das Vollstreckungsrecht zurückgegriffen werden. Dann handelt es sich typischerweise um eine Maßnahme im Sofortvollzug oder – je nach Landesrecht – um eine unmittelbare Ausführung, wenn ein entgegenstehender Wille nicht vorliegt (z.B. weil Betroffener abwesend ist).[197]

Problem: Herausgabeansprüche nach erfolgter Sicherstellung

Nach Wegfall der Voraussetzungen für eine Sicherstellung besteht eine Pflicht zur Herausgabe der Sache. Diese Herausgabepflicht kann landesrechtlich ausdrücklich ausgestaltet sein.[198] Mangelt es an einer ausdrücklichen Grundlage, kann der Kläger die Herausgabe aufgrund des Vollzugsfolgenbeseitigungsanspruchs verlangen. Diesen Leistungsanspruch kann der Kläger im Rahmen des Anfechtungsprozesses durch Stellung eines Annexantrags gem. § 113 I 2 VwGO prozessual durchsetzen. Ist die Anfechtungsklage erfolgreich, wird die Sicherstellungsverfügung aufgehoben (§ 113 I 1 VwGO). In diesem Fall fehlt es an einer wirksamen Grundlage für die Sicherstellung, so dass die Voraussetzungen des Vollzugs-FBA gegeben sind.

Problem: Ansprüche bei Beschädigung von in Verwahrung genommenen Sachen

Sichergestellte Sachen sind in Verwahrung zu nehmen. Hierdurch entsteht ein öffentlich-rechtliches Verwahrungsverhältnis, das Ansprüche aus einer öffentlich-rechtlichen Sonderbeziehung begründen kann.

Daneben können Ansprüche gem. Art. 34 GG i.V.m. § 839 BGB in Betracht kommen. Auch in diesem Zusammenhang können gerade in Abschleppfällen Klausurprobleme auftauchen. Denken Sie in diesem Zusammenhang an die Zurechnungslehre bei Verwaltungshelfern nach der zwischenzeitlich modifizierten Werkzeugtheorie.

3. Subsidiäre Anwendbarkeit der Generalklausel

99 Erst nach der vorstehenden doppelten Subsidiaritätsprüfung gelangen Sie zur Anwendung der polizeilichen Generalklausel.[199]

II. Formelle Rechtmäßigkeit polizeilichen Einschreitens

> **Übersicht: Formelle Rechtmäßigkeit polizeilichen Einschreitens**
> 1. **Zuständigkeit**
>   a) Sachliche Zuständigkeit: grds. Sonderordnungsbehörden; nachrangig allg. Ordnungsbehörden; im Eilfall: Polizeibehörde; (P) Subsidiaritätsklausel (P) Zuständigkeit gegenüber störendem Hoheitsträger
>   b) Örtliche Zuständigkeit: Ort der Gefahr; (P) Außerordentliche Zuständigkeit im Rahmen der »Nachbarhilfe« und »Nacheile«
> 2. **Verfahren** (insb. Anhörung gem. § 28 VwVfG); (P) Entbehrlichkeit gem. § 28 II VwVfG
> 3. **Form**: grds. formfrei; ggf. ausdrücklich angeordnete Schriftform

1. Zuständigkeit

Die Zuständigkeit sollten Sie in gefahrenabwehrrechtlichen Klausuren regelmäßig kurz ansprechen.

---

197 *Knemeyer* Polizei- und Ordnungsrecht, Rn. 251
198 Z.B. Art. 28 I BayPAG; § 46 I 1 PolG NRW.
199 Zu den Voraussetzungen im Einzelnen s.u., Rn. 105 ff.

a) Sachliche Zuständigkeit

Die Gefahrenabwehr fällt in den Aufgabenbereich der Ordnungsbehörden (vorrangig der Sonderordnungsbehörden[200]; subsidiär der allgemeinen Ordnungsbehörden). Liegt ein Eilfall vor, scheidet also ein effektives ordnungsbehördliches Eingreifen aus zeitlichen Gründen aus, ist die sachliche Zuständigkeit der Polizei gegeben.

100

Typische Klausurprobleme der sachlichen Zuständigkeit sind vor allem die Subsidiaritätsklausel (Privatrechtsklausel), daneben aber auch die Zuständigkeit gegenüber dem »störenden Hoheitsträger«.

Problem: Subsidiaritätsklausel

Das allgemeine Gefahrenabwehrrecht dient der öffentlichen (und nicht in erster Linie der privaten) Sicherheit. Die Verfolgung privater Interessen soll vorrangig durch Zivilgerichte (und nicht Ordnungsbehörden) erfolgen.[201] Daher schränken die Polizeigesetze der Länder den polizeilichen Aufgabenbereich wie folgt ein: »Der Schutz privater Rechte gehört zur Gefahrenabwehr, wenn gerichtlicher Schutz nicht rechtzeitig zu erlangen ist und ohne die Hilfe die Gefahr besteht, dass die Verwirklichung des Rechts vereitelt oder wesentlich erschwert wird« (sog. Subsidiaritäts- oder Privatrechtsklausel).[202] Beachten Sie aber, dass »private Rechte« in diesem Sinne nur die ausschließlich privaten Rechtspositionen sind. Erhalten die privaten Rechte einen Öffentlichkeitsbezug, indem sie durch öffentlich-rechtliche oder strafrechtliche Vorschriften geschützt werden, handelt es sich um öffentliche Rechte, für die die Zuständigkeit der Gefahrenabwehrbehörden bejaht werden kann.

> **Klausurkonstellation:** Rechtlich zulässige Selbstgefährdungen von Bürgern, die Dritte nicht mitgefährden und im Zustand freier Willensentschließung – etwa gefährliche Sportarten oder »Kampftrinken« – erfolgen, betreffen die öffentliche Sicherheit zwar grds. nicht; allerdings kann sich der Betroffene in einer hilflosen Lage oder in einem die Willensentschließung ausschließenden geistigen Zustand befinden oder die Tragweite seines Handelns nicht abschätzen (z.B. Kinder). In diesen Fällen besteht ein öffentliches Interesse an einem Einschreiten der Gefahrenabwehrbehörden. Ähnliches gilt etwa auch bei drohendem Selbstmord (ggf. in Kombination mit Ingewahrsamnahme). Eine weitere klausurrelevante Konstellation ist das Recht am eigenen Bild (§ 22 KUG).[203]

Problem: Zuständigkeit gegenüber dem »störenden Hoheitsträger«

Bei dem Problem des störenden Hoheitsträgers geht es um zwei Aspekte: Zunächst geht es um die Frage nach der materiell-rechtlichen Bindung von Hoheitsträgern an das Polizei- und Ordnungsrecht, die wegen Art. 20 III GG uneingeschränkt zu bejahen ist (sog. materielle Polizeipflicht). Im Vordergrund steht aber die Frage, ob die gefahrenabwehrrechtlich zuständigen Behörden gegen das zum Störer gewordene Hoheitssubjekt vorgehen dürfen (sog. formelle Polizeipflicht). Diese Frage ist typischerweise im Rahmen der Zuständigkeit zu diskutieren. Die Zuständigkeit wird von der h.M. verneint und auf den Umweg über die Fachaufsicht verwiesen: Jeder Hoheitsträger sei selbst in seinem Verantwortungsbereich zur Gefahrenabwehr zuständig; eine uneingeschränkte Zuständigkeit der allgemeinen Ordnungsbehörde, gegen einen anderen Hoheitsträger vorzugehen, wäre eine Durchbrechung der gesetzlichen Zuständigkeitsregeln im jeweiligen Fachbereich. Deshalb sollen solche Gefahrenabwehrmaßnahmen unzulässig sein,

---

200 § 61 II PolG BW; § 11 OBG Bbg.; § 66 BremPolG; § 3 I HambSOG; § 90 HSOG; § 3 I Nr. 4 SOG MV; § 97 II NdsSOG; § 12 OBG NRW; § 88 II POG RP; § 75 III SPolG; § 64 III SächsPolG; § 85 SOG LSA; § 164 I Nr. 1 LVwG SH.
201 Es bieten sich zur Prüfung der Subsidiarität insgesamt vier Prüfungsstandorte an: Erstens im Rahmen der Anwendbarkeit der Generalklausel, die als Ermächtigungsgrundlage nur im Rahmen des gesetzlichen Aufgabenbereichs zum Zuge kommt; zweitens im Rahmen der Zuständigkeit der Ordnungsbehörden; drittens im Rahmen der Schutzgüter unter dem Merkmal »privater Rechte«; viertens als gesetzliche Grenze des Entschließungsermessens.
202 Art. 2 II BayPAG; § 2 II PolG BW; § 1 IV ASOG Bln; § 1 II PolG Bbg.; § 1 II BremPolG; § 3 III HambSOG; § 1 II SOG MV; § 1 III HSOG; § 1 III NdsSOG; § 1 II PolG NRW; § 1 III POG RP; § 1 III SPolG, § 2 II SächsPolG; § 1 II SOG LSA; § 162 II LVwG SH; § 2 II ThürPAG.
203 VGH Mannheim JA 2008, 248 (Heimliches Fotografieren einer Person in der Öffentlichkeit).

die die Erfüllung der öffentlich-rechtlichen (Fach-)Aufgaben ernstlich gefährden. Dies ist dann nicht der Fall, wenn die zuständige Ordnungsbehörde eine größere Fachkompetenz als der andere Hoheitsträger hat. Dieses hat die Rspr. bisher bei einer Immissionsschutzbehörde anerkannt, die eine Gemeinde gem. §§ 24 I, 22 BImSchG zu Lärmschutzmaßnahmen wegen eines öffentlich-rechtlichen Schwimmbades verpflichtet hatte.[204] Ähnliches gilt bei privatrechtlichen Handlungen des störenden Hoheitsträgers. Auch dort darf die Ordnungsbehörde durch Verfügungen eingreifen. Innerhalb der grds. zuständigen Ordnungsverwaltung liegt die Zuständigkeit grds. bei der unteren Ordnungsbehörde.

b) Örtliche Zuständigkeit

101 Örtlich zuständig sind grds. die Ordnungsbehörden, in deren Bezirk sich die Gefahr auswirkt.[205] Im Gegensatz zu der sachlichen Zuständigkeit wird die örtliche Zuständigkeit in Aktenauszügen allerdings eher selten problematisiert, zumal einige Länder für die Polizei auf eine ausdrückliche Zuständigkeitsgliederung verzichten.[206] Zudem werden zur Sicherung einer effektiven Gefahrenabwehr außerordentliche Zuständigkeiten anerkannt: In Eilfällen können Behörden etwa im angrenzenden Nachbarbezirk desselben Landes eingreifen (sog. Nachbarhilfe). Zudem kann die Polizei zur Verbrechensbekämpfung und -verhütung Täter in alle Landesbezirke verfolgen (sog. Nacheile).

2. Verfahren

102 In verfahrensrechtlicher Hinsicht müssen Sie vor allem die nach § 28 I VwVfG vor Erlass eines belastenden Verwaltungsakts erforderliche Anhörung beachten. Nur im Ausnahmefall kommt eine Entbehrlichkeit der Anhörung bei Gefahr im Verzug gem. § 28 II Nr. 1 VwVfG in Betracht.

Klausurhinweis: Müssen Sie eine behördliche Entscheidung entwerfen, denken Sie bitte daran, dass das Absehen von einer Anhörung (§ 28 II VwVfG) nach z.T. vertretener Auffassung eine Ermessensentscheidung darstellt, die im Verwaltungsakt besonders zu begründen ist (§ 39 I 3 VwVfG).

3. Form

103 Grds. besteht für gefahrenabwehrrechtliche Verfügungen kein Formzwang. Nur ausnahmsweise wird für Ordnungsverfügungen eine Schriftform angeordnet.[207]

III. Vorliegen der materiellen Voraussetzungen

104 Materielle Voraussetzung für ein gefahrenabwehrrechtliches Tätigwerden ist das Vorliegen einer Gefahr oder Störung für die öffentliche Sicherheit. In einigen Bundesländern gibt es darüber hinaus noch das Schutzgut der öffentlichen Ordnung. Denken Sie an folgende Prüfungsreihenfolge: Erst stellen Sie fest, welches Schutzgut der öffentlichen Sicherheit/Ordnung betroffen ist. Dies ist der Bezugspunkt für die anschließende Prüfung der Gefahr bzw. Störung. In beiden Prüfungsschritten kann es zu Problemen kommen. Deshalb ganz wichtig: Differenzieren Sie in der Reihenfolge:

1. Betroffenheit eines gefahrenabwehrrechtlichen Schutzguts

105 Als Schutzgüter sind die öffentliche Sicherheit und (je nach Landesrecht) die öffentliche Ordnung anerkannt.

---

[204] BVerwG, Urt. v. 25.07.2002, DÖV 2003, 84.
[205] § 68 I PolG BW; § 4 OBG BB; § 65 II BremPolG; § 8 SOG MV; § 100 HSOG; § 100 NdsSOG; § 4 OBG NRW; § 91 POG RP; § 81 SPolG; § 70 SächsPOG; §§ SOG LSA; § 166 LVwG SH; § 4 III ThürOBG.
[206] *Tettinger/Erbguth* Besonderes Verwaltungsrecht, Rn. 664 m.w.N.
[207] § 20 OBG NRW, § 19 OBG Bbg.

1. Kapitel. Allgemeines Gefahrenabwehrrecht

Übersicht: Schutzgüter der öffentlichen Sicherheit oder Ordnung	
Schutzgüter der öffentlichen Sicherheit • Funktionsfähigkeit des Staates, seiner Einrichtungen und Veranstaltungen • Private Individualrechte • Unverletzlichkeit der Rechtsordnung • Ausnahmsweise: Kollektive Rechtsgüter der Allgemeinheit	**Schutzgut der öffentlichen Ordnung** Gesamtheit der ungeschriebenen Regeln, deren Befolgung nach den jeweils herrschenden sozialen und ethischen Anschauungen als unerlässliche Voraussetzung für ein gedeihliches Zusammenleben innerhalb eines bestimmten regionalen Gebiets angesehen wird

a) Betroffenheit der öffentlichen Sicherheit

Regelmäßig sind mehrere Schutzgüter der öffentlichen Sicherheit betroffen. Prüfen Sie alle Schutzgüter der Reihe nach durch: 106

- Bestand und Funktionsfähigkeit des Staates, seiner Einrichtungen und Veranstaltungen.
- Zu den privaten Individualrechten zählen die subjektiven Rechte und Rechtsgüter des Einzelnen, vor allem Freiheitsrechte, insb. Leben, Gesundheit, Eigentum und vermögenswerte Rechte. Sofern Sie auf diese Fallgruppe zurückgreifen, werden Sie i.d.R. auf formeller Ebene die Zuständigkeit (Subsidiaritätsklausel) anzusprechen haben.
- Die Unverletzlichkeit der Rechtsordnung, wozu alle Gebots- und Verbotsvorschriften, Straf- und Ordnungswidrigkeitentatbestände gehören. Wichtig ist, dass hierzu nur solche gesetzlichen Vorschriften gehören, aus denen eine Verhaltenspflicht erwächst.
- Bisweilen wird der Kanon um kollektive Rechtsgüter erweitert, deren Schutz für die Allgemeinheit geboten ist (z.B. Gefährdung der Volksgesundheit durch verunreinigte Lebensmittel, Schutz der öffentlichen Wasserversorgung, Grundwassergefährdung durch Versickerung von Schadstoffen einer Tankstelle). Diese Schutzgüter sind aber weitgehend durch andere Rechte bzw. Rechtsnormen (z.B. aus dem Umweltrecht) geschützt. Eines Rückgriffs auf sie bedarf es deshalb zumeist nicht.

b) Schutzgut der öffentlichen Ordnung

Nur subsidiär fragen Sie danach, ob die öffentliche Ordnung betroffen ist. 107

Klausurhinweis: Bitte achten Sie bei der Klausurbearbeitung darauf, welchem Landesrecht die Aufgabenstellung entnommen wurde, weil teilweise zwischen einem ordnungsbehördlichen und einem polizeirechtlichen Gefahrenbegriff zu unterscheiden ist: Nach dem BremPolG,[208] dem SaarlPolG[209] und dem LVwG SH[210] ist die öffentliche Ordnung nicht als Schutzgut bei polizeilichem Handeln anerkannt. In NRW ist die öffentliche Ordnung wieder als Schutzgut für die Polizei eingeführt worden.[211]

Zum Schutzgut der öffentlichen Ordnung gehören alle ungeschriebenen Regeln, deren Befolgung nach den jeweils herrschenden sozialen und ethischen Anschauungen als unerlässliche Voraussetzung für ein gedeihliches Zusammenleben innerhalb eines bestimmten regionalen Gebiets angesehen wird. Sie wissen aus dem ersten Examen, dass die Verfassungsmäßigkeit des Begriffs wegen seiner Unbestimmtheit bezweifelt wird.[212] Dennoch ist er auch auf verfassungsrechtlicher Ebene verankert, z.B. in Art. 13 VII GG. In der Assessorklausur sollten Sie dieses Problem nicht vertiefen. Ohnehin sollten Sie bedenken, dass ein Rückgriff auf die öffentliche Ordnung zumeist

---

208 §§ 1 I, 10 I BremPolG.
209 § 8 I SaarlPolG.
210 §§ 174, 176 LVwG SH.
211 § 8 I PolG NRW; hierzu auch *Sachs/Krings* NWVBl. 2010, 165 (170 f.).
212 *Nolte* NordÖR 1999, 52 ff.

entbehrlich ist, weil zugleich die öffentliche Sicherheit berührt sein wird (z.B. über §§ 118 ff. OWiG).[213]

> **Klausurhinweis:** Gegenwärtig spielt die öffentliche Ordnung bei einem Vorgehen gegen sog. Laserdrome oder bei rechtsradikalen Aufmärschen – regelmäßig im Versammlungsrecht (siehe auch dort) – eine Rolle. Zudem wird dieses Schutzgut zum Verbot von sog. **Paintball-Spielen** herangezogen, bei denen mittels Schussgeräten Farbmarkierungskugeln auf Menschen geschossen werden. Hierbei ist eine einheitliche Linie innerhalb der Rspr. nicht zu erkennen. Teilweise wird ein Verbot für rechtswidrig gehalten, weil der bloße Verdacht, dass das angebotene Verhalten einer entwürdigenden Behandlung von Menschen Vorschub leiste, selbst noch keine Verletzung der Menschenwürde beinhalte (die vom Schutzgut der öffentlichen Sicherheit erfasst ist). Ein solcher Wirkungszusammenhang sei derzeit nicht belegt. Das Spiel verletze aber auch weder Wertmaßstäbe des GG noch den gesellschaftlichen Wertekonsens.[214] Auf die GewO kann eine Ordnungsverfügung nicht gestützt werden, weil es sich weder um ein Spiel mit Gewinnmöglichkeit handelt (§§ 33c u. 33d GewO scheiden deshalb aus) noch werden Spielgeräte i.S.d. § 33i GewO »aufgestellt«.[215]

c) Vorliegen einer Gefahr oder Störung

Gefahr

Zustand, der nach verständiger, auf allgemeiner Lebenserfahrung beruhender Beurteilung in näherer Zeit den Eintritt eines Schadens für ein Schutzgut der öffentlichen Sicherheit oder Ordnung erwarten lässt.

Konkrete Gefahr	Abstrakte Gefahr
Eine konkrete Gefahr ergibt sich aus einem konkreten, nach Ort und Zeit bestimmbaren Lebenssachverhalt; (P) Wahrscheinlichkeitsmaßstab; (P) Beurteilungszeitpunkt: ex ante	Eine abstrakte Gefahr bezieht sich auf einen **gedachten, abstrakten Sachverhalt**, bei dem generell mit hinreichender Wahrscheinlichkeit mit einem Schaden für ein Schutzgut zu rechnen ist.

108 Für die betroffenen Schutzgüter muss eine Gefahr oder Störung vorliegen. Die Gefahr oder Störung muss – soweit eine Ordnungsverfügung ergehen soll – über den Wortlaut der Generalklausel hinausgehend konkret, d.h. im Einzelfall bestehen. Hierin unterscheidet sich der Gefahrentatbestand für den (konkret-individuellen) Verwaltungsakt von dem für (abstrakt-generelle) Verordnungen. Denn bei Letzteren wird das Vorliegen einer abstrakten Gefahr verlangt. Als **konkrete Gefahr** wird eine Sachlage verstanden, bei der eine hinreichende Wahrscheinlichkeit dafür besteht, dass in absehbarer Zeit ein Schaden für ein (betroffenes) Schutzgut der öffentlichen Sicherheit (oder Ordnung) entsteht. Hierbei handelt es sich um eine Prognoseentscheidung. Diese Prognoseentscheidung wirft verschiedene Fragen auf:

- Die prognostizierte Wahrscheinlichkeit muss **hinreichend** sein. Dies bemisst sich relativ und zwar sowohl nach der Wertigkeit des betroffenen Rechtsguts als auch nach dem Grad der diesem Rechtsgut drohenden Schäden (Faustregel: je hochwertiger das betroffene Rechtsgut bzw. der Grad der zu erwartenden Schäden, desto eher gehen Sie von der hinreichenden Wahrscheinlichkeit aus). Beachten Sie: »Hinreichend« ist nicht analog § 170 I StPO als überwiegende Wahrscheinlichkeit einer Störung zu verstehen. Eine solche (nicht gegebene) Parallelität wird vereinzelt in Aktenauszügen angedeutet.

---

213 OVG Münster NWVBl 2009, 483: Werbung für entgeltliche sexuelle Handlungen ist auch unter Geltung des ProstitutionG wegen Verstoßes gegen § 119 I u. II OWiG ordnungswidrig, wenn sie nicht in der gebotenen Zurückhaltung erfolgt. Eine Ordnungsverfügung, einen Kleinlaster aus dem öffentlichen Straßenraum zu entfernen, weil auf diesem aufdringliche und damit ordnungswidrige Werbung für ein Erotikportal angebracht ist, kann daher wegen eines Verstoßes gegen die geschriebene Rechtsordnung auf die Generalklausel gestützt werden.
214 VG Dresden, Urt. v. 26.01.2007 – 14K 2097/03; ähnlich VGH Mannheim, Beschl. v. 21.05.2004; OVG Lüneburg, Urt. v. 18.02.2010 – 1 LC 284/07.
215 *Beaucamp* JA 2009, 279 (281).

- Ferner kommt es darauf an, dass ein verständiger Amtswalter das Vorliegen einer Gefahr objektiv **ex ante** annehmen durfte.[216] Durfte der Amtswalter zum Zeitpunkt seines Einschreitens aufgrund objektiver Umstände von dem Vorliegen einer Gefahr ausgehen, stellt sich aber im Nachhinein (ex post) heraus, dass bereits zum Zeitpunkt der Prognoseentscheidung tatsächlich keine Gefahr vorgelegen hat, so handelt es sich (nur) um eine **Anscheinsgefahr** (Beispiel: Der Amtswalter durfte aufgrund ernsthafter Bombenwarnungen davon ausgehen, dass sich in dem vor der israelischen Botschaft geparkten Wagen eine Bombe befindet; bei Sprengung des Wagens stellt sich heraus, dass dort keine Bombe lagerte). Die Anscheinsgefahr erfüllt den gefahrenabwehrrechtlichen Tatbestand. Für die Primärebene mag deshalb die Feststellung einer Anscheinsgefahr keine besonderen Auswirkungen haben. Allerdings zeitigt sie wichtige Folgen für einen Entschädigungsanspruch des Bürgers bzw. für den Kostenersatzanspruch der Verwaltung, wobei es maßgeblich darauf ankommt, ob der Adressat den Anschein der Gefahr in zurechenbarer Weise gesetzt hat oder nicht (Beispiel: Drei Freunde verabreden sich, Passanten in Angst und Schrecken zu versetzen, indem sich einer der drei als Behinderter ausgibt und die anderen Beiden diesen nur scheinbar zusammenschlagen). Hinzu kommt noch eine weitere prozessuale Klausursituation: Stellt sich vor Erlass eines Beschlusses nach § 80 V 1 VwGO heraus, dass der zugrunde liegende Verwaltungsakt lediglich aufgrund einer Anscheinsgefahr erlassen wurde, dann ist dieser Verwaltungsakt zwar rechtmäßig, doch überwiegt ausnahmsweise das Aussetzungsinteresse. Denn die Behörde hat nach Kenntnis von dem tatsächlichen Nichtvorliegen einer Gefahr schlechterdings kein Vollzugsinteresse mehr.
- Nahm der Amtswalter das Vorliegen einer tatsächlich nicht bestehenden Gefahr unter subjektiver Verkennung objektiver Gegebenheiten an, so handelt es sich um eine **Putativ- bzw. Scheingefahr** (Beispiel: Der Amtswalter schießt auf einen Bankräuber, hätte aber bei sorgsamer Prüfung der Sachlage erkennen können, dass es sich um Filmaufnahmen handelt). Die Scheingefahr erfüllt den Gefahrentatbestand nicht. Das Handeln der Verwaltung ist rechtswidrig. Dies führt im Übrigen zu Schadensersatz- bzw. Entschädigungsansprüchen des Bürgers.
- Ferner gibt es insb. im Bereich des Umweltrechts Situationen, in denen der handelnde Amtswalter aufgrund objektiver Umstände das Vorliegen einer Gefahr lediglich vermutet. Im Gegensatz zur Anscheins- und Scheingefahr geht er also nicht von dem sicheren Vorliegen einer Gefahr aus, sondern ist sich gewisser Unsicherheiten bei der Diagnose des Sachverhalts oder der Prognose des Kausalverlaufs bewusst. Einen solchen Zustand nennt man **Gefahrenverdacht** (Beispiel: der Amtswalter stellt Wasserverfärbungen in einem Bach fest; vermutet er bei objektiver Prognose, dass es sich bei den Wasserverfärbungen um giftige Substanzen der nahe gelegenen Chemieanlage handelt, so bezieht sich sein Verdacht auf die Diagnose des Sachverhalts; vermutet der Amtswalter, dass die Verbindung bestimmter Substanzen mit anderen Stoffen zu Gefahren führen können, so bezieht sich sein Gefahrenverdacht auf den weiteren Kausalverlauf). Der Gefahrenverdacht erfüllt zwar den gefahrenabwehrrechtlichen Tatbestand. Allerdings begrenzt der Gefahrenverdacht das inhaltliche Auswahlermessen grundsätzlich auf Gefahrerforschungsmaßnahmen zur weiteren Aufklärung des Sachverhalts/Kausalverlaufs (arg.e. § 24 VwVfG), es sei denn, unmittelbar gefahrabwendende Maßnahmen sind wegen der Wertigkeit des bedrohten Schutzguts oder der vermeintlichen Schäden geboten. Hinzu kommt noch eine Parallele zur Anscheinsgefahr: Hat der Verdachtsstörer den Verdacht einer Gefahr in zurechenbarer Weise gesetzt, kann er ggf. für die Kosten der Gefahrerforschung in Anspruch genommen werden. Schließlich kann eine Kostenpflicht bestehen, wenn sich der Gefahrenverdacht später zur Gewissheit verdichtet.

Schließlich gibt es Situationen, die für sich genommen zunächst ungefährlich sind und sich erst durch das Hinzutreten weiterer Ursachen, insb. Umweltveränderungen, zu einer Gefahr entwickeln. Diese Situationen werden missverständlich als **latente Gefahren** bezeichnet, obwohl sie ohne Hinzutreten weiterer Ursachen ungefährlich sind und nach dem Hinzutreten der Umweltveränderungen »normale« Gefahren darstellen (Beispiel: Der Ausbau einer Straße führt dazu, dass die vormals ungefährliche Ausfahrt einer Tankstelle zu Verkehrsgefahren führt). Eines Rückgriffs auf den Begriff der latenten Gefahr bedarf es nicht.

---

216 Schmidt-Aßmann/Schoch/*Schoch* 2. Kap. Rn. 88.

> **Zusammenfassung: Ungeschriebene Gefahrbegriffe**
>
> **Anscheinsgefahr**
>
> Es bestehen im Entscheidungszeitpunkt **objektive Anhaltspunkte** für das Bestehen einer Gefahr; im Nachhinein stellt sich aber heraus, dass eine Gefahr tatsächlich nicht vorlag. Die Anscheinsgefahr erfüllt den Gefahrentatbestand. Es folgen aber Probleme auf der Sekundärebene und bei der Beurteilung der Erfolgsaussichten gerichtlicher Anträge.
>
> **Gefahrenverdacht**
>
> Es bestehen **objektive Anhaltspunkte** für das Vorliegen einer Gefahr; der Amtswalter äußert aber Unsicherheiten entweder bezogen auf den Sachverhalt oder Kausalverlauf.
>
> Der Gefahrenverdacht erfüllt den Gefahrentatbestand, begrenzt aber prinzipiell das inhaltliche Auswahlermessen auf Gefahrerforschungsmaßnahmen. Ggf. sind analog der Anscheinsgefahr Sekundäransprüche denkbar.
>
> **Scheingefahr/Putativgefahr**
>
> Hier geht der Amtswalter **subjektiv** von einem Schadenseintritt aus, es fehlten aber (auch ex ante) objektive Anhaltspunkte. Die Scheingefahr erfüllt den Gefahrentatbestand nicht. In Aktenauszügen ist sehr häufig eine Abgrenzung zwischen der Anscheinsgefahr und der Scheingefahr erforderlich.

d) Polizeirechtliche Verantwortlichkeit (»Störereigenschaft«)

109 Nachdem das Vorliegen einer Gefahr für ein Schutzgut der öffentlichen Sicherheit oder Ordnung bejaht worden ist, prüfen Sie die polizeirechtliche Verantwortlichkeit. Im System der Gefahrenabwehr wird wie folgt unterschieden:

> **Verhaltensstörer:** Verursacher durch ((P) Ursächlichkeit) aktives Tun oder Unterlassen (bei öffentlich-rechtlicher Handlungspflicht); (P) Tatbestandswirkung legalisierender Verwaltungsakte; (P) Zweckveranlasser

> **Zustandsstörer:** Eigentümer und Inhaber der tatsächlichen Gewalt (P) Dereliktion; (P) Haftung bei atypischen Risiken

> subsidiär: **Nichtverantwortliche Person** (polizeiliche Notstandshaftung)

aa) Verhaltensstörereigenschaft

110 Verhaltensstörer ist jede Person, deren (grds. eigenes) Verhalten eine Gefahr verursacht.[217] Bei der einer Verjährung nicht unterworfenen Verhaltensstörerhaftung kommt es nicht darauf an, ob die Person schuldhaft handelt (Polizeihaftung ist Kausal-, nicht Verschuldenshaftung). Die Handlungsverantwortung kann durch positives Tun oder durch pflichtwidriges Unterlassen entstehen, wenn eine besondere öffentlich-rechtliche Handlungspflicht besteht. Da es sich um eine aus öffentlich-rechtlichen Vorschriften ergebende Pflicht handeln muss, reicht eine zivilrechtliche Verkehrssicherungspflicht nicht aus.

Problem: Unmittelbarkeitsbeziehung (»durch«)

Nach dem Wortlaut der maßgeblichen Vorschriften muss die Gefahr »durch« das Verhalten herbeigeführt worden sein. Nach überwiegender Auffassung wird ein unmittelbarer Zusammenhang gefordert (also weder Äquivalenz noch Adäquanz). Es ist darauf abzustellen, ob ein Verhal-

---

[217] Art. 9 I BayLStVG; § 6 I PolG BW; § 13 I ASOG Bln.; § 16 I OBG Bbg.; § 5 BremPolG; § 8 I HambSOG; § 6 I HSOG; § 69 I SOG MV; § 6 I NdsSOG; § 17 I OBG NRW; § 4 I POG RP; § 4 I SPolG; § 4 I SächsPolG; § 8 SOG LSA; § 218 I LVwG SH; § 10 I ThürOBG.

ten die Gefahrengrenze überschreitet und damit die unmittelbare Ursache für den Eintritt der Gefahr setzt (Theorie der unmittelbaren Verursachung). Bei mehreren zusammenwirkenden Faktoren – also insb. beim Verhalten mehrerer – ist dies in der Regel das zeitlich letzte Glied in der Kausalkette. Das muss aber nicht immer so sein. Ein zeitlich davor liegendes Element kann eine erhöhte Gefahrentendenz in sich tragen, hinter der Elemente im späteren Kausalverlauf bei wertender Betrachtung als unbeachtlich zurücktreten.

Problem: Tatbestandswirkung erteilter Verwaltungsakte

Verhaltensstörer ist nur derjenige, der die Gefahrengrenze überschreitet, d.h. sich mit seinem Verhalten ins Unrecht setzt. In einigen Situationen kann zwar ein bestimmtes Verhalten eine Gefahr hervorrufen. Allerdings fehlt es an dem Überschreiten der Gefahrengrenze, wenn das Verhalten der Person legal war. Hat etwa ein Betreiber einer Anlage in der Vergangenheit ein Genehmigungsverfahren durchführen lassen und eine Betriebsgenehmigung erhalten, erzeugt diese Genehmigung eine Legalisierungswirkung mit der Folge, dass die Störereigenschaft entfällt. Wichtig ist aber Folgendes: Die Legalisierungswirkung tritt nach der Rspr. nur in dem Umfang ein, in dem die betreffende Gefahr Gegenstand des früheren Genehmigungsverfahrens gewesen ist (sog. begrenzte Legalisierungswirkung). Wurde die Gefahr, die später Anlass der Ordnungsverfügung ist, im früheren behördlichen Genehmigungsverfahren tatsächlich nicht geprüft, erzeugt der frühere Verwaltungsakt auch keine Legalisierungswirkung (Beispiel: In einem Immissionsschutzgenehmigungsverfahren wurden die von der Anlage ausgehenden Gefahren untersucht, nicht aber diejenigen, die von einem unzuverlässigen Betreiber der Anlage ausgehen; in dieser Situation entfaltet die immissionsschutzrechtliche Genehmigung keine Legalisierungswirkung in Bezug auf Gefahren, die von dem Verhalten des unzuverlässigen Betreibers ausgehen). Zur Frage, ob und inwieweit Gefahren von der Behörde überprüft wurden, werden Sie ggf. Hinweise im Aktenauszug dergestalt finden, dass die Behörde in einem Schriftsatz den Regelungsinhalt der früheren Genehmigung darlegt. Ggf. müssen Sie die Reichweite einer erteilten Genehmigung unter Auslegung eines abgedruckten VAs untersuchen.

Problem: Zweckveranlasser

Ein weitere Klausurkonstellation im Rahmen der Kausalitätsproblematik ist der Zweckveranlasser. Merken Sie sich: Der Zweckveranlasser ist keine eigene Störerkategorie, sondern ein besonderer Anwendungsfall und keine Ausnahme der Lehre von der unmittelbaren Verursachung. Der Zweckveranlasser nimmt für sich genommen eine neutrale Handlung vor. Allerdings wird dem Zweckveranlasser das Verhalten desjenigen, der die Gefahrenschwelle überschreitet, zugerechnet (Beispiele: Durch Schaufensterwerbung kommt es zu einem Massenauflauf, der seinerseits Verkehrsbehinderungen herbeiführt; eine Musikkapelle intoniert eine Melodie, zu der von anderen ein rassenhetzerischer Text gesungen wird). Keine Einigkeit besteht über die Zurechnungskriterien. Die subjektive Theorie stellt auf die Intention des Hintermannes ab, fragt also danach, ob dieser absichtlich bzw. mit Wissen und Wollen, zumindest billigend in Kauf nehmend, den zu einem polizei- bzw. ordnungswidrigen Zustand führenden Geschehensverlauf herbeiführt. Nach der objektiven Theorie kommt es auf den erkennbaren Wirkungs- und Verantwortungszusammenhang an; ist aus der Sicht eines unbeteiligten Dritten die eingetretene Gefahrenlage als typische Folge der Veranlassung anzusehen, muss sich der Hintermann die Gefahr zurechnen lassen. Die subjektive Theorie passt nicht zur Verschuldensunabhängigkeit der Polizeihaftung und ist außerdem Beweisschwierigkeiten ausgesetzt. Deshalb sollten Sie auf objektive Gesichtspunkte abstellen, sich dabei aber vergegenwärtigen, dass die Polizeihaftung nicht ausufern darf. Denn die Vorschriften über die Verantwortlichkeiten schränken Grundrechte ein, die ihrerseits eine enge Interpretation des einfachen Rechts verlangen. Praxisrelevant sind in der jüngeren Vergangenheit vor allem Großveranstaltungen (z.B. Sportereignisse, Popkonzerte): Kommt es zu Sachbeschädigungen oder sonstigen Ausschreitungen durch einen Teil des Publikums, wird die Verhaltensverantwortlichkeit des Veranstalters teilweise mit der Erwägung bejaht, dass die Veranstaltung mit den durch sie heraufbeschworenen Gefahren in einem engen Wirkungs- und Verantwortungszusammenhang stehe (Ausschreitungen als mit der Veranstaltung typischerweise verbundene Folge). Gegen die Annahme einer Verantwortlichkeit spricht jedoch der grundrechtliche Schutz des Veranstalters (Art. 12 I GG,

Art. 14 I GG, Art. 2 I GG). Deshalb sollte die Annahme eines Zweckveranlassers zurückhaltend erfolgen.[218]

> **Formulierungsvorschlag bei Annahme eines Zweckveranlassers:** Der Kläger ist polizeirechtlich verantwortlich. Verursacher ist nach allgemeinem Polizei- und Ordnungsrecht derjenige, dessen Verhalten die Gefahr »unmittelbar« herbeiführt, also bei wertender Zurechnung die polizeirechtliche Gefahrenschwelle überschritten hat. Personen, die nur entferntere, mittelbare Ursachen für den eingetretenen Erfolg gesetzt, also nur den Anlass für die unmittelbare Verursachung durch andere gesetzt haben, sind in diesem Sinne zwar keine Verursacher. Nach der gebotenen wertenden Betrachtungsweise kann aber auch ein als Veranlasser auftretender Hintermann (mit-)verantwortlich sein, wenn dessen Handlung zwar nicht die polizeirechtliche Gefahrenschwelle überschritten hat, aber mit der durch den Verursacher unmittelbar herbeigeführten Gefahr oder Störung eine natürliche Einheit bildet, die die Einbeziehung des Hintermanns in die Polizeipflicht rechtfertigt. Eine derartige natürliche Handlungseinheit besteht typischerweise beim Zweckveranlasser als demjenigen, der die durch den Verursacher bewirkte Polizeiwidrigkeit gezielt ausgelöst hat. Diesen Maßstäben folgend ist der Kläger zu Recht als verantwortliche Person in Anspruch genommen worden, denn (...).

Bejahen Sie das Vorliegen eines Zweckveranlassers, werden Sie bei der **Störerauswahl** (Ermessensebene) vielfach klären müssen, ob die Behörde den Zweckveranlasser (als »Hintermann«) oder den unmittelbaren »Vordermann« in Anspruch zu nehmen hat. Da ein Vorgehen gegen die Vorderleute vielfach nicht erfolgversprechend ist, etwa weil diese der Behörde nicht bekannt sind, bleibt nach dem Gebot der effektiven Gefahrenabwehr das Einschreiten gegen den Zweckveranlasser als einzig wirksames Mittel zur Gefahrenabwehr.[219] Mit dieser Begründung werden Sie die Klausurprobleme in der Regel lösen können.

> **Klausurhinweis:** Eine wichtige Rolle spielt der Zweckveranlasser in versammlungsrechtlichen Klausuren (typischerweise im Rechtsschutz gegen Auflagen gem. § 15 I VersG, die gegenüber Personen aus dem »rechten Milieu« verhängt werden). Beispiel: Eine Versammlung wird von Neonazis angemeldet; es ist damit zu rechnen, dass eine Gegendemonstration zu einerer Gefährdung der öffentlichen Sicherheit führt. Werden von den Neonazis Schutzgüter der öffentlichen Sicherheit (z.B. Straftatbestände) nicht unmittelbar gefährdet, können diese allenfalls als Zweckveranlasser in Anspruch genommen werden. Bezwecken diese Personen jedoch auch nicht das störende Verhalten der Gegendemonstranten, scheidet eine Zweckveranlassereigenschaft gleichfalls aus. Die – von der Rspr. allerdings – bejahte Frage, ob der Zweckveranlasser im Versammlungsrecht überhaupt angewendet werden kann, kann damit häufig offen bleiben. In diesen Konstellationen ist schließlich zu klären, ob eine Notstandshaftung in Betracht kommt.[220]

Problem: Verantwortlichkeit für das Handeln Dritter

Daneben kann auch eine Verantwortlichkeit für das Handeln Dritter bestehen. Diese betrifft vor allem die Haftung Aufsichtspflichtiger und die Verantwortlichkeit des Geschäftsherrn für das Verhalten des weisungsgebundenen Verrichtungsgehilfen. Beachten Sie zum häufig erhobenen Exkulpationseinwand des Verfügungsadressaten, dass eine Exkulpation (wie bei § 831 BGB) wegen der Verschuldensunabhängigkeit der polizeirechtlichen Verantwortung nicht möglich ist. Klausurrelevant ist daneben die Haftung einer juristischen Person für ihre Organe (z.B. für Geschäftsführer). Andererseits haftet der Geschäftsführer nicht automatisch auch für die juristische Person. Wichtig ist hierbei, dass die Haftung neben die des Dritten tritt, so dass die Gefahrenabwehrbehörde unter verschiedenen Pflichtigen auswählen kann.

---

218 Schmidt-Aßmann/Schoch/*Schoch* 2. Kap. Rn. 141.
219 *Schoch* Jura 2009, 360 (366).
220 Im Einzelnen hierzu 2. Kapitel, Versammlungsrecht, Rn. 124.

bb) Zustandsstörereigenschaft

In Klausuren sehr beliebt ist die Zustandsstörereigenschaft. Zustandsstörer ist grds. der Eigentümer oder Inhaber der tatsächlichen Gewalt über eine Sache oder ein Tier, dessen Zustand gefährlich ist.[221]

111

Die Zustandshaftung beruht auf zwei Erwägungen:

Als Kehrseite der **Privatnützigkeit des Eigentums** gemäß Art. 14 I GG ist die Zustandshaftung Ausdruck der **Sozialpflichtigkeit des Eigentums** gemäß Art. 14 II GG sowie der rechtlichen und tatsächlichen Einwirkungsmöglichkeit auf die Sache. Solange also dem Eigentümer die tatsächliche Einwirkungsmöglichkeit auf eine ihm gehörende Sache fehlt, weil eine andere Person die tatsächliche Gewalt gegen seinen Willen ausübt (Beispiel: Ein Dieb verunfallt mit dem entwendeten PKW und lässt diesen nachts ohne weitere Absicherung auf einer unbeleuchteten Straße gefährlich in den Straßenraum hineinragen), wird die Verantwortlichkeit des Eigentümers von der Verantwortlichkeit des Inhabers der tatsächlichen Gewalt verdrängt. Dies ist in den meisten Landesgesetzen ausdrücklich geregelt. Umstritten ist allerdings, ob die Verantwortlichkeit des Eigentümers nach Aufgabe der tatsächlichen Gewalt durch die andere Person wieder auflebt (Beispiel: Die Polizei ermittelt den Eigentümer des entwendeten PKW und informiert diesen über den Standort seines verunfallten PKW). Von der h.M. wird dieses Wiederaufleben unter Bezugnahme auf den weiten Wortlaut der Bestimmungen bejaht.

> **Klausurhinweis:** In der Klausur sollten Sie stets prüfen, ob der Adressat der Verfügung nur Verhaltens- oder auch Zustandsstörer ist.

Problem: Haftung bei atypischen Risiken (»Eigentümer als Opfer«)

Ausdrückliche Einschränkungen insb. zur Reichweite der Verantwortlichkeit fehlen im allgemeinen Gefahrenabwehrrecht. Da die Zustandsstörerhaftung Ausdruck der Sozialpflichtigkeit ist, stellt sich die Frage nach verfassungskonformer Reduktion insb. dort, wo die Verantwortung des Eigentümers in auffälligem Missverhältnis zur Privatnützigkeit seines Eigentums steht. Dieses Problem besteht vor allem bei atypischen Risiken, die nicht der Risikosphäre des Eigentümers zugerechnet werden können (Beispiele: Aufgrund von Verwitterungen droht ein Felsen auf ein darunter liegendes Haus zu stürzen; Felssicherungsmaßnahmen, die dem Eigentümer des Felsengrundstücks aufgegeben werden, übersteigen den Wert seines Grundstücks um ein Vielfaches; Kampfmittelkontaminierungen eines Grundstücks aus dem 2. Weltkrieg erfordern eine Grundstückssanierung). Die h.M. bejaht in solchen Konstellationen die (uneingeschränkte) Zustandsstörereigenschaft des Eigentümers. Dies ist richtig: Denn Einschränkungen sieht weder das einfache Gesetz vor, noch sind sie verfassungsrechtlich geboten. Zwar wird der Eigentümer in der Klausur ggf. geltend machen, diese Verantwortlichkeit führe zu einem Wertungswiderspruch zum Zivilrecht, wo eine Haftung für die Schäden von Naturereignissen grds. ausscheidet (§§ 906, 1004 BGB); dies ändert aber an der polizeilichen Verantwortlichkeit nichts, da diese zur Gefahrenabwehr erfolgt und nicht dem nachbarrechtlichen Interessenausgleich dient.

Die Rechtsprechung tendiert in solchen Fällen aber dahin, auf **Rechtsfolgenebene** unbillige wirtschaftliche Härten bei der inhaltlichen Auswahlentscheidung (Verhältnismäßigkeit des Mittels) zu berücksichtigen. Bezogen auf die Sanierungskosten von Grundstücken gilt hierbei folgende Faustregel: Wird der Wert des Grundstücks nach der Sanierung von den Sanierungskosten überschritten, dann ist die Sanierungsverfügung insoweit unverhältnismäßig. Anderes dürfte aber gelten, wenn der Eigentümer das Risiko der Gefahr bewusst in Kauf nimmt, da dann seine Schutzwürdigkeit entfällt. Zudem kommt eine Kostenbelastung in Betracht, wenn für den Eigentümer die Risiken des Grundstücks erkennbar waren, er vor den Risiken aber fahrlässig »die Augen verschlossen« hat. Dann kann eine Kostenbelastung über die Höhe des Verkehrswertes zulässig sein, wobei für die Beurteilung der Zumutbarkeit der Kostenbelastung auch der Grad der Fahrlässigkeit eine Rolle spielt. Schließlich kann für die Kostenbelastung bedeutsam sein, ob

---

221 Art. 9 II BayLStVG; § 7 PolG BW; § 14 ASOG Bln; § 17 OBG Bbg.; § 6 I BremPolG; § 9 HmbSOG; § 7 HSOG; § 70 SOG MV; § 7 NdsSOG; § 18 OBG NRW; § 5 PolG NRW § 5 POG RP; § 5 SPolG; § 8 SOG LSA; § 219 LVwG SH; § 11 ThürOBG.

der Eigentümer wirtschaftliche Vorteile aus dem Risiko erzielt hat (z.B. verminderter Kaufpreis).[222]

Problem: Eigentumsübertragung sowie Dereliktion

Mit zivilrechtlicher Übereignung einer Sache endet grds. die Zustandsverantwortung des früheren Eigentümers und beginnt die des neuen Eigentümers. Deshalb müssen Sie an dieser Stelle die Wirksamkeit der Übereignung nach den §§ 873, 925 bzw. 929 ff. BGB prüfen. Gleiches gilt für Fälle des gesetzlichen Eigentumserwerbs (§§ 946 ff. BGB). Letzterer wird z.B. relevant, wenn Öl in den Boden versickert. Mit der Verbindung Erdreich/Öl endet damit grds. die Zustandsverantwortlichkeit, wenn die Verantwortlichkeit nicht ausnahmsweise angeordnet ist (etwa für Hamburg gem. § 9 I 3 HbgSOG: »Die Maßnahme darf sich auch gegen denjenigen richten, der (...) sein Eigentum nach den §§ 946 bis 950 BGB verloren hat.«). Wird eine gefährliche Sache demgegenüber nur deshalb an eine andere Person übereignet, um sich der Zustandsverantwortung zu entziehen, könnte man erwägen, ob die Übereignung wegen Verstoßes gegen die guten Sitten unwirksam ist (§ 138 BGB). In diesem Fall wirkt die Zustandsverantwortung des alten Eigentümers nach. Schließlich bleibt die Zustandsverantwortung des alten Eigentümers nach den meisten Landesgesetzen bestehen, wenn er das Eigentum an der Sache aufgegeben hat und die Sache dadurch herrenlos geworden ist.

Problem: Zustandsstörerhaftung in der Insolvenz

In der Insolvnz erlischt die Verantwortlichkeit des Schuldners, sobald der Insolvenzverwalter die gefährliche Sache in Besitz nimmt. Als Eigentümer ist der Schuldner nicht verantwortlich, weil der Insolvenzverwalter die tatsächliche Gewalt ohne oder gegen den Willen des Eigentümers ausübt.[223] Behördliche Verfügungen können daher gegen den Insolvenzverwalter ergehen, der diese Pflichten als Masseverbindlichkeit (§ 55 InsO) zu erfüllen hat.

Problem: Rechtsnachfolge in die Ordnungspflicht

Im Rahmen der Störereigenschaft ist das Problem der Rechtsnachfolge besonders examensrelevant. Ein großer Anwendungsbereich liegt etwa im bauordnungsrechtlichen Vorgehen gegen Schwarzbauten, daneben aber auch bei natur- und immissionsschutzrechtlichen Anordnungen. Das praktische Bedürfnis für die Anerkennung einer Rechtsnachfolge besteht darin, sicherzustellen, dass z.B. beim Tod eines Pflichtigen oder im Fall einer Übertragung eines Vermögensgegenstandes (bei bodenschutzrechtlichen Verfügungen) die Verwaltung ohne die nachfolgend dargestellten Grundsätze um die Früchte ihrer bisherigen Bemühungen zur Herbeiführung rechtmäßiger Zustände gebracht würde.[224] Die Lösung der Rechtsnachfolgeproblematik bereitet vielen Kandidaten Schwierigkeiten. Um diese Hürde zu meistern, müssen Sie verschiedene Fragen auseinanderhalten:[225]

- Geht es um die Nachfolge in eine durch Verwaltungsakt **konkretisierte** oder um eine generelle, **abstrakte** Pflichtigkeit?
- Liegt ein Fall der **Gesamtrechtsnachfolge** oder ein Fall der **Einzelrechtsnachfolge** vor?
- Handelt es sich um eine Nachfolge in eine **Verhaltens- oder Zustandsverantwortlichkeit**?

---

222 BVerfGE 102, 1, NJW 2000, 2573.
223 Schmidt-Aßmann/Schoch/*Schoch* 2. Kap. Rn. 155.
224 *Schoch* JuS 1994, 1026 (1029).
225 *Schoch* JuS 1994, 1026 (1029).

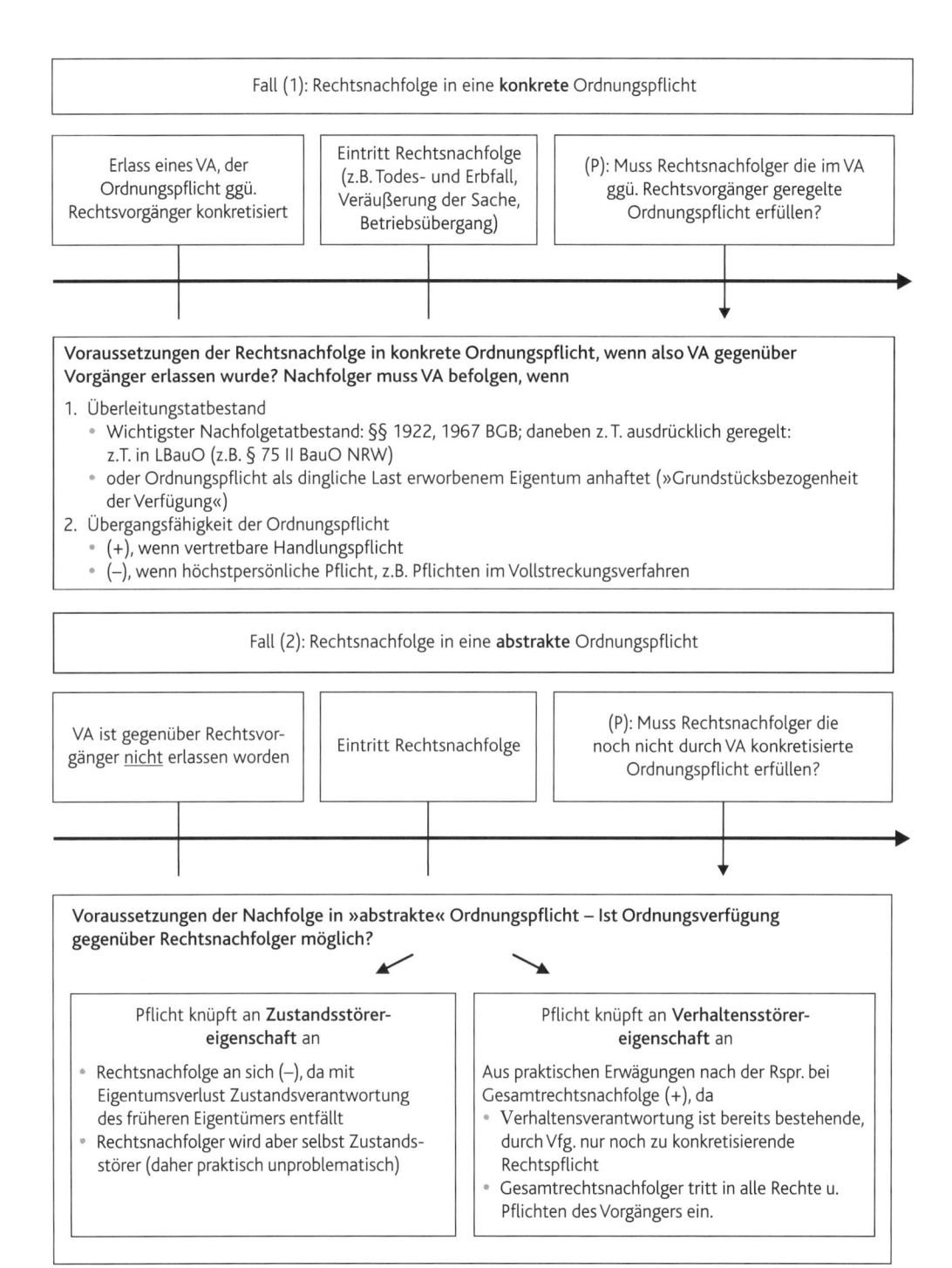

```
┌─────────────────────────────────────────────────────────────────────┐
│         Fall (1): Rechtsnachfolge in eine konkrete Ordnungspflicht   │
└─────────────────────────────────────────────────────────────────────┘

┌──────────────────┐   ┌──────────────────┐   ┌──────────────────────┐
│ Erlass eines VA, │   │ Eintritt Rechts- │   │ (P): Muss Rechts-    │
│ der Ordnungs-    │   │ nachfolge        │   │ nachfolger die im VA │
│ pflicht ggü.     │   │ (z.B. Todes- und │   │ ggü. Rechtsvorgänger │
│ Rechtsvorgänger  │   │ Erbfall, Ver-    │   │ geregelte Ordnungs-  │
│ konkretisiert    │   │ äußerung der     │   │ pflicht erfüllen?    │
│                  │   │ Sache, Betriebs- │   │                      │
│                  │   │ übergang)        │   │                      │
└──────────────────┘   └──────────────────┘   └──────────────────────┘
```

Voraussetzungen der Rechtsnachfolge in konkrete Ordnungspflicht, wenn also VA gegenüber Vorgänger erlassen wurde? Nachfolger muss VA befolgen, wenn

1. Überleitungstatbestand
   - Wichtigster Nachfolgetatbestand: §§ 1922, 1967 BGB; daneben z.T. ausdrücklich geregelt: z.T. in LBauO (z.B. § 75 II BauO NRW)
   - oder Ordnungspflicht als dingliche Last erworbenem Eigentum anhaftet (»Grundstücksbezogenheit der Verfügung«)
2. Übergangsfähigkeit der Ordnungspflicht
   - (+), wenn vertretbare Handlungspflicht
   - (−), wenn höchstpersönliche Pflicht, z.B. Pflichten im Vollstreckungsverfahren

```
┌─────────────────────────────────────────────────────────────────────┐
│         Fall (2): Rechtsnachfolge in eine abstrakte Ordnungspflicht  │
└─────────────────────────────────────────────────────────────────────┘
```

┌──────────────────┐   ┌──────────────────┐   ┌──────────────────────┐
│ VA ist gegenüber │   │ Eintritt Rechts- │   │ (P): Muss Rechts-   │
│ Rechtsvorgänger │   │ nachfolge   │   │ nachfolger die noch │
│ nicht erlassen   │   │   │   │ nicht durch VA kon- │
│ worden   │   │   │   │ kretisierte Ordnungs-│
│   │   │   │   │ pflicht erfüllen?   │
└──────────────────┘   └──────────────────┘   └──────────────────────┘

Voraussetzungen der Nachfolge in »abstrakte« Ordnungspflicht – Ist Ordnungsverfügung gegenüber Rechtsnachfolger möglich?

Pflicht knüpft an **Zustandsstörer-eigenschaft** an	Pflicht knüpft an **Verhaltensstörer-eigenschaft** an
• Rechtsnachfolge an sich (−), da mit Eigentumsverlust Zustandsverantwortung des früheren Eigentümers entfällt	Aus praktischen Erwägungen nach der Rspr. bei Gesamtrechtsnachfolge (+), da
• Rechtsnachfolger wird aber selbst Zustandsstörer (daher praktisch unproblematisch)	• Verhaltensverantwortung ist bereits bestehende, durch Vfg. nur noch zu konkretisierende Rechtspflicht
	• Gesamtrechtsnachfolger tritt in alle Rechte u. Pflichten des Vorgängers ein.

cc) Polizeihaftung nichtverantwortlicher Personen (polizeiliche Notstandshaftung)

Zur Sicherstellung einer effektiven Gefahrenabwehr kommt subsidiär die Polizeipflicht einer nichtverantwortlichen Person in Betracht, wenn diese notstandspflichtig ist.[226] Gerechtfertigt werden kann dieser gefahrenabwehrrechtliche Notstand nur durch das praktische Bedürfnis nach einer effektiven Gefahrenabwehr, das durch den Notstandspflichtigen befriedigt werden kann. Da dieser allerdings i.d.R. für die Gefahr nicht verantwortlich ist, entsteht ein Interessenkonflikt, der wie folgt aufgelöst wird:

---

226 Art. 10 BayPAG, § 9 PolG BW; § 16 ASOG Bln; § 7 PolG Bbg; § 7 PolG Brem; § 10 HbgHSOG; § 71 SOG MV; § 6 PolG NRW; § 7 POG RP; § 6 SPolG; § 220 LVwG SH; § 7 SächsPolG; § 10 SOG LSA; § 10 Thür PAG.

- Der Dritte ist lediglich unter erheblich strengeren Voraussetzungen als ein Störer polizeipflichtig
- Dem Dritten steht ggf. ein Entschädigungsanspruch zu.

Im zweiten Examen taucht der gefahrenabwehrrechtliche Notstand eher selten auf. Fälle, in denen Sie an diese Rechtsfigur denken sollten, sind insb.:

- Notstandspflicht des Eigentümers bei Wohnraumeinweisung eines Obdachlosen
- Versammlungsrechtliche Maßnahmen zur Vermeidung einer gewalttätigen Gegendemonstration (hier kommt zusätzlich auch eine Zweckveranlassungskonstellation in Betracht)[227]
- Bekämpfung der Folgen von Unfällen und Naturkatastrophen. Verstößt jedoch eine Person gegen strafrechtliche Handlungspflichten (z.B. § 323c StGB), ist sie Verhaltensstörer. Eines Rückgriffs auf den Nichtstörer bedarf es nicht.

Die tatbestandlichen Voraussetzungen für die Inanspruchnahme eines Notstandspflichtigen sind in den Gefahrenabwehrgesetzen geregelt. Beachten Sie, dass Sie die Voraussetzungen eng auszulegen sind. Das in den Vorschriften normierte Merkmal der gegenwärtigen erheblichen Gefahr erfordert eine besondere zeitliche Nähe zur Gefahrenverwirklichung und knüpft zudem an besonders wichtige Rechtsgüter (Leben, Gesundheit oder bedeutsame Vermögenswerte) an. Die Notstandspflicht setzt zudem die Aussichtslosigkeit der Heranziehung von Verhaltens- und Zustandsstörer voraus. Gerade auf dieses Merkmal müssen Sie besonders achten.

Zudem muss die Gefahrenabwehrbehörde die Gefahr nicht oder nicht rechtzeitig selbst abwehren können. Beachten Sie, dass Gefahrenabwehrbehörden sich vielfach verfrüht auf die Notstandshaftung zurückziehen. Hierbei gilt der Grundsatz: Was die Behörde selbst erledigen kann, darf sie nicht von Nichtstörern verlangen.[228] Eine Notstandspflicht kommt daher erst in Betracht, wenn eine wirksame Amts- oder Vollzugshilfe (z.B. durch Feuerwehr), aber auch die Heranziehung Privater (z.B. Abschleppunternehmer, privater Hoteliers bei Obdachloseneinweisung) nicht möglich ist.[229]

III. Rechtsfolge

1. Allgemeine Rechtmäßigkeitserfordernisse

112 Auf Rechtsfolgenebene stellt sich vielfach die Frage der **hinreichenden Bestimmtheit** der Verfügung nach § 37 I VwVfG. Die hinreichende Bestimmtheit ist nicht gegeben, wenn für den Adressaten die zu treffenden Maßnahmen nicht konkret und hinreichend präzise benannt werden.

Schließlich darf von dem Adressaten nichts **rechtlich oder tatsächlich Unmögliches** verlangt werden (im zweitgenannten Fall ist die Verfügung nichtig, § 44 II Nr. 4 VwVfG).

Problem: Wirtschaftliches Unvermögen

Häufig läuft der Einwand des Klägers jedoch auf ein wirtschaftliches Unvermögen hinaus. Dieses beinhaltet keine Unmöglichkeit der Handlungspflichterfüllung und führt daher nicht zur Rechtswidrigkeit der Verfügung. Ebenso wenig wird die Rechtmäßigkeit einer Verfügung dadurch berührt, dass private Rechte Dritter (Mieter, Miteigentümer) betroffen werden; insoweit ist allein die Durchsetzbarkeit betroffen; ggf. ist der Erlass einer Duldungsverfügung geboten.

2. Ermessen

Die polizeiliche Generalklausel eröffnet doppeltes Ermessen.

a) Entschließungsermessen

113 Die Behörden können entscheiden, ob sie tätig werden (**Entschließungsermessen**). Darin kommt das Opportunitätsprinzip zum Ausdruck (Gegensatz: Legalitätsgrundsatz im Strafpro-

---

227 S.u., Versammlungsrecht, Rn. 124.
228 BGH DVBl. 1957, 864.
229 *Wolffgang/Hendricks/Merz* Rn. 442.

zessrecht). Des Weiteren können sie darüber befinden, wie sie tätig werden. Dies betrifft zum Einen die Frage, gegen wen die Behörden vorgehen, und zum Anderen die Art und Weise des Tätigwerdens. Bei Ausübung ihres Ermessens müssen die Behörden pflichtgemäß handeln (die Annahme »freien« Ermessens ist daher missverständlich). Das Gericht überprüft daher stets die Ermessensausübung auf Ermessensfehler (§ 114 VwGO). Diese können sowohl beim Entschließungs- als auch beim Auswahlermessen auftreten (Beispiel für Ermessensfehlgebrauch beim Entschließungsermessen: Eine schleswig-holsteinische Ordnungsbehörde meint bei Vorliegen einer Gefahr, dass ihr Einschreiten zum Schutze der öffentlichen Ordnung geboten sei – obwohl diese nicht (mehr) zum Kanon der von dem Gefahrenabwehrrecht geschützten Positionen zählt). Bei erheblichen Gefährdungen insb. von Leib und Leben dürfte sich das Entschließungsermessen der Behörden auf Null reduziert haben.

Zudem kommt eine Ermessensreduzierung auf Null in Betracht, wenn ein Folgenbeseitigungsanspruch des Bürgers gegenüber der Behörde besteht. Dass Grundrechte des Bürgers durch ein behördliches Verhalten beeinträchtigt werden, muss die Behörde also bei der Ermessensausübung beachten.

b) Auswahlermessen

- Der Behörde steht ein **personelles Auswahlermessen** bei verschiedenen Verantwortlichen zu. 114
Diesen Aspekt prüfen Sie in zwei Schritten. Zunächst stellen Sie fest, ob noch eine andere neben der in Anspruch genommenen Person verantwortlich ist. Ist dies der Fall, kommt es maßgeblich darauf an, durch wessen Inanspruchnahme die Gefahr am effektivsten beseitigt werden konnte (Grundsatz der effektiven Gefahrenbeseitigung). Führt die Anwendung dieses Grundsatzes zu keinem abschließenden Ergebnis, kommen Hilfskriterien wie Leistungsfähigkeit, Letztverantwortung und Verschulden – das für die Feststellung der Verantwortlichkeit als solcher außer Rede steht – in Betracht.
Merken Sie sich: Faustformeln wie etwa die Inanspruchnahme von »Verhaltensstörer vor Zustandsstörer« oder »Doppelstörer vor Einfachstörer« sollten Sie nur zurückhaltend anwenden, da sie oftmals weder in der Sache zutreffen, noch regelmäßig zu richtigen Ergebnissen führen.[230]
- Beim **inhaltlichen Auswahlermessen** prüfen Sie regelmäßig die Verhältnismäßigkeit der Verfügung mit Blick auf die betroffenen (Grund-)Rechte. Die Unterkriterien der Geeignetheit, Erforderlichkeit und Angemessenheit müssen Sie richtig definieren und anwenden können. Hierzu finden sich häufig zahlreiche Informationen im Aktenstück. Schließlich gibt es auch Klausurkonstellationen, die typischerweise auf die Prüfung der Verhältnismäßigkeit der Maßnahme hinauslaufen.[231]

Insb. im Rahmen der Angemessenheit kann die Frage auftauchen, inwieweit das straf**prozessuale Beweisverwertungsverbot** bei polizeilichen Gefahrenabwehrmaßnahmen zu berücksichtigen ist (darf z.B. Bargeld, welches zum Kauf von Drogen verwendet werden soll, zur Gefahrenabwehr sichergestellt werden, wenn der Besitzer in einem Strafverfahren wegen eines Beweisverwertungsverbots freigesprochen wurde?).[232] Zu dieser Frage merken Sie sich bitte folgende Leitlinie: Ein Beweisverwertungsverbot nach der StPO gilt nicht automatisch auch für präventive Polizeimaßnahmen. Vielmehr ist eine Abwägung zwischen den Rechten des Adressaten der polizeilichen Verfügung einerseits und dem Schutz von Gütern der öffentlichen Sicherheit (z.B. Schutz der Volksgesundheit) andererseits erforderlich.

Auch die **strafprozessuale Unschuldsvermutung** gilt nicht im Recht der Gefahrenabwehr. Entscheidend ist auch hier die Gefahrenprognose. Dies kann idealerweise im Rahmen der Angemessenheit diskutiert werden.

---

230 *Dietlein/Burgi/Hellermann* § 3 Rn. 125 m.w.N.
231 Im Einzelnen zur Darstellung des Grundsatzes der Verhältnismäßigkeit siehe *Kaiser/Köster* Öffentliches Recht im Assessorexamen, Rn. 254.
232 VG Berlin, Urt. v. 28.02.2008 – VG 1 A 137/06.

B. Rechtsschutz gegen polizeiliche Realakte

115 Polizeiliche Realakte unterscheiden sich von dem unter A. erörterten polizeilichen Verwaltungsakt durch das Fehlen der von § 35 VwVfG vorausgesetzten Regelungswirkung. Sie führen insb. zu spezifischen Rechtsschutzproblemen. Auf diese soll nachfolgend hingewiesen werden.

I. Rechtsschutz gegen Gefährderansprachen bzw. Gefährderanschreiben

116 Eine wiederholt auftauchende Klausurkonstellation ist der Rechtsschutz gegen polizeiliche **Gefährderansprachen bzw. Gefährderanschreiben**. Als modernes Instrument der Polizeiarbeit gibt es die sog. Gefährderansprache bzw. das Gefährderanschreiben (Beispiel: Um einen Hooligan von dem Besuch eines Länderspiels abzuhalten, suchen Polizisten diesen bei der Arbeit/zu Hause auf und sagen/schreiben ihm Folgendes: »Sie sind polizeilich bekannt. Wir legen Ihnen nahe, nicht zum geplanten Fußballspiel zu fahren. Denn in diesem Falle haben Sie mit polizeilichen Maßnahmen zu rechnen«). Regelmäßig möchte der Adressat unmittelbar »gegen« die Gefährderansprache bzw. das Gefährderanschreiben vorgehen. Dies führt zu prozessualen und materiellen Fragen: Bei Eröffnung des Verwaltungsrechtswegs muss man das Vorliegen einer öffentlich-rechtlichen Streitigkeit mit Blick auf den öffentlich-rechtlichen Sachzusammenhang der Maßnahme (Gefahrenabwehr) bejahen. Eine Anfechtungsklage gem. § 42 I, 1. Var. VwGO scheidet bei der vorstehenden Formulierung aus. Denn Ansprache bzw. Schreiben besitzen keine Regelungswirkung. Dies ergibt sich aus einer Auslegung analog §§ 133, 157 BGB, die Sie in jedem Fall vornehmen müssen. Danach enthält die abgegebene Erklärung weder ein Ver- oder Gebot, noch stellt sie die Durchführung polizeilicher Maßnahmen für die betreffende Person rechtsverbindlich fest. Statthaft ist deshalb nur die Feststellungsklage gem. § 43 I VwGO. Das Feststellungsinteresse ergibt sich zumindest aus der Grundrechtsbetroffenheit des Adressaten (Art. 2 I GG). Zwar entfaltet die Ansprache bzw. das Schreiben keine Regelungswirkung, doch wirken sich die Hinweise in tatsächlicher Hinsicht negativ auf die Grundrechtsentfaltung aus. Nach dem (zwischenzeitlich herrschenden) modernen Eingriffsverständnis reicht dies aus.

Auf Begründetheitsebene stellt sich die Frage, ob für eine solche nichtregelnde Kontaktaufnahme eine Ermächtigungsgrundlage notwendig ist (also der Vorbehalt des Gesetzes gilt oder die bloße polizeiliche Aufgabenzuweisung ausreicht). Die Erforderlichkeit einer Ermächtigungsgrundlage muss unter Hinweis auf das (rechtliche) Feststellungsinteresse und mit Blick auf den modernen Eingriffsbegriff bejaht werden. Danach prüfen Sie das Vorliegen einer tauglichen Ermächtigung. Üblicherweise weist der Kläger im Aktenauszug darauf hin, dass es einer besonderen (Standard-)Ermächtigung bedarf, die aber nicht gegeben ist. In der Tat gibt es keine besonderen Ermächtigungen. Allerdings reicht die Generalklausel nach der Rspr. aus. Anschließend prüfen Sie diese durch. Je nach Klausurstellung kann es ggf. an der Störereigenschaft fehlen. Dies ist der Fall, wenn konkrete Anhaltspunkte für eine vom Kläger ausgehende Gefahr fehlen. Die Speicherung des Betroffenen in einer polizeilichen Datei allein wird zur Annahme einer Störereigenschaft nicht ausreichen, da die Speicherung als solche keinen tatsächlichen Anhaltspunkt für Gewalttätigkeiten vermittelt und möglicherweise auch rechtswidrig ist, falls eine evtl. erforderliche Rechtsgrundlage fehlt. Notwendig sind daher objektivierbare Umstände, die die Vermutung tragen, dass der Adressat zu dem betreffenden Ereignis anreisen und gewalttätig werden wird. Liegen beispielsweise glaubhafte und objektivierbare Informationen aus der »Szene« (szenekundige Beamte) vor, dann wird dies ausreichen. Bitte denken Sie daran, dass die Aktenauszüge gerade an dieser Stelle unterschiedlich ausgestaltet sind.

II. Rechtsschutz gegen offene Videoüberwachung

117 Eine weitere Klausurkonstellation ist die offene Videoüberwachung (Beispiel: In der Stadt S wird auf einer Fläche, die vornehmlich von der Drogenszene bevölkert wird, eine Videoüberwachung installiert. Der Anwohner A wendet sich mit der Begründung gegen die Maßnahme, sie verletze ihn in seinem Grundrecht auf informationelle Selbstbestimmung. Er begehrt Unterlassung). Der Verwaltungsrechtsweg ist gem. § 40 I 1 VwGO eröffnet. Die Videoüberwachung steht im Sachzusammenhang mit der Gefahrenabwehr, insb. dient sie dem Schutz der gesamten Rechtsord-

nung (Verhinderung von Straftaten). Dass ggf. auch Material für die Strafverfolgung gesammelt wird, ist bloßes Beiwerk und stellt nicht den Schwerpunkt der Maßnahme dar. Eine Abdrängung gem. § 23 EGGVG scheidet daher aus. Statthaft ist die allgemeine Leistungsklage als Unterlassungsklage, weil die Videoüberwachung mangels Regelungswirkung keinen Verwaltungsakt i.S.v. § 35 S. 1 VwVfG darstellt. Die Klagebefugnis analog § 42 II VwGO ist gegeben, weil das Bestehen eines allgemeinen öffentlich-rechtlichen Unterlassungsanspruchs mit Blick auf das informationelle Selbstbestimmungsrecht (Art. 2 I GG i.V.m. Art. 1 I GG) nicht offensichtlich ausgeschlossen ist. Dies gilt für Anwohner und Bürger, die sich auf der Fläche bewegen, gleichermaßen.

Die Klage ist begründet, wenn die Voraussetzungen des **Abwehr- und Unterlassungsanspruchs** gegeben sind. Besonders nachzuweisen ist, dass es durch die hoheitliche Maßnahme zu einem **Eingriff** in das informationelle Selbstbestimmungsrecht kommt. Die Behörde wird einen Eingriff verneinen, weil – so ein typischer Vortrag – die Videoüberwachung mit dem bloßen Betrachten durch einen Polizeibeamten vergleichbar sei. Ein solches Betrachten stelle aber – was mangels hinreichender Intensität zutrifft – keinen Eingriff dar. Um diese Behauptung zu entkräften, müssen Sie die technischen Möglichkeiten der Videoüberwachung herausstellen, die über die Fähigkeiten des menschlichen Auges hinausgehen. Die Technik erlaubt beispielsweise im Gegensatz zum menschlichen Auge eine stärkere Individualisierungsmöglichkeit (z.B. durch Zoomen). Deshalb lässt sich die Videoüberwachung sogar beim sog. »Kamera-Monitor-Prinzip« nicht mit dem flüchtigen Blick eines Beamten vergleichen. Ein Eingriff in das informationelle Selbstbestimmungsrecht ist in diesem Fall gegeben. Aber auch bei reinen Überblicksaufnahmen wird der Eingriffscharakter bejaht.[233] Vereinzelt werden anstatt einer funktionsfähigen Kamera auch Attrappen angebracht. Da hier keine persönlichen Daten erhoben werden, ist hier nicht das Recht auf informationelle Selbstbestimmung, sondern das allgemeine Persönlichkeitsrecht aus Art. 1 I GG i.V.m. Art. 2 I GG betroffen. Dieses folgt aus der Befürchtung, in der konkreten Situation beobachtet zu werden.[234]

In diesem Zusammenhang wird die Behörde mit Blick auf die erforderliche Beschilderung zudem geltend machen, dass der Bürger durch das freiwillige Betreten auf seinen Grundrechtsschutz verzichtet. Dieses ist jedoch nicht der Fall. Denn eine konkludente Verzichtserklärung müsste deutlicher hervortreten. Das bloße Betreten des Platzes reicht dafür nicht aus. Der Eingriff in das informationelle Selbstbestimmungsrecht ist jedoch gerechtfertigt, wenn eine gesetzliche **Duldungspflicht** besteht. Diese könnte sich aus der je nach Landesrecht etwas unterschiedlich ausgestalteten polizeilichen Ermächtigungsgrundlage ergeben. Das Recht auf informationelle Selbstbestimmung hat einen hohen Rang. Wegen dieses Ranges sind die Anforderungen an die Regelungsdichte der Ermächtigungsgrundlage besonders hoch. Bitte beachten Sie, dass datenschutzrechtliche Bestimmungen, die allein als Kompetenzbestimmung ausgestaltet sind, diese erforderliche Regelungsdichte nicht aufweisen und damit eine Videoüberwachung nicht rechtfertigen können.[235]

C. Rechtsschutz gegen Gefahrenabwehrverordnungen

Schließlich gibt es Klausuren, bei denen es auf die Wirksamkeit einer Gefahrenabwehrverordnung ankommt (Beispiel: Verordnungen zum Schutz vor gefährlichen Hunden, Maulkorbverordnungen, Verordnungen zum Leinenzwang, Bettelverordnungen oder Taubenfütterungsverordnungen). Denkbar sind dabei zwei unterschiedliche Konstellationen: 118

- Eher selten geht der Adressat unmittelbar gegen die Gefahrenabwehrverordnung im Wege der Normenkontrolle gem. § 47 I Nr. 2 VwGO i.V.m. landesgesetzlichen Ausführungsbestimmungen zur VwGO (in Hamburg, Berlin und NRW: gem. § 43 I VwGO) vor.
- Examensrelevant ist insb. die Anfechtung einer auf der Gefahrenabwehrverordnung beruhenden Einzelmaßnahme (zumeist ein Verwaltungsakt), so dass es zur inzidenten Überprüfung

---

233 *Robrecht* SächsVBl. 2008, 238 (241).
234 *Koreng* LKV 2009, 198 (199) m.w.N.
235 BVerfG NVwZ 2007, 688 (690).

der Rechtswirksamkeit der Verordnung im Rahmen eines Anfechtungsprozesses gegen die Einzelmaßnahme kommt. Da dieser Klausureinstieg klausurgeeignet ist, wird dieser nachfolgend dargestellt.

Merken Sie sich: Geht der Adressat unmittelbar gegen eine bußgeldbedrohte Rechtsverordnung vor, dann obliegt die Überprüfung des Bußgeldtatbestandes den Zivilgerichten (arg.e. § 68 OWiG, der über den Wortlaut hinaus auch den Bußgeldtatbestand erfasst). Der Verwaltungsrechtsweg ist insofern nicht eröffnet (auch nicht über eine Rechtswegkonzentration nach § 17 II 1 GVG).

Übersicht: Rechtmäßigkeit einer auf einer GefahrenabwehrVO beruhenden Einzelmaßnahme

I. Ermächtigungsgrundlage für Einzelverfügung: I.d.R. gefahrenabwehrrechtliche Generalklausel
II. Formelle Rechtmäßigkeit der Einzelverfügung: Zuständigkeit; Verfahren; Form
III. Materielle Rechtmäßigkeit der Einzelverfügung:
   1. Tatbestand
     a) Betroffenheit eines Schutzguts der öffentlichen Sicherheit: GefahrenabwehrVO als Teil der geschriebenen Rechtsordnung (Unverletzlichkeit der Rechtsordnung)

> **Inzidentprüfung: Rechtmäßigkeit der GefahrenabwehrVO**
>
> aa) Ermächtigungsgrundlage für GefahrenabwehrVO (Totalvorbehalt)
>   (1) Spezialermächtigungen (z.B. aus Bestattungsrecht)
>   (2) landesrechtliche EGL aus Gefahrenabwehrrecht; (P) Wirksamkeit der EGL für VO (+), h.M.
> bb) Formelle Rechtmäßigkeit der GefahrenabwehrVO
>   (1) Zuständigkeit des Verordnungsgebers
>   (2) Verfahren
>   (3) Form: ggf. Überschrift; Zitiergebot; Angabe des Geltungsbereichs
>   (4) Ordnungsgemäße Bekanntmachung
> cc) Materielle Rechtmäßigkeit
>   (1) Abstrakte Gefahr
>   (2) Weitere materielle Rechtmäßigkeitsvoraussetzungen
>   (a) Bestimmtheit der VO
>   (b) Sonstige besondere Anforderungen
>   (3) Keine Verletzung höherrangigen Rechts (z.B. Gleichheitsgebot)

     b) Vorliegen einer konkreten Gefahr
     c) Gefahrenabwehrrechtliche Verantwortlichkeit
   2. Rechtsfolge
     a) Allgemeine Rechtmäßigkeitsvoraussetzungen (Bestimmtheit; Möglichkeit der Handlungspflichterfüllung)
     b) Ermessen
       aa) Auswahlermessen
       bb) Entschließungsermessen

Typischerweise wendet sich im Aktenauszug ein Adressat gegen eine ihn belastende Ordnungsverfügung (z.B. Untersagung des Verstreuens von Brotkrumen wegen Verstoßes gegen verordnetes Taubenfütterungsverbot; Ordnungsverfügung wegen Verstoßes gegen verordnete Maulkorbpflicht). **Ermächtigungsgrundlage** für diese Einzelmaßnahme ist i.d.R. die gefahrenabwehrrechtliche Generalklausel.

Formell stellen sich bezogen auf die Einzelverfügung die allgemeinen Rechtmäßigkeitserfordernisse (Zuständigkeit, Verfahren, Form).

Materiell setzt die Ordnungsverfügung das Vorliegen einer konkreten Gefahr für die öffentliche Sicherheit voraus. Als Schutzgut der öffentlichen Sicherheit ist die Unverletzlichkeit der Rechtsordnung anerkannt, wozu auch eine wirksame Gefahrenabwehrverordnung gehört. An dieser

1. Kapitel. Allgemeines Gefahrenabwehrrecht

Stelle prüfen Sie inzident die Wirksamkeitsvoraussetzungen der Gefahrenabwehrverordnung. Diese Prüfung bildet bei dieser Art von Aktenauszügen den Klausurschwerpunkt.

Im Gegensatz zum ersten Examen sind Ausführungen zur Frage, ob landesrechtliche Ermächtigungsgrundlagen zum Schutze der öffentlichen Ordnung verfassungsgemäß sind, weitgehend überflüssig. Nur vereinzelt wird im Aktenauszug dieser Aspekt problematisiert. Dann schreiben Sie ggf.:

> Die Ermächtigung des § (...) begegnet entgegen der Auffassung des Klägers keinen verfassungsrechtlichen Bedenken; insb. genügt die Vorschrift dem verfassungsrechtlichen Bestimmtheitsgebot (Art. 80 I 2 GG, Art. (...) LVerf). Das Schutzgut der öffentlichen Ordnung, an deren abstrakte Gefährdung die Vorschrift anknüpft, ist durch Rechtsprechung und Lehre nach Inhalt, Zweck und Ausmaß hinreichend präzisiert und im juristischen Sprachgebrauch verfestigt worden; in Ansehung dieser Entwicklung hat die Generalermächtigung für den Erlass ordnungsbehördlicher Verordnungen eine inhaltlich hinreichende Präzision erhalten.
>
> (Anschließend: Die auf Grundlage dieser Ermächtigung erlassene Verordnung ist formell ordnungsgemäß erlassen worden. (...).«

Klausurrelevanter ist hingegen die Frage, ob spezialgesetzliche Ermächtigungsgrundlagen den Rückgriff auf die Ermächtigung zum Erlass einer Gefahrenabwehrverordnung sperren. Dies kann beispielsweise bei Verordnungen zum Leinenzwang im öffentlichen Verkehrsraum nach dem Landeshunderecht in Frage kommen. In solchen Fällen müssen Sie auch darlegen, dass eine allgemeine Gefahr für die öffentliche Sicherheit (oder Ordnung) und keine spezifische straßen-(verkehrs-)rechtliche Gefahrensituation vorliegt. Darüber hinaus ermächtigen z.T. landesrechtliche Bestattungsgesetze zum Erlass von ordnungsbehördlichen Verordnungen zum Leichenwesen (Leichenverordnung).[236]

In **formeller Hinsicht** sind strenge Voraussetzungen für die Verordnung zu beachten. Sachlich zuständig für die VO ist die allgemeine Ordnungsbehörde.[237] Die Formvorschriften sind in den jeweiligen landesrechtlichen Vorschriften im Einzelnen ausgestaltet. Insb. enthalten die Bestimmungen formale Regelungen (Überschrift, Bezugnahme auf gesetzliche Ermächtigungsgrundlagen, Erlasszeitpunkt und Geltungsbereich). Schließlich muss die Gefahrenabwehrverordnung ordnungsgemäß im jeweiligen Amtsblatt bekannt gemacht worden sein.

Materiell erfordert der Erlass der Gefahrenabwehrverordnung das Vorliegen einer **abstrakten Gefahr**. Darin unterscheidet sich die abstrakt-generelle Verordnung von dem konkret-individuellen Verwaltungsakt. Eine abstrakte Gefahr liegt vor, wenn nach allgemeiner Lebenserfahrung oder den Erkenntnissen fachkundiger Stellen eine Sachlage vorliegt, die im Fall ihres Eintritts eine konkrete Gefahr begründet. Aktuell befasst sich die Rspr. vor allem mit Hundehaltungsverordnungen. Hier betont die Rspr., dass mit Blick auf das hohe Rechtsgut Leben und Gesundheit der Bürger, die vor gefährlichen Hunden geschützt werden müssen, der Verwaltung ein großer Einschätzungs- und Prognosespielraum zustehe. Im Hinblick darauf kann der Verordnungsgeber ein Verbot der Haltung bzw. einen Leinen- und Maulkorbzwang für bereits gehaltene Hunde (z.B. der Rasse American Staffordshire Terrier) anordnen, ohne die Möglichkeit der Widerlegung durch einen Wesenstest anzuordnen.[238] Allerdings bedarf es der Berücksichtigung aller Umstände des Einzelfalls.

> **Klausurhinweis:** In diesem Zusammenhang merken Sie sich bitte die aktuellen Rechtsprechungstendenzen zur Beurteilung der Rechtmäßigkeit von Verordnungen zum **Schutz vor gefährlichen Hunden**. Die Ordnungsbehörde eines Kurorts erlässt einen ganzjährigen Leinenzwang für alle Hunde, um Zusammenstöße mit Kurbesuchern und zwischen Hundebesitzern zu vermeiden. Allerdings wird der Kurort nur im Sommer von zahlreichen Kurgästen besucht, im Winter herrscht Ruhe und Zusammenstöße

---

236 *Dietlein/Burgi/Hellermann* § 3 Rn. 230.
237 Art. 42, 44 BayLStVG; § 23 PolG BW; § 55 ASOG Bln; §§ 25 f. OBG Bbg; § 1 I HmbHSOG; §§ 72–74 HSOG; § 17 SOG MV; § 55 I NdsSOG; §§ 26 f OBG NRW; § 43 POG RP; § 60 S. 1 SPolG; § 12 SächsPolG; § 94 I SOG LSA; § 175 LVwG SH, § 27 Thür OBG.
238 OVG Berlin-Brandenburg, Urt. v. 15.11.2007 – 5 A 1/06.

sind nicht zu erwarten. In einem solchen Fall müsste man das Vorliegen einer abstrakten Gefahr im Winter ablehnen. Im Übrigen wäre die Verordnung zulässig. Schließlich müsste man zur Frage der Teil- oder Gesamtnichtigkeit Stellung beziehen (Rechtsgedanke des § 139 BGB).

Eine **Bettelverordnung** verbietet sowohl aggressives Betteln unter Androhung körperlicher Gewalt, Einsatz derselben bei erfolglosen Bettelversuchen und Beleidigungen unbeteiligter Passanten, als auch stilles Betteln ohne verbale Äußerungen und ohne Körperkontakt mit Passanten. Aggressives Betteln ist strafrechtsrelevant (Beleidigung, Nötigung, Körperverletzung), zumindest ordnungswidrigkeitenrelevant (§ 118 OWiG), stellt möglicherweise eine unzulässige Sondernutzung der Straße dar und verletzt ggf. auch das allgemeine Persönlichkeitsrecht oder andere Individualrechte. Deshalb ist das Vorliegen einer abstrakten Gefahr auf unterschiedliche Weise begründbar. Problematisch ist indes das Vorliegen einer abstrakten Gefahr mit Blick auf stille Bettelei. Strafrechtsnormen scheiden regelmäßig aus, wenn man nicht einen besonderen Fall des Bettelbetrugs vorfindet. § 118 OWiG greift nur bei einer grob ungehörigen Handlung, die geeignet ist, die Allgemeinheit zu belästigen oder zu gefährden. Das schlechte Gewissen von Passanten ist dafür nicht ausreichend. Im Übrigen gibt es ein verändertes Moralverständnis, was in der Abschaffung des § 361 RStGB zum Ausdruck kommt. Schließlich liegen weder eine Sondernutzung noch eine Verletzung des allgemeinen Persönlichkeitsrechts vor. Eine abstrakte Gefahr scheidet insofern aus.

Der Erlass der Verordnung steht im **Ermessen** des Verordnungsgebers. Sie differenzieren wie gewohnt zwischen Entschließungs- und Auswahlermessen und prüfen Ermessensfehler. Klausurrelevante Begrenzungen im Rahmen des inhaltlichen Auswahlermessens ergeben sich vor allem aus dem Grundsatz der Verhältnismäßigkeit. Hier prüfen Sie die Grundrechte der betroffenen Adressaten. Die Verordnung muss weiterhin inhaltlich hinreichend bestimmt sein, also für den Adressaten angeben, welchen Regelungsbefehl er zu beachten hat. Dies ist nicht der Fall, wenn die Verordnung, ohne eine verbindliche Regelung zu treffen, allein die gesetzliche Ermächtigung wiederholt. Materiell setzt das Bestimmtheitserfordernis zudem voraus, dass die untersagte Handlung für den Adressaten präzise beschrieben wird. Unzulässig wäre etwa eine Bestimmung, die auf öffentlichen Straßen ein Verweilen »ausschließlich oder überwiegend zum Zweck des Alkoholgenusses verbietet, wenn dessen Auswirkungen geeignet sind, Dritte erheblich zu belästigen«.[239]

Und schließlich kommt es darauf an, dass die Verordnung mit **höherrangigem Recht** in Einklang steht. Sollte etwa ein »Kampfhundehalter« bei einer Maulkorbverordnung geltend machen, dass das Ausführen eines Kampfhundes mit Maulkorb dessen Wesen widerspreche und daher tierschutzwidrig sei, müssten Sie zu dieser – unsinnigen – Behauptung im Rahmen des denkbaren Verstoßes gegen höherrangiges (Tierschutz-)Recht Stellung beziehen.

2. Kapitel. Versammlungsrecht

119 Wenngleich in zahlreichen Aktenauszügen Fragen des Versammlungsrechts angesprochen werden, sind diese Klausuren vielfach nicht über das Versammlungsrecht zu lösen. In einigen Klausuren geht es vielmehr (nur) um die Abgrenzung zum allgemeinen Polizeirecht, das im Ergebnis einschlägig ist. In anderen Aufgabenstellungen kommen wiederum spezialgesetzliche Eingriffsbefugnisse, wie insb. die §§ 5, 15 VersG zum Tragen, die den Rückgriff auf das allgemeine Polizeirecht im Anwendungsbereich öffentlicher Versammlungen sperren (sog. »Polizeifestigkeit von Versammlungen«). In prozessualer Hinsicht wird die Rechtmäßigkeit versammlungsrechtlicher Verfügungen sehr häufig im Rahmen einer Fortsetzungsfeststellungsklage zu prüfen sein. Auf deren Besonderheiten sei nochmals ausdrücklich hingewiesen.[240] Zudem werden die Klausuren häufig in ein vorläufiges Rechtsschutzgesuch nach § 80 V 1 VwGO eingekleidet (insb.: vorläufiger Rechtsschutz gegen Auflagen nach § 15 I VersG).

---

239 VGH Mannheim NVwZ-RR 2010, 59.
240 Hierzu im Einzelnen *Kaiser/Köster* Die öffentlich-rechtliche Klausur im Assessorexamen, Rn. 209 ff.

2. Kapitel. Versammlungsrecht

A. Anwendungsbereich des Versammlungsgesetzes

Gelegentlich finden Sie im Aktenauszug Hinweise auf das VersG, dessen Anwendung zur Sperr- 120
wirkung gegenüber allgemein-polizeirechtlichen Ermächtigungen führt, soweit es sich um versammlungsspezifische Maßnahmen handelt. Beachten Sie, dass es sich bei diesen Hinweisen häufig um »Nebelkerzen« handelt. Stützt die Behörde ihre Maßnahme auf allgemeines Polizeirecht und trägt der Kläger/Antragsteller vor, die Maßnahme hätte nur nach dem spezielleren VersG ergehen dürfen, so müssen Sie im Rahmen der Ermächtigungsgrundlage zwischen beiden Regelungsmaterien etwa wie folgt abgrenzen:

> Ermächtigungsgrundlage für die behördliche Maßnahme ist § (...) LPolG. Danach kann die Polizei die notwendigen Maßnahmen treffen, um eine im Einzelfall bestehende, konkrete Gefahr für die öffentliche Sicherheit abzuwehren. Diese Norm ist entgegen der Auffassung des Klägers auch nicht durch die Vorschriften des Versammlungsrechts verdrängt. Dessen Bestimmungen verdrängen als besonderes Ordnungsrecht die polizeirechtliche Generalklausel nämlich nur in dem Umfang, wie das Versammlungsrecht tatsächlich Anwendung findet. Vorliegend ist der Anwendungsbereich des Versammlungsgesetzes indessen nicht eröffnet. (...).

Im Einzelnen: Spezialgesetzliche Ermächtigungen des VersG sperren den Rückgriff auf das allgemeine Polizeirecht nur für versammlungsbezogene Maßnahmen unter folgenden Voraussetzungen:

Übersicht: Anwendbarkeit des VersG

I. (P) Weitergeltung des VersG des Bundes gem. Art. 125a GG, solange nicht durch VersG des Landes ersetzt

II. Anwendbarkeit in **sachlicher** Hinsicht (§ 1 VersG): Zusammenkunft mehrerer Personen zu einem gemeinsamen Zweck
   1. Vorliegen einer Versammlung
      a) mehrere Personen: nach h.M. mind. zwei Personen; auch Ausländer (anders: Art. 8 GG – »Deutschengrundrecht«)
      b) gemeinsamer Zweck: (P) Abgrenzung Versammlung – Ansammlung
      c) qualitative Anforderungen an gemeinsamen Zweck: enger Versammlungsbegriff (h.M.)
   2. Öffentlichkeit (+), wenn Teilnahme jedermann möglich ist
   3. Abwehr versammlungsspezifischer Gefahren

III. Anwendbarkeit in **zeitlicher** Hinsicht/Prüfung z.T. unter Merkmal »versammlungsspezifische Gefahren«
   1. (P) Anwendbarkeit bei Vorfeldmaßnahmen nach Rspr. (–), sondern verfassungskonforme Auslegung der polizeirechtlichen Befugnisnorm
   2. Während Versammlung Anwendbarkeit (+)
   3. Nach Abschluss der Versammlung unstreitig VersG (–)

Durch die Föderalismusreform hat der Bund die **Gesetzgebungskompetenz** für das Versammlungsrecht (Art. 74 I Nr. 3 GG a.F.) verloren. Dieser Bereich fällt nunmehr in die ausschließliche Gesetzgebungskompetenz der Länder. Falls der Kläger vortragen sollte, es fehle an einer wirksamen Ermächtigungsgrundlage, merken Sie sich, dass die Vorschriften des VersG als Bundesrecht gem. Art. 125a I GG fortgelten, solange es an einer landesrechtlichen Ausgestaltung fehlt. Beachten Sie, dass einige Bundesländer zwischenzeitlich versammlungsrechtliche Bestimmungen erlassen haben (z.B. Bayern, Brandenburg) oder ggf. erlassen werden.

Zum Ersten muss der **sachliche Anwendungsbereich** des VersG eröffnet sein. Dieser bestimmt sich im Wesentlichen nach § 1 I VersG. Danach muss es sich um eine öffentliche Versammlung handeln. Eine Versammlung liegt vor, wenn mehrere Personen zu einem gemeinsamen Zweck an einem bestimmten Ort zusammenkommen.

- Das Merkmal »mehrere Personen« ist im Assessorexamen selten zu problematisieren. Nach zwischenzeitlich h.M. sind mindestens zwei Personen zur Annahme einer Versammlung er-

forderlich. Im Gegensatz zu dem als »Deutschengrundrecht« ausgestalteten Art. 8 I GG sind auch Versammlungen von Ausländern vom VersG erfasst (»jedermann«).
- Ein gemeinsamer Zweck fehlt, wenn die Betroffenen lediglich (gewissermaßen »jeder für sich«) denselben Zweck verfolgen. Dieses ist etwa bei Zuschauern von Sportgroßveranstaltungen oder Bürgern der Fall, die sich an einem politischen Informationsstand über die Standpunkte einer Partei informieren wollen. In diesen Fällen liegt keine Versammlung vor, weil den zufällig des Weges Kommenden ein einseitiges Informationsangebot gemacht wird.[241] Man spricht vielmehr von »Ansammlungen«, die nicht unter den Versammlungsbegriff fallen. Allerdings kann ausnahmsweise eine Versammlung gegeben sein, wenn konzeptionell Außenstehende zum Zweck der kollektiven Teilhabe an der öffentlichen Meinungsbildung einbezogen werden. Der Annahme einer Versammlung steht dann auch nicht entgegen, dass die Veranstaltung informative Elemente enthält.[242]
- Welche inhaltlichen **Anforderungen an den gemeinsamen Zweck** zu erheben sind, ist streitig. Nach neuerer Rspr. wird die Teilnahme an der kollektiven Meinungskundgabe verlangt (sog. enger Versammlungsbegriff). Problematisch wird die Abgrenzung bei solchen Veranstaltungen, die sowohl Elemente einer öffentlichen Meinungsbildung als auch Ausdruck eines bestimmten Lebensgefühls sind. Insoweit gilt: Zwar sind nicht nur Veranstaltungen geschützt, bei denen Meinungen verbal kundgegeben oder ausgetauscht werden, sondern auch solche, bei denen die Teilnehmer ihre Meinung zusätzlich oder ausschließlich auf andere Art und Weise (z.B. auch Sitzblockaden oder Schweigemärsche) ausdrücken. Daher kann z.B. eine Tanzveranstaltung eine Versammlung sein, sofern die Zusammenkunft dem Zweck der öffentlichen Meinungsbildung dient. Veranstaltungen hingegen, die ihrem Schwerpunkt nach der bloßen Zurschaustellung eines Lebensgefühls dienen oder eine unterhaltende Massenparty darstellen, sind keine Versammlungen.[243]

Abgesehen von §§ 3, 21, 23, 28 und 30 VersG setzen die Eingriffsbefugnisse des VersG voraus, dass die Versammlung »**öffentlich**« ist. Dieses ist der Fall, wenn sie für jedermann frei zugänglich ist, also nicht nur einen abgeschlossenen oder individuell abgegrenzten Personenkreis umfasst (wie z.B. bei einer Mitgliederversammlung).[244] Ist die Versammlung nichtöffentlich, wird nach h.M. auf das allg. POR zurückgegriffen, wobei die von der Generalklausel erfassten Schutzgüter im Hinblick auf Art. 8 I GG einschränkend auszulegen sind: Ein Eingriff nach der Generalklausel ist danach nur gerechtfertigt, soweit Grundrechte Dritter oder Werte mit Verfassungsrang geschützt werden müssen.

Schließlich greift das VersG (was in vielen Klausuren problematisiert wird) nur zum präventiven Schutz vor **versammlungsspezifischen Gefahren**. Damit sind Gefährdungen, die nur äußerlich im Zusammenhang mit einer Versammlung (Einsturz eines baufälligen Versammlungsraums, Gefahren nach § 1 JSchG) stehen, nicht nach Maßgabe des VersG zu lösen.[245]

Weitere Klausurprobleme ergeben sich aus dem **zeitlichen Anwendungsbereich** des VersG. Hierbei geht es etwa um die Frage, auf welcher Rechtsgrundlage Durchsuchungen von Personen erfolgen können, die auf dem Weg zu einer Versammlung sind (sog. Vorfeldmaßnahmen). Bitte merken Sie sich zum zeitlichen Anwendungsbereich des VersG folgende Übersicht:

---

241 BVerwGE 56, 63 (69); NJW 1978, 1933; NVwZ 2007, 1434 (1434).
242 BVerwG NVwZ 2007, 1434: Informationsstand »gegen die Militärintervention im Irak und anderswo«.
243 BVerfG NJW 2001, 2459 (2460) (Loveparade); BayVGH, Urt. v. 07.04.2009 – 10 BV 08.1494 (»Heidenspaß-Party am Karfreitag«).
244 *Meßmann* JuS 2007, 524 (525) m.w.N.
245 *Meßmann* JuS 2007, 524 (525), Fn. 15.

Übersicht: Zeitlicher Anwendungsbereich des VersG		
Vor Versammlungsbeginn	Während Versammlung	Nach Beendigung der Versammlung
»Vorfeldmaßnahmen« fallen nach h.M. nicht unter VersG, Eingriffe richten sich nach allg. POR	VersG unstreitig (+)	Nach erfolgter (!) Auflösung: VersG (–); Eingriffe nach allg. POR, da dann nur noch »Ansammlung« vorliegt. Ausnahme: Nach Auflösung entsteht »Folgeversammlung«

Ist der Anwendungsbereich des Versammlungsrechts eröffnet, können neben dem allgemeinen Polizei- und Ordnungsrecht auch andere gefahrenabwehrrechtliche Vorschriften verdrängt sein. Dieses gilt etwa für Vorschriften des Presse- oder Straßenverkehrsrechts. Letzteres spielt häufig bei Versammlungen unter freiem Himmel eine Rolle. Daneben werden auch die Vorschriften des BImSchG verdrängt. Dieses kann Klausurrelevanz entfalten, soweit es z.B. um die Benutzung von Lautsprechern geht.[246]

B. Ermächtigungsgrundlagen und Klausurtypen im Versammlungsrecht

Nach unseren Erfahrungen werden im Assessorexamen vorwiegend Aktenauszüge herausgegeben, in denen der Rechtsschutz gegen versammlungsrechtliche Maßnahmen bei Versammlungen unter freiem Himmel problematisiert wird (hierzu II.). Zuvor soll ein Überblick zu Rechtsschutzfragen gegen behördliche Maßnahmen bei Versammlungen in geschlossenen Räumen gegeben werden (I.).   121

I. Rechtsschutz gegen Maßnahmen bei Versammlungen in geschlossenen Räumen

Gegen Versammlungen in geschlossenen Räumen, also Örtlichkeiten, die seitlich begrenzt sind, richten sich die behördlichen Eingriffsbefugnisse nach dem zweiten Abschnitt des VersG (§§ 5 ff. VersG).   122

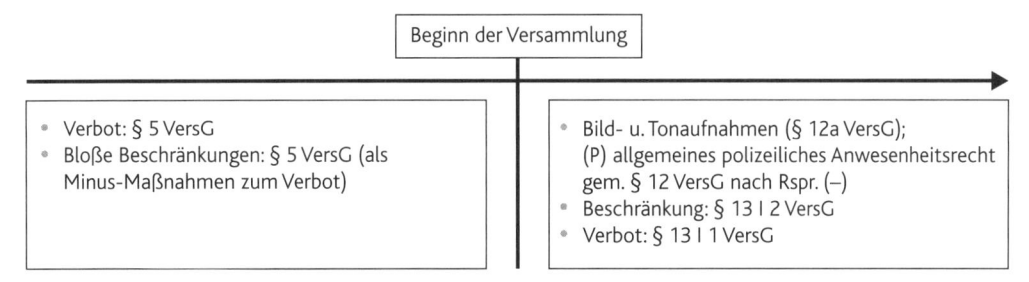

Beginn der Versammlung

- Verbot: § 5 VersG
- Bloße Beschränkungen: § 5 VersG (als Minus-Maßnahmen zum Verbot)

- Bild- u. Tonaufnahmen (§ 12a VersG); (P) allgemeines polizeiliches Anwesenheitsrecht gem. § 12 VersG nach Rspr. (–)
- Beschränkung: § 13 I 2 VersG
- Verbot: § 13 I 1 VersG

Neben den o.g. Ermächtigungsgrundlagen stellt sich zuweilen die Frage, ob der Polizei bei öffentlichen Versammlungen in geschlossenen Räumen ein auf § 12 S. 1 VersG gestütztes voraussetzungsloses Anwesenheitsrecht zusteht. Teilweise wird ein solches Anwesenheitsrecht unter Hinweis auf §§ 12, 29 I Nr. 8 VersG bejaht, zumal mit der bloßen Anwesenheit kein Grundrechtseingriff verbunden sei, so dass es einer Ermächtigungsgrundlage nicht bedürfe. Die Rspr. folgt dem nicht, da die Anwesenheit eine faktische Behinderung beinhalte und fordert deshalb eine ausdrückliche Ermächtigungsgrundlage. An einer solchen fehlt es aber: § 12 VersG regelt nämlich nur die Modalitäten der polizeilichen Anwesenheit.[247]

---
246 OVG Berlin-Brandenburg NVwZ-RR 2009, 370 (371).
247 BayVGH, Urt. v. 15.07.2008 BayVBl. 2009, 16.

II. Rechtsschutz gegen Maßnahmen bei Versammlungen unter freiem Himmel

123 Sehr klausurrelevant sind Maßnahmen gegen Versammlungen unter freiem Himmel. Die hierfür maßgebenden Ermächtigungsgrundlagen finden Sie in den §§ 15 ff. VersG.

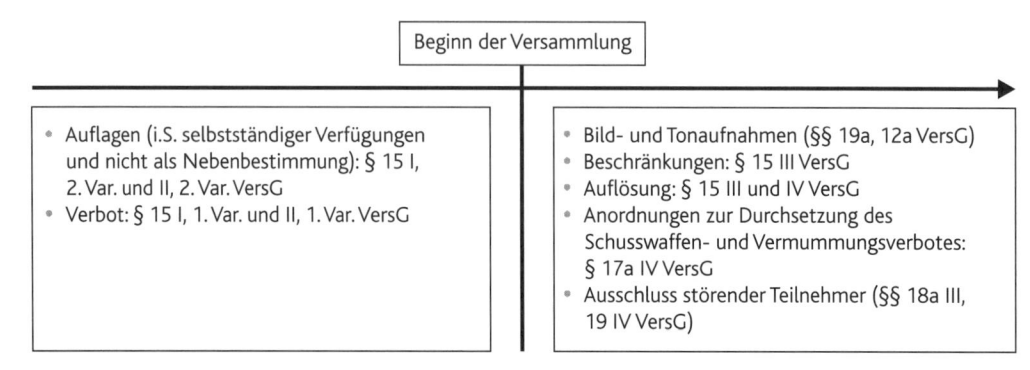

```
                          ┌─────────────────────────┐
                          │  Beginn der Versammlung │
                          └─────────────────────────┘
──────────────────────────────────┼──────────────────────────────────▶
```

- Auflagen (i.S. selbstständiger Verfügungen und nicht als Nebenbestimmung): § 15 I, 2. Var. und II, 2. Var. VersG
- Verbot: § 15 I, 1. Var. und II, 1. Var. VersG

- Bild- und Tonaufnahmen (§§ 19a, 12a VersG)
- Beschränkungen: § 15 III VersG
- Auflösung: § 15 III und IV VersG
- Anordnungen zur Durchsetzung des Schusswaffen- und Vermummungsverbotes: § 17a IV VersG
- Ausschluss störender Teilnehmer (§§ 18a III, 19 IV VersG)

1. Rechtsschutz gegen versammlungsrechtliche Maßnahmen vor Versammlungsbeginn

124 Innerhalb der Aktenauszüge aus dem Versammlungsrecht bildet der Rechtsschutz gegen versammlungsrechtliche Auflagen vor Beginn der Versammlung gem. § 15 I VersG die wohl häufigste Klausuraufgabe.

Übersicht: Rechtsschutz gegen versammlungsrechtliche Verfügungen gem. § 15 VersG

A. Prozessuale Fragen
I. Verwaltungsrechtsweg unproblematisch (+)
II. Statthafter Rechtsbehelf
  1) Im Hauptsacheverfahren
    a) Anfechtungsklage (§ 42 I VwGO) gegen Verfügungen gem. § 15 I – III VersG; »Auflage« keine Nebenbestimmung (kein (P) der isolierten Anfechtung);
    b) i.d.R. aber FFK analog § 113 I 4 VwGO, da Erledigung vor Klageerhebung; anderenfalls bei Erledigung nach Klageerhebung gem. § 113 I 4 VwGO
  2) Im vorläufigen Rechtsschutz (§ 80 V VwGO):
    a) § 80 V 1, 2. Var. VwGO, wenn Verfügung gem. § 15 I oder § 15 II VersG mit AOsofVz (§ 80 II 1 Nr. 4 VwGO) versehen bzw. gem. § 80 V 1, 1. Var. VwGO bei Maßnahme eines Polizeivollzugsbeamten (§ 80 II 1 Nr. 2 VwGO)
    b) § 80 V 1, 1. Var. VwGO, wenn Verfügung gem. § 15 III VersG wegen Erledigung i.d.R. (−)
III. Klagebefugnis (Art. 2 I, Art. 8 GG); ggf. an Art. 19 III GG denken, wenn juristische Person des Privatrechts als Antragsteller auftritt
IV. Ggf. Vorverfahren
V. Ggf. Klagefrist (P) Klagefrist bzw. Verwirkung bei FFK
VI. Sofern FFK statthaft: berechtigtes Feststellungsinteresse aus
  1) schwerwiegender Grundrechtsbeeinträchtigung bzw. Rehabilitationsinteresse
  2) Wiederholungsgefahr, wenn unter im Wesentlichen unveränderten Umständen mit gleichartigem VA zu rechnen ist
VII. Beteiligtenfähigkeit häufig gem. § 61 Nr. 2 VwGO als Verein
B. Begründetheit des Rechtsbehelfs

Siehe folgende Übersicht

Der Standardfall im Examen ist ein Vorgehen gegen eine versammlungsrechtliche Auflage gem. § 15 I oder II VersG (z.B. in der Form, bestimmte Straßenrouten zu nutzen); denkbar ist daneben auch gerichtlicher Rechtsschutz gegen eine Auflösungsverfügung nach Beginn einer Versammlung (§ 15 III VersG). In beiden Konstellationen sind die Sachverhalte häufig eingekleidet in einen Antrag auf Gewährung vorläufigen Rechtsschutzes. **Statthaft** ist ein Antrag auf Wiederherstellung der aufschiebenden Wirkung eines Widerspruchs bzw. einer Anfechtungsklage gem.

§ 80 V 1 VwGO. Hauptsacheverfahren werden wegen eingetretener Erledigung häufig als Fortsetzungsfeststellungsklagen gemäß oder analog § 113 I 4 VwGO geführt.[248] Die Antragsbefugnis analog § 42 II VwGO folgt regelmäßig aus einer möglichen Verletzung des Art. 8 GG. Beachten Sie, dass häufig eingetragene Vereine als Antragsteller auftreten. Diese sind als rechtsfähiger Verein und damit als juristische Person des Privatrechts grundrechtsberechtigt (Art. 19 III GG).

In der **Begründetheit** des Rechtsbehelfs ist die Rechtmäßigkeit der versammlungsrechtlichen Verfügung zu erörtern.

Übersicht: Rechtmäßigkeit einer versammlungsrechtlichen Verfügung gem. § 15 VersG

A. **Formelle Rechtmäßigkeit**
  I. Zuständigkeit: Landesgesetzlich entweder (institutionell) Polizeibehörde oder Landrat
  II. Verfahren: § 28 I VwVfG (erfolgt häufig im Rahmen des sog. Kooperationsgesprächs)
  III. Form

B. **Materielle Rechtmäßigkeit**
  I. Anwendbarkeit des VersG (s.o.)
  II. Hinreichende Bestimmtheit (P) z.B. bei Straßenroutenauflagen oder Auflagen zur Nutzung bestimmter Kleidung
  III. Tatbestand
    1. Vorliegen eines Verbots- bzw. Auflösungsgrundes
      a) Verbot vor Versammlungsbeginn gem. **§ 15 I VersG**
        aa) Betroffenheit eines Schutzguts
          (1) Öffentliche Sicherheit
          (2) (P) öffentliche Ordnung; (P) insb. bei Kundgabe nationalsozialistischen Gedankenguts
        bb) Unmittelbare Gefahr (+), wenn hohe Schadenswahrscheinlichkeit auf ausreichender Tatsachengrundlage: (+), wenn Straftaten vom Veranstalter begangen oder gefördert werden; (+) bei massiver Unfriedlichkeit der Veranstaltung
      b) Verbot vor Versammlungsbeginn gem. **§ 15 II VersG** (lex specialis ggü. § 15 I VersG; daher ggf. vor § 15 I VersG zu prüfen)
        aa) geschützte Örtlichkeit (§ 15 II 1 Nr. 1, Satz 2–4 VersG)
        bb) Nach zur Zeit der Verfügung konkret feststellbaren Umständen Gefahr der Beeinträchtigung der Würde der Opfer (§ 15 II 1 Nr. 2 VersG)
    2. Versammlungsrechtliche Verantwortlichkeit (Störerbegriff): Grds. Veranstalter (§ 14 VersG), dessen Verantwortlichkeit ist nach allgemeinen polizeirechtlichen Kriterien zu beurteilen:
      a) Verhaltensstörer, wenn (–) ggf.
      b) Zweckveranlasser (P) Anwendbarkeit der Rechtsfigur im VersR nach h.M. (+); (P) Veranlassung subjektiv oder objektiv zu bestimmen?, wenn (–) ggf.
      c) Notstandspflichtiger?
  IV. Rechtsfolge
    1. Auflagen (§ 15 I, 2. Var. VersG; § 15 II, 2. Var. VersG) einschließlich Standardmaßnahmen nach allg. POR (als »sog. Minus-Maßnahme«), sofern nicht gezielt zur Beeinträchtigung der Versammlungsfreiheit (Art. 8 GG) eingesetzt
    2. Letztes Mittel: Verbot (§ 15 I 1 Var. VersG; § 15 II 1. Var. VersG)

Nach § 15 I VersG können eine Versammlung und ein Aufzug unter freiem Himmel verboten oder von bestimmten Auflagen abhängig gemacht werden, wenn nach den zur Zeit des Erlasses erkennbaren Umständen die öffentliche Sicherheit oder Ordnung bei deren Durchführung unmittelbar gefährdet ist.

Klausurhinweis: Falls Sie als **Anwalt** gegen Auflagen i.S.v. § 15 I VersG vorgehen möchten, ist dieses kein Problem der isolierten Anfechtbarkeit von Nebenbestimmungen. Versammlungsrechtliche Auflagen sind keine Nebenbestimmungen. Die Versammlung ist schließlich auch keine genehmigungs-

---

248 Zu den besonderen Sachentscheidungsvoraussetzungen der Fortsetzungsfeststellungsklage im Übrigen vgl. *Kaiser/Köster* Die öffentlich-rechtliche Klausur im Assessorexamen, Rn. 209 ff.

> bedürftige Veranstaltung (Art. 8 GG).²⁴⁹ Die Anmeldung nach § 14 VersG dient der Kooperation zwischen Polizei und Versammlung, ist aber keine regelnde Genehmigung.

In **formeller Hinsicht** ergeben sich wenig Klausurprobleme. Die Zuständigkeit ergibt sich vielfach aus dem Bearbeitervermerk. Andernfalls ist landesrechtlich entweder die Polizei im institutionellen Sinne oder der Landrat (Kreis) zuständig. Verfahrensrechtlich ist vor Erlass einer Auflage in aller Regel eine Anhörung gem. § 28 I VwVfG geboten. Diese erfolgt häufig im Rahmen des versammlungsrechtlich vorgesehenen Kooperationsgesprächs, in dem die zuständige Behörde dem Veranstalter die Gelegenheit gibt, zu den beabsichtigten Maßnahmen Stellung zu nehmen.

Materiell können sich Bestimmtheitsprobleme (§ 37 I VwVfG) ergeben, etwa wenn die Behörde eine Auflage erteilt, beim Aufzug »nur den östlichen Stadtteil« zu nutzen oder Auflagen zu äußeren Merkmalen erteilt (»kein festes Schuhwerk«). Maßstab ist auch hier, dass die Auflage für den Adressaten verständlich ist und ihm unzweideutig erkennbar wird, was zulässig oder verboten ist. Aus klausurtaktischen Gründen werden Sie vielfach davon ausgehen können, dass das Bestimmtheitsgebot gewahrt ist.

Tatbestandlich setzt eine Auflage gem. § 15 I VersG eine »unmittelbare Gefährdung der öffentlichen Sicherheit oder Ordnung« voraus. Der Begriff der **öffentlichen Sicherheit** umfasst die Unverletzlichkeit der Rechtsordnung, deren Schutzgüter insb. durch Strafgesetze (z.B. §§ 86a, 130 StGB) und auch durch Ordnungswidrigkeitentatbestände geschützt sind. Beachten Sie neben den Ihnen geläufigen strafrechtlichen Normen insb. auch die Verbotstatbestände des Vereinsgesetzes (§ 20 I VereinsG)²⁵⁰ oder die im VersG selbst normierten Strafvorschriften (Waffenführungsverbot gem. § 27 VersG, Uniformverbot gem. §§ 3, 28 VersG). Letzteres ist allerdings (insb. bei Versammlungen von Beamten oder Arbeitnehmern) ggf. einschränkend auszulegen. So liegt eine Verletzung der öffentlichen Sicherheit in Gestalt des Uniformverbots nicht vor, wenn Polizeibeamte für ihre dienstlichen Interessen unter Benutzung ihrer Dienstkleidung demonstrieren. Als examensrelevantes Schutzgut der öffentlichen Sicherheit sollten Sie sich auch die Sicherheit und Leichtigkeit des Straßenverkehrs als Bestandteil der Rechtsordnung merken. Diese spielen etwa dann eine Rolle, wenn durch Auflagen bestimmte Aufzugsrouten vorgegeben werden.²⁵¹

Materiell müssen Hinweise dafür vorliegen, dass ein Schutzgut bei der Durchführung des Aufzuges »**unmittelbar gefährdet**« ist. Dieser Begriff ist unter Beachtung grundrechtlicher Maßstäbe (Art. 8 I GG; Art. 5 I GG) auszulegen:²⁵² Daher kommen ein Verbot oder eine Auflage (erstens) nur zum Schutz von Gütern mit Verfassungsrang in Betracht. Zweitens muss die getroffene Gefahrenprognose auf ein nachweisbares Tatsachenmaterial gestützt werden.²⁵³ Bloße Verdachtsmomente und Vermutungen reichen nach der Rspr. nicht aus.²⁵⁴ Eine unmittelbare Gefahr für die öffentliche Sicherheit liegt etwa vor, wenn der Veranstalter nachweislich Straftaten unterstützt oder gewalttätige Auseinandersetzungen den Gesamtcharakter der Veranstaltung prägen.²⁵⁵

In Klausuren geht es häufig um solche Fälle, in denen Parolen (z.B. »Ausländer raus!«) im Grenzbereich zum Strafrecht propagiert werden. In der Klausur müssen Sie an dieser Stelle vor allem an die Vorschrift des § 130 StGB (Volksverhetzung) denken. Allerdings setzt das Versammlungsverbot eine hohe Wahrscheinlichkeit voraus, dass die strafrechtlich geschützten Rechtsgüter verletzt werden. Falls die Versammlungsbehörde lediglich vorträgt, es käme erfahrungsgemäß zur Begehung von Straftaten, reicht dies nicht aus. Dann kann die Versammlung nicht wegen einer (unmittelbaren) Gefahr für die öffentliche Sicherheit verboten werden; denk-

---

249 *Dietlein/Burgi/Hellermann* § 3 Rn. 299.
250 OVG Bremen, Beschl. v. 23.10.2005–1 A 144/05 (Versammlungsrechtliche Auflage, Bildnis Öcalans nicht zu zeigen).
251 *Proppe* Jura 2009, 298 (302).
252 BVerfG, Beschl. v. 04.09.2009 BeckRS 2009, 38659.
253 BVerfG NVwZ 1998, 834 (835).
254 BVerfG, Beschl. v. 04.09.2009 BeckRS 2009, 38659.
255 BVerfG NVwZ 2004, 90 (92).

bar ist dann allenfalls ein Verbot wegen der Gefahr für die öffentliche Ordnung. Ob auf dieses Schutzgut aber überhaupt zurückgegriffen werden kann, wenn die öffentliche Sicherheit nicht gefährdet wird, ist streitig. Diesen Streit sollten Sie allerdings kennen: Nach dem BVerfG ist ein Rückgriff auf das Schutzgut der öffentlichen Ordnung nicht zulässig, wenn wegen derselben Meinungsäußerungen die öffentliche Sicherheit nicht gefährdet ist.[256] Anders dagegen das OVG Münster: Danach soll ein Rückgriff auf das Schutzgut der öffentlichen Ordnung zulässig sein, da Ausländerfeindlichkeit mit dem GG schlechthin unvereinbar sei.[257] Konkret wird vom OVG Münster die Ansicht vertreten, dass die Verharmlosung der nationalsozialistischen Diktatur und die Verherrlichung ihrer Symbolfiguren eine Verletzung der öffentlichen Ordnung darstellt.[258]

Klausurhinweis: Wie Sie sich in der Klausur entscheiden, bleibt Ihnen überlassen. Falsch ist es aber jedenfalls nicht, zunächst im Hinblick auf die strenge Auffassung des BVerfG eine Gefahr für die öffentliche Sicherheit zu verneinen und anschließend in einem zweiten Schritt nach Erörterung des Problems darauf hinzuweisen, dass ein Rückgriff auf die öffentliche Ordnung unzulässig ist.

Häufiger finden Sie in Klausuren die Konstellation, in der der jetzige Antragsteller bereits bei früheren Veranstaltungen als Ordner eingesetzt wurde und bei diesen früheren Veranstaltungen Straftaten begangen wurden. In dieser Konstellation trägt die Behörde ggf. vor, dass allein deshalb mit der Begehung von Straftaten zu rechnen sei, weil in der Vergangenheit Rechtsverstöße aufgetreten seien. Die Rspr. ist bei einem dahingehenden Rückschluss zurückhaltend. Strafrechtlich relevante Vorkommnisse in der Vergangenheit rechtfertigen nicht ohne Weiteres die Annahme, dass bei der neuerlichen Demo wieder Straftaten begangen werden.[259]

Im Rahmen der **Störereigenschaft** müssen Sie prüfen, ob von den Teilnehmern der Versammlung mit hoher Wahrscheinlichkeit erkennbar Gefährdungspotenzial für Güter mit Verfassungsrang ausgeht. Häufig geht vom »Lager« des Veranstalters selbst eine solche Gefährdung nicht aus. Eine Verhaltensstörereigenschaft ist damit vielfach nicht begründbar. In solchen Fällen müssen Sie (zweitens) klären, ob der Veranstalter ausnahmsweise als Zweckveranlasser in Anspruch genommen werden kann. Dass diese Rechtsfigur gerade im Versammlungsrecht im Hinblick auf Art. 8 GG umstritten ist, dürfen Sie kurz andeuten.[260] Die Rechtsprechung erkennt allerdings den Zweckveranlasser jedenfalls dort an, wo die Gefahr subjektiv bezweckt wird, also bewusst oder zwangsläufig herbeigeführt wird.[261] Wenn auch dafür hinreichende Anhaltspunkte nicht vorliegen, müssen Sie schließlich (drittens) prüfen, ob eine Inanspruchnahme nach den Voraussetzungen des polizeilichen Notstandes möglich ist. Dieser setzt voraus, dass gewalttätige Zusammenstöße zu befürchten sind, welche nicht durch Maßnahmen gegen die gewaltbereiten (Gegen-)Demonstranten abgewendet werden können. Hierbei muss die Versammlungsbehörde auch prüfen, ob ein polizeilicher Notstand durch eine Veränderung der Versammlungsmodalitäten entfallen kann, ohne dass dadurch der Versammlungszweck vereitelt würde.[262] Sind die Voraussetzungen des polizeilichen Notstands gegeben, kann ausnahmsweise gegen die ganze Versammlung vorgegangen werden. Dieses setzt aber voraus, dass die Polizei auch mit einem hinreichend großen Aufgebot nicht in der Lage ist, ein gewalttätiges Aufeinandertreffen der Demonstranten zu verhindern.[263] Dieses ist nur in absoluten Ausnahmefällen denkbar. Daher ist wichtig, dass Sie bei der Anwendung dieser Figur eher zurückhaltend bleiben. Auch die Lösungsvorschläge gehen hierbei i.d.R. davon aus, dass bei Ausschluss der »normalen« Störereigenschaft und des Zweckveranlassers dann auch meistens der polizeiliche Notstand nicht gegeben ist.

---

256 BVerfG NVwZ 2006, 585 (586).
257 OVG Münster NVwZ 2002, 714.
258 Siehe auch hierzu *Dietlein/Burgi/Hellermann* § 3 Rn. 301.
259 BVerfG BayVBl. 2001, 624.
260 Hierzu *Schoch* Jura 2009, 360 (364) m.w.N.
261 VGH Mannheim DVBl 1996, 564.
262 BVerfGE 69, 315 (355); *Hoffmann-Riem* NVwZ 2002, 257 (263).
263 OVG Lüneburg, Beschl. v. 27.04.2009 – 11 ME 225/09.

> **Formulierungsbeispiel für ein Rechtsschutzverfahren gem. § 80 V 1 VwGO:** Der Antrag ist auch begründet.
>
> Zwar genügt die Anordnung der sofortigen Vollziehung dem aus § 80 III VwGO folgenden Begründungserfordernis, in dem (…).
>
> Bei der nach § 80 V VwGO vom Gericht vorzunehmenden eigenen Interessenabwägung überwiegt jedoch das Interesse des Antragstellers daran, seine für den (…) geplante Veranstaltung in der vorgesehenen und angemeldeten Form durchführen zu können. (…) Es sind für die Kammer keine konkreten Umstände erkennbar, dass mit hoher Wahrscheinlichkeit von den Teilnehmern der von dem Antragsteller angemeldeten Versammlung eine Gefahr ausgehen wird. (Ausführungen zum Verhaltensstörerbegriff).
>
> Der Antragsteller kann im Übrigen auch nicht als Zweckveranlasser angesehen und damit ausnahmsweise mit einer Verfügung belegt werden. Hierbei ist schon bedenklich, ob diese Rechtsfigur bei einer versammlungsrechtlichen Auflage überhaupt zur Anwendung gebracht werden darf. Nach ständiger Rechtsprechung kann eine Person nämlich ohnehin nur als Zweckveranlasser angesehen werden, wenn konkrete Anhaltspunkte dafür vorliegen, dass der vom Veranstalter angegebene Zweck nur Vorwand und die Provokation von Gegengewalt das eigentliche vom Veranstalter objektiv oder subjektive bezweckte Vorhaben ist. Hierbei darf nicht auf den verfassungsrechtlich noch tolerierbaren Inhalt der Demonstration als solcher abgestellt werden, sondern lediglich auf über den Inhalt hinausgehende, provokative Begleitumstände. Dementsprechende Begleitumstände liegen indessen nicht vor. (…).
>
> Schließlich kommt auch eine Inanspruchnahme des Antragstellers nach den Grundsätzen des sog. polizeilichen Notstands nicht in Betracht. (…).

Liegen die tatbestandlichen Voraussetzungen des § 15 I oder II VersG vor, kann die Behörde die notwendigen Maßnahmen treffen. Im Rahmen der **pflichtgemäßen Ermessensausübung** stellt sich vor allem die Frage evtl. Auswahlermessensfehler. Insb. müssen Sie prüfen, ob eine Ermessensüberschreitung wegen einer Verletzung des Grundsatzes der Verhältnismäßigkeit in Betracht kommt. Bevor die Behörde als letztes Mittel zum Verbot der Versammlung greift, muss die Behörde zunächst prüfen, ob weniger belastende Maßnahmen (z.B. die Auflage, bestimmte Straßenrouten zu wählen) in Betracht kommen. Zudem kommt ein Verbot einer Versammlung nicht allein wegen einer Verletzung der öffentlichen Ordnung in Betracht.

2. Rechtsschutz gegen versammlungsrechtliche Maßnahmen nach Versammlungsbeginn

125 Hat die Versammlung begonnen, scheidet ein präventives Verbot nach § 15 I und II VersG aus. In diesen Fällen kommt nur noch eine Auflösung nach § 15 III VersG in Betracht (nach Auflösung ist dann wieder das allg. POR anwendbar).

> **Übersicht: Rechtmäßigkeit einer versammlungsrechtlichen Auflösungsverfügung (§ 15 III VersG)**
>
> **A. Formelle Rechtmäßigkeit**
>   I. Zuständigkeit
>   II. Verfahren: Grds. § 28 I VwVfG; Ausnahme: § 28 II Nr. 4 VwVfG, wenn (wie häufig) Auflösung als Allgemeinverfügung
>   III. Form
>
> **B. Materielle Rechtmäßigkeit**
>   I. Anwendbarkeit des VersG (s.o.)
>   II. Bestimmtheit der Auflösungsverfügung: Auflösung muss eindeutig und unmissverständlich sein[264]
>   III. Tatbestand
>   1. Vorliegen eines Auflösungsgrundes
>   a) Nichtanmeldung (§ 14 VersG) (P) Spontanversammlung; (P) Eilversammlung

---
[264] *Dretlein/Burgi/Hellermann* § 3 Rn. 303.

- b) Abweichung von Angaben der Anmeldung
- c) Zuwiderhandlung gegen Auflagen
- d) Vorliegen der Voraussetzungen des § 15 I VersG: ggf. Inzidentprüfung
- e) Vorliegen der Voraussetzungen des § 15 II VersG: ggf. Inzidentprüfung
2. Versammlungsrechtliche Verantwortlichkeit (s.o.)

IV. Rechtsfolge
1. Ermessen (»kann«, sofern Fall des § 15 III VersG)
   - a) Verbot unverhältnismäßig, wenn lediglich Verstoß gegen Anmeldepflicht (§ 14 VersG); § 14 VersG verlangt zunächst Kooperation
   - b) Standardmaßnahmen aus POR als »Minus-Maßnahmen« zur Auflösung zulässig
   - c) Auswahlermessen bei Störermehrheit
2. Auflösungspflicht bei verbotener Versammlung (§ 15 IV VersG)

> Mit erfolgter Auflösung der Versammlung endet der Anwendungsbereich des VersG. Etwaige anschließende Maßnahmen gegen die Ansammlung (z.B. Einkesselung als Form der Ingewahrsamnahme) richten sich nach allg. POR, es sei denn, es bildet sich eine Folge-(spontan-)versammlung.

Im Fall des § 15 III VersG muss ein Auflösungsgrund vorliegen. Hierzu nennt § 15 III VersG verschiedene tatbestandliche Varianten:

- Zunächst sieht § 15 III VersG eine Auflösung bei **Nichtanmeldung** gem. § 14 VersG vor. Von der in dieser Vorschrift normierten Anmeldepflicht hat die Rspr. allerdings Ausnahmen entwickelt: Bei **Spontanveranstaltungen** besteht keine Anmeldepflicht nach § 14 VersG. Spontanveranstaltungen sind solche, die wegen ihrer herausragenden Aktualität ohne Vorlaufzeit unmittelbar aus Anlass eines besonderen Ereignisses stattfinden und bei denen deshalb eine Anmeldung tatsächlich unmöglich ist (Beispiel: Die Nachrichten berichten darüber, dass Israel versehentlich einen UN-Konvoi bombardiert hat. Bürger finden sich spontan zusammen, um gegen dieses Bombardement zu demonstrieren). Bei **Eilversammlungen** innerhalb von 48 Stunden zwischen Entscheidungszeitpunkt zur Abhaltung der Versammlung und ihrer Durchführung reduziert sich der Anmeldezeitraum. Bei einer Eilversammlung gilt damit die Anmeldepflicht, nur die 48-Stunden-Frist wird reduziert.
- Daneben kommt eine Auflösung in Betracht, wenn gegen die Auflagen der Anmeldung verstoßen wird.
- Klausurrelevant ist insb. die Versammlungsauflösung, wenn gegen die Voraussetzungen des § 15 I–II VersG verstoßen wird. Diese sind dann ggf. inzident zu prüfen.

Auch bei einer Auflösungsverfügung gem. § 15 III VersG stellen sich ähnliche Rechtsfolgenprobleme wie bei einer Verfügung nach § 15 I oder § 15 II VersG. Hier ist eine Verletzung des Grundsatzes der Verhältnismäßigkeit als Ermessensüberschreitung vor allem denkbar, wenn die Behörde eine Eilversammlung allein (!) wegen einer Verletzung der Anmeldepflicht nach § 14 VersG auflöst. Bei einer Spontanversammlung besteht ohnehin keine Anmeldepflicht (s.o.). Die in § 15 III VersG vorgesehene Rechtsfolge der »Auflösung« kann im Wege eines »Erst-Recht-Schlusses« auf weniger belastende Maßnahmen begrenzt werden. Denkbar sind vor allem Standardmaßnahmen (z.B. »Einkesselung« als Ingewahrsamnahme, Sicherstellung von Spruchbändern), für die als Ermächtigungsgrundlage auf § 15 III VersG i.V.m. §§ (...) PolG zu verweisen ist.

3. Kapitel. Öffentliches Baurecht

Öffentliches Baurecht spielt im Assessorexamen eine herausragende Rolle, weil neben materiellen Fragestellungen häufig dreipolige Streitverhältnisse zu klären sind, die besondere prozessuale Probleme aufwerfen. Weil baurechtliche Verfahren in der verwaltungsgerichtlichen Praxis eine

126

große Rolle spielen, finden die Prüfungsämter zudem eine ausreichende Menge geeigneter Klausurvorlagen. Die typischen Klausurkonstellationen sind Folgende:

- Eher selten wird die Prüfung der **Rechtmäßigkeit eines Bauleitplans** im Rahmen eines Normenkontrollverfahrens nach § 47 I Nr. 1 VwGO verlangt. Da sich allerdings nicht selten innerhalb eines Verpflichtungsklageverfahrens die Frage der Rechtmäßigkeit eines Bebauungsplans stellt, müssen Sie den nachfolgenden Abschnitt A zumindest in den Grundzügen beherrschen.
- Häufiger ist innerhalb gerichtlicher Entscheidungsentwürfe oder in Anwaltsklausuren die Erfolgsaussicht einer **Verpflichtungsklage eines Bauwilligen auf Erteilung einer Genehmigung** (ggf. auch Vorbescheides) zu beurteilen.
- Vereinzelt werden Klausurprobleme aus dem **Konfliktfeld des gemeindlichen Einvernehmens** nach § 36 BauGB zwischen Gemeinde und Baugenehmigungsbehörde aufgeworfen
- Der Standardklausurfall ist hingegen der **baurechtliche Nachbarstreit**, der im Examen sowohl als Hauptsacheverfahren (i.d.R. als Drittanfechtungsklage) oder als vorläufiges Rechtsschutzverfahren auftaucht.
- Schließlich ist häufiger (insb. im Rahmen eines Aktenvortrags) die **Rechtmäßigkeit einer Bauordnungsverfügung** zu prüfen.

A. Rechtsschutz gegen Bauleitpläne

> **Klausurhinweis:** Im Examen kann der Rechtsschutz gegen Bauleitpläne problematisiert werden. Falls in der Klausur – was in diesem Zusammenhang am wahrscheinlichsten ist – die Rechtmäßigkeit eines Bebauungsplans zu klären ist, kommt entweder eine inzidente Überprüfung (insb. im Rahmen eines auf die Erteilung der Baugenehmigung gerichteten Verpflichtungsbegehrens), als auch eine prinzipale Normenkontrolle gem. § 47 I Nr. 1 VwGO in Betracht.[265] Nachfolgend wird zunächst die Normenkontrolle dargestellt (hierzu A.); anschließend die Verpflichtungsklage auf Erteilung der Baugenehmigung (hierzu B.).

I. Zulässigkeit des Normenkontrollantrags

> **Übersicht: Zulässigkeit des Normenkontrollantrags gem. § 47 I VwGO zur Überprüfung eines Bauleitplans**
>
> 1. **Zuständigkeit** des OVG/VGH »im Rahmen seiner Gerichtsbarkeit« (§§ 40 I, 47 VwGO)
> 2. **Statthaftigkeit** des Antrags (§ 47 I Nr. 1 VwGO) insb. (+), bei Bebauungsplan, Veränderungssperre, Innenbereichs- und Außenbereichssatzungen, Satzungen gem. § 25 BauGB; (P) Flächennutzungspläne mangels Satzungsqualität grds. (–), ausnahmsweise nach Rspr. (+), wenn durch Festsetzungen Sperrwirkung gem. § 35 III 3 BauGB ausgelöst wird
> 3. **Antragsbefugnis** (§ 47 II 1, 1. Hs. VwGO): Natürliche und juristische Personen müssen geltend machen können, durch die Vorschrift in ihren Rechten verletzt zu sein bzw. bald verletzt zu werden (Schutznormtheorie)
>   a) (+) beim Eigentümer (wg. § 1011 BGB auch beim Miteigentümer) eines Plangrundstücks, wenn Festsetzung des Bebauungsplans sein Grundstück betrifft; auch (+) beim obligatorisch Berechtigten, sobald eigentumsähnliche Stellung erworben
>   b) (+) beim Eigentümer außerhalb des Plangebiets oder beim nicht unmittelbar durch Festsetzung betroffenen Eigentümer, wenn Verletzung des Abwägungsgebots gem. § 1 VII BauGB, sofern drittschützende Abwägungsbelange betroffen
>   c) Antragsbefugnis von Gemeinden als jur. Person insb. (+), wenn Planungshoheit (Art. 28 II GG) betroffen; (P) bei Nachbargemeinden ggf. Antragsbefugnis aus interkommunalem Abwägungsgebot gem. § 2 II BauGB i.V.m. Art. 28 II GG (Planungshoheit); bei Behörden ggf. Antragsbefugnis gem. § 47 II 1 a.E. VwGO

---

[265] Zum Aufbau einer Normenkontrollentscheidung vgl. *Kaiser/Köster* Die öffentlich-rechtliche Klausur im Assessorexamen, Rn. 299 ff.

4. Antragsfrist (§ 47 II 1 VwGO n.F.).: Ein Jahr nach Bekanntgabe, nicht mehr zwei Jahre
5. Keine Präklusion (§ 47 II a VwGO); (P) Formelle Präklusionswirkung nur bei ordnungsgemäßen Hinweisen
6. Richtiger Antragsgegner (§ 47 II 2 VwGO): Gemeinde, die die Satzung erlassen hat; gem. § 246 V BauGB gilt auch Hamburg als Gemeinde
7. Nur ausnahmsweise ansprechen: Postulationsfähigkeit des Antragstellers (§ 67 I VwGO)
8. Rechtsschutzbedürfnis (+), wenn durch Nichtigkeitserklärung Rechtsstellung des Antragstellers verbessert werden kann; (P) bei bereits erfolgter Verwirklichung des Bebauungsplans: In der Klausur wohl allenfalls teilweise Verwirklichung: Dann RSB (+)

1. Statthaftigkeit des Antrags (§ 47 I Nr. 1 VwGO)

Nach § 47 I Nr. 1 VwGO können Satzungen nach dem BauGB durch eine prinzipale Normenkontrolle überprüft werden. Neben dem Hauptanwendungsfall des Bebauungsplans (§§ 8, 10 BauGB) fallen hierunter u.a. der vorhabenbezogene Bebauungsplan (§ 12 BauGB), die Veränderungssperre (§§ 14, 16 I BauGB), Satzungen zur Begründung eines gemeindlichen Vorkaufsrechts (§ 25 BauGB), Innenbereichssatzungen (§ 34 IV BauGB) oder Satzungen zur Bestimmung des Außenbereichs (§ 35 VI BauGB).[266]

Problem: Flächennutzungsplan als zulässiger Antragsgegenstand

Der Flächennutzungsplan, der im Gegensatz zum Bebauungsplan eine bloß verwaltungsinterne Bedeutung als vorbereitender Bauleitplan (vgl. § 1 II BauGB) entfaltet, wird demgegenüber grds. von § 47 I Nr. 1 VwGO nicht erfasst. Nur für solche Darstellungen im Flächennutzungsplan, die die Sperrwirkungen des § 35 III 3 BauGB erzeugen, hat das BVerwG die Statthaftigkeit des Antrags analog § 47 I Nr. 1 VwGO bejaht[267] und sich im Interesse einer bundeseinheitlichen Regelung gegen eine z.T. befürwortete analoge Anwendung des § 47 II Nr. 2 VwGO ausgesprochen.

Klausurhinweis: Diese Rechtsprechung ist für Anwaltsklausuren ausgesprochen wichtig. Wird etwa ein potenzieller Investor beraten, sollten Sie bei einer entsprechenden vorbereitenden gemeindlichen Bauleitplanung die Darstellung nach § 35 III 3 BauGB – also i.d.R. die Ausweisung einer Konzentrationszone für Windkraft – zum Gegenstand einer Normenkontrolle machen, um zu verhindern, dass diese eine Sperrwirkung erzeugt. Wichtig ist in einer Klausur, dass Sie deutlich machen, dass und inwieweit die Ausweisung Sperrwirkungen erzeugt und damit in Abweichung zur traditionellen Auffassung eine Normenkontrolle sachlich gerechtfertigt ist.

2. Antragsbefugnis gem. § 47 II VwGO

Zentrales Zulässigkeitsproblem ist regelmäßig die Antragsbefugnis gem. § 47 II VwGO, wonach in Anlehnung an § 42 II VwGO jeder antragsbefugt ist, der geltend macht, durch den Bebauungsplan in eigenen Rechten verletzt zu sein oder in absehbarer Zeit verletzt werden zu können. Die Möglichkeit einer eigenen Rechtsverletzung ist bei natürlichen und juristischen Personen gegeben, wenn der Bebauungsplan die planungsrechtliche Situation des Grundstücks verschlechtert, also z.B. die Nutzungsmöglichkeiten beschränkt oder verschlechtert.[268]

Der **Eigentümer eines im Plangebiet liegenden Grundstücks** ist antragsbefugt, wenn die planungsrechtliche Situation durch den Bebauungsplan zu seinem Nachteil verändert oder beeinträchtigt wird.[269] Dieses ergibt sich daraus, dass der Bebauungsplan eine Inhalts- und Schrankenbestimmung (Art. 14 I 2 GG) darstellt, die auf einer rechtmäßigen Norm beruhen muss.[270] Darüber hinaus kann auch die Festsetzung für Nachbargrundstücke eine Rechtsverletzung be-

---

[266] Eine zusammenfassende Aufstellung zulässiger Verfahrensgegenstände finden sie in *Kopp/Schenke* § 47 VwGO Rn. 21.
[267] BVerwG NVwZ 2007, 1081; *Schenke* NVwZ 2007, 134; *Jeromin* NVwZ 2006, 1374.
[268] *Dürr* JuS 2007, 521 (522) m.w.N.
[269] BVerwG NVwZ-RR 1998, 732; *Kintz* Rn. 350.
[270] Posser/Wolff/*Giesberts* § 47 VwGO Rn. 39.

gründen, wenn der Plan Auswirkungen auf die Rechte des Antragstellers hat. Dieses können Sie annehmen, wenn der Eigentümer auch gegen ein Vorhaben auf dem Nachbargrundstück gem. § 42 II VwGO klagebefugt wäre, etwa wegen der Betroffenheit aus immissionsschutzrechtlichen Belangen.[271] Nicht antragsbefugt ist demgegenüber grds. der nur obligatorisch Berechtigte, es sei denn, er hat (infolge Besitzübergang und Eintragung einer Auflassungsvormerkung bzw. Antrag auf Eigentumseintragung beim Grundbuch) eine eigentümerähnliche Stellung erworben.[272]

Der **Eigentümer eines außerhalb des Plangebiets** liegenden Grundstücks oder der nicht unmittelbar durch die Planfestsetzung betroffene Eigentümer eines Plangrundstücks kann sich zur Begründung der Antragsbefugnis auf eine mögliche Verletzung des Abwägungsgebots gem. § 1 VII BauGB berufen, sofern drittschützende Abwägungsbelange betroffen sind.[273] Wann ein Belang abwägungserheblich ist, ist eine Frage des Einzelfalles. Die Antragsbefugnis hängt u.a. von der planerischen Konzeption des Plans und der Bestimmtheit der Festsetzungen, aber auch von Anzahl, Lage, Größe und dem räumlichen Zusammenhang der Grundstücke ab, die Gegenstand der Planung sind.[274] Eine Antragsbefugnis wurde z.B. bejaht für das Interesse eines in der Nachbarschaft rechtmäßig vorhandenen emittierenden Betriebs vor heranrückenden schutzbedürftigen Wohnbebauungen.[275]

Gemeinden sind als juristische Personen des öffentlichen Rechts u.a. antragsbefugt, wenn die zur Überprüfung gestellte Vorschrift das gemeindliche Selbstverwaltungsrecht nach Art. 28 II GG beeinträchtigt. Dieses ist vor allem bei einer Einschränkung der gemeindlichen Planungshoheit der Fall.[276] Klausurrelevant ist insb. die Verletzung des interkommunalen Abstimmungsgebots (§ 2 II BauGB), das dem Abwägungsgebot nach § 1 VII BauGB vorgeht. An das interkommunale Abstimmungsgebot sollten Sie insb. denken, wenn sich eine Nachbargemeinde gegen Bebauungspläne einer angrenzenden Gemeinde wehrt.[277] Diese müssen nicht zwingend unmittelbar an das Gemeindegebiet der Nachbargemeinde angrenzen.[278] Hiernach ist jedenfalls dann eine Antragsbefugnis gegeben, wenn die Belange der antragstellenden Gemeinde bei der Planaufstellung nicht hinreichend berücksichtigt und bestehende Konflikte nicht angemessen gewürdigt wurden.[279] Dieses ist z.B. dann gegeben, wenn die Gemeinde bereits eine hinreichend konkrete eigene Planung hat, die eine materielle Abstimmung erfordert. In der Klausur können Sie mit der Rechtsprechung eine Verletzung des interkommunalen Abstimmungsgebots bejahen, wenn sich aus dem Bebauungsplan der Nachbargemeinde Auswirkungen gewichtiger Art für die Planungshoheit der antragstellenden Gemeinde ergeben, z.B. indem sie ohne vorherige Abstimmung angrenzend an das Gemeindegebiet störende Anlagen an der Gemarkungsgrenze ausweist oder der Bebauungsplan der Nachbargemeinde die »grüne Lunge« der Kommune (Naherholungsgebiet) gefährdet. Derzeit wird eine Verletzung des interkommunalen Abstimmungsgebots zudem dann in Erwägung gezogen, wenn die Nachbargemeinde große Einkaufszentren oder Factory-Outlet-Center ausweist, die zu einem erheblichen Kaufkraftabfluss an die Nachbargemeinde oder zu einem »Ausbluten« der Innenstadt führt.[280]

Problem: Veräußerung des Grundstücks während des Normenkontrollverfahrens

Veräußert ein Grundstückseigentümer während des Normenkontrollverfahrens das Grundstück und führt der Erwerber den Rechtsstreit nicht in eigenem Namen fort, verbleibt es bei der Prozessführungsbefugnis des ursprünglichen Eigentümers (§ 173 VwGO i.V.m. § 265 II ZPO).[281]

---

271 Posser/Wolff/*Giesberts* § 47 VwGO Rn. 39.
272 *Kintz* Rn. 350 m.w.N.
273 BVerwG NJW 1999, 592; BVerwG, Beschl. v. 07.03.2007 4 BN 1/07 BeckRS 2007, 22634; Kopp/Schenke § 47 VwGO Rn. 47.
274 BVerwG Beschl. v. 07.03.2007 4 BN 1/07 BeckRS 2007, 22634.
275 BVerwG NVwZ 1991, 980; dieses und weitere Beispiel aus Giesbrecht, in: Posser/Wolff, VwGO, § 47 Rn. 41.1.
276 Kopp/Schenke § 47 VwGO Rn. 79.
277 Im Einzelnen hierzu *Kintz* Rn. 353.
278 VGH München, NVwZ 2000, 822.
279 Kopp/Schenke § 47 VwGO Rn. 79 m.w.N.
280 *Uechtritz* NVwZ 2004, 1025 (1026); *Kintz* Rn. 353.
281 BVerwG, Beschl. v. 01.08.2001 BauR 2002, 64.

Dann ist der ursprüngliche Eigentümer prozessführungsbefugt und im Rubrum aufzunehmen.[282]

3. Antragsfrist (§ 47 II 1 VwGO)

Gem. § 47 II 1 VwGO n.F. ist der Antrag binnen eines Jahres nach Bekanntgabe der Vorschrift zu stellen. Für diese nach § 57 II VwGO, § 222 I ZPO i.V.m. §§ 187 ff. BGB zu berechnende Ausschlussfrist kommt eine Wiedereinsetzung nicht in Betracht.[283] Hier tauchen die typischen Klausurprobleme (z.B. Fristende an Sonn- oder Feiertagen; § 222 II ZPO) wiederholt auf. Beachten Sie für vor dem 01.01.2007 in Kraft getretene Vorschriften, dass gem. § 195 VII VwGO die zweijährige Frist fortgilt. Für die Berechnung der Frist gilt § 57 VwGO; sie beginnt mit der Bekanntgabe der zu überprüfenden Vorschrift.

4. Keine Präklusion (§ 47 II a VwGO)

Der zum 01.01.2007 in Kraft getretene § 47 II a VwGO stellt eine besondere Ausgestaltung des Rechtsschutzbedürfnisses dar. Diese Norm soll die Beteiligungsrechte der Bürger im Verwaltungsverfahren betonen und den Rechtsschutz im Interesse der Investitions- und Rechtssicherheit auf ein sachgerechtes Maß begrenzen.[284] Rechtsfolge des § 47 II a VwGO ist die Unzulässigkeit des Normenkontrollantrags (prozessuale Präklusion);[285] diese Folge tritt jedoch nur ein, wenn ein entsprechender Hinweis nach § 3 II 2, 2. Hs. BauGB (ggf. i.V.m. § 13a II Nr. 1 oder § 13 II 2 BauGB) bereits in der Bekanntmachung von Ort und Zeit der öffentlichen Auslegung vorhanden war. Hierbei muss der Wortlaut des § 47 II a VwGO nicht wiedergegeben werden, wenn der Warnzweck anderweitig sichergestellt wird.[286]

> **Klausurhinweis:** Taktisch sollte Ihnen klar sein, dass eine auf § 47 VwGO zugeschnittene Klausur voraussichtlich nicht an der Zulässigkeit des Normenkontrollantrags scheitern wird. Daher müssen Sie bei entsprechendem Vortrag des Antragsgegners genau untersuchen, ob der v.g. Hinweis ordnungsgemäß enthalten war. Die Präklusion kann auch bei Anwaltsklausuren relevant werden: Weil es sich um eine formelle Präklusionsnorm handelt, sind Einwendungen im Rahmen eines Normenkontrollantrags ausgeschlossen; nicht hingegen im Rahmen einer verwaltungsgerichtlichen Inzidentkontrolle.[287]

5. Richtiger Antragsgegner

Richtiger Antragsgegner ist die Körperschaft, Anstalt oder Stiftung, die den Bauleitplan erlassen hat (§ 47 II 2 VwGO). Dieses ist für die Abfassung des Rubrums wichtig, wirft aber kaum Klausurprobleme auf.

6. Rechtsschutzbedürfnis

Vereinzelt tragen Antragsgegner vor, das Rechtschutzbedürfnis sei entfallen, weil bereits Baugenehmigungen erteilt worden sind. Richtig ist, dass im Fall der Unwirksamkeitsfeststellung des Bebauungsplans vorherige Baugenehmigungen wirksam bleiben. Dieses ergibt sich für rechtskräftige verwaltungsgerichtliche Verpflichtungen aus § 47 V 3 VwGO i.V.m. § 183 VwGO, die für bestandskräftige Verwaltungsakte analog angewendet werden. In diesen Fällen erzielt der Antragsteller durch den Kontrollantrag keinen Vorteil. Dies führt aber nur zum Wegfall des Rechtsschutzbedürfnisses, wenn der Plan vollständig »abgearbeitet« worden ist. Ist er

---

282 Zu den Auswirkungen der Veräußerung von streitbefangenen Grundstücken durch den Kläger vgl. *Kaiser/Köster* Die öffentlich-rechtliche Klausur im Assessorexamen.
283 OVG NRW BauR 2004, 1594.
284 BT-Drucks. 16/2496, S. 11.
285 *Starke* JA 2007, 488, 491.
286 OVG NRW NWVBl. 2009, 145 (146).
287 *Kintz* Rn. 353a m.w.N.

(wie voraussichtlich in Ihrem Aktenauszug) erst teilweise verwirklicht, bleibt das Rechtsschutzbedürfnis gegeben und der Antrag zulässig.

II. Begründetheit des Normenkontrollverfahrens

133 Der Normenkontrollantrag ist begründet, wenn der Bebauungsplan im Zeitpunkt der Entscheidung über den Antrag rechtsfehlerhaft ist. Dann ist er im Hauptsachetenor für unwirksam zu erklären (§ 47 V 2 VwGO): »*Der Bebauungsplan XY der Gemeinde Wedemark wird für unwirksam erklärt*«.

> **Klausurhinweis:** Zwischen der Drittanfechtungsklage gem. §§ 42 I, 113 I 1 VwGO und dem Normenkontrollantrag gem. § 47 I VwGO besteht ein wesentlicher Unterschied hinsichtlich des gerichtlichen Kontrollumfangs: Im Rahmen der Begründetheit der Drittanfechtungsklage prüfen Sie (nur), inwieweit der Kläger in seinen subjektiv-individuellen Rechten verletzt ist. Ist demgegenüber bei der Normenkontrolle nach § 47 VwGO die Hürde der Antragsbefugnis überwunden, erfolgt auf Begründetheitsebene eine von der subjektiven Rechtsverletzung des Antragstellers unabhängige umfassende Prüfung aller erheblichen Mängel im Rahmen einer objektiven Rechtmäßigkeitskontrolle. Merken Sie sich diesen wesentlichen Unterschied.[288]

1. Formelle Rechtmäßigkeit des Bebauungsplans

> **Übersicht: Formelle Rechtmäßigkeit eines Bebauungsplans**
>
> **a) Zuständigkeit der planenden Gemeinde**
> - Sachliche Verbandszuständigkeit (§§ 1 III, 2 I 1 BauGB); Organzuständigkeit des Rates richtet sich nach Gemeinderecht
> - Örtliche Zuständigkeit: Gemeindegebiet (§ 8 II i.V.m. § 5 I 1 BauGB)
>
> > Fehlerfolge: Beachtlichkeit (+), da weder § 214 BauGB, noch § 215 BauGB; ggf. Fehlerfolgen nach Kommunalrecht zu beurteilen
>
> **b) Ordnungsgemäßes Planaufstellungsverfahren**
> - Umweltprüfung einschließlich ordnungsgemäßer Darstellung im Umweltbericht (§ 2 IV BauGB)
>
> > Fehlerfolge: Verfahrensfehler (§§ 214 I 1 Nr. 1 bzw. 3, 3. Var., 215 I 1 Nr. 1 BauGB)
>
> - Frühzeitige Unterrichtung der Öffentlichkeit (§ 3 I BauGB) und Behörden (§ 4 I BauGB)
>
> > Fehlerfolge: Unbeachtlichkeit (§ 214 I 1 Nr. 2 BauGB e contrario)
>
> - Ordnungsgemäße Beteiligung der Öffentlichkeit (§ 3 II BauGB) und von Behörden (§ 4 II BauGB)
>
> > Fehlerfolge: bzgl. Verfahren: §§ 214 I 1 Nr. 2, 215 I 1 Nr. 1 BauGB; bzgl. Form (Begründungsgebot): §§ 214 I 1 Nr. 3, 215 I 1 Nr. 1 BauGB
>
> - Verfahrensfehlerfreie Ermittlung und Bewertung sonstiger Belange gem. § 2 III BauGB (Ermittlungsdefizit, Bewertungsausfall und Bewertungsfehleinschätzung; nicht: Fehler im Abwägungsergebnis, da letzteres materielle Rechtmäßigkeitsvoraussetzung)
>
> > Fehlerfolge: Verfahrensfehler (§§ 214 I 1 Nr. 1, § 215 I 1 Nr. 1 BauGB)

---

[288] U.a. *Kintz* Rn. 356 m.w.N.

c) Ordnungsgemäßes Abschlussverfahren

- Ordnungsgemäßer Satzungsbeschluss (§ 10 I BauGB); (P): Kommunalrechtliche Fehler, insb. Mitwirkungsverbote

  > Fehlerfolge: Formfehler (§ 214 I 1 Nr. 4 BauGB); bzgl. Mitwirkungsverbote GemR ggf. lex specialis

- Begründung (§ 9 VIII BauGB) mit zusammenfassender Erklärung (§ 10 IV BauGB)

  > Fehlerfolge: Begründungsfehler: Formfehler (§ 214 I 1 Nr. 3 BauGB); fehlende zusammenfassende Erklärung irrelevant

- Ggf. Genehmigung (§ 10 II 1 BauGB) beim selbstständigen, vorgezogenen und vorzeitigen Bebauungsplan

  > Fehlerfolge: Verfahrensfehler (§ 214 I 1 Nr. 3 BauGB; § 215 I 1 Nr. 1 BauGB)

- Bekanntmachung des Beschlusses über den Bebauungsplan (§ 10 III, IV BauGB)

  > Fehlerfolge: Formfehler (§ 214 I 1 Nr. 4, 3. Var. BauGB)

a) Zuständigkeit

Gem. §§ 1 III, 2 I BauGB liegt die sachliche Verbandskompetenz für den Erlass eines Bebauungsplans bei der Gemeinde. Örtlich ist die Gemeinde berechtigt, die Bauleitplanung für das Gemeindegebiet zu erlassen. Die Organzuständigkeit liegt bei dem Rat.

Verstöße gegen die Zuständigkeitsvorschriften führen zur Unwirksamkeit des Bebauungsplans; die Vorschriften der §§ 214, 215 BauGB gelten nicht.

b) Ordnungsgemäßes Planaufstellungsverfahren

Im Rahmen der Ordnungsmäßigkeit des Planaufstellungsverfahrens dürften Probleme der **Umweltprüfung** einschließlich der ordnungsgemäßen Darstellungen im Umweltbericht (§§ 2 IV, 2a Nr. 2 BauGB) wenig klausurrelevant sein. Auch die als Verfahrensvorschrift vorgesehenen Unterrichtungsrechte der Öffentlichkeit (§ 3 I BauGB) und der Behörden (§ 4 I BauGB) sowie die entsprechende Beteiligungsrechte (§§ 3 II, 4 II BauGB) sollten Sie sich nur vollständigkeitshalber merken.

Klausurrelevant ist hingegen das Gebot der **Ermittlung und Bewertung der sonstigen Belange nach § 2 III BauGB**. Diese sind seit dem EAG Bau als Verfahrensvorschrift ausgestaltet und daher in der formellen Rechtmäßigkeit zu prüfen. Als Verfahrensgebot setzt § 2 III BauGB voraus, dass das relevante Abwägungsmaterial vollständig ermittelt wird und die ermittelten Belange ordnungsgemäß bewertet werden. Die möglichen Verfahrensfehler ergeben sich aus § 214 I Nr. 1 BauGB. Als verfahrensrelevante Fehler im Abwägungsvorgang müssen Sie unterscheiden:

- Beim **Abwägungsausfall** hat eine Abwägung überhaupt nicht stattgefunden;
- ein **Abwägungsdefizit** liegt vor, wenn ein beachtlicher Belang nicht in die Abwägung eingestellt worden ist. Als beachtliche Belange ist neben berechtigten Interessen Privater insb. das Gebot der interkommunalen Rücksichtnahme nach § 2 II 1 BauGB relevant;
- bei der **Abwägungsfehleinschätzung** wird ein relevanter Belang als zu gering bzw. bedeutungslos angesehen. Manchmal ist die Abgrenzung zwischen Abwägungsausfall und – fehleinschätzung problematisch. Beachten Sie, dass ein Abwägungsdefizit nur vorliegt, wenn ein wichtiger Belang übersehen worden ist; ist er hingegen gesehen worden, aber in der Bedeutung verkannt und deshalb nur unzureichend in die Abwägung eingestellt worden, liegt eine Abwägungsfehleinschätzung vor.

§ 214 I 1 Nr. 1 BauGB regelt die Beachtlichkeit eines Fehlers nach § 2 III BauGB wie folgt: Der Fehler ist beachtlich, wenn

- der Gemeinde dieser Belang positiv bekannt gewesen ist oder ihr hätte bekannt sein müssen,
- der Belang in wesentlichen Punkten nicht zutreffend ermittelt oder bewertet wurde,
- der Mangel ist (erstens) offensichtlich, ergibt sich also erkennbar aus den Akten, Entwürfen oder Planbegründungen oder öffentlichen Äußerungen und hatte (zweitens) Einfluss auf das Abwägungsergebnis. Letzteres ist dann gegeben, wenn die konkrete Möglichkeit vorliegt, dass ohne den Verfahrensfehler das Abwägungsergebnis anders ausgefallen wäre.

> **Hinweis:** Wichtig ist – insb. auch für die Darstellung der Entscheidungsgründe – dass Sie sich merken, dass die vg. Gesichtspunkte als mögliche Verfahrensfehler im Rahmen der formellen Rechtmäßigkeit zu prüfen sind, während die Frage der ordnungsgemäßen Abwägung der öffentlichen und privaten Belange gem. § 1 VII BauGB **im Abwägungsergebnis** eine materielle Rechtmäßigkeitsanforderung des Bebauungsplans ist.

c) Ordnungsgemäßes Abschlussverfahren

136 Sehr examensrelevant ist die Frage, ob ein **formell und materiell rechtmäßiger Satzungsbeschluss** (§ 10 I BauGB) vorliegt. An dieser Stelle spielen häufig die kommunalrechtlichen Vorschriften über die Rechtmäßigkeit von Ratsbeschlüssen eine Rolle. Hierzu werden Sie ggf. Hinweise im Aktenauszug finden. Vor allem können die gemeindeordnungsrechtlichen Ausschließungsgründe wegen möglicher Interessenkollision eine Rolle spielen. Für diese Fehler enthalten die Gemeindeordnungen vielfach Bestimmungen über die Heilung und die Unbeachtlichkeit von Fehlern, die als lex specialis §§ 214 f. BauGB vorgehen. Im Übrigen ist nach § 214 I 1 Nr. 4 BauGB ein Verstoß gegen § 10 I BauGB stets beachtlich, ohne dass eine Präklusion in Betracht kommt, da § 215 I Nr. 1 BauGB für Fehler nach § 214 I 1 Nr. 4 BauGB ausdrücklich nicht gilt.

Problem: Ausschließung von Ratsmitgliedern wegen Mitwirkungsverboten

Falls im Aktenauszug der Verlauf der Ratssitzung beschrieben und das Abstimmungsverhalten einzelner Ratsmitglieder gerügt wird, kann ein Klausurschwerpunkt in der Prüfung evtl. kommunalrechtlicher Mitwirkungsverbote liegen. Die Gemeindeordnungen enthalten regelmäßig Vorschriften, wonach ein Ratsmitglied an einer Entscheidung nicht mitwirken darf, wenn der Ratsbeschluss einem Ratsmitglied oder einem »Angehörigen« einen unmittelbaren Vorteil oder Nachteil bringen kann. Merken Sie sich hierzu folgende examensrelevanten Gesichtspunkte:

Übersicht: Kommunalrechtliches Mitwirkungsverbot bei evtl. Vor- oder Nachteilsbringung

(P) Formelle Rechtmäßigkeit des Ratbeschlusses; hier: Beschluss gem. § 10 I BauGB

I. Zuständigkeit
II. Verfahren: (P) Verstoß gegen kommunalrechtliches Mitwirkungsverbot
   1. Anwendbarkeit der gemeinderechtlichen Vorschriften über Mitwirkungsverbot
   2. Tatbestandliche Voraussetzungen des Mitwirkungsverbots
      a) beratende oder entscheidende Mitwirkung des Ratsmitglieds
      b) abstrakte Möglichkeit, dass getroffener Beschluss
         aa) einer bestimmten Person (»individuelles Sonderinteresse« nicht nur »Gruppeninteresse« erforderlich); beachte aber Ausschlussgründe
         bb) einen unmittelbaren (also aus dem Beschluss selbst oder seinem Vollzug)
         cc) materiellen oder immateriellen Vorteil – oder Nachteil (weit auszulegen)
         dd) bringen kann (also möglich ist)
   3. Rechtsfolgen richten sich nach kommunalrechtlichen Vorschriften (lex specialis zu §§ 214, 215 BauGB)
      a) Unrechtmäßiger Ausschluss eines Ratsmitglieds: Unwirksamkeit des Beschlusses
      b) Bei Nichtausschluss eines auszuschließenden Mitglieds: Grds. Rechtmäßigkeit und Wirksamkeit des Beschlusses, es sei denn Mitwirkung war für Abstimmungsergebnis entscheidend
      c) Wenn Unwirksamkeit danach (+): ggf. kommunalrechtliche Präklusionsnormen beachten (lex specialis zu §§ 214, 215 BauGB)
III. Form

Deutet der Aktenauszug darauf hin, dass eine Person an dem Aufstellungsbeschluss mitgewirkt hat, bei der eine Interessenkollision bestehen kann, müssen Sie im Rahmen der formellen Rechtmäßigkeit des Ratsbeschlusses inzident die kommunalrechtlichen Mitwirkungsverbote und evtl. daraus resultierende Rechtsfolgen erörtern. Nochmals: Diese Inzidentprüfung kann einen Klausurschwerpunkt bilden. Technisch gehen Sie in der vorstehenden Prüfungsfolge vor. **Tatbestandlicher** Schwerpunkt wird die Frage sein, ob der Beschluss der betroffenen Person einen unmittelbaren Vor- oder Nachteil bringen kann. Hierzu gilt Folgendes:

- Der Vorteil muss bei einem Ratsmitglied, einem Angehörigen (i.d.R. gemeindeordnungsrechtlich legaldefiniert) oder einem Vertretenen eintreten können;
- die Entscheidung muss der betroffenen Person einen »unmittelbaren« Vor- oder Nachteil bringen können. Unmittelbar bedeutet i.S. einer direkten Kausalbeziehung, dass der Vorteil nicht erst durch das Dazutreten weiterer Faktoren eintritt, sondern vielmehr durch den Beschluss selbst oder dessen Vollzug.[289] Vielfach scheitert in Klausuren das Mitwirkungsverbot gerade an diesem Gesichtspunkt. Diese Unmittelbarkeitsbeziehung wird allerdings nicht durch eine pflichtgemäße Ausführung des Beschlusses durch den Bürgermeister unterbrochen.
- Schließlich darf kein Ausnahmegrund eingreifen. Bedeutsam sind hierbei vor allem die Ausschlussgründe, wonach es nicht ausreicht, dass jemand einer »Berufs- oder Bevölkerungsgruppe« angehört, die insgesamt Vorteile erwarten kann. Der Vorteil muss damit gerade beim Ratsmitglied oder den Angehörigen eintreten.

Liegt ein Mitwirkungsverbot vor, erstreckt dieses sich auf das gesamte Verfahren einschließlich vorbereitender Beschlüsse. Verstöße gegen landesrechtlich vorgesehene Verfahrensvorschriften führen aber nur dann zur Unwirksamkeit des Bebauungsplans kraft Bundesrecht, wenn und soweit die Ratsmitglieder an Verfahrensschritten mitwirken, die bundesrechtlich zwingend vorgeschrieben sind. Dennoch kann die unzulässige Mitwirkung befangener Ratsmitglieder in früheren Verfahrensschritten einen Fehler im Abwägungsvorgang auslösen und den Satzungsbeschluss fehlerhaft machen.[290]

Bei den **Rechtsfolgen** eines Mitwirkungsverbots, die sich aus den Vorschriften der GemO, und nicht aus §§ 214 ff. BauGB ergeben, müssen Sie wie folgt unterscheiden: Während bloße Verstöße gegen Regelungen der Geschäftsordnung grds. keinen Einfluss auf die Wirksamkeit des Ratsbeschlusses haben, führt ein Verstoß gegen ein Mitwirkungsverbot zur Unwirksamkeit des Beschlusses, wenn die Mitwirkung, also gerade die Stimme des Mitwirkenden für das Abstimmungsergebnis ausschlaggebend gewesen ist. Beachten Sie allerdings, dass vielfach (z.B. § 54 IV GemO NRW) Präklusionsnormen gelten, die dazu führen können, dass nach Ablauf einer Frist (von einem Jahr) Verletzungen eines Mitwirkungsverbots nicht mehr geltend gemacht werden können. Dieses war bereits in Anwaltsklausuren zu berücksichtigen.

Dem Bebauungsplan ist eine **Begründung (§ 9 VIII BauGB)** mit den nach § 2a BauGB erforderlichen Angaben beizufügen. Ein Verstoß hiergegen ist nach § 214 I 1 Nr. 3, 1. Hs. BauGB zwar grds. beachtlich; eine Unbeachtlichkeit kommt aber in Betracht, wenn die Begründung des Bebauungsplans in unwesentlichen Punkten unvollständig ist (§ 214 I 1 Nr. 3, 2. Hs. BauGB).

Examensrelevant sind schließlich Fehler bei der **Bekanntgabe des Beschlusses** nach § 10 III 1 BauGB. Bekanntzugeben ist bei genehmigungspflichtigen Bebauungsplänen die Genehmigungserteilung und bei genehmigungsfreien Plänen der Beschluss über den Bebauungsplan durch die Gemeinde. Nicht bekannt zu machen ist der Plan selbst, dieser ist nach § 10 III 2, IV BauGB nur zur Einsicht bereit zu halten.

---

289 *Decker/Konrad* Öffentlich-rechtliche Assessorklausuren mit Erläuterungen, S. 145.
290 BVerwGE 79, 200 (203).

2. Materielle Rechtmäßigkeit des Bebauungsplans

Übersicht: Materielle Rechtmäßigkeit des Bebauungsplans

- Erforderlichkeit des Bebauungsplans für die städtebauliche Entwicklung und Ordnung (§ 1 III BauGB) – sehr examensrelevant –
- Anpassungspflicht an Ziele der Raumordnung (§ 1 IV BauGB)
- Entwicklungspflicht aus Flächennutzungsplan – Prinzip der Zweistufigkeit (§ 8 II–IV BauGB)
- Keine Verletzung des interkommunalen Rücksichtnahmegebots (§ 2 II BauGB) – sehr examensrelevant –
- Verwendung der zulässigen Festsetzungen der BauNVO (§ 9 BauGB)
- Ordnungsgemäße Abwägung der öffentlichen und privaten Belange im Abwägungsergebnis (§ 1 VII BauGB), insb. Konfliktbewältigung und Trennungsgebot (nicht im Abwägungsvorgang: insoweit formelle Rechtmäßigkeitsvoraussetzung) – sehr examensrelevant –

Von den vorstehenden Prüfungspunkten der materiellen Rechtmäßigkeit haben nach unserer Erfahrung folgende Fragen die größte Klausurrelevanz, so dass nur auf diese eingegangen wird.

a) Erforderlichkeit des Bebauungsplans (§ 1 III BauGB)

137 In der Klausur dürfte in materieller Hinsicht vor allem die Erforderlichkeit des Bebauungsplans (§ 1 III BauGB) zu erörtern sein. Aus der in Art. 28 II GG verbürgten gemeindlichen Planungshoheit folgt eine Planungsbefugnis aber auch eine Planungspflicht, wenn die Entwicklungs- und Ordnungsvorstellungen der Gemeinde dieses erfordern, eine Veränderung der baulichen Nutzung zu erwarten ist oder die Ordnung der räumlichen Entwicklung im öffentlichen Interesse liegt. Eine Planrechtfertigung kann vor allem in folgenden examensrelevanten Konstellationen fehlen:

- Falls mit der Planung allein das Ziel verfolgt wird, ein bestimmtes Vorhaben zu verhindern, der Planung aber keine oder nur eine vorgeschobene positive Planungsvorstellung zugrunde liegt (sog. reine »Negativplanung« bzw. Verhinderungsplanung). Aktuell wird dieses Problem gerade bei der (Verhinderungs-)planung von Windenergieanlagen virulent;
- wenn mit einer reinen Gefälligkeitsplanung nur das Ziel verfolgt wird, private Interessen zu befriedigen;[291]
- nicht mehr erforderlich i.S.d. § 1 III BauGB ist der funktionslose Bebauungsplan, wenn die Verhältnisse, auf die sich die Planung bezieht, tatsächlich einen Zustand erreicht haben, der eine Verwirklichung der Planungsziele auf unabsehbare Zeit ausschließt.

Beachten Sie, dass sich nach der Rspr. das Planungsermessen zu einer Planungspflicht verdichten kann, wenn qualifizierte städtebauliche Gründe von besonderem Gewicht vorliegen.[292] Diese Anpassungspflicht kann auch aus dem interkommunalen Abstimmungsgebot erwachsen, z.B. wenn großflächige Einzelhandelsbetriebe angesiedelt werden sollen, die zu erheblichen nachteiligen städtebaulichen Auswirkungen auf Nachbargemeinden führen.

Wird gegen den Grundsatz der Planrechtfertigung verstoßen, ist der Bebauungsplan unwirksam. Bauvorhaben sind dann am Maßstab der §§ 34, 35 BauGB zu messen. Merken Sie sich dieses für Verpflichtungsklageverfahren, in denen der Kläger die Unwirksamkeit des Bebauungsplans geltend macht.

b) Keine Verletzung des interkommunalen Rücksichtnahmegebots (§ 2 II BauGB)

138 Größere Bedeutung für Klausuren hat auch die Verletzung des interkommunalen Rücksichtnahmegebots nach § 2 II BauGB. Stellt eine Gemeinde einen Bebauungsplan auf, von dem »unmittelbare Auswirkungen gewichtiger Art auf das Gebiet der Nachbargemeinde« ausgehen können, führt dieses zu einer interkommunalen Abstimmungspflicht i.S.d. § 2 II BauGB.[293] Die Überlegung ist, dass eine Gemeinde, die sich objektiv in einer Konkurrenzsituation zu einer anderen Gemeinde befindet, von ihrer Planungshoheit nicht rücksichtslos zum Nachteil der Nachbargemeinde Gebrauch machen darf.[294] Das Abstimmungsgebot begründet einen materiellen An-

---

291 OVG Koblenz NVwZ 1986, 937.
292 BVerwG, Urt. v. 17.09.2003 – 4 C 14.01.
293 BVerwG NVwZ 1995, 694; VGH München NVwZ 2000, 822 (823).
294 OVG Münster, Urt. v. 06.06.2005 BeckRS 2005 28071.

spruch auf Abstimmung, der auf Rücksichtnahme und Vermeidung unzumutbarer Nachteile für die Nachbargemeinde gerichtet ist; Richtung und Gehalt des Abstimmungsvorgangs ergeben sich dabei aus den Wertungen des § 1 V und VI BauGB.[295]

An das interkommunale Abstimmungsgebot sollten Sie denken, wenn die Nachbargemeinde ein großflächiges Einkaufszentrum oder factory-outlet-center (Einkaufszentrum i.S.d. § 11 III Nr. 1 BauNVO) plant, das zu einem wesentlichen Kaufkraftabfluss führt. Zudem wird das interkommunale Abstimmungsgebot bei der Planung von großen Freizeiteinrichtungen (z.B. Multiplexkinos) relevant.

c) Ordnungsgemäße Abwägung (§ 1 VII BauGB)

Klausurhinweis: Es ist bereits darauf hingewiesen worden, dass die ordnungsgemäße Abwägung sowohl formelle als auch materielle Komponenten hat. Aufgrund des EAG Bau prüfen Sie im Rahmen der materiellen Rechtmäßigkeit nur noch die sog. Abwägungsdisproportionalität, die übrigen Gesichtspunkte werden von der Verfahrensgrundnorm des § 2 III BauGB erfasst und sind im Rahmen der formellen Rechtmäßigkeit zu prüfen.

- Abwägungsausfall
- Abwägungsdefizit   } Als Ausfluss der Verfahrensgrundnorm (§ 2 III BauGB) als Problem der formellen Rechtmäßigkeit zu prüfen
- Abwägungsfehleinschätzung

- Abwägungsdisproportionalität } Problem der materiellen Rechtmäßigkeit

Eine Abwägungsdisproportionalität liegt vor, wenn der Ausgleich zwischen einzelnen Belangen in einer zu ihrer objektiven Gewichtigkeit außer Verhältnis stehenden Weise vorgenommen wird. Soll heißen: Werden in der endgültigen Planungsentscheidung bestimmte Belange so gewürdigt, dass sie ihrem objektiven Gewicht nicht gerecht werden, ist der Beschluss materiell rechtsfehlerhaft. Klausurrelevant ist hierbei das Trennungsprinzip nach § 50 BImSchG, das eine räumliche Trennung zwischen ausschließlich oder überwiegend dem Wohnen dienenden Gebieten von emittierenden Anlagen verlangt.[296] An diesen Grundsatz sollten Sie daher denken, wenn der Aktenauszug Hinweise darauf enthält, wonach die Beteiligten über die Notwendigkeit von »Pufferzonen« streiten.

B. Rechtsschutz gegen die Versagung einer Baugenehmigung

Klausurhinweis: Falls Sie über ein Rechtsschutzbegehren eines Bauwilligen auf Erteilung einer Baugenehmigung zu entscheiden haben, tauchen prozessuale Schwierigkeiten bei einem zweipoligen Streitverhältnis kaum auf, so dass der Schwerpunkt der Klausur typischerweise in der Begründetheit des Verpflichtungsbegehrens liegt. Angereichert werden diese Klausuren häufig mit Fragen der kommunalen Bauplanungssicherung (Veränderungssperre und Zurückstellung von Baugesuchen). Diese Klausuren laufen i.d.R. entweder als verwaltungsgerichtliche Klausur oder als Anwaltsklausur (Bauherrenmandat). Strukturell vergleichbar sind Klausuren, in denen nicht eine Baugenehmigung, sondern eine andere Genehmigungsart angestrebt wird, etwa die Erteilung eines Bauvorbescheides (in dem lediglich die bauplanungsrechtlichen Voraussetzungen beschieden werden) oder die Erteilung einer Teilbaugenehmigung.

I. Zulässigkeit der Verpflichtungsklage

Die vom Kläger begehrten Regelungen, nämlich die Feststellung, dass öffentlich-rechtliche Vorschriften dem Bauvorhaben nicht entgegenstehen und die Aufhebung des Bauverbots (präventives Verbot mit Erlaubnisvorbehalt), also der rechtsgestaltende Teil, werden durch die Baugenehmigung erteilt. Daher ist gegen die behördliche Ablehnung (und nach dem landesrechtlich ggf.

---

[295] *Jahn* JuS 2000, 590 (594).
[296] OVG NRW NWVBl. 2007, 20.

erforderlichen Widerspruchsverfahren) die Verpflichtungsklage (§ 42 I VwGO) statthaft. Die Klagebefugnis gem. § 42 II VwGO folgt aus der einfachgesetzlichen bauordnungsrechtlichen Anspruchsgrundlage für die Baugenehmigung; daneben aber auch aus der – wegen des Anwendungsvorrangs des einfachen Rechts aber i.d.R. nicht zu erörternden – grundrechtlichen Baufreiheit (Art. 14 I GG). Dieses sollten Sie im zweiten Examen allerdings nur in aller Kürze ansprechen.

Problem: Rechtsschutzbedürfnis bei entgegenstehenden privaten Rechten

Häufig wird in Aktenauszügen das Rechtsschutzbedürfnis einer Verpflichtungsklage mit dem Argument in Zweifel gezogen, der Bauwillige könne aus der begehrten Baugenehmigung keinen Nutzen ziehen, da er aus privatrechtlichen Gründen an der Umsetzung der Baugenehmigung gehindert sei. Merken Sie sich: Zwar können privatrechtliche Gründe (z.B. Nießbrauchs- oder Wegerechte) einer Bebauung entgegenstehen; dieses führt aber nur dann zur Unzulässigkeit der Klage, wenn die entgegenstehenden privaten Gründe offensichtlich sind. Im Rahmen der Verpflichtungsklage erfolgt damit lediglich eine Evidenzkontrolle. Ob privatrechtliche Titel tatsächlich durchgreifen, ist zivilgerichtlich zu prüfen.[297] In der Klausur wird der Kläger das private Recht bestreiten, so dass Sie (auch klausurtaktisch sinnvoll) mit dem Hinweis, das private Recht verhindere nicht offensichtlich die Nutzbarkeit der Genehmigung, das Rechtsschutzbedürfnis bejahen können. Darüber hinaus ist z.T. auch landesrechtlich geregelt, dass Baugenehmigungen »unbeschadet der privaten Rechte Dritter« erteilt werden.

Problem: Erledigung des Verpflichtungsbegehrens

Maßgebender Zeitpunkt für die Beurteilung der Sach- und Rechtslage ist der Zeitpunkt der mündlichen Verhandlung. Wenn sich die Sach- und Rechtslage im Klageverfahren zum Nachteil des Klägers ändert, z.B. weil ein nunmehr dem Vorhaben entgegenstehender Bebauungsplan erlassen wird, kommt eine Umstellung des Verpflichtungsbegehrens auf einen Fortsetzungsfeststellungsantrag (§ 113 I 4 VwGO analog) in Betracht. Das berechtigte Interesse an der Feststellung, dass die Ablehnung rechtswidrig gewesen ist, folgt i.d.R. aus dem Präjudizinteresse zur Vorbereitung eines Amtshaftungsverfahrens, in diesem Fall nach h.M. allerdings nur, wenn die Erledigung nach Klageerhebung eingetreten ist. Hierbei handelt es sich um eine stets zulässige Klageänderung durch Beschränkung des Klageantrags (§ 173 VwGO i.V.m. § 264 Nr. 2 ZPO).

> **Klausurhinweis:** Die im Fall des § 36 BauGB evtl. erforderliche notwendige Beiladung einer Gemeinde (§ 65 II VwGO) bzw. die einfache Beiladung eines Nachbarn (§ 65 I VwGO) ist keine Zulässigkeitsvoraussetzung. Falls Sie eine verwaltungsgerichtliche Aufgabenstellung vorfinden, müssen Sie insb. an folgenden Stellen an die Beiladung denken:
>
> - Im **Rubrum** wird der Beigeladene im Anschluss an den Beteiligten aufgeführt, an dessen Seite er tritt.
> - Im **Tenor** insb. bei der Kostenentscheidung: Sie erinnern sich, dass bei der Kostenentscheidung im Fall der Beiladung zwischen der Kostenpflicht gem. § 154 III VwGO und dem Kostenerstattungsanspruch gem. § 162 III VwGO zu unterscheiden ist.
> - Im **Tatbestand** ist deutlich zu machen, ob der Beigeladene einen Antrag gestellt hat oder sich nur das Vorbringen des (regelmäßig) Beklagten zu Eigen macht und hiervon ausgehend bei der Kostenentscheidung.
> - In der Darstellung der **Entscheidungsgründe** müssen Sie in Drittanfechtungskonstellationen i.d.R. den auf die Verletzung drittschützender Vorschriften reduzierten gerichtlichen Kontrollumfang berücksichtigen (s.u.).

---

297 VGH Mannheim NVwZ-RR 1995, 563.

3. Kapitel. Öffentliches Baurecht

II. Begründetheit der Verpflichtungsklage

> **Übersicht: Begründetheit der Verpflichtungsklage des Bauwilligen**
> 1. Anspruchsgrundlage aus der LBO; (P) Freistellungsverfahren *[hs: Baugenehmigung, §31 BauGB Ermessen auf Null reduziert? §§ BayBO]*
> 2. Bestehen einer Genehmigungspflicht nach LBO *[hs: Art. 55 BayBO]*
>   a) Vorliegen einer baulichen Anlage i.S.d. LBO *[hs: Art. 2 BayBO]*
>   b) Genehmigungsbedürftiges Vohaben: Errichtung, Änderung, Nutzungsänderung bzw. Abbruch (P) Landesrechtliche Besonderheiten
>   c) Keine Ausnahme von der Genehmigungspflicht (Genehmigungsfreistellung; Anzeigeverfahren) (P) vereinfachtes Genehmigungsverfahren; (P) Wegfall des Baugenehmigungserfordernisses, wenn Konzentrationswirkung anderer Genehmigungen *[hs: 57, 56, 58 BayBO]*
> 3. Formelle Genehmigungsvoraussetzungen (ggf. Prüfung vor Bestehen der Genehmigungspflicht) *[hs: 64, 53 I 1 BayBO]*
>   a) Ordnungsgemäßer Bauantrag einschl. Bauvorlagen bei zuständiger Behörde (i.d.R. untere Bauaufsichtsbehörde)
>   b) Beteiligung von Behörden und Trägern öffentlicher Belange; (P) gemeindliches Einvernehmen (§ 36 BauGB), wenn keine Identität von Bauaufsichtsbehörde und Gemeinde (Rspr.)
>   c) Beteiligung der Nachbarn *[hs: 66 BayBO]*
> 4. Materielle Genehmigungsvoraussetzungen: Vereinbarkeit mit öffentlich-rechtlichen Vorschriften
>   a) Vereinbarkeit mit Bauplanungsrecht, wenn Vorhaben i.S.d. § 29 BauGB
>   aa) Außer bei § 30 II BauGB: Keine entgegenstehende bauplanungssichernde Maßnahme (insb. keine wirksame (!) Veränderungssperre (§§ 14 ff. BauGB) oder Zurückstellung eines Baugesuchs (§ 15 BauGB)
>   bb) Zulässigkeit im Geltungsbereich eines qualifizierten Bebauungsplans (§§ 30 I, 31 BauGB)
>   cc) Zulässigkeit im Geltungsbereich eines einfachen Bebauungsplans (§ 30 III BauGB)
>   > Im Einzelnen Übersicht (s.u.)
>
>   dd) Zulässigkeit im unbeplanten Innenbereich (§ 34 BauGB)
>   > Im Einzelnen Übersicht (s.u.)
>
>   ee) Zulässigkeit im unbeplanten Außenbereich (§ 35 BauGB)
>   > Im Einzelnen Übersicht (s.u.)
>
>   ff) Zulässigkeit bei in Aufstellung befindlichen einfachen oder qualifizierten B-Plänen (§ 33 BauGB)
>   b) Vereinbarkeit mit Bauordnungsrecht
>   c) Vereinbarkeit mit sonstigen öffentlich-rechtlichen Vorschriften; (P) Schlusspunkttheorie

1. Anspruchsgrundlage

Der Kläger kann die Genehmigung beanspruchen, wenn öffentlich-rechtliche Vorschriften dem Vorhaben im Zeitpunkt der mündlichen Verhandlung (weil Verpflichtungsklage) nicht entgegenstehen. Die in den LBO'en enthaltenen Anspruchsnormen sehen als Rechtsfolge einen Rechtsanspruch auf Erteilung der Genehmigung vor. Nur ausnahmsweise kommt eine Ermessensentscheidung etwa bei Erteilung einer Befreiung gem. § 31 II BauGB in Betracht, wobei allerdings in der Klausur das Ermessen auf Null reduziert sein kann, wenn die tatbestandlichen Voraussetzungen für eine Befreiung vorliegen und weder öffentliche Belange oder nachbarliche Interessen der Befreiung entgegenstehen.[298] Die Prüfung dieser Ermessensreduzierung auf Null ist ggf. der Schwerpunkt anwaltlicher Klausuren.

141

---
[298] *Dürr* JuS 2007, 429 (430).

2. Bestehen einer Genehmigungspflicht

142 In einer Vielzahl von Aktenauszügen müssen Sie zunächst die Genehmigungsbedürftigkeit des Vorhabens klären. Diese Frage ist auch häufig Schwerpunkt in Aktenvorträgen. Hierbei legen Sie folgendes Prüfungsschema zugrunde:

> **Übersicht: Bestehen einer Genehmigungspflicht**
>
> - **Vorliegen einer baulichen Anlage i.S.d. LBO** (+), wenn Anlage
>   – aus Bauprodukten hergestellt
>   – und mit Erdboden verbunden ist; (P) auch (+), wenn überwiegend ortsfeste Nutzung
>   – ggf. fiktive bauliche Anlage nach Maßgabe der LBO
> - **Genehmigungsbedürftigkeit des Vorhabens**, wenn Errichtung, Änderung, Nutzungsänderung, ggf. Abbruch einer baulichen Anlage
> - **Besteht eine Ausnahme von der Genehmigungspflicht?** (+), wenn landesgesetzlich Ausnahme von der Genehmigungspflicht (+) oder beim sog. Freistellungsverfahren; Genehmigungspflicht aber (+) beim vereinfachten Genehmigungsverfahren (P) bei Konzentrationswirkung

Die Genehmigungspflicht setzt zunächst das **Vorliegen einer baulichen Anlage** voraus. Die LBO'en definieren diese als Anlagen, die aus Bauprodukten hergestellt und mit dem Erdboden verbunden sind, wobei letzteres auch dann angenommen werden kann, wenn die Anlage auf dem Erdboden ruht oder (sehr examensrelevant:) verwendungsspezifisch dazu bestimmt ist, überwiegend ortsfest benutzt zu werden (z.B. abgestelltes Werbefahrzeug; nicht hingegen das am Straßenverkehr teilnehmende Werbefahrzeug, das nur dem Straßenverkehrsrecht unterliegt). Neben diesen klassischen baulichen Anlagen werden in den LBO'en vereinzelt auch sonstige Anlagen kraft gesetzlicher Fiktion zur baulichen Anlage erklärt.

Haben Sie das Vorliegen einer bauliche Anlage bejaht, müssen Sie anschließend prüfen, ob ein genehmigungsbedürftiges Vorhaben geplant wird. **Genehmigungsbedürftig** sind die

- **Errichtung**, also die erstmalige Herstellung einer ortsfesten Anlage bzw. die Wiederherstellung einer zerstörten Anlage mit Baumaterialien,
- **Änderung**, also der Um-, Ausbau, der teilweise Abbruch oder die Erweiterung der baulichen Anlage,
- **Nutzungsänderung** einer baulichen Anlage, bei der die Zweckbestimmung der bisherigen Nutzung verändert wird.[299]

Sehr klausurrelevant sind die **Ausnahmen von der Genehmigungspflicht**, die jedoch, um das Prüfungsprogramm einer Klausur nicht zu sehr zu begrenzen, vielfach im Ergebnis nicht eingreifen. Sie müssen die Ausnahmen von der Genehmigungspflicht also vielfach prüfen, im Ergebnis aber i.d.R. ablehnen. Auch in Aktenvorträgen sind häufig die Ausnahmen von der Genehmigungsbedürftigkeit zu untersuchen; hier greifen die Ausnahmen allerdings vielfach im Ergebnis auch durch. Achten Sie wegen des Ringaustausches der Prüfungsämter stets darauf, welche Landesregelungen nach dem Bearbeitervermerk anzuwenden sind. Hier wird kein Detailwissen verlangt; die Punkte gewinnen Sie durch eine saubere Subsumtion der jeweiligen Vorschriften. Häufig geht es um das Vorliegen einer Werbeanlage, die vielfach landesrechtlich genehmigungsfrei ist.[300] Auch Mobilfunkantennen sind vielfach genehmigungsfrei.[301] Regelmäßig genehmigungsfrei sind auch »fliegende Bauten«, also solche, die geeignet und dazu bestimmt sind, an verschiedenen Orten aufgestellt und verlegt zu werden (z.B. Karusselle und Zirkuszelte).[302]

---

299 Landesrechtlich kann allerdings eine Ausnahme von der Genehmigungsbedürftigkeit von Nutzungsänderungen gelten. In NRW bedarf die Nutzungsänderung i.d.R. nur der schriftlichen Anzeige unter Vorlage der erforderlichen Bauvorlagen; § 2 Nr. 4c BürokratieabbauG I NRW.
300 Z.B. § 65 I Nr. 33 BauO NRW.
301 Z.B. nach § 65 I Nr. 18 BauO NRW.
302 Schmidt-Aßmann/Schoch/*Schoch* § 4 Rn. 221.

- Ist spezialgesetzlich eine **Konzentrationswirkung** der Genehmigung geregelt, bedarf es ggf. einer zusätzlichen Baugenehmigung nicht. Examensrelevant ist insb. die Konzentrationswirkung einer immissionsrechtlichen Genehmigung gem. §§ 4, 6, 13 BImSchG, die eine Baugenehmigung erfasst. Dort sind baurechtliche Vorschriften als »sonstiges öffentliches Recht« mit zu prüfen (§ 6 I Nr. 2 BImSchG). Der Vollständigkeit halber sollten Sie sich zudem merken, dass für Planfeststellungsbeschlüsse, die nicht in der LBO enthalten sind, eine Konzentrationswirkung nach § 75 I VwVfG eingreifen kann.
- Beim **vereinfachten Genehmigungsverfahren** besteht zwar keine Ausnahme von der Genehmigungspflicht, allerdings ist der Prüfungsumfang reduziert. In der Regel sind nur bauplanungsrechtliche Bestimmungen und die Kernvorschriften des Bauordnungsrechts zu prüfen. Probleme tauchen bei vereinfachten Genehmigungsverfahren vor allem im vorläufigen Rechtsschutz auf.

3. Formelle Genehmigungsvoraussetzungen

Die klausurrelevanten formellen Genehmigungsvoraussetzungen reduzieren sich (neben der Frage eines – ggf. vom Architekten zu stellenden – Antrags bei der zuständigen Behörde, die Baugenehmigung ist ein mitwirkungsbedürftiger Verwaltungsakt) regelmäßig auf die Frage der ordnungsgemäßen Beteiligung anderer Behörden, insb. dann, wenn die Genehmigung nur im Einvernehmen mit einer Gemeinde erteilt werden darf (§ 36 I 1 BauGB). 143

Problem: Gemeindliches Einvernehmen (§ 36 BauGB)

> **Hinweis:** Probleme des gemeindlichen Einvernehmens gem. § 36 I BauGB werden vor allem in zwei Konstellationen examensrelevant:
>
> - Innerhalb eines Verpflichtungsbegehrens eines Bauwilligen, wobei in dieser Konstellation gerade die Einvernehmensfiktion (§ 36 II 2 BauGB) eine Rolle spielen kann;
> - Im Spannungsverhältnis zwischen Gemeinde und Bauaufsichtsbehörde als Genehmigungsbehörde, falls diese über die Genehmigungsfähigkeit eines Vorhabens streiten (hierzu siehe unten).

Das gemeindliche Einvernehmen ist im bauaufsichtlichen Verfahren einschließlich der Teilgenehmigung und der Erteilung eines Bauvorbescheides erforderlich, wenn über die Zulässigkeit eines Vorhabens nach den §§ 31, 33–35 BauGB entschieden wird.[303] Zwischenzeitlich hat auch das BVerwG die lange strittige Frage, ob das Einvernehmenserfordernis auch bei Identität von Genehmigungsbehörde und Gemeinde gilt, beantwortet: Danach ist das Einvernehmenserfordernis allein auf den Fall zugeschnitten, dass es sich bei der Baugenehmigungsbehörde nicht um die Gemeinde bzw. eine Behörde der Gemeinde handelt.[304]

Nach § 36 II 2 BauGB wird das Einvernehmen fingiert, wenn die Gemeinde es nicht innerhalb von zwei Monaten nach Eingang des Ersuchens gegenüber der Genehmigungsbehörde verweigert. Problematisch ist der Beginn der nach §§ 187 I, 188 II BGB zu berechnenden Frist: Zwar beginnt die Frist erst, wenn die Antragsunterlagen vollständig sind; versäumt es die Gemeinde aber, im Rahmen ihrer Möglichkeiten auf die Vervollständigung hinzuwirken, gilt das Einvernehmen nach zwei Monaten als erteilt.[305]

> **Klausurhinweis:** Bei Anwaltsklausuren, in denen die Erfolgsaussichten eines auf Erteilung einer Baugenehmigung gerichteten Verpflichtungsbegehrens zu prüfen sind, ist die mit der Genehmigungsbehörde nicht identische Gemeinde notwendig beizuladen. Hierauf sollten Sie in den Zweckmäßigkeitserwägungen hinweisen und anschließend im praktischen Teil (Klageschrift) neben dem Sachantrag einen Antrag auf Beiladung der Gemeinde stellen. Im Erfolgsfall überwindet dann das Verpflichtungsurteil das fehlende Einvernehmen aufgrund der Rechtskrafterstreckung gem. § 121 i.V.m. §§ 63

---

[303] Daneben gilt das Einvernehmenserfordernis trotz der Konzentrationswirkung des § 13 BImSchG auch im immissionsschutzrechtlichen Genehmigungsverfahren; s.u.
[304] BVerwG DVBl. 2005, 192 (193).
[305] VGH München NVwZ-RR 2005, 787.

Nr. 3, 65 VwGO.[306] Beachten Sie für Anwaltsklausuren außerdem, dass die rechtswidrige Versagung des Einvernehmens für den Bauherrn Amtshaftungsansprüche auslösen kann. Hieran sollten Sie vor allem denken, wenn der Mandant wegen des verweigerten Einvernehmens Verzögerungsschäden geltend machen möchte.[307]

4. Materielle Genehmigungsvoraussetzungen

> **Übersicht: Materielle Genehmigungsvoraussetzungen (+), wenn andere öffentlich-rechtliche Vorschriften nicht entgegenstehen**
>
> a) Vereinbarkeit mit **Bauplanungsrecht**, wenn Vorhaben i.S.d. § 29 BauGB
>   - aa) Keine wirksame entgegenstehende bauplanungssichernde Maßnahme; insb. keine wirksame (!) Veränderungssperre (§§ 14 ff. BauGB) oder Zurückstellung von Baugesuchen (§ 15 BauGB)
>   - bb) Vorhaben im Geltungsbereich eines einfachen (§ 30 III BauGB) oder qualifizierten (§ 30 I BauGB) Bebauungsplans; (P) behördliche Verwerfungskompetenz bei Zweifeln an Rechtmäßigkeit des Bebauungsplans; (P) Feinjustierung über Rücksichtnahmegebot (§ 15 I BauGB)
>   - cc) Vorhaben im unbeplanten Innenbereich (§ 34 BauGB); (P) Abgrenzung zwischen Innen- und Außenbereich
>   - dd) Vorhaben im unbeplanten Außenbereich (§ 35 BauGB)
>
> b) Vereinbarkeit mit **Bauordnungsrecht**: (P) Einschränkung des Prüfungsumfangs bei vereinfachten Genehmigungsverfahren
>
> c) Vereinbarkeit mit **sonstigen öffentlich-rechtlichen Bestimmungen**; (P) Umfang der bauaufsichtlich zu prüfenden Vorschriften (Schlusspunkttheorie)

Materiell ist das Vorhaben genehmigungsfähig, wenn öffentlich-rechtliche Vorschriften dem Vorhaben nicht entgegenstehen.

a) Vereinbarkeit mit Bauplanungsrecht

144 Der Schwerpunkt der Klausur liegt bei diesem Klausurtyp i.d.R. in der Prüfung der bauplanungsrechtlichen Zulässigkeit nach den §§ 30 ff. BauGB, die ausgehend von der Lage des Grundstücks die planungsrechtlichen Voraussetzungen für das Vorhaben nach § 29 BauGB normieren.

Problem: Vorhabenbegriff des § 29 I BauGB

Für ein Vorhaben gem. § 29 I BauGB sind zwei Gesichtspunkte entscheidend: Erstens das Merkmal der künstlichen Verbindung mit dem Erdboden und zweitens die »bodenrechtliche Relevanz«, die den planungsrechtlichen Vorhabenbegriff des BauGB von dem Anlagenbegriff des Bauordnungsrechts abgrenzt.[308] Für »bauliche Anlagen« i.S.d. § 29 I BauGB gelten folgende Grundsätze:

- Bei aus Baumaterialien hergestellten Häusern ist die für das »Bauen« prägende künstliche Verbindung mit dem Erdboden unproblematisch und allenfalls im Urteilsstil zu beantworten. Die notwendige Verbindung mit dem Erdboden liegt auch vor, wenn die Anlage kraft eigener Schwere auf dem Erdboden ruht oder nach ihrem Verwendungszweck überwiegend ortsfest genutzt werden soll.[309] Für die künstliche Verbindung mit dem Erdboden reicht zudem aus, wenn das Objekt an einem Gebäude fixiert wird (Werbetafeln, großflächige Plakate).

---

306 BVerwG NVwZ-RR 2003, 719.
307 BGHZ 99, 262 (273).
308 Wenngleich die unterschiedlichen Begriffe nicht deckungsgleich sind, da sie unterschiedliche Zielrichtungen verfolgen (Bauordnungsrechtlicher Begriff stellt sicherheitsrechtliche Ziele in den Vordergrund; der bauplanungsrechtliche Anlagenbegriff knüpft an die städtebauliche Relevanz an) bestehen im Ergebnis kaum Unterschiede (so ausdrücklich auch BVerwG BauR 2001, 227 [230]). Auf die Unterschiede sollten Sie im Assessorexamen daher auch nicht vertieft eingehen.
309 BVerwG NVwZ 1993, 983.

- Die »**bodenrechtliche Relevanz**« liegt vor, wenn Belange des § 1 VI BauGB in einer Weise berührt werden (können), die geeignet sind, ein Bedürfnis nach einer verbindlichen Bauleitplanung herbeizurufen. Problematisch ist das Merkmal der bauplanungsrechtlichen Relevanz im Examen vor allem bei Werbeanlagen. Ob solche bauplanungsrechtlich relevant sind, hängt davon ab, wie sie im Hinblick auf ihre Größe auf die Umgebung wirken.[310] Damit kann eine planungsrechtliche Relevanz bei einem größeren Schaukasten gegeben sein.[311] Die Wirkung auf die Umgebung ist auch bei anderen gebauten Gegenständen maßgebend. Daher kann z.B. auch eine deutlich erkennbare Antennenanlage auf einem Gebäudedach planungsrechtlich relevant sein.[312]

Den §§ 30 ff. BauGB unterfällt die **Errichtung, Änderung und Nutzungsänderung** der vg. baulichen Anlagen.

Ein **Klausurklassiker** ist die Frage der Genehmigungsbedürftigkeit der Nutzungsänderung, wenn also (nur) die Zweckbestimmung der baulichen Anlage verändert wird.[313] Die Genehmigungsbedürftigkeit ist ausgelöst, sobald sich über eine bloße Nutzungsintensivierung (Abgrenzungsbegriff unbedingt merken!) die planungsrechtliche Relevanz ändert, sich also die Frage der Genehmigungsbedürftigkeit neu stellt.[314] Dies ist insb. der Fall, wenn die Änderung die in § 1 VI BauGB genannten Belange berührt.[315] Damit ist eine Genehmigungsbedürftigkeit anzunehmen, wenn für die neue Nutzung weitergehende bauplanerische Anforderungen erhoben werden als für die bisherige und damit die »Variationsbreite« der ursprünglichen Genehmigung verlassen wird.[316] Auch den Begriff der »Variationsbreite« sollten Sie sich ebenfalls merken und zur Begründung Ihrer Entscheidung heranziehen.

Falls im Aktenauszug Hinweise für einen veränderten Stellplatzbedarf enthalten sind, können Sie diesen erweiterten Bedarf als Indiz für eine genehmigungsbedürftige Nutzungsänderung zugrunde legen.[317] Im Übrigen sollten Sie sich ohnehin klausurtaktisch i.d.R. für eine Genehmigungsbedürftigkeit entscheiden, da andernfalls die Klausur im Hilfsgutachten weiter zu bearbeiten wäre, was im Assessorexamen eher die Ausnahme ist und bei Ihnen auch bleiben sollte.

Wiederholt sind im Examen Fälle im Zusammenhang mit **Wohnungsprostitution** gelaufen. Für diese ist in Abgrenzung zu bordellartigen Betrieben typisch, dass die Prostituierten in den betreffenden Gebäude auch wohnen.[318] Bitte merken Sie sich hierzu, dass die Wohnungsprostitution nicht von der Variationsbreite des Wohnens erfasst wird, sondern eine gewerbliche Nutzung darstellt.[319] Dieses gilt jedenfalls dann, wenn es sich nicht um eine nur gelegentliche Tätigkeit handelt, für die im Internet geworben wird.[320]

Beachten Sie, dass neben baulichen Anlagen i.S.v. § 29 I 1. Fallgruppe BauGB auch Aufschüttungen und sonstige besondere Erscheinungsformen als Vorhaben gelten; diese aber vielfach schon von der Legaldefinition des § 29 I 1. Fallgruppe erfasst sind.

---

310 BVerwGE 91, 234 (237).
311 BVerwGE 91, 234 (237).
312 OVG Koblenz NVwZ-RR 2001, 289 (290); OVG Münster NVwZ-RR 2003, 637.
313 Eine »Veränderung« in diesem Sinne liegt nicht vor, wenn eine Spielhalle künftig als »Wettbüro« genutzt werden soll, in dem sich weiterhin Spielgeräte mit oder ohne Gewinnmöglichkeit befinden; VG Gießen, NVwZ-RR 2010, 181 (Ls.).
314 BVerwGE 47, 185 (188).
315 VG Arnsberg NJOZ 2009, 1029 (1031) m.w.N. (Die Nutzung eines ehemaligen Ladenlokals zur Ausübung der Wohnungsprostitution kann sich auf die städtebauliche Entwicklung anders auswirken als das frühere Einzelhandelslokal).
316 *Dürr* JuS 2007, 428 (430).
317 *Dürr* JuS 2007, 428 (430).
318 OVG Münster BeckRS 2008, 36618.
319 BVerwG NVwZ-RR 1998, 540; OVG Münster BeckRS 2008, 36618.
320 OVG Koblenz BauR 2004, 644.

aa) Keine wirksame entgegenstehende bauplanungssichernde Maßnahme

Klausurhinweis: Da die auf Erteilung der Baugenehmigung gerichtete Klausur wenig (prozessuale) Schwierigkeiten beinhaltet, werden in diesem zweipoligen Streitverhältnis von den Prüfungsämtern gerne Probleme im Zusammenhang mit der kommunalen Bauplanungssicherung eingebaut. Das BauGB enthält als Instrument zur Sicherung der Planungsziele der Gemeinde während der Planaufstellungsphase verschiedene Instrumente, die allerdings bei Vorliegen eines vorhabenbezogenen Bebauungsplans (§ 30 II BauGB) nicht eingreifen. Besonders klausurrelevant sind insb. die Veränderungssperre (§§ 14, 16–18 BauGB) und die Zurückstellung von Baugesuchen (§ 15 BauGB). Aufgrund der geringeren Examensbedeutung wird auf die Darstellung von Teilungsgenehmigungen verzichtet. Schließlich kommt im Examen als bauplanungssicherndes Instrument auch ein gemeindliches Vorkaufsrecht in Betracht; allerdings werden Fragen des Rechtsschutzes gegen diese Maßnahme seltener in eine Verpflichtungsklage eingekleidet.

(1) Entgegenstehende Veränderungssperre (§§ 14, 16–18 BauGB)

145 Mit der Veränderungssperre (§§ 14, 16–18 BauGB) wird ein in Entstehung befindlicher Bebauungsplan abgesichert. In der Klausur wird der Klagegegner geltend machen, dem Bauantrag stehe schon die (ggf. erst im Klageverfahren erlassene) Veränderungssperre entgegen; der Kläger wird die Rechtmäßigkeit der Veränderungssperre in Zweifel ziehen, so dass Sie in der Klausur die formellen und materiellen Rechtmäßigkeitsvoraussetzungen für die Veränderungssperre prüfen müssen.

Klausurhinweis: Die Prüfung der Auswirkungen der Veränderungssperre im Verpflichtungsbegehren erfolgt i.d.R. in folgender Reihenfolge:

1. Anspruch auf Genehmigung unabhängig von der bauplanungsrechtlichen Zulässigkeit (–), wenn wirksame Veränderungssperre (§§ 14, 16 BauGB) vorliegt (Sie beginnen also mit der Veränderungssperre);

2. Prüfung der formellen und materiellen Rechtmäßigkeitsvoraussetzungen für die Veränderungssperre (Schwerpunkt der Prüfung);

3. Feststellung, ob Vorhaben bereits vorher genehmigt wurde oder eine Bebauungsgenehmigung vorliegt (§ 14 III BauGB);

4. Eingreifen einer Ausnahme von der Veränderungssperre (§ 14 II BauGB).

Klausurtaktisch gilt Folgendes: Enthält der Aktenauszug wenig Hinweise zur bauplanungsrechtlichen Zulässigkeit nach den §§ 30 ff. BauGB, ist die Veränderungssperre wahrscheinlich rechtmäßig, weil die Klage dann schon wegen der wirksamen Bauleitsicherungsmaßnahme ohne Erfolg bleibt. Sie sollten dann in den Entscheidungsgründen unmittelbar auf die Wirkungen der Veränderungssperre zu sprechen kommen, etwa wie folgt:

»Die als Verpflichtungsklage (§ 42 I VwGO) statthafte und auch im Übrigen zulässige Klage ist nicht begründet.

(Es folgen evtl. weitere Darstellungen zur Zulässigkeit der Klage).

Die Klage ist jedoch unbegründet. Die Ablehnung der begehrten Baugenehmigung ist rechtmäßig und verletzt den Kläger nicht in seinen Rechten (§ 113 V 1 VwGO). Hierbei kann die Kammer offen lassen, ob das Vorhaben nach Maßgabe der §§ 30 ff. BauGB bauplanungsrechtlich zulässig ist. Die begehrte Erteilung der Baugenehmigung scheitert bereits an der wirksamen Veränderungssperre. Diese ist formell und materiell rechtmäßig. (…).«

Sie können in einem Aktenauszug auch auf die Konstellation stoßen, in der hauptsächlich ein Verpflichtungsantrag (§ 42 I VwGO) auf Erteilung einer Baugenehmigung (oder eines Vorbescheides) gestellt wird und hilfsweise, für den Fall der Erfolglosigkeit des Verpflichtungsbegehrens ein Fortsetzungsfeststellungsantrag (§ 113 I 4 VwGO analog) gerichtet auf die Feststellung, dass die Ablehnung des Bauantrags rechtswidrig gewesen ist. Der Hauptantrag wird ohne Erfolg sein, wenn in dem insoweit maßgebenden Zeitpunkt der mündlichen Verhandlung eine formell und materiell wirksame Veränderungssperre vorliegt (s.o.). Im Rahmen des Hilfsantrags prüfen Sie (nachdem ggf. die Zulässigkeit einer Klageänderung geprüft worden ist) die Zulässigkeit und Begründetheit der Fortsetzungsfeststellungsklage. Das berechtigte Feststellungsinteresse wird voraussichtlich auf das Präjudizinteresse gestützt werden können, wenn ein evtl. Amtshaftungsanspruch bzgl. der entstandenen Planungskosten nicht offensichtlich ausgeschlossen ist.[321] Die FFK ist begründet, wenn im Zeitpunkt des Inkrafttretens der Veränderungssperre die Voraussetzungen für den begehrten Verwaltungsakt vorlagen (§ 113 I 4 VwGO analog). Anschließend prüfen Sie die materiellen bauplanungs-, bauordnungsrechtlichen und sonstigen Genehmigungsvoraussetzungen. Auf diese Weise gelangen Sie ggf. zu einer Prüfung der §§ 34 ff. BauGB.

Die Veränderungssperre ergeht als **Satzung** (§ 16 I BauGB), so dass deren formelle Rechtmäßigkeitsvoraussetzungen nach dem Standardaufbau für kommunale Satzungen zu prüfen ist.[322]

Formell ist ein Beschluss über die Veränderungssperre erforderlich (§ 16 I BauGB). Bei Fehlern im Beschlussverfahren kommt ein ergänzendes Verfahren nach § 214 IV BauGB in Betracht. Dieser Beschluss ist ordnungsgemäß auszufertigen und gem. § 16 II BauGB ortsüblich bekannt zu machen, wobei die sog. Ersatzverkündung entsprechend § 10 III 2–5 BauGB klausur- und praxisrelevant ist (vgl. § 16 II 2, 2. Halbs. BauGB). Beachten Sie auch die Fehlerfolgenregelungen in §§ 214, 215 BauGB.

Materiell setzt die Veränderungssperre nach § 14 I BauGB (lesen!) einen wirksamen Beschluss über die beabsichtigte Planung voraus (sog. Planaufstellungsbeschluss gem. § 2 I 2 BauGB). Sollte der Kläger vortragen, der Planaufstellungsbeschluss müsse dem Beschluss über die Veränderungssperre vorausgehen, merken Sie sich, dass der Beschluss in derselben Gemeinderatssitzung gefasst werden kann, der Beschluss über die Veränderungssperre allerdings nach dem Planaufstellungsbeschluss ergehen muss.[323] Nach §§ 14 I, 2 I 2 BauGB muss der Planaufstellungsbeschluss ortsüblich bekannt gemacht worden sein; dieses spätestens mit dem Beschluss über die Veränderungssperre.[324] Schwerpunkt der materiellen Rechtmäßigkeitsprüfung ist die Erforderlichkeit der Veränderungssperre zur Planungssicherung (§ 14 I BauGB). Dieses setzt voraus, dass im Zeitpunkt des Erlasses der beabsichtigte Planungsinhalt bereits in einem Mindestmaß bestimmt und absehbar ist.[325] Unzulässig ist z.B. eine Sperre zur Sicherung eines künftigen Bebauungsplans, wenn dieser große Gemeindegebiete umfassen soll, allerdings nicht einmal im Ansatz die beabsichtigten Nutzungsbereiche gekennzeichnet sind und im Kern nur die Verhinderung einer bestimmten Nutzungsart (z.B. Windenergieanlagen) beabsichtigt ist (Verbot der sog. Negativplanung).[326]

Mit Erlass der Sperre werden die in § 14 I Nr. 1 und 2 BauGB bezeichneten Vorhaben unzulässig, so dass die Genehmigung zu versagen ist

Hinweis: Handelt es sich nicht um diesen Klausurtyp, sondern um eine Anfechtung einer bauordnungsrechtlichen Verfügung, merken Sie sich: Ist ein bauaufsichtliches Verfahren entbehrlich, werden die Vorhaben durch die Veränderungssperre materiell baurechtswidrig, so dass eine Stilllegungsverfügung ergehen kann. Eine Beseitigungsverfügung ist allerdings grds. erst nach Inkrafttreten des Bebauungsplans zulässig.[327]

Zweckmäßigerweise prüfen Sie dann, ob das Vorhaben nach der **Bestandsschutzregelung** des § 14 III BauGB ausnahmsweise von der Veränderungssperre verschont bleibt. Die examensrelevanteste Fallgruppe ist die erste Alternative, die analog auch für den Vorbescheid eingreift: Danach greift eine Veränderungssperre bei bereits erfolgter Genehmigung nicht ein. Nach wohl h.M. reicht für den Bestandsschutz die Bekanntgabe aus, Bestandskraft ist nach h.M. nicht erforderlich. Dieser sehr klausurrelevante Gesichtspunkt ist wichtig, wenn z.B. ein Nachbar einen

---

321 Zu den sonstigen Zulässigkeitsvoraussetzungen der Fortsetzungsfeststellungsklage siehe *Kaiser/Köster* Die öffentlich-rechtliche Klausur im Assessorexamen, Rn. 209 ff.
322 Hierzu s.u.
323 BVerwG NVwZ 1993, 59.
324 OVG Münster NVwZ 1990, 581; OVG Weimar NVwZ-RR 2002, 415.
325 *Battis/Krautzberger/Löhr* § 14 BauGB Rn. 9.
326 BVerwG NVwZ 2004, 984 (985).
327 *Battis/Krautzberger/Löhr* § 14 BauGB Rn. 16.

Rechtsbehelf einlegt. Streitig ist zudem, ob § 14 III BauGB schon eingreift, wenn zwar noch keine Genehmigung, allerdings bereits das gemeindliche Einvernehmen nach § 36 BauGB erteilt wurde. Da auch das BVerwG hierzu keine klare Position vertritt, können Sie diese Frage mit Stimmen der Literatur bejahen.[328] Klausurrelevant kann auch das Problem sein, ob der Fall unter die Bestandsschutzregelung des § 14 III BauGB fällt, in dem die Genehmigung rechtswidrig versagt worden ist. In diesem Fall greift allerdings nicht § 14 III BauGB; vielmehr besteht bei Erfüllung der Voraussetzungen des § 14 II BauGB ein auf Null reduziertes Ermessen auf Erteilung einer Ausnahmegenehmigung nach § 14 II BauGB.[329]

Schließlich fragen Sie – drittens – danach, ob die Genehmigungsbehörde eine **Ausnahme von der Veränderungssperre** zulassen kann. Dieses ist nach § 14 II BauGB im Einvernehmen mit der Gemeinde möglich, wenn überwiegende öffentliche Belange nicht entgegenstehen. Für den Klausuraufbau wichtig ist Folgendes: Sind die Voraussetzungen des § 33 BauGB (Zulässigkeit des Vorhabens während der Planaufstellung) gegeben, stehen öffentliche Belange nicht entgegen. Ob diese i.S.v. § 14 II BauGB überwiegen, richtet sich nach einer Abwägung zwischen privaten Belangen einerseits und dem konkreten öffentlichen Sicherungszweck der Veränderungssperre andererseits.[330]

Für die zeitliche Geltungsdauer der Veränderungssperre enthält § 17 BauGB detaillierte Regelungen, so dass auf deren Darstellung an dieser Stelle verzichtet wird.

> **Klausurhinweis:** Auch im Verwaltungsprozess ist eine **Vollstreckungsabwehrklage** (§ 767 ZPO i.V.m. § 167 I VwGO) denkbar. Ziel dieser prozessualen Gestaltungsklage ist wie im Zivilprozess die Beseitigung der Vollstreckbarkeit des Vollstreckungstitels (§ 775 Nr. 1 ZPO). Sie führt im Erfolgsfall dazu, dass die Vollstreckung einzustellen und etwaig getroffene Vollstreckungsakte vom Vollstreckungsorgan aufzuheben sind (§§ 775 Nr. 1, 776 S. 1 ZPO).
>
> In Examensklausuren taucht diese Aufgabenstellung vorwiegend in baurechtlichen Klausureinkleidungen auf. Typisch ist der Fall, in dem ein gerichtlicher Verpflichtungstenor rechtskräftig zur Erteilung einer Baugenehmigung verpflichtet; nach Abschluss der mündlichen Verhandlung und vor Erteilung der ausführenden Baugenehmigung allerdings ein dem Vorhaben entgegenstehender Bebauungsplan erlassen wird, der dann als materiell-rechtliche Einwendung (§ 767 II ZPO) geltend gemacht wird. Kommt es noch während des gerichtlichen Verfahrens zu einer entgegenstehenden Bauleitplanung, dürfte eine Vollstreckungsabwehrklage ausscheiden; dann käme eine Erledigungserklärung bzw. eine Fortsetzungsfeststellungsklage analog § 113 I 4 VwGO in Betracht. Letzteres ist vor allem dann klausurrelevant, wenn ein auf den Ersatz von Planungskosten gerichtetes Amtshaftungsverfahren vorbereitet werden soll (Präjudizinteresse).
>
> Falls eine Vollstreckungsabwehrklage zu bearbeiten ist, sollten Sie zunächst das Aufbauschema aus dem Kaiserseminar zur zivilrechtlichen Zwangsvollstreckungsklausur gedanklich zugrunde legen und dieses unter Berücksichtigung der verwaltungsgerichtlichen Besonderheiten modifizieren. Diese sind im Kopp/Schenke unter § 167 Rn. 2 ff. prägnant zusammengefasst.
>
> Das **Rubrum** unterscheidet sich von dem des vorangegangenen Klageverfahrens. Aus § 767 ZPO folgt, dass die Klage von dem Schuldner des Ausgangsurteils zu erheben ist. In der oben geschilderten Situation einer vorausgegangenen baurechtlichen Verpflichtungsklage wird etwa die Gemeinde als Vollstreckungsabwehrklägerin aufzunehmen sein. In der Tenorierung müssen Sie im Erfolgsfall beachten, dass Sie die Vollstreckung aus dem Titel für unwirksam erklären (*»Die Vollstreckung aus dem Urteil des Verwaltungsgerichts Minden vom (...) wird für unzulässig erklärt.«*). In der Entscheidung über die Vollstreckbarkeit ist darauf zu achten, dass diese analog § 167 II VwGO nur *»wegen der Kosten«* erfolgt.[331]
>
> Innerhalb der **Entscheidungsgründe** sprechen Sie zunächst die **Zuständigkeit** an. Diese liegt gem. § 767 I ZPO i.V.m. § 167 I VwGO beim Prozessgericht des ersten Rechtszugs. **Statthaft** ist die Klage bei einem Vorgehen gegen verwaltungsgerichtliche Urteile, gegen Prozessvergleiche (§ 106 VwGO),

---

328 *Graf* NVwZ 2004, 1435.
329 *Battis/Krautzberger/Löhr* § 14 BauGB Rn. 19.
330 *Battis/Krautzberger/Löhr* § 14 BauGB Rn. 19.
331 So jedenfalls *Pietzner/Ronellenfitsch* § 9 Rn. 28 a.E.

daneben aber auch Einwendungen gegen einen nach § 61 VwVfG unmittelbar vollstreckbaren öffentlich-rechtlichen Vertrag, wenn es sich (wichtig!) um einen materiell-rechtlichen Einwand gegen den titulierten Anspruch handelt.[332] Beachten Sie, dass die Vollstreckungsabwehrklage nach wohl h.M. nicht gegen die Vollstreckung aus Verwaltungsakten herangezogen werden kann. Dieses wird von der ständigen Rspr. verneint, da die VwGO hierfür einen ausreichenden Rechtsschutz zur Verfügung stellt und es daher mangels Regelungslücke an den Voraussetzungen für eine Analogie fehlt.[333] Das **Rechtsschutzbedürfnis** für eine verwaltungsprozessuale Vollstreckungsabwehrklage besteht, solange die Vollstreckung des Titels droht.

Die Klage ist **begründet,** wenn materiell-rechtliche Einwendungen gegen den in dem Titel festgestellten Anspruch bestehen und die Geltendmachung nicht präjudiziert ist. Sie erkennen den zweistufigen Aufbau der Vollstreckungsabwehrklage. Diesen müssen Sie auch im Verwaltungsprozess zugrunde legen.

Zunächst muss eine materiell-rechtliche Einwendung vorliegen, die den durch den Titel (also z.B. das stattgebende verwaltungsgerichtliche Verpflichtungsurteil) festgestellten Anspruch selbst betrifft (§ 767 I ZPO). Dieses kann sein[334]

- Erfüllung, Aufrechnung (z.B. weil der Beklagte eine unbestrittene Gegenforderung erwirbt, die er zur Aufrechnung stellt)[335] oder Wegfall der Geschäftsgrundlage (z.B. nach einem gerichtlichen Vergleich);
- Legalisierung nach gerichtlicher Feststellung eines Folgenbeseitigungsanspruchs;
- Gesetzesänderungen, sofern sich aus dieser unmittelbare Folgen für den titulierten Anspruch ergeben;[336]
- nachträgliche wirksame Änderung der bauplanungsrechtlichen Lage nach rechtskräftiger Verpflichtung zur Erteilung einer Baugenehmigung durch das VG.[337] Ob eine wirksame (!) Änderung der bauplanungsrechtlichen Lage vorliegt, wird ggf. als Klausurschwerpunkt (einschließlich der typischen Problemen wie z.B. unzulässiger Negativplanung) zu prüfen sein. Problematisch ist, ob auch eine Änderung des Flächennutzungsplans als materiell-rechtliche Einwendung durchgreift. Wenn z.B. eine Konzentrationszone für Windenergieanlagen ausgewiesen wird, führt dieses im Hinblick auf die Sperrwirkung des § 35 III 3 BauGB zur Unzulässigkeit im übrigen Gemeindegebiet. Nach Ansicht des BVerwG soll in dieser Konstellation auch der Erlass eines neuen FNP als Einwendung in Betracht kommen, da auch dieser wegen § 35 III BauGB anderen Vorhaben die planungsrechtliche Grundlage entzieht. Dass die Vollstreckungsabwehrklage in solchen Konstellationen die Vollstreckbarkeit vernichten kann, wird der zuvor obsiegende Verpflichtungskläger für unzulässig halten. Allerdings entnimmt die Rspr. – was Sie sich merken sollten – § 14 III BauGB den Grundsatz, dass nur der Inhaber einer bereits erteilten Baugenehmigung vor späteren Rechtsänderungen geschützt wird. Bis dahin steht der Anspruch auf ihre Erteilung unter dem Vorbehalt gleichbleibender Sach- und Rechtslage.[338] In der geschilderten Konstellation ist die Genehmigung selbst aber noch nicht erteilt; vielmehr steht diese noch aus.

Wie im Zivilprozess ist auch hier die **Präklusion des § 767 ZPO** zu berücksichtigen, sofern es sich um einen Vollstreckungstitel handelt, der in Rechtskraft erwächst, also vor allem bei Vollstreckungstiteln nach § 704 ZPO. Soll die Vollstreckung aus einem Endurteil für unzulässig erklärt werden, müssen Sie damit an die Präklusionsnorm des § 767 II ZPO denken. Dies gilt also auch in der oben dargestellten Konstellation einer Vollstreckungsabwehrklage bei materiell-rechtlichen Einwendungen gegen ein Verpflichtungsurteil. Beachten Sie allerdings, dass bei Titeln aus § 794 ZPO die Präklusion vielfach nicht greift. Bei einer Vollstreckungsabwehrklage gegen einen Prozessvergleich (§ 794 I Nr. 1 ZPO) spielt § 767 II ZPO damit keine Rolle.

---

332 Hk-VerwR/*Porz* § 167 VwGO Rn. 12.
333 *Kopp/Schenke* § 167 Rn. 18 m.w.N.
334 *Pietzner/Ronellenfitsch* § 9 Rn. 28.
335 *Kuhla/Hüttenbrink* I Rn. 67.
336 *Guckelberger* NVwZ 2004, 662 (666).
337 BVerwG Urt. v. 19.09.2002 – 4 C 10/01 NVwZ 2003, 214.
338 *Guckelberger* NVwZ 2004, 662 (667) m.w.N.

2. Teil. Klausuren aus dem besonderen Verwaltungsrecht

> Bitte bedenken Sie, dass diese Fragestellungen auch in **verwaltungspraktischen oder anwaltlichen Klausuren** auftauchen können, wenn Sie als Berater der Gemeinde z.B. untersuchen sollen, welche Möglichkeiten bestehen, nach rechtskräftiger Verpflichtung zur Erteilung einer Baugenehmigung die Realisierung des Vorhabens zu verhindern.

(2) Zurückstellung von Baugesuchen (§ 15 BauGB)

146 Als weiteres Sicherungsinstrument zur Bauplanung nutzen die Gemeinden die Zurückstellung von Baugesuchen nach § 15 BauGB. Hierbei handelt es sich im Gegensatz zur Veränderungssperre um einen Verwaltungsakt. Die Zurückstellung wird daher regelmäßig zur Verhinderung von Einzelvorhaben angewandt, da die Gemeinde mit einem Antrag ggü. der Genehmigungsbehörde nach § 15 I BauGB das Vorhaben verhindern kann, sobald eine Veränderungssperre zulässig wäre, aber nicht beschlossen ist und die Gefahr besteht, dass durch das Vorhaben eine Planung gestört wird. Die Zurückstellung ist keine (zeitlich begrenzte) Ablehnung des Bauantrags; vielmehr wird die Genehmigungsbehörde formell von der Pflicht zur Sachbescheidung freigestellt. In einem Verpflichtungsbegehren auf Erteilung einer Baugenehmigung taucht die Zurückstellung eher selten auf. Denkbar sind folgende Rechtsschutzkonstellationen:

Bauwilliger wendet sich als Adressat gegen Zurückstellungsbescheid	Gemeinde wendet sich gegen Ablehnung des Zurückstellungsantrags	Gemeinde wendet sich gegen Genehmigung der Genehmigungsbehörde
↓	↓	↓
Anfechtungsklage gegen Zurückstellung und Verpflichtungsklage auf Genehmigung mit Beiladung der Gemeinde	Verpflichtungsklage auf Erteilung des Zurückstellungsbescheides ggü. (dem beizuladenden) Bauwilligen	Drittanfechtungsklage

> **Hinweis zur Orientierung:** Nachdem Sie unter aa) geklärt haben, dass eine wirksame Sicherungsmaßnahme zu Bauleitplanung nicht eingreift, müssen Sie im Folgenden untersuchen, ob die bauplanungsrechtlichen Voraussetzungen der §§ 30 ff. BauGB erfüllt sind.

bb) Vorhaben im Geltungsbereich eines Bebauungsplans (§ 30 I und III BauGB)

147 Im sog. »30-er« Bereich richtet sich die Zulässigkeit zunächst danach, welche inhaltlichen Merkmale der Bebauungsplan erfüllt:

(a) Zulässigkeit im Geltungsbereich eines qualifizierten Bebauungsplans (§ 30 I BauGB)

148 Liegt ein qualifizierter Bebauungsplan (§ 30 I BauGB) vor, der Festsetzungen bzgl. der Art und des Maßes der baulichen Nutzung, über die überbaubaren Grundstücksflächen und die örtlichen Verkehrsflächen enthält, ist das Vorhaben zulässig, wenn es den Festsetzungen des Bebauungsplans nicht widerspricht und die Erschließung gesichert ist. Systematisch folgt dies aus dem Umstand, dass die BauNVO Bestandteil des Bebauungsplans wird (§ 1 III 2 BauNVO).

Klausurschwerpunkt ist die Frage der Übereinstimmung hinsichtlich der Art der baulichen Nutzung. Insoweit schreibt die BauNVO in den §§ 2 ff. BauNVO generell-typisierend vor, welche baulichen Nutzungen zulässig sind. In der Klausur prüfen Sie dann umfassend, ob das beabsichtigte Vorhaben entweder generell zulässig nach Absatz 2 der jeweiligen Norm der BauNVO bzw. nach Absatz 3 ausnahmsweise zulässig ist. Die entscheidenden Punkte gewinnen Sie damit, das beabsichtigte Vorhaben genau unter den jeweiligen Begriff der BauNVO zu subsumieren.

Einige Begriffe der BauNVO tauchen in vielen Aktenauszügen auf. Bitte prägen Sie sich insb. die Folgenden ein:

3. Kapitel. Öffentliches Baurecht

> **Übersicht: Zentrale Leitbegriffe der BauNVO**
>
> - **Wohngebäude** (vgl. auch Legaldefinitionen der LBO) dienen der auf gewisse Dauer ausgerichteten Führung eines häuslichen Lebens; auch (+), wenn sie ganz oder teilweise der Betreuung und Pflege der Bewohner dienen, z.B. Altenwohnheime; vgl. auch § 3 IV BauNVO; (P) Abgrenzung zu sonstigen Aufenthaltsformen (z.B. Betreuungs- und Schutzobjekten): Wohngebäude nur (+), wenn gewisse Dauer und eigenständige Gestaltung häuslichen Lebens; (P) Wohnungsprostitution gehört nicht zum Wohnen, diese Betätigung dient der gewerblichen Nutzung; (P) Abgrenzung zu Anlagen für soziale Zwecke: z.B. sind Frauenhäuser und Jugendherbergen keine Wohngebäude.
> - **Vergnügungsstätten** sind gewerbliche Amüsierbetriebe und Betriebe zur kommerziellen Freizeitgestaltung (z.B. Spielkasinos und Spielhallen), nicht hingegen Bordelle, die reine Gewerbebetriebe darstellen.
> - **Anlagen für kirchliche Zwecke** dienen – unabhängig von der Konfession – dem Gottesdienst und der Seelsorge (damit auch Gotteshäuser der Zeugen Jehovas und islamische Moscheen), wobei bei Anlagen in allgemeinen Wohngebieten zu beachten ist, dass sie ihrer Zweckbestimmung nach nicht einen starken Besuchsverkehr auslösen.
> - **Anlagen für soziale Zwecke** dienen als karitative Einrichtung dem Wohl der Allgemeinheit, z.B. KiTa; Jugendheime; Frauenhäuser, Asylbewerberheime (str., ob im reinen WG zulässig).
> - **Anlagen für gesundheitliche Zwecke** dienen der Gesundheitsfürsorge der Bewohner. (P) Häufig überschreiten diese Einrichtungen die Einschränkung »Bedürfnisse der Bewohner dienend«, etwa bei größeren Einrichtungen (größere Arztpraxen, Dialysezentren, Privatkliniken)
> - **Anlagen für sportliche Zwecke**, z.B. Bolzplätze, auch hier (P) »Bedürfnisse der Bewohner dienend«, etwa bei größeren Kegelzentren.
> - **Gewerbebetriebe** dienen der Ausübung eines Gewerbes (Bordelle, Werbeanlagen).
> - **»Bedürfnissen der Bewohner dient«** eine Anlage, wenn sie nach der Zweckbestimmung und der Größe nach dafür vorgesehen sind und bestimmt sind, die Bedürfnisse der Bewohner des Gebiets zu befriedigen. (P) Dem steht nicht entgegen, dass Personen außerhalb des Gebiets die Anlage nutzen.

Problem: Feinkorrektur der generell-typisierenden Betrachtung durch § 15 I BauNVO

In atypischen Fällen muss die generell-typisierende Betrachtungsweise der §§ 2–14 BauNVO über § 15 BauNVO korrigiert werden. Über diese Auffangnorm können grds. zulässige Vorhaben ausnahmsweise unzulässig werden, wenn sie der Eigenart des Baugebiets widersprechen (§ 15 I 1 BauNVO) oder in der Umgebung unzumutbar sind bzw. unzumutbar belästigt werden (§ 15 I 2 BauNVO). Erhebliche Examensrelevanz hat vor allem § 15 I 2, 1. Hs. BauNVO, sowohl in einem auf die Genehmigungserteilung gerichteten Verpflichtungsklageverfahren, mehr noch allerdings in dem als Drittanfechtungsklageverfahren ausgestalteten baurechtlichen Nachbarstreit (hierzu s.u.).

Klausurhinweis: Auf das Rücksichtnahmegebot sollten Sie immer eingehen, wenn Hinweise auf Störungen (Lärm, Gerüche,[339] optisch erdrückende Wirkung, die dem Nachbargrundstück »die Luft zum Atmen nimmt«; Diskoeffekt bei Windenergieanlagen, Lichtimmissionen, besondere Belastungen durch Zufahrts- und Abfahrtsverkehr bei größeren Anlagen, z.B. Moscheen, Attraktivitätsverlust durch neue Vorhaben – sog. »trading-down-Effekt«[340]) im Aktenauszug enthalten sind. Denkbar sind auch Aktenauszüge, in denen im Bearbeitervermerk Hinweise zu etwaigen Belastungen enthalten sind. Bitte machen Sie nicht den Fehler, die Fülle gerichtlicher Einzelfallentscheidungen zu lesen. Im Examen kommt es darauf an, dass Sie das Rücksichtnahmegebot im Gutachten bzw. in den Entscheidungsgründen richtig darstellen. Ausführungen zum Rücksichtnahmegebot folgen der Darstellung der planungsrechtlichen Zulässigkeit nach den §§ 2 bis 14 BauNVO, wenn das Vorhaben danach zulässig ist. Hieraus folgt klausurtaktisch, dass der Lösungsvorschlag regelmäßig von einer typisierten Zulässigkeit (§§ 2–14 BauNVO) ausgehen wird, wenn im Aktenauszug umfassend Hinweise zu besonderen Störungen enthalten sind.

---

[339] VG Hamburg, Urt. v. 17.04.2008 – 6 K 4218/06 (von einer »mongolischen Jurte« gehen keine unzumutbaren Modergerüche aus).
[340] VG Berlin, Urt. v. 19.05.2010 – VG 19 A 167.08.

Die **Erschließung** (§ 34 I 1 BauGB) ist gesichert, wenn nach objektiven Kriterien damit gerechnet werden kann, dass der Anschluss an das öffentliche Straßennetz, die Energieversorgung sowie die Wasserversorgung bzw. -entsorgung sichergestellt ist. Dieses ist in Klausuren selten problematisch.

> **Klausurhinweis:** Das Gebot der gesicherten Erschließung taucht als Störfeuer i.d.R. bei Drittanfechtungsklagen auf, wobei es dem Drittanfechtenden nicht weiterhilft, da dieser Grundsatz nicht drittschützend wirkt (s.u.). Sie schreiben dann nur: *»Eine Nachbarrechtsverletzung zu Lasten des Klägers kann sich schließlich auch nicht aus der von ihm geltend gemachten mangelhaften Erschließung des Vorhabens ergeben. Das bauplanungsrechtliche Gebot gesicherter Erschließung hat nach ständiger Rechtsprechung, der sich die Kammer anschließt, ebensowenig wie die bauordnungsrechtlichen Anforderungen an eine Erschließung nach § (...) LBO nachbarschützende Funktion. (...).«*

(b) Zulässigkeit im Geltungsbereich eines einfachen Bebauungsplans (§ 30 III BauGB)

149 Weil das BauGB nicht den Mindestinhalt von Bebauungsplänen vorschreibt, können je nach planerischer Konzeption der Gemeinde die in § 30 I BauGB genannten Festsetzungen zumindest teilweise fehlen. Im Geltungsbereich eines solchen einfachen Bebauungsplans (§ 30 III BauGB) ist ein Vorhaben zulässig, wenn es den Festsetzungen des einfachen Bebauungsplans nicht widerspricht und die Erschließung gesichert ist. Damit klären Sie zunächst, ob das Vorhaben den Festsetzungen des Bebauungsplans entspricht. Ist dieses der Fall, fragen Sie anschließend, ob das Vorhaben im Übrigen zulässig ist. Soweit im Plan keine Festsetzungen vorhanden sind, prüfen Sie dann – soweit die Festsetzungen des Plans nicht abschließend sind – im Übrigen die Zulässigkeit des Vorhabens nach § 34 bzw. § 35 BauGB.[341]

Beim weniger examensrelevanten vorhabenbezogenen Bebauungsplan (§ 12 BauGB) richtet sich die Zulässigkeit nach § 30 II BauGB. Auf §§ 34, 35 BauGB ist hier nicht zurückzugreifen.

Problem: Verwaltungsgerichtliche Inzidentkontrolle bei Zweifeln an der Rechtmäßigkeit des Bebauungsplans

Ist ein Bebauungsplan unwirksam, sind im Rahmen einer Verpflichtungsklage die Voraussetzungen der §§ 34, 35 BauGB zu prüfen. Eine solche Inzidentkontrolle durch das Gericht ist unproblematisch zulässig.

Problem: Verwerfungskompetenz der Baugenehmigungsbehörde bei rechtswidrigem Bebauungsplan

Falls der Kläger die Rechtswidrigkeit des Bebauungsplans rügt, stellt sich die Frage, inwieweit die Genehmigungsbehörde (!) berechtigt ist, diesen unberücksichtigt zu lassen. Diese Frage wird unterschiedlich beantwortet. Teilweise wird die Ansicht vertreten, die Behörde sei im Fall der Rechtswidrigkeit des Bebauungsplans berechtigt, diesen unangewendet zu lassen.[342] Vielfach wird es in der Klausur aber zweckmäßig sein, der Auffassung zu folgen, wonach jeder Bebauungsplan bis zu dessen Aufhebung im Rahmen des § 47 VwGO eine uneingeschränkte Anwendbarkeit genießt. Beachten Sie, dass sich der Streit der Verwerfungskompetenz (nur) für die Baugenehmigungsbehörde stellt und damit ein Problem verwaltungspraktischer Klausuraufgaben ist. In verwaltungsgerichtlichen Entscheidungen ist dies weniger problematisch, weil das Verwaltungsgericht unstreitig berechtigt ist, den Bebauungsplan bei inzident festgestellter Unwirksamkeit nicht anzuwenden und in diesem Fall die Voraussetzungen der §§ 34, 35 BauGB zu prüfen.

---

341 BVerwG, Urt. v. 18.08.1964, BVerwGE 19, 164 (167); *Battis/Krautzberger/Löhr* § 30 BauGB Rn. 8.
342 OVG Lüneburg NVwZ 2000, 1061.

(2) Vorhaben im unbeplanten Innenbereich (§ 34 BauGB)

> **Übersicht: Bauplanungsrechtliche Zulässigkeit eines Vorhabens im unbeplanten Innenbereich (§ 34 BauGB)**
>
> (a) Eröffnung des Anwendungsbereich des § 34 BauGB (+), soweit kein Bebauungsplan vorliegt und der Planungsbereich ein »im Zusammenhang bebauter Ortsteil« darstellt;
>   (aa) »Im Zusammenhang bebaut«; (P) Auswirkung von Baulücken; (P) Ende der Innenbereichsgrenze
>   (bb) Ortsteil: Bebauungskomplex mit gewissem Gewicht (10–12 Bauten), das organische Siedlungsstruktur ausdrückt (P) Abgrenzung zur Splittersiedlung
> (b) Zulassungsvoraussetzungen
>   (aa) Einfügung in die Eigenart der näheren Umgebung
>   • Bzgl. Art der baulichen Nutzung
>   – Gem. § 34 II BauGB Beurteilung anhand §§ 2 ff. BauNVO, wenn faktisches Baugebiet (Inzidentprüfung der BauNVO)
>   – Falls (–): Einfügung in bestehende Art der baulichen Nutzung
>   • Bzgl. Maß, Bauweise und überbaubarer Grundstücksflächen
>   (bb) Anforderungen an Wohn- und Arbeitsverhältnisse, Ortsbild
>   (cc) Sicherung der Erschließung
> (c) Rechtsfolge: gebundener Anspruch auf Erteilung der Baugenehmigung

(a) Anwendungsbereich des § 34 BauGB

Bei einem Vorhaben im nicht beplanten Innenbereich richtet sich die Zulässigkeit nach § 34 BauGB, dessen Anwendungsbereich eröffnet ist, wenn es sich um einen »im Zusammenhang bebauten Ortsteil« handelt (§ 34 I 1 BauGB). Nur wenn eine rechtmäßige Satzung nach § 34 IV BauGB erlassen wurde, kommt es für die Anwendbarkeit des § 34 BauGB auf die Voraussetzung des § 34 I 1 BauGB nicht mehr an. Die Abgrenzung zwischen unbeplantem Innenbereich (§ 34 BauGB) und Außenbereich (§ 35 BauGB) ist sehr klausurrelevant. Diese ist begrifflich an dem Merkmal des »im Zusammenhang bebauten Ortsteils« anzuknüpfen.

150

Ein **Bebauungszusammenhang** ist gegeben, wenn die tatsächlich aufeinander folgende Bebauung nach der Verkehrsauffassung den Eindruck der Geschlossenheit und Zusammengehörigkeit vermittelt und die zur Bebauung vorgesehene Fläche noch diesem Zusammenhang angehört.[343]

Problem: Wegfall des Bebauungszusammenhangs durch Baulücken

Baulücken, also Freiflächen, die zumindest an zwei Seiten an eine Bebauung angrenzen und nur wenige Bauplätze umfassen, unterbrechen den Bebauungszusammenhang nicht. Als Faustformel können Sie von einer Baulücke ausgehen, solange diese nicht mehr als zwei bis drei Bauplätze umfasst.[344]

Problem: Äußere Grenze des Innenbereichs

In Aktenauszügen stellt sich bisweilen die Frage, wo genau der Innenbereich endet. Wonach beurteilt sich etwa die Zulässigkeit eines Vorhabens hinter dem letzten Haus des im Zusammenhang bebauten Ortsteils? Hierfür gilt: Grenze ist immer die äußere Gemeindegrenze.[345] Innerhalb der Gemeindegrenzen ist die äußere Begrenzung des Innenbereichs grds. das letzte tatsächlich vorhandene maßstabsbildende Gebäude.[346] Auf die Grundstücksgrenzen kommt es also nicht an. Nur wenn diese Fläche bei natürlicher Betrachtung noch Bestandteil des Innenbereichs ist, weil sie durch natürliche Hindernisse (z.B. Flüsse, Geländekanten oder Straßen) von der freien Landschaft abgegrenzt ist, gehört die Fläche noch zum Innenbereich.[347]

---

343 BVerwG ZfBR 2007, 480.
344 VGH Mannheim BauR 2007, 1378 (1380).
345 BVerwG NVwZ 1999, 527 (Ls.).
346 OVG Schleswig NVwZ-RR 2010, 97.
347 BVerwG BauR 2000, 1310 (1311); OVG Schleswig NVwZ-RR 2010, 97.

»**Ortsteil**« ist jeder Bebauungskomplex, der nach der Zahl der vorhandenen Bauten ein gewisses Gewicht besitzt und eine organische Siedlungsstruktur ausdrückt.[348] Im zweiten Examen können Sie jenseits einzelner Detailfragen von einem Ortsteil ausgehen, wenn dort 10–12 Gebäude existieren, wobei diese Zahl nur eine Orientierungshilfe ist.[349] Diese Gebäude müssen allerdings den Eindruck einer Geschlossenheit und Zusammengehörigkeit erwecken und sich von einer bloßen Splittersiedlung abheben.

Problem: Abgrenzung zur Splittersiedlung bzw. Streubebauung

Für die Abgrenzung Ortsteil – Splittersiedlung (vgl. auch § 35 III 1 Nr. 7 BauGB) kommt es wegen Art. 28 II GG (Planungshoheit) auf die Siedlungsstruktur der jeweiligen Gemeinde an.[350] Diese organische Siedlungsstruktur kann sich zu einer unorganischen Splittersiedlung entwickeln, wenn z.B. die Nutzung großer Teile eines Gebäudekomplexes wegfällt und die vorhandene Bebauung keine maßstabbildende Kraft mehr entfaltet.[351]

> **Nachfolgend ein Formulierungsvorschlag zur Abgrenzung Innenbereich / Außenbereich:**
>
> Die bauplanungsrechtliche Zulässigkeit richtet sich nach § 34 BauGB. Ein qualifizierter Bebauungsplan nach § 30 I BauGB, der die Anwendbarkeit des § 34 BauGB ausschließt, ist nicht erlassen worden. Auch hat die Gemeinde G von der ihr nach § 34 IV BauGB eingeräumten Satzungsbefugnis keinen Gebrauch gemacht, wodurch der Anwendungsbereich des § 34 BauGB unabhängig von der tatsächlichen Qualität der Bebauung eröffnet wäre.
>
> Das Grundstück (...) liegt innerhalb eines im Zusammenhang bebauten Ortsteils i.S.d. § 34 I 1 BauGB.
>
> Das Grundstück liegt auch in einem Bebauungszusammenhang. Hierfür ist nämlich maßgebend, ob eine tatsächlich aufeinanderfolgende, zusammenhängende Bebauung besteht.[352] Dem steht auch nicht entgegen, dass an der östlichen Grundstücksgrenze eine unbebaute Freifläche liegt. In solchen Fällen ist nämlich ausschlaggebend, inwieweit die aufeinander folgende Bebauung nach der Verkehrsauffassung den Eindruck der Geschlossenheit vermittelt, also noch eine organische Siedlungsstruktur abbildet. (...)
>
> Dieser Bebauungszusammenhang gehört auch einem Ortsteil i.S.d. § 34 BauGB an. Ein solcher ist nämlich gegeben, wenn ein Bebauungskomplex im Gebiet einer Gemeinde nach der Zahl der vorhandenen Bauten ein gewisses Gewicht besitzt und noch Ausdruck einer organischen Siedlungsstruktur ist.[353] Zwar scheidet ein genereller Maßstab aus, wieviele Bauten die Annahme eines Ortsteils rechtfertigen,[354] allerdings reicht eine bloße Splittersiedlung, die nur aus wenigen Gebäuden besteht, nicht aus. Die vorliegende Bebauung geht allerdings über das Maß einer solchen Splittersiedlung deutlich hinaus. Hierfür spricht (...).

(b) **Zulassungsvoraussetzungen**

(aa) **Einfügung in die Eigenart der näheren Umgebung**

151 Ist der Anwendungsbereich des § 34 BauGB eröffnet, muss sich das Vorhaben in die Eigenart der näheren Umgebung einfügen. Diese Frage beantworten Sie in folgender Reihenfolge:

> **Übersicht: Einfügung in die Eigenart der näheren Umgebung**
>
> - Welcher räumliche Bereich stellt die nähere Umgebung dar?
> - Was zeichnet die Eigenart dieser Umgebung aus? (P) Fremdkörper
> - Wird der prägende Rahmen eingehalten?
> - Fügt sich das Vorhaben hinsichtlich

---

348 *Battis/Krautzberger/Löhr* § 34 BauGB Rn. 7.
349 *Dürr/Middecke* Baurecht NRW, Rn. 110; ähnlich *Battis/Krautzberger/Löhr* § 34 BauGB Rn. 8.
350 BVerwG NVwZ 1999, 527.
351 VGH Mannheim UPR 2006, 459.
352 BVerwGE 31, 20.
353 BVerwG NVwZ 1999, 527; *Battis/Krautzberger/Löhr* § 34 BauGB Rn. 7.
354 *Battis/Krautzberger/Löhr* § 14 BauGB Rn. 8.

- Nutzungsart (insoweit ggf. nach §§ 2 ff. BauNVO zu beurteilen, wenn »faktisches Baugebiet«)
- Nutzungsmaß, Bauweise und Grundstücksbebauung
in diesen Rahmen ein?
- Unzulässigkeit des Vorhabens wegen Verletzung des Gebots der Rücksichtnahme (Bestandteil des Einfügungsgebots).
- Bei rahmenüberschreitenden Vorhaben ggf. Erweiterung des Rahmens, wenn keine bodenrechtlichen Spannungen eintreten.

Die nähere Umgebung ist der über die unmittelbaren Nachbargrundstücke hinausgehende, aber nicht den gesamten Ortsteil erfassende Bereich, auf den sich das Vorhaben auswirken kann. Für die Bestimmung der Eigenart ermitteln Sie zunächst die tatsächlich vorhandene Bebauung und prüfen dann, ob diese Bebauung durch Fremdkörper belastet ist. Diese müssen Sie dann herausfiltern und damit die Eigenart der Bebauung »auf das Wesentliche beschränken«.[355] Hierbei müssen Sie den Aktenauszug genau analysieren und ausgehend von den Lageplänen und Beschreibungen der örtlichen Gegebenheiten des mit der Beweisaufnahme (Augenschein) beauftragten Berichterstatters die tatsächlich vorhandene Bebauung beschreiben. Schöpfen Sie alles aus, was Sie in dem Aktenauszug finden. Diese Begründungsebene ist ein wichtiger Schwerpunkt Ihrer Lösung.

Problem: Fremdkörper

Häufig wird im Aktenauszug eine im Kontrast zur vorherrschenden Bebauung stehende bauliche Anlage beschrieben. Es stellt sich dann die Frage, inwieweit hierdurch der prägende Rahmen beeinflusst wird. Solche Fremdkörper müssen bei der Bewertung des prägenden Rahmens außer Betracht bleiben, wenn sie wegen ihrer Andersartigkeit und ihres singulären Charakters die sie umgebende, im wesentlichen homogene Bebauung nicht beeinflussen.[356] Etwas anderes gilt nur, wenn sie ausnahmsweise die Umgebung beherrschen oder mit ihr eine Einheit bilden.[357] Beispielsweise prägt ein einzelner Industriebetrieb, der aus historischen Gründen in einem ansonsten ausschließlich zum Wohnen genutzten Bereich angesiedelt ist, diese Umgebung nicht. Hierdurch soll verhindert werden, dass einzelne, atypische Anlagen die Gebietsstruktur sukzessive verändern.

Im Anschluss an die Ermittlung der Eigenart des prägenden Rahmens der Umgebung stellen Sie fest, ob sich das Vorhaben hinsichtlich **Art und Maß** der Nutzung, der **Bauweise** und der **überbauten Grundstücksfläche** in die Umgebung einfügt.

- Bzgl. der **Nutzungsart** greifen Sie als Beurteilungsmaßstab allein auf die BauNVO zurück, wenn die Eigenart der näheren Umgebung einem dort beschriebenen Baugebiet entspricht (§ 34 II BauGB i.V.m. §§ 2 ff. BauNVO). Stellt die Umgebung ein faktisches Baugebiet nicht dar, prüfen Sie die Voraussetzungen des § 34 I BauGB, wobei im Einzelfall vom Einfügungserfordernis abgewichen werden kann (§ 34 IIIa BauGB).
- Bzgl. des **Maßes der baulichen Nutzung**, also Grund-, Geschossflächenzahl, Zahl der Vollgeschosse und Gebäudehöhe (vgl. § 16 BauNVO) müssen Sie anhand der Angaben im Aktenauszug (häufig findet sich ein Bericht über eine Ortsbesichtigung des Berichterstatters) feststellen, ob der Gebietsrahmen eingehalten wird.
- Ebenso müssen Sie bei der Einfügung hinsichtlich **Bauweise** und **überbaubaren Grundstücksflächen** untersuchen, ob die die Umgebung prägenden Maße eingehalten werden.

Problem: Gebot der Rücksichtnahme als Bestandteil des Einfügens

Das Rücksichtnahmegebot kann dazu führen, dass eine den Gebietsrahmen grds. wahrende bauliche Anlage ausnahmsweise unzulässig ist, wenn es keine Rücksicht auf die in der unmittelbaren Nachbarschaft vorhandene Bebauung nimmt. Das Rücksichtnahmegebot ist damit im Rahmen des Einfügens zu prüfen und ist damit »Bestandteil des Einfügungsgebots«. Rücksichtslos ist das

---

355 BVerwGE 84, 322 (325).
356 BVerwG, Beschl. v. 16.06.2009, BauR 2009, 1564.
357 BVerwG NVwZ 1990, 755.

Vorhaben, wenn es den Betroffenen nach Lage der Dinge nicht zuzumuten ist. Hierbei sind die berechtigten Interessen des Bauherrn mit denen der Nachbarn abzuwägen.

Problem: Erweiterung des Rahmens bei fehlenden bodenrechtlichen Spannungen

Wird der durch die Umgebung abgeleitete Rahmen überschritten, kann das Vorhaben zulässig sein, wenn es keine bodenrechtlich relevanten Spannungen erzeugt oder vorhandene Spannungen nicht erhöht.

> **Klausurhinweis:** In Anwaltsklausuren aus dem Rechtsmittelrecht wird vereinzelt gerügt, ein VG habe die Amtsermittlungspflicht dadurch verletzt, indem es zur Prüfung, ob es sich um einen Innen- oder Außenbereich gehandelt hat, keine Ortsbesichtigung durchgeführt habe. Diese im Hinblick auf § 124 II Nr. 5 VWGO zu prüfende Rüge bleibt erfolglos. Nach ständiger Rspr. reicht es aus, wenn das Gericht die Abgrenzung zwischen Innen- und Außenbereich anhand des aktenkundigen Kartenmaterials und sonstigen Unterlagen vornimmt. Nach ständiger Rspr. kann sich die Kammer hierdurch einen ausreichenden Eindruck über die Örtlichkeit machen.[358] Übrigens reicht es aus, dass im Fall einer Ortsbesichtigung diese ausschließlich von dem Berichterstatter durchgeführt wird.

(bb) Sicherung der Erschließung (§ 34 I 1 BauGB); Anforderungen an Wohn- und Arbeitsverhältnisse

152 Schließlich müssen die Erschließung gesichert (§ 34 I 1 BauGB) und die Voraussetzungen des § 34 I 2 und III BauGB erfüllt sein. Diese Fragen bilden nach unserer Erfahrung nur selten einen Klausurschwerpunkt. Diese Erfordernisse sind übrigens nicht drittschützend.

Sind die Zulassungsvoraussetzungen erfüllt, besteht ein Anspruch auf die begehrte Genehmigung.

b) Privilegiertes Vorhaben im unbeplanten Außenbereich (§ 35 I BauGB)

> **Übersicht: Genehmigungsfähigkeit eines privilegierten Vorhabens (§ 35 I BauGB)**
>
> (1) Anwendbarkeit des § 35 BauGB (+), wenn weder Plangebiet (§ 30 I oder II BauGB), noch unbeplanter Innenbereich (§ 34 BauGB); Anwendbarkeit auch (+), wenn Außenbereichssatzung (§ 34 IV Nr. 2 u. 3 BauGB)
> (2) Zulassungsvoraussetzungen
>   (a) Privilegiertes Vorhaben gem. § 35 I Nr. 1–6 BauGB; klausurrelevant insb.
>   • Land- und forstwirtschaftlicher Betrieb (§ 35 I Nr. 1 BauGB); (P) »Dienende Funktion«
>   • Sonstige privilegierte Vorgaben (§ 35 I Nr. 4 BauGB); (P) Einschränkung durch »nur« und »sollen«
>   • Anlagen zur Windenergie- und Wasserenergienutzung (§ 35 I Nr. 5 BauGB)
>   (b) Kein Entgegenstehen öffentlicher Belange (§ 35 III 1, 2 BauGB), bei § 35 I Nr. 2–6 BauGB zudem Planungsvorbehalt (§ 35 III 3 BauGB)
>   (c) Einhaltung der Bodenschutzklausel (§ 35 V 1 BauGB)
>   (d) Sicherung einer ausreichenden Erschließung (§ 35 I BauGB)
> (3) Rechtsfolge: Anspruch auf Erteilung der Genehmigung

(1) Anwendbarkeit des § 35 I BauGB

Wenn das Grundstück weder im Geltungsbereich eines Bebauungsplans (§ 30 I oder II BauGB), noch im nichtbeplanten Innenbereich gem. § 34 BauGB liegt, ist der Anwendungsbereich des § 35 BauGB eröffnet. Grds. zulässig sind hier die in § 35 I BauGB genannten privilegierten Vorhaben, von denen bisher vor allem Nr. 1, 4 und 5 Examensrelevanz hatten. Demgegenüber sind »sonstige«, also nicht privilegierte Vorhaben nur im Einzelfall nach § 35 II BauGB zulässig.

---

358 BVerwG Beschl. v. 14.05.2007 BauR 2007, 2040; OVG Koblenz, Beschl. v. 29.02.2008 – 8 A 10021/08 – juris.

3. Kapitel. Öffentliches Baurecht

(2) Vorhaben gem. § 35 I BauGB

(a) Vorhaben nach § 35 I Nr. 1 BauGB: Land- und forstwirtschaftlicher Betrieb

Der Begriff der Landwirtschaft ist in § 201 BauGB definiert und erfasst die dauerhafte und nachhaltige Urproduktion i.S. einer Bodenertragsnutzung.[359] Die ggf. erforderliche Abgrenzung von bloßer Liebhaberei ist wenig examensrelevant.

Problem: »Dienende Funktion«

In Aktenauszügen wird wiederholt das einschränkende Merkmal der »dienenden Funktion« problematisiert. So dient ein Vorhaben einem landwirtschaftlichem Betrieb nur, wenn es diesem objektiv erkennbar unmittelbar zu- oder untergeordnet ist und dem privilegierten Betrieb mehr als nur förderlich ist.[360] Maßgebend ist, ob ein vernünftiger Landwirt unter größtmöglicher Schonung des Außenbereichs das Bauvorhaben mit gleichem Verwendungszweck und mit etwa gleicher Ausgestaltung für einen entsprechenden Betrieb errichten würde. Nicht der Fall ist dieses bei bloßen Freizeitnutzungen. Bei den aktuell sehr relevanten Energieerzeugungsanlagen hat das BVerwG entschieden, dass eine dienende Funktion gegeben ist, wenn die erzeugte Energie überwiegend vom privilegierten Betrieb selbst genutzt wird.

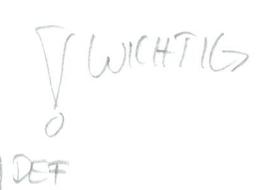

(b) Vorhaben nach § 35 I Nr. 4 BauGB: Sonstige privilegierte Vorhaben

Examensrelevanz entfalten wegen ihres Auffangcharakters auch die sonstigen privilegierten Vorhaben nach § 35 I Nr. 4 BauGB. Besondere Anforderungen an die Umgebung stellen z.B. Sternwarten oder Freilichtbühnen. Eine nachteilige Auswirkung auf die Umgebung entfalten Anlagen, von denen erhöhte Emissionen ausgehen (z.B. Tierkörperbeseitigungsanlagen oder nicht unter § 35 I Nr. 1 BauGB fallende Tiermastbetriebe). Zu den besonders examensrelevanten Anlagen, die wegen ihrer besonderen Zweckbestimmung nur im Außenbereich ausgeführt werden sollen, gehören z.B. Wander- und Berghütten. Es reicht aber nicht aus, dass das Vorhaben (nur) aufgrund besonderer religiöser oder weltanschaulicher Gründe im Außenbereich errichtet werden soll.[361] Beachten Sie, dass Windenergieanlagen überwiegend mangels Ortsgebundenheit nicht unter § 35 I Nr. 4 BauGB fallen, sondern unter Nr. 5.

Problem: Einschränkende Auslegung durch »nur« und »sollen«

Die tatbestandliche Weite der generalklauselartigen Vorschrift wird durch die Begriffe »nur« und »sollen« eingeschränkt. Das Vorhaben kann »nur« im Außenbereich verwirklicht werden, wenn es nicht im Planbereich oder Innenbereich der konkreten Gemeinde, also nur hier und so errichtet werden kann.[362] Im Rahmen des Merkmals »sollen« prüfen Sie wertend, ob das Vorhaben billigenswert ist und es unter Berücksichtigung der Funktion des Außenbereichs gerechtfertigt ist, dort zugelassen zu werden.[363] Diese Außenbereichsfunktion besteht in erster Linie in der Wahrung der naturgegebenen Bodennutzung und der Erholungsfunktion für die Allgemeinheit.

(c) Vorhaben nach § 35 I Nr. 5 BauGB

Windenergieanlagen sind nach § 35 I Nr. 5 BauGB privilegiert. Einer immissionsschutzrechtlichen Genehmigungspflicht unterliegen Windenergieanlagen, sobald sie eine Gesamthöhe von mehr als 50 m haben.[364] Die Klausurprobleme liegen insb. bei der nachfolgend erörterten Frage, inwieweit nach § 35 III BauGB öffentliche Belange dem Vorhaben entgegenstehen.

(3) Keine entgegenstehenden öffentlichen Belange (§ 35 III BauGB)

Bei Klausuren, in denen die Zulässigkeit eines Außenbereichsvorhabens zu beurteilen ist, liegt der Schwerpunkt vielfach in der Prüfung der »entgegenstehenden öffentlichen Belange«. Die examensrelevantesten sind die nachfolgend dargestellten Nr. 1, 3 und 7.

---

359 *Battis/Krautzberger/Löhr* § 201 BauGB Rn. 2 m.w.N.
360 OVG Koblenz, Urt. v. 12.09.2007, BauR 2008, 337 (Photovoltaik »dient« als Hilfsenergiequelle einer privilegierten Windkraftanlage).
361 OVG Koblenz, Urt. v. 05.09.2007 – 8 A 1051/06 (Kapelle im Außenbereich nicht privilegiert).
362 BVerwG NVwZ 1984, 169 (170).
363 BVerwG NVwZ 1984, 169 (170).
364 Ziffer 1.6 des Anhangs zur 4. BImSchVO.

(a) Widerspruch zu Flächennutzungsplan (§ 35 III 1 Nr. 1, III 2 u. 3 BauGB)

157 Der derzeit sehr examensrelevante entgegenstehende öffentliche Belang nach § 35 III 1 Nr. 1, III 3 BauGB setzt voraus, dass die Gemeinde, um Windenergieanlagen an einen bestimmten Ort zu konzentrieren, ein schlüssiges gesamträumliches Planungskonzept (Begriff merken!) entwickelt hat. Nach der Rspr. lässt sich der Ausschluss von Vorhaben in bestimmten Bereichen nämlich nur rechtfertigen (Art. 14 I GG – Baufreiheit), wenn sich diese Vorhaben an anderer Stelle durchsetzen lassen.[365] Dieses gesamträumliche Planungskonzept muss dann den Vorgaben der Abwägungslehre gerecht werden. Unwirksam ist z.B. eine Konzentrationsplanung, wenn der Plan keinerlei Positivflächen für die Windenergienutzung enthält oder auf eine Verhinderungsplanung (sog. »Feigenblattplanung«) hinausläuft.[366]

(b) Schädliche Umwelteinwirkungen (§ 35 III 1 Nr. 3 BauGB)

158 Schädliche Umwelteinwirkungen i.S.d. § 3 I BImSchG können gem. § 35 III 1 Nr. 3 BauGB als entgegenstehender öffentlicher Belang ein privilegiertes Vorhaben ausschließen. An dieser Stelle wird von den Prüfungsämtern häufig das BImSchG in den Aktenauszug eingespielt. Sie müssen in diesem Fall prüfen, ob evtl. Immissionen unter Würdigung aller Umstände des Einzelfalles nach Art, Ausmaß oder Dauer geeignet sind, Gefahren, erhebliche Nachteile oder (vor allem klausurrelevant:) erhebliche Belästigungen für die Allgemeinheit oder die Nachbarschaft herbeizuführen. Anhaltspunkte für die Unzumutbarkeit von Beeinträchtigungen sind – wie im BImSchG – die technischen Regelwerke des Immissionsschutzrechts (die normkonkretisierenden TA Luft; TA Lärm,[367] daneben aber auch die VDI-Richtlinien).[368] Achten Sie insoweit insb. auf abgedruckte Inhalte dieser Regelungswerke oder auf entsprechende Angaben im Bearbeitervermerk.

(c) Zu befürchtende (unerwünschte) Splittersiedlung (§ 35 III 1 Nr. 7 BauGB)

159 § 35 III 1 Nr. 7 BauGB wird weit ausgelegt. Mit der Versagung einer Genehmigung soll bereits »den Anfängen gewehrt« werden.[369] Es reicht aus, wenn mit der Genehmigung ein »Berufungsfall« geschaffen wird und damit die Gründe, die weiteren Vorhaben entgegen gehalten werden könnten, an Überzeugungskraft verlieren. »Zu befürchten« ist die Entstehung, Erweiterung oder Verfestigung der Siedlung, wenn sie städtebaulich unerwünscht ist.[370] »Unerwünscht« ist sie, wenn mit ihr die Zersiedlung eingeleitet wird.[371] Soll zu bereits vorhandenen Gebäuden ein weiteres hinzukommen, ist dieses (so das BVerwG) i.d.R. ohne Weiteres gegeben und bedarf keiner umfassenden Darlegung der Gemeinde.[372]

> **Klausurhinweis:** Aktuell stellt sich in Klausur und Praxis häufig die Frage der bauplanungsrechtlichen Zulässigkeit von **Windenergieanlagen**, die nach § 35 I Nr. 5 BauGB privilegiert sind. Falls Sie den Erfolg eines Genehmigungsverfahrens nach dem BauGB prüfen müssen, sollten Sie insb. an folgende Gesichtspunkte denken:[373] Schwerpunkt der Klausur wird voraussichtlich die Frage sein, inwieweit **öffentliche Belange nach § 35 III BauGB dem Vorhaben entgegenstehen**. Hierbei werden von der Rspr. derzeit vor allem folgende Fragen diskutiert:
>
> - Windenergieanlagen können gegen das in **§ 35 III 1 BauGB** verankerte **Rücksichtnahmegebot** (»Rücksichtnahmegebot als weiterer ungeschriebener öffentlicher Belang«) verstoßen, weil von den Drehbewegungen ihrer Rotoren eine »optisch bedrängende« Wirkung auf bewohnte Nachbargrundstücke ausgeht.[374] Ein Verstoß gegen das Rücksichtnahmegebot kann auch gegeben sein, wenn ein in der Nachbarschaft seit langem bestehender luftverkehrsrechtlich genehmigter Segel-

---

[365] BVerwG NuR 2003, 615.
[366] BVerwG NVwZ 2005, 211.
[367] BVerwG DVBl. 2007, 1564 (Baugenehmigung für Errichtung einer Windenergieanlage).
[368] *Ernst/Zinkahn/Bielenberg/Krautzberger* § 35 BauGB Rn. 88.
[369] BVerwG BauR 2000, 1173.
[370] BVerwG BayVBl. 1978, 215; *Meyer* JA 2009, 378 (381).
[371] BVerwG NVwZ 2001, 1282.
[372] BVerwG BauR 2005, 73.
[373] Zur immissionsschutzrechtlichen Nachbarklage gegen Windenergieanlagen s.u.
[374] BVerwG NVwZ 2007, 336 (Ls.).

3. Kapitel. Öffentliches Baurecht

flugplatz gefährdet wird.[375] Sofern über den Lärm der Anlagen gestritten wird, greifen die Bestimmungen der TA Lärm.[376] Die Zumutbarkeit des häufig geltend gemachten Schattenwurfs wird nach wertender Betrachtung beurteilt. Die Beherrschung der zwischenzeitlich zu diesen Detailfragen ergangenen Rechtsprechung wird von Ihnen nicht verlangt. Die entscheidenden Punkte gewinnen Sie hier in einer umfassenden Begründung unter Auswertung der im Aktenauszug abgedruckten Auszüge aus evtl. Sachverständigengutachten bzw. Beschreibungen der örtlichen Verhältnisse durch den beauftragten Einzelrichter. Denkbar ist auch, dass im Aktenauszug ein Erlass über die Genehmigungsvoraussetzungen von Windkraftanlagen abgedruckt ist.[377]

- Nach § 35 III 1 Nr. 5 BauGB kann eine Anlage im Landschaftsschutzgebiet unzulässig sein oder wenn die natürliche Eigenart einer bisher unberührten Landschaft oder der Naturschutz (z.B. Schutz bedrohter Vogelarten) gefährdet ist. § 35 III 1 Nr. 5 BauGB dürfte allerdings für Prüfungsämter weniger reizvoll sein, da dieser öffentliche Belang nur schwer in einen Aktenauszug eingebaut werden kann.
- Falls darüber gestritten wird, ob im Gemeindegebiet hinreichend Fläche für Windenergieanlagen ausgewiesen sind oder die Behörde auf sog. Konzentrationszonen verweist, müssen Sie insb. an **§ 35 III 2 und 3 BauGB** denken. Nach § 35 III 2 BauGB darf die Anlage Zielen der Raumordnung nicht widersprechen. Zudem kann durch ordnungsgemäß ausgewiesene Konzentrationszonen gem. § 35 III 3 BauGB ein entgegenstehender öffentlicher Belang erzeugt werden, wenn der Konzentrationsplanung ein schlüssiges gesamträumliches Planungskonzept zugrunde liegt (s.o.).

(4) Einhaltung der Bodenschutzklausel (§ 35 V 1 BauGB)
Die Einhaltung der Bodenschutzklausel gem. § 35 V 1 BauGB hat im Examen keine wesentliche Bedeutung. 160

(5) Sicherung einer ausreichenden Erschließung (§ 35 I BauGB)
Auch das Erfordernis der Sicherstellung einer ausreichenden Erschließung hat keine wesentliche Examensrelevanz. 161

c) Zulässigkeit des nicht privilegierten Vorhabens im Außenbereich (§ 35 II BauGB)
Klausuren, in denen ausschließlich die Zulässigkeit nicht privilegierter Vorhaben im Außenbereich zu beurteilen ist, spielen nach unserer Analyse eine eher geringere Rolle. Vereinzelt taucht allerdings die Konstellation auf, in der der Klausurschwerpunkt auf der Beurteilung der Zulässigkeit nach § 35 I BauGB liegt und anschließend (kurz) auf § 35 II BauGB einzugehen ist. Zudem können die Sonderregelungen für bestehende Anlagen eine Rolle (§ 35 IV BauGB) spielen. 162

> **Übersicht: Genehmigungsfähigkeit nicht privilegierter Vorhaben im Außenbereich (§ 35 II BauGB)**
>
> 1. Anwendbarkeit des § 35 BauGB (+), wenn weder Plangebiet (§ 30 I oder II BauGB) noch unbeplanter Innenbereich (§ 34 BauGB); Anwendbarkeit auch (+), wenn Außenbereichssatzung (§ 34 IV Nr. 2 u. 3 BauGB)
> 2. Zulassungsvoraussetzungen
>   a) Sonstiges (nicht privilegiertes) Vorhaben (§ 35 II BauGB)
>   b) Keine Beeinträchtigung (nicht wie bei § 35 I BauGB »entgegenstehende«) öffentlicher Belange (§ 35 II, III BauGB); (P) Bestandsschutz für begünstigte Anlagen (§ 35 IV BauGB); (P) Vorliegen einer Außenbereichssatzung (§ 35 VI BauGB)
>   c) Sicherstellung der Erschließung (§ 35 II BauGB)
>   d) Beachtung der Bodenschutzklausel (§ 35 V 1 BauGB)
> 3. Rechtsfolge: gebundener Anspruch

§ 35 II BauGB ist anwendbar, wenn es sich um ein Vorhaben i.S.d. § 29 I BauGB handelt, welches keinen Privilegierungstatbestand nach § 35 I BauGB erfüllt. Im Gegensatz zu § 35 I BauGB, wo

---
375 BVerwG NVwZ 2005, 328.
376 BVerwG NVwZ 2008, 76.
377 Z.B. WKA-Erlass NRW MBl. NRW 2005, 1288.

die Zulässigkeit keine »entgegenstehenden öffentlichen Belange« voraussetzt, kommt es bei § 35 II BauGB darauf an, dass öffentliche Belange »nicht beeinträchtigt« werden.

> **Hinweis:** Merken Sie sich diesen unterschiedlichen Maßstab. Diese Besserstellung von Vorhaben nach § 35 I BauGB wird damit begründet, dass der Außenbereich gerade für solche Anlagen planerisch vorgesehen ist (planähnliche Zuweisung zum Außenbereich). Vorhaben nach § 35 II BauGB sind hingegen nicht derart privilegierungswürdig.

Die entgegenstehenden öffentlichen Belange sind beispielhaft in § 35 III 1, 2 BauGB aufgezählt. Über den Wortlaut des § 35 III BauGB hinausgehend erkennt die Rspr. auch das Erfordernis der vorherigen Bauleitplanung bei gewichtigen Vorhaben als ungeschriebenen öffentlichen Belang an.[378] Ein Problem entsteht dann, wenn eine bereits bestehende bauliche Anlage ersetzt, umgebaut oder in der Nutzung geändert werden muss, weil sie andernfalls funktionslos würde. Es stellt sich dann die Frage, ob zur Verhinderung dieses Schicksals der Funktionslosigkeit etwa aus dem Gesichtspunkt des aktiven Bestandsschutzes oder nach § 35 IV BauGB Sonderregelungen gelten. Achten Sie aus diesem Grund auf den Vortrag eines Bauwilligen, seine Anlage werde ohne Genehmigung des Vorhabens wirtschaftlich wertlos.

Problem: aktiver Bestandsschutz (Art. 14 GG)

Einen unmittelbar auf Art. 14 GG gestützten Anspruch auf Zulassung eines Vorhabens jenseits einfachgesetzlicher Bestimmungen lehnt das BVerwG ab. Dieses wird damit begründet, dass nach Art. 14 I 2 GG Inhalt und Schranken des Eigentums, damit auch Ansprüche auf aktiven Bestandsschutz durch den Gesetzgeber festgelegt werden.[379] Da die einfachgesetzlichen Bestimmungen den verfassungsrechtlichen Vorgaben des Art. 14 GG gerecht werden, bleibt für einen unmittelbar aus Art. 14 GG gestützten Anspruch kein Raum.

> **Hinweis:** Unterscheiden Sie streng zwischen aktivem und passivem Bestandsschutz. Letzterer betrifft nicht die Frage, ob ein Zulassungsanspruch besteht, sondern gewährleistet das Recht, dass ein seinerzeit im Einklang mit dem damals geltenden Baurecht errichtetes Bauwerk weiterhin so unterhalten und genutzt werden kann, wie es seinerzeit errichtet wurde, auch wenn es nach dem inzwischen geltendem Baurecht nicht mehr zulässig wäre. Diese Frage spielt insb. bei der Ermessensausübung bei Bauordnungsverfügungen eine Rolle.

Problem: Sonderregelung (§ 35 IV BauGB)

Auf einfachgesetzlicher Ebene regelt § 35 IV BauGB als verfassungskonforme Inhalts- und Schrankenbestimmung den Bestandsschutz für »sonstige« Vorhaben (§ 35 II BauGB), der bestimmte öffentliche Belange (z.B. Widerspruch zu Darstellungen eines FNP oder die Entstehung, Verfestigung oder Erweiterung einer Splittersiedlung) überwindet. Liegen die Voraussetzungen des § 35 IV BauGB vor, brauchen Sie auf die allgemeinen Grundsätze des Bestandsschutzes nicht mehr einzugehen. § 35 IV BauGB ist abschließend.[380]

Beachten Sie, dass § 35 IV BauGB nur eine Begünstigung bzw. Teilprivilegierung begründet. Im Übrigen bleibt es ein nicht privilegiertes Vorhaben. Es ist deshalb wichtig, dass Sie § 35 IV BauGB nicht als selbstständigen Genehmigungstatbestand prüfen, sondern stets als Modifikation des § 35 III BauGB prüfen. Falls Sie eine Klausuraufgabe mit diesem Problem erhalten sollten, kommt es allein auf eine saubere Subsumtion an. Detailwissen oder Rechtsprechung hierzu dürfte nicht verlangt werden.

Examensrelevanz könnte die Anfechtung einer Nebenbestimmung zur Baugenehmigung entfalten. Beachten Sie, dass bei teilprivilegierten Anlagen ergänzende Anordnungen und Sicherungsvorkehrungen ergehen dürfen (§ 35 V 1, 3, 4 BauGB). In der Praxis sind gerade Nebenbestimmungen üblich, mit den sichergestellt werden soll, dass die gesetzlichen Voraussetzungen des Verwaltungsaktes (also die Begünstigungstatbestände) erfüllt werden. Die Zulässigkeit kann sich damit aus § 36 I, letzte Var. VwVfG ergeben.

---

[378] BVerwG NVwZ 2003, 86 – factory outlet-center.
[379] BVerwG DÖV 1998, 600; *Dietlein/Burgi/Hellermann* § 4 Rn. 180.
[380] Leuze-Mohr/*Leuze-Mohr* S. 203

Bei einem auf die Erteilung einer Genehmigung gerichteten Verpflichtungsbegehren müssen schließlich die Erschließung sichergestellt (§ 35 II BauGB), die Bodenschutzklausel (§ 35 V 1 BauGB) eingehalten sein und ein ggf. nach § 36 BauGB erforderliches gemeindliches Einvernehmen vorliegen.

2. Vereinbarkeit mit Bauordnungsrecht

Neben bauplanungsrechtlichen Voraussetzungen darf das Vorhaben nicht gegen bauordnungsrechtliche Bestimmungen verstoßen. Neben den aus dem Studium bekannten Problemen des Verunstaltungsver- und Abstandsflächengebots, den Vorschriften über Stellplätze und Garagen sollten Sie im zweiten Examen wegen der praktischen Relevanz vor allem an die technischen Regelungen wie die TA Lärm und die Geruchsimmissionsrichtlinie (GIRL) denken. Diese genießen Geltungsanspruch, wenn sie als technische Baubestimmung eingeführt worden sind.[381] Achten Sie auf diesbezügliche Hinweise im Aktenauszug.

163

3. Vereinbarkeit mit sonstigem öffentlichen Recht

Als examensrelevante sonstige öffentlich-rechtliche Vorschriften merken Sie sich vor allem § 22 I BImSchG, § 18 BNatSchG, § 4 GaststG oder § 19 WHG.

164

Problem: Schlusspunkttheorie

Weil die Genehmigung nur erteilt werden kann, wenn andere öffentlich-rechtliche Vorschriften dem Vorhaben nicht entgegenstehen, stellt sich ggf. die Frage, welche Vorschriften hiermit gemeint sind (bzw. mit anderen Worten wie weit die Prüfungspflicht der Bauaufsichtsbehörde jenseits des jedenfalls zu prüfenden Bauordnungsrechts reicht). Dieses ist dann problematisch, wenn neben baurechtlichen Vorschriften z.B. immissionsschutzrechtliche, denkmalschutzrechtliche oder gaststättenrechtliche Anforderungen zu berücksichtigen sind und für diese parallele Genehmigungsverfahren vorgesehen sind. Wenn landesrechtlich bestimmt wird, dass eine Baugenehmigung andere Genehmigungspflichten unberührt lässt, stellt sich die Frage, ob die Baugenehmigung ohne Rücksicht auf diese sonstigen Genehmigungsvoraussetzungen zu erteilen ist (sog. Separationsmodell) oder als Schlusspunkt der durchzuführenden öffentlich-rechtlichen Zulässigkeitsprüfung erst erteilt werden darf, wenn die sonstigen Genehmigungen vorliegen (sog. Schlusspunkttheorie). Nachdem die Musterbauordnung 2002 eine Abkehr von der Schlusspunkttheorie vorgenommen hat, geht zwischenzeitlich auch ein großer Teil der Rspr. von dem Separationsmodell aus.[382] Dann ist eine Baugenehmigung auch zu erteilen, wenn andere ggf. erforderliche Genehmigungen noch fehlen.

C. Rechtsschutz im Verfahren der Erteilung des gemeindlichen Einvernehmens (§ 36 BauGB)

Gem. § 36 I 1 BauGB wird bei der Zulässigkeit bestimmter Vorhaben im bauaufsichtlichen Verfahren im Einvernehmen mit der Gemeinde entschieden.[383] Das Einvernehmen dient dem Schutz der Planungshoheit der Gemeinde (Art. 28 II 1 GG).[384] Das Einvernehmenserfordernis entfällt, wenn die Gemeinde selbst Genehmigungsbehörde ist, da die Planungshoheit auch ohne das Einvernehmenserfordernis hinreichend geschützt ist. Die Gemeinde darf gem. § 36 II 1 BauGB das

165

---

381 Z.B. § 3 III 1 BauO NRW.
382 BayVGH NVwZ 1004, 304 (305); VGH Mannheim NVwZ-RR 1997, 156; OVG Münster (7. Senat) NVwZ-RR 2002, 564 (567); a.A. OVG Münster (10. Senat) DÖV 2004, 302 (303); OVG Münster (10. Senat) NWVBl 2010, 230, 233; im Einzelnen auch *Dietlein/Burgi/Hellermann* Öffentliches Recht in Nordrhein-Westfalen § 4 Rn. 271.
383 Wichtig: Wegen § 36 I 2 BauGB gilt das Einvernehmenserfordernis auch grds. in anderen Verfahren, in denen über die Zulässigkeit von Vorhaben nach § 29 I BauGB entschieden wird. Sehr examensrelevant ist vor allem das immissionsschutzrechtliche Verfahren nach den §§ 4 ff. BImSchG; im Einzelnen hierzu s.u.
384 BVerwG BauR 1999, 1281.

Einvernehmen nur aus den sich aus den §§ 31, 33–35 BauGB ergebenden Gründen versagen, d.h. die Gemeinde muss das Einvernehmen erteilen, wenn die in den vg. Vorschriften normierten Voraussetzungen erfüllt sind. Etwas anderes gilt nur, wenn die maßgebende Vorschrift der Bauaufsichtsbehörde ausnahmsweise Ermessen einräumt (z.B. § 31 I, II BauGB).

Typisch für die Aufgabenstellungen aus diesem Bereich ist der Konflikt zwischen der Gemeinde und der Baugenehmigungsbehörde über die Genehmigungsfähigkeit eines Vorhabens. Hiervon ausgehend werden Sie i.d.R. auf folgende Rechtsschutzkonstellation stoßen:

- Die **Gemeinde erteilt das Einvernehmen**; die Genehmigungsbehörde geht allerdings (zu Recht) davon aus, dass der Bauantrag abzulehnen ist. Da die Genehmigungsbehörde an das erteilte Einvernehmen nicht gebunden ist, muss sie, wenn das Vorhaben bauplanungs- oder bauordnungsrechtlich unzulässig ist, den Antrag ablehnen.[385] Beachten Sie hierbei, dass neben dem ausdrücklichen Einvernehmen gem. § 36 II 2 BauGB das Einvernehmen als erteilt gilt, wenn es nicht binnen zwei Monaten nach Eingang des Ersuchens bei der Genehmigungsbehörde verweigert wird. Für die Fristberechnung gelten die Vorschriften der §§ 31 VwVfG i.V.m. §§ 187 I, 188 II, erster Hs. BGB, so dass der Tag des Eingangs nicht mitgerechnet wird (Ereignistag). Diese Frist kann wegen des in § 36 II 2 BauGB normierten Zwecks (Beschleunigung von Verfahren und Erleichterung von Investitionen) nicht verlängert werden.[386] Deshalb sind nach h.M. auch ein Widerruf oder die Rücknahme des Einvernehmens ausgeschlossen. Dieser Fall ist in der Aktenbearbeitung unproblematisch. Finden Sie eine Einvernehmenserteilung im Aktenauszug, müssen Sie als Genehmigungsbehörde oder als Verwaltungsgericht die Voraussetzungen der Genehmigungserteilung »ganz normal« durchprüfen.
- Daneben ist der Fall denkbar, in dem die **Gemeinde das Einvernehmen verweigert**, die Genehmigungsbehörde die Versagung allerdings für rechtswidrig hält. Innerhalb dieser Fallgruppe können folgende Klausurprobleme auftreten:
  – Ersetzt die nach Landesrecht zuständige Behörde gem. § 36 II BauGB das versagte Einvernehmen, stellt sich zunächst die Frage der statthaften Rechtsschutzform. Grds. ist eine Anfechtungsklage statthaft, weil die Ersetzungsentscheidung die Gemeinde in der Planungshoheit betrifft und somit einen Verwaltungsakt darstellt. Die wohl überwiegende Auffassung, die auch z.T. landesrechtlich normiert wird, hält allerdings eine Anfechtungsklage gegen die Ersetzungsentscheidung für unzulässig, da es sich bei der Ersetzung um eine bloße vorbereitende Maßnahme handelt (§ 44a VwGO). Nach dieser Auffassung kann die Gemeinde nur mittels Anfechtungsrechtsbehelf gegen die erteilte Baugenehmigung vorgehen.[387] In diesem Fall sind die bauplanungsrechtlichen Vorschriften (z.B. die der §§ 34, 35 BauGB) in vollem Umfang nachzuprüfen.[388] Dies ist für die Aktenbearbeitung unbedingt im Auge zu behalten. Im vorläufigen Rechtsschutz ist zu beachten, dass die Ersetzung des Einvernehmens keine bauaufsichtliche »Zulassung« i.S.d. § 212a BauGB darstellt; ein Anfechtungsrechtsbehelf hat folglich grds. aufschiebende Wirkung. Etwas anderes gilt nur, wenn gem. § 80 II 1 Nr. 4 VwGO die Anordnung der sofortigen Vollziehung ausgesprochen wurde. Zur Klarstellung: Gehen Sie mit der h.M. davon aus, dass die Gemeinde nur gegen die Genehmigung selbst vorgehen kann, hat der Anfechtungsrechtsbehelf keine aufschiebende Wirkung (§ 212a BauGB).
  – Erteilt die Baugenehmigungsbehörde die Genehmigung, ohne das verweigerte Einvernehmen zu ersetzen, kann die Gemeinde gleichfalls eine Anfechtungsklage erheben. Streitgegenstand dieser Anfechtungsklage ist dann aber nicht der Anspruch des Bauherrn auf die beantragte Genehmigung, sondern allein die von der klagenden Gemeinde verteidigte Planungshoheit nach Art. 28 II 1 GG, die der Gemeinde gleichzeitig die für die Drittanfechtungsklage erforderliche Klagebefugnis vermittelt. § 36 BauGB ist damit einer der wenigen Fälle, in denen eine Verfahrensbestimmung eine Klagebefugnis vermittelt. Hieraus folgt auch, dass in der Begründetheit der Klage nicht die materiell-rechtliche Genehmigungsfähigkeit zu prüfen ist.[389] Rechtsbehelfe der Gemeinde gegen die Genehmigung haben keine

---

[385] BVerwGE 28, 145.
[386] BVerwG NVwZ 1997, 900.
[387] BVerwGE 31, 263 (266).
[388] BVerwG NVwZ 2000, 1048; OVG Koblenz, Urt. v. 05.09.2006 – 8 A 10519/06.OVG.
[389] BVerwG NWVBl. 2009, 95.

aufschiebende Wirkung, weil Gemeinden auch »Dritte« i.S.d. § 212a BauGB sind.[390] Falls die Gemeinde die Nutzung der Genehmigung durch den Bauherrn vor einer rechtskräftigen Entscheidung in der Hauptsache verhindern will, muss sie einen Antrag auf Gewährung vorläufigen Rechtsschutzes nach §§ 80a III, 80 V VwGO stellen.

– Solange die zuständige Behörde das Einvernehmen nicht ersetzt, ist die Genehmigungsbehörde an die Versagung des Einvernehmens gebunden und kann die Genehmigung nicht erteilen. Dann kommt für den Antragsteller nur eine Verpflichtungsklage auf Erteilung der Baugenehmigung in Betracht. Diese ist spruchreif, wenn eine Pflicht zur Erteilung der Genehmigung bestand; andernfalls kommt nur ein Bescheidungsurteil nach § 113 V 2 VwGO in Betracht. In diesem Prozess ist die Gemeinde gem. § 65 II VwGO notwendig beizuladen.[391] Die verwaltungsgerichtliche Entscheidung ersetzt dann das Einvernehmen. Die Notwendigkeit der Beiladung sollten Sie in einem evtl. Anwaltsgutachten im Abschnitt »Zulässigkeitserwägungen« ansprechen. Zudem gehört der Antrag ggf. in den praktischen Teil (Verpflichtungsklageschriftsatz). Falsch wäre es, auf eine Ersetzung des Einvernehmens zu klagen: Das Einvernehmen ist ein bloßes Internum ohne individualschützende Wirkung.[392] Ebenso wenig besteht ein subjektiver Anspruch auf Ersetzung des Einvernehmens, da es sich bei der Ersetzung um eine spezialgesetzliche Form der Aufsicht handelt. Aufsichtsrechtliche Maßnahmen stehen aber nur im öffentlichen Interesse und sollen keine individuellen Rechte des Einzelnen vermitteln. Da hierzu (wegen anderslautender Andeutungen in den Gesetzesmaterialien[393]) im Aktenauszug möglicherweise andere Auffassungen vertreten werden, kann diese Frage in der Klausur diskussionswürdig sein. Sie sollten den vorstehenden Grundsätzen folgen.

D. Rechtsschutz im baurechtlichen Nachbarstreit

Klausurhinweis: Nachbarstreitigkeiten haben im Assessorexamen eine außerordentlich hohe Klausurrelevanz. Dieses gilt auch für die Nachbarklage im Baurecht. Die typischen Klausurprobleme wiederholen sich jedoch häufig vielfach. Bitte prägen Sie sich zunächst folgende Rechtsschutzkonstellationen ein:

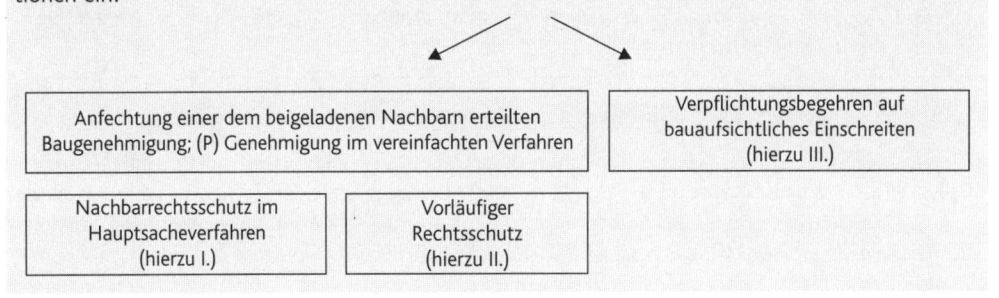

- Anfechtung einer dem beigeladenen Nachbarn erteilten Baugenehmigung; (P) Genehmigung im vereinfachten Verfahren
  - Nachbarrechtsschutz im Hauptsacheverfahren (hierzu I.)
  - Vorläufiger Rechtsschutz (hierzu II.)
- Verpflichtungsbegehren auf bauaufsichtliches Einschreiten (hierzu III.)

I. Rechtsschutz des Nachbarn im Hauptsacheverfahren

Im Grundfall wendet sich der Kläger gegen eine dem beigeladenen Nachbarn erteilte Baugenehmigung.

1. Zulässigkeitsprobleme bei der baurechtlichen Nachbarklage

In der Zulässigkeit der baurechtlichen Nachbarklage stellen sich typischerweise Probleme bei der Klagebefugnis, der Klagefrist bzw. prozessualen Verwirkung des Klagerechts und dem Rechtsschutzbedürfnis. Die übrigen Sachentscheidungsvoraussetzungen sind in aller Regel unproblematisch.

---

390 OVG Lüneburg NVwZ 1999, 1005; OVG Münster BauR 1998, 93; *Ortloff* NVwZ 1998, 581 (585).
391 BVerwG NVwZ 1986, 556.
392 BVerwG NVwZ-RR 1992, 529.
393 Vgl. BT-Drucks. 13/6392, S. 60.

a) Klagebefugnis des klagenden Nachbarn

167 Die statthafte Drittanfechtungsklage (§ 42 I VwGO) setzt insb. die Klagebefugnis gem. § 42 II VwGO voraus. Hierbei müssen Sie die Frage beantworten, ob sich der Kläger auf eine ihn schützende Rechtsposition stützen kann. Ausgehend von der Schutznormtheorie ist dies der Fall, wenn die in Rede stehende Norm nicht lediglich den Interessen der Allgemeinheit dient, sondern daneben auch den Schutz des Einzelnen bezwecken soll. Die Frage der Klagebefugnis sollten Sie zweistufig aufbauen: Zunächst klären Sie den drittschützenden Gehalt der in Rede stehenden Vorschriften und fragen anschließend, ob der Kläger als »Nachbar« in diesen Schutz einbezogen ist.[394]

Übersicht: Klagebefugnis des Nachbarn gem. § 42 II VwGO im baurechtlichen Nachbarstreit

I. Vermittelt einfachgesetzliche Norm, die bei der Genehmigung des geplanten Vorhabens zu prüfen ist, überhaupt Drittschutz?
  1. Im Geltungsbereich eines Bebauungsplans (§ 30 BauGB): (+) bzgl. Festsetzungen über Art der baulichen Nutzung; grds. (–) bzgl. Maß, Bauweise und überbaubare Grundstücksflächen
  2. Im unbeplanten Innenbereich (§ 34 BauGB) Drittschutz über Einfügungsgebot in die nähere Umgebung (Rücksichtnahmegebot als Bestandteil des Einfügungsgebots)
  3. Im Außenbereich (§ 35 BauGB) Drittschutz ggf. (+), wenn Ausnutzbarkeit der Privilegierung gefährdet ist (heranrückende Bebauung)
  4. Bauordnungsrechtliche Vorschriften grds. (–), es sei denn Individualschutz ist bezweckt; daher u.a. zugunsten der unmittelbaren Grundstücksnachbarn (+) bei Vorschriften über Brandschutz- und Abstandsflächen; (P) Verunstaltungsverbot
  5. Nicht nachbarschützend sind grds. Verfahrensvorschriften, sofern Verfahrensfehler keine Auswirkung auf materielle Position haben kann

II. Ist der Kläger geschützter Nachbar?
  1. Wegen Grundstücksbezogenheit gem. Art. 14 GG (+), beim Grundstücks(mit-)eigentümer und sonstigem Inhaber einer eigentumsähnlichen Position;
  2. Gemeinden (+), wenn Verletzung eigener Rechte möglich; (+) beim interkommunalen Abstimmungsgebot (§ 2 II BauGB); zudem (+) wenn Genehmigung ohne Einholung des Einvernehmens (§ 36 BauGB) erteilt wird;
  3. Nach h.M. (–) beim bloß obligatorisch Berechtigten, obwohl Besitzrecht des Mieters von Art. 14 I 1 GG geschützt wird

---

Damit prüfen Sie zunächst das **Vorliegen einer drittschützenden Vorschrift**:

- Festsetzungen über die **Art** der baulichen Nutzungen im Geltungsbereich eines **Bebauungsplans (§ 30 BauGB)** sind generell nachbarschützend, weil den Gebietsfestsetzungen der BauNVO per se nachbarschützende Wirkung zukommt.[395] Hieraus folgt, dass der Betroffene einen Anspruch auf Einhaltung des Gebietscharakters (Gebietsgewährleistungsanspruch) geltend machen kann, soweit und sobald ein gebietsfremdes Vorhaben zugelassen wird, ohne dass es auf eine tatsächliche oder spürbare Betroffenheit ankommt. Auf die Prüfung des Gebots der Rücksichtnahme kommt es hier also nicht an. Demgegenüber sind die Festsetzungen über das **Maß** der baulichen Nutzug (§§ 16–21a BauNVO) grds. nicht nachbarschützend, da diese in erster Linie der städtebaulichen Ordnung dienen. Nur ausnahmsweise vermitteln sie Nachbarschutz, wenn die Festsetzung nach dem planerischen Willen der Gemeinde auch den Grundstückseigentümern im Plangebiet dienen soll.[396] Ebenso vermitteln die Regelungen über die Bauweise und die überbaubaren Grundstücksflächen grds. keinen Drittschutz, es sei denn, die Nachbarbebauung wird geschützt. Zu bejahen ist dies z.B. bei Festsetzung einer offenen Bauweise oder Baugrenzen und -linien.[397] Wichtig ist im Geltungsbereich eines Bebauungsplans § 15 I 2 BauNVO (Gebot der Rücksichtnahme), wenn in dem Baugebiet keine besonderen Festsetzungen gelten. Dann vermittelt das Gebot der Rücksicht-

---

[394] Die klausurrelevanten Fragen des Nachbarschutzes, insb. der Klagebefugnis finden Sie im *Kopp/Schenke* unter § 42 VwGO Rn. 97.
[395] BVerwG DÖV 1994, 263.
[396] VGH Mannheim NVwZ-RR 2000, 348.
[397] *Dietlein/Burgi/Hellermann* § 4 Rn. 318.

nahme Nachbarschutz, wenn in qualifizierter und zugleich individualisierender Weise auf schützenswerte Interessen Dritter Rücksicht zu nehmen ist (sog. planübergreifender Nachbarschutz). Dieses Gebot ist verletzt, wenn eine unzumutbare Beeinträchtigung vorliegt.

- Im bauplanungsrechtlichen **Innenbereich** gewährt § 34 I BauGB Nachbarschutz mittelbar durch das Tatbestandsmerkmal »Einfügen« in die nähere Umgebung. Einfügen kann sich das Vorhaben nämlich nur, wenn es die gebotene Rücksicht auf die vorhandene Nachbarbebauung nimmt. § 34 II BauGB ist unmittelbar nachbarschützend. Auch insoweit besteht ein Gebietsgewährleistungsanspruch.
- Dem Außenbereich nach § 35 BauGB kommt grds. kein Individualschutz zu. Dieses wird grammatisch durch die Wörter »öffentliche Belange« sichtbar. Allerdings kann Inhabern privilegierter Vorhaben nach § 35 I BauGB ein Abwehranspruch dahingehend zustehen, dass die Zulassung eines anderen privilegierten oder sonstigen Vorhabens die Ausnutzbarkeit der eigenen Privilegierung nicht wesentlich beeinträchtigt. Dieses sind z.B. die klausurrelevanten Fälle der heranrückenden Wohnbebauung.
- Neben diesen bauplanungsrechtlichen Vorschriften stellt sich häufiger die Frage, ob **bauordnungsrechtlichen Vorschriften** Nachbarschutz zukommt. Dieses kann ausnahmsweise dann der Fall sein, wenn die bauordnungsrechtlichen Bestimmungen nachbarschützenden Charakter entfalten, indem sie individuelle Interessen wie Leben, Körper oder Gesundheit der Anlieger schützen sollen.[398] Dieses betrifft in erster Linie Abstandsflächenregelungen, denen nach wohl h.M. Nachbarschutz zukommt. Auch die bauordnungsrechtlichen Gestaltungsvorschriften dienen nach h.M. grds. nicht dem Individualschutz, sondern allein dem öffentlichen Interesse an einem unbeeinträchtigten Straßen- und Ortsbild.[399] Die landesbauordnungsrechtlichen Vorschriften bzw. Stellplatzanforderungen und Garagen sind nur ausnahmsweise drittschützend, wenn und soweit sie normieren, dass die Umgebung nicht gestört werden darf.[400]
- Auch **sonstige öffentlich-rechtliche Vorschriften** können ausnahmsweise subjektiven Rechtsschutz vermitteln. Dieses betrifft z.B. die nachbarschützenden Vorschriften der § 22 BImSchG oder der 18. BImSchV (Sportanlagen).

Liegt danach eine drittschützende Norm vor, ist als »**Nachbar**« der Grundstückseigentümer und der Inhaber einer eigentumsähnlichen Rechtsposition erfasst.[401] Letzterer kann z.B. eine Person sein, zu deren Gunsten eine Auflassungsvormerkung im Grundbuch eingetragen wurde und auf die Besitz, Nutzungen und Lasten übergegangen sind.[402] Daneben sind auch Nießbrauchberechtigte geschützt.[403] Klausurrelevant ist auch der wegen § 1011 BGB ebenfalls klagebefugte Miteigentümer eines Grundstücks, der sich gegen eine Baugenehmigung auf einem Nachbargrundstück wendet. Wohnungseigentümer sind wegen der möglichen Beeinträchtigung des Sondereigentums (§ 13 I WEG) gegen eine für das Nachbargrundstück erteilte Baugenehmigung klagebefugt. Dieses gilt auch zugunsten von Wohnungseigentümergesellschaften für Baugenehmigungen auf dem Nachbargrundstück (vgl. § 10 VI WEG n.F.). Demgegenüber sind bloß obligatorisch Berechtigte (z.B. Mieter, Pächter) grds. nicht klagebefugt. Hieran ändert auch der Umstand nichts, dass das Besitzrecht des Mieters an einer Wohnung nach der Rspr. des BVerfG[404] von Art. 14 I 1 GG geschützt wird, da der Mieter in den Ausgleich möglicher Bodennutzungskonflikte nicht einbezogen ist.[405]

> **Klausurhinweis:** Für die mögliche Nachbarrechtsverletzung durch eine Baugenehmigung kommt es darauf an, inwieweit Rechtsvorschriften missachtet wurden, die von der Genehmigungsbehörde bei ihrer Genehmigungsentscheidung zu prüfen waren. Wurde eine Baugenehmigung im vereinfachten Genehmigungsverfahren erteilt, folgt hieraus, dass nur die Verletzung solcher Vorschriften eine Kla-

---

398 *Oldiges* in: Steiner, Besonderes Verwaltungsrecht, 7. Aufl. 2003, S. 386.
399 VG Hamburg, Urt. v. 17.04.2008 – 6 K 4218/06 (Kein Nachbarschutz gegen »mongolische Jurte« in einem Wohngebiet).
400 *Kaplonek/Mittag* JA 2006, 664, 667.
401 Eingehend hierzu *Kintz* Rn. 156 ff.
402 OVG Lüneburg NVwZ 1996, 919.
403 OVG Münster NVwZ 1994, 696.
404 BVerfGE 89, 1 (7).
405 *Kaplonek/Mittag* JA 2006, 664 (665).

gebefugnis gem. § 42 II VwGO begründen kann, die auch nach dem jeweiligen Prüfungs- und Entscheidungsprogramm des vereinfachten Genehmigungsverfahrens zu prüfen waren.[406] Gegen die Verletzung von Vorschriften außerhalb dieses Prüfungsprogramms kann der Nachbar allenfalls im Wege eines Antrags nach § 123 I VwGO vorgehen.

b) Prozessuale Verwirkung des Klagerechts bei baurechtlichen Nachbarklagen

168 Ist dem Kläger die Genehmigung nicht bekanntgegeben worden, wird nach h.M. die Klagefrist nach § 74 I VwGO nicht in Gang gesetzt. Auch § 58 II VwGO greift nicht, da auch diese Norm zumindest die Bekanntgabe voraussetzt. Denkbar ist aber eine dem Rechtsgedanken des § 242 BGB entnommene prozessuale Verwirkung, wenn der Kläger bzw. sein Rechtsvorgänger eine Vertrauensgrundlage geschaffen hat, einen bestimmten Anspruch nicht mehr geltend machen zu wollen und der Betroffene hierauf tatsächlich vertraut hat. Eine solche Verwirkung des Klagerechts sollten Sie aber nur ausnahmsweise bejahen. Regelmäßig scheitert es an einer von dem Kläger gesetzten objektiven Vertrauensgrundlage.

Außerdem kommt eine Verwirkung in Betracht, wenn der Kläger von der Bautätigkeit Kenntnis erlangt, aber dennoch erst deutlich später Klage erhebt. Hier wird der Beklagte oder Beigeladene auf die aus dem nachbarrechtlichen Gemeinschaftsverhältnis folgende Obliegenheit verweisen, zur Vermeidung wirtschaftlicher Nachteile frühzeitig evtl. Abwehransprüche geltend zu machen. Aus dem Gemeinschaftsverhältnis erwächst dem Kläger aber erst dann eine solche Verpflichtung, wenn er erkennen kann, dass das Vorhaben seine Nachbarrechte beeinträchtigen kann. Damit kann eine prozessuale Verwirkungs»frist« erst in Gang gesetzt werden, wenn der klagende Nachbar von der Nachbarrechtsbetroffenheit sichere Kenntnis erlangt hat oder diese hätte erlangen können (z.B. durch massive Bodenaushubarbeiten; Hinweisschilder über Art des Vorhabens etc.). Ab dieser Kenntnis muss der Kläger etwa binnen eines Jahres Klage erheben, wobei Sie vorsichtig an dem Rechtsgedanken des § 58 II VwGO anknüpfen dürfen. Nochmals: Unmittelbar oder entsprechend gilt diese Norm aber nicht.[407]

c) Verzicht auf Nachbarrechte durch Zustimmung

169 In der Praxis kommt häufiger ein Verzicht auf Nachbarrechte in Betracht. In den Landesbauordnungen ist z.T. vorgesehen, dass Nachbarn durch ihre Unterschrift auf dem Lageplan und den Bauzeichnungen die Zustimmung zum Vorhaben erteilen. Mit einer vorbehaltlosen Unterschrift bringt der Nachbar zum Ausdruck, dass er wegen des konkreten Bauvorhabens, wie es sich aus Lageplan und Bauzeichnungen ergibt, auf seine subjektiv öffentlich-rechtlichen Nachbarrechte verzichtet.[408] Nur ein wirksamer Verzicht führt zur Unzulässigkeit der Klage, was im Examen eher unwahrscheinlich ist. Aus diesem Grund wird der dahingehende Einwand des Beklagten oftmals ins Leere gehen. Ein wirksamer Verzicht setzt nämlich voraus, dass der Nachbar auf dem Lageplan und den Bauzeichnungen des Bauherrn seine Zustimmung zu dem konkreten Bauvorhaben gegeben hat. Wegen der weitreichenden Konsequenz des Verlusts der Klagerechte wird der Verzicht in analoger Anwendung des § 130 I 1 BGB erst mit Zugang bei der Behörde wirksam und ist erst ab diesem Zeitpunkt nicht mehr widerrufbar.[409] Beachten Sie, dass der Verzicht zudem nicht greift, wenn das Vorhaben nach Abgabe der Verzichtserklärung noch wesentlich geändert und der Nachbar dadurch stärker belastet wird.

2. Begründetheit der Nachbarklage

170 Die Anfechtungsklage des Nachbarn ist begründet, wenn die Genehmigung rechtswidrig ist und den Kläger in seinen subjektiven Rechten verletzt (§ 113 I 1 VwGO). Hieraus folgt, dass das Gericht die dem Bauherrn erteilte Baugenehmigung nicht umfassend hinsichtlich der objektiven Rechtmäßigkeit zu prüfen braucht, sondern in reduziertem Umfang nur dahingehend, inwieweit der Kläger durch die Baugenehmigung in seinen subjektiven Nachbarrechten verletzt wird. Dieses müssen Sie bei der Einleitung der Entscheidungsgründe deutlich machen:

---

406 OVG Saarlouis NJOZ 2008, 3317.
407 BVerwG DVBl. 1987, 1276; *Troidl* NVwZ 2004, 315 ff.
408 VGH München, Beschl. v. 03.11.2005 – juris (Rn. 10).
409 VGH München BayVBl. 2006, 246; *Schröer/Dziallas* NVwZ 2004, 134, 135.

3. Kapitel. Öffentliches Baurecht

> Die als Anfechtungsklage gem. § 42 I VwGO statthafte Klage ist zulässig. Der Kläger ist insb. auch nach § 42 II VwGO klagebefugt. Er kann nämlich geltend machen, in den ihn als Nachbarn schützenden §§ (...) verletzt zu sein. (...).
>
> Die Klage ist jedoch nicht begründet, da die Baugenehmigung von (...) in Gestalt des Widerspruchsbescheides des (...) vom (...) den Kläger nicht in seinen Rechten verletzt (§ 113 I 1 VwGO). Hierbei konnte die Kammer offen lassen, inwieweit die dem Beigeladenen mit dem angefochtenen Bescheid erteilte Baugenehmigung objektiv rechtmäßig ist; jedenfalls sind vorliegend keine Rechtsnormen verletzt, die den Kläger in seinen individuellen Rechten schützen sollen. (...).

In der Begründetheit der Klage prüfen Sie sodann die Verletzung subjektiver Rechte des klagenden Nachbarn.

a) Begründetheit der Nachbarklage im Geltungsbereich eines qualifizierten Bebauungsplans

Handelt es sich um eine gegen ein Vorhaben im Geltungsbereich eines qualifizierten Bebauungsplans (§ 30 I BauGB) gerichtete Anfechtungsklage, stellt sich zunächst die Frage der Verletzung des Bauplanungsrechts. Hierbei spielt der aus §§ 9 I Nr. 1, 30 BauGB i.V.m. §§ 1 III, 2–11 BauNVO folgende Gebietsgewährleistungsanspruch eine große Rolle: Hiernach hat die in dem Bebauungsplan erfolgte Festsetzung über die Art der baulichen Nutzung nachbarschützende Funktion zugunsten der Grundstückseigentümer im jeweiligen Baugebiet.[410] Damit hat der Nachbar eines in demselben Gebiet liegenden Grundstücks einen Anspruch darauf, dass die Art der bauplanungsrechtlichen Festsetzungen eingehalten wird.

171

Folglich müssen Sie zunächst untersuchen, ob das geplante Vorhaben allgemein oder ausnahmsweise nach den §§ 2–11 BauNVO zulässig ist. Hierzu müssen Sie das geplante Vorhaben unter die Regelbebauung (jeweils Absatz 2 der vg. Normen) bzw. unter die zulässige Ausnahmebebauung (jeweils Absatz 3 der vg. Normen) subsumieren. Dabei ist zu berücksichtigen, dass sich der Umfang der zulässigen Nutzung auch an dem konkreten Gebietscharakter orientiert (sog. Gebietsverträglichkeit). Deshalb kann auch in allgemeinen Wohngebieten (§ 4 BauNVO), wo Anlagen für gesundheitliche Zwecke nach § 4 II Nr. 3 BauNVO allgemein zulässig sind, ein besonders großes Gesundheitszentrum (Dialysezentrum) gebietsunverträglich sein, wenn es dem Charakter eines allgemeinen Wohngebiets, das ungestörtes Wohnen ermöglichen soll, nicht entspricht.[411]

Verneinen Sie die Zulässigkeit des Vorhabens nach den §§ 2–11 BauNVO, prüfen Sie anschließend §§ 13 und 14 BauNVO. Eine untergeordnete Nebenanlage i.S.d. § 14 I BauNVO stellt z.B. ein Container-Standplatz für einen Altglascontainer dar.[412] Beachten Sie, dass zu den fernmeldetechnischen Nebenanlagen (§ 14 II 2 BauNVO) auch Mobilfunksendeanlagen gehören können. Ist auch dieses nicht der Fall, sollten Sie noch die Möglichkeit der Befreiung nach § 31 II BauGB prüfen, da diese den Gebietsgewährleistungsanspruch zu Fall bringen kann. Liegt ein Verstoß gegen solche drittschützende Vorschriften nicht vor, müssen Sie dann (und erst dann!) eine Verletzung des Gebots der Rücksichtnahme untersuchen (§ 30 I BauGB i.V.m. § 15 I 1 und 2 BauNVO). Nach § 15 I 2 BauNVO ist ein (an sich zulässiges) Vorhaben auch dann unzulässig, wenn hiervon Belästigungen oder Störungen ausgehen können, die nach der Eigenart des Baugebiets im Baugebiet selbst oder in dessen Umgebung unzumutbar sind oder wenn es solchen Belästigungen ausgesetzt wird. In der anschließenden umfassenden Prüfung sämtlicher Umstände des Einzelfalles werden Sie ggf. die Punkte sammeln. Hierbei müssen sämtliche im Aktenauszug befindlichen Angaben zur Schutzwürdigkeit der Kläger und dem berechtigten Interesse des Beigeladenen würdigen. Nochmals: Denken Sie daran, dass sich § 15 I 1 und 2 BauNVO nur auf die Art der baulichen Festsetzungen bezieht.

b) Begründetheit der Nachbarklage im unbeplanten Innenbereich (§ 34 BauGB)

Wendet sich der Kläger gegen ein Bauvorhaben im unbeplanten Innenbereich, ist die Klage begründet, wenn sich dieses Vorhaben nicht in die von dem Kläger bewohnte »nähere Eigenart der

172

---

410 BVerwG NVwZ 2008, 427.
411 BVerwG, Beschl. v. 28.02.2008 – 4 B 60/07 jurisPR BVerwG 14/2008 Anm. 1 (Dialysezentrum mit 33 Behandlungsplätzen und 17 Kfz-Stellplätzen im allgemeinen Wohngebiet unzulässig).
412 Z.B. VG Saarlouis, Urt. v. 17.03.2010 BeckRS 2010 47636.

Umgebung einfügt«. In der Klausur werden Sie das Gebot der Rücksichtnahme zu prüfen haben. Beachten Sie dass wegen § 34 II BauGB die Einfügung hinsichtlich der Art der baulichen Nutzung bei einem faktischen Bebauungsplangebiet nach der BauNVO erfolgt; § 34 II BauGB verdrängt insoweit die Regelungen des § 34 I BauGB hinsichtlich der Art der baulichen Nutzung. An dieser Stelle müssen Sie das Gebiet im unbeplanten Innenbereich systematisch einem der in der BauNVO genannten Gebiete zuordnen und sodann die bauplanungsrechtliche Zulässigkeit prüfen. Hinsichtlich dessen, was nicht Art der baulichen Nutzung ist, also bzgl. des Maßes der baulichen Nutzung und der Bauweise ergibt sich das Gebot der Rücksichtnahme aus dem Merkmal des § 34 I BauGB (»einfügen«).

c) Begründetheit der Nachbarklage im Außenbereich (§ 35 BauGB)

173 Der Inhaber eines privilegierten Vorhabens im Außenbereich kann sich nur auf das Gebot der Rücksichtnahme berufen. Dieses ist ein öffentlicher Belang im Sinne des § 35 III 1 BauGB. Nach Nr. 3 der Vorschrift liegt eine Beeinträchtigung öffentlicher Belange vor, wenn ein Vorhaben bezogen auf die Nachbarschaft »schädliche Umwelteinwirkungen« hervorrufen kann.

Denkbar ist auch die Nachbarklage gegen einen **Bauvorbescheid**.[413] Mit diesem kann ein Bauherr bereits vor Einreichung eines Bauantrags zu einzelnen Fragen des Bauvorhabens entscheidungserhebliche Fragen vorweg klären lassen. Der Bauvorbescheid hat wie die Baugenehmigung einen feststellenden Teil und stellt einen Verwaltungsakt dar. Bei dieser spezifischen Klausurkonstellation ergeben sich jedoch keine Besonderheiten gegenüber der normalen Anfechtungsklage gegen eine Baugenehmigung.

II. Vorläufiger Rechtsschutz des Nachbarn

Klausurhinweis: Neben dem Rechtsschutz des Nachbarn im Hauptsacheverfahren spielt auch im Examen der vorläufige Rechtsschutz des Nachbarn eine mindestens genauso große Rolle. Probleme ergeben sich hier insb. aus der Parallelität der Verfahren nach §§ 80a III, 80 V VwGO auf der einen Seite und dem Rechtsschutz gem. § 123 I VwGO auf der anderen Seite. Bei der Frage, welches Rechtsschutzverfahren statthaft ist, kommt es maßgebend darauf an, ob der Nachbar eine erteilte Baugenehmigung suspendieren möchte (was zur Anwendbarkeit der §§ 80a III, 80 V VwGO führt) oder Rechtsschutz auf bauaufsichtliches Einschreiten gegen eine nicht genehmigte bauliche Anlage erstrebt (dann § 123 VwGO). Schwierigkeiten ergeben sich in diesem Zusammenhang insb. dann, wenn die dem i.d.R. im Aktenauszug beigeladenen Bauherrn erteilte Baugenehmigung im vereinfachten Verfahren erteilt worden ist. Dieses wird nicht selten im Bearbeitervermerk ausdrücklich vorgegeben. In solchen Fällen muss der Anwalt ggf. sowohl auf §§ 80a III, 80 V VwGO als auch auf § 123 VwGO zurückgreifen.[414] Oftmals werden jedoch auch im vereinfachten Genehmigungsverfahren die nachbarschützenden Vorschriften zu prüfen sein, so dass das Verfahren nur nach §§ 80a III, 80 V VwGO zu lösen ist.

1. Vorläufiger Rechtsschutz gegen eine dem Nachbarn erteilte Baugenehmigung

174 Falls eine Baugenehmigung erteilt worden ist, muss der Antragsteller – sofern er gerichtlichen Rechtsschutz anstrebt – zu deren Suspendierung grds. nach §§ 80a III, 80a I Nr. 2, 1. Hs., 80 V 1 VwGO vorgehen, da Rechtsbehelfe Dritter gegen bauaufsichtliche Entscheidungen gem. § 212a I BauGB keine aufschiebende Wirkung haben (Antrag auf Anordnung der aufschiebenden Wirkung).[415] Alternativ kommt ein Antrag auf behördliche Aussetzung der sofortigen Vollziehung in Betracht (§§ 80a I Nr. 2, 80 IV VwGO). In der Praxis ist allerdings ein Antrag ggü. der Behörde nach § 80a I Nr. 2 VwGO eher die Ausnahme. Dies ergibt sich u.a. daraus, dass der gerichtliche Beschluss rechtsschutzintensiver ist (vgl. § 80 VII VwGO). Diese Überlegung ist insb. auch für die Zweckmäßigkeitserwägungen in der Anwaltsklausur wichtig.

---

413 Z.B. VG Karlsruhe, Urt. v. 12.05.2009 – BeckRS 2009, 34084 (Erfolglose Nachbarklage gegen Vorbescheid zur Errichtung einer Moschee).

414 Eingehend zum vorläufigen Rechtsschutz für den Nachbarn *Finkelnburg/Domberg/Külpmann* Rn. 1291.

415 Im Einzelnen hierzu: *Kaiser/Köster* Die öffentlich-rechtliche Klausur im Assessorexamen, Rn. 370 ff.

> **Übersicht: Zulässigkeit des Antrags gem. §§ 80a III 1, I Nr. 2, 80 V 1 VwGO**
> - **Statthaftigkeit des Antrags (§§ 80a III 1, I Nr. 2, 80 V 1 VwGO)**
>   - Vorliegen eines adressatenbegünstigenden, aber drittbelastenden Verwaltungsakts
>   - Hauptsacherechtsbehelf ist eingelegt worden
>   - Hauptsacherechtsbehelf hat keine a.W. (insb. § 212a I BauGB)
> - **Antragsbefugnis** analog § 42 II VwGO (P) Antragsbefugnis in Dreieckskonstellation (+), wenn Verletzung drittschützender Vorschrift geltend gemacht werden kann (i.d.R. Schwerpunkt der Zulässigkeitsprüfung)
> - **Rechtsschutzbedürfnis**
>   - (P) bei Fertigstellung des Vorhabens
>   - (P) vorheriger behördlicher Aussetzungsantrag wegen § 80a III 2 VwGO erforderlich? Nach h.M. (–), da zu weite Fassung Redaktionsversehen; kann offen bleiben, wenn i.S.v. § 80 VI 2 Nr. 2 VwGO Vollziehung droht, etwa weil der Bauherr weiterbauen will (i.d.R. nach Aktenauszug zu bejahen)

Im Rahmen der **Antragsbefugnis** stellen sich die Fragen des Individualschutzes (s.o.). Bzgl. des **Rechtsschutzbedürfnisses** merken Sie sich, dass wegen der nach h.M. zu weiten Fassung des § 80a III 2 VwGO ein vorheriger Antrag gem. § 80 IV VwGO bei der Behörde nach h.M. nicht erforderlich ist. Jedenfalls dann, wenn durch den Weiterbau »Vollziehung droht« bedarf es wegen des Rechtsgedankens des § 80 VI 2 Nr. 2 VwGO keines vorherigen behördlichen Aussetzungsantrags.

Der Antrag ist **begründet,** wenn nach dem Ergebnis einer vom Gericht vorzunehmenden Interessenabwägung das Aussetzungsinteresse das Vollzugsinteresse des begünstigten Bauherrn (Beigeladener) überwiegt. Hierbei kommt es maßgeblich auf die voraussichtlichen Erfolgsaussichten des Rechtsbehelfs in der Hauptsache an. Ist die Baugenehmigung offensichtlich rechtmäßig oder verletzt sie zumindest keine Nachbarrechte, bleibt der Antrag erfolglos, zumal der Gesetzgeber grds. von einem Vorrang des Vollzugsinteresses ausgeht (§ 80 II 1 Nr. 3 VwGO i.V.m. § 212a I BauGB).

Verletzt die dem Beigeladenen erteilte Baugenehmigung hingegen nachbarschützende Vorschriften, überwiegt in der Regel das Aussetzungsinteresse des antragstellenden Nachbarn. In diesem Fall ist – insb. als Anwalt – daran zu denken, dass das Gericht befugt ist, zur Sicherung der Rechte des belasteten Nachbarn einstweilige **Sicherungsmaßnahmen** zu treffen.[416] Wie weit diese reichen können, ist im Einzelnen streitig. Jedenfalls kann das Gericht (bei entsprechendem Antrag auf Erlass einer solchen Sicherungsanordnung) die Behörde verpflichten, dem Dritten (also dem Bauherrn) gegenüber vorläufige Maßnahmen zur Sicherung der Rechte des Antragstellers zu verfügen.[417] Nach der Rspr. ist das Gericht aber auch befugt, bei einem dahingehenden Antrag z.B. die genehmigte Nutzung selbst vorläufig zu untersagen oder die Einstellung der Bauarbeiten anzuordnen. Gleichzeitig kann das Gericht auch dem Bauherrn ein Zwangsgeld androhen.[418] Die Verbindung des Antrags auf Anordnung der aufschiebenden Wirkung mit einem solchen Antrag auf Erlass einer Sicherungsanordnung ist aus anwaltlicher Perspektive auch deshalb zweckmäßig, weil die Sicherungsanordnung im Gegensatz zur Anordnung der aufschiebenden Wirkung analog § 172 VwGO vollstreckt werden kann.[419]

2. Vorläufiger Rechtsschutz gegen nicht genehmigte Vorhaben

Begehrt der Antragsteller Rechtsschutz gegen ein nicht genehmigtes Vorhaben, weil

- landesrechtlich eine Genehmigung ausdrücklich nicht vorgesehen ist (z.B. im Freistellungsverfahren) oder

---

416 *Finkelnburg/Dombert/Külpmann* Rn. 1295.
417 Wolff/Decker/*Decker* § 80a VwGO Rn. 17 m.w.N.
418 *Kuhla/Hüttenbrink* K 103a m.w.N.
419 OVG Münster, Beschl. v. 27.10.2.008 – 7 B 1368/08; *Finkelnburg/Dombert/Külpmann* Rn. 1295 m.w.N.

- weil der Bauherr das genehmigungsbedürftige Vorhaben ohne vorherige Genehmigung oder in wesentlicher Abweichung von der erteilten Genehmigung errichtet

ist ein Antrag gem. §§ 80a III, 80a I Nr. 2, 1. Hs., 80 V 1 VwGO nicht möglich. Eine zu suspendierende Genehmigung ist schließlich nicht existent. In diesem Fall kommt nur vorläufiger Rechtsschutz gem. § 123 I VwGO mit dem Ziel in Betracht, die Behörde zu einem bauaufsichtlichen Einschreiten zu verpflichten.

Übersicht: Vorläufiger baurechtlicher Nachbarrechtsschutz gem. § 123 I VwGO

I. Zulässigkeit
   1. Verwaltungsrechtsweg
   2. Statthafter Antrag (§§ 122 I, 88, 123 V VwGO)
      a) §§ 80a III, 80 V VwGO (–), da es an Baugenehmigung fehlt; (P) Genehmigung im vereinfachten Verfahren
      b) (P) Sicherungsanordnung (§ 123 I 1 VwGO) oder Regelungsanordnung (§ 123 I 2 VwGO); str.
   3. Antragsbefugnis analog § 42 II VwGO
   4. Rechtsschutzbedürfnis (P) Rechtsschutzbedürfnis (–), wegen möglichem zivilrechtlichen Unterlassungs- u. Beseitigungsanspruch? (–), da zivilrechtlicher Rechtsschutz wohl nicht schneller realisierbar ist und wohl nicht effektiver.
II. Begründetheit
   1. Anordnungsanspruch (+), wenn materieller Anspruch auf bauaufsichtliches Einschreiten glaubhaft gemacht werden kann (P) Nach h.M. aber nur, weil subjektive Nachbarrechte beeinträchtigt werden (wie bei §§ 80a III, 80 V VwGO)[420]
      a) Anspruchsgrundlage: Bauordnungsrechtliche Generalklausel
      b) Tatbestandliche Voraussetzungen für Stilllegungsverfügung
         aa) Vorliegen bzw. Errichtung einer baulichen Anlage
         bb) Verstoß gegen öffentlich-rechtliche Bestimmungen
            (1) Formelle Illegalität
            (2) Materielle Illegalität grds. bei Stilllegungsverfügung entbehrlich, anders aber bei Baugenehmigungsfreiheit
         cc) richtiger Adressat
      c) (P) Auf Rechtsfolgenebene sieht bauordnungsrechtliche Generalklausel Ermessen vor: TdRspr: intendiertes Ermessen, wenn tatbestandliche Voraussetzungen erfüllt; TdRspr.: Ermessensreduzierung auf Null nur bei hoher Gefahrenintensität; Streitentscheidung i.d.R. entbehrlich
   2. Anordnungsgrund (Eilbedürftigkeit)

---

3. Vorläufiger Rechtsschutz im vereinfachten Genehmigungsverfahren

176 Schwieriger ist der vorläufige Rechtsschutz, wenn sich der Nachbar gegen eine im vereinfachten Genehmigungsverfahren ergangene Baugenehmigung wendet.

Im Normalfall werden in diesem Verfahren – je nach landesrechtlicher Ausgestaltung – bauordnungsrechtliche Vorschriften nicht im Detail, sondern nur rudimentär geprüft. Angesichts der eingeschränkten Prüfung des Bauordnungsrechts scheidet eine subjektive Rechtsverletzung des Nachbarn i.S.v. § 42 II VwGO aus, soweit der Dritte nicht »durch den Verwaltungsakt (...) in seinen Rechten verletzt« sein kann. Dann ist ein Antrag gem. § 123 I VwGO statthaft (weil in der Hauptsache eine Verpflichtungsklage statthaft wäre), der auf ein baubehördliches Einschreiten gerichtet ist. Falls im Examen der Antragsteller einen Antrag gem. § 80a III 3 VwGO stellt, wäre dieser entsprechend § 88 VwGO umzudeuten. Werden demgegenüber auch im vereinfachten Verfahren bauordnungsrechtliche Vorschriften geprüft, kommt insoweit ein Antrag nach §§ 80a III, 80a I Nr. 2, 80 V 1 VwGO in Betracht.

---

420 *Finkelnburg/Dombert/Külpmann* Rn. 1296 m.w.N.

Macht der Nachbar hingegen die Verletzung nachbarschützender Vorschriften des Bauplanungsrechts oder des sonstigen öffentlichen Rechts geltend, ist insoweit ein Antrag gem. §§ 80a III, 80 I Nr. 2, 80 V 1 VwGO statthaft.

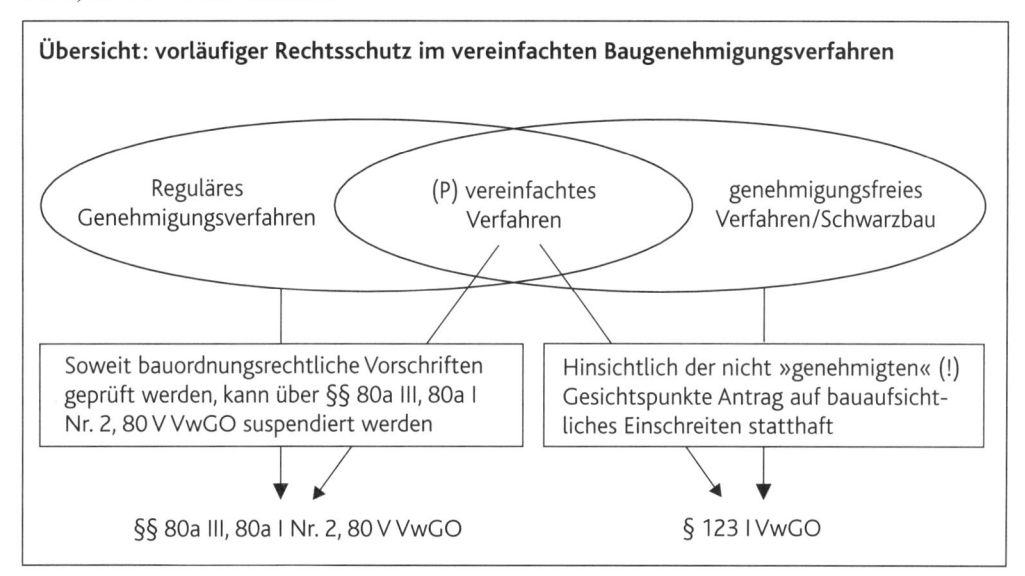

```
Übersicht: vorläufiger Rechtsschutz im vereinfachten Baugenehmigungsverfahren

    Reguläres              (P) vereinfachtes        genehmigungsfreies
 Genehmigungsverfahren        Verfahren           Verfahren/Schwarzbau

 Soweit bauordnungsrechtliche Vorschriften    Hinsichtlich der nicht »genehmigten« (!)
 geprüft werden, kann über §§ 80a III, 80a I  Gesichtspunkte Antrag auf bauaufsicht-
 Nr. 2, 80 V VwGO suspendiert werden          liches Einschreiten statthaft

      §§ 80a III, 80a I Nr. 2, 80 V VwGO              § 123 I VwGO
```

III. Verpflichtungsbegehren auf bauaufsichtliches Einschreiten

Gerade wegen der zwischenzeitlich in vielen Bundesländern für bestimmte Vorhaben geregelte Baugenehmigungsfreistellung kann der betroffene Nachbar, der typischerweise als Mandant in anwaltlichen Aufgabenstellungen auftritt, häufig nur im Wege repressiven Rechtsschutzes mit dem Ziel, die Bauaufsichtsbehörde zum Einschreiten zu bewegen, vorgehen.[421] Die für die statthafte Verpflichtungsklage erforderliche Klagebefugnis (§ 42 II VwGO) ergibt sich aus dem möglichen Anspruch auf Einschreiten aus der bauordnungsrechtlichen Generalklausel (z.B. § 61 I 2 BauO NRW), wenn eine Verletzung nachbarschützender Vorschriften nicht ausgeschlossen ist. Falls nach dem Ergebnis der Begründetheitsprüfung die Verweigerung bauaufsichtlichen Einschreitens tatsächlich zu einer Verletzung nachbarschützender Vorschriften führt, hat die Klage Erfolg.[422] Das Problem besteht allerdings darin, dass die bauordnungsrechtliche Generalklausel als Ermessensvorschrift ausgestaltet ist, so dass sich die Frage stellt, ob nur ein Bescheidungsanspruch (§ 113 V 2 VwGO) in Betracht kommt, oder darüber hinausgehend ein Verpflichtungstenor (§ 113 V 1 VwGO) angestrebt werden kann. In dieser Dreieckskonstellation kommt eine Ermessensreduzierung auf Null in Betracht, wenn durch die Verletzung nachbarschützender Vorschriften eine gegenwärtige, erheblich ins Gewicht fallende Beeinträchtigung besteht. (Sie erinnern sich an die Darstellung zum FBA im Dreiecksverhältnis).

177

E. Rechtsschutz gegen bauordnungsrechtliche Verfügungen

Falls Sie die Rechtmäßigkeit einer bauaufsichtsrechtlichen Verfügung prüfen müssen, vergegenwärtigen Sie sich bitte, dass es sich um Gefahrenabwehrrecht handelt und daher das polizeirechtliche Aufbauschema »Anfechtung von Ordnungsverfügungen« zugrunde zu legen ist. Als typische bauaufsichtsrechtliche Verfügungen kommen Abbruchs- und Beseitigungsverfügungen, Einstellungsverfügungen oder Nutzungsuntersagungen in Betracht.

---

421 Zum vorläufigen Rechtsschutz in dieser Konstellation s.o. Rn. 175.
422 *Dietlein/Burgi/Hellermann* § 4 Rn. 333.

> **Übersicht: Rechtmäßigkeit einer bauordnungsrechtlichen Verfügung**
>
> I. Ermächtigungsgrundlage nach LBO
>   1. Bzgl. Stilllegungs- oder Beseitigungsverfügungen u. Nutzungsuntersagungen z.T. landesrechtlich ausdrückliche Ermächtigungsgrundlagen
>   2. Im Übrigen: Bauordnungsrechtliche Generalklausel
> II. Formelle Rechtmäßigkeit
>   1. Zuständigkeit: Grds. untere Bauaufsichtsbehörde; ggf. Eilfallzuständigkeit der Gefahrenabwehrbehörde
>   2. Verfahren (insb. Anhörung; § 28 I VwVfG)
>   3. Form
> III. Materielle Rechtmäßigkeit
>   1. Tatbestandliche Eingriffsvoraussetzungen; (P) Maßgebender Zeitpunkt bei Bauordnungsverfügungen: Bei Dauer-VA (Stilllegungsverfügung u. Nutzungsuntersagung) letzte mündliche Verhandlung; i.Ü. letzte behördliche Entscheidung
>   a) Vorliegen einer baulichen Anlage i.S.d. LBO
>   b) Besondere Voraussetzungen nach Art der Verfügung (Landesrecht beachten)
>   aa) Beseitigungsanordnung: Formelle und materielle Illegalität; (P) bei genehmigungsfreien Anlagen nur materielle Illegalität
>   bb) Nutzungsuntersagung: Formelle Illegalität reicht wohl aus; str.
>   cc) Stilllegungsverfügung: Formelle Illegalität reicht aus; Ausnahme: Bei genehmigungsfreien Vorhaben materielle Illegalität zu prüfen
>   c) Richtiger Adressat: Der für den baurechtswidrigen Zustand Verantwortliche (i.d.R. Bauherr); (P) Rechtsnachfolge grds. möglich, da Bauaufsichtsverfügung dinglich ausgerichtet
>   2. Ermessen
>   a) Entschließungsermessen: Bei Vorliegen der tatbestandlichen Voraussetzungen grds. intendiertes Ermessen; (P) Art. 3 I GG; (P) Verwirkung der behördlichen Eingriffsbefugnis
>   b) Personelles Auswahlermessen: (P) Gleichbehandlung verschiedener Störer
>   c) Verhältnismäßigkeit; (P) Bestandsschutz; (P) Verfügung u.U. unverhältnismäßig, wenn Antrag gestellt und Genehmigungsfähigkeit ohne Weiteres gegeben.

I. Ermächtigungsgrundlage

178 In den Landesbauordnungen sind vielfach spezifische Ermächtigungsgrundlagen zum Erlass einer Bauordnungsverfügung, insb. zum Erlass von Stilllegungs- und Beseitigungsverfügungen oder für Nutzungsuntersagungen normiert. Ist dieses nicht der Fall, ist auf die bauordnungsrechtliche Generalklausel der LBO zurückzugreifen. Auf die Generalklausel ist auch eine evtl. Duldungsverfügung gegenüber dem dinglich Berechtigten zu stützen.

II. Formelle Rechtmäßigkeit

179 In formeller Hinsicht stellen sich wenig Klausurprobleme. Zuständig ist nach den einschlägigen Landesbauordnungen (LBO) i.d.R. die untere Bauaufsichtsbehörde. Ausnahmsweise kommt im Eilfall die Zuständigkeit der Polizei in Betracht. Verfahrensrechtlich ist i.d.R. eine Anhörung gem. § 28 I VwVfG erforderlich.

III. Materielle Rechtmäßigkeit

1. Tatbestandliche Voraussetzungen

180 Materiell müssen die tatbestandlichen Voraussetzungen der Ermächtigungsgrundlage erfüllt sein.

Problem: Maßgebender Zeitpunkt

Der **maßgebende Zeitpunkt** beurteilt sich nach allgemeinen verwaltungsprozessualen Grundsätzen danach, ob es sich um einen Verwaltungsakt mit oder ohne Dauerwirkung handelt.

Eine über den Zeitpunkt des Erlasses hinausgehende Belastung entfalten die Stilllegungsverfügung und die Nutzungsuntersagung, so dass bei diesen auf den Zeitpunkt der letzten mündlichen Verhandlung abzustellen ist. Demgegenüber ist bei der Beseitigungsverfügung der Zeitpunkt der letzten behördlichen Entscheidung maßgebend.

a) Vorliegen einer baulichen Anlage

Objekt der Verfügung muss eine bauliche Anlage im Sinne der LBO (bzw. bei der Stilllegungsverfügung der Beginn der Bauarbeiten hierzu) sein. Ob eine bauliche Anlage vorliegt, ist häufig einer der Klausurschwerpunkte (examensrelevante Fälle waren z.B. Bienenstöcke, Werbefahnen, überwiegend ortsfest genutzte Werbefahrzeuge). Dieses Problem ist über eine saubere Subsumtion über die Legaldefinitionen der LBO'en lösbar.[423] Die zur Annahme einer baulichen Anlage erforderliche Verbindung mit dem Erdboden besteht auch dann, wenn die Anlage durch die eigene Schwere auf dem Erdboden ruht oder wenn die Anlage nach ihrem Verwendungszweck dazu bestimmt ist, überwiegend ortsfest benutzt zu werden.

181

b) Besondere Voraussetzungen nach Art der Verfügung

Was die weiteren Voraussetzungen betrifft, müssen Sie zwischen den unterschiedlichen Bauordnungsverfügungen unterscheiden. Da diese unterschiedlich massiv in die Rechte des Adressaten eingreifen, variiert die Frage, ob für ihre Rechtmäßigkeit bloß eine formelle oder darüber hinaus auch eine materielle Baurechtswidrigkeit (formelle und/oder materielle Illegalität) erforderlich ist.

182

- Die **formelle Illegalität** ist gegeben, wenn eine baurechtlich erforderliche Genehmigung nicht vorliegt, etwa weil sie von Anfang an fehlt, nachträglich infolge Rücknahme oder Widerruf unwirksam geworden ist oder wenn das Vorhaben wesentlich von einer erteilten Genehmigung abweicht.[424] Daneben ist formelle Illegalität anzunehmen, wenn der Vollzug der Genehmigung durch einen Nachbarwiderspruch bzw. einen gerichtlichen Beschluss gem. §§ 80a III, I Nr. 2, 1. Hs., 80 V 1 VwGO suspendiert worden ist.

> **Hinweis:** Das Fehlen einer Genehmigung bei bestehender Genehmigungspflicht führt damit zu einer formellen Illegalität und damit zur Baurechtswidrigkeit. Wichtig ist aber, dass das Verhältnismäßigkeitsprinzip als Ermessensgrenze regelmäßig einer Beseitigungsverfügung entgegensteht, wenn die Wiedererrichtung im Fall einer Antragstellung sofort genehmigt werden müsste (hierzu s.u.).

- Die **materielle Illegalität** besteht, wenn gegen öffentlich-rechtliche Vorschriften des Bauordnungs-, des Bauplanungs- oder sonstigen öffentlichen Rechts verstoßen wird.
  - Angesichts der weitreichenden Folgen ist eine **Abriss- bzw. Beseitigungsverfügung** nur rechtmäßig, wenn die bauliche Anlage formell und materiell baurechtswidrig ist. Daher müssen Sie die formelle und materielle Illegalität in der Klausur prüfen. Beachten Sie, dass die Rspr. für solche Anlagen, die ohne Substanzverlust abgebaut werden können, ausnahmsweise die formelle Baurechtswidrigkeit ausreichen lässt. In der Klausur kommt dies ggf. bei Werbetafeln oder einem einfach abbaubaren Carport in Betracht.
  - Innerhalb der Rspr. ist umstritten, ob für **Nutzungsuntersagungen** allein die formelle Baurechtswidrigkeit ausreicht oder darüber hinaus auch die materielle Baurechtswidrigkeit erforderlich ist. Nach wohl überwiegender Auffassung reicht bereits die formelle Illegalität der Nutzung aus.[425] Diese formelle Illegalität kann neben dem einfachen Fall der ungenehmigten Errichtung entstehen, wenn eine nicht genehmigte Nutzungsänderung vorgenommen worden ist. Letzteres ist sehr examensrelevant. Sie müssen also inzident prüfen, ob eine genehmigungs- oder zumindest anzeigebedürftige Nutzungsänderung vorliegt, weil die Variationsbreite der zuvor erteilten Genehmigung überschritten wurde. In der überwiegenden Zahl der Aktenauszüge können Sie die Frage, ob neben der formellen Illegalität auch eine materielle Illegalität erforderlich ist, offen lassen. Wenn die Nutzung nämlich auch materiell baurechtswidrig ist, ist die Verfügung tatbestandlich nicht

---

423 Zum bauordnungsrechtlichen Bauanlagenbegriff s.o. Rn. 142.
424 *Dietlein/Burgi/Hellermann* § 4 Rn. 285 m.w.N.
425 OVG Lüneburg NVwZ-RR 2002, 822 (823); OVG Münster NWVBl. 2007, 23 (24).

rechtswidrig. Eine klausurrelevante Ausnahme gilt allerdings: Hat die Behörde die Verfügung auch wesentlich mit der materiellen Illegalität begründet, erweitert sie hierdurch den gerichtlichen Prüfungsumfang, so ist die materielle Baurechtswidrigkeit im gerichtlichen Verfahren zu prüfen.

– **Einstellungsverfügungen** sind dagegen sowohl bei einer materiellen oder auch nur formellen Baurechtswidrigkeit zulässig. Ist die bauliche Anlage nicht genehmigungsbedürftig, kann die formelle Illegalität allerdings nicht relevant sein; hier ist allein maßgebend, ob die Anlage materiell baurechtswidrig ist.

c) Richtiger Adressat

183 Richtiger Adressat der Ordnungsverfügung ist der für den baurechtswidrigen Zustand Verantwortliche. I.d.R. ist dieses der Bauherr, u.U. kann bei fehlender Identität auch der Eigentümer als Verantwortlicher herangezogen werden. Richtiger Adressat einer Abrissverfügung ist grds. der Eigentümer. Befindet sich das Objekt der Verfügung im Miteigentum, muss die Abrissverfügung nicht gegen alle Miteigentümer erlassen werden. Allerdings kann sie nur vollstreckt werden, wenn eine Duldungsverfügung gegen die anderen Miteigentümer ergeht.

2. Rechtsfolge: Ermessen

184 Auf Rechtsfolgenebene stellen sich bei Bauordnungsverfügen typische (gefahrenabwehrrechtliche) Probleme. Diese tauchen immer wieder in ähnlicher Form in Aktenauszügen auf.[426]

> **Übersicht: Typische Klausurprobleme bei Bauordnungsverfügungen auf Rechtsfolgenebene**
>
> Nach TdRspr. intendiertes Ermessen, so dass kein besonderes Begründungserfordernis gem. § 39 I 3 VwVfG; Ermessenserwägungen aber erforderlich, wenn besondere Umstände vorliegen:
>
> a) Entschließungsermessen
> - (P) Verwirkung der behördlichen Eingriffsbefugnis wegen vorheriger behördlicher Duldung i.d.R. (–)
>
> b) Auswahlermessen
> - Personelles Auswahlermessen
>   - Verstoß gegen Gleichbehandlungsanspruch bei Vielzahl von Schwarzbauten (Art. 3 I GG); (P) Erfordernis eines behördlichen Eingriffskonzepts?
>   - Im Übrigen sind personenbezogene Umstände (z.B. Zuverlässigkeit; wirtschaftliches Unvermögen) grds. nicht relevant
> - inhaltliches Auswahlermessen: Verhältnismäßigkeit
>   - Bestandsschutz: Aktiver Bestandsschutz nach h.M. (–); passiver Bestandsschutz anerkannt, wenn Anlage für hinreichenden Zeitraum rechtmäßig war; (P) späterer Wegfall des Bestandsschutzes

Bauordnungsverfügungen stehen nach dem Wortlaut der Ermächtigungsgrundlagen grds. im Ermessen der Behörde. Allerdings ist das Ermessen nach Auffassung erheblicher Teile der Rspr. dahingehend intendiert, dass bei Vorliegen der tatbestandlichen Voraussetzungen dem Gesetzgeber der Erlass der Verfügung vorschwebt.[427] Dieses hat zur Folge, dass ein Ermessensfehler (Ermessensunterschreitung; Ermessensnichtgebrauch) dann nicht vorliegen dürfte, wenn keine besonderen Umstände des Einzelfalles vorliegen.[428] Häufig trägt in Aktenauszügen allerdings der Adressat der Verfügung verschiedene Gesichtspunkte vor, die aus seiner Sicht eine Ermessensfehlerhaftigkeit begründen sollen. Auf diese Weise gelangen Sie regelmäßig zu einer umfassenden Abwägung der öffentlichen und privaten Belange, die in vielen Klausuren einen Schwerpunkt bildet.

---

426 Im Einzelnen *Jäde* Bauaufsichtliche Maßnahmen, 3. Aufl. 2009.
427 Etwa OVG Schwerin, Beschl. v. 28.11.2005 – 3 L 349/04 – juris (Rn. 11).
428 Im Einzelnen zum intendierten Ermessen *Kaiser/Köster* Die öffentlich-rechtliche Klausur im Assessorexamen, Rn. 253.

Problem: Verwirkung der behördlichen Eingriffsbefugnis

Wenn die Behörde langjährig nicht eingeschritten ist, stellt sich die Frage, ob die behördliche Befugnis zum Erlass einer Ordnungsverfügung analog § 242 BGB verwirkt sein kann. Die ganz einhellige Auffassung innerhalb der Rspr. lehnt eine generelle Verwirkung im Hinblick auf den Gefahrenabwehrzweck des Bauordnungsrechts ab. Ohnehin reicht für eine Verwirkung eine bloße Untätigkeit der Behörde nicht aus. Notwendig ist vielmehr, dass die Behörde durch positives Tun den Eindruck erweckt, gegen die bauliche Anlage künftig nicht vorgehen zu wollen, da es andernfalls an dem für eine Duldung erforderlichen Vertrauenstatbestand fehlt. Im Ergebnis ist (jedenfalls im Assessorexamen) eine Verwirkung der behördlichen Eingriffsbefugnis damit in aller Regel abzulehnen.

Problem: Gleichbehandlung bei Vielzahl von Schwarzbauten

Art. 3 I GG kann verletzt sein, wenn die Baubehörde z.B. bei Schwarzbauten oder rechtswidriger Nutzung von baulichen Anlagen nicht gegen vergleichbare Verstöße vorgegangen ist. Hier verlangt die Rspr. grds., dass die Baubehörde den illegalen Baubestand zunächst ermittelt und – jedenfalls bei einer Vielzahl von Bauwerken – ein Konzept für ihr behördliches Einschreiten entwickelt, bevor sie gegen einzelne Vorhaben einschreitet. Allerdings ist die Behörde nicht verpflichtet, »flächendeckend« vorzugehen, sondern darf sich zunächst auf Einzelfälle beschränken, sofern sie hierfür sachgerechte Gründe anführen kann. Zulässig ist es z.B. wenn die Behörde zunächst den Ausgang eines Musterverfahrens abwarten möchte und nur in solchen Fällen einschreitet, in denen eine Verschlechterung des baulichen Zustands droht.[429]

Problem: aktiver und passiver Bestandsschutz im Baurecht

Im Gegensatz zu dem von der Rspr. nicht anerkannten aktiven Bestandsschutz wird aus Art. 14 I GG passiver Bestandsschutz hergeleitet, wenn die bauliche Anlage bereits errichtet worden ist und diese Anlage zu irgendeinem Zeitpunkt genehmigungsfähig gewesen ist. Nach der wohl überwiegend vertretenen Rspr. ist hierfür eine Mindestdauer einer materiellen Rechtmäßigkeit von etwa drei Monaten erforderlich. Unumstritten ist diese dreimonatige Mindestdauer aber nicht.

Hinweis für verwaltungsbehördliche Klausuren: Klausuren, in denen Sie eine Bauordnungsverfügung prüfen müssen, kommen auch häufig als verwaltungsbehördliche Klausur vor. Dann müssen Sie vor allem auch an die Anordnung der sofortigen Vollziehung (§ 80 II 1 Nr. 4 VwGO) denken, wobei Sie davon ausgehen können, dass eine Nutzungsuntersagung (sowie die Baueinstellung) i.d.R. ohne Weiteres für sofort vollziehbar erklärt werden darf.[430] Aus diesem Grund bedarf es nach h.M. auch keiner umfassenden Begründung, um den formellen Anforderungen des § 80 III VwGO gerecht zu werden. Demgegenüber müssen Sie bei Beseitigungsverfügungen bei der Anordnung der sofortigen Vollziehung genau darlegen, aus welchem Grund ein Abwarten bis zur Hauptsacheentscheidung unzumutbar ist. Etwas anderes gilt nur, wenn – wie erörtert – die Anlage ohne Substanzverlust ohne Weiteres abgebaut und wieder errichtet werden kann (z.B. Werbetafeln). Diese Grundsätze sind auch in **anwaltlichen** oder **verwaltungsgerichtlichen** Fragestellungen von wesentlicher Bedeutung: Wird ein Antrag auf Wiederherstellung der aufschiebenden Wirkung eines Anfechtungsrechtsbehelfs gem. § 80 V 1 VwGO gestellt, muss – im Fall der offensichtlichen Rechtmäßigkeit der Ordnungsverfügung – auch geprüft werden, ob ein besonderes Interesse vorliegt. Zudem muss in formeller Hinsicht geprüft werden, ob die AOsofVz dem Begründungserfordernis des § 80 III VwGO entspricht.

4. Kapitel. Umweltrecht

In Klausuren aus dem Bereich des Umweltrechts erwarten die Prüfungsämter keine Spezialkenntnisse. Es wird vielmehr verlangt, die zentralen Rechtsgrundlagen zu erkennen und die jeweiligen Leitbegriffe sauber unter die häufig in den jeweiligen Fachgesetzen enthaltenen Legaldefinitionen zu subsumieren. Auffällig ist, dass die Prüfungsämter umweltrechtliche Klausuren

185

---
429 BVerwG DÖV 1992, 748.
430 OVG Lüneburg NVwZ 1989, 170; *Finkelnburg/Dombert/Külpmann* Rn. 1287.

häufig mit vollstreckungsrechtlichen Fragestellungen verknüpfen. So ist etwa die Prüfung der Erfolgsaussichten einer Anfechtungsklage gegen einen Kostenbescheid nach einer umweltrechtlichen Gefahrenabwehrmaßnahme eine Standardkonstellation im Assessorexamen. Auch bei diesem Klausurtyp stellen sich spezifisch umweltrechtliche Fragen nur an bestimmten Schnittstellen (insb. bei der Rechtmäßigkeit der Vollstreckungsmaßnahme und der Auswahl des Kostenschuldners).

Das Umweltrecht ist von einigen zentralen **Leitprinzipien** beherrscht. Diese sollten Sie sich unbedingt merken, da sie bei der Auslegung zentraler Leitbegriffe und Klausurprobleme heranzuziehen sind.

- Das **Vorsorgeprinzip** soll als materielles Leitprinzip gewährleisten, dass die Entstehung von Umweltbelastungen durch vorausschauendes Handeln bereits verhindert wird. In Klausuren trägt bisweilen ein Adressat vor, der Behörde sei ein Einschreiten verwehrt, da es noch an einer Gefahr im gefahrenabwehrrechtlichen Sinne fehle. Wegen des Vorsorgeprinzips des Umweltrechts ist jedoch ein frühzeitiges behördliches Einschreiten gerade bezweckt. Durch das Vorsorgeprinzip wird damit die behördliche Befugnisschwelle vorverlagert (»gefahrenunabhängige Risikovorsorge«).[431]
- Nach dem **Verursacherprinzip** trägt der Verursacher der Umweltbelastung die sachliche und finanzielle Verantwortung für den Umweltschutz.[432] Das Prinzip dient der Zurechnung der materiellen Verantwortlichkeit und wird insoweit gerade bei der Frage relevant, ob die Behörde das ihr i.d.R. zustehende personelle Störerauswahlermessen pflichtgemäß ausgeübt hat. Daneben können Sie bei der Entscheidung über die Tragung der Kosten auf das Verursacherprinzip abstellen.
- Weiterhin sollen nach dem **Kooperationsprinzip** die am Umweltschutz beteiligten Stellen effektiv zusammenwirken.[433] Dieser Grundsatz ist für die Klausurbearbeitung weniger relevant.
- Zur Vollständigkeit sei schließlich auf das **Integrationsprinzip**[434] hingewiesen. Danach soll die Bewertung der Auswirkungen eines umweltschädlichen Vorhabens ganzheitlich erfolgen. So verpflichtet etwa § 5 I 1 BImSchG die Betreiber genehmigungsbedürftiger Anlagen zur Gewährleistung »eines hohen Schutzniveaus für die Umwelt insgesamt«.

1. Abschnitt. Immissionsschutzrecht

Falls Sie eine Klausur aus dem Immissionsschutzrecht erhalten sollten, dürfte es um Fragen des anlagenbezogenen Immissionsschutzes nach §§ 4 ff. BImSchG (hierzu nachfolgend A.) oder des gebietsbezogenen Immissionsschutzes nach §§ 44–47 f BImSchG (hierzu B.) gehen.

A. Anlagenbezogener Immissionsschutz

186 Der anlagenbezogene Immissionsschutz wird vorrangig durch das BImSchG gesteuert. Insoweit unterscheidet das BImSchG mit Blick auf das Gefährdungspotenzial der Anlagen zwischen genehmigungsbedürftigen Anlagen und nicht genehmigungsbedürftigen Anlagen.

---

431 BVerwGE 72, 300 (314); *Schmidt/Kahl* Umweltrecht, § 1 Rn. 13.
432 *Schmidt/Kahl* Umweltrecht, § 1 Rn. 14.
433 *Schmidt/Kahl* Umweltrecht, § 1 Rn. 17.
434 *Schmidt/Kahl* Umweltrecht, § 1 Rn. 19.

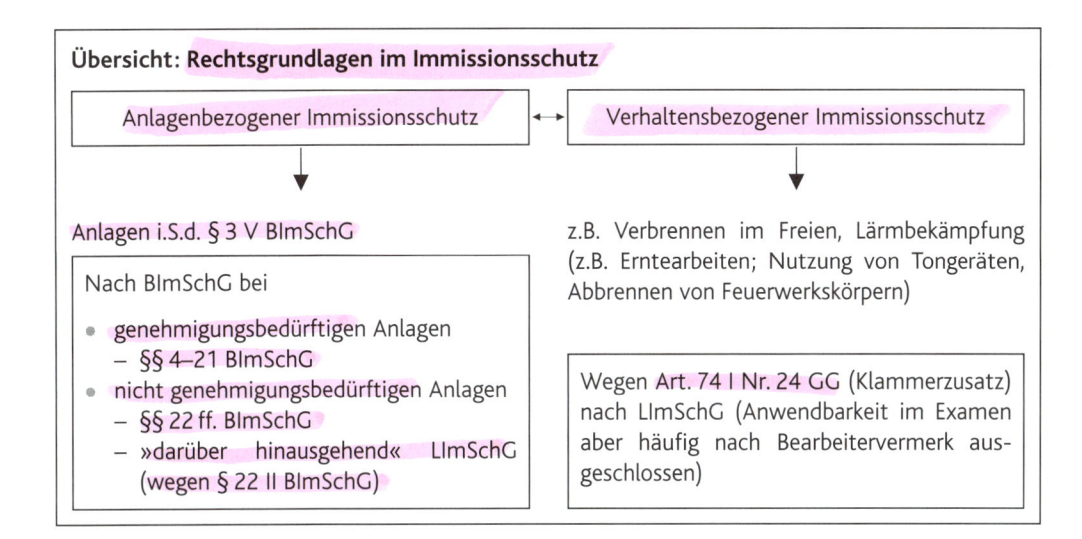

4. Kapitel. Umweltrecht

Übersicht: Rechtsgrundlagen im Immissionsschutz

Anlagenbezogener Immissionsschutz ↔ Verhaltensbezogener Immissionsschutz

Anlagen i.S.d. § 3 V BImSchG

Nach BImSchG bei
- genehmigungsbedürftigen Anlagen
  - §§ 4–21 BImSchG
- nicht genehmigungsbedürftigen Anlagen
  - §§ 22 ff. BImSchG
  - »darüber hinausgehend« LImSchG (wegen § 22 II BImSchG)

z.B. Verbrennen im Freien, Lärmbekämpfung (z.B. Erntearbeiten; Nutzung von Tongeräten, Abbrennen von Feuerwerkskörpern)

Wegen Art. 74 I Nr. 24 GG (Klammerzusatz) nach LImSchG (Anwendbarkeit im Examen aber häufig nach Bearbeitervermerk ausgeschlossen)

I. Anlagenbezogener Immissionsschutz bei genehmigungsbedürftigen Anlagen

Der anlagenbezogene Immissionsschutz bei genehmigungsbedürftigen Anlagen richtet sich nach §§ 4–21 BImSchG. Klausurrelevant sind insb. der Anspruch auf Erteilung einer immissionsschutzrechtlichen Genehmigung sowie (spiegelbildlich) die Drittanfechtungsklage gegen eine solche Genehmigung. Hier stellen sich die klassischen Fragen des Nachbarschutzes. Zudem werden in Aktenauszügen die Eingriffsbefugnisse der zuständigen Behörden nach Erlass einer Genehmigung problematisiert. Insoweit erfolgt der Klausureinstieg oftmals über nachträgliche Anordnungen gem. § 17 BImSchG. Denkbar sind aber auch Untersagungs-, Stilllegungs- oder Beseitigungsverfügungen gem. § 20 BImSchG oder der Widerruf einer Genehmigung (§ 21 BImSchG).

187

1. Rechtsschutz gegen die Ablehnung einer immissionsschutzrechtlichen Genehmigung

Wird im Aktenauszug die Frage aufgeworfen, ob ein Anspruch auf Erteilung einer immissionsschutzrechtlichen Genehmigung besteht, ähnelt die Prüfungsstruktur dem Verpflichtungsbegehren auf Erteilung einer Baugenehmigung. In der Zulässigkeit der Klage stellen sich i.d.R. keine besonderen prozessualen Fragen. Im Rahmen der Begründetheit prüfen Sie den Anspruch auf Erteilung der Genehmigung nach folgender Struktur:

188

Übersicht: Anspruch auf Erteilung einer immissionsrechtlichen Genehmigung

I. Anspruchsgrundlage für Genehmigungserteilung: § 6 I BImSchG
   1. Vorliegen einer immissionsrechtlichen Anlage i.S.d. § 3 V BImSchG; (P) Anwendbarkeit des BImSchG
   2. Genehmigungsbedürftigkeit der Anlage (§ 4 I BImSchG i.V.m. § 1 der 4. BImSchV einschl. des Anhangs)
   3. Errichtung, Betrieb (§ 4 BImSchG) bzw. wesentliche Änderung (§ 16 BImSchG)
II. Formelle Anspruchsvoraussetzungen
   1. Antrag (§ 10 I BImSchG) bei der sachlich und örtlich zuständigen Behörde
   2. Ordnungsgemäßes Genehmigungsverfahren (ergibt sich aus § 1 der 4. BImSchV einschl. des Anhangs)
      a) Förmliches Genehmigungsverfahren: § 10 II ff. BImSchG i.V.m. 9. BImSchV (P) Rechtsfolge (zur Unbegründetheit (str.) von Drittanfechtungen führende) materielle Rügepräklusion (§ 10 III 5 BImSchG), aber (P) Vereinbarkeit mit Art. 19 IV GG
      b) Vereinfachtes Genehmigungsverfahren: § 19 BImSchG i.V.m. 9. BImSchV
III. Materielle Anspruchsvoraussetzungen
   1. Einhaltung der immissionsschutzrechtlichen Pflichten (§ 6 I Nr. 1 BImSchG)
      a) Einhaltung der sog. Betreiberpflichten (§ 5 BImSchG)
         aa) Einhaltung der Schutzpflicht (§ 5 I Nr. 1 BImSchG): Schutz vor schädlichen Umwelteinwirkungen (§ 3 I BImSchG) (P) Drittschutz im Gegensatz zu § 5 I Nr. 2–4 BImSchG (+)

bb) Einhaltung der Vorsorgepflicht (§ 5 I Nr. 2 BImSchG)
cc) Einhaltung der Abfallvermeidungs- und Entsorgungspflicht (§ 5 I Nr. 3 BImSchG)
dd) Einhaltung der Energiepflichten (§ 5 I Nr. 4 BImSchG)
ee) Einhaltung der Nachsorgepflicht (§ 5 III BImSchG); (P) Drittschutz z.T. (+)
2. Einhaltung sonstiger immissionsschutzrechtlicher Pflichten (§ 7 BImSchG i.V.m. VO)
3. Kein Entgegenstehen anderer öffentlich-rechtlicher Pflichten gem. (§ 6 I Nr. 2 BImSchG); In Klausuren häufige »Einflugschneise« zur inzidenten Prüfung anderer öffentlich-rechtlicher Vorschriften, die sich auf die Anlage beziehen (nicht persönliche Merkmale); insb.:
a) Bau(planungs-)rechtliche Genehmigungsvoraussetzungen einschl. BauNVO
b) Naturschutzrechtliche Anforderungen
c) Arbeitsschutzrechtliche Vorschriften
d) Straßenabstandsflächen
IV. Rechtsfolge:
1. Gebundener Anspruch auf Genehmigungserteilung
2. Ggf. Verbindung mit Nebenbestimmungen (§ 12 BImSchG); (P) Abgrenzung Nebenbestimmungen/Inhaltsbestimmungen (letztere häufig, z.B. bei »Auflagen zur Einhaltung bestimmter Lärmschutzgrenzwerte«)
3. Formelle Konzentrationswirkung (§ 13 BImSchG)

Sie erkennen, dass § 6 I BImSchG strukturell ähnlich aufgebaut ist wie die Ihnen bekannten baurechtlichen Anspruchsgrundlagen zur Erteilung einer Baugenehmigung. Auch dort fragen Sie zunächst nach dem Vorliegen einer »baulichen Anlage«, anschließend untersuchen Sie deren Genehmigungsbedürftigkeit. Im Hinblick auf die besonderen Gefährdungen immissionsrechtlicher Anlagen ist nur das Prüfungsprogramm des BImSchG umfangreicher.

a) Anspruchsgrundlagen für die Erteilung einer Genehmigung

189 Zunächst müssen Sie klären, ob das Vorhaben überhaupt in den Anwendungsbereich des BImSchG fällt. Hierfür muss es sich um eine Anlage nach § 3 V BImSchG handeln. Wie Sie im Baurecht das Vorliegen einer baulichen Anlage prüfen, prüfen Sie im Immissionsschutzrecht das Vorliegen einer **Anlage i.S.d. § 3 V BImSchG**. Hierzu gehören

- Nach § 3 V Nr. 1 BImSchG **Betriebsstätten und sonstige ortsfeste Anlagen**, die auf Dauer mit dem Erdboden verbunden sind (z.B. Handwerksbetriebe, Tankstellen, Straßenleuchten, Biergärten, Mobilfunkstationen).[435] Erfasst werden hiervon auch Nebeneinrichtungen (z.B. Reparatureinrichtungen), wenn diese mit der Betriebsstätte im Zusammenhang stehen.
- Nach § 3 V Nr. 2 BImSchG sind als Anlagen zudem **Maschinen, Geräte und sonstige ortsveränderliche technische Anlagen** anzusehen (z.B. Kräne, Wohnwagen). Eine Einrichtung ist ortsveränderlich, wenn sie dazu bestimmt ist, an wechselnden Orten verwendet zu werden und nicht in einem funktionalen Zusammenhang mit einer ortsfesten Einrichtung steht (Abfallcontainer).[436] Im öffentlichen Verkehr genutzte Fahrzeuge unterliegen dem Immissionsschutzrecht nach §§ 38–40 BImSchG.
- Nach § 3 V Nr. 3 BImSchG sind Anlagen auch **Grundstücke**, auf denen Stoffe gelagert oder abgelagert oder Arbeiten durchgeführt werden, die Emissionen verursachen können (Lagerplätze für Materialien; Mülldeponien, regelmäßig genutzte Freizeitanlagen).[437] Ausgenommen hiervon sind öffentliche Verkehrswege (insoweit gelten §§ 41 ff. BImSchG).

Klausurhinweis: Häufig wird in Aktenauszügen in Zweifel gezogen, ob die in Rede stehenden Störungen in den Anwendungsbereich des BImSchG fallen. Problematisch ist dieses insb. dann, wenn die Störungen nicht unmittelbar von der Anlage selbst, sondern von Menschen ausgehen, die die Anlage nutzen (z.B. Lärm von Nutzern eines Bolzplatzes). Relevant wird dies allerdings i.d.R. bei nicht genehmigungsbedürftigen Anlagen (hierzu III.). Da das BImSchG in erster Linie vor anlagenbezogenen Emissionen schützt, sind von menschlichem (verhaltensbezogenem) Verhalten ausgehende Emissionen grds. nicht vom BImSchG erfasst, sondern werden in erster Linie nach dem allgemeinen POR oder dem LImSchG geregelt. Allerdings unterfallen diese Beeinträchtigungen dem BImSchG, wenn ein in-

---

[435] *Schmidt/Kahl* Umweltrecht, § 3 Rn. 109.
[436] *Schmidt/Kahl* Umweltrecht, § 3 Rn. 109.
[437] *Schmidt/Kahl* Umweltrecht, § 3 Rn. 109.

nerer Zusammenhang zwischen der Emission und dem bestimmungsgemäßen Betrieb vorliegt. Dies ist der Fall, wenn die Anlage bestimmungsgemäß von Menschen genutzt wird und diese Emissionen verursachen (z.B. Lärm der Fußballspieler auf einem Bolzplatz).

Welche Anlagen **genehmigungsbedürftig** sind, folgt aus § 4 I 1 BImSchG i.V.m. der 4. BImSchV. Nur wenn eine in dem Anhang zu dieser VO genannte Anlage vorliegt, ist die Genehmigungsbedürftigkeit gegeben. Andernfalls handelt es sich um eine nicht genehmigungsbedürftige Anlage.

Schließlich ermitteln Sie, ob ein **genehmigungsbedürftiges Vorhaben** gegeben ist. Die Genehmigungsbedürftigkeit erfasst die Errichtung, den Betrieb (§ 4 I 1 BImSchG) sowie die wesentliche Änderung (§ 16 I BImSchG) einer Anlage. Beachten Sie hierbei aber auch § 1 V BImSchV, wonach die gesamte Anlage genehmigungsbedürftig wird, wenn durch die Erweiterung der Anlage erstmals die Genehmigungspflicht erzeugt wird.

b) Formelle Anspruchsvoraussetzungen

In formeller Hinsicht setzt die Erteilung einer Genehmigung einen den Erfordernissen des § 10 I BImSchG gerecht werdenden **Antrag** voraus. Die sachliche Zuständigkeit ergibt sich aus entsprechenden Rechtsverordnungen der Länder bzw. (in Bayern) aus dem BayImSchG. Die örtliche Zuständigkeit folgt für ortsfeste Anlagen aus § 3 I Nr. 1 LVwVfG und für ortsveränderliche Anlagen aus § 3 I Nr. 2 LVwVfG (Bezirk, in dem die Anlage betrieben werden soll).

Verfahrensrechtlich ist zwischen dem förmlichen und dem vereinfachten Genehmigungsverfahren zu unterscheiden. Die Frage, welche Verfahrensart durchgeführt worden ist, hat erhebliche Auswirkungen auf den Nachbarrechtsschutz und ist überdies insb. für anwaltliche Fragestellungen wichtig.

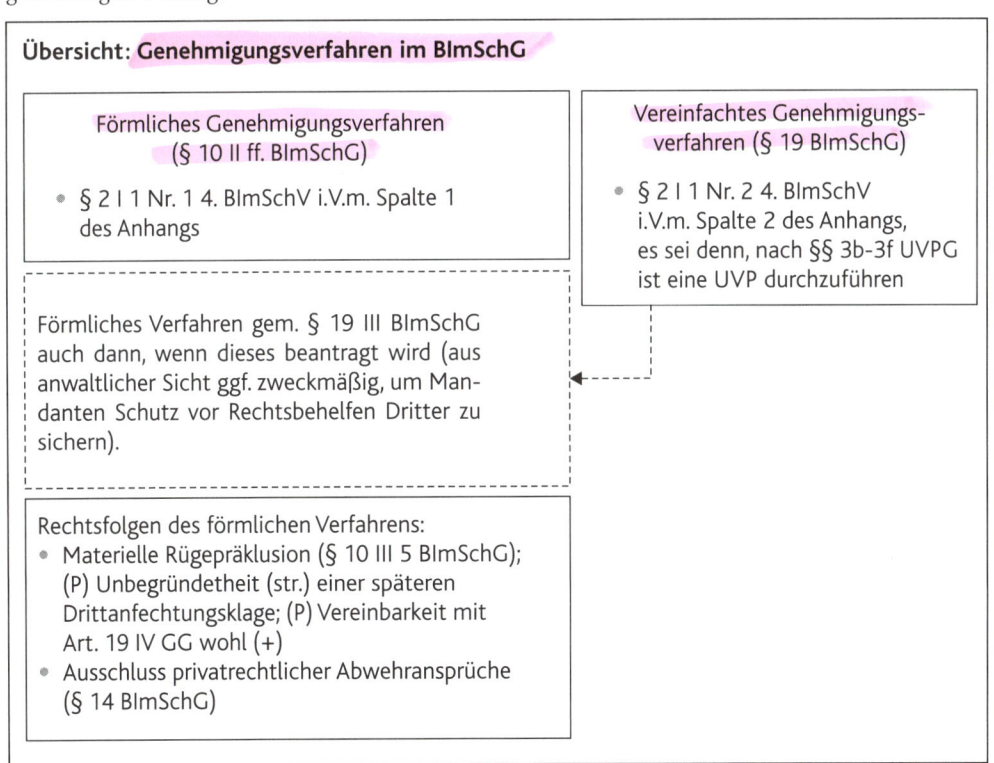

190

Übersicht: Genehmigungsverfahren im BImSchG

Förmliches Genehmigungsverfahren (§ 10 II ff. BImSchG)	Vereinfachtes Genehmigungsverfahren (§ 19 BImSchG)
• § 2 I Nr. 1 4. BImSchV i.V.m. Spalte 1 des Anhangs	• § 2 I Nr. 2 4. BImSchV i.V.m. Spalte 2 des Anhangs, es sei denn, nach §§ 3b-3f UVPG ist eine UVP durchzuführen

Förmliches Verfahren gem. § 19 III BImSchG auch dann, wenn dieses beantragt wird (aus anwaltlicher Sicht ggf. zweckmäßig, um Mandanten Schutz vor Rechtsbehelfen Dritter zu sichern).

Rechtsfolgen des förmlichen Verfahrens:
- Materielle Rügepräklusion (§ 10 III 5 BImSchG); (P) Unbegründetheit (str.) einer späteren Drittanfechtungsklage; (P) Vereinbarkeit mit Art. 19 IV GG wohl (+)
- Ausschluss privatrechtlicher Abwehransprüche (§ 14 BImSchG)

Ob ein förmliches Genehmigungsverfahren gem. § 10 BImSchG oder ein vereinfachtes Verfahren gem. § 19 BImSchG durchgeführt wird, beurteilt sich nach § 2 I 1 der 4. BImSchV i.V.m. dem entsprechenden Anhang. Dort ist nicht nur festgelegt, welche Anlage genehmigungsbedürftig ist, sondern auch, welche Verfahrensart durchzuführen ist. Für die in Spalte 1 des Anhangs genannten Anlagen wird das förmliche Genehmigungsverfahren durchgeführt; für die in Spalte 2 genannten Anlagen das vereinfachte Verfahren. Eine Ausnahme bestimmt allerdings § 2 I Nr. 1c der 4. BImSchV: Danach ist ein förmliches Verfahren auch für die in Spalte 2 genannten Anlagen durchzuführen, wenn nach §§ 3b–3f UVPG eine Umweltverträglichkeitsprüfung durchzuführen ist.

Nach unseren Erfahrungen verlangen die Prüfungsämter nicht die Beherrschung von Einzelheiten des förmlichen bzw. vereinfachten Genehmigungsverfahrens. Häufig ist in den Bearbeitervermerken ausdrücklich angegeben, dass die Verfahrensvorschriften der insoweit relevanten 9. BImSchV eingehalten worden sind. Von herausragender Wichtigkeit sind allerdings die Rechtsfolgen eines durchgeführten förmlichen Genehmigungsverfahrens. Ist ein solches durchgeführt worden, führt dieses zu einer materiellen Präklusion etwaiger Einwendungen (§ 10 III 5 BImSchG) sowie einem Ausschluss privatrechtlicher Abwehransprüche (§ 14 BImSchG). Diese Fragen sind einerseits bei der anwaltlichen Beratung eines Mandanten wichtig, der eine Genehmigung anstrebt. Typischerweise werden diese Fragen allerdings in eine Drittanfechtungsklage gegen die immissionsschutzrechtliche Genehmigung eingebettet und daher dort erörtert.[438]

> **Klausurhinweis:** Im Rahmen des Verfahrens wird in Aktenauszügen allerdings (insb. aus dem süddeutschen Raum) vereinzelt eine Inzidentprüfung des Anwendungsbereichs der Umweltverträglichkeitsprüfung erwartet. I.d.R. gelangen Sie aber zu dem Ergebnis, dass eine solche Prüfung nicht notwendig war. Wann eine Umweltverträglichkeitsprüfung erforderlich ist, ergibt sich aus § 3 I UVPG i.V.m. der dazu erlassenen Anlage I. Von aktueller Bedeutung ist etwa die Umweltverträglichkeitsprüfung von Windfarmen, also drei Anlagen mit einer jeweiligen Gesamthöhe über 50 m. Beachten Sie, dass eine der Umweltverträglichkeitsprüfung unterliegende »Windfarm« erst vorliegt, wenn jede der Anlagen mehr als 50 m hoch ist. Ist eine bereits vorhandene Anlage kleiner, liegt eine Windfarm auch bei einer Gesamtzahl von drei Anlagen nicht vor.[439]

c) Materielle Anspruchsvoraussetzungen

191 Die materiellen Anspruchsvoraussetzungen folgen aus § 6 BImSchG. Nach § 6 I Nr. 1 BImSchG müssen zunächst die **Betreiberpflichten des § 5 BImSchG** eingehalten werden. Zudem dürfen sonstige anlagenbezogene Vorschriften nicht entgegenstehen (§ 6 I Nr. 2 BImSchG).

Klausurschwerpunkt ist in aller Regel die gem. **§ 6 I Nr. 1 BImSchG** sicherzustellende Erfüllung der **Schutzpflicht nach § 5 I Nr. 1 BImSchG**, wonach von der Anlage keine schädlichen Umwelteinwirkungen, sonstigen Gefahren, erhebliche Nachteile und erhebliche Belästigungen für die Allgemeinheit und die Nachbarschaft hervorgerufen werden dürfen. Auf den in § 3 I BImSchG legal definierten Begriff der schädlichen Umwelteinwirkung steuern (aus unterschiedlichen Richtungen) fast alle Klausuren aus dem Immissionsschutzrecht zu.

Schädliche Umwelteinwirkungen sind danach Immissionen, die nach Art, Ausmaß und Dauer geeignet sind, erhebliche Nachteile oder erhebliche Belästigungen für die Nachbarschaft herbeizuführen. Immissionen sind gem. § 3 II BImSchG auf Menschen und weitere Schutzgüter einwirkende Luftverunreinigungen, Geräusche und ähnliche Umwelteinwirkungen. Der neben Geräuschen vor allem examensrelevante Begriff der Luftverunreinigung ist in § 3 IV BImSchG weiter konkretisiert. Problematisch ist in Aktenauszügen in aller Regel die Bewertung der **Schädlichkeitsschwelle**. Hierzu gibt § 3 I BImSchG nur Anhaltspunkte vor (Art, Ausmaß und Dauer). Weitere Konkretisierungen ergeben sich aus untergesetzlichem Regelwerk. Für den Bereich der Luftreinhaltung z.B. aus der 22. BImSchV oder der TA Luft. Die Immissionsgrenzwerte der 22. BImSchV sind als verbindliches Außenrecht strikt einzuhalten, unabhängig davon, welchem Verursacher die Überschreitung zuzurechnen ist.[440] Da diese allerdings die Anforderungen an die Luftreinhaltung inhaltlich nur begrenzt bestimmt, wird auf die TA Luft als anlagenspezifische Konkretisierung zurückgegriffen.[441] Die lange streitige Frage, ob bei der Auslegung des Begriffs der schädlichen Umwelteinwirkung auf die TA Luft zurückgegriffen wird, ist klar entschieden.[442] Normkonkretisierende Verwaltungsvorschriften (VV) haben da-

---

438 S.u. C.
439 *Decker/Konrad* Die Anwaltsklausur Öffentliches Recht, S. 17.
440 *Jarass* NVwZ 2003, 257 (260); *Koch/Dietrich* JA 2006, 360 (364).
441 Insb. Nr. 1 TA Luft.
442 BVerwGE 70, 300 – *Wyhl*; BVerwG NVwZ 2008, 76.

nach in begrenztem Umfang Außenwirkung. Dies sind solche, die unbestimmte Rechtsbegriffe näher bestimmen und bei deren Konkretisierung die Verwaltung eine eigenständige Verantwortung zur Risikoermittlung und -bewertung hat (sog. Beurteilungsermächtigung). Diese Ermächtigung folgt für die Bestimmung von Immissionswerten aus § 48 BImSchG, aufgrund dessen die TA erlassen wurde. Sofern sich die TA Luft im gesetzlichen Rahmen bewegt, kein atypischer Sachverhalt gegeben ist und die Vorschriften der TA Luft durch neue wissenschaftliche oder technische Erkenntnisse überholt ist, ist die Außenverbindlichkeit zu bejahen. Im Aktenauszug werden Anhaltspunkte dafür, dass diese Grenzen überschritten sind, nicht enthalten sein. Bei der Auslegung des Erheblichkeitsbegriffs können und müssen Sie daher auf die TA Luft zurückgreifen.[443]

Graphisch lässt sich der Begriff der schädlichen Umwelteinwirkung wie folgt darstellen:

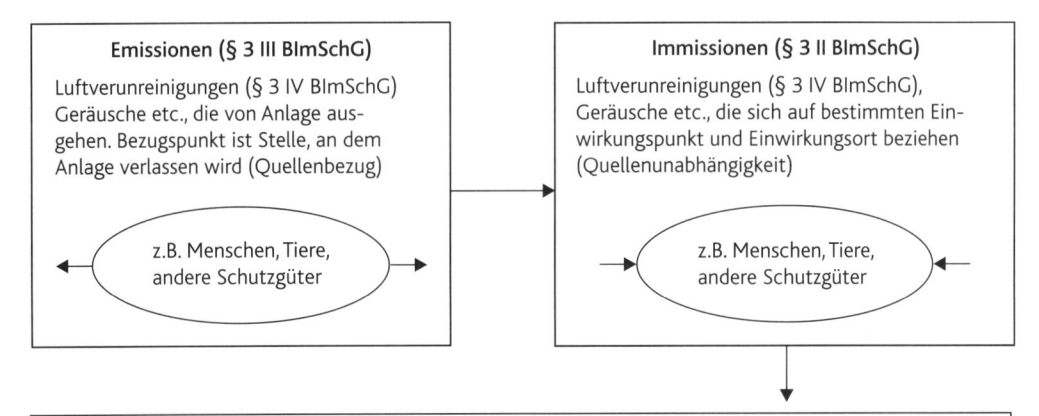

Emissionen (§ 3 III BImSchG)	Immissionen (§ 3 II BImSchG)
Luftverunreinigungen (§ 3 IV BImSchG) Geräusche etc., die von Anlage ausgehen. Bezugspunkt ist Stelle, an dem Anlage verlassen wird (Quellenbezug)	Luftverunreinigungen (§ 3 IV BImSchG), Geräusche etc., die sich auf bestimmten Einwirkungspunkt und Einwirkungsort beziehen (Quellenunabhängigkeit)
z.B. Menschen, Tiere, andere Schutzgüter	z.B. Menschen, Tiere, andere Schutzgüter

(P): Bestimmung der Schädlichkeitsschwelle (entspricht Erheblichkeitsschwelle)

- Beeinträchtigende Wirkungen in Form von:
  - *Gefahren* (Situation, die bei ungehindertem Geschehensablauf mit hinreichender Wahrscheinlichkeit zu Schaden führen kann)
  - *Nachteilen* (also Vermögenseinbußen, die durch Einwirkungen hervorgerufen werden, ohne unmittelbar zu Schaden zu führen) oder
  - (sehr examensrelevant:) *Belästigungen* (Einwirkungen, die physisches oder psychisches menschliches Wohlbefinden beeinträchtigen, ohne dass Gesundheitsschaden schon vorliegen muss, z.B. Gerüche).
- Erheblichkeit (+), wenn nach Art, Ausmaß und Dauer unzumutbar (Einzelfallbetrachtung aus der Perspektive eines »normalen Durchschnittsmenschen«, wobei auch soziale Adäquanz und allgemeine Akzeptanz bedeutsam).
- (+), wenn Grenzwerte verbindlichen Außenrechts überschritten werden.
- I.Ü. Ausfüllung durch normkonkretisierende VV (TA Lärm, TA Luft); (P) gerichtlicher Kontrollumfang bzgl. dieser VV: Grds. Bindung des Gerichts an Inhalt, solange sich TA i.R.d. gesetzlichen Vorgaben hält, kein atypischer Sachverhalt vorliegt oder Überholung der Vorschriften durch neue technische oder wissenschaftliche Entwicklung. Im Examen letzteres i.d.R. (–).

Die weiteren in § 5 I BImSchG genannten Betreiberpflichten (Vorsorgepflicht, Abfallvermeidungs- und Entsorgungspflicht sowie Pflicht zur sparsamen und effizienten Energieverwendung) sind nach unserer Erfahrung weniger examensrelevant.

Materiell setzt die Genehmigungserteilung nach **§ 6 I Nr. 2 BImSchG** weiterhin voraus, dass der Errichtung und dem Betrieb der Anlage keine anderen öffentlich-rechtlichen Vorschriften entgegenstehen. Diese Vorschrift dient den Prüfungsämtern vielfach als Schnittstelle zu anderen Rechtsgebieten, die inzident zu prüfen sind. Wichtig ist zweierlei:

---
[443] *Koch/Dietrich* JA 2006, 360 (364).

- Die zu prüfende Norm muss sich auf die Anlage beziehen und darf nicht auf persönliche Voraussetzungen für die Errichtung oder den Betrieb abstellen. Die Zuverlässigkeit des Anlagenbetreibers ist damit z.B. nicht relevant.
- Die Anlage muss den Vorschriften des Öffentlichen Rechts entsprechen. Im Rahmen des § 6 I Nr. 2 BImSchG sind neben Vorschriften des Straßen-, Naturschutz-, Bodenschutz- und Abfallrechts insb. die Vorschriften des öffentlichen Baurechts (einschließlich des § 36 BauGB; vgl. § 36 I 2 BauGB) zu erörtern. Inzident werden Sie häufig die Vorschriften der BauNVO prüfen müssen, die grds. keine immissionsrechtliche Anlagengenehmigung zulassen, wenn der Betrieb in einem festgesetzten Wohn-, Dorf- oder Mischgebiet bzw. in einem nicht durch gewerbliche Nutzung geprägten Innenbereich nach § 34 BauGB errichtet werden soll. Beachten Sie, dass es auf den Grad der von der Anlage ausgehenden Störung nicht ankommt.[444]

> **Klausurhinweis:** Im Examen kann die Prüfung der Erfolgsaussichten eines Verpflichtungsbegehrens auf Erteilung einer immissonsschutzrechtlichen Genehmigung nach den vorstehenden Grundsätzen verlangt werden. Daneben ist aber auch denkbar, dass eine solche Genehmigung erteilt worden ist und ein Dritter gegen diese Genehmigung eine Drittanfechtungsklage erhebt. In dieser Konstellation werden Sie möglicherweise (insb. in einer Anwaltsklausur) den Begünstigten der Genehmigung beraten müssen. In dieser Eigenschaft müssen Sie neben einer Erwiderung auf die Drittanfechtungsklage daran denken, ggf. einen Antrag auf Gewährung vorläufigen Rechtsschutzes zu stellen, um die sofortige Vollziehbarkeit der dem Mandanten erteilten Genehmigung sicherzustellen. In einem solchen Fall sollten Sie das Gutachten und den praktischen Teil zweigliedrig aufbauen:
>
> - Zunächst prüfen Sie die Erfolgsaussichten eines Vorgehens im **Hauptsacheverfahren**, in dem der Mandant voraussichtlich Beigeladener ist und beantragen im Fall der Erfolglosigkeit der Drittanfechtungsklage Klageabweisung. Mit der aus anwaltlicher Sicht zweckmäßigen Antragstellung stellen Sie sicher, dass der Beigeladene gem. § 162 III VwGO einen Erstattungsanspruch bzgl. seiner außergerichtlichen Kosten erlangt;
> - Daneben müssen Sie (je nach Bearbeitervermerk) ggf. einen **Antrag auf Anordnung der sofortigen Vollziehung** der Genehmigung gem. §§ 80a III 1, 80a I Nr. 1, § 80 V 1, II 1 Nr. 4 VwGO stellen, um zu gewährleisten, dass der Mandant das Projekt realisieren kann. Sie beantragen dann »die sofortige Vollziehung der immissionsschutzrechtlichen Genehmigung des (…) vom (…) wird wiederhergestellt.«
>
> Im **praktischen Teil** sollten Sie dann mehrere Schriftsatzentwürfe anfertigen: Einen Klageschriftsatzentwurf, einen Entwurf einer Antragsschrift im vorläufigen Rechtsschutz sowie ggf. ein Mandantenschreiben.

Ein Genehmigungsbescheid gem. § 21 der 9. BImSchVO entfaltet neben dem Recht zur Errichtung und dem Anlagenbetrieb grds. zwei examensrelevante Wirkungen:

- Zunächst entfaltet der Genehmigungsbescheid formelle Konzentrationswirkung. Daher sind andere die Anlage betreffende öffentliche Gestattungen eingeschlossen. Klausurrelevant sind vor allem die Grenzen der Konzentrationswirkung: Nicht erfasst sind die persönlichen Voraussetzungen des Betreibers (z.B. dessen Zuverlässigkeit; § 2 GastG) und die Fälle des § 13 2. Hs. BImSchG.
- Aufgrund der privatrechtsgestaltenden Wirkung des § 14 BImSchG sind privatrechtliche Abwehransprüche aus Nachbarschutz (z.B. §§ 1004, 906 ff. BGB, 823 BGB) nach Durchführung eines förmlichen Genehmigungsverfahrens ausgeschlossen; dieses aber nur soweit die Anlage genehmigungskonform betrieben wird. Gerade diese Ausnahme ist für Anwaltsklausuren relevant. Häufig läuft der Einwand des Anlagenbetreibers deshalb ins Leere, da dieser die Anlage außerhalb der Grenzen der Genehmigung nutzt. Zudem können nach einem förmlichen Verfahren Einwendungen Dritter präkludiert sein (§ 10 III 5 BImSchG), was vor allem im unten dargestellten Rechtsschutz Dritter relevant wird.

---

444 BVerwG NVwZ 2000, 679; *Schmidt/Kahl* Umweltrecht, § 3 Rn. 63.

2. Rechtsschutz Dritter gegen erteilte immissionsschutzrechtliche Genehmigungen

Klausurhinweis: Wenn Sie die Probleme der baurechtlichen Nachbarklage verstanden haben, wird Ihnen die immissionsrechtliche Nachbarklage keine wesentlichen Schwierigkeiten bereiten. Die hier auftretenden Probleme sind vergleichbar. Es gelten einige prozessuale Besonderheiten, die nachfolgend dargestellt werden und die Sie sich merken sollten. In materieller Hinsicht kommt es auch hier auf die Frage an, ob drittschützende immissionsrechtliche Grundpflichten verletzt werden (hierzu s.o.).

Übersicht: Zulässigkeitsprobleme der immissionsrechtlichen Nachbarklage

I. Statthafte Klageart:
   1. I.d.R. (Dritt-) Anfechtungsklage (§ 42 I 1. Var. VwGO), wenn sich Kl. gegen erteilte oder gem. § 10 VIa BImSchG fingierte immissionsschutzrechtliche Genehmigung wendet.
   2. Verpflichtungsklage (§ 42 I 2. Var. VwGO) bei begehrtem Einschreiten z.B. im Fall nachträglicher Anordnungen nach Genehmigungserteilung

II. Klagebefugnis
   1. (P) Vermittelt Norm Drittschutz?
      a) (+), bei § 5 I Nr. 1 BImSchG und § 5 III Nr. 1 BImSchG (»Nachbarschaft«); i.Ü. (–), da bezweckte Risikovorsorge im Allgemeininteresse liegt
      b) bei sonstigen öffentlich-rechtl. Vorschriften (§ 6 I Nr. 2 BImSchG) nur mittelbar, soweit diese nach Schutzzwecktheorie Drittschutz bezwecken sollen
      c) § 17 I 2 BImSchG vermittelt Klagebefugnis zugunsten der Nachbarschaft
   2. (P) Nachbarbegriff nach BImSchG weiter als im grundstücksbezogenen Baurecht (Art. 14 I GG) und erfasst Personen, die sich nicht nur vorübergehend in räumlicher Nähe der Anlage aufhalten (auch Mieter, Pächter)
   3. (P) Materielle Rügepräklusion (§ 10 III 5 BImSchG); nach Rspr. aber (P) der Begründetheit; (P) Vereinbarkeit mit Art. 19 IV GG (+); (P) Reichweite der Präklusion

III. Ggf. Vorverfahren

IV. Klagefrist; (P) Bekanntgabe der Genehmigung; (P) bei fehlender Bekanntgabe nur prozessuale Verwirkung

V. (P) Rechtsschutzbedürfnis (–), wegen möglicher zivilrechtlicher Abwehransprüche (z.B. §§ 1004, 906 ff. BGB, 823 BGB)?
   1. Nicht wegen § 14 BImSchG, da nur privatrechtliche Abwehransprüche ausgeschlossen sind
   2. Im Übrigen ist zivilgerichtlicher Rechtsschutz auch nicht ebenso effektiv, daher RSB i.d.R. (+).

Falls sich ein Nachbar gegen eine ihn belastende immissionsschutzrechtliche Genehmigung wendet, ist die (Dritt-)Anfechtungsklage (§ 42 I 1. Var. VwGO) **statthaft**. Wird immissionsschutzrechtliches Einschreiten begehrt, ist i.d.R. eine Verpflichtungsklage (§ 42 I 2. Var. VwGO) statthaft.

Problematisch ist regelmäßig die **Klagebefugnis** gem. § 42 II VwGO. Diesbezüglich stellt sich (erstens) die Frage, ob die angeblich verletzte Rechtsvorschrift überhaupt drittschützende Wirkung entfaltet und (zweitens), ob der Kläger Nachbar im Sinne des BImSchG ist.

Zur Frage der **drittschützenden Wirkung der immissionsschutzrechtlichen Vorschriften**:

- Die Nachbarschaft ist im Rahmen des § 5 I Nr. 1 BImSchG klagebefugt, da diese Vorschrift wegen ihres Wortlauts (»Nachbarschaft«) eine drittschützende Norm darstellt. Eine mögliche Verletzung der Nachsorgepflicht begründet ebenfalls die Klagebefugnis der Nachbarschaft (§ 5 III Nr. 1 a.E. BImSchG). Begehrt der Nachbar den Erlass einer nachträglichen Anordnung, vermittelt § 17 I 2 BImSchG ebenfalls Nachbarschutz;[445]
- § 5 I 1 Nr. 2–4 BImSchG dienen nur dem Allgemeininteresse (Risikovorsorge) und bezwecken daher keinen Nachbarschutz. Auch § 5 III Nr. 2–3 BImSchG bezwecken keinen Nachbarschutz.

---

445 *Jarass* NJW 1983, 2844 (2845).

- Bei den gem. § 6 I Nr. 2 BImSchG zu prüfenden Normen des öffentlichen Rechts kommt es darauf an, ob die »andere öffentlich-rechtliche Vorschrift« ihrerseits Drittschutz vermittelt. Dieses richtet sich nach üblichen Kriterien.[446]

Verfahrensvorschriften vermitteln hingegen grds. keinen Drittschutz. Daher kann der Kläger eine immissionsschutzrechtliche Genehmigung nicht erfolgreich mit der Begründung anfechten, das Genehmigungsverfahren sei formell fehlerhaft durchgeführt worden. Problematisch ist dieses insb., wenn der Kläger geltend macht, es sei fehlerhaft das vereinfachte Genehmigungsverfahren nach § 19 BImSchG durchgeführt worden, obwohl es der Durchführung des förmlichen Verfahrens (§ 10 BImSchG) bedurft hätte. Insoweit gilt: Nach § 4 I 1 URG kann die Klagebefugnis nur darauf gestützt werden, dass eine erforderliche Umweltverträglichkeitsprüfung (UVP) oder erforderliche Vorprüfung über die UVP-Pflichtigkeit nicht durchgeführt worden ist. Beachten Sie aber (für die Prüfung der formellen Rechtmäßigkeit der Genehmigung), dass gem. § 4 I 2 URG eine Heilung nach § 45 II VwVfG möglich ist. Im Übrigen stützen auch weiterhin Verfahrensfehler die Klagebefugnis nicht, da Verfahrensvorschriften dazu dienen sollen, ein ordnungsgemäßes Verfahren zu gewährleisten, nicht aber materielle Rechtspositionen zu begründen. An letztere knüpft allerdings § 42 II VwGO grds. an.

Zur »**Nachbarschaft**« i.S.d. § 5 I Nr. 1 BImSchG gehören Personen, die im Einwirkungsbereich der Anlage nicht nur vorübergehend an einen bestimmten Ort gebunden und daher wegen einer engen räumlichen und zeitlichen Beziehung zur Anlage qualifiziert betroffen sind. Hierzu gehören neben Eigentümern und eigentumsähnlich Berechtigten eines Grundstücks im Einwirkungsbereich der Anlage auch Mieter und Pächter solcher Grundstücke. Wegen der zuletzt genannten Personen ist der Nachbarbegriff im BImSchG weiter als im grundstücksbezogenen Baurecht.[447]

Infolge der **(materiellen) Präklusion** des § 10 III 5 BImSchG können – sofern die Genehmigung im förmlichen Verfahren erteilt wurde – u.U. Nachbarrechte nicht mehr geltend gemacht werden. Dies setzt voraus, dass die nach § 187 II BGB zu berechnende Einwendungsfrist von zwei Wochen (§ 10 III 2, 2. Hs. BImSchG) nach Beendigung der Auslegungsfrist (§ 10 III 2, 1. Hs. BImSchG) versäumt wird. Ist dies der Fall, können Sie entgegen der Literatur mit der Rspr. davon ausgehen, dass die Klage unbegründet ist. Im Aktenauszug werden die Beteiligten ggf. darüber streiten, ob diese weitreichende Konsequenz zulässig ist. Nach ständiger Rspr. ist die materielle Präklusion nicht verfassungswidrig (Art. 19 IV GG); allerdings muss der Betroffene Kenntnis über den Verfahrensgegenstand haben und die Möglichkeit besitzen, die Einwendungen zu erheben.[448] Daher sind Einwendungen »neuer« (hinzugekommener) Nachbarn nicht ausgeschlossen.[449] Zudem greift die Präklusion nicht für nachträglich eingereichte Antragsunterlagen[450] oder wenn die Antragsbekanntgabe oder die Auslegung nach § 10 III 1 BImSchG fehlerhaft war.

Nicht von § 10 III 5 BImSchG erfasst sind nachträgliche Anordnungen gem. § 17 BImSchG, die Aufhebung einer Genehmigung, sowie – sehr klausurrelevant – Einwendungen, die auf besonderen privatrechtlichen Titeln (Verträge, Dienstbarkeiten) beruhen (§ 10 III a.E. BImSchG), wobei diese vor den ordentlichen Gerichten geltend zu machen sind (§ 10 VI 2 BImSchG i.V.m. § 15 der 9. BImSchVO). Daneben sind nach der Rspr. Einwendungen, die vor Beginn der Auslegungsfrist nach § 10 III 2, erster Hs. BImSchG erhoben werden, nicht erfasst.

Im Rahmen der **Klagefrist** stellen sich häufig die auch aus dem baurechtlichen Nachbarstreit bekannten Probleme. So kann im Aktenauszug das Problem aufgeworfen werden, ob überhaupt eine Klagefrist (§ 74 I VwGO) ausgelöst oder lediglich eine prozessuale Verwirkung in Anlehnung an § 242 BGB denkbar ist. Letzteres gilt dann, wenn die angefochtene Genehmigung dem Drittanfechtungskläger nicht bekanntgegeben worden ist. Beachten Sie, dass im Fall der fehlenden Bekanntgabe auch die Jahresfrist nach § 58 II VwGO nicht gilt.

---

446 S.o., z.B. für das Baurecht Rn. 167.
447 Im Einzelnen *Kopp/Schenke* § 42 VwGO Rn. 103 ff.
448 BVerfGE 61, 82 (Sasbach) – NJW 1982, 2173.
449 OVG Lüneburg NVwZ 1986, 671, *Jarass* § 10 BImschG Rn. 96.
450 BayVGH NVwZ 1989, 483.

Begründet ist die Drittanfechtungsklage, soweit die angefochtene Genehmigung rechtswidrig ist und den Kläger in seinen Rechten verletzt (§ 113 I 1 VwGO). Ähnlich wie in der baurechtlichen Nachbarklage ist zu überprüfen, inwieweit nachbarschützende Bestimmungen (§ 5 I 1 Nr. 1 BImSchG) verletzt sind. Insoweit ist auch hier die gerichtliche Kontrolldichte eingeschränkt.

2. Behördliche Eingriffsbefugnisse nach Genehmigungserteilung

---

Übersicht: Behördliche Maßnahmen nach Genehmigungserteilung

Genehmigungserteilung

- Behörde möchte wegen Verstoßes gegen BImSchG nachträglich Einhaltung der Betreiberpflichten sicherstellen:
  - Nachträgliche Anordnung (§ 17 BImSchG)
  - anschl. ggf. vorläufige Untersagung (§ 20 I BImSchG); zwingende Untersagung gem. § 20 I a BImSchG weniger klausurrelevant; »Seveso-RiLi«)

- Behörde möchte zuvor erteilte Genehmigung aufheben:
  - Widerruf (§ 21 BImSchG verdrängt als lex specialis § 49 VwVfG)
  - Rücknahme (§ 48 VwVfG als lex generalis)
  - anschl. ggf. Stilllegung oder Beseitigung (§ 20 II BImSchG)

- Behörde möchte weiteren Betrieb wegen Unzuverlässigkeit hinsichtlich des Betriebs einer genehmigungsbedürftigen Anlage untersagen
  - Untersagung gem. § 20 III BImSchG (P): Verhältnis zu § 35 GewO: § 35 GewO bleibt anwendbar, da § 35 GewO personenbezogene Unzuverlässigkeit an sich (ohne Anlagenbezug) erfasst

---

a) Nachträgliche Anordnungen im Immissionsschutzrecht (§ 17 BImSchG)

Viele Klausuren finden einen Einstieg über eine nachträgliche behördliche Anordnung zum Immissionsschutz. Für den Anlagenbetreiber, an den die Anordnung adressiert ist, ist der Anfechtungsrechtsbehelf (Anfechtungsklage oder Anfechtungswiderspruch) statthaft. Für die Begründetheitsprüfung sollten Sie sich folgende Übersicht merken:

Übersicht: Nachträgliche Anordnung gem. § 17 BImSchG

I. Rechtsgrundlage: § 17 I 1 BImSchG oder (insb. bei Verpflichtungsbegehren Dritter:) § 17 I 2 BImSchG
II. Formelle Rechtmäßigkeit (Zuständigkeit; Verfahren; Form)
III. Materielle Rechtmäßigkeit
   1. Tatbestand
      a) Vorliegen einer genehmigten Anlage
      b) Nichteinhaltung der immissionsschutzrechtlichen Pflichten
         - insb. Nichteinhaltung der Betreiberpflichten (§ 5 BImSchG)
         - Nichteinhaltung der sich aus RechtsVO ergebenden Pflichten
      c) Richtiger Adressat: grds. Anlagenbetreiber; (P) Auswirkung eines Insolvenzverfahrens auf Verantwortlichkeit
   2. Rechtsfolge:
      a) Entschließungsermessen
         - grds. Ermessen: § 17 I 1 BImSchG (»können«)
         - Ausnahme: § 17 I 2 BImSchG (»soll«), wenn festgestellt wird, dass Allgemeinheit oder Nachbarschaft (Drittschutz (+)) nicht ausreichend vor schädlichen Umwelteinwirkungen zu schützen ist

> b) Auswahlermessen
> - Einhaltung des Grundsatzes der Verhältnismäßigkeit (§ 17 II BImSchG); (P) Angemessenheit (P) Vereinbarkeit mit Art. 14 I GG
> - Ggf. Anordnungen im Rahmen von RechtsVO (§ 17 III BImSchG)
> - Ggf. Kompensation (§ 17 IIIa BImSchG)
> - Folgenbeseitigung (z.B. auf Nachbargrundstücken) grds. nicht erfasst; Beseitigung der auf Grundstück befindlichen Störungen erfasst, soweit von diesen schädliche Umwelteinwirkungen auf Nachbarschaft ausgehen.

Ermächtigungsgrundlage für nachträgliche Anordnungen ist § 17 I BImSchG. Die Klausur kann als Anfechtungsklagesituation angelegt sein. Dann tritt der Anlagenbetreiber als Kläger auf. Denkbar ist auch eine Drittverpflichtungsklage von Nachbarn im Rahmen einer immissionsrechtlichen Nachbarklage (dazu s.u.).

Tatbestandlich ist das Vorliegen einer genehmigten Anlage sowie ein Verstoß gegen die Betreiberpflichten gem. § 5 BImSchG zu prüfen. Schwerpunkt der Klausur wird auch hier die Prüfung der Schutzpflicht gegen schädliche Umwelteinwirkungen (§ 5 I Nr. 1 BImSchG) sein. Insoweit wird auf die vorstehenden Ausführungen verwiesen.

Als **Adressat** der Anordnung kommt allein der Anlagenbetreiber in Betracht, weil nur dieser Träger der Rechtspflichten nach dem BImSchG ist.[451] Nach Betriebseinstellung ist i.d.R. der letzte Anlagenbetreiber Adressat.

Problem: Auswirkung der Insolvenzeröffnung auf Betreibereigenschaft

In einigen Klausuren taucht die Frage auf, welche Auswirkungen die Einleitung eines Insolvenzverfahrens auf die Verantwortlichkeit hat. Mit der Insolvenzeröffnung über eine nach §§ 4 ff. BImSchG genehmigte Anlage geht die Verantwortlichkeit gem. §§ 80, 148 InsO auf den Insolvenzverwalter über. Wird die Anlage dann zunächst weiterbetrieben, kann der Insolvenzverwalter grds. als Betreiber i.S.d. § 5 III BImSchG ordnungsrechtlich in Anspruch genommen werden.[452] Ist demgegenüber die Anlage bereits vor Insolvenzeröffnung stillgelegt worden und führt der Insolvenzverwalter den Betrieb nicht fort, sondern teilt der Behörde die Betriebsstilllegung mit, ist umstritten, ob durch den Übergang der Verfügungsgewalt auf den Insolvenzverwalter dieser Betreiber i.S.d. § 5 III BImSchG geworden ist. Der Wortlaut »betreiben« in § 5 III BImSchG spricht dagegen. Auch das BVerwG hat eine so weitgehende Haftung des Insolvenzverwalters bezweifelt. Andererseits könnte ausgehend von der polizeirechtlichen Haftung als Zustandsstörer, die an den Besitz anknüpft, aber auch eine weitergehende Haftung befürwortet werden. In der Klausur sollten Sie die Argumentation klausurtaktisch von Ihrer prozessualen Rolle und der Aufgabenstellung abhängig machen. Allerdings scheidet die Haftung des Insolvenzverwalters nach wohl h.M. aus, wenn dieser die Gegenstände aus der Insolvenzmasse freigegeben hat und folglich aus seiner Verfügungsmacht entlässt. Dies erzeugt keinen Wertungswiderspruch zu den Grundsätzen der polizeirechtlichen Fortwirkung der Verantwortung im Fall der Aufgabe des Eigentums. Dort wird die Auffassung vertreten, dass eine solche Eigentumsübertragung gegen § 138 I BGB verstoßen kann und daher die Verantwortung des früheren Eigentümers nicht entfallen lässt (s.o.). Diese Grundsätze gelten für den Fall der Freigabe durch den Insolvenzverwalter nicht, da in diesem Fall lediglich die Verwaltungs- und Verfügungsbefugnis des Schuldners wieder auflebt. Insoweit ist die Sachlage nicht vergleichbar.[453]

Auf **Rechtsfolgenebene** sieht § 17 BImSchG ein abgestuftes Konzept vor. Hinsichtlich des Entschließungsermessens gilt:

- Grds. besteht gem. § 17 I 1 BImSchG Ermessen (»kann«)
- Nach § 17 I 2 BImSchG »soll« die Behörde einschreiten, wenn die Allgemeinheit oder die Nachbarschaft nicht ausreichend vor Gefahren geschützt werden kann. In diesem Fall trifft die Behörde grds. eine Rechtspflicht zum Einschreiten. In der Klausur wird es häufig um An-

---

451 *Jarass* § 17 BImSchG Rn. 11 m.w.N.
452 OVG Münster, Urt. v. 01.06.2006 – 8 A 4495/04.
453 OVG Berlin-Brandenburg, Urt. 17.04.2007 – S 11 S 54.06 – juris; OVG Lüneburg, Beschl. v. 03.12.2009 – 7 AE 55/09.

ordnungen gehen, mit denen schädliche Umwelteinwirkungen für die Nachbarschaft unter Hinweis auf die Betreiberpflicht gem. § 5 I 1 Nr. 1 BImSchG abgewendet werden sollen. Gerade in diesem Fall besteht damit eine Rechtspflicht der Behörde zum Einschreiten, wenn die schädliche Umwelteinwirkung nachweisbar ist.

Im Rahmen des Auswahlermessens sind die Grenzen des § 17 II bis III BImSchG relevant. Bei der hiernach erforderlichen strengen Verhältnismäßigkeitsprüfung sollten Sie ggf. auf die o.g. Leitgrundsätze des Umweltrechts zurückgreifen. Häufig wird der Anlagenbetreiber vortragen, die behördliche Anordnung verletze die Grundsätze des Bestandsschutzes. Allerdings ist im BImSchG der Bestandsschutz von vornherein durch die Möglichkeit nachträglicher Anordnungen, daneben aber auch durch die Möglichkeiten des § 20 BImSchG einfachgesetzlich begrenzt (»dynamische Betreiberpflicht«). Diese einfachgesetzliche Inhalts- und Schrankenbestimmung ist im Hinblick auf den Schutzzweck auch verfassungsrechtlich unbedenklich. Der Anlagebetreiber kann sich also i.d.R. nicht darauf berufen, dass die Anlage in einer einmal genehmigten Form fortgeführt werden kann. Hier liegt ein wesentlicher Unterschied des BImSchG zum Baurecht.

b) Aufhebung zuvor erteilter Genehmigungen mit Verfügungen gem. § 20 II BImSchG

Bei der Aufhebung zuvor erteilter Genehmigungen müssen Sie unterscheiden:

- § 21 BImSchG regelt abschließend als Spezialnorm den **Widerruf** einer zuvor rechtmäßig erteilten Genehmigung.
- Für die **Rücknahme** rechtswidriger Genehmigungen existiert im BImSchG keine Spezialnorm, so dass § 48 VwVfG als Auffangvorschrift anwendbar ist.

In der Klausur werden Sie § 21 BImSchG bzw. § 48 VwVfG regelmäßig inzident im Rahmen einer Anfechtungsklage gegen eine Stilllegungs- oder Beseitigungsverfügung gem. § 20 II BImSchG prüfen müssen. Die nach der grammatischen Fassung des § 20 II BImSchG tatbestandlich grds. ausreichende formelle Illegalität[454] ist erfüllt, wenn die Anlage ohne Genehmigung betrieben wird. Allerdings ist auf Rechtsfolgenebene eine Stilllegungsverfügung regelmäßig unverhältnismäßig, wenn feststeht, dass die Betrieb materiell rechtmäßig ist.[455] Abgesehen von diesem atypischen Fall sieht § 20 II 1 BImSchG vor, dass die Behörde einschreiten »soll«; nur wenn ein Schutz der Allgemeinheit oder Nachbarschaft (insoweit daher auch Drittschutz) anders nicht gewährleistet werden kann, hat die Behörde im Wege einer gebundenen Entscheidung die Beseitigung anzuordnen (§ 20 II 2 BImSchG).

II. Anlagenbezogener Immissionsschutz bei nicht genehmigungsbedürftigen Anlagen

Die behördlichen Befugnisse folgen für nicht genehmigungsbedürftige Anlagen aus den §§ 22 ff. BImSchG.

> **Übersicht: Behördliche Eingriffsbefugnisse bei nicht genehmigungsbedürftigen Anlagen:**
> 1. Nachträgliche Anordnungen ggü. Anlagenbetreiber (i.d.R. § 24 S. 1 BImSchG)
> 2. Untersagungsverfügungen (§ 25 BImSchG)
>   a) Als Ermessensentscheidung gem. § 25 I BImSchG zur Durchsetzung einer vollziehbaren Anordnung nach § 24 S. 1 BImSchG
>   b) Als gebundene Entscheidung gem. § 25 Ia BImSchG zum Schutz vor schweren Unfällen (»Seveso-RiLi«; weniger klausurrelevant)
>   c) Als regelmäßig gebundene Entscheidung (»soll«-Vorschrift) gem. § 25 II BImSchG wenn schädliche Umwelteinwirkungen Leben, Gesundheit oder bedeutende Sachwerte gefährden

Bei nicht genehmigungsbedürftigen Anlagen[456] können gem. § 24 BImSchG nachträgliche Anordnungen erlassen werden, wenn die Betreiberpflichten gem. §§ 22 f. BImSchG nicht erfüllt wurden. Die sich hieraus ergebenden Rechtsschutzfragen werden voraussichtlich wie folgt in ei-

---
454 *Jarass* § 20 BImSchG Rn. 37 (str.).
455 BVerwG, Urt. v. 15.12.1989 NVwZ 1990, 963; *Jarass* § 20 BImSchG Rn. 39a.
456 Zur Abgrenzung zu genehmigungsbedürftigen Anlagen s.o. Rn. 186.

nen Aktenauszug eingekleidet sein. Entweder als Rechtsschutzkonstellation des Adressaten gegen eine an ihn gerichtete Verfügung oder als Verpflichtungsbegehren Dritter (insb. Nachbarn), die behördliches Einschreiten verlangen.

Übersicht: Klausurrelevante Zulässigkeitsprobleme beim Rechtsschutz gegen Immissionen nicht genehmigungsbedürftiger Anlagen nach dem BImSchG

Konstellation (1): Rechtsschutz des Adressaten gegen Verfügung:	Konstellation (2): Rechtsschutz des Nachbarn auf Schutz vor Immissionen

I. Verwaltungsrechtsweg (§ 40 I 1 VwGO) (+)
 II. Anfechtungsklage statthaft (§ 42 I 1. Var. VwGO)
 III. Klagebefugnis (§ 42 II VwGO) wg. Art. 2 I GG unproblematisch (+)
 IV. Klagefrist; (P) § 14a BImSchG greift nicht, da diese Regelung nur für erstrebte Genehmigungen gilt
 V. Zulässigkeit im Übrigen
	I. Verwaltungsrechtsweg (§ 40 I 1 VwGO); (P) öffentl.-rechtl. Streit (+) bei emittierendem Hoheitsträger wenn Sachzusammenhang mit hoheitlicher Aufgabenwahrnehmung
	 II. Statthafte Klageart
	   1. Verpflichtungsklage, wenn gem. § 24 S. 1 oder § 25 II BImSchG behördliches Einschreiten gegen Emittenten begehrt
	   2. Grds. allg. Leistungsklage, wenn Unterlassung ggü. Hoheitsträger selbst begehrt; ausnahmsweise Verpflichtungsklage auf entwidmenden VA
	 III. Klagebefugnis
	   1. Drittschutz bei § 24 S. 1 BImSchG nur mittelbar (+), wenn verletzte Norm ihrerseits Drittschutz vermittelt
	   2. Drittschutz bei § 25 II BImSchG (»Nachbarschaft«) (+), soweit Verfügung auch Nachbarn dient
	   3. Bei allg. Leistungsklage ggf. Anspruch aus öffentl.-rechtl. UA
	 IV. Bei Verpflichtungsklage: Klagefrist; bei allg. Leistungsklage: prozessuale Verwirkung
	 V. Rechtsschutzbedürfnis
	   1. (P) Verzicht auf Nachbarrechte
	   2. trotz grds. möglichen zivilgerichtl. Vorgehens i.d.R. (+)

---

1. Zulässigkeit der immissionsschutzrechtlichen Nachbarklage

196 Problematisch ist in erster Linie der Rechtsschutz des Nachbarn gegen Störungen, die durch nicht genehmigungsbedürftige Anlagen ausgelöst werden (Konstellation (2)). Für Verpflichtungsbegehren auf ein immissionsschutzbehördliches Einschreiten ist gem. § 40 I 1 VwGO der **Verwaltungsrechtsweg** eröffnet. Dies gilt auch, wenn sich der Kläger gegen Störungen wendet, die von öffentlichen Einrichtungen ausgehen, wenn der Abwehranspruch im Sachzusammenhang mit der öffentlich-rechtlichen Aufgabenwahrnehmung (z.B. Daseinsvorsorge) steht.

Statthafte Klageart ist

- die Verpflichtungsklage, soweit ein behördliches Einschreiten in Form einer Verfügung gem. §§ 24 S. 1 oder § 25 II BImSchG begehrt wird;
- die allgemeine Leistungsklage, soweit von einem Hoheitsträger die Unterlassung einer bestimmten Störung begehrt wird. Soll der störende Hoheitsträger allerdings einen entwidmenden Verwaltungsakt erlassen, ist wiederum die Verpflichtungsklage statthaft.

4. Kapitel. Umweltrecht

Zur **Klagebefugnis** sollten Sie auch bei der immissionsrechtlichen Nachbarklage stets Ausführungen machen. Im Rahmen der Klagebefugnis gemäß bzw. (im Fall der Leistungsklage) analog § 42 II VwGO ist – wie bei der baurechtlichen Nachbarklage – darzulegen, ob die evtl. verletzte Norm Drittschutz vermittelt und ob die Kläger zur Nachbarschaft i.S.d. § 3 I BImSchG gehören. Für die Frage, welche Norm Drittschutz vermittelt, gilt:

- § 24 S. 1 BImSchG vermittelt nicht unmittelbar Drittschutz zugunsten der Nachbarschaft, sondern nur in Verbindung mit Normen, die ihrerseits nachbarschützende Wirkung entfalten. Innerhalb der klausurrelevanten Betreiberpflichten des § 22 I BImSchG vermitteln Nr. 1 (Verhinderungsgebot) sowie Nr. 2 (Minimierungsgebot) Drittschutz. In der Klausur ist damit als Anspruchsgrundlage für den Nachbarn etwa »§§ 24 S. 1 i.V.m. § 22 I Nr. 1 bzw. Nr. 2 BImSchG« zu zitieren. § 22 I Nr. 3 BImSchG dient hingegen nur dem Allgemeininteresse.
- § 25 II BImSchG vermittelt nach seinem Wortlaut (»die Nachbarschaft«) Drittschutz, soweit die Verfügung auch dem Interesse eines Nachbarn dient.

Zur »**Nachbarschaft**« gehört der Personenkreis, der sich nicht nur gelegentlich im Einwirkungsbereich der Anlage aufhält, sondern dort seinen engeren Lebensbereich hat.[457] Treten mehrere Kläger auf, können bei einzelnen Beteiligten diese Voraussetzungen nicht gegeben sein. Soweit diese nicht zur Nachbarschaft und damit nicht zum geschützten Personenkreis gem. § 3 I BImSchG gehören, ist die Klage insoweit als unzulässig abzuweisen.

Eine evtl. statthafte Leistungsklage ist nicht an eine **Klagefrist** gebunden. Häufiger stellt sich allerdings sowohl in Anwaltsklausuren als auch gerichtlichen Klausuren das Problem der Verwirkung des Klagerechts, wenn der Kläger schon längere Zeit eine Störung geduldet hat, ohne gegen diese vorzugehen. Sie prüfen dieses entweder unmittelbar im Zusammenhang mit dem Hinweis, dass eine Klagefrist nicht zu beachten ist oder als Fallgruppe eines Wegfalls des Rechtsschutzbedürfnisses. Eine prozessuale Verwirkung werden Sie in der Klausur aber regelmäßig mit folgender Begründung ablehnen müssen: Eine gegen den Grundsatz von Treu und Glauben verstoßende Verzögerung der Klageerhebung und damit eine unzulässige Rechtsausübung kommt nur in Betracht, wenn der Kläger bereits längere Zeit von dem Klagegrund Kenntnis hatte oder hätte haben müssen (Zeitmoment) und der Beklagte nach den besonderen Umständen nicht mehr mit einer Klage rechnen müsste, dass dieser also darauf vertrauen durfte, dass eine Klage nicht mehr erhoben wird (Umstandsmoment).[458]

> **Hinweis:** Von der prozessualen Verwirkung ist die materielle Verwirkung zu unterscheiden. Bei letzterer ist bereits der der Klage zugrunde liegende materiell-rechtliche Anspruch zerstört und stellt sich als Problem der Begründetheit dar.

Ebenso wird häufiger das Problem des **Klageverzichts** eingebaut. Auch hier können Sie regelmäßig davon ausgehen, dass ein wirksamer Klageverzicht i.E. nicht vorliegt. Ein solcher setzt nämlich voraus, dass dieser Verzicht eindeutig, unzweifelhaft und unmissverständlich zum Ausdruck kommt.[459] Dahingehend lässt sich die in dem Aktenauszug befindliche Erklärung regelmäßig nicht auslegen.

2. Begründetheit der immissionsschutzrechtlichen Nachbarklage

In der Begründetheit der Klage müssen Sie untersuchen, ob   197

- im Fall einer **Verpflichtungsklage** die materiellen Voraussetzungen für ein behördliches Einschreiten nach §§ 24 S. 1 i.V.m. 22 I Nr. 1 bzw. Nr. 2 BImSchG erfüllt sind.
- im Fall einer **Leistungsklage** ggü. einem Hoheitsträger die Voraussetzungen des öffentlich-rechtlichen Unterlassungsanspruchs erfüllt sind.

---

457 *Landmann/Rohmer* § 3 BImSchG Rn. 6a f.; *Kopp/Schenke* § 42 VwGO Rn. 103 ff.
458 *Kopp/Schenke* § 74 VwGO Rn. 18 und 19 m.w.N.
459 *Kopp/Schenke* § 74 VwGO Rn. 22.

> **Übersicht: Begründetheit der auf immissionsschutzbehördliches Einschreiten gerichteten Verpflichtungsklage (§ 113 V VwGO)**
>
> I. AGL für behördliches Einschreiten § 24 S. 1 BImSchG oder § 25 II BImSchG
> II. Formelle Anspruchsvoraussetzungen
>   1. Zuständigkeit; (P) Zuständigkeit beim Einschreiten gegen »störenden Hoheitsträger«
>   2. Verfahren; Form
> III. Materielle Anspruchsvoraussetzungen
>
> | § 24 S. 1 BImSchG | § 25 II BImSchG |
> |---|---|
> | Tatbestand: | Tatbestand: |
> | – Nicht genehmigungsbedürftige Anlage (§ 3 V BImSchG) | – Nicht genehmigungsbedürftige Anlage (§ 3 V BImSchG) |
> | – Verletzung einer Betreiberpflicht gem. § 22 BImSchG (bei Nachbarklage nur § 22 I Nr. 1 und 2 BImSchG prüfen) | – Schädliche Umwelteinwirkung (§ 3 I BImSchG) |
> | – Verletzung einer Betreiberpflicht gem. § 23 BImSchG i.V.m. RechtsVO (bei Nachbarklage beachten, inwieweit VO Drittschutz bezweckt) | – Kausalität Anlagenbetrieb/schädliche Umwelteinwirkung |
> | Rechtsfolge: | Rechtsfolge: |
> | – Grds. Ermessen; ggf. Ermessensreduzierung auf Null bei schwerwiegender Gefährdung oder sehr gewichtigen Rechtsgütern | – Im Regelfall gebundene Entscheidung, soweit ausreichender Schutz der genannten Rechtsgüter vor schädlichen Umwelt-einwirkungen nicht auf andere Weise sichergestellt werden kann |
> | | – Bei Atypik Ermessen |
>
> – (P) Verweisung auf zivilgerichtl. Rechtsschutz (§§ 906, 1004 BGB) zulässiges Ermessenskriterium wg. Vorrang des Zivilrechtsschutzes und (bei nicht genehmigungsbedürftigen Anlagen) wg. Waffengleichheit grds. (+); notwendig aber behördliche Sachprüfung; andernfalls Ermessensfehler (+).

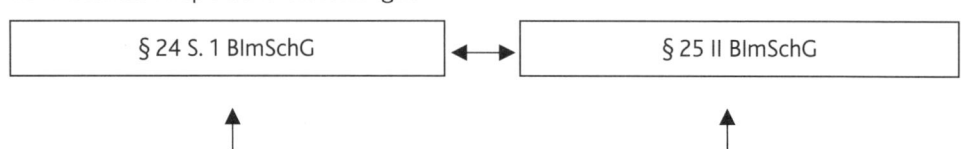

Innerhalb der **Begründetheitsprüfung** bei einer auf immissionsschutzbehördliches Einschreiten gerichteten Verpflichtungsklage kann im Rahmen der **formellen Anspruchsvoraussetzungen** die Frage der Zuständigkeit der zu verpflichtenden Behörde problematisch werden: Beispiel: Die Gemeinde G betreibt eine öffentliche Einrichtung (z.B. Schwimmbad), von der für das benachbarte reine Wohngebiet bestimmte Immissionsrichtwerte erheblich überschritten werden. Nach erfolglosen Bemühungen, die Gemeinde zu Schutzmaßnahmen zu bewegen, begehrt der Bürger von der zuständigen Immissionsschutzbehörde den Erlass einer auf § 24 S. 1 BImSchG gestützten Verfügung. Die Behörde lehnt ein Einschreiten unter Hinweis auf die fehlende **Zuständigkeit** ab. (Denkbar ist auch der Klausurfall, in dem die Gemeinde als Adressat einer ergangenen Verfügung im Rahmen einer Anfechtungsklage die Auffassung vertritt, die Verfügung sei schon formell rechtswidrig). Sie erinnern sich an das gefahrenabwehrrechtliche Problem des **störenden Hoheitsträgers**. Grds. ist jeder Hoheitsträger selbst materiell polizeipflichtig, so dass eine Ordnungsbehörde regelmäßig nicht in dessen Zuständigkeitsbereich eingreifen darf. Im Immissionsschutzrecht erkennt die Rspr. eine Ausnahme von der grds. fehlenden formellen Polizeipflicht an.[460] § 24 BImSchG unterscheide nicht nach der Rechtsform, in der Anlagen betrieben werden. Zudem habe die Immissionsschutzbehörde eine höhere Fachkompetenz. Daher ist hier ausnahmsweise die Zuständigkeit zu bejahen. Die Zuständigkeit für die zwangsweise Durchsetzung der Anordnung gegen den kommunalen Hoheitsträger liegt bei der Kommunalaufsicht.

In der Prüfung der **materiellen Anspruchsvoraussetzungen** folgen Sie dem vorstehenden Prüfungsschema. Hier ist insb. zu untersuchen, ob eine Verletzung der drittschützenden Bestim-

---

[460] BVerwG Urt. v. 25.07.2002 DVBl. 2003, 84; *Scheidler* LKV 2008, 300.

mungen des § 22 I Nr. 1 oder 2 BImSchG gegeben ist. Über § 22 II BImSchG, wonach weitergehende öffentlich-rechtliche Vorschriften unberührt bleiben, können weitere drittschützende Normen in die Prüfung einzubeziehen sein. Wichtig ist z.B. § 4 I 1 Nr. 3 GastG, wonach (i.d.R. immissionsschutzrechtlich nicht genehmigungsbedürftige) Gaststätten keine schädlichen Umwelteinwirkungen befürchten lassen dürfen.[461] Daneben sollten Sie an § 33a II Nr. 3 GewO oder § 33i II Nr. 3 GewO denken. Wichtig sind zudem Bestimmungen evtl. bestehender LImSchG. Obwohl teilweise spezialgesetzliche Ermächtigungsgrundlagen bestehen (z.B. § 5 I Nr. 3 GastG), wird § 24 BImSchG durch diese außerhalb des BImSchG normierten Eingriffsbefugnisse nicht verdrängt.[462] Hieraus folgt: Gaststättenbehörden können bei einem Verstoß gegen § 4 I 1 Nr. 3 GastG nach § 5 I Nr. 3 GastG eingreifen; andererseits kann aber auch die Immissionsschutzbehörde nach § 24 BImSchG handeln.

Klausurhinweis: Bei Klausuraufgaben aus dem allgemeinen Gefahrenabwehrrecht kann das Konkurrenzproblem zum BImSchG ebenfalls auftauchen. Denkbar ist etwa, dass eine Verfügung aufgrund der ordnungsbehördlichen Generalklausel erlassen wird und der Kläger vorträgt, diese sei aufgrund der spezialgesetzlichen Regelungen des BImSchG gar nicht anwendbar. Insoweit gilt:

– Die gefahrenabwehrrechtliche Generalklausel ist ohne Weiteres anwendbar, wenn die Behörde zur Abwendung von nicht immissionsbedingten Gefahren oder bei Gefahr im Verzug einschreitet[463]
– Problematisch ist das Konkurrenzverhältnis beim ordnungsbehördlichen Einschreiten gegen Immissionen: Teilweise wird die Anwendbarkeit der Generalklausel verneint, da das BImSchG ein in sich abgeschlossenes Regelungswerk zum Immissionsschutz enthalte; insb. die Rspr. nimmt allerdings aufgrund der höheren tatbestandlichen Voraussetzungen des § 25 II BImSchG eine Schutzlücke an, die zur effektiven Gefahrenabwehr nur durch die Generalklausel geschlossen werden kann.[464]

Im Fall der **allgemeinen Leistungsklage** (der Kläger wendet sich unmittelbar gegen den Hoheitsträger mit dem Ziel, diesen zur Beendigung der Störung zu veranlassen), prüfen Sie die tatbestandlichen Voraussetzungen des gewohnheitsrechtlich anerkannten Abwehr- und Unterlassungsanspruchs.[465]

Anspruch auf Beendigung der Störungen unmittelbar gegen störenden Hoheitsträger

I. gewohnheitsrechtlich anerkannter Abwehr- und Unterlassungsanspruch, da § 22 BImSchG als gefahrenabwehrrechtliche Ermächtigungsgrundlage nicht unmittelbar zwischen Störer und gestörter Person greift[466]
II. Tatbestand
  1. Betroffenheit eines subjektiv-öffentlichen Rechts
  2. Hoheitlicher, unmittelbar bevorstehender oder andauernder Eingriff
    a) hoheitlicher Eingriff (+), wenn Störung unmittelbar durch öffentliche Einrichtung verursacht oder der Staat als mittelbarer Störer auftritt, etwa indem er eine typische Gefährdungslage schafft
    b) unmittelbar bevorstehend oder andauernd
  3. Rechtswidrigkeit des Eingriffs bei Immissionen öffentlich-rechtlich betriebener Anlagen Erheblichkeitsschwelle des § 3 BImSchG maßgebend
III. Rechtsfolge
  1. Unterlassung des rechtswidrigen Eingriffs; nicht: Anspruch auf bestimmte Schutzmaßnahmen
  2. Anspruchsgrenzen:
    a) tatsächliche Grenzen
    b) rechtliche Grenzen
    c) (P) Unzumutbarkeit der Anspruchserfüllung: nur bei eklatantem Missverhältnis

---

461 Daher ist § 4 I 1 Nr. 3 GastG strenger als das BImSchG (»befürchten lassen«).
462 *Schmidt/Kahl* Umweltrecht § 3 Rn. 128.
463 *Schmidt/Kahl* Umweltrecht § 3 Rn. 129.
464 BVerwGE 55, 118 (122).
465 *Schmidt/Kahl* Umweltrecht § 119 ff.
466 *Schmidt/Kahl* Umweltrecht § 3 Rn. 120.

Auf der Ebene der **Begründetheit** sind die Voraussetzungen des Abwehr- und Unterlassungsanspruchs zu prüfen. § 22 I BImSchG ist nämlich keine geeignete Anspruchsgrundlage zugunsten der gestörten Person, da diese Norm als Ermächtigungsgrundlage allein ein behördliches Einschreiten ermöglicht. Anspruchsgrundlage ist damit der allgemeine und gewohnheitsrechtlich anerkannte Abwehr- und Unterlassungsanspruch.[467]

Schwerpunkt der Klausur ist i.d.R. die Frage, inwieweit eine schädliche Umwelteinwirkung i.S.d. § 3 I BImSchG ist. Dieses Problem sollten Sie an dem Merkmal der Rechtswidrigkeit des Eingriffs anknüpfen. Diese Ebene leiten Sie mit folgenden Hinweisen ein:

> Der Maßstab für die Beurteilung der Zumutbarkeit des Lärms ist zunächst § 22 I BImSchG. Danach sind schädliche Umwelteinwirkungen, die nach dem Stand der Technik vermeidbar sind, zu verhindern und soweit dies nicht der Fall ist, auf ein Mindestmaß zu beschränken. Schädliche Umwelteinwirkungen, vorliegend in Form von Geräuschen, sind nach der Begriffsbestimmung des § 3 I BImSchG solche, die nach Art, Ausmaß oder Dauer geeignet sind, Gefahren, erhebliche Nachteile oder erhebliche Belästigungen für die Allgemeinheit oder die Nachbarschaft herbeizuführen.[468] Allerdings ergibt sich hierbei kein einheitlicher und fester Maßstab für jede Art von Geräuschen. Vielmehr nimmt die Rspr. stets eine Einzelfallbeurteilung aus der Perspektive eines »normalen Durchschnittsmenschen« vor. Diese richtet sich insb. nach der Gebietsart, wobei auch tatsächliche Elemente wie Herkömmlichkeit, soziale Adäquanz und allgemeine Akzeptanz mitbestimmend sind. Unerheblich sind dabei Geräuschimmissionen, die billigerweise hinzunehmen sind. Dabei kommt es auf eine situationsbezogene Abwägung und auf einen Ausgleich widerstreitender Interessen an. (...).

Hieraus folgt folgender Prüfungsaufbau:

- Zunächst stellen Sie fest, inwieweit die Anlage nach der BauNVO im jeweiligen Gebiet genehmigungsfähig ist. Wenn sie nämlich baurechtlich genehmigungsfähig ist, ist dies ein wichtiges Indiz für eine fehlende Erheblichkeit.
- Anschließend prüfen Sie die Einhaltung von Immissionsrichtwerten, die u.U. im Aktenauszug abgedruckt sind. Bei deren Einhaltung greift der Anspruch auf Erlass geeigneter Lärmschutzmaßnahmen nicht durch. Nach h.M. können als normkonkretisierende Verwaltungsvorschriften und damit grds. bindende Regelungen auch TA (TA Luft/Lärm) herangezogen werden. Orientierungshilfen sind auch DIN-Vorschriften und VDI-Richtlinien.
- Liegt eine Überschreitung vor, führt dies nicht ohne weiteres zur Unzumutbarkeit im vg. Sinne. Dann sind die o.g. Faktoren in die Bewertung einzubeziehen. Dies führt i.d.R. dazu, dass die besondere soziale Bedeutung für den Kläger eine besondere Zumutbarkeitspflicht begründet. Hieran sollten Sie vor allem bei Musikschulen, liturgischem Glockengeläut oder öffentlich genutzten Freizeitanlagen (Bolz- und Spielplätze) denken.

B. Gebietsbezogener Immissionsschutz

198 Vielfach sind Emissionen nur in ihrer Summe problematisch (z.B. Feinstaub; Lärm). Um hier einen effektiven Schutz zu gewährleisten, hat der Gesetzgeber in §§ 44–47 BImSchG neben planungsrechtlichen Instrumenten einen gebietsbezogenen Immissionsschutz normiert. Aus diesem Rechtsgebiet können Klausuraufgaben gestaltet werden, in denen u.a. klassische Fragen des Verwaltungsrechts relevant werden, so dass Sie sich die nachfolgenden Grundsätze des auf Sicherstellung eines gebietsbezogenen Immissionsschutz gerichteten Rechtsschutzes merken sollen.

Die Ausgangslage der Klausur wird voraussichtlich folgende sein: Ein Mandant bzw. Kläger begehrt als Anwohner einer stark genutzten Straße – nach wiederholter Überschreitung der Grenzwerte gem. § 4 II der 22. BImSchV für Feinstaubpartikel – von der zuständigen Behörde den Erlass eines Luftreinhalteplans (§ 47 I BImSchG) bzw. eines Aktionsplans (§ 47 II BImSchG).[469]

---

467 Zu den Voraussetzungen s.o. Abschnitt 1, Kapitel Staatshaftungsrecht, Rn. 49.
468 BVerwG NJW 1988, 2396.
469 Im Einzelnen hierzu: *Schmidt/Kahl* Umweltrecht § 3 Rn. 130, 142 ff.

4. Kapitel. Umweltrecht

Übersicht: Rechtsschutz auf Erlass eines Aktionsplans (§ 47 II BImSchG):

A. Zulässigkeit
  I. (P) Statthafte Klageart: allgemeine Leistungsklage, da
     1. Plan keine Allgemeinverfügung (§ 35 S. 2 VwVfG), da keine Einzelfallregelung und keine Außenwirkung
     2. Plan keine Rechtsverordnung, da kennzeichnende Merkmale Bezeichnung, Ausfertigung und Verkündung fehlen
     3. Plan internes Handlungskonzept (ähnlich einer Verwaltungsvorschrift)
  II. Klagebefugnis (§ 42 VwGO analog): Aufstellung eines Plans (§ 47 II BImSchG) grds. nur objektive Pflicht; Drittschutz aber bei gemeinschaftsrechtskonformer Auslegung des § 47 II BImSchG i.V.m. 22. BImSchV (+), da gemeinschaftsrechtlich einklagbares Recht von Grenzwerten anerkannt, wenn diese der menschlichen Gesundheit dienen
B. Begründetheit
  I. Tatbestand:
     1. Überschreitung der Grenzwerte der 22. BImSchV
     2. Nichtvorliegen eines Aktionsplans
  II. Rechtsfolge
     1. Bei gemeinschaftsrechtskonformer Auslegung des § 47 II BImSchG folgt aus Art. 7 III der RiLi 96/62/EG Pflicht zur Aufstellung eines Aktionsplans, daher Entschließungsermessen (–)
     2. Inhaltliches Ausgestaltungsermessen

2. Abschnitt. Kreislaufwirtschafts- und Abfallrecht

Klausurhinweis: Falls Sie auf eine Klausur aus dem Abfallrecht stoßen, sind Ängste nicht begründet. Auch hier geht es in erster Linie darum, die zentralen Begriffe des KrW-/AbfG in einem konsequenten Prüfungsaufbau zu subsumieren. Weil die Prüfungsämter wissen, dass Sie in diesem Rechtsgebiet bislang kaum Kenntnisse sammeln konnten, werden die Aktenauszüge umfassende Sachverhaltsinformationen enthalten, die Sie nur auswerten müssen. Weil es sich beim Abfallrecht um besonderes Gefahrenabwehrrecht handelt, sollten Sie von dem klassischen Prüfungsaufbau einer polizeirechtlichen Verfügung ausgehen und diesen entsprechend modifiziert anwenden.

Nach der examensrelevantesten Ermächtigungsgrundlage des § 21 KrW-/AbfG kann die zuständige Behörde die erforderlichen Anordnungen zur Durchführung des KrW-/AbfG und der aufgrund dieses Gesetzes erlassenen Rechtsverordnungen treffen. 199

Übersicht: Behördliche Maßnahme nach der abfallrechtlichen Generalklausel

I. Ermächtigungsgrundlage: § 21 KrW-/AbfG, soweit keine spezielle Ermächtigung vorliegt
II. Formelle Rechtmäßigkeit (Zuständigkeit, Verfahren, Form)
III. Materielle Rechtmäßigkeit
  1. Tatbestand
     a) Verletzung einer abfallrechtlichen Pflicht
        – Verwertungspflicht (§ 5 II KrW-/AbfG)
        – Beseitigungspflicht (§ 11 II KrW-/AbfG)
        – Überlassungspflicht (§ 13 I KrW-/AbfG)
        – sonstige abfallrechtliche Pflichten
     b) Richtiger Adressat: Inanspruchnahme eines abfallrechtlich Verantwortlichen (je nach abfallrechtlicher Pflicht):
        – Abfallerzeuger (§ 3 V KrW-/AbfG)
        – Abfallbesitzer (§ 3 VI KrW-/AbfG); (P) zivilrechtlicher Besitzbegriff nicht übertragbar
  2. Rechtsfolge
     a) Entschließungsermessen
     b) Auswahlermessen

Die klausurrelevante **Ermächtigungsgrundlage** stellt § 21 KrW-/AbfG dar, die der Umsetzung abfallrechtlicher Pflichten dient. Strukturell ist die Norm ähnlich wie andere umweltrechtliche Ermächtigungen gestaltet (z.B. § 17 BImSchG, § 10 I 1 BBodSchG). Nur ausnahmsweise kommen speziellere Rechtsgrundlagen in Betracht (z.B. § 44 I KrW-/AbfG). Wichtig ist zudem § 9 KrW-/AbfG: Soweit sich aus dem BImSchG abfallrechtliche Pflichten ergeben, sind diese nach dem BImSchG durchzusetzen.[470] Dieses wird dann relevant, wenn Abfallentsorgungspflichten bei immissionsrechtlichen Anlagen (§ 5 I Nr. 3 BImSchG) durchgesetzt werden sollen.

In **formeller Hinsicht** sind keine Besonderheiten zu beachten. Die sich aus § 63 KrW-/AbfG i.V.m. LandesR ergebende Zuständigkeit ergibt sich oftmals aus dem Bearbeitervermerk.

Materiell setzt die Anordnung voraus, dass der Adressat (Abfallbesitzer und/oder Erzeuger) gegen eine abfallrechtliche Pflicht verstoßen hat.

Innerhalb der Vorschriften über die abfallrechtlichen Pflichten werden Sie inzident den in § 3 I KrW-/AbfG legal definierten **Abfallbegriff** prüfen müssen. Abfälle sind danach bewegliche Sachen, die unter die in Anhang I des KrW-/AbfG aufgeführten Abfallgruppen fallen und deren sich ihr Besitzer entledigt, entledigen will oder entledigen muss.

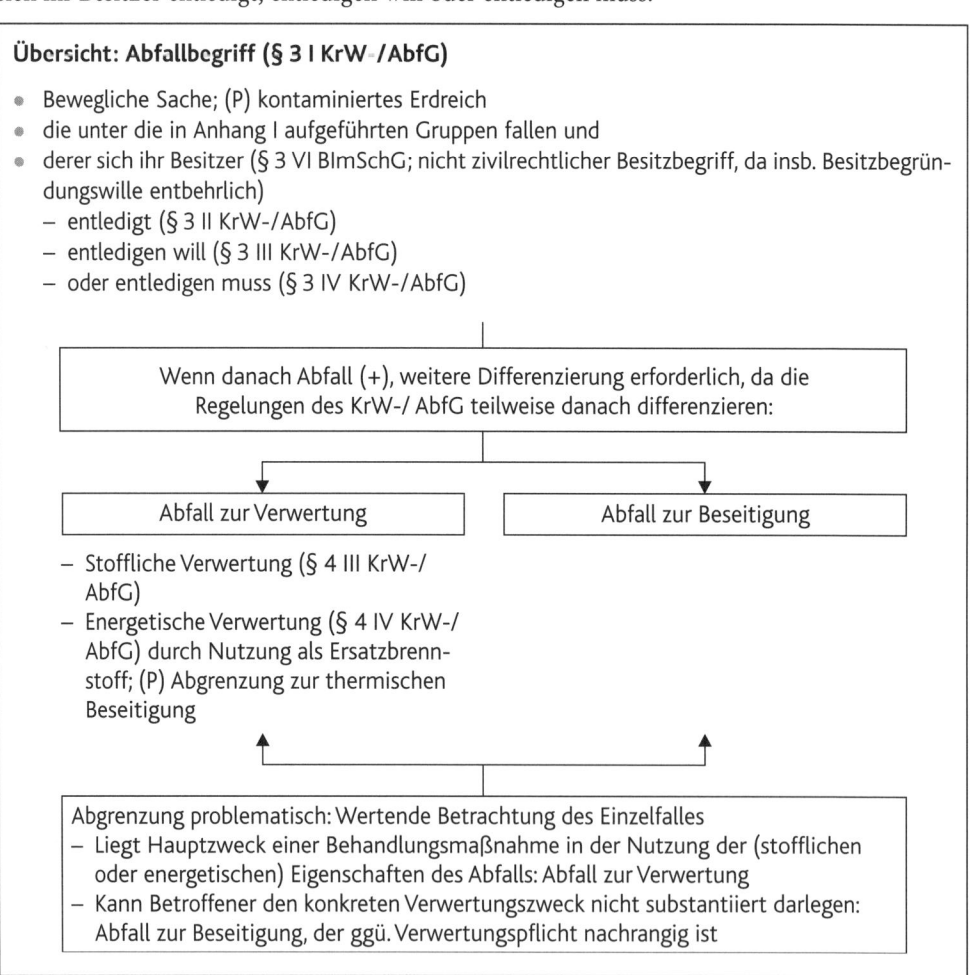

Übersicht: Abfallbegriff (§ 3 I KrW-/AbfG)

- Bewegliche Sache; (P) kontaminiertes Erdreich
- die unter die in Anhang I aufgeführten Gruppen fallen und
- derer sich ihr Besitzer (§ 3 VI BImSchG; nicht zivilrechtlicher Besitzbegriff, da insb. Besitzbegründungswille entbehrlich)
  - entledigt (§ 3 II KrW-/AbfG)
  - entledigen will (§ 3 III KrW-/AbfG)
  - oder entledigen muss (§ 3 IV KrW-/AbfG)

Wenn danach Abfall (+), weitere Differenzierung erforderlich, da die Regelungen des KrW-/AbfG teilweise danach differenzieren:

→ Abfall zur Verwertung | Abfall zur Beseitigung

- Stoffliche Verwertung (§ 4 III KrW-/AbfG)
- Energetische Verwertung (§ 4 IV KrW-/AbfG) durch Nutzung als Ersatzbrennstoff; (P) Abgrenzung zur thermischen Beseitigung

Abgrenzung problematisch: Wertende Betrachtung des Einzelfalles
- Liegt Hauptzweck einer Behandlungsmaßnahme in der Nutzung der (stofflichen oder energetischen) Eigenschaften des Abfalls: Abfall zur Verwertung
- Kann Betroffener den konkreten Verwertungszweck nicht substantiiert darlegen: Abfall zur Beseitigung, der ggü. Verwertungspflicht nachrangig ist

---

Das Merkmal der Beweglichkeit (§ 90 BGB) stellt selten ein Problem dar. Bedenken Sie aber, dass schadstoffkontaminiertes Erdreich grds. erst dann zum Abfall i.S.d. KrW-/AbfG werden, wenn es ausgebaggert wurde.[471] Dieses war einmal »das« Problem eines Aktenvortrags. In weitergehender Auslegung hat der EuGH[472] in bestimmten Konstellationen aber auch den verunreinigten

---

[470] *Leuze-Mohr/v. Komorowski* S. 358.
[471] OVG Lüneburg NVwZ 1990, 1001; hierzu auch Rn. 201.
[472] EuGH, Urt. v. 07.08.2004 – C-1/03 »Van de Walle« vom 07.09.2004.

Boden noch vor dem Ausbaggern als Abfall i.S.d. AbfRRL verstanden.[473] Beachten Sie aber, dass nach deutschem Recht für verunreinigte Böden weiterhin grds. das BBodSchG gilt.[474] Wegen des Schutzes über das BBodSchG ist damit auch keine gemeinschaftsrechtskonforme Auslegung des Abfallbegriffs nach § 3 I KrW-/AbfG erforderlich.[475]

Der Hinweis auf den Anhang I zum KrW-/AbfG ist für die Klausur nicht relevant, da er nur klarstellende Bedeutung hat.[476]

Wesentlich für die Annahme von Abfall ist das Vorliegen eines der sog. **Entledigungstatbestände**. § 3 II–IV KrW-/AbfG unterscheidet zwischen dem subjektiven Abfallbegriff, dem (verobjektivierten) subjektiven Abfallbegriff und dem objektiven Abfallbegriff.

- Für den **subjektiven Abfallbegriff** (§ 3 II KrW-/AbfG) ist kennzeichnend, dass der Besitzer sich dessen entledigt. Das ist (wohl auch in der Klausur) der Standardfall. Wichtig ist, dass es hierbei nicht final darauf ankommt, sich des Abfalls zu entledigen; es reicht aus, wenn der Abfall z.B. bei der Herstellung von Produkten anfällt (als erfolglosen Vortrag des Abfallbesitzers merken!).
- Bei dem **verobjektivierten subjektiven Begriff** (§ 3 III KrW-/AbfG) liegt Abfall vor, wenn sich der Besitzer der beweglichen Sache entledigen will. Dieser Begriff wird insofern verobjektiviert, als § 3 III 2 KrW-/AbfG nicht nur nach dem individuellen Willen des Besitzers fragt, sondern der Entledigungswille objektiv, also nach der Verkehrsanschauung zu beurteilen ist. Gerade diese Verobjektivierung kann in Klausuren relevant werden, wenn der Besitzer hinsichtlich seines Entledigungswillens Schutzbehauptungen aufstellt. Durch die Verobjektivierung wird die Beweislast dann zugunsten der Behörde und zu Lasten des Besitzers umgekehrt.[477]
  - Ein Wille zur Entledigung ist nach § 3 III 1 Nr. 1 KrW-/AbfG anzunehmen, wenn bei einem Produktionsprozess bewegliche Sachen anfallen, ohne dass der Zweck der jeweiligen Handlung hierauf gerichtet (z.B. abgehobelte Holzspäne als unbeabsichtigte oder unerwünschte Nebenfolge). Die Wendung »ohne dass die Handlung hierauf gerichtet ist«, kann Probleme aufwerfen: Abfall liegt nämlich nicht vor, wenn der Zweck eines Herstellungsvorgangs auch auf die Entstehung eines bestimmten Rohstoffs gerichtet ist, die Erzeugung von »Koppel-« oder »Nebenprodukten« also vom Produktionszweck erfasst ist. Dann liegt ein also ein nicht unter den Abfallbegriff fallendes Produkt vor. Indizien für die Annahme eines Produkts ist etwa die Erfüllung von Produktstandards oder das Vorhandensein eines Marktes.
  - Ein Wille zur Entledigung wird nach § 3 III 1 Nr. 2 KrW-/AbfG zudem vermutet, wenn die ursprüngliche Zweckbestimmung entfällt oder aufgegeben wird (die Sache wird für den Besitzer also zwecklos), ohne dass ein neuer Verwendungszweck unmittelbar an deren Stelle tritt (z.B. Landwirt nutzt vom Traktor abmontierte Reifen unmittelbar weiter, um sie zur Beschwerung von Plastikplanen auf Strohballen zu benutzen).
- Schließlich existiert als Auffangtatbestand der **objektive Abfallbegriff** (§ 3 IV KrW-/AbfG). Klausurrelevant ist vor allem der sog. Zwangsabfall, dessen Gefährdungspotential nur durch eine ordnungsgemäße und schadlose Verwertung oder gemeinwohlverträgliche Beseitigung ausgeschlossen werden kann.

Neben der Differenzierung der Entledigungstatbestände nimmt das KrW-/AbfG in § 3 I 2 KrW-/AbfG eine weitere Unterscheidung innerhalb des Abfallbegriffs vor. Innerhalb vieler abfallrechtlicher Pflichten müssen Sie zwischen Abfällen »**zur Verwertung**« und solchen »**zur Beseitigung**« unterscheiden. So knüpfen etwa die Vorschriften §§ 4-9 KrW-/AbfG an Abfälle »zur Verwertung« an, während z.B. §§ 10–12 KrW-/AbfG für Abfälle »zur Beseitigung« anwendbar sind. In der Klausur werden Sie auf die erforderliche Abgrenzung zwischen diesen Abfallkategorien wahrscheinlich wie folgt stoßen: Ein Adressat wendet sich gegen eine auf § 21 KrW-/AbfG gestützte Verfügung, mit der eine abfallrechtliche Pflicht umgesetzt werden soll. Die im

---

473 *Leuze-Mohr/Schillinger* S. 295 (Fn. 12).
474 *Schmidt/Kahl* Umweltrecht, § 5 Rn. 14.
475 *Schmidt/Kahl* Umweltrecht, § 5 Rn. 14 m.w.N.
476 Seibert DVBl. 1994, 229.
477 *Schmidt/Kahl* Umweltrecht, § 5 Rn. 21.

Aktenauszug problematisierte abfallrechtliche Pflicht erfordert allerdings – wie z.B. § 11 KrW-/AbfG – das Vorliegen von Abfall zur Beseitigung. Der Adressat der Verfügung trägt vor, der Abfall sei nicht zu beseitigen, er beabsichtige eine Verwertung.

Bei der Abgrenzung zwischen Verwertung und Beseitigung ist eine wertende Betrachtung des Einzelfalles erforderlich.[478] Will der Betroffene verhindern, dass der Abfall zu beseitigen ist, muss er konkret darlegen, dass der Hauptzweck der Nutzung in einem stofflichen oder energetischen Verwertungszweck liegt:

- Für den **stofflichen Verwertungszweck** (§ 4 III KrW-/AbfG) ist kennzeichnend, dass sekundäre Rohstoffe (z.B. Altglas aus Glas, Kupfer aus alten Elektrokabeln) gewonnen werden oder die stofflichen Eigenschaften für den ursprünglichen oder andere Zwecke verwertet werden.
- Der **energetische Verwertungszweck** zeichnet sich dadurch aus, dass der Abfall als Ersatzbrennstoff eingesetzt werden soll (§ 4 IV KrW-/AbfG).

Nachdem Sie diese Fragen beantwortet haben (oftmals stellen sie einen Schwerpunkt der Klausur dar, in welchem die Prüfungsämter schlicht eine sehr saubere Subsumtion erwarten), prüfen Sie die übrigen Voraussetzungen der jeweiligen abfallrechtlichen Pflicht. Neben der in § 5 II KrW-/AbfG normierten **Verwertungs- und der Beseitigungspflicht** nach § 11 II KrW-/AbfG spielt die **Überlassungspflicht** gem. § 13 I KrW-/AbfG in Aktenauszügen eine große Rolle.

Klausurhinweis: § 13 I 1 KrW-/AbfG ist gerade aufgrund aktueller Rechtsprechung examensrelevant. Die Vorschrift ordnet für Erzeuger und Besitzer von Abfällen aus privaten Haushalten eine Überlassungspflicht zugunsten öffentlich-rechtlicher Entsorgungsträger zur Verwertung an, soweit diese zur Verwertung nicht in der Lage sind oder eine Verwertung nicht beabsichtigt ist (also z.B. nicht für eigenkompostierbare Gartenabfälle). Die nähere Ausgestaltung (»Wie«) der Überlassungspflicht erfolgt nach den landesrechtlichen Abfallgesetzen und den danach erlassenen Entsorgungssatzungen.[479] Wichtig ist folgendes: Da § 13 I KrW-/AbfG das »ob« der Überlassung bundesrechtlich abschließend regelt, bleibt für landesrechtliche Anschluss- und Benutzungsvorschriften kein Raum.[480] Beachten Sie, dass § 13 I 1 KrW-/AbfG über den auf Abfallverwertung begrenzten Wortlaut hinaus auch eine Überlassungspflicht zur Abfallbeseitigung statuiert. Nach h.M. bezieht sich die Überlassungspflicht zudem auf Abfallgemische von Beseitigungs- und Verwertungsabfall. Für Abfälle anderer Herkunftsbereiche sieht § 13 I 2 KrW-/AbfG neben einer eigenen Beseitigungspflicht auch eine Pflicht zur Überlassung vor, wenn eine Beseitigung in einer eigenen Anlage ausscheidet und überwiegende öffentliche Interessen dieses erfordern. Im Übrigen sieht § 5 II-VI KrW-/AbfG eine generelle Verwertungspflicht vor, die nur für Abfälle aus privaten Haushalten durch § 13 I 1 KrW-/AbfG spezialgesetzlich verdrängt ist. Gegenstand aktueller Rspr. ist die Frage, ob bei Abfällen aus Privathaushalten private Verwertungsunternehmen tätig werden dürfen, obwohl bereits ein System der Altpapierentsorgung besteht. Bsp.: Ein gewerbliches Unternehmen beabsichtigt, Altpapier aus Privathaushalten mittels »blauer Tonnen«, zu sammeln und zu verwerten. Die zuständige Behörde untersagt die Tätigkeit aufgrund der §§ 21 i.V.m. § 13 I 1 KrW-/AbfG. Ob eine solche Verfügung ergehen kann, war länger umstritten. Nach OVG Hamburg,[481] dem sich zwischenzeitlich auch das BVerwG angeschlossen hat[482] ist die Verfügung (einschließlich Zwangsgeldandrohung) rechtmäßig. Die gewerbliche Sammlung verstoße gegen § 13 I 1 KrW-/AbfG. Das Unternehmen kann sich auch nicht auf § 16 I 1 KrW-/AbfG berufen. Zwar mag durch das Aufstellen der Tonnen und den anschl. Abtransport ein vertragliches Verhältnis zustande gekommen sein; dieses diene aber der rechtswidrigen Umgehung der zugunsten öffentlich-rechtlicher Entsorgungsträger geschaffenen Überlassungspflicht. Dem stehe nicht entgegen, dass das Unternehmen noch nicht Besitzer oder Erzeuger ist, da es durch die Werbung die Verletzung der Überlassungspflicht bezweckt und damit als Zweckveranlasser in Anspruch genommen werden kann. Auch auf § 13 III Nr. 3 KrW-/AbfG kann sich der Entsorger nicht berufen, da der Sammlung überwiegende öffentliche Interessen (Aufrechterhaltung eines bestehenden flächendeckenden Systems zur Abfallentsorgung) entgegenstehen. Teilweise wird allerdings entgegen der Auffassung des OVG

---

478 *Schmidt/Kahl* Umweltrecht, § 5 Rn. 45 m.w.N.
479 Z.B. § 9 I AbfG NRW, § 2 I AbfG Hessen; § 3 Nds. AbfG, § 5 I AbfG SH.
480 *Kotulla* Umweltrecht, S. 173.
481 OVG Hamburg NVwZ 2008, 1133.
482 BVerwG, Urt. v. 18.06.2009 – 7 C 16/08; Pressemitteilung 36/2009.

Hamburg aus § 13 I 1, 2. Hs. KrW-/AbfG eine Öffnung zugunsten privater Entsorger hergeleitet.[483] Dagegen spricht allerdings, dass mit »sie« wohl die Erzeuger bzw. Besitzer selbst, nicht aber gewerbliche Unternehmen gemeint sind.

Die Verfügung muss an einen **richtigen Adressaten** gerichtet werden. Das KrW-/AbfG unterscheidet als abfallrechtlich verantwortliche Personen:

- den Abfallerzeuger (§ 3 V KrW-/AbfG)
- und den Abfallbesitzer gem. § 3 VI KrW-/AbfG. Abfallbesitzer ist jede natürliche oder juristische Person mit tatsächlicher Sachherrschaft über den Abfall. Problematisch ist die (sprachliche) Nähe zum zivilrechtlichen Besitzbegriff. Nach h.M. kommt es allerdings grds. nicht auf den zivilrechtlichen Besitzwillen an (merken!). Dieses wird vielfach in Aktenauszügen problematisiert, in denen sich eine Person gegen eine Verfügung mit der Begründung zur Wehr setzt, sie habe mit dem Abfall nichts zu tun. Ist das Grundstück, auf dem der Abfall (von Dritten) abgeworfen worden ist, abgegrenzt, ist der Grundstückseigentümer auch Abfallbesitzer und damit geeigneter Adressat. Nur wenn es sich um eine frei zugängliche Fläche handelt, lässt sich die Besitzereigenschaft verneinen. Ebenfalls problematisch ist die Abfallbesitzereigenschaft, wenn der Adressat einer Verfügung nur Mitbesitzer des Abfalls ist. Hier ist die Rspr. uneinheitlich. Teilweise wird trotz der Trennung von zivilrechtlichem Besitz tendenziell eine Annäherung an diese Kategorien befürwortet. Hiervon ausgehend können Sie die Besitzereigenschaft vielfach auch bei Mietverhältnissen bejahen.

3. Abschnitt. Bodenschutzrecht

Klausurhinweis: In bodenschutzrechtlichen Klausuren erwarten die Prüfungsämter gleichfalls kein Spezialwissen. Auch hier kommt es darauf an, dass die Klausurlösung eine klare Struktur hat und der Sachverhalt überzeugend unter den (wenigen) examensrelevanten Ermächtigungsgrundlagen subsumiert wird. Die behördlichen Eingriffsbefugnisse lassen sich in der ersten Strukturierung in primärrechtliche Eingriffsbefugnisse und sekundärrechtliche Ansprüche (der Behörden auf Kostenersatz oder zwischen Dritten) unterscheiden.

Übersicht: primärrechtliche Ermächtigungen und sekundärrechtliche Ansprüche nach dem BBodSchG

Primärrechtliche Befugnisse der zuständigen Behörde (hierzu A.)

- Maßnahmen zur Sachverhaltsermittlung
  - Ermittlungen bei Vorliegen von Anhaltspunkten für schädliche Bodenveränderung (§ 9 I BBodSchG)
  - Untersuchungsanordnung bei hinreichendem Verdacht einer schädlichen Bodenveränderung/Altlast aufgrund konkreter Anhaltspunkte (§ 9 II BBodSchG)
- Bodenschutzrechtliche Generalklausel (§ 10 I 1 BBodSchG) zur Sicherstellung einer bodenschutzrechtlichen Pflicht
  - Allg. Vermeidungspflicht (§ 4 I BBodSchG)
  - Abwehrpflicht (§ 4 II BBodSchG)
  - Besonders klausurrelevant: Sanierungspflicht (§ 4 III BBodSchG)
  - Entsiegelungspflicht (§ 5 BBodSchG)
  - Pflichten bei Auf- u. Einbringen von Materialien (§ 6 BBodSchG)
  - Vorsorgepflicht (§ 7 BBodSchG)

---

483 OVG Schleswig NVwZ 2008, 922; i.E. so auch OVG Lüneburg, Beschl. v. 01.07.2008 – 7 ME 90/08.

2. Teil. Klausuren aus dem besonderen Verwaltungsrecht

> ggf. zusätzlich bei Altlasten (§ 2 V BBodSchG):
> – Sanierungsuntersuchung und Sanierungsplanung (§§ 13 f. BBodSchG)
> – Anordnung zur Durchführung von Eigenkontrollmaßnahmen (§ 15 II BBodSchG)
> – Ergänzende Anordnung zur Altlastsanierung (§ 16 BBodSchG)

> Sekundärrechtliche Ansprüche (hierzu B.)

- Kostenerstattungsanspruch im Verhältnis Behörde – Verpflichteter (§ 24 I BBodSchG)
  - Abschließende (str.) Kostentragungspflicht des Verpflichteten ggü. Behörde (§ 24 I 1 BBodSchG); (P) Begrenzung der Kostenpflicht in »Opferkonstellationen«
  - Öffentlich-rechtlicher Erstattungsanspruch des nach § 9 II BBodSchG zu Gefahrerforschungsmaßnahmen Herangezogenen ggü. öffentl. Hand (§ 24 I 2 BBodSchG)
  - Sonderregelung für Kostentragung bei behördlicher Sanierungsplanung (§ 24 I 3 BBodSchG)
- Innenausgleich zwischen mehreren Verpflichteten (§ 24 II BBodSchG): insb. für Anwaltsklausuren; weniger für gerichtliche Klausuren, da ordentlicher Rechtsweg (§ 24 II 6 BBodSchG); (P) »Heranziehung« bei eigeninitiativen Maßnahmen
- Wertausgleich gem. § 25 BBodSchG

A. Behördliche Ermächtigungsgrundlagen im BBodSchG

200 Neben den allgemeinen Gefahrerforschungsbefugnissen nach § 9 BBodSchG spielt im Examen insb. die bodenschutzrechtliche Generalklausel (§ 10 I 1 BBodSchG) eine herausragende Rolle. Daher wird diese zunächst erörtert.

I. Maßnahmen aufgrund der bodenschutzrechtlichen Generalklausel (§ 10 I 1 BBodSchG)

201 Nach § 10 I 1 BBodSchG (lesen!) kann die zuständige Behörde allgemein die notwendigen Maßnahmen treffen, die zur Erfüllung der Pflichten nach dem BBodSchG erforderlich sind.

> **Übersicht: Rechtmäßigkeit einer auf § 10 I 1 BBodSchG gestützten Verfügung**
>
> I. Ermächtigungsgrundlage: Bodenschutzrechtliche Generalklausel (§ 10 I 1 BBodSchG)
> II. Formelle Rechtmäßigkeit: Zuständigkeit (i.d.R. landesrechtlich zuständige untere Bodenschutzbehörde); Verfahren; Form
> III. Materielle Rechtmäßigkeit
>   1. Tatbestand
>   a) Anwendbarkeit des BBodSchG; (P) Abgrenzung zu anderen Regelungsmaterien des Umweltrechts (§ 3 I BBodSchG), insb.
>   – zum AbfallR (§ 3 I Nr. 1 u. 2 BBodSchG);
>   – zum ImmissionsschutzR (§ 3 I Nr. 11, III BBodSchG),
>   – zum BauR (§ 3 I Nr. 9 BBodSchG);
>   – zum WasserR (Anwendbarkeit wohl (+), da § 4 III 1 BBodSchG auch »Verunreinigung von Gewässer« erfasst).
>   b) Verletzung einer bodenschutzrechtlichen Pflicht, klausurrelevant insb. Sanierungspflicht (§ 4 III BBodSchG).
>   c) Bodenschutzrechtliche Verantwortlichkeit
>   2. Rechtsfolge: Ermessen
>   a) Entschließungsermessen
>   b) Auswahlermessen; insb. personelles Auswahlermessen: Inanspruchnahme des Verursachers der schädlichen Bodenveränderung (§ 10 I BBodSchG); (P) Einschränkung der Inanspruchnahme insb. bei Altlasten nach h. Rspr. wg. Effektivität der Gefahrenabwehr (–), auch keine Art. 20 III GG verletzende echte, sondern verhältnismäßige unechte Rückwir-

> kung bzw. althergebrachter Grundsatz des Polizeirechts; (P) § 4 III BBodSchG als Auswahlmaßstab (str.).
> c) Verhältnismäßigkeit: § 10 I 4 BBodSchG (einfachgesetzliche Betonung der Verhältnismäßigkeit).

Formell zuständig ist nach den jeweiligen landesrechtlichen Vorschriften i.d.R. die untere Bodenschutzbehörde. Wegen der z.T. komplizierten landesrechtlichen Regelungen wird i.d.R. im Bearbeitervermerk die Zuständigkeit der handelnden Behörde ausdrücklich vorgegeben. Im Übrigen gelten für die formelle Rechtmäßigkeit keine Besonderheiten.

Materiell muss die Verfügung dazu dienen, die bodenschutzrechtlichen Pflichten durch die nach dem BBodSchG verantwortlichen Personen sicherzustellen.

Sehr häufig ist in der Klausur vorab die **Anwendbarkeit** des BBodSchG zu prüfen. Hier ergeben sich insb. Konkurrenzprobleme zum Abfallrecht, zum Immissionsschutzrecht oder zum Wasserrecht. Hierzu enthält § 3 BBodSchG Abgrenzungsregelungen. Gegenüber den in § 3 I BBodSchG genannten Materien ist das BBodSchG nachrangig. Das BBodSchG kommt dort also nur zur Anwendung, soweit das andere Fachgesetz die Einwirkung auf den Boden nicht selbst regelt.

- Das **Verhältnis zum KrW-/AbfG** regelt § 3 I Nr. 1 BBodSchG. Das eigentlich klausurrelevante Abgrenzungsproblem regelt die Norm allerdings nicht: Den Anwendungsbereich des BBodSchG bei kontaminiertem Erdreich. Das KrW-/AbfG erfasst grds. nur bewegliche Stoffe (§ 3 I KrW-/AbfG), so dass kontaminiertes Erdreich grds. erst mit dem Ausbaggern zum Abfall wird.[484] Allerdings hat der EuGH zur Sicherstellung eines effektiven Umweltschutzes entschieden, dass der Boden nach Kontaminierung durch Kraftstoffe schon dann als Abfall i.S.d. Art. 1 Buchst. a AbfRRL anzusehen ist, bevor es zum Ausbaggern gekommen ist.[485] Folgt man dieser Rspr., sind Überschneidungen zum BBodSchG vorprogrammiert. Allerdings gilt nach deutschem Recht für verunreinigte Böden weiterhin das BBodSchG.[486] Sie sollten sich also das Problem merken, sich aber im Ergebnis für die Anwendbarkeit des BBodSchG entschließen.
- Das **Verhältnis zum BImSchG** wird durch § 3 I Nr. 11, III BBodSchG geregelt. Soweit das BImSchG über die Regelungen hinsichtlich der Einrichtung und des Betriebs von Anlagen (insb. §§ 5, 17, 22 BImSchG) Einwirkungen auf den Boden mitregelt, tritt das BBodSchG zurück.[487] Mit anderen Worten: Das BBodSchG ist nur anwendbar, soweit insb. die vorstehenden Ermächtigungsgrundlagen des BImSchG zum Schutz vor schädlichen Umwelteinwirkungen (§ 3 I BImSchG) die Einwirkung auf den Boden nicht regeln. Die Schnittstelle zum BImSchG wird zudem durch § 3 III 1 BBodSchG definiert: Immissionsbedingte schädliche Bodenveränderungen gelten danach als schädliche Umwelteinwirkungen i.S.d. BImSchG; nicht immissionsbedingte schädliche Bodenveränderungen gelten als Beeinträchtigung i.S.d. § 5 I BImSchG. Hieraus folgt: Das BBodSchG regelt materiell, inwieweit Bodenbelastungen Gefahren für den Boden begründen; das BImSchG bestimmt den Umfang der Anforderungen an die Anlagen bzgl. Abwehr von und Vorsorge vor schädlichen Umwelteinwirkungen.[488] Hieraus ergibt sich folgende Unterscheidung, die Sie sich unbedingt merken sollten:
  – Bei genehmigungsbedürftigen Anlagen i.S.d. BImSchG wird der Schutz vor schädlichen Bodenveränderungen durch Immissionen und die Abwehr von sonstigen Gefahren für den Boden durch §§ 5 I 1 Nr. 1 und 2 bzw. III Nr. 1 BImSchG i.V.m. § 3 III 1 BBodSchG erfasst. Abwehr und Vorsorge vor schädlichen Bodenveränderungen werden damit über §§ 6 I Nr. 1, 5 I BImSchG sowie über § 17 BImSchG umfassend geregelt; das BBodSchG ist insoweit nicht anwendbar. Nach Betriebseinstellung gilt wieder die Parallelität von BBodSchG und BImSchG (vgl. § 3 I Nr. 11 BImSchG »Errichtung und Betrieb«).

---

[484] S.o. Rn. 199.
[485] EuGH, Urt. v. 07.09.2004 – C-1/03 (»van de Walle«), s.o. Rn. 199.
[486] *Schmidt/Kahl* Umweltrecht, § 5 Rn. 14, so ausdrücklich auch die Art. 2 I Buchst. b und c der neu gefassten Abfallrahmenrichtlinie (2008/98/EG).
[487] *Schmidt/Kahl* Umweltrecht, § 7 Rn. 14.
[488] *Schmidt/Kahl* Umweltrecht, § 7 Rn. 14.

- Bei nicht genehmigungsbedürftigen Anlagen regelt § 22 BImSchG nur die Abwehr schädlicher Umwelteinwirkungen und damit nur immissionsbedingte schädliche Bodenveränderungen (§ 3 III 1 BBodSchG). Andere schädliche Bodenveränderungen unterfallen weiterhin dem BBodSchG.
- Problematisch ist in diesem Zusammenhang auch das nicht ausdrücklich in § 3 BBodSchG geregelte Verhältnis zum **Wasserrecht**. Allerdings erfasst das BBodSchG ausdrücklich auch die Verunreinigung von Gewässern, so dass zu einem Schutz vor solchen Gefahren auch das BBodSchG herangezogen werden kann, wenn die Gewässergefährdung durch schädliche Bodenveränderungen verursacht wird (vgl. §§ 1 S. 2, 4 III 1 BBodSchG). Dann kann eine Sanierungsverfügung auf das BBodSchG gestützt werden, das bzgl. des »Ob« der Gewässersanierung als lex specialis das Wasserrecht verdrängt. Die inhaltliche Ausgestaltung der Sanierung erfolgt demgegenüber nach dem Wasserrecht.[489] Wenn allerdings das Gewässer anders als durch Bodenkontaminationen gefährdet wird, bleibt das Wasserrecht anwendbar. In letzterem Fall greift die wasserrechtliche Generalklausel.[490]

Materiell setzt eine auf § 10 I 1 BBodSchG gestützte Anordnung die **Verletzung einer bodenschutzrechtlichen Pflicht** voraus. Diese sind in § 4 BBodSchG normiert. Besonders klausurrelevant ist hierbei die in § 4 III BBodSchG geregelte Sanierungspflicht.

Sämtliche Pflichten knüpfen an die in § 2 III BBodSchG legal definierte »**schädliche Bodenveränderung**« an. Diesen Leitbegriff müssen Sie in der Klausur in aller Regel vertieft erörtern. Schädliche Bodenveränderungen sind danach Beeinträchtigungen der Bodenfunktionen, die geeignet sind, Gefahren, erhebliche Nachteile oder erhebliche Belästigungen für den Einzelnen oder die Allgemeinheit herbeizuführen.

Merken Sie sich zusammenfassend folgende Prüfungsstruktur:

Übersicht: Schädliche Bodenveränderung (§ 2 III BBodSchG)	
Funktionsbeeinträchtigung des Bodens	**Herbeiführung erheblicher negativer Effekte**
Inwieweit werden Bodenfunktionen i.S.v. § 2 II BBodSchG (insb. natürliche Nutzungsfunktionen, etwa als Bestandteil des Naturhaushalts gem. § 2 II Nr. 1c BBodSchG) beeinträchtigt?	Inwieweit sind Beeinträchtigungen der Bodenfunktionen geeignet, Gefahren, erhebliche Nachteile oder Belästigungen für den Einzelnen oder die Allgemeinheit herbeizuführen (vgl. Immissionsschutzrecht). Bei Altlasten sind auch Gefahren zu beseitigen, die nicht auf der Schadstoffbelastung des Bodens beruhen (§ 2 V BBodSchG).

In der Klausur erörtern Sie damit zunächst, ob der Boden in seinen in § 2 II BBodSchG abschließend definierten Funktionen beeinträchtigt wird. Besonders relevant ist hierbei die natürliche Funktion des Bodens als Grundwasserspeicher (§ 2 II Nr. 1 Buchst. c BBodSchG). Anschließend stellt sich die Frage, ob diese Beeinträchtigung i.S. einer Kausalität geeignet ist, die in § 2 III BBodSchG benannten Negativeffekte herbeizuführen. Hierzu gehören Gefahren, erhebliche Nachteile oder Belästigungen für den einzelnen oder die Allgemeinheit. Diese Begriffe legen Sie wie bei § 3 I BImSchG aus. Ebenso sind wie im Immissionsschutzrecht Zumutbarkeitsgesichtspunkte zu beachten. Allerdings bietet das BBodSchG bei der Bewertung, ob eine »schädliche« Bodenveränderung vorliegt eine Konkretisierung: Bei Überschreitung sog. Prüfwerte (§ 8 I 2 Nr. 1 BBodSchG) ist die Erheblichkeitsschwelle überschritten. Falls Sie im Aktenauszug oder im Bearbeitervermerk Hinweise zu sog. »Maßnahmewerten« nach § 8 I 2 Nr. 2 BBodSchG i.V.m. Anhang 2 zur BBodSchV finden, merken Sie sich, dass diese Werte widerspiegeln, wann »in der Regel« von einer schädlichen Bodenveränderung auszugehen ist.

---

489 *Schmidt/Kahl* Umweltrecht, § 7 Rn. 15.
490 Z.B. §§ 116 ff. WasserG NRW.

Zum Begriff der »Altlast« siehe § 2 V BBodSchG.

§ 10 I 1 BBodSchG dient der Umsetzung der in der einleitenden Übersicht genannten bodenschutzrechtlicher Pflichten. An dieser Stelle soll nur die examensrelevanteste, nämlich die Sanierungspflicht gem. § 4 III BBodSchG erörtert werden. Diese ist für Prüfungsämter gerade deshalb so reizvoll, weil dort viele Klausurprobleme im Zusammenhang mit den möglichen Verantwortlichen eingebaut werden können. Die Sanierungspflicht (§ 4 III BBodSchG) wird relevant, wenn sich die Gefahr bereits realisiert hat, also eine schädliche Bodenveränderung gem. § 2 III BBodSchG oder Altlast gem. § 2 V BBodSchG vorliegt.

> **Übersicht: Rechtmäßigkeit einer bodenschutzrechtlichen Sanierungsanordnung**
>
> I. Ermächtigungsgrundlage: § 10 I 1 i.V.m. § 4 III BBodSchG; bei Altlasten ergänzend § 16 I BBodSchG
> II. Formelle Rechtmäßigkeit
> III. Materielle Rechtmäßigkeit
>   1. Tatbestand des § 10 I 1 BBodSchG: »Zur Erfüllung der sich aus § 4 III BBodSchG ergebenden Pflichten«:
>   a) Vorliegen einer schädlichen Bodenveränderung (§ 2 III BBodSchG) oder Altlast (§ 2 V BBodSchG); Prüfung wie vorstehend erörtert
>   b) Inanspruchnahme einer sanierungspflichtigen Person (§ 4 III; VI BBodSchG)
>   – Verursacher der schädlichen Bodenveränderung, also derjenige, der nach Theorie der unmittelbaren Verursachung letzte Kausalkette in Gang gesetzt hat
>   – Gesamtrechtsnachfolger des Verursachers; (P) Haftungsbeschränkung auf Wert des übergegangenen Vermögens; (P) zeitliche Haftungsbeschränkung; (P) Verstoß gegen Rückwirkungsverbot (–)
>   – Grundbuchmäßiger Grundstückseigentümer; (P) bei mehreren gesamtschuldnerische Haftung; (P) Haftungsbeschränkung auf Verkehrswert des sanierten Grundstücks
>   – Früherer Grundstückseigentümer nach Maßgabe des § 4 VI BBodSchG
>   – Inhaber der tatsächlichen Gewalt, etwa Mieter, Pächter, Insolvenzverwalter
>   – Aus handels- oder gesellschaftsrechtlichen Gründen einstandspflichtige Person
>   – Derelinquent, also wer Eigentum an belastetem Grundstück aufgibt
>   2. Rechtsfolge: Verpflichtung zur Durchführung von Sanierungsmaßnahmen i.R.d. § 2 VII BBodSchG
>   a) Entschließungsermessen; (P) Verwirkung aufgrund behördl. Duldung?; (P) Verjährung der Eingriffsbefugnis?
>   b) Auswahlermessen
>   – Inhaltliches Auswahlermessen
>   – Personelles Auswahlermessen;
>   – (P) Gibt Reihenfolge der Benennung in § 4 III BBodSchG zugleich Rangfolge wieder? Nach h.M. wohl (–), da kein Niederschlag im Wortlaut; maßgebend bleibt effektive Gefahrenabwehr;
>   – (P) Ausschluss der Sanierungsverantwortlichkeit wegen Legalisierungswirkung zuvor erteilter Genehmigungen

Der **Kreis der Sanierungspflichtigen** ist bundesgesetzlich abschließend in § 4 III und VI BBodSchG festgelegt. Nur die dort genannten Personen sind sanierungspflichtig. Sind die Voraussetzungen nicht gegeben, kann die Behörde damit nicht auf allgemeine gefahrenabwehrrechtliche Verantwortlichkeiten verweisen (z.B. polizeilicher Notstandspflichtiger). Als sanierungsverantwortliche Personen kommen in Betracht:

- Der **Verursacher der schädlichen Bodenveränderung**, also diejenige Person, die die letzte Handlung vor Eintritt der Gefahr (Eintritt der Sanierungspflicht) vollzogen hat. Die aus dem allgemeinen Gefahrenabwehrrecht bekannte Theorie der unmittelbaren Verursachung gilt auch hier. Anknüpfungspunkt ist – wie im allgemeinen Gefahrenabwehrrecht – entweder ein positives Tun oder (sehr häufig in Aktenauszügen) ein Unterlassen, etwa bei pflichtwidrigem Unterlassen von Wartungsmaßnahmen an Öltanks.[491] Bitte merken Sie sich in diesem Zusammenhang folgende Entscheidung: Ein Heizölanlieferer ist kein Verursacher einer schädlichen Bodenveränderung, wenn ein ordnungsgemäß betankter Öltank am Tag nach dem Befüllen umkippt und ausläuft. Dieses gilt jedenfalls dann, wenn in der Rechtsordnung (WHG) aufgestellte (und inzident zu prüfende) Handlungspflichten nicht überschritten werden und sich die Gefahr damit als Folge sozialädaquaten Verhaltens darstellt.[492] Sofern mehrere Personen die schädliche Bodenveränderung verursacht haben, kommt jeder Mitverursacher als Sanierungspflichtiger in Betracht; allerdings muss dann eine ermessensfehlerfreie personelle Auswahlentscheidung getroffen werden.

- Der **Gesamtrechtsnachfolger des Verursachers** (z.B. infolge gesellschaftsrechtlicher Fusion gem. § 20 I Nr. 1 UmwandlungsG oder Erbfolge; § 1922 BGB) ist ebenfalls sanierungspflichtig. Bitte beachten Sie, dass Sie in der Klausur neben dem Vorliegen der Gesamtrechtsnachfolge auch prüfen müssen, ob der Rechtsvorgänger seinerseits Handlungsstörer gewesen ist.
- Der **Grundstückseigentümer** ist sanierungspflichtig, wenn er im Grundbuch eingetragen ist.[493] Auf Rechtsfolgenebene stellt sich beim Grundstückseigentümer häufig die Frage, ob die Kostenhaftung der Höhe nach zu beschränken ist. Eine solche Kostenbeschränkung wird im Hinblick auf Art. 14 I GG auf den Verkehrswert des sanierten Grundstücks befürwortet.[494]
- Der **frühere Grundstückseigentümer** ist nach Maßgabe des § 4 VI BBodSchG sanierungspflichtig. Der frühere Eigentümer, der sein Eigentum nach dem 01.03.1999 (Inkrafttreten des BBodSchG) übertragen hat und dabei die Grundstücksbelastung kannte oder kennen musste, bleibt sanierungspflichtig, es sei denn, er vertraute bei Grundstückserwerb in schutzwürdiger Weise auf die Belastungsfreiheit des Grundstücks. Die von der Literatur[495] geäußerten verfassungsrechtlichen Bedenken gegen diese »Ewigkeitshaftung« hat die Rspr. bisher nicht aufgegriffen.
- Als **Inhaber der tatsächlichen Gewalt** über das Grundstück sind insb. der Mieter, Pächter, daneben wegen § 148 I InsO aber auch der Insolvenzverwalter sanierungspflichtig. Das BVerwG hatte kürzlich zu entscheiden, ob sich ein Insolvenzverwalter, für den die Sanierungspflicht gem. § 4 III 1 BBodSchG eine Masseverbindlichkeit (§ 55 I Nr. 1 InsO) darstellt, durch Freigabe des Grundstücks der Sanierungspflicht entziehen kann. Dieses hat das BVerwG bejaht.[496] Insb. liege in dieser Freigabe kein Verstoß gegen § 138 BGB. Im Fall einer solchen Freigabe kommt auch eine Inanspruchnahme analog § 4 III 4 BBodSchG nicht in Betracht.
- Weitere Sanierungspflichtige benennt § 4 III 4 BBodSchG. Hierzu gehören zunächst natürliche oder juristische **Personen, die aus handelsrechtlichem oder gesellschaftsrechtlichem Rechtsgrund für eine juristische Person einzustehen haben**, der ein belastetes Grundstück gehört. Diese Regelung hat der Gesetzgeber vor allem geschaffen, um zu vermeiden, dass durch eine Grundstücksübertragung auf eine unterkapitalisierte Kapitalgesellschaft eine Sanierung verhindert wird. Als handelsrechtlicher Rechtsgrund kommt vor allem die Firmenfortführung nach §§ 25, 28 HGB in Betracht.
- Nach § 4 III 4 2. Var. BBodSchG ist außerdem der **Derelinquent** sanierungspflichtig. Dieser kann sich also nicht durch Eigentumsaufgabe (§ 928 BGB) seiner Sanierungspflicht entziehen. Beachten Sie, dass dessen Inanspruchnahme aber davon abhängig ist, dass die Eigentumsaufgabe nach dem 01.03.1999, dem Inkrafttreten des BBodSchG erfolgt ist.

Klausurhinweis: In Aktenauszügen treten vielfach verschiedene Personen im Wege einer subjektiven Klagehäufung (§ 64 VwGO) auf. Die Verbindung dieser Klagen ist in aller Regel unproblematisch und nicht vertieft zu problematisieren.

---

491 Ein »pflichtwidriges« Unterlassen kann allerdings verneint werden, wenn ein vom Vormundschaftsgericht bestellter Betreuer, der für »Vermögensangelegenheiten« eingesetzt ist, eine Kontrolle von Öltanks unterlässt. So weit reicht die Vermögensbetreuungspflicht (§§ 1802 ff. BGB) wohl nicht.
492 OVG Koblenz, Urt. v. 26.11.2008, NVwZ-RR 2009, 280.
493 *Schmidt/Kahl* Umweltrecht, § 17 Rn. 21 m.w.N.
494 Im Einzelnen hierzu Rn. 202 a.E.
495 *Dombert* NJW 2001, 927 ff; *Müggenborg* NVwZ 2000, 50 ff.
496 BVerwGE 122, 75 ff.

Sind die tatbestandlichen Voraussetzungen des § 4 III BBodSchG erfüllt, sieht der Gesetzgeber auf **Rechtsfolgenebene** Ermessen (»kann«) vor. Hierbei darf die Behörde zunächst den Rahmen der Sanierungspflichten des § 2 VII BBodSchG nicht überschreiten. Diese erfasst

- Dekontaminierungsmaßnahmen zur Beseitigung und Verminderung der Schadstoffe (§ 2 VII Nr. 1 BBodSchG i.V.m. § 5 I, II BodSchV);
- Sicherungsmaßnahmen zur Verminderung oder Verhinderung der Schadstoffausbreitung (§ 2 VII Nr. 2 BBodSchG i.V.m. § 5 III, V BodSchV) und
- Maßnahmen zur Beseitigung und Verminderung schädlicher Veränderungen der Beschaffenheit des Bodens (§ 2 VII Nr. 3).

Im Rahmen des **Entschließungsermessens** können im Aktenauszug die bereits aus den bauordnungsrechtlichen Klausuren bekannten Probleme der **Verwirkung** der behördlichen Eingriffsbefugnisse eingebaut sein. Zwar ist auch im öffentlichen Recht das Rechtsinstitut der Verwirkung anerkannt, wenn seit der Möglichkeit der Geltendmachung ein längerer Zeitraum verstrichen ist und die spätere Geltendmachung eines Rechts aufgrund besonderer Umstände als Verstoß gegen Treu und Glauben (Rechtsgedanke des § 242 BGB) anzusehen ist. Aus dem öffentlichen Bau-(ordnungs-)recht wissen Sie, dass die Rspr. aufgrund der öffentlichen Gefahrenabwehrpflicht eine Verwirkung der Eingriffsbefugnisse in aller Regel verneint. Dieses im bei Anordnungen nach dem BBodSchG nicht anders.[497]

Zur Vermeidung einer »Ewigkeitshaftung« wird teilweise eine **Verjährung** des Gefahrenbeseitigungsanspruchs analog § 195 BGB a.F. erwogen.[498] Die Rspr. hat diesen Gedanken unter Hinweis auf das Fehlen einer planwidrigen Regelungslücke verneint: Dem Gesetzgeber ist das Problem der langfristigen Haftung bekannt; Regelungen zur Verjährung hat er aber nur bzgl. des störerinternen Ausgleichsanspruchs (§ 24 II 3–5 BBodSchG) getroffen. Im Übrigen wollte der Gesetzgeber eine Verjährung offenbar nicht regeln. Sprechen Sie dieses Problem nur an, wenn es im Aktenauszug aufgeworfen wird.

- § 4 III BBodSchG benennt eine Reihe von Verantwortlichen. Ob aus der Reihenfolge dieser Nennung zugleich auch eine Rangfolge der Verpflichtung (im Sinne eines personellen **Auswahlermessens**kriteriums) vorgegeben wird, ist umstritten. Die Gesetzesbegründung deutet dieses zwar an, einen Niederschlag hat dieser Ansatz im Wortlaut des § 4 III BBodSchG allerdings nicht gefunden, so dass Sie einen hierauf gestützten Fehlereinwand zurückweisen können. Es ist ohnehin überzeugender, die Auswahlentscheidung dem allgemein anerkannten Grundsatz der Effektivität der Gefahrenabwehr folgend danach auszurichten, wessen Inanspruchnahme die größtmögliche Effektivität gewährleistet. In dieser Zielsetzung ist es auch nicht ermessensfehlerhaft, die Auswahlentscheidung an der persönlichen und finanziellen Leistungsfähigkeit zu orientieren.[499] Auf Primärebene gilt damit die Gleichrangigkeit der Verantwortung; evtl. unbillige Lastenverteilungen können auf sekundärrechtlicher Ebene nach § 24 II BBodSchG ausgeglichen werden.
- Falls der Adressat einer Verfügung vorträgt, er verfüge über eine in der Vergangenheit erteilte Genehmigung (die ggf. auch im Aktenauszug abgedruckt ist), erwartet das Prüfungsamt voraussichtlich eine Auseinandersetzung mit der Frage, ob die Anordnung aufgrund einer evtl. **Legalisierungswirkung** der Genehmigung ermessensfehlerhaft ist. Grundsätzlich ist es so, dass eine behördliche Genehmigung im Rahmen des durchgeführten Prüfungsprogramms eine bestimmte Tätigkeit legalisiert. Ist allerdings eine bestimmte Frage von der Genehmigung nicht erfasst, kann der Verwaltungsakt auch keine Legalisierungswirkung entfalten. Hierauf steuern Klausurlösungen vielfach zu, so dass Sie in der Klausur die Reichweite der erteilten Genehmigung genau untersuchen sollten.
- Im Rahmen der personellen Auswahlentscheidung kann im Aktenauszug problematisiert werden, ob die Haftung des sanierungsverantwortlichen Gesamtrechtsnachfolgers gegen das verfassungsrechtliche **Rückwirkungsverbot** verstößt.

---

497 BVerwG NVwZ 2008, 684.
498 Z.B. *Ossenbühl* NVwZ 1995, 547 (549).
499 *Schmidt/Kahl* Umweltrecht, § 7 Rn. 25 m.w.N.

> **Beispiel:** Seit 1922 werden nicht verwertbare Kalisalze auf einer Halde gelagert. Seit 1960 ist der Salzeintrag in das Grundwasser bekannt. 1973 wurde der Betrieb eingestellt. Nach erstmaligen Erkenntnissen aus dem Jahr 1988 verpflichtet die zuständige Behörde 1999 die Aktiengesellschaft A zur Sanierung. Diese wendet sich gegen den Bescheid: 1970 sei das Unternehmen zunächst durch eine GmbH als Betreibergesellschaft geführt worden und erst 1972 nach einer weiteren gesellschaftsrechtlichen Veränderung mit einer weiteren AG verschmolzen worden, die 1994 in die jetzige AG A überging. Nach 1970 seien Salze nur noch in ganz unwesentlicher Menge (1–2 %) verfüllt worden.
>
> Die in der Klausur einleitend zu prüfende »Altlast« i.S.d. § 2 V Nr. 1 BBodSchG liegt vor. Problematisch ist die Verantwortlichkeit des Adressaten. Angesichts des nur noch unwesentlichen Verursachungsbeitrags von 1–2 % der eingeleiteten Gesamtmenge seit 1970 kommt eine Verantwortung als Mitverursacherin nicht in Betracht. Allerdings könnte der Adressat als Rechtsnachfolger in Anspruch genommen werden. Nach dem BVerwG ist dieses zulässig, auch wenn das BBodSchG erst mit Wirkung zum 01.03.1999 in Kraft getreten ist. Dies läuft nicht – wie in der Klausur ggf. vorgetragen werden wird – auf eine echte Rückwirkung (Rückbewirkung von Rechtsfolgen) hinaus. Es handele sich um eine unechte Rückwirkung (tatbestandliche Rückanknüpfung), die verfassungsrechtlich unbedenklich sei, da ein Vertrauen der Pflichtigen in den Fortbestand der geltenden früheren Rechtslage nicht geschützt sei.[500] Letztlich liege sogar eine Rückwirkung der Sanierungspflicht gar nicht vor, da der Verursacher schon bisher auf der Grundlage des LandesAbfG, des Wasserrechts oder des allgemeinen POR hätte in Anspruch genommen werden können. Insoweit habe § 4 III BBodSchG die ohnehin geltende Rechtslage nur fortgeschrieben.[501] Der Rechtsnachfolge steht auch der Grundsatz, wonach höchstpersönliche Rechte nicht übergangsfähig sind, nicht im Wege. Die Verpflichtung, Stoffe nur so lange zu lagern, dass eine schädliche Verunreinigung des Grundwassers nicht entstehen kann, ist nämlich durch den sachlichen Bezug der Pflicht zum Schutz des Grundwassers gekennzeichnet, so dass es an einer Höchstpersönlichkeit fehlt.[502]

- In der Verhältnismäßigkeitsprüfung (vgl. § 10 I 4 BBodSchG) kann sich die Frage stellen, ob die Belastung durch die Sanierungsanordnung den Rahmen der Angemessenheit überschreitet. Die Vorschriften über die Zustandsverantwortlichkeit stellen eine an Art. 14 I, II GG zu messende Inhalts- und Schrankenbestimmung (Art. 14 I 2 GG) dar. Die Zustandsverantwortung beruht auf der Überlegung, dass der Eigentümer als Kehrseite der privatnützigen Eigentumsvorteile auch die aus der Sache folgenden Lasten und Risiken zu tragen hat. Wegen der Sozialbindung des Eigentums ist die Zustandsverantwortung zwar grds. zulässig, sie kann aber zugleich den Rahmen der Sanierungspflicht begrenzen. Daher ist in der Verhältnismäßigkeitsprüfung die Belastung für den Eigentümer mit dem Gemeinwohlinteresse abzuwägen. Anhaltspunkt für die Grenze der zumutbaren Kostenbelastung ist der Verkehrswert des Grundstücks nach der Sanierung. Ausnahmsweise kann eine höhere Kostenbelastung zumutbar sein, wenn das Grundstück im Wissen um die Altlasten erworben oder eine risikoreiche Nutzung des Grundstücks zugelassen wurde. Zudem kann eine den Verkehrswert überschreitende Belastung verhältnismäßig sein, wenn der Betroffene vor den Risiken fahrlässig die Augen verschlossen hat oder der Betroffene Vorteile aus dem Risiko (z.B. niedriger Kaufpreis wegen Vorbelastung) erzielt hat.[503]

II. Sonstige Ermächtigungsgrundlagen im BBodSchG

202 Neben § 10 I 1 BBodSchG sind im BBodSchG Ermächtigungsgrundlagen zur Gefahrerforschung vorgesehen.

- Nach § 9 I 1 BBodSchG soll die Behörde zur Ermittlung des Sachverhalts geeignete Maßnahmen ergreifen, wenn Anhaltspunkte für eine schädliche Bodenveränderung oder eine Altlast vorliegen. Diese primär behördliche Amtsermittlungspflicht ist weniger examensrelevant.

---

500 BVerwG NVwZ 2006, 928 = DVBl. 2006, 1114.
501 *Durner* JA 2006, 910 (911).
502 BVerwG NVwZ 2006, 928.
503 *Schmidt/Kahl* Umweltrecht, § 7 Rn. 46.

- Klausurrelevanter ist hingegen § **9 II BBodSchG**, wonach die zuständige Behörde bei Vorliegen eines hinreichenden Verdachts einer schädlichen Bodenveränderung oder Altlast (also höhere Verdachtsstufe als bei § 9 I BBodSchG) einen Verantwortlichen (§ 4 III, V und VI BBodSchG) verpflichten kann, die notwendigen Maßnahmen zur Gefahrenabschätzung selbst vorzunehmen. Im Examen ist die Pflicht nach § 9 II BBodSchG i.d.R. inzident im Rahmen eines auf § 24 I BBodSchG gestützten Kostenbescheides zu prüfen. Innerhalb des § 9 II BBodSchG ist vor allem Folgendes zu bedenken: Zulässig sind Anordnungen, mit denen das Vorliegen und das Ausmaß der schädlichen Bodenveränderung ermittelt und damit die Sanierungspflicht als solche geprüft wird. Nicht erfasst sind hingegen Anordnungen, mit denen die Behörde feststellen lassen möchte, welche Maßnahmen zur Sanierung ergriffen werden sollen (das »Wie« der Sanierung).[504]

B. Sekundärrechtliche Ansprüche

Unter A. wurden primärrechtliche Verfügungen aus dem BBodSchG dargestellt. Vereinzelt werden auch Aktenauszüge herausgegeben, in denen die Rechtmäßigkeit einer bodenschutzrechtlichen Maßnahme inzident im Rahmen der Kostenheranziehung zu prüfen ist.

203

> **Übersicht: Sekundärrechtliche Ansprüche nach dem BBodSchG**
>
> - Kostenerstattungsanspruch im Verhältnis Behörde – Verpflichteter (§ 24 I BBodSchG)
>   - Abschließende (str.) Kostentragungspflicht des Verpflichteten ggü. Behörde (§ 24 I 1 BBodSchG)
>   - Öffentlich-rechtlicher Erstattungsanspruch des nach § 9 II BBodSchG zu Gefahrerforschungsmaßnahmen Herangezogenen ggü. öffentl. Hand (§ 24 I 2 BBodSchG)
>   - Sonderregelung für Kostentragung bei behördlicher Sanierungsplanung (§ 24 I 3 BBodSchG)
> - Innenausgleich zwischen mehreren Verpflichteten (§ 24 II BBodSchG): insb. für Anwaltsklausuren; weniger für gerichtliche Klausuren, da ordentlicher Rechtsweg (§ 24 II 6 BBodSchG)
> - Wertausgleich gem. § 25 BBodSchG

Für diese sekundärrechtliche Ebene sollten Sie sich vor allem die Kostenpflicht für Untersuchungs- und Sanierungsmaßnahmen merken. § **24 I BBodSchG** regelt als bundesgesetzlich abschließende Spezialregelung die Kostenpflicht für Maßnahmen nach den §§ 9 ff. BBodSchG und ermächtigt zugleich zur Kostenfestsetzung durch Verwaltungsakt (VA-Befugnis).

In **formeller** Hinsicht gelten keine Besonderheiten; auch hier wird die Zuständigkeit der handelnden Behörde oftmals im Bearbeitervermerk vorgegeben. Vor Erlass des Bescheides ist eine Anhörung gem. § 28 VwVfG erforderlich.

Materiell sind inzident die Voraussetzungen einer Maßnahme gem. §§ 9 ff. BBodSchG zu prüfen. Beachten Sie, dass unter »angeordnete Maßnahmen« auch die Durchführung einer Ersatzvornahme im Sofortvollzug (z.B. Aushub von Boden ohne vorausgehenden Verwaltungsakt) verstanden werden kann,[505] weil das Merkmal »angeordnete Maßnahmen« in erster Linie der Unterscheidung zu freiwilligen Maßnahmen dient, für die § 24 I 1 BBodSchG keine Entscheidung trifft.

Kostenpflichtig ist die Person, die die angeordnete Maßnahme durchzuführen hat. Eine Kostenpflicht tritt ausnahmsweise nur dann nicht ein, wenn sich der Verdacht nicht bestätigt und der Herangezogene die den Verdacht begründenden Umstände nicht zu vertreten hat (§ 24 I 2 BBodSchG).

---

504 OVG Berlin NVwZ 2001, 582 ff.
505 *Frenz* § 10 BBodSchG Rn. 12.

> **Klausurhinweis:** In anwaltlichen Beratungen kann der bodenschutzrechtliche Ausgleichsanspruch zwischen mehreren Verpflichteten gem. § 24 II BBodSchG eine Rolle spielen. Für diesen ist gem. § 24 II 6 BBodSchG der ordentliche Rechtsweg eröffnet. Bei diesem war bislang umstritten, ob derjenige, der freiwillig eine sachverständige Bodenuntersuchung veranlasst hat gem. § 24 II BBodSchG Ausgleich beanspruchen kann. Wenngleich die Norm von »Heranziehung« spricht, hat das BVerwG festgestellt, dass die Freiwilligkeit der Gutachtenbeschaffung dem Anspruch nicht entgegensteht.[506] Dieser Auffassung hat sich nunmehr auch der BGH angeschlossen.[507]

4. Abschnitt. Wasserrecht

> **Klausurhinweis:** Über vertiefte Kenntnisse aus dem Gebiet des Wasserrechts müssen in erster Linie Kandidaten aus dem süddeutschen Raum (insb. Bayern, wo wasserrechtliche Fragen typischerweise in Verbindung mit dem Baurecht im Rahmen einer Gestattung geprüft wird) verfügen. Aber auch Prüflinge außerhalb Süddeutschlands sollten – gerade wegen des Ringtausches der Prüfungsämter – die nachfolgend dargestellten Grundsätze beherrschen. Examensrelevanz haben in erster Linie die Vorschriften zum Recht der Wasserwirtschaft.

204 Im Wasserrecht müssen Sie folgende Regelungsmaterien unterscheiden.

- Das **Wasserwirtschaftsrecht** enthält Bestimmungen über die Inanspruchnahme des Wassers, also z.B. bzgl. der Gewässerbenutzung, des Baus von Stauanlagen, der Wasserreinhaltung und der Abwasserbeseitigung. Die Vorschriften hierzu finden sich in erster Linie im WHG und den Landeswassergesetzen.

  > **Klausurhinweis:** Infolge der Föderalismusreform verfügt der Bund nunmehr über eine konkurrierende Gesetzgebungskompetenz zur Regelung des Wasserhaushalts (Art. 74 I Nr. 32 GG). Der Bund hat mit dem Gesetz zur Neuregelung des Wasserrechts (WHG) vom 31.07.2009 (BGBl. I S. 2585) das frühere Wasserhaushaltsgesetz (für das der Bund nur eine Rahmengesetzgebungskompetenz hatte), überwiegend mit Wirkung zum 01.03.2010 abgelöst. Die nachfolgende Darstellung erfolgt unter Zugrundelegung der neuen Rechtslage.

  Klausurrelevant sind vor allem das Problem der Abgrenzung zwischen erlaubnis- bzw. bewilligungspflichtigem und erlaubnis- bzw. bewilligungsfreiem Gewässergebrauch sowie behördliche Maßnahmen zum Gewässerschutz.

- Das **Wasserwegerecht** ist in erster Linie im WasserstraßenG (Sartorius Nr. 971) geregelt, aber kaum examensrelevant, so dass auf eine detaillierte Darstellung verzichtet wird. Diese Regelungsmaterie befasst sich u.a. mit der Nutzung von Oberflächengewässern, soweit sie dem Schiffverkehr dienen.[508]

A. Rechtsschutz gegen die Versagung einer wasserrechtlichen Gestattung

205 In der Klausur kann der Anspruch auf Erteilung einer wasserrechtlichen Gestattung zu prüfen sein.

Statthafte Klageart gegen die Versagung einer wasserrechtlichen Gestattung ist die Verpflichtungsklage (§ 42 I 2. Var. VwGO). Wendet sich in der Klausur der Adressat einer Gestattung gegen eine der erteilten Erlaubnis oder Bewilligung beigefügte Nebenbestimmung (insb. Auflage), stellt sich das klassische Problem der Statthaftigkeit der Anfechtungsklage (§ 42 I 1. Var. VwGO) gegen Nebenbestimmungen. Im Ergebnis wird die isolierte Anfechtungsklage von der Rspr. für zulässig gehalten, soweit die Nebenbestimmung von der Hauptregelung prozessual teilbar ist. Diese prozessuale (logische) Teilbarkeit fehlt allerdings, wenn die Bestimmung lediglich die

---

506 BVerwGE 123, 7.
507 BGH, Urt. v. 01.10.2008 – XII ZR 52/07.
508 Leuze-Mohr/*v. Komorowski* S. 303.

Reichweite der Gestattung inhaltlich konkretisiert (sog. Inhaltsbestimmung; modifizierte Auflage). Beachten Sie, dass es sich bei Benutzungsbedingungen i.S.d. § 10 I WHG um solche nicht isoliert anfechtbaren Regelungen handelt.[509] Hier scheidet damit eine isolierte Anfechtungsklage aus. Wird hingegen die Gestattung wegen eines Verstoßes gegen diese Bewirtschaftungsbedingung von der Behörde aufgehoben, ist hiergegen ohne Weiteres die Anfechtungsklage statthaft.

Zu problematisieren ist oftmals die **Klagebefugnis** (§ 42 II VwGO). Diese kann gem. § 42 II VwGO (»soweit gesetzlich nichts anderes bestimmt ist«) auch zugunsten von anerkannten Naturschutzverbänden bestehen, soweit diese in ihren Beteiligungsrechten verletzt sind.[510] Im Übrigen vermittelt das nachfolgend dargestellte wasserrechtliche Rücksichtnahmegebot zumindest einen Anspruch auf eine ermessensfehlerfreie Entscheidung über die Erteilung einer wasserrechtlichen Erlaubnis.[511]

Typische Klausurschwerpunkte sind bei einer solchen Aufgabenstellung auf materieller Ebene die (inzident erforderliche) Abgrenzung zwischen gestattungsfreier und gestattungspflichtiger Gewässernutzung sowie die Formen wasserrechtlicher Gestattungen (Erlaubnis, Bewilligung, gehobene Bewilligung).

Übersicht: Prüfung des Anspruchs auf wasserrechtliche Gestattung

I.   Anspruchsgrundlage: § 12 WHG
II. Eröffnung des Anwendungsbereichs des WHG (§ 2 WHG)
III. Vorliegen eines gestattungspflichtigen Benutzungstatbestandes
   1. Benutzungstatbestand (§ 9 WHG)
      a) echte Benutzung (§ 9 I WHG)
      b) subsidiär: unechte Benutzung (§ 9 II WHG)
      c) kein Fall des § 9 III WHG
   2. Keine Ausnahme von der Gestattungspflicht, insb.
      a) Gemeingebrauch nach Maßgabe des Landeswasserrechts (§ 25 S. 1 WHG)
      b) Kein Anlieger- und Gemeingebrauch (§ 26 WHG)
IV. Voraussetzungen des § 12 WHG
   1. Gebundene Versagung (§ 12 I WHG), wenn
      a) schädliche Gewässerveränderungen (§ 3 Nr. 10 WHG) zu erwarten sind, die nicht durch Nebenbestimmungen vermeidbar oder ausgleichbar sind (§ 13 WHG)
      b) kein Verstoß gegen sonstiges öffentliches Recht
   2. Allgemeine Ermessensausübung (§ 12 II WHG) nach gemeinwohlbezogenem Bewirtschaftungsermessen

---

Gem. § 8 I WHG bedarf die Benutzung der Gewässer entweder einer Gestattung, soweit nicht durch das WHG selbst (z.B. nach § 8 II–III WHG) oder aufgrund einer nach dem WHG erlassenen Vorschrift etwas anderes bestimmt ist.

Zunächst ist in der Klausur anhand §§ 2 I, 3 WHG zu prüfen, ob der **Anwendungsbereich** des WHG eröffnet ist (liegt ein »Gewässer« i.S.d. WHG vor?). Klausurrelevanz haben insoweit insb. oberirdische Gewässer (§§ 2 I 1 Nr. 1, 3 Nr. 1 WHG) daneben aber auch das Grundwasser (§§ 2 I 1 Nr. 3, 3 Nr. 3 WHG).

Anschließend ist zu prüfen, ob die in Rede stehende Betätigung einen gestattungspflichtigen **Benutzungstatbestand** darstellt. Insoweit ist zwischen einer

- echten Benutzung (§ 9 I WHG) oder
- unechten (gegenüber § 9 I WHG subsidiäre) Benutzung (§ 9 II WHG) zu unterscheiden.

Für oberirdischer Gewässer (§§ 2 I 1 Nr. 1, 3 Nr. 1 WHG) sind in §§ 25 ff. WHG weitere Ausnahmeregelungen normiert, die eine Gestattungsfreiheit auslösen.

---

509 Leuze-Mohr/v. *Komorowski* S. 320.
510 *Finkelnburg/Dombert/Külpmann* Rn. 1326.
511 Leuze-Mohr/v. *Komorowski* S. 320.

- § 25 S. 1 WHG (lesen!) regelt etwa die gestattungsfreie Benutzung im Rahmen des landesrechtlich zulässigen **Gemeingebrauchs**, soweit Befugnisse oder der Eigentümer- oder Anliegergebrauch anderer nicht beeinträchtigt werden. Sie müssen dann inzident die Voraussetzungen des landesrechtlich geregelten Gemeingebrauchs erörtern. Zu diesem erlaubnisfreien Gemeingebrauch gehört je nach Landesrecht z.B. das Baden, Waschen und das Befahren mit kleinen Fahrzeugen ohne eigene Triebkraft.[512] Anschließend prüfen Sie die Beeinträchtigung der Befugnisse anderer oder eine Beeinträchtigung des Eigentümer- oder Anliegergebrauchs (§ 26 WHG).
- Die Gestattungsfreiheit für den **Eigentümer- und Anliegergebrauch** ergibt sich aus § 26 WHG. Wer Eigentümer des Gewässers (vgl. § 26 I 1 WHG) ist, ergibt sich – je nachdem, um welche Art eines oberirdischen Gewässers es sich handelt – aus § 4 WHG (ggf. in Verbindung mit dem Landesrecht; § 4 V WHG).

Im Fall einer gestattungspflichtigen Gewässerbenutzung nach § 9 I und II WHG wird auf Antrag des Benutzers entweder eine (widerrufliche) **Erlaubnis**, das Gewässer zu einem bestimmten Zweck zu nutzen (§ 10 I, 1. Var. WHG) oder eine grds. unwiderrufliche **Bewilligung** (§ 10 I, 2. Var. WHG) erteilt, die nur unter eingeschränkten Voraussetzungen widerrufen werden kann. Bei im öffentlichen Interesse liegenden Benutzungen kommt zudem eine sog. gehobene Erlaubnis (§ 15 WHG) in Betracht.

> **Klausurhinweis:** Diese unterschiedlichen Gestattungsarten entscheiden nicht nur darüber, welche Rechtsstellung dem Adressaten eingeräumt wird; gerade für den Nachbarschutz ist diese Unterscheidung wichtig, da (neben der gehobenen Erlaubnis, vgl. insoweit § 16 I WHG) grds. nur eine unanfechtbare Bewilligung zum Ausschluss privatrechtlicher Abwehransprüche führt (§ 16 II WHG).

Die Voraussetzungen für die Erteilung einer Gestattung sind in **§ 12 WHG** geregelt.

- § 12 I WHG enthält einen zwingenden Negativkatalog von Versagungsgründen, bei dessen Vorliegen die Gestattung zwingend abzulehnen ist. Der zentrale Begriff der schädlichen Gewässerveränderungen ist anhand § 3 Nr. 10 WHG auszulegen. Inwieweit Nebenbestimmungen in der Lage sind, diese Veränderungen zu vermeiden oder auszugleichen, ist nach § 13 WHG zu beurteilen.
- Liegt ein zwingender Versagungsgrund nach § 12 I WHG nicht vor, eröffnet § 12 II WHG den Weg in ein umfassendes Bewirtschaftungsermessen. Hieraus folgt, dass kein gebundener Anspruch auf die Gestattung besteht, sondern nur einen Anspruch auf fehlerfreie Ermessensausübung.[513] Zentrales Kriterium für die Ermessensausübung sind vor allem die wasserwirtschaftliche Vorsorge und Ressourcenpflege, so dass sich Einschränkungen z.B. aus einem Maßnahmeprogramm (§ 82 WHG) ergeben können, wenn dieses bestimmte Nutzungen verbietet.[514] Daneben ist die Gesamtsituation des Wasserhaushalts zu berücksichtigen (Gestattungserteilung schafft Präzedenzfall für wassergefährdende Nutzung). Auf der anderen Seite kann eine Ermessensreduzierung auf Null eintreten, etwa wenn eine Nichterteilung einen eingerichteten und ausgeübten Gewerbebetrieb gefährdet. Daneben kommt aus dem Grundsatz der Selbstbindung der Verwaltung i.V.m. Art. 3 I GG eine Ermessensreduzierung in Betracht, wenn die Behörde in gleichgelagerten Fällen und bei gleichgebliebener wasserwirtschaftlicher Situation die beantragte Gestattung erteilt.[515]

B. Rechtsschutz Dritter gegen die Erteilung wasserrechtlicher Gestattungen

206 Ebenso wie im Bau- oder Immissionsschutzrecht können im Aktenauszug Fragen des wasserrechtlichen Nachbarschutzes problematisiert werden (Beispiel: Nachbar wendet sich gegen die einem beigeladenen Dritten erteilte wasserrechtliche Gestattung, einem oberirdischen Gewässer Wasser, z.B. zum Betrieb eines Fischteichs zu entnehmen).

---

512 *Landmann/Rohmer* Umweltrecht, Band III, § 23 WHG Rn. 10.
513 *Schmidt/Kahl* Umweltrecht, § 4 Rn. 68.
514 *Schmidt/Kahl* Umweltrecht, § 4 Rn. 67.
515 *Schmidt/Kahl* Umweltrecht, § 4 Rn. 68.

Zulässigkeitsprobleme bei der statthaften Drittanfechtungsklage (§ 42 I VwGO) ergeben sich insb. bei der Klagebefugnis, die – insoweit gelten zunächst keine Besonderheiten – nur bei einer möglichen Verletzung einer drittschützenden Norm zu bejahen ist (§ 42 II VwGO). Unmittelbaren Drittschutz vermitteln zunächst § 14 III-IV WHG. Daneben hat das BVerwG unabhängig von der Art der Gestattung aus einer Gesamtschau der §§ 6 I, 13 I, 68 I, III WHG ein wasserrechtliches Gebot der Rücksichtnahme entwickelt.[516] Dieses stützt ähnlich wie im Baurecht die Klagebefugnis, wenn der Kläger in individualisierter und qualifizierter Weise betroffen ist.[517]

Ist die Gestattung in einem förmlichen Verwaltungsverfahren ergangen, bedarf es nach den LVwVfG i.d.R. keines Vorverfahrens.[518]

C. Rechtsschutz gegen gewässeraufsichtliche Verfügungen

Die nach Landesrecht zuständigen Gewässeraufsichtsbehörden überwachen im Rahmen der Landeswassergesetze (LWG) den Zustand und die Benutzung der Gewässer sowie der Anlagen und Betriebe.[519] Die zur Durchführung dieser Aufgabe notwendigen Ermächtigungsgrundlagen sind teilweise ausdrücklich in den Landeswassergesetzen enthalten[520]; teilweise ist ergänzend auf die gefahrenabwehrrechtlichen Generalklauseln zurückzugreifen.[521]

207

Insoweit ist durch das WHG 2010 eine wesentliche Änderung eingetreten. Nach § 101 I 2 WHG ist nunmehr auf bundesrechtlicher Ebene geregelt, dass die landesrechtlich zuständigen Behörden die im Einzelfall notwendigen Maßnahmen anordnen dürfen, um Beeinträchtigungen des Wasserhaushalts zu vermeiden oder zu beseitigen oder die Verpflichtungen nach § 101 I 1 WHG sicherzustellen. Wegen des Vorrangs des Bundesrechts sind die noch geltenden landesrechtlichen Ermächtigungsgrundlagen damit künftig (nur noch) dann heranzuziehen, soweit es sich um wasserrechtliche Verpflichtungen außerhalb des WHG handelt.

Materiell setzt eine Verfügung das Vorliegen einer gewässerschutzspezifschen Gefahr voraus. Beachten Sie, dass für eine Verfügung (z.B. Untersagungs-, Beseitigungs- oder Sanierungsverfügung) im Gegensatz zum Baurecht bereits die formelle Illegalität (es fehlt die erforderliche Gestattung) ausreicht, da eine formelle Illegalität im Wasserrecht stets auch materiell illegal ist.[522] Allerdings kann eine endgültige Maßnahme (Beseitigungsverfügung) unverhältnismäßig sein, wenn eine Legalisierung ohne Weiteres möglich ist.[523]

Schließlich prüfen Sie in der materiellen Rechtmäßigkeit die gefahrenabwehrrechtliche Verantwortlichkeit (Handlungsstörer bzw. Zustandsstörer) und anschließend die ordnungsgemäße Rechtsfolgensetzung.

5. Kapitel. Gewerberecht

In gewerberechtlichen Klausuren müssen Sie frühzeitig klären, ob es sich um ein erlaubnispflichtiges oder ein erlaubnisfreies Gewerbe handelt. Hiervon hängt das behördliche Handlungsinstrumentarium ab.

208

---

516 BVerwG NVwZ 2005 84 (85); *Schmidt/Kahl* Umweltrecht, § 4 Rn. 71.
517 VG Ansbach, Urt. v. 09.03.2006 – AN 9 K 05.01117 – juris.
518 Z.B. § 70 VwVfG NRW; § 137 LVwG SH.
519 Z.B. §§ 82 ff. WasserG BW; Art. 68 ff. BayWG; §§ 67 ff. BerlWG; §§ 62 ff. BremWG; §§ 64 ff. HambWG; §§ 116 ff. WasserG NRW; §§ 93 ff. WasserG RP.
520 *Schmidt/Kahl* Umweltrecht, § 4 Rn. 78 m.w.N.
521 Z.B. § 138 LWG NRW i.V.m. § 14 OBG NRW.
522 VGH München ZfW 2005, 113 (114); *Schmidt/Kahl* Umweltrecht, § 4 Rn. 79.
523 VGH München ZfW 2005, 113 (114).

Bei **genehmigungs- bzw. erlaubnispflichtigem Gewerbe** ist die Tätigkeit grds. illegal.	Bei **genehmigungs- oder erlaubnisfreiem Gewerbe** ist die Ausübung grds. legal (§ 1 I GewO).
Erst eine Erlaubnis führt zur materiellen Legalität (Legalisierungswirkung der Erlaubnis). Nach deren Aufhebung wird die Tätigkeit wieder illegal.	Wegen der grds. Legalität der Gewerbeausübung kommt die Aufhebung einer Erlaubnis nicht in Betracht. Die Ausübung des Gewerbes kann in diesen Fällen durch eine Untersagungsverfügung gem. § 35 GewO beendet werden.
Erst bei Vorliegen dieser Illegalität kann eine Schließungsverfügung gem. § 15 II 1 GewO ergehen. Über eine solche wird oft der Klausureinstieg gewählt; der Adressat trägt dann i.d.R. vor, es läge eine erlaubnisfreie Tätigkeit vor, so dass § 15 II 1 GewO nicht anwendbar sei. Dann sind tatbestandlich die Voraussetzungen eines im Aktenauszug i.d.R. angedeuteten Erlaubnistatbestandes zu prüfen. Auf Rechtsfolgenebene treten typische Fragen hinzu (s.u.).	

A. Klausuraufgaben aus der Gewerbeordnung

I. Klausuren aus dem stehenden Gewerbe

209 §§ 14–52 GewO enthalten Regelungen zur Überwachung des stehenden Gewerbes. Hierunter fällt jede Gewerbetätigkeit, die weder Reisegewerbe (insoweit gelten §§ 51–61a GewO) noch Marktgewerbe (insoweit gelten §§ 64–71a GewO) ist.[524]

Die Frage, ob eine Tätigkeit als Gewerbe anzusehen ist, spielt in Aktenauszügen aus dem Assessorexamen keine große Rolle, vielfach ist dieses unproblematisch. Bisweilen stellen sich allerdings Abgrenzungsprobleme zu anderen Rechtsgebieten, insb. wenn die Quelle der maßgeblichen Ermächtigungsgrundlage zu klären ist (Bsp.: Ist die Ermächtigung zur Untersagung einer »Sportwette« aus dem allgemeinen Gefahrenabwehrrecht, spezialgesetzlichen Ermächtigungen oder aus der GewO herzuleiten?).

Die Anwendbarkeit der GewO setzt das **Vorliegen eines Gewerbes** voraus. Hierunter ist jede erlaubte, auf Gewinnerzielung gerichtete, selbstständige Tätigkeit zu verstehen, die nicht nur vorübergehend ausgeübt wird.[525] Ausgenommen sind die Urproduktion (vgl. § 6 GewO), die Verwaltung eigenen Vermögens und die sog. freien Berufe.

Problem: »Erlaubte« Tätigkeit

Problematisch kann ggf. das Merkmal der »Erlaubtheit« der Tätigkeit sein. Vielfach wendet der Adressat einer auf das allgemeine Gefahrenabwehrrecht gestützten Verfügung ein, dass dieses aufgrund der spezialgesetzlichen Regelungen der GewO verdrängt worden ist. Die h.M. differenziert zwischen »generell verbotenen« Tätigkeiten, die nicht dem Gewerbebegriff unterfallen und solchen, bei denen lediglich eine bestimmte Ausführungsform (etwa Schwarzarbeit) gesetzeswidrig ist. Ist die Tätigkeit nach dem StGB generell verboten wie z.B. beim Betrieb unerlaubter Glücksspiele (§ 284 StGB), wird diese nicht vom Gewerbebegriff erfasst. In diesem Fall gelangt die Rspr. zur Anwendbarkeit des allgemeinen Gefahrenabwehrrechts.[526] Aktuell stellt sich diese Abgrenzungsfrage bei Ordnungsverfügungen gegen »**Sportwetten**«, die von der Rspr. als Glücksspiel angesehen werden.[527] Untersagungsverfügungen gegen diese ergehen daher nach all-

---

[524] *Kempen* NVwZ 2000, 1115 (1116).
[525] *Glaser/Klement* Öffentliches Wirtschaftsrecht, S. 33
[526] *Glaser/Klement* Öffentliches Wirtschaftsrecht, S. 34.
[527] OVG Münster, Beschl. v. 28.06.2006 – 4 B 961/06, BeckRS 2006 23985; VGH München, Urt. v. 18.12.2008 – 10 BV 07.774, BeckRS 2009 41760.

gemeinem Gefahrenabwehrrecht. Soweit vorhanden, gehen diesem jedoch spezielle glücksspielrechtliche Ermächtigungsgrundlagen vor. Diese sind i.d.R. in den Glücksspielstaatsverträgen der Länder bzw. ergänzend hierzu ergangenen Gesetzen enthalten und werden ggf. im Aktenauszug abgedruckt sein.

1. Klausuren aus dem Bereich des erlaubnispflichtigen Gewerbes

a) Rechtsschutz gegen die Versagung einer beantragten gewerberechtlichen Zulassung

Begehrt ein Gewerbetreibender eine gewerberechtliche Zulassung, sind insb. folgende prozessuale Aspekte zu beachten: 210

- Im **Hauptsacheverfahren** ist eine Verpflichtungsklage gem. § 42 I 2. Var. VwGO statthaft. Denkbar ist aber auch eine Verbindung einer hauptsächlich erhobenen Feststellungsklage (§ 43 I VwGO) in Verbindung mit einem Hilfsantrag: Falls der Gewerbetreibende die Auffassung vertritt, die Tätigkeit sei erlaubnisfrei, wird er ggf. in erster Linie die Feststellung der Erlaubnisfreiheit begehren und nur für den Fall einer tatsächlich bestehenden Erlaubnispflicht hilfsweise die Verpflichtung zur Erteilung der Erlaubnis beantragen.
- Im **vorläufigen Rechtsschutz** ist eine auf vorläufige Zulassung des Gewerbetreibenden gerichtete Regelungsanordnung gem. § 123 I 2 VwGO denkbar, wobei in einem solchen Fall neben der Eilbedürftigkeit (Anordnungsgrund) insb. das Problem der Vorwegnahme der Hauptsache relevant werden dürfte. Zwar ist eine Vorwegnahme i.d.R. unzulässig; drohen dem Antragsteller allerdings unzumutbare Nachteile (insb. Existenzgefährdung), kann ausnahmsweise zur Gewährung effektiven Rechtsschutzes (Art. 19 IV GG) eine vorläufige Regelung zulässig sein. Eine solche ausnahmsweise zulässige Vorwegnahme dürfte allerdings eher selten beim stehenden Gewerbe denkbar sein; denkbar ist eine Vorwegnahme der Hauptsache eher im Marktgewerbe (Zulassung bei einem zeitlich befristeten Markt gem. § 70 GewO).[528]

In der Sache prüfen Sie dann das Vorliegen einer gewerblichen Tätigkeit und anschließend die Voraussetzungen der Zulassungstatbestände der GewO. Diese sind in den Vorschriften der §§ 30–34c und § 36 GewO geregelt. Examensrelevant ist neben der Erlaubnis zur Zulassung zur Schaustellung von Personen (§ 33a GewO) insb. die Zulassung zur Aufstellung von Spielgeräten oder anderen Spielen mit Gewinnmöglichkeit (§§ 33c und d GewO). Examensrelevant war auch bereits die Abgrenzung zwischen Internet-Café und zulassungspflichtiger Spielhalle gem. § 33i GewO. Nach der Rspr. bedarf der Inhaber eines Internet-Cafés, bei dem die aufgestellten Computer zu Spielzwecken (ego-shooter) eingesetzt werden, einer Erlaubnis nach § 33i GewO.[529]

> **Klausurhinweis:** Die oben dargestellte Grundkonstellation einer Verpflichtungsklage auf Erteilung einer Erlaubnis ist prozessual unproblematisch. Anspruchsvoller ist hingegen der Rechtsschutz für Dritte, die sich gegen eine erteilte Erlaubnis wenden. Examensrelevant ist vor allem **Rechtsschutz von Konkurrenten und Nachbarn**, wo sich – wie stets in Drittanfechtungskonstellationen – insb. Probleme hinsichtlich der Klagebefugnis (§ 42 II VwGO) ergeben. Auch hier ist auf die Schutznormtheorie zurück zu greifen, die danach fragt, ob die maßgebende Vorschrift nicht allein die Interessen der Allgemeinheit schützen soll, sondern zumindest auch dazu bestimmt ist, den Individualinteressen des Klägers zu dienen. Hiervon ausgehend sind Anfechtungsrechtsbehelfe von **Konkurrenten** i.d.R. unzulässig, da in der freiheitlichen Marktordnung grds. kein Schutz vor Wettbewerb und Konkurrenz gewährt wird. Etwas anderes kann ausnahmsweise dann in Betracht kommen, wenn die Verwaltung gezielt oder faktisch die wirtschaftliche Betätigung des betroffenen Unternehmens im Verhältnis zu anderen Unternehmen empfindlich beeinträchtigt. Nur ein solcher Verdrängungswettbewerb führt zu einer möglichen Verletzung des Art. 12 GG oder Art. 2 I GG. Eine Verletzung des Art. 14 GG kommt nach der Rspr. gleichfalls nur bei einer durch einen Hoheitsträger verursachten Monopolstellung eines Konkurrenten in Betracht.[530] Im Übrigen vermittelt Art. 14 GG keinen Schutz vor Konkurrenz. Auch den Ausnahmebestimmungen der Ladenschlussgesetze wird von der Rspr. überwiegend ein Drittschutz nicht

---

528 BVerfG NJW 2002, 3691 (3692).
529 BVerwG NVwZ 2005, 961.
530 BVerwG DVBl. 1996, 152 (153).

entnommen. Für evtl. Anfechtungsrechtsbehelfe von **Nachbarn** gilt: Nachbarn sind nur klagebefugt, wenn diese sich auf eine Individualschutz vermittelnde Norm berufen können. Hierzu gehört § 4 I Nr. 3 GastG und die Sperrzeitenregelung des § 18 S. 2 GastG.[531]

b) Rechtsschutz gegen behördliche Verfügungen im Bereich des zulassungspflichtigen Gewerbes

211 Im erlaubnispflichtigen Gewerbe erzeugt die Erlaubnis eine Legalisierungswirkung. In der Klausur sind aus der Sicht des Gewerbetreibenden insb. folgende Rechtsschutzkonstellationen denkbar:

- Eine Behörde hebt (nur) die einem Gewerbetreibenden erteilte Erlaubnis auf. Der Gewerbetreibende wendet sich mit einer Anfechtungsklage (§ 42 I VwGO) gegen den **Aufhebungsbescheid**, um die Fortwirkung der legalisierenden Erlaubnis zu erreichen. Im vorläufigen Rechtsschutz ist in dieser Konstellation ein Antrag gem. § 80 V 1 2. Var. VwGO auf Wiederherstellung der aufschiebenden Wirkung des Anfechtungsrechtsbehelfs statthaft, sofern die Behörde gem. § 80 II 1 Nr. 4 VwGO die sofortige Vollziehung angeordnet hat.
Vor Heranziehung der §§ 48 f. VwVfG müssen Sie klären, ob spezialgesetzliche Ermächtigungsgrundlagen die Aufhebung einer erteilten Erlaubnis regeln. Klausurrelevante Spezialregelungen sind vor allem in § 15 GastG normiert: Neben dessen Absatz 1 bleibt § 48 VwVfG anwendbar; die Absätze 2 und 3 verdrängen als lex specialis § 49 VwVfG. Daneben sollten Sie an die Spezialvorschriften § 21 II 1 FahrlehrerG denken.

- Noch examensrelevanter ist der Fall, in dem eine Behörde nicht nur die Erlaubnis aufhebt, sondern darüber hinaus eine **Schließungsverfügung** nach § 15 II 1 GewO ausspricht. Diese kommt in Betracht, wenn eine zulassungspflichtiges Gewerbe ohne Erlaubnis betrieben wird. In einem solchen Fall kann die Illegalität deshalb bestehen, weil die Erlaubnis von vornherein fehlte; denkbar ist aber auch, dass die Illegalität aufgrund einer in demselben Bescheid erfolgten Aufhebung der Erlaubnis gewerberechtlich unzulässig wird. Dann müssen Sie inzident klären, ob die Aufhebung wirksam ist.

Übersicht: Rechtmäßigkeit einer Schließungsverfügung nach § 15 II 1 GewO

I. Ermächtigungsgrundlage für Schließungsverfügung: § 15 II 1 GewO (ggf. i.V.m. § 31 GastG, sofern erlaubnispflichtige Gaststätte geschlossen werden soll); (P) Untersagung wegen Verstoßes gegen die HandwO spezialgesetzlich gem. § 16 III 1 HandwO; i.Ü. bei Unzuverlässigkeit des Handwerkers § 35 GewO.

II. Formelle Rechtmäßigkeit
1. Zuständigkeit (§ 155 II GewO i.V.m. LandesR)
2. Verfahren
3. Form

III. Materielle Rechtmäßigkeit
1. Tatbestand
    a) Vorliegen eines Gewerbes
    b) Zulassungspflichtigkeit des Gewerbes
    c) Betrieb ohne Zulassung (formelle Illegalität) (+), wenn Erlaubnis fehlt, weil
    - nicht beantragt,
    - gem. § 44 VwVfG nichtig oder
    - wirksam aufgehoben
        - Aufhebung der Erlaubnis gem. §§ 48, 49 VwVfG
        - (P) Aufhebung der Erlaubnis im Gaststättenrecht:
            ○ Rücknahme nach § 15 I GastG i.V.m. § 4 I Nr. 1 GewO und/oder § 48 VwVfG

---

531 Beachten Sie, dass der Bund seit der Föderalismusreform nicht mehr über die Gesetzgebungskompetenz für das Gaststättenrecht verfügt (Art. 74 I Nr. 11 GG n.F.). Zwischenzeitlich sind das BbgGastG (in Kraft getreten am 07.10.2008) und das ThürGastG (in Kraft getreten am 01.12.2008) verabschiedet worden. Dort, wo landesrechtliche Regelungen noch nicht in Kraft getreten sind, gilt das GastG als Bundesrecht fort (Art. 125a I 1 GG).

> ○ Widerruf nur nach § 15 II und III GastG. § 49 VwVfG ist wegen der Spezialität des § 15 II und III GastG nicht anwendbar.
> - (P) Im Handwerksrecht tritt die Illegalität mit der Löschung aus der Rolle gem. § 13 HandwO ein
> 2. Ermessen; (P) Wegen § 1 GewO, Art. 12 I GG ist es i.d.R. unverhältnismäßig, eine Schließung anzuordnen, ohne zuvor den Adressaten aufzufordern, eine nach Lage der Akten mögliche Erlaubnis einzuholen; anders aber, wenn dieser sich nachhaltig weigert, eine solche zu beantragen oder diese ohnehin nicht erteilt werden kann; (P) Verfassungsmäßigkeit der Erlaubnispflicht an sich

Die **Ermächtigung** zur Schließung ergibt sich aus § 15 II 1 GewO. Da im GastG[532] keine speziellen Vorschriften zur Schließung einer erlaubnispflichtigen Gaststätte enthalten sind, gelangt § 15 II 1 GewO wegen § 31 GastG auch zur Schließung von Gaststätten zur Anwendung. Demgegenüber ermächtigt § 16 III 1 HandwO zur Untersagung einer Betriebsfortsetzung, wenn der Betrieb entgegen der Vorschriften der HandwO ausgeübt wird. Allerdings regelt diese Norm nur die Untersagung wegen eines Verstoßes gegen die HandwO (z.B. Untersagungsverfügung wegen Ausübung eines eintragungspflichtigen Handwerks ohne Eintragung in die Handwerksrolle); sofern die Gewerbeausübung wegen Unzuverlässigkeit des Handwerkers untersagt werden soll, gilt auch im Handwerk § 35 GewO. § 16 III 1 HandwO ist nämlich nach h.M. keine besondere Untersagungsvorschrift i.S.d. § 35 VIII 1 GewO, die § 35 GewO unanwendbar machen würde.[533]

Formell ergeben sich wenig Besonderheiten. Die Zuständigkeit richtet sich gem. § 155 II GewO nach Landesrecht.

Materiell prüfen Sie im Tatbestand des § 15 II 1 GewO das Vorliegen eines Gewerbes und anschließend dessen Zulassungspflichtigkeit. Diese Frage wird der Schwerpunkt der Klausur sein. Der Gewerbetreibende wird voraussichtlich der Ansicht sein, seine Tätigkeit sei erlaubnisfrei und unterfalle dem Grundsatz der Gewerbefreiheit (§ 1 I GewO). Demgegenüber wird die zuständige Behörde den Sachverhalt einem Erlaubnistatbestand der §§ 30 ff. GewO unterwerfen. Ihre Aufgabe besteht im Examen darin, den Sachverhalt genau unter die Voraussetzungen des Erlaubnistatbestandes zu subsumieren. Die Prüfungsämter werden Sie voraussichtlich mit einer gewerblichen Betätigung konfrontieren, mit deren Zulassungspflicht Sie sich noch nicht befasst haben werden. Die Prüfungsämter wissen dieses und verlangen in aller Regel (nur) eine genaue Subsumtion der jeweiligen Norm. Sie sollten daher im Examen die Vorschriften der §§ 30–34e GewO einmal durchblättern, anschließend die einschlägige Norm genau sezieren und schließlich eine genaue Subsumtion anhand aller Anhaltspunkte im Sachverhalt vornehmen.

Die für die Schließung erforderliche formelle **Illegalität** ist gegeben, wenn eine erforderliche Erlaubnis nicht vorliegt. Dieses ist im Examen häufig deshalb der Fall, weil der Adressat der Verfügung beharrlich die Auffassung vertritt, bei seiner Tätigkeit handele es sich um eine erlaubnisfreie Betätigung. Neben dieser Konstellation kommt der Fall in Betracht, in der eine Erlaubnis entweder gem. § 48 VwVfG zurückgenommen oder nach § 49 VwVfG widerrufen wird. Mit der Aufhebung tritt die Illegalität wieder ein.[534]

Auf Rechtsfolgenebene ist der Behörde **Ermessen** eröffnet.

Die Rspr. geht allerdings überwiegend davon aus, dass es sich bei der Entscheidung über die Schließung um einen Fall des »intendierten Ermessens« handelt, so dass jedenfalls im Fall des Widerrufs der Erlaubnis die Anordnung der Betriebseinstellung i.d.R. sachlich gerechtfertigt ist. Im Regelfall bedarf es also einer umfassenden Ermessensprüfung nicht, so dass zur Begründung auch grds. die Benennung der einschlägigen Rechtsgrundlagen ausreicht.[535] Mit der Annahme eines Ermessensfehlers sollten Sie daher zurückhaltend sein. Bestimmte Gesichtspunkte müssen allerdings vor einer Betriebseinstellung berücksichtigt werden. Bitte merken Sie sich daher nachfolgende Probleme:

---
532 Hierzu im Einzelnen Rn. 217 ff.
533 *Glaser/Klement* Öffentliches Wirtschaftsrecht, S. 75 m.w.N.
534 Zu den Konkurrenzproblemen zwischen §§ 48 ff. VwVfG und GastG s.u. Rn. 221.
535 *Kuhla/Hüttenbrink* K 204 m.w.N.

Problem: Ermessensüberschreitung bei möglicher Erlaubniserteilung

Beachten Sie das folgende, häufig auftretende Klausurproblem: Grds. ist die Schließung wegen Ermessensüberschreitung (unverhältnismäßiger Eingriff in Art. 12 I GG) fehlerhaft, wenn eine Schließung angeordnet wird, ohne dem Adressaten zuvor die Möglichkeit zu geben, eine mögliche Erlaubnis einzuholen. Allerdings sind die Aktenauszüge i.d.R. so gestaltet, dass der Adressat sich wiederholten Aufforderungen der Behörde, die Erlaubnis zu beantragen, beharrlich widersetzt. Dann ist die Schließungsverfügung nicht unverhältnismäßig. Unabhängig davon ist die Verfügung auch dann nicht unverhältnismäßig, wenn eine Erlaubnis ohnehin nicht erteilt werden könnte, weil die Erlaubnistatbestände nicht erfüllt sind und die materielle Illegalität unüberwindbar ist. In beiden Fällen wäre die Aufforderung zur Einholung einer Erlaubnis bloße Förmelei.

Problem: Berufsfreiheit und gewerbliche Zulassungspflicht

Adressaten einer gewerberechtlichen Verfügung machen häufig geltend, die gesetzlich angeordnete Zulassungspflicht verletze sie in ihrer Berufsfreiheit. Tatsächlich betrifft die Zulassungspflicht den Schutzbereich des Art. 12 GG. Allerdings enthält Art. 12 I 2 GG einen Einschränkungsvorbehalt, der die Berufsfreiheit insgesamt regelt. Hierbei müssen Sie vor allem auf die Drei-Stufen-Theorie des BVerfG eingehen, die i.E. eine streng systematisierte Verhältnismäßigkeitsprüfung darstellt. Diese unterscheidet zwischen Berufsausübungsregelungen (»wie« der Berufsausübung) und Zulassungsregelungen (»ob« der Ausübung), während letztere in Gestalt von subjektiven Zulassungsvoraussetzungen und objektiven Zulassungsvoraussetzungen auftreten können. Die Personalkonzessionen der Gewerbeordnung beinhalten eine subjektive Zulassungsregelung, da sie an Umstände anknüpfen, die in der Person liegen. Solche Regelungen sind nach der Rspr. zum Schutz eines wichtigen Gemeinschaftsgutes zulässig.

> **Zusammenfassung:** Der Prüfungsaufbau in Klausuren, in denen die Rechtmäßigkeit behördlicher Maßnahmen bei erlaubnispflichtigem Gewerbe zu untersuchen ist, ist häufig ähnlich gestaltet. Sie werden auf eine Ordnungsverfügung stoßen, die zunächst eine Schließungsverfügung nach § 15 II 1 GewO enthält. In der materiellen Rechtmäßigkeitsprüfung prüfen Sie im Anschluss an die kurze (vielfach wegen Evidenz sogar entbehrliche) Prüfung des Vorliegens eines Gewerbes die Zulassungspflichtigkeit des Gewerbes. Dieser Teil ist häufig der Schwerpunkt der Klausur. Auf dieser Ebene wird der Gewerbetreibende häufig vortragen, die Gewerbeausübung sei nicht erlaubnispflichtig, so dass § 15 II 1 GewO schon gar nicht eingreife. Die für die Schließungsverfügung erforderliche Illegalität liegt schließlich vor, wenn eine Zulassung nicht erteilt oder aufgehoben worden ist. Diesbezüglich trägt der Kläger häufig vor, er habe das Gewerbe angezeigt. Diese Anzeige reicht jedoch gerade nicht aus, um die formelle Illegalität auszuschließen. Schließlich erfolgt die übliche Ermessensprüfung, wobei insoweit häufig auch Art. 12 I GG eine Rolle spielt. An dieser Stelle merken Sie sich bitte den wesentlichen Inhalt der Drei-Stufen-Theorie.
>
> Die Ordnungsverfügung enthält zudem vielfach eine Zwangsgeldandrohung, deren Rechtmäßigkeit Sie nach dem **Vollstreckungsrecht** beurteilen.
>
> Sehr häufig laufen diese Klausuren eingekleidet in ein **vorläufiges Rechtsschutzverfahren**. Beachten Sie, dass die Antragsgegner i.d.R. zum Ausschluss der grds. nach § 80 I VwGO bestehenden aufschiebenden Wirkung die sofortige Vollziehung anordnen (§ 80 II 1 Nr. 4 VwGO). Insoweit ist ein Antrag auf Wiederherstellung der aufschiebenden Wirkung nach § 80 V 1 2. Var. VwGO statthaft. Demgegenüber ist hinsichtlich der häufig zugleich verfügten Maßnahmen der Verwaltungsvollstreckung i.d.R. ein Antrag auf Anordnung der aufschiebenden Wirkung gem. § 80 V 1 1. Var. VwGO statthaft, wenn insoweit die aufschiebende Wirkung nach § 80 II 1 Nr. 3 VwGO i.V.m. AGVwGO kraft Gesetzes entfällt. Dieser Unterschied ist bei der Tenorierung wichtig.

2. Klausuren aus dem Bereich des erlaubnisfreien Gewerbes

212 § 15 GewO ist wegen seiner systematischen Stellung in der erlaubnisfreien Gewerbeausübung nicht anwendbar. Behördliche Eingriffsmaßnahmen folgen hier vielmehr in erster Linie aus § 35 GewO. Der Standardfall im Examen ist der Rechtsschutz gegen eine auf diese Norm gestützte Untersagungsverfügung. Beachten Sie, dass es im Bereich des erlaubnisfreien Gewerbes nach Erlass einer Untersagungsverfügung keiner besonderen Schließungsverfügung (wie etwa

beim erlaubnispflichtigen Gewerbe nach § 15 II GewO) bedarf. Die Untersagungsverfügung nach § 35 GewO ist nämlich als solche vollstreckungsfähig, da sie ein konkludentes Schließungsgebot enthält.

> **Übersicht: Untersagungsverfügung gem. § 35 I GewO**
> I. Ermächtigungsgrundlage für Untersagungsverfügung: § 35 I GewO
> II. Formelle Rechtmäßigkeit
>   1. Zuständigkeit:
>   - sachlich: § 155 II GewO i.V.m. LandesR
>   - örtlich: § 35 VII GewO
>   2. Verfahren: insb. Anhörung gem. § 28 VwVfG und Beteiligung der Fachkammern (§ 35 IV 1 und 2 GewO) beachten
>   3. Form
> III. Materielle Rechtmäßigkeit
>   1. Tatbestand
>   a) (P) Tatsachen begründen »Unzuverlässigkeit« des Gewerbetreibenden in Bezug auf bestimmtes Gewerbe; (P) Maßgebender Zeitpunkt: Zeitpunkt der letzten behördlichen Entscheidung, so dass anschließende Änderungen irrelevant sein können.
>   b) Untersagung zum Schutz der Allgemeinheit erforderlich
>   c) Richtiger Adressat
>   2. Rechtsfolge:
>   a) Grds. gebundene Entscheidung (§ 35 I 1 GewO)
>   b) Ermessen nur bei erweiterter Gewerbeuntersagung (§ 35 I 2 GewO)

Die typische Klausurkonstellation ist die Anfechtung einer Untersagungsverfügung. Die hiergegen im Hauptsacheverfahren statthafte Anfechtungsklage (§ 42 I VwGO) ist begründet, soweit die angefochtene Untersagungsverfügung rechtswidrig ist und den Kläger in seinen Rechten verletzt (§ 113 I 1 VwGO). **Ermächtigungsgrundlage** für die Untersagungsverfügung ist § 35 I 1 GewO. Im vorläufigen Rechtsschutz ist – bei AOsofVz – ein Antrag auf Wiederherstellung der aufschiebenden Wirkung gem. § 80 V 1 2. Var. VwGO statthaft.

In **formeller Hinsicht** ergeben sich wenige Besonderheiten. Die sachliche Zuständigkeit folgt aus § 155 II GewO i.V.m. ergänzenden landesrechtlichen Zuständigkeitsvorschriften; die örtliche Zuständigkeit folgt aus § 35 VII GewO. Häufig wird in die Aktenauszüge das Problem eingebaut, dass angesichts des gefahrenabwehrrechtlichen Handlungsbedarfs eine **Anhörung** aus zeitlichen Gründen nicht mehr möglich gewesen sein soll. Vielfach liegt aber Gefahr im Verzug nicht vor, so dass die Anhörung nicht gem. § 28 II Nr. 1 VwVfG entbehrlich ist. Allerdings wird dieser formelle Anhörungsmangel i.d.R. durch eine ordnungsgemäße Durchführung des Widerspruchsverfahrens geheilt. Zudem sind gem. **§ 35 IV GewO** sonstige Stellen, insb. die IHK oder die Handwerkskammer zu beteiligen. Ggf. wird deren Stellungnahme im Aktenauszug enthalten sein. Finden Sie im Bearbeitervermerk die Feststellung, dass »gegebenenfalls erforderliche Anhörungen« erfolgt sind, sollten Sie diesen Hinweis im Rahmen des § 35 IV GewO verwerten.

Materieller Klausurschwerpunkt ist die Frage, ob Tatsachen vorliegen, die die Annahme einer gewerberechtlichen Unzuverlässigkeit begründen. Unzuverlässig ist ein Gewerbetreibender, der nach dem Gesamteindruck seines bisherigen Verhaltens nicht die Gewähr dafür bietet, dass er sein Gewerbe künftig ordnungsgemäß ausüben wird.[536] Die Definition dieser verschuldensunabhängigen Unzuverlässigkeit finden Sie versteckt in § 3 III Nr. 1 GüKG wieder. Die Frage der Unzuverlässigkeit ist eine Prognoseentscheidung, die nur auf eine objektive Tatsachengrundlage gestützt werden kann. Bitte merken Sie sich insb. die nachfolgenden, besonders examensrelevanten Konstellationen zur Unzuverlässigkeit:

---
536 *Landmann/Rohmer* GewO, Band I, § 35 Rn. 28 ff.

- Gewerbetreibender kommt seinen steuerrechtlichen Erklärungs- und/oder Zahlungspflichten nicht nach, wodurch erhebliche Steuerrückstände entstehen. Dasselbe gilt für den Fall der Nichtabführung von Sozialversicherungsabgaben.
- Gewerbetreibender verübt gewerbebezogene Straftaten oder Ordnungswidrigkeiten. Sehr klausurrelevant ist hierbei Folgendes: Häufig stützt die Behörde die Unzuverlässigkeitsprognose auf Straftaten und Ordnungswidrigkeiten jeglicher Art. Hier fehlt es in den Klausuren häufig an der erforderlichen Gewerbebezogenheit: Die in Rede stehende Straftat muss nämlich einen konkreten Bezug zu der ausgeübten Gewerbetätigkeit haben. Hieran fehlt es z.B., wenn die Unzuverlässigkeit mit der erfolgten Verurteilung wegen Körperverletzung begründet wird, es sei denn, die Körperverletzungen stehen im Zusammenhang mit der Gewerbetätigkeit. Dieser Fallstrick wird häufig übersehen.
- Der Gewerbetreibende muss zudem im Rahmen seiner Möglichkeiten gewährleisten, dass Dritte in seinem Geschäftslokal nicht zu Schaden kommen. Wird z.B. ein Geschäftslokal in einer Gegend betrieben, wo häufig Drogenhandel betrieben wird, muss der Gewerbetreibende z.B. Gewähr dafür bieten, dass er in der Lage ist, dem Missbrauch des Lokals durch die Drogenszene – unter Umständen durch den Einsatz zusätzlichen Wachpersonals – zu widerstehen.[537]
- Abgeurteilte einschlägige Strafsachen, von denen die Behörden i.d.R. durch Führungszeugnisse Kenntnis erhalten (§§ 31 f. BZRG) können eine gewerberechtliche Unzuverlässigkeit begründen, wobei ggf. ein Verwertungsverbot gem. §§ 51 f. BZRG in Betracht kommt.
- Auch eine dauernde wirtschaftliche Leistungsunfähigkeit kann eine Unzuverlässigkeit begründen. Beachten Sie allerdings für den Fall der Insolvenz § 12 GewO (lesen!). Durch diese materiell-rechtliche Regelung soll verhindert werden, dass die geplante Sanierung eines Gewerbebetriebs nicht durch das gewerberechtliche Untersagungsverfahren verhindert wird.[538] Problematisch ist die Frage, welche Auswirkungen eine nach Erlass der Untersagungsverfügung angeordnete Sicherungsmaßnahme nach § 21 InsO hat. Prozessual führt dieses nach der Rspr. nicht zu einer Unterbrechung des Gewerbeuntersagungsverfahrens gem. § 173 VwGO i.V.m. § 240 ZPO, da die Gewerbeuntersagung nicht die Insolvenzmasse betrifft.[539] Kläger bleibt also der Gewerbetreibende und nicht etwa der Insolvenzverwalter. Eine Aussetzung des Verfahrens gem. oder analog § 94 VwGO kommt gleichfalls nicht in Betracht, weil das Insolvenzverfahren für den Rechtsstreit hinsichtlich des Untersagungsverfahrens nicht vorgreiflich ist.[540] Teilweise wird in der Literatur dafür plädiert, den Beurteilungszeitpunkt hinsichtlich der Unzuverlässigkeit (s.u.) zu verschieben, wenn im gerichtlichen Verfahren die Voraussetzungen des § 12 InsO eintreten.[541] Die Rspr. steht diesem Ansatz skeptisch gegenüber; betont aber, dass es hierauf im Ergebnis nicht ankommt, wenn der Kläger nicht darlegt, dass seine Zuverlässigkeit zu einem späteren Zeitpunkt anders zu beurteilen wäre, als im Zeitpunkt der letzten behördlichen Entscheidung.[542]

Hinweis: Zur Prüfung des Unzuverlässigkeitsbegriffs in anderen klausurrelevanten Bereichen (z.B. WaffenG, ApoG, GüKG, JagdG, FahrlG etc.) s.u.

Problem: Maßgebender Zeitpunkt zur Beurteilung der gewerberechtlichen Unzuverlässigkeit

Die Fälle sind häufig so gestaltet, dass sich der Kläger nach Abschluss des Verwaltungsverfahrens bemüht, Schulden zu tilgen, um so die Unzuverlässigkeit zu verneinen. Dann stellt sich die Frage, auf welchen Zeitpunkt es für die Beurteilung der Sach- und Rechtslage ankommt. Nach h.M. ist für die Beurteilung der gewerberechtlichen Unzuverlässigkeit auf den Zeitpunkt der letzten behördlichen Entscheidung abzustellen. Dies gilt auch, wenn landesrechtlich ein Vorverfahren nicht mehr statthaft ist. Sinnvollerweise bauen Sie die Begründetheitsprüfung so auf, dass Sie zunächst auf den insoweit maßgebenden Zeitpunkt der letzten behördlichen Entscheidung abstel-

---

537 OVG Bremen NVwZ-RR 2010, 102.
538 *Kuhla/Hüttenbrink* K 187a m.w.N.
539 OVG Münster, Beschl. v. 03.04.2009 – 4 A 830/07 – juris.
540 OVG Münster, Beschl. v. 03.04.2009 – 4 A 830/07 – juris.
541 So offenbar *Hahn* GewArch 2000, 361, 365 f.
542 OVG Münster, Beschl. v. 03.04.2009 – 4 A 830/07 – juris (Rn. 10).

len und bezogen auf diesen Zeitpunkt die gewerberechtliche Unzuverlässigkeit bejahen. Anschließend führen Sie aus, dass es auf spätere Entwicklungen nicht ankommt:

> Die Untersagungsverfügung ist auch in materieller Hinsicht nicht zu beanstanden. Zum Zeitpunkt des Erlasses des Widerspruchsbescheides am (...) lagen die Voraussetzungen des § 35 I 1 GewO vor. Der Kläger bot nicht die Gewähr dafür, dass er sein oder ein anderes Gewerbe auf absehbare Zeit ordnungsgemäß betreiben wird. (...).
>
> Soweit der Kläger nunmehr vorträgt, er bemühe sich um eine Bereinigung seiner finanziellen Situation, ist dies für die Beurteilung der Sach- und Rechtslage nicht von Belang. Für diese kommt es nämlich grundsätzlich auf den Zeitpunkt der letzten Verwaltungsentscheidung an. § 35 VI GewO verbietet nämlich die Berücksichtigung einer späteren positiven Entwicklung in einem gerichtlichen Anfechtungsverfahren, wenn die Untersagungsvoraussetzungen zum Zeitpunkt der letzten Verwaltungsentscheidung gegeben waren.[543] Dieses war hier der Fall. (...).

Die Untersagungsverfügung muss an den **richtigen Adressaten** gerichtet werden. Dieses ist grds. der Gewerbetreibende, also die Person, die das Gewerbe auf eigene Rechnung und unter eigener Verantwortung in eigenem Namen tatsächlich ausübt.[544] Sofern eine Personengesellschaft (OHG, KG) Trägerin des Gewerbebetriebs ist, ist die Untersagungsverfügung an die einzelnen unzuverlässigen Gesellschafter zu richten.[545] Beachten Sie, dass eine BGB-Gesellschaft trotz ihrer partiellen Rechtsfähigkeit nicht selbst Gewerbetreibender i.S.d. GewO ist und deshalb nicht selbst Adressat einer Untersagungsverfügung sein kann. Die Untersagungsverfügung ist deshalb auch hier an die Gesellschafter zu adressieren.[546] Wird hingegen der Gewerbetrieb von einer GmbH geführt, ist diese Adressat der Verfügung.

Den Kreis möglicher Untersagungsadressaten erweitert § 35 VIIa GewO. Danach kann die Untersagung auch gegen eine vertretungsberechtigte oder mit der Leitung des Gewerbebetriebes beauftragte Person ausgesprochen werden. In Aktenauszügen wird eine Untersagung gem. § 35 VIIa GewO ggf. neben einer Untersagung nach § 35 I GewO ausgesprochen; denkbar ist aber auch, dass nur eine auf § 35 VIIa GewO gestützte Untersagung geregelt wird. Dann müssen Sie an den Grundsatz der Akzessorietät des Untersagungsverfahrens gegen den Vertreter des Gewerbetreibenden denken. § 35 VIIa GewO setzt voraus, dass ein Untersagungsverfahren gegen die vertretene Gewerbetreibende (z.B. GmbH) eingeleitet worden ist. Daher ist ein Untersagungsverfahren nach § 35 VIIa GewO unzulässig, wenn gegen den »eigentlichen« Gewerbetreibenden ein Untersagungsverfahren nicht eingeleitet worden ist.[547] Nur der weitere Verlauf des Verfahrens gegen den vertretenen Gewerbetreibenden beeinflusst die Rechtmäßigkeit der gegenüber dem Vertreter verfügten Untersagungsverfügung grds. nicht (vgl. Wortlaut des § 35 VIIa 2 GewO: »fortgesetzt werden«). Teilweise wird eine weniger strenge Akzessorietät befürwortet. Danach reicht es aus, wenn spätestens im Zeitpunkt der letzten Verwaltungsentscheidung nach § 35 VIIa GewO ein Verfahren gegen den eigentlichen Gewerbetreibenden nach § 35 I GewO eingeleitet worden ist.[548]

Problem: Auswirkungen staatsanwaltschaftlicher Ermittlungen auf gewerberechtliche Zuverlässigkeit

Häufiger wird in Klausuren und Aktenvorträgen die Frage aufgeworfen, welche Auswirkungen die Durchführung eines staatsanwaltschaftlichen Ermittlungsverfahrens hat. Auf dieses Problem werden Sie ggf. durch eine im Aktenauszug enthaltene Kopie einer Einstellungsmitteilung nach § 170 II StPO hingewiesen. Der Kläger meint dann, angesichts der Einstellung der staatsanwaltschaftlichen Ermittlungen habe sich der Unzuverlässigkeitsvorwurf nicht erwiesen. Allerdings ist die Verwaltungsbehörde an die Bewertung durch die Staatsanwaltschaft nicht gebunden, sondern hat vielmehr in eigener Verantwortung einen Verstoß gegen Gebotsnormen zu prüfen.

---

543 OVG Lüneburg NVwZ 1995, 185 (186).
544 Z.B. *Glaser/Klement* Öffentliches Wirtschaftsrecht, S. 37.
545 *Kuhla/Hüttenbrink* K 190.
546 OVG Lüneburg, Beschl. v. 31.07.2008 – 7 LA 53/08.
547 BVerwGE 100, 188 = NVwZ 1997, 278 (»fortgesetzt werden«).
548 OVG Münster GewArch 1998, 113; hierzu auch *Kempen* NVwZ 2000, 1115 (1118).

2. Teil. Klausuren aus dem besonderen Verwaltungsrecht

Sind die tatbestandlichen Voraussetzungen des § 35 GewO erfüllt, ist die Gewerbeausübung zu untersagen (§ 35 I 1 GewO), so dass der Behörde auf **Rechtsfolgenebene** grds. kein Ermessen zusteht. Nur im Fall der (bereits wiederholt in Aktenauszügen problematisierten) **erweiterten Gewerbeuntersagung** nach § 35 I 2 GewO hat die Behörde Ermessen auszuüben. Hiernach kann die zuständige Behörde den Kreis der untersagten Tätigkeiten für alle oder auch vergleichbare Gewerbeausübungen ausdehnen. In Aktenauszügen wird eine solche erweiterte Untersagung häufig als zusätzliche Regelung getroffen, so dass Sie eine dahingehende Verfügung im Anschluss an die normale Untersagung nach § 35 I 1 GewO erörtern sollten (Beispiel: »Ihnen wird die Ausübung des Gewerbes ›Führung von Registerverzeichnissen‹ untersagt. Ihnen wird ferner die Ausübung eines Gewerbes untersagt, das in Zusammenhang mit der Führung von Registerverzeichnissen steht.«) Die erweiterte Untersagung kann nur ergehen, wenn sie notwendig ist, um eine Umgehung der Untersagungsverfügung zu verhindern. Aufgrund der weitreichenden Folge müssen Sie insb. überprüfen, ob eine Ermessensüberschreitung wegen Verletzung des Verhältnismäßigkeit vorliegt. Dieses ist aber dann nicht der Fall, wenn der Rahmen der erweiterten Untersagung begrenzt bleibt.

II. Klausuren aus dem Reisegewerbe

213 Die Ausübung des Reisegewerbes ist nach § 55 II GewO grds. von einer Erlaubnis abhängig. Der Grund dieses Verbots mit Erlaubnisvorbehalt besteht darin, dass nur so sichergestellt ist, dass der Gewerbetreibende bei der Geltendmachung von Gewährleistungsansprüchen greifbar ist. Daher wird die Erlaubnis (»Reisegewerbekarte«) nur bei Zuverlässigkeit erteilt.[549] Nur ausnahmsweise sind Tätigkeiten im Reisegewerbe nach § 55a und § 55b GewO erlaubnisfrei. Die möglichen Eingriffsmaßnahmen im Reisegewerbe sind strukturell denen im stehenden Gewerbe nachgebildet, so dass auch hier zwischen erlaubnispflichtigen und erlaubnisfreien Tätigkeiten zu unterscheiden ist.

1. Rechtsschutz gegen Verfügungen im erlaubnispflichtigen Reisegewerbe

214 Der Rechtsschutz gegen Verfügungen im erlaubnispflichtigen Reisegewerbe wird im Examen voraussichtlich in einem Anfechtungsrechtsbehelf gegen eine auf § 60d GewO gestützte Untersagungsverfügung eingekleidet sein. Diese kann – ähnlich wie § 15 II 1 GewO – mit Zwangsmitteln durchgesetzt werden.

Übersicht: Rechtmäßigkeit der Untersagungsverfügung im erlaubnispflichtigen Reisegewerbe (§ 60d GewO)

I. EGL für Untersagungsverfügung: § 60d GewO; (P) Bei Eilmaßnahmen ggf. Eingriffsbefugnis der Polizei nach Generalklausel

II. Formelle Rechtmäßigkeit
   1. Zuständigkeit; (P) Eilzuständigkeit der Polizei
   2. Verfahren
   3. Form

III. Materielle Rechtmäßigkeit
   1. Tatbestand: Verletzung einer reisegewerblichen Pflicht; insb. Ausübung ohne eine nach § 55 II GewO erforderliche Erlaubnis (Reisegewerbekarte)
      a) Vorliegen einer Reisegewerbetätigkeit (§ 55 I GewO)
         • gewerbsmäßige Tätigkeit
         • ohne vorherige Bestellung; (P) provozierte Bestellung
         • außerhalb oder ohne gewerbliche Niederlassung (§ 42 II GewO)
         • Vertrieb von Waren, Leistungen, Aufsuchen von Bestellungen (§ 55 I Nr. 1 GewO) bzw. unterhaltende schaustellerische Tätigkeit (§ 55 I Nr. 2 GewO)
      b) Keine ausnahmsweise Erlaubnisfreiheit gem. §§ 55a und 55b GewO
      c) Illegalität der Reisegewerbetätigkeit, da Reisegewerbekarte
         • nicht beantragt

---

[549] BVerfG NVwZ 2001, 189.

- gem. § 44 VwVfG nichtig
- gem. §§ 48, 49 VwVfG wirksam aufgehoben; (P) § 61 GewO normiert Verfahrensregelungen für Rücknahme und Widerruf der Reisegewerbekarte
2. Rechtsfolge:
   a) Entschließungsermessen
   b) Auswahlermessen; ggf. mildere Maßnahmen nach § 55 III GewO möglich

Eine auf § 60d GewO gestützte Verfügung ist strukturell mit einer Schließungsverfügung nach § 15 II 1 GewO vergleichbar (nicht der Untersagungsverfügung nach § 35 GewO). Bei Eilmaßnahmen ist ggf. die Polizei eingriffsbefugt. Ermächtigungsgrundlage ist dann ggf. die polizeirechtliche Generalklausel zum Schutz vor einer Verletzung des § 55 GewO. Zulässig wären hiernach aber nur vorläufige Maßnahmen; bei längerfristig wirkenden Verfügungen ist § 60d GewO anwendbar.

Tatbestandlich kommt eine auf § 60d GewO gestützte Verfügung u.a. bei einem Verstoß gegen § 55 II GewO in Betracht. Die anschließende Prüfung der Erlaubnispflichtigkeit ist der Schwerpunkt der Klausur bzw. (sehr häufig:) des Aktenvortrags.

- Zunächst muss es sich um eine **gewerbliche Tätigkeit** handeln, wobei § 55 I GewO einen weiten Gewerbebegriff normiert, der im Gegensatz zum allgemeinen Gewerbebegriff auch eine unselbstständige Tätigkeit erfasst.
- Wesentlich für die Reisegewerbeausübung ist – darin liegt gerade die Abweichung zum stehenden Gewerbe – die **fehlende vorherige Bestellung**. Problematisch ist der Fall der sog. »provozierten Bestellung«. Darunter versteht man eine Bestellung, die zwar formal vom Kunden ausgesprochen wird, aber vom Gewerbetreibenden in einer Art und Weise herbeigeführt wurde, dass sie letztlich zur gleichen Überrumpelungssituation wie ein unangemeldetes Erscheinen führt. Entscheidend ist hierbei, ob sich der angesprochene Verbraucher überlegen kann, ob er auf die Offerte reagieren möchte.[550] Hierbei kommt es auf die Umstände des Einzelfalles an.
- Die Tätigkeit muss **außerhalb einer gewerblichen Niederlassung** erfolgen (§ 42 II GewO)
- Inhaltlich müssen die in Nr. 1 und 2 des Absatzes 1 genannten **besonderen Merkmale** erfüllt sein. Entweder muss
  - sich die Tätigkeit auf den Vertrieb von Waren (einschließlich Presseerzeugnisse)[551] oder Leistungen (z.B. Schleifen von Messern) oder das Aufsuchen von Bestellungen beziehen (§ 55 I Nr. 1 GewO) wobei es nicht mehr darauf ankommt, dass die Tätigkeit »in eigener Person« ausgeübt wird oder
  - unterhaltende schaustellerische Tätigkeiten beinhalten (§ 55 I Nr. 2 GewO).

Im Bereich des erlaubnispflichtigen Gewerbes nach § 55 II GewO wird die Tätigkeit durch die Reisegewerbekarte legalisiert. Nach Reisegewerbekartenerteilung wird die Betätigung wieder illegal, wenn die Erlaubnis widerrufen oder zurückgenommen wird, wobei insoweit mangels spezialgesetzlicher Vorschriften die §§ 48 ff. VwVfG zur Anwendung gelangen. Diesbezüglich enthält § 61 GewO konkretisierende Regelungen für das Verwaltungsverfahren. Liegt wegen des Fehlens der Reisegewerbekarte ein Verstoß gegen § 55 II GewO vor, kann die zuständige Behörde gestützt auf die Ermächtigungsgrundlage des § 60d GewO eine Untersagungsverfügung erlassen. Hier bedarf es keiner weiteren Vollstreckungsverfügung, da die Untersagung nach § 60d GewO als solche vollstreckungsfähig ist.

2. Rechtsschutz gegen Verfügungen im erlaubnisfreien Reisegewerbe

Die erlaubnisfreie Reisegewerbeausübung in den Fällen des §§ 55a und b GewO (lesen!) ist grds. legal, so dass es keiner Erlaubnis, sondern nur einer Anzeige (§§ 55c i.V.m. § 14 GewO) bedarf. Wenn Tatsachen die Annahme rechtfertigen, dass der Gewerbetreibende nicht die erforderliche Zuverlässigkeit besitzt, kann die zuständige Behörde (ähnlich wie bei § 35 GewO) unter den Voraussetzungen des § 57 GewO eine Untersagungsverfügung nach § 59 GewO erlassen. Der Be-

215

---
550 *Landmann/Rohmer* GewO §§ 55 Rn. 39 m.w.N.
551 Beachte insoweit § 55a I Nr. 10 GewO.

griff der Unzuverlässigkeit entspricht dem des § 35 GewO. Eine auf § 59 GewO gestützte Verfügung kann als vollstreckbare Grundverfügung zwangsweise durchgesetzt werden, ohne dass es einer besonderen Schließungsverfügung bedarf.

III. Klausuren aus dem Marktgewerbe

216 Klausuraufgaben aus dem Recht des Marktgewerbes problematisieren vielfach einen Anspruch auf Teilnahme an einem gem. § 69 I GewO festgesetzten Markt. Aus diesem Grund sind Aufgabenstellungen als Anwaltsklausuren sehr geeignet. Denken Sie hieran insb., wenn der Mandant in einer Anwaltsklausur die Inanspruchnahme besonderer Marktprivilegien anstrebt. So besteht für die Teilnahme an Messen, Märkten und Ausstellungen z.B. keine Reisegewerbekartenpflicht und keine Pflicht zur Anzeige eines Reisegewerbes. Zudem gelten die Verbotsvorschriften des § 56 GewO nicht. Schließlich sind die Beschäftigung von Arbeitnehmern an Sonn- und Feiertagen und ladenschlussrechtliche Sonderregelungen möglich (§ 19 LadSchlG). Da diese Privilegien nur festgesetzten Veranstaltungen zugute kommen, können solche Hinweise im Aktenauszug darauf hindeuten, dass der Mandant gerade die Teilnahme an einer solchen Veranstaltung anstrebt.

Klausurhinweis: Die konkurrierende Gesetzgebungskompetenz des Bundes für das im IV. Titel der GewO geregelte Recht der Messen, Ausstellungen und Märkte ist mit dem Inkrafttreten der Föderalismusreform (2006) entfallen (Art. 74 I Nr. 11 GG n.F.). Die bisherigen und in der nachfolgenden Darstellung zugrunde gelegten bundesrechtlichen Vorschriften (§§ 64–71b GewO) gelten allerdings gem. Art. 125a I GG fort, bis sie durch Landesrecht ersetzt werden.[552]

Übersicht: Klausurprobleme des Rechts auf Marktteilnahme (§ 70 I GewO)

A. Zulässigkeit
  I. Verwaltungsrechtsweg (§ 40 I 1 VwGO); (P) öffentlich-rechtliche Streitigkeit; (P) Verhältnis zwischen gewerberechtlichem (§ 70 I GewO) und gemeindeordnungsrechtlichem Zulassungsanspruch zu öffentl.-rechtl. Einrichtungen
  II. Statthafter Rechtsbehelf
    1. Hauptsacheverfahren: Verpflichtungsklage (§ 42 I 2. Var. VwGO); (P) zusätzliche Anfechtungsklage; str.
    2. vorläufiger Rechtsschutz: § 123 I 2 VwGO; ggf. §§ 80a III, 80 I Nr. 1, 80 V VwGO
  III. Klagebefugnis (§ 42 II VwGO) bei möglicher Verletzung des gewerberechtlichen Zulassungsanspruchs aus § 70 I GewO (+)
  IV. Klagefrist i.d.R. (–), da keine Bekanntgabe
  V. Rechtsschutzbedürfnis (P) bereits erfolgte Platzvergabe führt nicht zum Wegfall des RSB (h.M.), da ggf. erfolgte Zulassungen aufgehoben werden können
B. Begründetheit

Hauptsacheverfahren:	Vorläufiger Rechtsschutz:

I. Tatbestand:
  1. Festgesetzte Veranstaltung
  2. Zugehörigkeit zum »Teilnehmerkreis«
II. Rechtsfolge:
  1. Grds. gebundener Anspruch (Grundsatz der Marktfreiheit)
  2. Ggf. (insb. bei Kapazitätserschöpfung) Umwandlung in Anspruch auf ermessensfehlerfreie Bewerberauswahlentscheidung
	I. § 123 I 2 VwGO
	  1. Anordnungsanspruch
	  2. Anordnungsgrund
	  3. (P) Vorwegnahme der Hauptsache grds. unzulässig, aber zum effektiven Schutz (Art. 19 IV GG) des Art. 12 I GG ggf. ausnahmsweise zulässig.
	II. ggf. §§ 80a III, I Nr. 1, 80 V VwGO (str.)

---

552 *Höfling/Rixen* GewArch 2008, 1 (8).

Wird ein Anspruch auf Marktteilnahme verfolgt, stellen sich prozessual zunächst Fragen des **Rechtswegs** (§ 40 I 1 VwGO).

Problem: Vorliegen einer öffentlich-rechtlichen Streitigkeit (§ 40 I 1 VwGO)

Für Streitigkeiten zwischen Veranstalter und Bewerber über das Teilnahmerecht an einer nach § 69 I GewO festgesetzten Veranstaltung können sowohl Zivil- als auch Verwaltungsgerichte zuständig sein. § 70 GewO findet nämlich nicht nur bei Trägern öffentlicher Gewalt, sondern auch bei privaten Veranstaltern Anwendung. Falls ein Träger hoheitlicher Gewalt (typischerweise Gemeinde) Veranstalter ist, erfolgt die Rechtswegbestimmung nach der Zwei-Stufen-Theorie, wonach die erste Stufe (»ob«) der Zulassung dem Verwaltungsrechtsweg zugewiesen ist, während das »Wie« je nach Ausgestaltung öffentlich-rechtlicher oder auch zivilrechtlicher Art sein kann.[553] In der Klausur streiten die Beteiligten i.d.R. über das »Ob« der Zulassung, so dass von einer öffentlich-rechtlichen Streitigkeit ausgegangen werden kann. Falls die Entscheidung durch eine von der Gemeinde beherrschte juristische Person des Privatrechts betrieben wird, verbleibt es bei einer öffentlichen Streitigkeit, da dann ein Einwirkungsanspruch (gerichtet auf die Einwirkung der Gemeinde auf das Privatrechtssubjekt) verfolgt wird.

Problem: Abgrenzung des gewerberechtlichen vom gemeinderechtlichen Zulassungsanspruch

Denkbar ist, dass der gewerberechtlicher Zulassungsanspruch nach § 70 I GewO mit einem evtl. kommunalrechtlichen Anspruch auf Zulassung zu einer gemeindlichen öffentlichen Einrichtung nach der jeweiligen GO konkurriert. Das Verhältnis dieser Normen können Sie im Rahmen des Verwaltungsrechtswegs ansprechen (maßgebende Anspruchsgrundlage für Begehren). Diese Normenkonkurrenz ist aufgrund des Vorrangs des Bundesrechts (Art. 31 GG) zugunsten des § 70 I GewO zu entscheiden (h.M.).[554] Der Bundesgesetzgeber hat nämlich die Zulassung zu einer nach § 69 I GewO festgesetzten Veranstaltung unter Inanspruchnahme der ihm früher zustehenden Gesetzgebungskompetenz speziell und abschließend normiert. Die gemeinderechtlichen Bestimmungen über einen Zulassungsanspruch sind daher verdrängt, wenn der Fall gewerberechtlich geregelt wurde.

Neben der Frage des Rechtswegs erweist sich vielfach der **statthafte Rechtsbehelf** als Problem.

- Ist ein Hoheitsträger Veranstalter, ist eine **Verpflichtungsklage** (§ 42 I 2. Alt. VwGO) statthaft.[555] Da allerdings der Veranstalter bei der Bewerberauswahl über einen Ermessensspielraum verfügt, kommt i.d.R. nur eine Bescheidungsklage (§ 113 V 2 VwGO) in Betracht.[556] Bei Erledigung des Klagebegehrens ist die ursprüngliche Verpflichtungsklage ggf. in eine **Fortsetzungsfeststellungsklage** (§ 113 I 4 VwGO analog) zu ändern, etwa wenn eine künftige rechtswidrige Zulassungspraxis verhindert werden soll. Neben der Wiederholungsgefahr lässt sich das Feststellungsinteresse vielfach auf das Präjudizinteresse stützen, wenn Erledigung nach Klageerhebung eintritt. Diese Umstellung ist ohne Weiteres zulässig (§ 173 VwGO i.V.m. § 264 Nr. 2 ZPO) und insb. nicht den Voraussetzungen des § 91 VwGO unterworfen.
  Streitig ist allerdings, ob neben der Verpflichtungsklage auch eine **Drittanfechtungsklage** bzgl. der erteilten Genehmigungen (zugunsten der Adressaten der Zulassungsbescheide) erhoben werden muss. Die traditionelle Rspr. hält dies für erforderlich; neuerdings erkennt die Rspr. aber auch an, dass dieses bei einer Vielzahl ausgesprochener Genehmigungen zu einem unzumutbaren Kostenrisiko führt, zumal dem abgelehnten Bewerber vielfach nicht mitgeteilt wird, welche Bewerber einen positiven Bescheid erhalten haben. Diesen Erwägungen folgend hält ein Teil der neueren Rspr. deshalb eine auf eine erneute Bescheidung gerichtete Verpflichtungsklage für ausreichend.[557] Diese Rspr. ist aber nicht unumstritten. Teilweise wird die Erhebung einer Anfechtungsklage weiterhin für erforderlich gehalten; ein allein

---

553 *Lässig* NVwZ 1983, 18 (19); *Kahl/Weißenberger* Jura 2009, 194 (200).
554 VGH Mannheim GewArch 2001, 420; *Tettinger/Wank* § 70 GewO Rn. 5.
555 *Kahl/Weißenberger* Jura 2009, 194 (200).
556 *Frotscher/Kramer* Wirtschaftsverfassungs- und Wirtschaftsverwaltungsrecht, § 14 Rn. 348.
557 VG Schleswig NVwZ-RR 1999, 308.

auf Neubescheidung gerichteter Rechtsschutzantrag biete nämlich keinen gleichwertigen Rechtsschutz.[558]

> **Klausurhinweis:** Zur Bearbeitung von Aktenauszügen im Examen geben wir Ihnen folgenden Ratschlag:
>
> – Falls die Adressaten erteilter Genehmigungen im Aktenauszug benannt werden, sollten Sie vorsorglich einen Drittanfechtungsrechtsbehelf gegen die Genehmigungen erheben. Dieses dürfte vor allem dann sinnvoll sein, wenn nur ein einziger Genehmigungsbescheid (bzgl. eines bestimmten Marktplatzes) erlassen wurde. Der bzw. die begünstigten Bewerber sind gem. § 65 II VwGO notwendig beizuladen.[559]
> – Sind die begünstigten Adressaten nicht bekannt, können Sie eine ordnungsgemäße Drittanfechtungsklage nicht erheben, weil der Beklagte nicht bezeichnet werden kann (§ 82 I VwGO). Dann dürfte der Lösungsvorschlag des Prüfungsamtes voraussichtlich der neueren Rspr. folgend eine auf erneute Bescheidung gerichtete Verpflichtungsklage für ausreichend erachten. Dass Sie neben dieser eine Drittanfechtungsklage nicht erheben, sollten Sie im Anwaltsgutachten (Zweckmäßigkeit – Kostenrisiko) und im praktischen Teil im Mandantenschreiben begründen. Aus den in der Klageschrift aufgenommenen Anträgen muss sich dieses natürlich auch ergeben.

- Im **vorläufigen Rechtsschutzverfahren** kommt ein Antrag nach § 123 I 2 VwGO in Betracht. Sieht man neben einer Verpflichtungsklage auch eine Anfechtungsklage für erforderlich an, ist u.U. im vorläufigen Rechtsschutz ein Antrag gem. §§ 80a III, 80 V VwGO zu erheben.

Denkbar ist, dass im Aktenauszug das **Rechtsschutzbedürfnis** in Zweifel gezogen wird. Diesen Einwand wird der Beklagte ggf. mit der Begründung erheben, der klagende Bewerber könne deshalb nicht mehr berücksichtigt werden, da die zur Verfügung stehenden Plätze an andere Bewerber vergeben worden seien und deshalb eine Platzvergabe an den klagenden Bewerber unmöglich geworden sei. Allerdings führt dieses weder zur Erledigung noch zum Wegfall des Rechtsschutzbedürfnisses. Wird nämlich festgestellt, dass einem Bewerber ein Standplatz rechtswidrig vorenthalten wurde, muss das Gericht eine Verpflichtung zur Neubescheidung oder sogar (bei Ermessensreduzierung auf Null) eine Vornahmeverpflichtung aussprechen. Die Behörde hat auch die Möglichkeit, eine anderweitige Zulassung nach §§ 48 ff. VwVfG aufzuheben (etwa durch Regelung von Widerrufsvorbehalten oder Vereinbarung von Kündigungsklauseln).[560]

Materiell ist der Zulassungsanspruch gem. § 70 I GewO zu prüfen. Tatbestandlich muss es sich um eine nach § 69 I GewO i.V.m. § 64 ff. GewO festgesetzte Veranstaltung (Messe, Ausstellung, Groß-, Wochen-, Spezial- oder Jahrmarkt) handeln. Zudem muss der Bewerber dem Teilnehmerkreis an der festgesetzten Veranstaltung angehören.

Ähnlich wie bei dem gemeinderechtlichen Zugangsanspruch zu öffentlichen Einrichtungen wandelt sich der in § 70 I GewO angelegte gebundene Anspruch insb. bei Kapazitätsgrenzen in einen Anspruch auf ermessensfehlerfreie Auswahl (§ 70 III GewO). Schwerpunkt der Klausur ist an dieser Stelle, inwieweit die Auswahlkriterien ordnungsgemäß sind. Sind diese nicht zu beanstanden, ist der Anspruch auf ermessensfehlerfreie Entscheidung erfüllt und die Klage abzuweisen. Sind sie es nicht, besteht ein Anspruch auf Neubescheidung (§ 113 V 2 VwGO). Die in die Aktenauszüge eingebauten Fragen der ordnungsgemäßen Auswahlentscheidung ähneln den Parallelproblemen bei der Zulassung zu kommunalen öffentlichen Einrichtungen, auf die an dieser Stelle verwiesen wird.[561]

Auch hier ist das Auswahlkriterium »bekannt und bewährt« und »ortsansässig« mit Vorsicht zu genießen. Teilweise geht die Rspr. davon aus, dass diese Kriterien nicht geeignet sind, die der

---

558 OVG Lüneburg, Beschl. v. 17.11.2009 – 7 ME 116/09 NdsVBl. 2010, 81.
559 Zur Darstellung der Beiladung im Anwaltsgutachten und im praktischen Teil im Einzelnen *Kaiser/Köster* Die öffentlich-rechtliche Klausur im Assessorexamen, Rn. 565.
560 BVerfG NJW 2002, 3691 (3692).
561 Zur Darstellung der Entscheidungsgründe in dieser Verpflichtungssituation vgl. *Kaiser/Köster* Die öffentlich-rechtliche Klausur im Assessorexamen, Rn. 263.

Marktfreiheit immanente Zulassungschance zu garantieren.[562] Zudem müssen Sie beachten, dass die »Bewährtheit« als persönlichkeitsbezogenes Urteil nur durch eine mehrfache Marktteilnahme erworben wird. Deshalb kann dieses Merkmal an einen Betriebsübernehmer (auch aus der Familie) nicht weitergegeben werden. Dieser muss sich dieses Urteil erst »erarbeiten«.[563]

B. Klausuren aus dem Gaststättenrecht

> **Hinweis:** Infolge der Föderalismusreform ist die Gesetzgebungskompetenz des Bundes für das Gaststättenrecht (Art. 74 I Nr. 11 GG n.F.) entfallen. Zwischenzeitlich sind das BbgGastG[564] und das ThürGastG[565] verabschiedet worden. Wo landesrechtliche Regelungen nicht in Kraft getreten sind, gilt das der nachfolgenden Darstellung zugrunde gelegte GastG als Bundesrecht fort (Art. 125a I 1 GG). In der Klausur sollten Sie dies ansprechen, wenn einer der Beteiligten die Anwendbarkeit des GastG in Zweifel zieht.

Für den Betrieb einer Gaststätte ist grds. eine Erlaubnis erforderlich (§ 2 I GastG), die als »raumbezogene Personalkonzession« erteilt wird.[566] Dies kann prozessuale Hürden auslösen: Wenn z.B. der Miet- oder Pachtvertrag einer Gaststätte ausläuft oder die Räume ausbrennen, entfällt das Regelungsobjekt für einen evtl. Bescheid, mit dem eine Aufhebung verfügt wird. Dann kommt bei einer ursprünglichen Verpflichtungsklage ggf. nur noch eine Fortsetzungsfeststellungsklage in Betracht, für die ein Feststellungsinteresse in Form des Rehabilitationsinteresses aus der Speicherung im Gewerbezentralregister besteht.

217

Die **Anwendbarkeit des GastG** setzt voraus, dass eine Gaststätte i.S.d. § 1 I GastG vorliegt. Diese knüpft an folgende Merkmale an:

- Die Bewirtung erfolgt im Rahmen eines **stehenden Gewerbes**. Dieses ist z.B. bei rollenden Imbisswagen nicht der Fall. Ebenso wenig findet das GastG bei Vereinen und Gesellschaften Anwendung (§ 23 I GastG). Problematisch ist gegenwärtig die Anwendbarkeit des GastG bei sog. »Raucherclubs«. Werden solche nur formal als Verein geführt, gelangt das GastG zur Anwendung, wenn der Club jedermann offen steht und Gewinne erzielt werden sollen.[567]
- Es muss sich um eine **Schank- oder Speisewirtschaft** handeln (§ 1 I Nr. 1 und 2 GastG).
- Der Betrieb muss in Abgrenzung zu einer rein privaten Veranstaltung (insb. für nur geladene Gäste) für jedermann oder für bestimmte Personenkreise **zugänglich** sein.

I. Rechtsschutz gegen Versagung einer gaststättenrechtlichen Erlaubnis

Als Klausuraufgabe kommt zunächst Rechtsschutz gegen die Versagung einer beantragten Gaststättenerlaubnis in Betracht. Prozessual ergeben sich regelmäßig keine Schwierigkeiten.

- In der **Hauptsache** ist i.d.R. eine Verpflichtungsklage (Versagungsgegenklage) gem. § 42 I 2. Var. VwGO statthaft.
- Im **vorläufigen Rechtsschutz** ist im erlaubnispflichtigen Gaststättengewerbe regelmäßig ein auf die vorläufige Zulassung gerichteter Antrag nach § 123 I 2 VwGO (Regelungsanordnung) statthaft, wobei allerdings insb. das Verbot der Vorwegnahme der Hauptsache zu problematisieren sein dürfte.

Materiell regelt § 2 GastG nicht ausdrücklich die Voraussetzungen für die Erteilung der Erlaubnis; diese lassen sich aber aus einem Umkehrschluss aus § 4 GastG herleiten (sog. Negativtatbestand). Sind dessen Voraussetzungen nicht erfüllt, besteht ein gebundener Anspruch auf Erteilung der Erlaubnis.

---

562 VG Hannover, Beschl. v. 04.08.2008 – 11 B 2780/08.
563 VG Braunschweig, Beschl. v. 12.09.2007 – 1 A 88/07.
564 In Kraft getreten am 07.10.2008.
565 In Kraft getreten am 01.12.2008.
566 Erlaubnisfreie Tätigkeiten folgen vor allem aus §§ 2 II, 10, 14, 26 GastG.
567 So jedenfalls: VG Stuttgart, Beschl. v. 12.01.2009 – Az. 4 K 4570/08.

- Klausurrelevanz hat zunächst § 4 I 1 Nr. 1 GastG, wonach die Erlaubnis bei fehlender Zuverlässigkeit zwingend zu versagen ist. Von den in der Vorschrift genannten Beispielsfällen (»insbesondere«) genießt vor allem das Merkmal des »Vorschubleistens der Unsittlichkeit« das Interesse der Prüfungsämter. Ohne weiteres zu bejahen ist dieses Merkmal, wenn strafrechtliche Verstöße vorliegen (insb. §§ 180 ff. StGB). Darüber hinaus bejaht die Rspr. den Versagungsgrund, wenn schutzwürdige Belange des Jugendschutzes oder der Allgemeinheit beeinträchtigt werden.[568] In diesem Zusammenhang wird in den Aktenauszügen häufig die Frage problematisiert, welche Auswirkungen das am 01.01.2002 in Kraft getretene **ProstitutionsG** auf das Merkmal des »Vorschubleistens der Unsittlichkeit« hat. Dieses betrifft insb. Bordellbetreiber, die im Rahmen ihres Bordellbetriebs alkoholische Getränke ausschenken möchten und daher gem. § 2 I GastG eine Erlaubnis benötigen. Wer in einem Bordell eine Gaststätte betreibt und dort die Anbahnung von Kontakten zwischen Prostituierten und Kunden ermöglicht, leistet dadurch nicht stets i.S.d. § 4 I Nr. 1 GaststG der Unsittlichkeit Vorschub. Der Rechtsbegriff der Unsittlichkeit ist keine moralische Kategorie oder ethische Forderung, sondern im Hinblick auf den Normzweck der Gefahrenabwehr auszulegen. § 4 I 1 Nr. 1 GastG soll das Zusammenleben der Menschen ordnen, soweit deren Verhalten sozialrelevant, d.h. nach außen in Erscheinung tritt und das Allgemeinwohl beeinträchtigen kann. Geschützt werden soll das grundgesetzlich geschützte Menschenbild, etwaige Strafnormen und das sozialethische Unwerturteil. Letzteres erfasst auch sexuelles Verhalten, das schutzwürdige Belange der Allgemeinheit berührt, insb. wenn es nach außen in Erscheinung tritt und dadurch die ungestörte Entwicklung junger Menschen in ihrer Sexualsphäre gefährden kann oder andere Personen, die hiervon unbehelligt bleiben wollen, erheblich belästigt.[569]
- Häufiger wird in Klausuren das Verhältnis zum Baurecht angesprochen: **§ 4 I 1 Nr. 2 und 3 GastG** nehmen Bezug auf räumliche Gesichtspunkte, allerdings ersetzt die Gaststättenerlaubnis nicht die Baugenehmigung; andererseits entfaltet die Baugenehmigung in ihrem feststellenden Teil Bindungswirkung im gaststättenrechtlichen Erlaubnisverfahren. Daher kann die Gaststättenerlaubnis nicht mit der Begründung verweigert werden, das Baurecht stehe der Erlaubnis entgegen. Die für die Gaststättenerlaubnis zuständige Behörde kann nur weitergehende gewerberechtliche Anforderungen erheben.

II. Rechtsschutz im gaststättenrechtlichen Nachbarstreit

218 Erhebt ein Dritter einen Rechtsbehelf gegen eine dem Nachbarn erteilte Erlaubnis, wird zugunsten des Klägers bzw. Antragstellers subjektiver Drittschutz nach der Rspr. (nur) im Rahmen des § 4 I Nr. 3 GastG und der Sperrzeitenregelung des § 18 S. 2 GastG i.V.m. Landesrecht gewährt. Zugunsten etwaiger Konkurrenten vermittelt § 4 GastG keinen Individualschutz. Dass die Baugenehmigung zugleich eine bindende Feststellung für das gaststättenrechtliche Genehmigungsvefahren beinhaltet (s.o.), hat erhebliche Auswirkungen auf den Nachbarschutz. Der Nachbar muss primär gegen die Baugenehmigung vorgehen, um die bindende Feststellung zu verhindern, dass sich die von der bestimmungsmäßen Nutzung der Gaststätte typischerweise ausgehenden Immissionen im Rahmen des § 4 I Nr. 3 GastG halten.[570] Eigenständigen Abwehrschutz vermittelt § 4 I Nr. 3 GastG daher etwa dann, wenn die abzuwehrenden Immissionen atypischer Art sind (also nicht »mitgenehmigt« wurden) oder der Betrieb der Gaststätte ausnahmsweise baugenehmigungspflichtig ist (z.B. Festzelt auf Jahrmarkt oder anlassbezogener Gaststättenbetrieb).[571]

III. Rechtsschutz gegen gaststättenrechtlichen Auflagen gem. § 5 GastG

219 Bei erlaubnispflichtigen Tätigkeiten können selbstständige Auflagen gem. § 5 I GastG »jederzeit« ergehen. Dies bedeutet, dass es sich bei nach Genehmigungserteilung ausgesprochenen Anordnungen in aller Regel nicht um Nebenbestimmungen handelt, bei denen sich das Problem der isolierten Anfechtung stellt. Bei den nachträglichen Auflagen handelt es sich vielmehr um klas-

---

568 BVerwG DVBl. 2003, 741 (742).
569 BVerwG NVwZ 2009, 909.
570 *Kuhla/Hüttenbrink* K Rn. 169 m.w.N.
571 *Kuhla/Hüttenbrink* K Rn. 171 m.w.N.

sische belastende Verwaltungsakte, gegen die ohne weiteres die Anfechtungsklage (§ 42 I 1. Var. VwGO) statthaft ist. Allerdings ist auch bei erlaubnisfreien Tätigkeiten eine Anordnung nach § 5 II, I GastG zulässig. In diesen Fällen spielt die Unterscheidung zwischen erlaubnispflichtiger und -freier Tätigkeit damit keine Rolle.

> **Hinweis:** Dennoch ist es denkbar, dass die Auflage als Nebenbestimmung ergeht. Dann wird sie aber mit der nach § 3 I 2 GewO schriftlich zu erteilenden Erlaubnis verbunden. Als solche finden Sie in der Praxis ggf. Befristungen, deren Zulässigkeit sich nach § 3 II GastG i.V.m. § 36 II Nr. 1 VwVfG richtet. Daneben können aber ausnahmsweise auch Auflagen als Nebenbestimmung ergehen. Deren Rechtmäßigkeit beurteilt sich nach § 5 I GastG.

Materiell sind die Voraussetzungen des § 5 I Nr. 1–3 GastG zu prüfen.

- Nach **§ 5 I Nr. 1 GastG** sind Auflagen u.a. zum Schutz der Gäste gegen Gefahren für Leben, Gesundheit oder Sittlichkeit möglich.

> Angesichts der Aktualität kann die Frage auftauchen, unter welchen Voraussetzungen z.B. Gaststättenbetreibern sog. **Flatrate-Partys** (z.B. Bier für 10 Cent oder einmaliger Eintritt 10 € und Getränke frei) untersagt werden dürfen. In der Praxis wird häufig im Internet und mittels Flyern auf Veranstaltungen hingewiesen, auf denen zu Spottpreisen Alkohol in unbegrenzter Menge angeboten wird. Im Examen wird dieser Fall wahrscheinlich in ein § 80 V-er Verfahren eingekleidet sein. Ermächtigungsgrundlage für das Verbot der Durchführung einer solchen Veranstaltung ist § 5 I Nr. 1 GastG, wonach Gewerbetreibenden auch nach Erteilung der Erlaubnis Auflagen zum Schutz der Gäste gegen Gefahren für die Gesundheit erteilt werden können.[572] Materiell-rechtlich geht es um die üblichen Fragen des Gefahrenabwehrrechts. Kern der Klausur ist voraussichtlich die Frage, ob nach dem durch die Veröffentlichungen dokumentierten Veranstaltungskonzept eine »Gefahr« für die Gesundheit der Gäste bejaht werden kann: Veranstaltungen wie die obigen sprechen bewusst Jugendliche an und aktivieren gezielt deren Konsumverhalten. Bei lebensnaher Betrachtung ist davon auszugehen, dass diese durch die Spottpreise zu einem übermäßigen Alkoholkonsum animiert werden. Angesichts dieses typischen Verhaltens scheidet eine Gefährdung auch nicht dadurch aus, dass auch Mineralwasser ebenfalls sehr günstig verkauft wird. Lesen Sie zu dieser Problematik ggf. auch die Entscheidung des VGH München vom 21.08.2007.[573] Auch dieser hat in einem 80 V-er Verfahren die Auffassung vertreten, dass ein Verbot des Anbietens einer unbegrenzten Menge alkoholischer Getränke zu deutlich unter dem Üblichen liegenden Preisen gerechtfertigt sein kann, wenn dieses Anbieten nach der konkreten Betriebsart der Gaststätte und nach der sozialen Zusammensetzung der Besucher erfahrungsgemäß eine wirksame Ermunterung zum Alkoholmissbrauch darstellt. Es verstößt auch nicht gegen Art. 3 I GG, wenn die zuständige Behörde trotz der allgemeinen Bekanntheit des Problems und des großen Angebots entsprechender Veranstaltungen zunächst nur einen Betreiber auswählt; dies gilt jedenfalls dann, wenn bei diesem Betreiber besonders gravierende Exzesse aufgetreten sind und dieser eine Selbstverpflichtungserklärung zur Beendigung solcher Partys abgelehnt hat. Die gaststättenrechtliche Zulässigkeit gem. § 5 I Nr. 1 GastG ist bereits mit dem allgemeinen verwaltungsrechtlichen Problem der Bestimmtheit verknüpft worden: So ist ein Verbot, alkoholische Getränke »zu nicht kostendeckenden Preisen« auszuschenken, nicht hinreichend bestimmt i.S.d. § 37 I VwVfG, da unklar ist, was ein nicht kostendeckender Preis sein soll.[574]

- Gem. **§ 5 I Nr. 2 GastG** sind zudem Auflagen zum Schutz der im Betrieb Beschäftigten gegen Gefahren für Leben, Gesundheit oder Sittlichkeit möglich.
- Schließlich können nach **§ 5 I Nr. 3 GastG** zum Schutz der Nachbarschaft sowie der Allgemeinheit Auflagen zum Schutz vor schädlichen Umwelteinwirkungen nach dem BImSchG ergehen.

---

572 NVwZ-RR 2008, 28.
573 VGH München NVwZ-RR 2008, 26 (27).
574 VG Berlin, Beschl. v. 16.11.2007.

IV. Rechtsschutz gegen Beschäftigungsverbote gem. § 21 I GastG

220 Wiederholt spielte in Aktenauszügen die Rechtmäßigkeit von Beschäftigungsverboten eine Rolle. Hierbei handelt es sich nicht um Auflagen nach § 5 I GastG, sondern um Regelungen, deren Rechtmäßigkeit sich nach der Spezialregelung des § 21 I GastG richtet.[575] Ergehen diese Beschäftigungsverbote als Nebenbestimmung, beurteilt sich deren Rechtmäßigkeit nach § 36 I VwVfG. Maßgebend ist dann, inwieweit durch die Auflagen sichergestellt wird, dass die Voraussetzungen für die Erteilung der Gaststättenerlaubnis erfüllt sind (§ 36 I VwVfG).

- Ein **Beschäftigungsverbot** setzt entgegen dem Wortlaut des § 21 I GastG nicht voraus, dass tatsächlich ein unselbstständiges Beschäftigungsverhältnis vorliegt, so dass auch andere vertragliche Formen erfasst werden (z.B. als Honorarkraft beauftragter Türsteher). Die Gefahr, der durch das Beschäftigungsverbot begegnet werden soll, knüpft nämlich an die ausgeübte Tätigkeit, nicht an ihre rechtliche Grundlage an.[576] Im Hinblick auf diesen weitgehenden Beschäftigungsbegriff sind sogar unentgeltliche Beschäftigungsformen erfasst.[577]
- Beachten Sie, dass neben einem Beschäftigungsverbot nach § 21 I GastG vielfach auch ein **Zutrittsverbot (Betretungsverbot)** verfügt wird. Dieses wiederum wird nicht auf § 21 I GastG gestützt, sondern stellt eine Auflage gem. § 5 I Nr. 1 GastG dar, die eine Umgehung des Beschäftigungsverbots verhindern soll.[578] Ist allerdings das Beschäftigungsverbot rechtmäßig, können Sie vielfach auch von der Rechtmäßigkeit des gleichzeitig verfügten Zutrittsverbots ausgehen.

V. Rechtsschutz gegen die Aufhebung von gaststättenrechtlichen Erlaubnissen

221 Neben den vorstehenden Klausurkonstellationen kann der Einstieg in die materiellen Probleme des Gaststättenrechts auch über einen Anfechtungsrechtsbehelf gegen eine Aufhebung einer nach § 2 GastG erteilten Erlaubnis erfolgen. Ermächtigungsgrundlage für eine Aufhebung der Gaststättenerlaubnis ist § 15 GastG, der folgende Fälle unterscheidet:

- **§ 15 I GastG** zwingt zur Rücknahme, wenn bereits bei Erteilung der Erlaubnis Versagungsgründe nach § 4 I Nr. 1 GastG vorlagen. Wenn ein Fall des § 4 I Nr. 1 GastG nicht vorliegt, ist eine Ermessensrücknahme nach § 48 VwVfG zu prüfen.
- Wenn Versagungsgründe des § 4 I Nr. 1 GastG erst nach Erlaubniserteilung eintreten, zwingt **§ 15 II GastG** zum Widerruf der Erlaubnis. Ein Widerruf kommt in diesem Fall ausschließlich nach § 15 II GastG in Betracht; ein Rückgriff auf § 49 VwVfG ist unzulässig.
- Im Übrigen, also außerhalb der Fälle des § 4 I Nr. 1 GastG ist nach **§ 15 III GastG** ist ein Widerruf im Rahmen einer Ermessensentscheidung möglich. Auch § 15 III GastG ist abschließend, so dass auch hier ein Rückgriff auf § 49 VwVfG nicht möglich ist.

C. Klausuren aus dem Handwerksrecht

> **Klausurhinweis:** Probleme aus dem Handwerksrecht reizen die Prüfungsämter offenbar weniger. Daher werden nachfolgend nur die wichtigsten Gesichtspunkte erörtert.

222 Strukturell müssen Sie im Handwerksrecht zwischen zulassungspflichtigem Handwerk einerseits und nicht zulassungspflichtigem Handwerk bzw. handwerksähnlichem Gewerbe andererseits unterscheiden. Diese Unterscheidung ist für die Frage, welche Ermächtigungsgrundlagen zur Anwendung gelangen, von wesentlicher Bedeutung.

> **Klausurhinweis:** Neben klassischen handwerksrechtlichen Klausuraufgaben sind auch Probleme des Innenrechts der Handwerkskammer thematisiert worden. Diese ist eine Körperschaft des öffentlichen Rechts mit Zwangsmitgliedschaft (§ 90 HandwO). Organe der Handwerkskammer sind die Mitglie-

---

575 *Berger* JA 2009, 375 (381).
576 *Proppe* JA 2006, 377 (382).
577 *Berger* JA 2009, 375 (382).
578 VGH München NVwZ-RR 2009, 19 (21).

derversammlung (Vollversammlung), der Vorstand und die Ausschüsse (§§ 92 ff. HandwO). Es ist denkbar, dass zwischen diesen Organen Streit entsteht. Solche Konflikte ähneln strukturell dem Kommunalverfassungsstreit, bei dem ebenfalls Organe einer Körperschaft streiten. Hinsichtlich der dort auftretenden Probleme wird auf das Kapitel Kommunalrecht verwiesen. Vergleichbare Klausurprobleme tauchen auch bei der Industrie- und Handelskammer auf, die als Selbstverwaltungskörperschaft der Wirtschaft Aufgaben nach dem IHKG wahrnimmt.

I. Rechtsschutz gegen behördliche Maßnahmen im zulassungspflichtigen Handwerk

Übersicht: Behördliche Befugnisse im zulassungspflichtigen Handwerk

Zulassungspflichtigkeit des Handwerks:
- § 1 II HandwO i.V.m. Anlage A zur HandwO
- Legalisierung durch Eintragung in die Handwerksrolle (entspricht Erteilung der gewerberechtlichen Erlaubnis)
  - grds. nach Ablegung der Meisterprüfung (§§ 7 Ia, 45 HandwO) oder gleichwertigem Abschluss (§ 7 II HandwO)
  - ggf. (klausurrelevant:) Eintragung nach Erteilung einer Ausnahmebewilligung (§§ 7 III, 8, 9 HandwO)

I. Betriebsüberwachungsanordnungen (§ 17 HandwO)
II. Untersagungsverfügungen
  1. Soweit Untersagung wegen Verstoßes gegen HandwO erfolgt: § 16 III 1 HandwO
  2. Soweit Untersagung wegen fehlender Zuverlässigkeit des Gewerbetreibenden erfolgt: § 35 GewO
III. Schließungsanordnung
  1) zur Durchsetzung einer auf § 16 HandwO gestützten Untersagungsverfügung: § 19 IX HandwO
  2) Zur Durchsetzung einer auf § 35 GewO gestützten Verfügung: VwVG

Das **zulassungspflichtige Handwerk** (§ 1 HandwO i.V.m. Anlage A zur HandwO) darf grds. **223** nur von Personen betrieben werden, die in der Handwerksrolle eingetragen sind (§§ 1 I, 7 HandwO). Damit begründet die VA-Qualität besitzende Eintragung (§§ 10 ff. HandwO) in die Handwerksrolle die notwendige gewerberechtliche Legalität. Die Eintragungsvoraussetzungen folgen aus §§ 6–7 HandwO und setzten grds. die Ablegung einer Meisterprüfung (§§ 7 Ia, 45 HandwO) voraus. Die ausnahmsweise unter den Voraussetzungen der §§ 8, 9 HandwO mögliche Eintragung ohne Meisterprüfung spielt nach unserer Analyse wiederholt im Examen eine Rolle (dazu I. 1.). Vergleichbar mit dem Widerruf im Bereich des erlaubnispflichtigen Gewerbes kann im Handwerksrecht eine Löschung der Eintragung (§ 13 HandwO) erfolgen. Behördliche Überwachungsmaßnahmen können nach § 17 HandwO ergehen. Schließlich können Untersagungsverfügungen nach § 16 III 1 HandwO ergehen, daneben gelangt aber – sofern die Unzuverlässigkeit des Gewerbetreibenden Anlass der Verfügung ist – auch § 35 GewO zur Anwendung. Diese behördlichen Überwachungsinstrumente sind neben der Ausnahmebewilligungsproblematik ebenfalls examensrelevant (dazu 2.)

1. Rechtsschutz gegen Versagung einer Ausnahmebewilligung (§§ 8, 9 HandwO)

Von den Problemen des Handwerksrechts ist nach unserer Examensanalyse der Anspruch auf Er- **224** teilung einer Ausnahmebewilligung gem. § 8 HandwO besonders prüfungsrelevant. Eine hierauf zu richtende Verpflichtungsklage hat in der Sache Erfolg, wenn bei einem zulassungspflichtigen Handwerk die Ablegung der Meisterprüfung im Zeitpunkt der Antragstellung oder danach für den Betroffenen eine unzumutbare Belastung darstellen würde (§ 8 I 2 HandwO). Diese unzumutbare Belastung kann aus dem Alter oder der gesundheitlichen Verfassung des Antragstellers folgen.

Die Unzumutbarkeit setzt voraus, dass die mit der Ablegung der Meisterprüfung verbundenen Nachteile deutlich höher sind als im Regelfall.

2. Rechtsschutz gegen Untersagungsverfügungen

225 Soweit der Rechtsschutz gegen Untersagungsverfügungen problematisiert wird, müssen Sie im Wesentlichen zwei Ermächtigungsgrundlagen im Auge behalten:

- Wird ein zulassungspflichtiges Handwerk entgegen den Vorschriften der HandwO betrieben, kommt eine Untersagungsverfügung nach **§ 16 III 1 HandwO** in Betracht. Wichtig ist, dass mit dieser Ermächtigung nur Verstöße gegen die HandwO geahndet werden können. Sie greift also vor allem dann ein, wenn ein zulassungspflichtiges Handwerk ohne die notwendige Eintragung in die Handwerksrolle ausgeübt wird.

  Formell ist vor Erlass der Untersagungsverfügung neben der üblichen Anhörung gem. § 28 VwVfG insb. die in § 16 III 2 HandwO vorgesehene Kammeranhörung (Handwerkskammer und IHK) zu beachten, die allerdings häufig im Bearbeitervermerk unterstellt wird.

  Materiell ist in tatbestandlicher Hinsicht zu erörtern, ob ein zulassungspflichtiges Handwerk als stehendes Gewerbe selbstständig ausgeübt wird.
  - Ob ein stehendes (Abgrenzung zum Reisegewerbe gem. §§ 55 ff. GewO und Marktgewerbe gem. §§ 64 ff. GewO) Gewerbe ausgeübt wird, richtet sich nach der allgemeinen gewerberechtlichen Definition und den hierzu entwickelten Kriterien.
  - Selbstständig führt das Handwerk, wer nach Außen in eigenem Namen auftritt und ein Gewerbe auf seine Rechnung betreibt sowie im Innenverhältnis in persönlicher und sachlicher Unabhängigkeit eigene Verantwortung trägt.[579]
  - Dieses Gewerbe wird in Abgrenzung zur industriellen Fertigung handwerksmäßig betrieben, wenn nach dem Gesamtbild des Betriebes die Elemente der handwerksmäßigen Betriebsweise überwiegen.[580] Gegen eine industrielle und damit für eine handwerkliche Ausübung sprechen insb. folgende Indizien, die Sie ggf. aus dem Aktenauszug sammeln müssen: Die persönliche Mitarbeit des Betriebsinhabers, eine geringe Arbeitsteilung zwischen Inhaber und Arbeitnehmer sowie ein nur unterstützender Einsatz technischer Hilfsmittel.[581] Ob dieses Handwerk zulassungspflichtig ist, folgt aus § 1 II 1 HandwO i.V.m. Anlage A zur HandwO.

  Als **Rechtsfolge** hat die Behörde im pflichtgemäßen Ermessen über die Untersagung der Fortsetzung des Betriebs zu entscheiden. Hierbei hat die Behörde den Zweck des § 16 III HandwO zu beachten, der dazu dient, die Qualität der handwerklichen Tätigkeiten zu sichern. Ähnlich wie im Gewerberecht ist – trotz des grds. anzunehmenden intendierten Ermessens – eine Ermessensüberschreitung denkbar, wenn die materiellen Voraussetzungen für die von Amts wegen mögliche Eintragung nach § 10 I HandwO gegeben sind.[582] Wird eine auf § 16 III 1 HandwO gestützte Untersagungsverfügung nicht befolgt, kann eine Betriebsschließung ergehen (§ 16 IX HandwO).

- Neben § 16 III 1 HandwO kann **§ 35 GewO** zur Anwendung gelangen. § 35 GewO ist dann einschlägig, wenn die Untersagungsverfügung wegen Unzuverlässigkeit des Handwerkers ausgesprochen wird. Zweifel an der parallelen Anwendbarkeit beider Ermächtigungsgrundlagen bestehen nicht, da § 16 III 1 HandwO nach h.M. keine besondere Untersagungsvorschrift i.S.d. § 35 VIII 1 GewO darstellt, die § 35 GewO unanwendbar machen würde.[583]

---

579 *Glaser/Klement* Öffentliches Wirtschaftsrecht, S. 77.
580 *Glaser/Klement* Öffentliches Wirtschaftsrecht, S. 78.
581 *Frotscher/Kramer* Wirtschaftsverfassungs- und Wirtschaftsverwaltungsrecht, Rn. 436.
582 OVG Koblenz NVwZ-RR 1994, 348 (349).
583 *Glaser/Klement* Öffentliches Wirtschaftsrecht, S. 75 m.w.N.

5. Kapitel: Gewerberecht

II. Rechtsschutz gegen behördliche Maßnahmen im zulassungsfreien Handwerk

Im **zulassungsfreien Handwerk** (§ 18 II HandwO i.V.m. Abschnitt 1 der Anlage B) bedarf es keiner Eintragung, sondern nur einer Anzeige (§ 18 I HandwO). Hier kann eine Untersagungsverfügung nach § 35 I GewO ergehen.

226

Übersicht: Behördliche Befugnisse im zulassungsfreien Gewerbe

Zulassungsfreies Gewerbe	Handwerksähnliches Gewerbe
• § 18 II 1 HandwO i.V.m. Anlage B Abschnitt 1	• § 18 II 2 HandwO i.V.m. Anlage B Abschnitt 2

I. Überwachungsmaßnahmen (§ 20 i.V.m. § 17 HandwO)
II. Untersagungsverfügung
   1. § 16 III 3 HandwO systematisch nicht anwendbar
   2. Ermächtigungsgrundlage daher § 35 GewO
III. Schließungsanordnung: VwVG

Im zulassungsfreien Gewerbe wird es keinen Streit über eine fehlende Eintragung in die Handwerksrolle geben. Diese ist schließlich entbehrlich. § 16 III 3 HandwO ist aus systematischen Gründen nicht anwendbar, da sich diese Vorschrift auf zulassungspflichtiges Handwerk bezieht. Untersagungsverfügungen können daher nur nach § 35 GewO erfolgen.

D. Klausuren aus dem Personenbeförderungsrecht

Klausurhinweis: Weil Klausuren aus dem Personenbeförderungsrecht vereinzelt im Examen auftauchen, sollten Sie sich die nachfolgenden Grundlinien des PBefG merken. Hiernach sind u.a. die entgeltliche oder geschäftsmäßige Beförderung von Personen mit Kraftfahrzeugen einem Genehmigungsvorbehalt (§ 2 I PBefG) und einer Überwachung (»Aufsicht«) nach § 54 PBefG unterworfen.[584] Grundlegend wird zwischen Linienverkehr (mit Omnibussen) und Gelegenheitsverkehr mit Taxen unterschieden.

226a

- Im Bereich des **Linienverkehrs** dürften sich Rechtsschutzfragen vor allem in einem Verpflichtungsbegehren auf Erteilung einer Genehmigung (§ 13 PBefG) oder einer (Dritt-)Anfechtung einer hiernach erteilten Genehmigung stellen. Vor allem in der Drittanfechtung dürfte insb. das Problem des Konkurrentenschutzes examensrelevant sein. Während Konkurrenten aufgrund der marktwirtschaftlichen Ordnung grds. nicht nach § 42 II VwGO klagebefugt sind (insb. grds. auch nicht nach Art. 12 I, Art. 14 I, Art. 2 I GG oder Art. 3 I GG), können vorhandene Altunternehmen im PBefG ein »Konkurrentenabwehranspruch« gegenüber Neubewerbern haben.[585] Dieses folgt aus § 13 II Nr. 2a-c PBefG (»vorhandene Verkehrsmittel« bzw. »vorhandene Unternehmer«) und aus dem in § 13 III PBefG normierten Gebot zur angemessenen Berücksichtigung der Belange des vorhandenen Unternehmers.[586] Bei mehreren, die Voraussetzungen des § 13 PBefG erfüllenden Bewerbern muss die Behörde eine sachgerechte Auswahlentscheidung treffen. Hierauf hat der Bewerber einen subjektiv-individuellen Anspruch. Bei dieser Auswahlentscheidung ist in erster Linie maßgebend, wer die bessere Verkehrsbedienung bietet. Bieten mehrere Bewerber eine gleichgute Verkehrsbedienung, ist es ermessensfehlerfrei, wenn die Behörde den Bewerber auswählt, der das Verkehrsbedürfnis als erster erkannt und zuerst einen Antrag auf Befriedigung des Verkehrsbedürfnisses gestellt hat.[587]

---

584 Schmidt-Aßmann/Schoch/*Huber* 3. Kap. Rn. 344.
585 Schmidt-Aßmann/Schoch/*Huber* 3. Kap. Rn. 347.
586 BVerwG 7 C 90.66 BVerwGE 30, 347.
587 Hk-VerwR/*Sennekamp* § 42 VwGO Rn. 152.

- Im Bereich des **Gelegenheitsverkehrs** (Taxen) kommt z.B. ein Verpflichtungsbegehren auf Erteilung einer Genehmigung in Betracht. Auch hier sind – wie oben – zunächst die Voraussetzungen des § 13 I PBefG zu prüfen. Eine Genehmigung zum Taxenverkehr ist nach § 13 IV 1 PBefG zu versagen, wenn die öffentlichen Verkehrsinteressen dadurch beeinträchtigt werden, dass durch die Neuzulassung das örtliche Taxigewerbe in seiner Funktionsfähigkeit bedroht wird. Hierbei sind die in § 13 IV 2 PBefG genannten Aspekte zu beachten. Bei der Beurteilung, ob das örtliche Taxengewerbe i.S.d. § 13 IV 1 PBefG gefährdet ist, müssen Sie auf Folgendes achten: Es geht nicht darum, den bereits tätigen Unternehmern einen Schutz vor wirtschaftlicher Konkurrenz und wirtschaftlichen Risiken zu bieten. Gerechtfertigt ist eine Zulassungsbeschränkung in verfassungskonformer Auslegung (Art. 12 I GG: Nur die Funktionsfähigkeit des örtlichen Taxengewerbes insgesamt ist ein »überragend wichtiges Gemeinschaftsgut«, das nach der Drei-Stufen-Theorie eine objektive Zulassungsregelung rechtfertigen kann) nur, wenn für das örtliche Taxengewerbe die Gefahr eines ruinösen Wettbewerbs besteht, das das örtliche Gewerbe in seiner Existenz und damit in seiner Funktionsfähigkeit bedroht. Diese Gefahr muss konkret beweisbar eingetreten oder nach einer sorgfältigen verwaltungsseitigen Prüfung nachweislich drohen.[588] Die abwägende Bewertung der Verkehrsinteressen ist eine Prognoseentscheidung, bei der die Behörde einen gerichtlich eingeschränkt überprüfbaren Beurteilungsspielraum hat.[589] Für die Genehmigungsvergabe gibt § 13 V PBefG ein Prüfungsprogramm vor, das wesentlich auf das Prioritätsprinzip abstellt.[590] Ausgehend von diesem Prinzip führen die Behörden eine Vormerkliste, die für die Auswahlentscheidung materielle Wirkung entfaltet. Hieraus ergibt sich, dass ein Bewerber für ein Rechtsschutzverfahren auf Gewährung eines besseren Rangs auf dieser Liste klagebefugt (§ 42 II VwGO) ist.[591]

Sind die Genehmigungsvoraussetzungen nachträglich entfallen (z.B. weil der Unternehmer nicht mehr i.S.d. § 13 I Nr. 2 PBefG zuverlässig ist), kann die Genehmigung gem. **§ 25 PBefG** widerrufen werden. Maßgebender Zeitpunkt für die Begründetheitsprüfung einer Anfechtungsklage (§ 42 I 1. Var. VwGO) ist der der letzten behördlichen Entscheidung.[592]

Klausurhinweis: Aufgrund des Bestrebens der Prüfungsämter, Sie mit unbekannten Rechtsmaterien zu konfrontieren, ist es nicht unwahrscheinlich, dass Sie eine Klausur aus Randgebieten erhalten. Dieses können z.B. Klausuraufgaben aus dem Bereich des Waffenrechts oder des Jagdrechts sein. Auch Klausuren aus dem oben skizzierten Personenbeförderungsrecht (PBefG) kommen vor. Solche Klausuren enthalten typischerweise zwei Klausurschwerpunkte. Voraussichtlich werden Sie zunächst die Rechtmäßigkeit einer ordnungsrechtlichen Verfügung zu untersuchen haben, die ihre Ermächtigungsgrundlage in einem Spezialgesetz findet. Diesbezüglich steuern die Klausuren immer wieder auf die Frage der Unzuverlässigkeit des Adressaten der Verfügung zu. Im Anschluss daran werden häufig klassische Probleme des Verwaltungsvollstreckungsrechts abgeprüft.

Bei der Bearbeitung dieses Skriptes sind Sie wiederholt auf den Begriff der Unzuverlässigkeit eines Gewerbetreibenden gestoßen. Dieser ist aus dem Blickwinkel der GewO oder des GastG bereits beleuchtet worden. Der Begriff der Zuverlässigkeit/Unzuverlässigkeit taucht daneben als Schlüsselbegriff in einer Vielzahl weiterer examensrelevanter Normen auf, die häufig in Randgebieten des besonderen Gewerberechts zu finden sind. Die Zuverlässigkeit stellt nämlich bei erlaubnispflichtigem Gewerbe die typische Erlaubnisvoraussetzung[593] und bei nicht erlaubnispflichtigem Gewerbe den zentralen Maßstab für die Gewerbeüberwachung dar. Zudem bildet der Begriff der Unzuverlässigkeit spiegelbildlich einen wichtigen Widerrufsgrund.[594] Zudem ist der Begriff i.d.R. die wichtigste tatbestandliche Vo-

---

588 BVerwG, Beschl. v. 31.01.2008 – 3 B 77/07 BeckRS 2008, 33738.
589 Schmidt-Aßmann/Schoch/*Huber* 3. Kap. Rn. 348; im Einzelnen zur Prüfung unbestimmter Rechtsbegriffe und Beurteilungsspielräumen *Kaiser/Köster* Die öffentlich-rechtliche Klausur im Assessorexamen, Rn. 248.
590 Hk-VerwR/*Sennekamp* § 42 Rn. 152.
591 Hk-VerwR/*Sennekamp* § 42 Rn. 152.
592 Schmidt-Aßmann/Schoch/*Huber* 3. Kap. Rn. 347.
593 Aus der GewO z.B. § 33c II GewO, § 30 I Nr. 1 GewO, § 33i II Nr. 1 GewO, § 34 I Nr. 1 GewO, daneben z.B. § 4 I GastG, § 2 I Nr. 4 ApoG, § 13 I Nr. 2 PBefG.
594 Neben §§ 15 II i.V.m. 4 I Nr. 1 GastG z.B. § 25 I PBefG, §§ 4 i.V.m. § 2 I Nr. 4 ApoG.

raussetzung für eine Untersagungsverfügung.[595] Neben gewerberechtlichen Normen knüpfen zudem umweltrechtliche Vorschriften an den Begriff der Zuverlässigkeit an.[596] Sehr examensrelevant ist zudem die persönliche Zuverlässigkeit, die im Umgang mit besonderen Gefahrenquellen verlangt werden, etwa im Waffen- oder Jagdrecht.[597]

Sie werden unmöglich die gesamte Rechtsprechung zum Zuverlässigkeitsbegriff aus sämtlichen examensrelevanten Vorschriften lernen können. Wichtig ist vielmehr, dass Sie die nachfolgend dargestellte einheitliche Prüfungsstruktur des Zuverlässigkeitsbegriffs beherrschen.[598]

> **Übersicht: Einheitliche Prüfung der Unzuverlässigkeit in wirtschaftsverwaltungsrechtlichen Materien**
>
> 1. Feststellung, dass bestimmte Norm (z.B. § 5 WaffenG) an Merkmal der Zuverlässigkeit/Unzuverlässigkeit anknüpft; anschließend Angabe der gesetzesübergreifenden allgemeinen negativen Definition.
> 2. Prüfung gesetzlicher Definitionskonkretisierungen, insb. in Form von
>   a) Negativkatalogen, in denen die Zuverlässigkeit von Gesetzes wegen zwingend zu verneinen ist;
>   b) Regelvermutungen, nach denen die Unzuverlässigkeit vermutet wird. Dann konzentriert sich Prüfung darauf, ob die Vermutung aufgrund besonderer Umstände des Einzelfalles entkräftet wird.
> 3. Wenn (–): Eigene Begründung der Zuverlässigkeit nach konkretem gesetzlichen Schutzzweck der Zuverlässigkeit:
>   a) Feststellung, welche objektiv beobachteten Tatsachen eine unzuverlässige Tätigkeitsausübung vermuten lassen. Hierbei ist zunächst das gesamte im Aktenauszug erfasste Tatsachenmaterial zu sammeln.
>   – Grundlegende Charaktermängel (ständiges Aufbauen von Steuerschulden, ständige Missachtung gesetzlicher Schutzvorschriften)
>   – Grundlegendes Unvermögen (z.B. ständige wirtschaftliche Leistungsunfähigkeit; (P) Sachkunde,
>   b) Feststellung des konkreten Schutzgutbezugs des Gesetzes
>   c) Abgleich zwischen Schutzgutbezug der Zuverlässigkeit und festgestelltem Tatsachenmaterial
> 4. Anschließend stellen Sie fest, ob zukünftig von Unzuverlässigkeit ausgegangen werden muss (Unzuverlässigkeit als Prognoseentscheidung).

In der Klausur stellen Sie zunächst fest, dass die in Rede stehende Vorschrift an den Begriff der Unzuverlässigkeit anknüpft. Anschließend stellen Sie die allgemeine negativ formulierte **Definition** der Unzuverlässigkeit dar, die Sie bereits aus dem Gewerberecht kennen und die Sie (etwas versteckt) in § 3 III Nr. 1 GüKG wiederfinden: Unzuverlässig ist danach derjenige, der aufgrund von relevanten Tatsachen nicht die Gewähr dafür bietet, die angestrebte oder ausgeübte Tätigkeit ordnungsgemäß im Sinne des jeweiligen Fachgesetzes auszuüben.

Vielfach enthalten Gesetze Merkmale, bei deren Erfüllung zwingend auf die Unzuverlässigkeit zu schließen ist (**Negativkatalog**). Dieses kommt in Betracht bei besonders schwerwiegenden Vergehen (z.B. in § 5 I WaffenG); ist aber wegen der Eindeutigkeit der Regelung weniger examensrelevant.

Wichtiger sind die Fälle, in denen der Gesetzgeber **Regelvermutungen** formuliert (z.B. in §§ 33c II, 33d III, 33i II GewO, § 5 II WaffenG, § 17 IV JagdG). Liegen die Voraussetzungen des Regelbeispiels vor, ist zu prüfen, ob sie wegen der Umstände des Einzelfalles entkräftet werden können.

Klausurhinweis: Durch welche Gesichtspunkte die waffenrechtliche Regelvermutung zu § 5 II WaffenG widerlegt werden können, war in der jüngeren Rspr. umstritten. Merken Sie sich hierzu folgende Rspr.: In den Fällen des § 5 II Nr. 1 WaffenG, in denen die Regelvermutung der Unzuverlässigkeit an

---
595 §§ 35, 59, 70a GewO.
596 Z.B. § 32 I Nr. 2 KrW-/AbfG.
597 §§ 4 ff. WaffenG, § 17 JagdG.
598 Darstellung entspricht *Eifert* JuS 2004, 565 ff.

> einer strafgerichtlichen Verwirklichung (hierzu gehören nur deutsche, nicht ausländische Strafurteile[599]) anknüpft, können Anhaltspunkte für einen Ausnahmefall i.d.R. nur die Tatumstände selbst oder Umstände der Persönlichkeit des Täters bieten, die in jenem strafrechtlich relevanten Verhalten zum Ausdruck gekommen sind.[600] Es wird m.a.W. keine allgemeine Beurteilung der Persönlichkeit des Erlaubnisinhabers vorgenommen; vielmehr ist der rechtliche Beurteilungsfokus eingeschränkt. Dieses führt oftmals dazu, dass die Regelvermutung nicht widerlegt wird.

Schwieriger ist der Fall, in denen der sachliche Anwendungsbereich des Regelbeispiels zwar eröffnet ist, die Voraussetzungen aber gerade nicht erfüllt sind. Dann kann die Unzuverlässigkeit nur begründet werden, wenn weitere Indizien vorliegen, die vom Vorwurfgehalt her gleichwertig sind. Dieses müssen Sie in der Klausur umfassend begründen.

Konkretisieren weder Negativkataloge noch Regelbeispiele die Unzuverlässigkeit, müssen Sie deren **Prüfung selbst vornehmen**. Hierzu sammeln Sie das gesamte Tatsachenmaterial aus dem Aktenauszug, das die Annahme der Unzuverlässigkeit stützen kann. Diese Gesichtspunkte lassen sich vielfach in Charaktermängel (z.B. Hang zur Missachtung gesetzlicher Vorschriften) und grundlegendes Unvermögen (z.B. dauernde Unfähigkeit, Steuern zu zahlen) unterscheiden. Auch fehlende Sachkunde ist ein berücksichtigungswürdiger Aspekt (h.M.). Im Anschluss an die Sammlung des Tatsachenmaterials bewerten Sie, ob die ermittelten Umstände die Unzuverlässigkeit in der konkreten Regelungsmaterie begründet. Beispielsweise begründen Charaktermängel in Form von wiederholten Straßenverkehrsdelikten i.d.R. keine Unzuverlässigkeit als Gastwirt, wohl aber für einen Gewerbetreibenden im Güternahverkehr oder im Bereich des PBefG. Ebensowenig begründet die Mitgliedschaft zur NPD eine schornsteinfegerrechtliche Unzuverlässigkeit i.S.d. § 11 Nr. 1 SchfG.[601] Hierzu müssen Sie den Schutzzweck der gesetzlichen Vorschriften genau ermitteln und darlegen.

Der Zuverlässigkeitsbegriff knüpft als **Prognose**begriff daran an, dass der Gewerbetreibende »künftig« sein Gewerbe ordnungsgemäß ausüben wird. Sie müssen daher darlegen, ob und ggf. weshalb auch künftig von einem Fehlverhalten des Gewerbetreibenden auszugehen ist.

6. Kapitel. Kommunalrecht

Das Kommunalrecht ist eines derjenigen Rechtsgebiete, in denen die landesrechtlichen Unterschiede zwischen den Bundesländern besonders deutlich zu Tage treten. Dennoch haben wir uns entschlossen, diesem Rechtsgebiet ein eigenes Kapitel zu widmen, weil nach unseren Erkenntnissen gerade im Assessorexamen die Rechtsschutzkonstellationen auftauchen, die länderübergreifende Bedeutung haben. Dennoch sollten Sie sich bewusst sein, dass spezifische landesrechtliche Besonderheiten in der nachfolgenden Darstellung nicht erörtert werden können. Insoweit könnte es ratsam sein, dass Sie sich Ihre Unterlagen aus dem ersten Examen zur Hand nehmen und diese ergänzend wiederholen.

A. Rechtsschutz gegen Versagung des Zugangs zu kommunalen öffentlichen Einrichtungen

227 In kommunalrechtlichen Klausuren spielt der Zulassungsanspruch zu gemeindlichen Einrichtungen eine große Rolle. Während die Verpflichtung zur Schaffung öffentlicher Einrichtungen im öffentlichen Interesse besteht, so dass ein Einwohner mangels Klagebefugnis (§ 42 II VwGO) grds. nicht auf Errichtung (Widmung), Änderung (Umwidmung) oder Schließung (Entwidmung) einer entsprechenden Einrichtung klagen kann,[602] hat ein Einwohner allerdings einen An-

---

599 OVG Hamburg NJW 2009, 1367.
600 BVerwG, Beschl. v. 21.07.2008 NVwZ 2009, 398.
601 OVG Magdeburg, Beschl. v. 01.12.2008 BeckRS 2008, 41328.
602 Hk-VerwR/*Sennekamp* § 42 VwGO Rn. 130.

spruch darauf, die bestehenden öffentlichen Einrichtungen im Rahmen der Widmung nach gleichen Grundsätzen nutzen zu dürfen.[603] Dieser Zulassungsanspruch wird in verwaltungsgerichtlichen, daneben in verwaltungsbehördlichen, vor allem aber auch in Anwaltsklausuren relevant.

I. Prozessuale Probleme

Bei der **Eröffnung des Verwaltungsrechtswegs** wird die Zwei-Stufen-Theorie relevant. Danach stellt die Entscheidung über das »Ob« der Zulassung, also die Frage des Zugangsrechts als solchem eine öffentlich-rechtliche Streitigkeit i.S.v. § 40 I 1 VwGO dar. Zum gleichen Ergebnis gelangen Sie im Übrigen auch auf Grundlage der modifizierten Subjektstheorie, da der kommunalrechtliche – und damit öffentlich-rechtliche – Benutzungsanspruch streitentscheidend ist. Rechtsfragen aus einem bestehenden Benutzungsverhältnis (etwa Haftungskonstellationen) sind keine Probleme des kommunalrechtlichen Zulassungsanspruchs, sondern berühren die konkrete Ausgestaltung des bestehenden Benutzungsverhältnisses (»Wie«). Dieses kann aufgrund der Wahlfreiheit der Gemeinde öffentlichrechtlich oder privatrechtlich ausgestaltet sein. Organisiert die Gemeinde ihre Einrichtung allerdings privatrechtlich, so ist das Benutzungsverhältnis zwingend privatrechtlicher Natur und damit der Zivilrechtsweg eröffnet.

Problem: Abgrenzung des gewerberechtlichen vom gemeinderechtlichen Zulassungsanspruch

Tritt neben den gemeinderechtlichen Zulassungsanspruch auch ein evtl. gewerberechtlicher Zulassungsanspruch nach § 70 I GewO, wird der gemeinderechtliche Zulassungsanspruch verdrängt. Der bundesgesetzliche Anspruch aus § 70 I GewO ist wegen Art. 31 GG vorrangig (h.M.).[604]

Die **statthafte Klageart** richtet sich nach dem Begehren des Klägers (§ 88 VwGO).

- Entscheidet die Gemeinde über den Benutzungsanspruch zu einer von ihr betriebenen öffentlichen Einrichtung durch Verwaltungsakt, so ist die **Verpflichtungsklage** auf Erteilung der Zulassung zulässig. In diesem Fall muss damit grds. (sofern nach jeweiligem Landesrecht vorgesehen) ein Vorverfahren durchgeführt und die Klagefrist eingehalten werden.
- Wird die öffentliche Einrichtung von einem selbstständigen (i.d.R. privaten) Rechtsträger (Anstalt, GmbH) betrieben, kann die Gemeinde den Zulassungsanspruch selbst nicht erfüllen. In dieser Dreieckskonstellation ist das Begehren auf eine Einwirkung des Hoheitsträgers auf den verselbstständigten Rechtsträger gerichtet, der seinen gesellschaftsrechtlichen Einfluss gegenüber dem privaten Rechtsträger geltend machen soll. Da diese Einwirkung nichtregelnder Natur ist, ist in diesem Fall die **allgemeine Leistungsklage** statthaft. Bisweilen bereitet die Formulierung des Antrags im Fall des Einwirkungsanspruchs Schwierigkeiten. Achten Sie neben einer konkreten Benennung des begehrten Nutzungszeitraums insb. auch darauf, den Terminus »verurteilen« statt »verpflichten« zu verwenden.

> Die Beklagte wird verurteilt, auf die Stadthalle M. GmbH dergestalt einzuwirken, dass diese dem Kläger die Räumlichkeiten der Stadthalle M. GmbH am (...) zu den üblichen Benutzungsbedingungen zur Verfügung stellt.

Vereinzelt wird in der zuletzt genannten Konstellation das **allgemeine Rechtsschutzinteresse** problematisiert. Wird die gemeindliche Einrichtung in selbstständiger Rechtsträgerschaft betrieben, könnte die Gemeinde den Einwand erheben, dass der Einwohner sich direkt an den verselbstständigten Rechtsträger wenden soll. Dieser Einwand lässt jedoch das allgemeine Rechtsschutzinteresse nicht entfallen. Ein etwaiger Kontrahierungsanspruch (bspw. nach den §§ 823, 826 BGB) folgt anderen Voraussetzungen und ist – bei privatrechtlicher Grundlage – zudem vor Zivilgerichten unter Geltung anderer Verfahrensgrundsätze durchzusetzen.

> **Klausurhinweis:** Merken Sie sich, dass der Zivilrechtsweg eröffnet ist, wenn eine Veranstaltung (Volksfest) von einem privatrechtlichen Verein privatrechtlich ausgestaltet und organisiert wird.[605]

---

603 *Rennert* JuS 2008, 211 (211).
604 VGH Mannheim, Beschl. v. 19.07.2001 – GewArch 2001, 420; *Tettinger/Wank* § 70 GewO Rn. 5.
605 AG Hannover, Urt. v. 31.05.2007 – 544 C 6448/07.

> In diesem Fall kommt eine einstweilige Verfügung gem. §§ 935, 940 ZPO in Betracht. Begehrt ein Gewerbetreibender etwa, als Schausteller an einem Schützenfest teilzunehmen, kann dieser zivilrechtlich einen Zulassungsanspruch verfolgen. Ähnlich wie im öffentlichen Recht kann auch hier die einstweilige Verfügung ausnahmsweise die Hauptsache vorwegnehmen, wenn ein Zuwarten auf eine Hauptsacheentscheidung den Anspruch vereiteln würde.[606] In der Sache ist in einer solchen Konstellation ein Teilnahmeanspruch aus § 70 GewO zu prüfen. Ausnahmsweise kann zivilrechtlich ein Kontrahierungszwang bestehen, wenn Private den ausschließlichen Zugang zu bestimmten Leistungen kontrollieren und regeln. Dieser Kontrahierungszwang wird auch durch Art. 12 I GG i.V.m. der Drittwirkung von Grundrechten im Zivilrecht gestützt. Ähnlich wie im Marktrecht müssen Sie dann untersuchen, ob der Veranstalter über den Zugangsanspruch aus sachlich gerechtfertigten Gründen fehlerfrei entschieden hat (§ 70 III GewO). Eine solche Klausuraufgabe war bereits Gegenstand einer zivilrechtlichen Examensklausur.

II. Materiell-rechtliche Probleme

229 In **persönlicher Hinsicht** muss der Anspruchssteller Einwohner der Gemeinde sein. Einwohner ist eine Person, die in der Gemeinde wohnt.[607] Bei juristischen Personen stellt man auf den Sitz im Gemeindegebiet ab. Zulassungsberechtigt sind auch Personenvereinigungen (z.B. ortsansässiger Schausteller- oder Werbeverein, Ortsvereine einer politischen Partei, nicht hingegen Landesvereine), sofern sie ihren Sitz in der Gemeinde haben, überwiegend aus Einwohnern bestehen und ihre Tätigkeit gerade in der Gemeinde ausüben.[608] Nichteinwohner haben grds. keinen Zulassungsanspruch. Stellt die Gemeinde aber im Rahmen ihrer Verwaltungspraxis auch Nichteinwohnern die Einrichtung zur Verfügung, haben andere Nichteinwohner aus Art. 3 I GG i.V.m. dem Grundsatz der Selbstbindung der Verwaltung einen Anspruch auf ermessensfehlerfreie Auswahlentscheidung.[609]

In **sachlicher Hinsicht** kommt es darauf an, dass der Zugang zu einer öffentlichen Einrichtung der Gemeinde beansprucht wird. Dahinter verbergen sich zwei Tatbestandsmerkmale.

- Zunächst muss es sich um eine **öffentliche Einrichtung** handeln. Darunter ist jede Einrichtung zu verstehen, die von der Gebietskörperschaft durch Widmungsakt der allgemeinen Benutzung durch die Angehörigen und in ihrem Gebiet niedergelassenen Vereinigungen zugänglich gemacht wird. Hierzu ist ein sachlicher Bestand nicht erforderlich, so dass auch freie Flächen eine öffentliche Einrichtung sein können (Kirmesplätze). Besonders klausurträchtig sind daneben Stadthallen, gemeindliche Schwimmbäder und Stadttheater. Unerlässlich ist die Widmung, wobei der Widmungsakt ebenso formell durch Satzung oder sonstige Rechtsakte erfolgen kann, wie durch konkludentes Handeln. Letzteres ist gerade bei anwaltlichen Klausuren das Problem. Dort ist vom Anwalt eine entsprechende konkludente Widmung nachzuweisen.
- Ferner muss es sich um eine **gemeindliche** Einrichtung handeln. Dies ist der Fall, wenn die Gemeinde maßgeblichen Einfluss auf den Zugang zur Einrichtung besitzt. Ist die Einrichtung selbstständig organisiert, kann dieser Einfluss bspw. durch Vertrag zwischen Gemeinde und Einrichtung oder personelle Besetzung der Einrichtungsorgane mit Gemeindeorganen gesichert werden.

Problematisch sind in der Klausur typischerweise die **Grenzen des Zugangsanspruchs**. Grenzen können sich aus rechtlichen wie tatsächlichen Gründen ergeben.

- Auf die **rechtlichen Begrenzungen** weist bereits der Wortlaut der gemeinderechtlichen Anspruchsgrundlagen hin (»im Rahmen des geltenden Rechts«). Sie ergeben sich vor allem aus dem Widmungszweck, der sich typischerweise aus einer Benutzungssatzung oder aus der bisherigen Verwaltungspraxis ermitteln lässt. Liegt die projektierte Nutzung außerhalb des Widmungszwecks, so besitzt der Antragsteller zwar keinen Benutzungsanspruch. Bisweilen wird

---
606 AG Hannover, Urt. v. 31.05.2007 – 544 C 6448/07.
607 Bürger sind hingegen nur Einwohner, die Deutsche oder EU-Angehörige sind.
608 *Rennert* JuS 2008, 211 (212) m.w.N.
609 *Rennert* JuS 2008, 211 (212).

aber diskutiert, ob der Anspruchsteller einen Anspruch auf ermessensfehlerfreie Entscheidung über eine widmungsfremde Nutzung (»Anspruch auf Sonderbenutzung«) besitzt, der als Minus zum Benutzungsanspruch angesehen werden kann. Die Rechtsprechung lehnt dieses ab.

Problem: Polizeirechtliche Einwände als rechtliche Begrenzung

Fraglich ist, ob einem Zulassungsanspruch polizeirechtliche Erwägungen entgegen gehalten werden können (z.B. weil die Gemeinde befürchtet, dass anlässlich der Nutzung Ordnungswidrigkeiten oder Straftatbestände verwirklicht werden oder weil eine gewalttätige Gegendemonstration befürchtet wird). Die Rspr. erkennt solche polizeirechtlichen Einwände als rechtliche Begrenzung trotz Kritik in der Literatur an, wenn der Veranstalter als Verhaltensstörer oder (besonders relevant: als Nichtstörer) polizeirechtlich verantwortlich ist. Allerdings dürfen Sie die Verantwortlichkeit des (nichtstörenden) Antragstellers nicht zu früh bejahen: In erster Linie muss nämlich die örtliche Polizei durch geeignete Maßnahmen sicherstellen, dass es bei der geplanten Veranstaltung nicht zu gewalttätigen Gegendemonstrationen kommt.[610] Nur wenn die Verantwortung des Anspruchsstellers bejaht werden kann, kommt damit eine Einschränkung des Zulassungsanspruchs bei Vorliegen einer Gefahr für die öffentliche Sicherheit in Betracht. Dies dürfte allerdings dann nicht gelten, wenn der Einwand der Gemeinde durch Nebenbestimmungen, etwa durch eine Versicherungsauflage oder Kautionshinterlegung ausgeräumt werden kann (§ 36 I VwVfG).[611]

- **Tatsächliche Begrenzungen** folgen insb. aus dem Kapazitätsangebot. Dieses ergibt sich aus dem Teilhabecharakter des kommunalrechtlichen Benutzungsanspruchs. Sind die Kapazitäten erschöpft, wandelt sich der Benutzungsanspruch um in einen Anspruch auf ermessensfehlerfreie Auswahl. Die Gemeinde muss dabei eine an sachgerechten Kriterien (Art. 3 I GG) orientierte Entscheidung treffen. Zulässig ist es z.B., die Vergabeentscheidung nach dem Prioritätsprinzip, der Attraktivität, dem Rotations- oder dem Losverfahren zu treffen. In einer neueren Entscheidung hat das OVG Lüneburg auch die Auswahl auf Grundlage einer mittels anonymer Fragebögen durchgeführten Umfrage unter Bewerbern für zulässig erklärt.[612] Klausurrelevant ist auch das Prinzip »bekannt (bzw. »alt«) und bewährt«, wobei die »Bekanntheit« daran anknüpft, dass das Angebot im Wesentlichen unverändert angeboten wird. Das Merkmal der »Bewährtheit« knüpft demgegenüber als persönlichkeitsbezogenes Urteil über die durch mehrfache Marktteilnahme erprobte und bewiesene Zuverlässigkeit des nach außen tretenden Betriebsinhabers an und kann in dieser Eigenschaft nur durch den Marktbewerber erfüllt und daher nicht an einen Betriebsübernehmer weitergegeben werden. Dieses gilt auch für einen im Betrieb mitarbeitenden Familienangehörigen.[613] Das Auswahlkriterium »bekannt und bewährt« ist grds. zulässig, darf aber nicht dazu führen, dass bestimmte Bewerber per se von dem Zugangsanspruch ausgeschlossen werden.[614] Der Gemeinde ist es zudem verwehrt, den Zugang ohne sachlichen Grund faktisch zu behindern. Ist aber z.B. aufgrund konkreter Anhaltspunkte damit zu rechnen, dass Schäden entstehen können, liegt in der Pflicht, eine Kaution zu hinterlegen oder einen Versicherungsnachweis vorzulegen, keine unzulässige Behinderung des Bewerbers.[615] Trifft die Gemeinde eine fehlerhafte – etwa unzureichende – Auswahlentscheidung, ohne dass sich der Anspruch des Einwohners auf Null reduziert hat, so ist die Klage nur teilweise (hinsichtlich der Neubescheidung) erfolgreich, im Übrigen aber abzuweisen (§ 113 V 2 VwGO; Kostenfolge: § 155 I 1, 2. Var. VwGO).

Klausurhinweis: Häufig sind Klausuren im Zusammenhang mit dem Benutzungsanspruch in ein Verfahren einstweiligen Rechtsschutzes eingekleidet. Für ein auf die vorläufige Zulassung gerichtetes Rechtsschutzgesuch ist der Verwaltungsrechtsweg gegeben. Statthafte Antragsart ist eine Regelungs-

---

610 VGH Mannheim, Beschl. v. 18.02.1994 – 1 S 436/94 NVwZ 1994, 587 (587).
611 *Rennert* JuS 2008, 211 (213).
612 OVG Lüneburg NordÖR 2008, 231.
613 VGH Mannheim NVwZ-RR 1992, 132 (133).
614 *Becker/Sichert* JuS 2000, 348 (350).
615 VGH Mannheim, Beschl. v. 09.04.1987 NJW 1987, 2697.

anordnung (§ 123 I 2 VwGO), da durch die einstweilige Anordnung der Rechtskreis erweitert werden soll. Die Antragsbefugnis analog § 42 II VwGO ergibt sich aus dem möglichen Anspruch des Antragstellers aus der gemeindeordnungsrechtlichen Zulassungsvorschrift.

In der Begründetheit prüfen Sie zunächst die Glaubhaftmachung eines Anordnungsanspruchs. Diese Frage ist i.d.R. der Kern der Klausur. Hier ist zunächst zu fragen, ob der Antragsteller zu dem berechtigten Personenkreis der GO gehört und es sich um eine »öffentliche Einrichtung« i.S.d. GO handelt. Auf Rechtsfolgenebene ist zu untersuchen, ob das Auswahlermessen ordnungsgemäß ausgeübt worden ist. Anschließend erörtern Sie im Rahmen des Anordnungsgrundes, ob die Regelung notwendig ist, um wesentliche Nachteile oder drohende Gefahren abzuwenden. In der Klausur werden Sie an dieser Stelle ggf. Hinweise finden, dass der Antragsteller seinen Umsatz in erheblichem Umfang aus der konkreten Veranstaltung zieht. Er wird dann vortragen, dass ohne die Zulassung zu dem Volksfest seine wirtschaftliche Existenz gefährdet ist. Dieses ist die klassische Ausnahmesituation von dem Verbot der Vorwegnahme der Hauptsache. Ausnahmsweise darf hier die Hauptsache vorweggenommen werden, da effektiver Rechtsschutz im Hauptsacheverfahren i.d.R. zu spät kommen würde. Im Hinblick auf Art. 19 IV GG darf dann zur Sicherstellung effektiven Rechtsschutzes die Hauptsache vorweg genommen werden, wenn andernfalls irreparable, nicht hinnehmbare Nachteile entstünden.

Klausurhinweis: I.d.R. ist die zu vergebende Platzfläche räumlich begrenzt. Dann ist – bei erfolgter Zulassung eines Konkurrenten – dieser zu verdrängen (Konkurrentenverdrängungsklage). Dies stellt eine Drittanfechtungssituation dar, in der in der Hauptsache eine Anfechtungsklage gem. § 42 I VwGO statthaft ist und im Verfahren vorläufigen Rechtsschutzes der Erfolg eines Antrags gem. § 80 V VwGO zu prüfen ist. Auf Zulässigkeitsebene sprechen Sie neben der Statthaftigkeit des Antrags die Antragsbefugnis an. Beachten Sie, dass durch die Verdrängung des Konkurrenten eine evtl. erstrebte eigene Zulassung nicht erreicht werden kann. Insoweit ist ein Antrag gem. § 123 VwGO statthaft.[616]

Klausurhinweis: Die Zugangsansprüche politischer Parteien zu öffentlichen Einrichtungen (»Stadthallenfälle«) sind Examensklassiker. Grundlage für den Benutzungsanspruch ist die gemeindeordnungsrechtliche Bestimmung für den Zugang zu gemeindlichen Einrichtungen. Dieser Zugangsanspruch steht regelmäßig nur Gemeindeeinwohnern zu; eine entsprechende Anwendung kommt zugunsten von Ortsverbänden der Parteien in Betracht. Problematisch ist die Anspruchsberechtigung von Landesverbänden der Parteien. Zugunsten dieser kommt ein Anspruch nach Art. 3 GG i.V.m. Art. 21 GG, Art. 38 GG sowie § 5 ParteienG in Betracht, wenn die Gemeinde ihre öffentlichen Einrichtungen auch für politische Veranstaltungen überörtlicher Art zur Verfügung stellt, da der Grundsatz der Chancengleichheit auch den freien Wettbewerb der Parteien und deren Teilhabe an der politischen Willensbildung umfasst.[617] Solche Landesverbände können unter den Voraussetzungen des § 3 S. 2 ParteienG in gesetzlicher Prozessstandschaft im eigenen Namen Ansprüche für deren Ortsverbände geltend machen. Dies gilt auch dann, wenn der Ortsverband selbst gem. § 61 Nr. 2 VwGO beteiligtenfähig ist.[618] Die Chancengleichheit gilt für den Wahlakt als solchen, erfasst aber auch das Vorfeld der Wahlen (Wahlvorbereitung, Wahlwerbung). Der Grundsatz der Chancengleichheit ist verletzt, wenn öffentliche Einrichtungen nur bestimmten Parteien zur Verfügung gestellt werden, andere aber von der Nutzung ausgeschlossen werden. Allerdings kann die Nutzung öffentlicher Einrichtungen durch Parteien nur im Rahmen der Widmung erfolgen, so dass die Widmung den Nutzungsrahmen für die Parteien absteckt.[619] In der Klausur ist daher zu untersuchen, ob eine Nutzung für parteiliche oder ähnliche Veranstaltungen gestattet worden ist und damit insoweit zumindest von einer konkludenten Widmung in Form einer langjährigen Übung auszugehen ist. Eine solche Übung muss nach außen erkennbar und objektiv nachweisbar sein.

In einigen Klausuren sind allgemeine Vergaberichtlinien von der Gemeinde erlassen worden und im Aktenauszug abgedruckt. Eine über die Richtlinien hinausgehende tatsächlich erfolgte Nutzungs-

---

616 OVG Lüneburg, Beschl. v. 17.11.2009 NVwZ-RR 2010, 208.
617 BVerfGE 69, 107.
618 OVG Saarlouis NVwZ-RR 2009, 533 (534).
619 Dreier/*Morlok* Art. 21 GG Rn. 93.

und Vergabepraxis kann aber eine konkludente Widmungserweiterung darstellen.[620] Eine solche Widmungserweiterung muss der Antragsteller ggf. nachweisen, wenn er einen Zugangsanspruch geltend machen möchte. Je nach Vorbringen des Antragstellers müssen Sie ggf. die Rechtmäßigkeit der RiLi (kein Verstoß gegen höherrangiges Recht, Bestimmtheit) untersuchen. Eine hinreichende Bestimmtheit ist anzunehmen, wenn die Vergaberichtlinien zwischen »parteipolitischen« Veranstaltungen einerseits und »Veranstaltungen mit allgemeinen politischen Bezügen« differenzieren.[621]

Wird ein Zugangsanspruch von einer radikalen Partei verfolgt, werden Sie im Aktenauszug u.U. den Einwand der Gemeinde finden, die Partei verfolge verfassungswidrige Ziele. Eine allein auf diesen Gesichtspunkt gestützte Ablehnung ist wegen des Verbotsmonopols des BVerfG gem. Art. 21 II 2 GG grds. rechtswidrig. Ebenso unzulässig ist es, wenn eine Gemeinde eine Benutzungsregelung erlässt, wonach nur solche Parteien eine Nutzung beanspruchen können, die die 5%-Klausel nach § 6 VI BWG erfüllen. Der Grundsatz der Chancengleichheit gebietet die Möglichkeit der Mitwirkung an dem politischen Meinungsbildungsprozess. § 6 VI BWG soll demgegenüber eine funktionsfähige parlamentarische Arbeit gewährleisten. Zulässig ist es demgegenüber i.d.R., wenn die Ablehnung mit wahrscheinlich eintretenden Gegendemonstrationen begründet wird, die mit zumutbaren polizeilichen Maßnahmen nicht verhindert werden können.

Problem: Ansprüche im Fall des privatrechtlichen Einrichtungsbetriebs

Angesichts des Formenwahlrechts im Leistungsrecht kann die Gemeinde eine kommunale Einrichtung privatrechtlich betreiben. Hierdurch kann sie sich den grundrechtlichen Bindungen allerdings nicht entziehen (»Keine Flucht ins Privatrecht«). Dieses führt allerdings dazu, dass sich der unmittelbare Zugangsanspruch in einen Anspruch gegen die Gemeinde auf Einwirkung auf den privaten Rechtsträger wandelt (sog. Einwirkungsanspruch). In einer – wohl in erster Linie für die mündliche Prüfung relevanten – Entscheidung hat das BVerwG allerdings auch die Grenzen der Privatisierung aufgezeigt: So ist es einer Gemeinde z.B. verwehrt, eine Angelegenheit des örtlichen Wirkungskreises (kulturell, sozial und traditionell bedeutsamer Weihnachtsmarkt) vollständig dergestalt zu privatisieren, dass der Gemeinde keinerlei Steuerungs- und Einwirkungsmöglichkeit mehr verbleibt. Eine solche vollständige materielle Privatisierung ist nicht zulässig, weil sich die Gemeinde ihrer Verantwortung entziehen könnte.[622]

B. Rechtsschutz gegen kommunale Satzungen

Häufiger tauchen Klausuren auf, in denen (ggf. inzident) die Rechtmäßigkeit einer kommunalen Satzung zu prüfen ist. Der Schwerpunkt der Klausur liegt dann vielfach bei dem Umfang der kommunalen Selbstverwaltungsgarantie. Sehr beliebt ist auch die Verknüpfung zwischen Baurecht und Kommunalrecht: Hier werden Klausuren gestellt, in denen eine als Satzung ergangene Regelung (z.B. Bebauungsplan oder Veränderungssperre gem. §§ 14, 16 BauGB) ergangen ist und in einer baurechtlichen Klausureinkleidung geltend gemacht wird, die Satzung sei nicht ordnungsgemäß zustande gekommen. In dieser Klausursituation müssen Sie inzident die formelle Rechtmäßigkeit der Satzung prüfen.

I. Rechtmäßigkeit einer kommunalen Satzung

Im Studium werden Sie sich wiederholt mit der Prüfung der Rechtmäßigkeit einer kommunalen Satzung befasst haben. Aus diesem Grund wird nachfolgend nur eine Übersicht zu dieser Standardkonstellation dargestellt.

230

---

620 VGH Mannheim NVwZ 1998, 540 (540).
621 OVG Lüneburg, Beschl. v. 28.02.2007 NdsVBl. 2007, 166.
622 BVerwG, Urt. v. 27.05.2009 – NVwZ 2009, 1305 (1307); JuS 2010, 375.

> **Übersicht: Rechtmäßigkeit einer kommunalen Satzung**
> I. Rechtsgrundlage für kommunale Satzung
>   1. Spezialnorm aus GemO, StrWG, §§ 10, 132 BauGB, LBO, LandeskommunalabgabenG (z.B. Hundesteuersatzung)[623]; LAbfG
>   2. Generalklausel der GemeindeO oder Stadtverfassung
> II. Formelle Rechtmäßigkeit der Satzung, soweit nicht spezialgesetzlich anderes bestimmt wird:
>   1. Zuständigkeit
>   a) Verbandskompetenz der Gemeinde (+), wenn Angelegenheit der örtlichen Gemeinschaft; Art. 28 II GG (P) Grenzen des örtlichen Bezugs, (P) allgemeinpolitisches Mandat
>   b) Organkompetenz des Rates
>   2. Verfahren
>   a) Ordnungsgemäße Einberufung
>   b) Öffentliche Bekanntmachung der Tagesordnung
>   c) Öffentlichkeit
>   d) Fehlerfreie Abstimmung
>   3. Form
>   a) Niederschrift
>   b) Unterschrift
>   c) ggf. Genehmigung durch die Aufsichtsbehörde
>   d) Ortsübliche Bekanntmachung (§§ (...) GemO i.V.m. BekanntmachungsVO)
>   4. Ggf. Unbeachtlichkeit von Verfahrens- und Formfehlern
> III. Materielle Rechtmäßigkeit der Satzung
>   1. Tatbestandsvoraussetzungen der Ermächtigungsgrundlage
>   a) bei Spezialermächtigung: Voraussetzungen der Spezialnorm
>   b) Bei Generalklausel: »Regelung eigener Angelegenheiten im Rahmen der örtlichen Gemeinschaft«; (P) Weitergehende Belastungen (Bußgeldvorschriften) benötigen ausdrückliche Ermächtigungsgrundlage; insoweit auch Rechtsweg problematisch
>   2. Kein Verstoß gegen höherrangiges Recht (GG oder Landesverfassung)
>   3. Allgemeine Rechtmäßigkeitsanforderungen (Bestimmtheit der Regelungen)
>   4. Keine Verletzung des Satzungsermessens

Einleitend ist bereits darauf hingewiesen worden, dass – bei entsprechender landesrechtlicher Regelung nach § 47 I Nr. 2 VwGO – eine unmittelbare (prinzipale) Normenkontrolle denkbar ist. Im Assessorexamen ist diese Rechtsschutzkonstellation allerdings eher die Ausnahme. Dort, wo eine prinzipale Normenkontrolle landesrechtlich nicht vorgesehen ist, kommt eine Feststellungsklage nach § 43 VwGO in Betracht (i.d.R. mit dem Ziel, negativ feststellen zu lassen, dass durch die Satzung ein bestimmtes Rechtsverhältnis nicht begründet wird). Höhere Examensrelevanz hat hingegen die inzidente Rechtmäßigkeitsprüfung einer Satzung: Typische Klausureinkleidung ist dann eine Anfechtungsklage (§ 42 I VwGO) gegen einen auf die Satzung gestützten Verwaltungsakt. In diesem Fall ist die Satzung innerhalb der Begründetheit der Klage zu prüfen. Dort ist zu untersuchen, ob die Satzung eine wirksame Ermächtigungsgrundlage für den Verwaltungsakt bildet. Denkbar ist schließlich der Einstieg als verwaltungsbehördliche Klausur, in der aus der Perspektive der Kommunalaufsicht zu untersuchen ist, welche aufsichtsbehördlichen Maßnahmen zu ergreifen sind.

II. Rechtmäßigkeit eines satzungsgemäßen Anschluss- und Benutzungszwangs

231 Eher selten ist die Rechtmäßigkeit eines Anschluss- und Benutzungszwangs zu prüfen. Hier geht es regelmäßig um ähnliche Fragestellungen, nur in unterschiedlichen Einkleidungen. Im Rahmen der Zulässigkeit müssen Sie genau untersuchen, welche Klageart statthaft ist. Insoweit sind verschiedene Klagearten denkbar:

- Falls der Anschluss- und Benutzungszwang satzungsrechtlich begründet wird, ist eine **Feststellungsklage nach § 43 I VwGO** mit dem Ziel statthaft, festzustellen, dass ein Anschluss-

---
[623] *Dietlein/Burgi/Hellermann* § 2 Rn. 296.

und Benutzungszwang nicht begründet wurde. Ggf. kommt ein Hilfsantrag mit dem Ziel in Betracht, den Beklagten zur Erteilung der Genehmigung zu verpflichten. Ggf. ist ein Normenkontrollantrag gem. § 47 VwGO denkbar.
- Falls die Gemeinde einen Adressaten (nach entsprechendem Satzungsbeschluss) mittels Verwaltungsakt einem Anschluss- und Benutzungszwang unterwirft, ist eine **Anfechtungsklage gem. § 42 I VwGO** statthaft. Innerhalb dieser Anfechtungsklage werden Sie die Rechtmäßigkeit der Satzung prüfen müssen.
- Falls ein Bürger eine Befreiung von dem Anschluss- und Benutzungszwang anstrebt, kommt eine **Verpflichtungsklage gem. § 42 I VwGO** in Betracht. Auch diese Klausureinkleidung erfordert die Inzidentprüfung der Satzung.

Übersicht: Rechtmäßigkeit eines satzungsgemäßen Anschluss- und Benutzungszwangs

I. Rechtsgrundlage für Satzung
  1. (P) ggf. vorrangige Regelungen, etwa § 13 I – III KrW-/AbfG i.V.m. LAbfG oder LWasserG, ggf. nach LBestattungsG
  2. (P) allgemeine kommunalrechtliche Satzungsermächtigung reicht wegen Erheblichkeit der Grundrechtsrelevanz nicht aus – im AssEx nur ausnahmsweise ansprechen –
  3. Maßgebend daher gemeindeordnungsrechtliche Spezialermächtigung für Anschluss- und Benutzungszwang

II. Formelle Rechtmäßigkeit der Satzung (mit typischen Fehlerquellen des kommunalen Satzungsrechts; s.o.)

III. Materielle Rechtmäßigkeit der Satzung
  1. Tatbestand
    a) öffentliche Einrichtung; (P) Zwang zugunsten verselbstständigter Leistungserbringer
    b) Grundstücksbezug des Anschlusszwangs (P) Grundstücksbezug beim Benutzungszwang
    c) (P) öffentliches Bedürfnis für Anschluss- und Benutzungszwang
  2. Keine Verletzung des Satzungsermessens (Verhältnismäßigkeit)

Formell sind häufig inzident die typischen kommunalrechtlichen Fehlerquellen einer Satzung (Befangenheit etc.) zu untersuchen. Insoweit wird auf die Übersicht zur Rechtmäßigkeit einer kommunalen Satzung verwiesen.

Materiell sind die tatbestandlichen Voraussetzungen der GemO zu prüfen.

- Zunächst muss es sich um eine **öffentliche Einrichtung** der Gemeinde handeln. Dieses ist in Klausuren selten problematisch. Schwierigkeiten treten allenfalls auf, wenn die Gemeinde einen Anschluss- und Benutzungszwang zugunsten eines verselbstständigten privaten Rechtsträgers begründet (z.B. »Fernwärme Stadt X GmbH«). Dieses setzt nach der Rspr. des BVerwG voraus, dass sich die Gemeinde eine hinreichende Steuerungsmöglichkeit auf die Einrichtung gesichert hat.[624]
- Diese Einrichtung muss **grundstücksbezogen** sein. Das Erfordernis gilt jedenfalls im Fall des Anschlusszwangs. Daher unterliegen auch Grundstückseigentümer, die nicht in der Gemeinde wohnen, dem Anschlusszwang (häufiger Einwand in Klausuren).
- Es muss ein **öffentliches Bedürfnis** für den Anschluss- und Benutzungszwang vorliegen. Dieses ist gegeben, wenn vernünftige Gründe des Gemeinwohls für den Anschluss- und Benutzungszwang sprechen, m.a.W. das Wohl der Gemeindeeinwohner objektiv gefördert wird. In der Klausur liegt dieses öffentliche Bedürfnis häufig im Gesundheitsschutz. Problematisch ist derzeit die Frage, ob der Schutz der Umwelt ein öffentliches Bedürfnis darstellt. Zweifelhaft ist dies, weil Umweltschutz nur einen eingeschränkten örtlichen Bezug aufweist. Daher hat das BVerwG entschieden, dass jedenfalls das Interesse an einen überörtlichen Klimaschutz einen Anschluss- und Benutzungszwang nicht stützen kann.[625] Etwas anders kann dann gelten, wenn landesrechtlich der Umweltschutz ausdrücklich als öffentliches Bedürfnis anerkannt wird[626] oder der Aktenauszug einen örtlichen Umweltschutz in den Mittelpunkt stellt. Nicht

---

[624] BVerwG NVwZ 2005, 963 (964).
[625] BVerwG NVwZ 2006, 595 ff.
[626] Etwa Baden-Württemberg, Schleswig-Holstein.

ausreichend sind rein wirtschaftliche Zielsetzungen der Gemeinde.[627] In vielen Aktenauszügen wird darüber gestritten, inwieweit das Vorliegen eines öffentlichen Bedürfnisses gerichtlich überprüfbar ist. Bitte merken Sie sich, dass nach der überwiegenden Rspr. das öffentliche Bedürfnis als unbestimmter Rechtsbegriff einer vollen gerichtlichen Kontrolle unterliegt.

Schließlich darf das **Satzungsermessen** nicht überschritten worden sein; insoweit kann sich vor allem die Frage stellen, ob der Zwang verhältnismäßig ist. So kann etwa ein Benutzungszwang für Friedhöfe mit Art. 4 GG kollidieren. Wichtig ist allerdings vor allem eine evtl. Verletzung des Art. 14 I GG. Ein Anschluss- und Benutzungszwang stellt eine Inhalts- und Schrankenbestimmung des Eigentums dar (Art. 14 I 2 GG). Diese ist regelmäßig im Hinblick auf Art. 14 II GG (Sozialpflichtigkeit des Eigentums) verfassungsgemäß, soweit die maßgebenden öffentlichen Zwecke sichergestellt werden sollen (Grundwasserversorgung etc.).

C. Rechtsschutz im Zusammenhang mit kommunalrechtlichen Bürgerbegehren

232 Eher selten, aber nicht auszuschließen ist die Examenskonstellation, in der Sie eine Klage auf Zulassung eines Bürgerbegehrens prüfen müssen. Diese Klausur kann etwa als Anwaltsklausur auftauchen, in der Sie Bürger beraten sollen. Hier wird es insb. auf die formellen Anforderungen an das Bürgerbegehren ankommen. Bei einer anwaltlichen Beratung der Verwaltung sollten Sie das Augenmerk neben den formellen Anforderungen insb. darauf legen, ob ein Sachverhalt vorliegt, in dem das Begehren ausnahmsweise unzulässig ist. Diese Konstellation könnte insb. auch als aufsichtsrechtliche Aufgabenstellung auftauchen. Schließlich ist der Entwurf einer gerichtlichen Entscheidung möglich.

Wegen der nicht allzu häufigen Klausurkonstellation hierzu nur folgende Übersicht:

> **Übersicht: Rechtsschutz gegen verweigerte Zulässigkeitserklärung für Bürgerbegehren**
>
> **A. Zulässigkeit der Klage**
>   I. Statthafte Klageart: Verpflichtungsklage auf VA (h.M.), mit dem der Rat das Begehren für zulässig erklärt; (P) Außenwirkung der Ratsentscheidung hier ausnahmsweise (+).
>   II. Klagebefugnis (+), wenn Vertreter des Begehrens geltend machen können, durch die Ablehnung in ihrem einfachgesetzlichen Recht auf Durchführung des Bürgerentscheids nach der GemO verletzt zu sein. Achtung: Stellen Sie nicht auf das Bürgerbegehren als solches ab; dieses ist nicht klagebefugt.
>   III. Grds. Vorverfahren (§ 68 II VwGO) der Vertreter des Bürgerbegehrens gemeinschaftlich, sofern nicht landesrechtlich Unstatthaftigkeit geregelt; (P) grds. ist der Widerspruch eines einzelnen Vertreters nicht möglich; ggf. aber Entbehrlichkeit des weiteren Vorverfahrens
>   IV. Klagefrist gem. § 74 II VwGO
>   V. (P) Klagegegner: Rat, vertreten durch den Bürgermeister (h.M.); beachte aber jeweiliges LandesR
>   VI. (P) Beteiligtenfähigkeit: Rat (+) gem. § 61 Nr. 3 VwGO; (P) Vertreter des Bürgerbegehrens prozessstandschaftlich gem. § 61 Nr. 1 VwGO, landesrechtliche Besonderheiten beachten
>
> **B. Begründetheit der Klage**
> Gem. § 113 V 1 VwGO (+), wenn Zulassungsablehnung des Rates rechtswidrig. (+), wenn Zulassungsanspruch besteht, das Bürgerbegehren also formell und materiell zulässig ist.
>   I. Formelle Voraussetzungen für Bürgerbegehren
>   1. Ordnungsgemäßer schriftlicher Antrag: (P) Die Ordnungsmäßigkeit des Antrags ist häufig Gegenstand verwaltungsgerichtlicher Auseinandersetzungen und bietet daher viel Stoff für Examensklausuren. Je nachdem, welche Position Sie in der Klausur einnehmen werden, sollten Sie hierauf das besondere Augenmerk legen.
>   2. Begründung des Antrags
>   3. Benennung der Vertreter
>   4. Erforderliche Mindestunterschriften (Einleitungsquorum)

---

627 *Dietlein/Burgi/Hellermann* § 2 Rn. 375.

> 5. Kostendeckungsvorschlag
> 6. (P) Frist: Fristgebundenheit (+) bei Begehren gegen Ratsbeschluss; (–) bei Initiativbegehren
>
> II. Materielle Voraussetzungen für Bürgerbegehren
> 1. Angelegenheit des Gemeinderats (zentrale Voraussetzung)
>   a) Verbandskompetenz (Selbstverwaltungsmaterie nach Art. 28 II GG)
>   b) Organkompetenz des Rates
> 2. Keine Unzulässigkeit des Begehrens nach Negativkatalog der GemO

D. Rechtsschutz im Kommunalverfassungsstreit

Kommunalverfassungsrechtliche Streitigkeiten spielen im zweiten Examen eine nicht unbedeutende Rolle. Hierbei geht es um einen Streit zwischen Organen oder Organteilen einer kommunalen Gebietskörperschaft über die Rechtmäßigkeit einer Maßnahme, deren Rechtswirkungen sich auf die Beziehungen innerhalb der Körperschaft beschränken. Unterscheiden Sie zwischen **interorganschaftlichen Streitigkeiten** und **intraorganschaftlichen Streitigkeiten**. Jenseits dieser spezifisch kommunalrechtlichen Konstellation müssen Sie im Examen an artverwandte Erscheinungsformen denken, in denen z.B. die Funktionsträger einer IHK untereinander streiten. Die nachfolgende Übersicht gilt für diese Konstellationen entsprechend.

233

> **Übersicht: Rechtsschutz bei kommunalen Innenrechtsstreitigkeiten (Kommunalverfassungsstreit)**
>
> A. Zulässigkeit der Klage
> I. (P) Verwaltungsrechtsweg (§ 40 I 1 VwGO); (P) »Nichtverfassungsrechtlichkeit« (+), da kein Staatsverfassungsrecht; allenfalls kurz ansprechen, insb. wenn im Aktenauszug angesprochen
> II. (P) Statthafte Klageart
> 1. (P) Klagearten der VwGO erfassen nach h.M. auch Innenrechtsstreitigkeiten, also
>   • interorganschaftliche Streitigkeiten (Streit zwischen verschiedenen Gemeindeorganen)
>   • intraorganschaftliche Streitigkeiten (Streit innerhalb eines Gemeindeorgans)
> 2. Anfechtungs- oder Verpflichtungsklage (–), da Maßnahme jedenfalls keine Außenwirkung i.S.v. § 35 VwVfG; wegen VA-Bezogenheit (h.M.) daher auch FFK (–)
> 3. Feststellungsklage (§ 43 I VwGO) statthaft; für Klage sui generis kein Bedarf
> 4. Ausnahmsweise Leistungsklage bei begehrter innerorganisatorischer Störungsbeseitigung (z.B. Rauchverbot, Gewährung von Akteneinsicht)
> III. (P) Klagebefugnis (+), wenn »wehrfähige Innenrechtsposition« betroffen; nicht auf Grundrechte abstellen (Konfusionsargument); (P) Verlust der Klagebefugnis, wenn geltend gemachte Rechtsverletzung nicht zeitnah geltend gemacht wird (Obliegenheit aus Grundsatz der Organtreue)
> IV. Feststellungsinteresse, wenn KVS als Feststellungsklage, nicht bei innerorganisatorischen Störungsbeseitigungsansprüchen (Leistungsklagekonstellation)
> V. (P) Beteiligtenfähigkeit
> 1. Ratsmitglied und Bürgermeister nicht aus § 61 Nr. 1 oder Nr. 3 VwGO, sondern nach h.M. analog § 61 Nr. 2 VwGO
> 2. Ratsfraktion (+) gem. § 61 Nr. 2 VwGO, soweit ihr hinsichtlich des konkreten Streitgegenstands ein Recht zusteht
> VI. (P) Richtiger Klagegegner: Nicht nach § 78 VwGO, da dieser systematisch nur für Anfechtungs- und Verpflichtungsklagen gilt, richtiger Beklagter vielmehr »sachlicher Streitgegner«, ggf. Rubrumsberichtigung vornehmen
>
> B. Begründetheit der Klage
> – (+), wenn die Maßnahme rechtswidrig ist und den Kläger in seinen organschaftlichen Rechten verletzt (Feststellungsklagekonstellation)
> – beim innerorganisatorischen Störungsbeseitigungsanspruch (+), wenn der Kläger einen Anspruch auf Einschreiten hat (Leistungsklagekonstellation)

I. Zulässigkeit der Klage

234 Der **Verwaltungsrechtsweg** ist gegeben, da die Beteiligten nicht über staatsverfassungsrechtliche Fragen streiten. Die Nichtverfassungsrechtlichkeit sollten Sie nur ansprechen, wenn im Aktenauszug ausdrücklich § 40 I 1 VwGO in Zweifel gezogen wird.

Der **Klageart** nach handelt es sich nach zwischenzeitlich ganz h.M. nicht um eine Klageart sui generis, sondern entweder um eine Feststellungsklage (§ 43 I VwGO) oder um eine allgemeine Leistungsklage. Eine Anfechtungs- oder Verpflichtungsklage kommt jedenfalls mangels Verwaltungsakt (§ 35 VwVfG) deshalb nicht in Betracht, da es bei Entscheidungen im Inter- oder Intraorganstreit am Merkmal der Außenwirkung fehlt. Damit scheidet auch eine Fortsetzungsfeststellungsklage analog § 113 I 4 VwGO aus.[628] Damit stellt sich in der Klausur nur die Frage, ob eine Feststellungsklage oder eine allgemeine Leistungsklage statthaft ist. Insoweit ist zu unterscheiden:

- **Feststellungsklage** gem. § 43 I VwGO (+), wenn ein Ratsbeschluss oder eine erledigte Maßnahme eines anderen Organs Streitgegenstand ist.
- **Allgemeine Leistungsklage** (+), wenn ein Tun, Dulden oder Unterlassen begehrt wird. Dieses ist bei Verfolgung eines innerorganisatorischen Störungsbeseitigungsanspruchs gegeben. Klausurtypisch ist der Fall, in dem Abhilfe gegen Beeinträchtigungen bei der Mandatswahrnehmung geschaffen werden soll (z.B. Rauchverbot, Entfernung eines Kruzifixes von der Wand des Sitzungssaals). Kann das Ratsmitglied das Rechtsschutzbegehren mittels Leistungsklage durchsetzen, kommt ein Rückgriff auf die Feststellungsklage nicht in Betracht (§ 43 II VwGO).

I.R.d. **Klagebefugnis** analog § 42 II VwGO müssen Sie – abweichend von der typischen Terminologie – prüfen, ob der Kläger möglicherweise in seinen organschaftlichen Rechten beeinträchtigt ist. Es kommt nicht darauf an, ob eine subjektive Rechtsverletzung i.S.e. Grundrechtsverletzung vorliegt, da sich der Mandatsträger in dieser Eigenschaft nicht auf Grundrechte berufen kann (Konfusionsargument). Entscheidend ist vielmehr, ob der Mandatsträger in einer sog. »wehrfähigen Innenrechtsposition« beeinträchtigt wird. Dieses ist der Fall, wenn die ungestörte Mandatsausübung gefährdet ist. Vor allem folgende Rechtspositionen sind examensrelevant:

- Als geschützte Rechtsposition kommt in Klausuren insb. das **Informationsrecht** des Mandatsträgers in Betracht. So haben etwa die wahlberechtigten Ratsmitglieder vor Wahl eines Beigeordneten einen Anspruch, sich über den Kreis der Bewerber zu informieren.[629] Zudem können sie die **Aufnahme eines Beratungsgegenstandes** in die Tagesordnung beanspruchen, ohne dass seitens des Bürgermeisters eine Vorprüfung vorgenommen wird.[630] Allerdings hat das Ratsmitglied keinen allgemeinen Anspruch auf eine rechtmäßige Beschlussfassung, solange er als Organteil nicht individuell nachteilig betroffen ist.[631]
- Streitig ist, ob die **Wahrung der Sitzungsöffentlichkeit** eine wehrfähige Innenrechtsposition vermittelt. Während die überwiegende Rspr. dieses verneint, ist das OVG Münster der Auffassung, dass das einzelne Ratsmitglied einen wehrfähigen Anspruch auf Wahrung der Öffentlichkeit hat, da über Angelegenheiten in nichtöffentlicher Sitzung Verschwiegenheit zu wahren ist und diese Verschwiegenheitspflicht mit dem Recht auf freie Mandatsausübung kollidieren kann. Letzteres könne nämlich nur dann wirksam ausgeübt werden, wenn die Beratungsgegenstände der öffentlichen Meinungsbildung zugänglich gemacht werden können.[632] Dieser Auffassung hat sich jetzt auch der VGH Kassel angeschlossen.[633] In diesem Zusammenhang kann der Verlust der Klagebefugnis thematisiert werden. Der Beklagte wird ggf. einwenden, dass das Ratsmitglied erst im gerichtlichen Verfahren Bedenken gegen die Rechtmäßigkeit der Verfahrensgestaltung geäußert hat. Tatsächlich folgt aus dem Verhältnis zwischen kommunalen Organen und Organteilen auch der Grundsatz der Organtreue, der eine Obliegenheit erzeugt, in der verfahrensrechtlich gebotenen Form frühzeitig Bedenken gegen die

---

628 Statt vieler: *Ogorek* JuS 2009, 511 (512).
629 OVG Münster NVwZ-RR 2003, 225.
630 OVG Münster NVwZ 1984, 325; VGH Mannheim NVwZ 1984, 664.
631 *Tettinger/Erbguth* Besonderes Verwaltungsrecht, Rn. 184.
632 OVG Münster NVwZ-RR 2002, 135.
633 VGH Kassel NVwZ-RR 2009, 531.

Rechtmäßigkeit einer Verfahrensgestaltung geltend zu machen. Wird diese Obliegenheit verletzt, ist eine spätere Geltendmachung der Rechtsverletzung treuwidrig und deshalb unzulässig.[634] Allerdings werden Sie im Aktenauszug voraussichtlich Hinweise finden, wonach der Kläger bereits zeitnah und erfolglos den Versuch unternommen hat, den später im gerichtlichen Verfahren geltend gemachten Verfahrensverstoß zu verhindern. Dann hat das Ratsmitglied das Klagerecht nicht verloren.

- Das Ratsmitglied hat einen Anspruch auf eine ungestörte Mandatsausübung. Wird die Ausübung rechtswidrig beeinträchtigt, besteht ein **innerorganisatorischer Störungsbeseitigungsanspruch**, der die Klagebefugnis stützt. So kann etwa ein Mandatsträger beanspruchen, dass bei Ratssitzungen ein Rauchverbot angeordnet wird.[635] Wichtig ist, dass die Störungen nicht zwingend von anderen Ratsmitgliedern ausgehen müssen; der Störungsbeseitigungsanspruch vermittelt auch einen Anspruch auf Einschreiten gegenüber störendem Verhalten von Zuhörern, wobei dann auch ausnahmsweise eine Verpflichtungsklage statthaft sein kann, wenn das Einschreiten gegenüber dem Zuhörer ein Verwaltungsakt ist.[636]
- Denkbar ist auch, dass eine Untergliederung des Rates (insb. eine Fraktion oder – bei fehlender personeller Fraktionsstärke – eine Gruppe) Ansprüche verfolgt. Neben dem Rechtsschutz eines Fraktionsmitglieds gegen einen Ausschluss dürfte insb. der Anspruch der Fraktion auf Gewährung von **Zuwendungen aus Haushaltsmitteln** relevant sein. Landesrechtlich ist vielfach geregelt, dass Fraktionen aus Haushaltsmitteln Zuwendungen zu den sächlichen und persönlichen Aufwendungen für die Geschäftsführung zu gewähren sind. Als »innerorganisatorische Anspruchsnorm« kann eine Fraktion hierauf gestützt in einem Kommunalverfassungsstreitverfahren z.B. geltend machen, die ihr gewährte Zuwendung sei zu niedrig oder eine andere Fraktion werde dem auch zwischen kommunalen Organen und Organteilen geltenden Grundsatz der Chancengleichheit widersprechend bevorzugt.[637] Beachten Sie, dass die gemeindeordnungsrechtlichen Regelungen keinen unmittelbaren Rechtsanspruch auf Zuwendungen begründen (so dass insb. die Geschäftsführungsaufwendungen nicht vollständig zu erstatten sind). Dem Grundsatz der Chancengleichheit folgend kann eine Fraktion aber eine sachgerechte und willkürfreie Entscheidung über die Zuwendungsgewährung beanspruchen. Im Hinblick auf den Förderungszweck, die finanzielle Ausstattung einer Fraktion zu sichern, damit diese funktionsgemäß die Willensbildung innerhalb des Rates bündeln und fördern kann, sind Zuwendungen für überregionale oder parteipolitische Aufgaben unzulässig. Notwendig ist stets eine sachliche Rechtfertigung für unterschiedlich hohe Zuwendungen. Eine solche kann aber im Grundsatz der »abgestuften« Chancengleichheit liegen, der die Zuwendungshöhe an die Größe der Fraktion oder Gruppe koppelt.[638]

Schließlich ist bei Statthaftigkeit der Feststellungsklage noch auf das **Feststellungsinteresse** einzugehen. Dieses folgt bei einem Sitzungsausschluss i.d.R. daraus, dass zukünftig erneut ein Ausschluss ausgesprochen werden könnte.

Die **Beteiligtenfähigkeit** von Kollegialorganen folgt aus § 61 Nr. 2 VwGO. Die Beteiligtenfähigkeit eines Organteils, also z.B. des Mandatsträgers ergibt sich nach h.M. nicht aus § 61 Nr. 1 VwGO, sondern aus § 61 Nr. 2 VwGO analog. Vertiefen Sie dieses Problem in der Klausur aber nicht künstlich.

Richtiger Klagegegner ist das Organ bzw. der Organteil, dessen Maßnahme gerügt wird bzw. von dem ein Tun oder Unterlassen verlangt wird, also der sog. sachliche Streitgegner. Gegen den Rechtsträger (§ 78 I Nr. 1 VwGO) ist die Klage nicht zu richten.[639]

> **Klausurhinweis:** Bitte merken Sie sich die vorstehenden Grundsätze. Diese sollten Sie in der Klausur kurz, aber vollständig ansprechen. Viele Prüfer bemängeln, dass bei kommunalverfassungsrechtlichen Streitigkeiten die Zulässigkeitsprüfung »aufgebläht« wird.

---

634 OVG NRW, Urt. v. 02.05.2006 – 15 A 817/04 BeckRS 2006 23435; OVG NRW NWVBl. 2009, 221.
635 OVG Münster NVwZ-RR 1991, 260.
636 *Ogorek* JuS 2009, 511 (515; Fn. 42).
637 *Tettinger/Erbguth* Besonderes Verwaltungsrecht, Rn. 149 m.w.N.
638 OVG Lüneburg, Beschl. v. 09.06.2009 – 10 ME 17/09.
639 *Tettinger/Erbguth* Besonderes Verwaltungsrecht, Rn. 188.

II. Begründetheit der Klage

235 Die Klage ist begründet, wenn das Kollegialorgan bzw. der Organteil tatsächlich in seinen organschaftlichen Rechten verletzt ist. Um dieses beurteilen zu können, müssen Sie sich das innerorganisatorische Funktionsgefüge der Gemeinde verdeutlichen, wobei hierbei landesrechtliche Besonderheiten gelten können:

- Der **Rat** entscheidet über sämtliche Angelegenheiten des eigenen und übertragenen Wirkungskreises, für die nicht evtl. beschließende Ausschüsse bestellt sind oder der Bürgermeister selbstständig entscheidet. Der Rat übt die Kontrolle über die Verwaltung (einschließlich der Ausführung der Ratsbeschlüsse) aus und wählt ggf. Beigeordnete. Klausurrelevant ist vor allem das sog. Rückholrecht des Rates, das häufig zu Konflikten im Verhältnis zum Bürgermeister führt. **Unterorgane** des Rates sind (neben dem Bürgermeister) Ratsmitglieder, die Fraktionen, Ausschüsse sowie ggf. sachkundige Einwohner/Bürger.
- Der **Bürgermeister** übt den Ratsvorsitz und das Hausrecht in der Ratssitzung aus, beruft den Rat ein, legt die Tagesordnung fest. Außerdem führt er die Geschäfte der laufenden Verwaltung aus, wobei er allerdings dem Rückholrecht des Rates unterworfen ist (s.o). Laufende Geschäfte sind solche, die für die Gemeinde keine grds. Bedeutung haben und keine erheblichen Verpflichtungen auslösen. Dieses richtet sich sowohl nach der Größe als auch der Struktur und der Wirtschafts- und Finanzkraft der Gemeinde.

Klausurhinweis: Wiederholt ist die Zulässigkeit eines **Fraktionsausschlusses** problematisiert worden. I.R.d. Zulässigkeit kommt neben den oben angesprochenen Aspekten das Problem des Rechtswegs hinzu. In Aktenauszügen wird häufig geltend gemacht, der Streit sei zivilrechtlicher Natur. Bitte merken Sie sich, dass nach überwiegender Ansicht Fragen der Beziehungen innerhalb der Fraktion als öffentlich-rechtliche Streitigkeit nach § 40 I 1 VwGO anzusehen sind.[640] Auf der Begründetheitsebene prüfen Sie, ob der Ausschluss in formeller und materieller Hinsicht nicht zu beanstanden ist. Formell setzt der Ausschluss

- eine Anhörung des Betroffenen,
- eine ordnungsgemäße Ladung aller Fraktionsmitglieder,
- die Aufnahme des Ausschlusses auf die Tagesordnung,
- einen Mehrheitsbeschluss und
- eine schriftliche Mitteilung über die Ausschlussgründe voraus.

Materiell setzt der Ausschluss das Vorliegen eines wichtigen Grundes voraus.[641] Diese Frage wird neben der etwas umfassenderen Zulässigkeitsprüfung (s.o.) der Schwerpunkt der Klausur sein. Ob ein wichtiger Grund vorliegt, ist unter Beachtung des Verhältnismäßigkeitsgrundsatzes durch Abwägung zwischen dem Status des in Abstimmungen freien Ratsmitglieds einerseits und der Arbeitsfähigkeit der Fraktion als Kollegialorgan andererseits zu untersuchen. Im Hinblick auf die Arbeitsfähigkeit der Fraktion sind in bestimmtem Umfang vereinbarte Grundlinien einzuhalten. Wenn das Fraktionsmitglied wiederholt durch eine Abweichung in zentralen Fragen das Vertrauensverhältnis nachhaltig stört und damit eine weitere Zusammenarbeit nicht möglich erscheint, liegt ein wichtiger Grund vor.

Wird der Fall in ein **vorläufiges Rechtsschutzverfahren** eingekleidet, ist ein Antrag nach § 123 I VwGO (i.d.R. Sicherungsanordnung) statthaft. Dies gilt auch im oben erörterten Fall des Fraktionsausschlusses.

Klausurhinweis: Für die anwaltliche Beratung eines Organs bzw. Organteils sollten Sie sich merken, dass die Rspr. regelmäßig davon ausgeht, dass die Körperschaft, das Organ oder das Gesamtorgan des Organteils die Kosten des unterlegenen Organs zu tragen hat.[642] Insoweit trägt das Ratsmitglied etwaige Verfahrenskosten also nicht persönlich. Entsprechende Fragestellungen können im Gesprächsvermerk zwischen Anwalt und Mandanten angedeutet sein. Dieser Kostenerstattungsanspruch kann materiell auf den Organstatus gestützt werden; eines Rückgriffs auf den allgemeinen öffentlich-recht-

---

640 OVG Lüneburg NVwZ 1994, 506 m.w.N.
641 *Dietlein/Burgi/Hellermann* § 2 Rn. 216.
642 *Kuhla/Hüttenbrink* § 273a m.w.N.

lichen Erstattungsanspruch bedarf es nicht.[643] Dieser in einer Leistungsklage zu verfolgende Anspruch ist gegen die Gemeinde zu richten. Ein Anspruch auf Kostenerstattung kommt aber erst in Betracht, wenn das zuständige Gemeindeorgan über organschaftliche Rechte entschieden hat, so dass eine Verteidigung von Rechten erforderlich ist. Bei einer bloßen Meinungsverschiedenheit kommt ein Anspruch auf Ersatz von Beratungskosten nicht in Betracht.[644] Für einen etwaigen Verwaltungsakt fehlt es an der VA-Befugnis, so dass eine Anfechtungsklage gegen einen solchen VA begründet ist.

E. Rechtsschutz gegen kommunalaufsichtliche Maßnahmen

Fragen im Zusammenhang mit dem Rechtsverhältnis zwischen Gemeinde und Land (Staat) werden vielfach in eine kommunalaufsichtsrechtliche Klausuraufgabe eingekleidet. In der examensrelevanten Standardkonstellation greift die Aufsichtsbehörde nach Fassung eines Ratsbeschlusses durch die Gemeinde zu einer Aufsichtsmaßnahme, gegen die sich die Gemeinde mittels Anfechtungsklage zur Wehr setzt. Die inhaltlichen Klausurschwerpunkte sind neben prozessualen Fragen (Statthaftigkeit der Klage? Verwaltungsaktsqualität des Aufsichtsmittels?) vor allem die inzidente Überprüfung der Rechtmäßigkeit des Ratsbeschlusses.

236

Der Standardfall ist das Vorgehen der Gemeinde gegen eine Maßnahme der Kommunalaufsichtsbehörde (z.B. Beanstandung oder Aufhebung eines Gemeinderatsbeschlusses).

Vertiefte Ausführungen erwartet das Prüfungsamt bei der **statthaften Klageart**: An dieser Stelle ist nämlich zu erörtern, ob die Gemeinde als Adressat eines belastenden Verwaltungsakts betroffen ist oder nicht (letzteres mangels Außenwirkung z.B. bei fachaufsichtsrechtlichen Weisungen). Der für die Anfechtungsklage erforderliche Verwaltungsakt (§ 35 S. 1 VwVfG) liegt bei einer (rechtsgestaltenden) Aufhebung eines Ratsbeschlusses ohne Weiteres vor. Bei der vorgeschalteten Beanstandung ist VA-Qualität zwar streitig, i.E. aber zu bejahen, weil die Gemeinde auch bei dieser Maßnahme als selbstständiger Träger eines Selbstverwaltungsrechts betroffen ist. Die Maßnahme entfaltet mithin Außenwirkung. Sie erfüllt auch keine bloß vorbereitende Funktion (i.S.v. § 44a VwGO) für die spätere Aufhebung, sondern enthält das Gebot, den Beschluss zu ändern. Sie entfaltet damit Regelungswirkung.

> **Zusammenfassung: Formen der Kommunalaufsicht**
>
> - Im Rahmen der allgemeinen Kommunalaufsicht (damit insb. im Bereich der Selbstverwaltungsaufgaben; Art. 28 II GG) steht der Aufsichtsbehörde eine **Rechtsaufsicht** zu; die Aufsicht ist nur zur Überprüfung befugt, ob die Gemeinde rechtsfehlerhaft gehandelt hat. Steht letzterer ein Ermessensspielraum zu, überprüft die Aufsichtsbehörde nur das Vorliegen von Ermessensfehlern. Als Mittel der Rechtsaufsicht stehen der Aufsichtsbehörde insb. zur Verfügung:
>   – Informationsrecht
>   – Beanstandung des Ratsbeschlusses (P) Verwaltungsaktsqualität (+), da sowohl Außenwirkung als auch eigenständige Regelungswirkung
>   – Aufhebung des Ratsbeschlusses oder Ersatzvornahme.
>   Die daneben als ultima ratio denkbare Bestellung eines Beauftragten oder die Auflösung des Gemeinderats spielen im Examen allenfalls in der mündlichen Prüfung eine Rolle.
> - Im (bundesrechtlich) übertragenen Aufgabenbereich erfasst die Aufsicht daneben auch die **Fachaufsicht**. Die Fachaufsicht ist eine Rechtsaufsicht, mit der im Verhältnis zur Rechtsaufsicht bestehenden Besonderheit, dass die Aufsichtsbehörde in das gemeindliche Ermessen eingreifen darf. Als Mittel der Fachaufsicht stehen der Aufsichtsbehörde neben dem Instrumentarium der Rechtsaufsicht außerdem Weisungsrechte zu. Im landesrechtlich übertragenen Wirkungsbereich besteht ggf. nur eine sog. **Sonderaufsicht**. Im Gegensatz zur Fachaufsicht ist die Zweckmäßigkeitskontrolle ggf. eingeschränkt.

---

643 OVG Münster NWVBl. 2009, 363, 365.
644 OVG Münster NWVBl. 2009, 363, 365.

In der Klausur werden Sie voraussichtlich auf einen Fall der **Rechtsaufsicht** stoßen. Hier vermittelt die mögliche Verletzung des gemeindlichen Selbstverwaltungsrechts (Art. 28 II GG) zugleich die nach § 42 II VwGO notwendige Klagebefugnis der Gemeinde, nicht des Rates.

> **Klausurhinweis:** In kommunalaufsichtsrechtlichen Klausuren kann auch die Frage aufgeworfen werden, inwieweit ein außenstehender Bürger ein aufsichtsrechtliches Einschreiten beanspruchen kann. Denkbar ist hier vor allem die Erhebung einer Kommunalaufsichtsbeschwerde eines Bürgers. Hiermit begehrt der Petent (Bürger) ein Einschreiten der Aufsichtsbehörde gegenüber der Gemeinde. Sie werden in der Klausur zu fragen haben, ob der Bürger einen Anspruch auf förmliche Bescheidung seiner Beschwerde hat. Insoweit müssen Sie daran denken, dass staatliche Aufsichtsmaßnahmen gegenüber der Gemeinde verwaltungsinterne Wirkung haben. Daher hat der Bürger mangels Klagebefugnis keinen individuellen Anspruch auf kommunalaufsichtsrechtliches Einschreiten. Er hat lediglich einen formellen Bescheidungsanspruch (Art. 17 I GG). Nach dem Bearbeitervermerk werden Sie voraussichtlich die Rolle eines Verwaltungsjuristen der Aufsichtsbehörde einnehmen. Sie werden dann einen »Beschwerdebescheid« an den Beschwerdeführer fertigen müssen, bei dem einige Besonderheiten zu beachten sind (etwa darf keine Rechtsbehelfsbelehrung beigefügt werden).[645] Anschließend fertigen Sie den Entwurf einer Aufsichtsverfügung gegenüber der Gemeinde, sofern der Ratsbeschluss tatsächlich rechtswidrig sein sollte.

Ein **Vorverfahren** kann entbehrlich sein (entweder gem. § 68 I 2 VwGO i.V.m. einer speziellen gemeindeordnungsrechtlichen Anordnung[646] oder i.V.m. dem jeweiligen AG VwGO des Landes). Im Übrigen (Klagefrist gem. § 74 VwGO etc.) gelten hier keine Besonderheiten.

Die Gemeinde wird als **beteiligungsfähige juristische Person** (§ 61 Nr. 1 VwGO) von ihrem landesrechtlich vorgesehenen Vertretungsorgan (z.B. Bürgermeister) vertreten (§ 62 III VwGO i.V.m. §§ (...) GO).

Die Anfechtungsklage ist **begründet**, soweit die Aufsichtsmaßnahme rechtswidrig ist und die Gemeinde in ihren Rechten verletzt (§ 113 I 1 VwGO). Anschließend prüfen Sie die formelle und materielle Rechtmäßigkeit des angefochtenen Verwaltungsakts, also der kommualaufsichtlichen Verfügung.

- **Formell** setzt die Aufsichtsverfügung voraus, dass die Aufsichtsbehörde zuständig ist und das evtl. erforderliche vorherige Beanstandungsverfahren ordnungsgemäß durchgeführt wurde. Eine besondere Anhörung gem. § 28 VwVfG ist nach h.M. entbehrlich, da die gemeindeordnungsrechtlichen Vorschriften über das Beanstandungsverfahren eine abschließende spezialgesetzliche Sonderregelung darstellen, die § 28 VwVfG verdrängt (vgl. § 1 I VwVfG).[647]
- Weiterer Schwerpunkt der Klausur ist die **materielle Rechtmäßigkeit** der Aufhebungsverfügung. Diese setzt zunächst voraus, dass der Ratsbeschluss rechtswidrig ist.

> **Übersicht: Rechtmäßigkeit eines kommunalen Ratsbeschlusses**
>
> I. Formelle Rechtmäßigkeit des Ratsbeschlusses
> 1. Zuständigkeit
>   a) Verbandskompetenz der Gemeinde (Art. 28 II GG)
>   b) Organkompetenz des Rates
> 2. Verfahren
> 3. Form
> II. Materielle Rechtmäßigkeit des Ratsbeschlusses
> 1. Spezialgesetzliche Voraussetzungen für den Ratsbeschluss
> 2. Allgemeine Rechtmäßigkeitsanforderungen (z.B. Bestimmtheit)
> 3. kein Verstoß gegen höherrangiges Recht (insb. Grenzen der einfachgesetzlichen Ermächtigung, daneben aber auch GG, LVerf)

---

645 Zum Aufbau des »Bescheides« an den Beschwerdeführer im Einzelnen *Kaiser/Köster* Die öffentlich-rechtliche Klausur im Assessorexamen, Rn. 439.
646 § 125 GO BW; § 126 GO NRW.
647 *Kallerhoff* NWVBl. 1996, 93 (94).

Daneben müssen die weiteren tatbestandlichen Voraussetzungen der aufsichtsrechtlichen Ermächtigungsgrundlage erfüllt sein. Hierbei ist zu beachten, dass kommunalaufsichtliche Befugnisse in einem gestuften Verfahren anzuwenden sind, so ist z.B. eine sofortige Aufhebung rechtswidrig.

> **Klausurhinweis:** Lässt das Prüfungsamt den Sachverhalt in einem vorläufigen Rechtsschutzverfahren »spielen«, müssen Sie bei der statthaften Antragsart unterscheiden:
>
> - Wird die Suspendierung eines belastenden aufsichtsrechtlichen Verwaltungsakts begehrt, ist ein **Antrag nach § 80 V VwGO** auf Wiederherstellung der aufschiebenden Wirkung der ggf. nach § 80 II 1 Nr. 4 VwGO angeordneten sofortigen Vollziehung statthaft. Dies betrifft z.B. vorläufigen Rechtsschutz gegen eine kommunalaufsichtliche Aufhebung eines Ratsbeschlusses oder sonstigen Aufsichtsmaßnahmen, in die Gemeinde als Adressat eines Verwaltungsakts betrifft.
> - Wird vorläufiger Rechtsschutz gegenüber Maßnahmen begehrt, die wegen (insb. wegen fehlender Außenwirkung) keinen Verwaltungsakt darstellen (z.B. fachaufsichtliche Weisungen, str.), ist ein **Antrag nach § 123 I VwGO** statthaft.

F. Klausuren aus dem kommunalen Wirtschaftsrecht

Vereinzelt tauchen auch Klausuren aus dem kommunalen Wirtschaftsrecht auf. Der Einstieg erfolgt typischerweise durch eine Leistungsklage (ggf. in Form einer Unterlassungsklage) eines konkurrierenden Privatunternehmers. Dieser Klausurtyp unterscheidet sich insoweit von der ebenfalls denkbaren Einkleidung in eine kommunalaufsichtsrechtliche Klausur, als bei der Konkurrentenklage nur die Verletzung drittschützender Vorschriften relevant ist. Die Prüfung des Drittschutzes der maßgebenden Vorschriften bildet daher bei der Konkurrentenklage einen Klausurschwerpunkt.

I. Zulässigkeit der Konkurrentenklage

In der Klausur ist ggf. kurz auf den **Verwaltungsrechtsweg** einzugehen. Der private Konkurrent wird seinen Abwehranspruch bzgl. des »Ob« der kommunalwirtschaftlichen Betätigung u.a. auf eine Verletzung der gemeinderechtlichen Bestimmungen über die Zulässigkeit wirtschaftlicher Betätigungen stützen. Diese Bestimmungen sind öffentlich-rechtlicher Art, so dass der Verwaltungsrechtsweg eröffnet ist.[648] Im Hinblick auf § 17 II 1 GVG ändert sich hieran auch nichts, wenn die Klage ergänzend auf Bestimmungen des privaten Wettbewerbsrechts (UWG) gestützt wird.

Statthafte Klageart für die Konkurrentenklage eines privaten Mitbewerbers gegen die Gemeinde ist stets die allgemeine Leistungsklage, wobei Sie hinsichtlich des Klageziels unterscheiden müssen:

- Betreibt die Gemeinde das Unternehmen selbst, ist die allgemeine Leistungsklage gerichtet auf ein künftiges Unterlassen statthaft;
- Ist demgegenüber die Gemeinde nur an einem privaten selbstständigen Unternehmen beteiligt, zielt die Klage auf eine Verurteilung der Gemeinde zur Einwirkung auf den privaten Rechtsträger dergestalt, dass dieser die in Rede stehende Betätigung zukünftig unterlässt.

Zur Annahme der **Klagebefugnis** reicht es aus, wenn der Kläger geltend machen kann, in einem ihn schützenden Recht verletzt zu sein (§ 42 II VwGO). Das setzt voraus, dass die maßgebenden Vorschriften des Kommunalwirtschaftsrechts zumindest auch den Interessen der privaten Konkurrenten zu dienen bestimmt sind (Schutznormtheorie). Diese Frage ist das eigentliche Kernproblem des Gemeindewirtschaftsrechts. Hier sollten Sie klausurtaktisch vorgehen: Um die Klagebefugnis zu bejahen, reicht es aus, dass die Annahme eines subjektiven Rechtsschutzes zumindest nicht offensichtlich ausgeschlossen ist. Diese geringen Anforderungen können Sie ohne Weiteres annehmen, da durchaus die Auffassung vertreten wird, dass die Vorschriften des Kom-

---

648 Bei einem Streit bzgl. des »Wie« ist demgegenüber nach h.M. gem. § 13 GVG der ordentliche Rechtsweg eröffnet.

munalwirtschaftsrechts den Gemeinden nicht nur eine Zurückhaltung bei der unternehmerischen Betätigung aus Gründen des Selbstschutzes auferlegen, sondern auch dem Wettbewerbsschutz zugunsten von Konkurrenten dienen.[649]

II. Begründetheit der Konkurrentenklage

239 Anspruchsgrundlage für einen evtl. Unterlassungsanspruch des Konkurrenten ist der gewohnheitsrechtlich anerkannte Abwehr- und Unterlassungsanspruch. Das tatbestandlich erforderliche hoheitliche Handeln liegt bzgl. des »ob« der wirtschaftsrechtlichen Betätigung vor. Schwerpunkt der Anspruchsprüfung ist i.d.R. die Frage, ob in ein subjektives öffentliches Recht des Klägers eingegriffen wird. Ein solches könnte sich aus einfachgesetzlichen Vorschriften des kommunalen Wirtschaftsrechts oder aus Grundrechten (insb. Art. 14 GG, Art. 12 GG, Art. 2 I GG) ergeben.

1. Abwehranspruch aus einfachgesetzlichen Normen

Ob die **einfachgesetzlichen Bestimmungen der Gemeindeordnungen** über die kommunalwirtschaftliche Betätigung subjektiven Rechtsschutz vermitteln, hängt wesentlich von deren jeweiliger landesrechtlicher Ausgestaltung ab. Diesen Vorschriften ist zunächst gemein, dass sie die Zulässigkeit der wirtschaftlichen Betätigung einer Schrankentrias unterwerfen.[650] Danach ist erforderlich, dass

- die wirtschaftliche Betätigung durch einen (ggf. »dringenden«) öffentlichen Zweck »gerechtfertigt« ist bzw. (je nach Landesrecht) ein öffentlicher Zweck das Unternehmen »erfordert«;[651]
- das Unternehmen nach Art und Umfang in einem angemessenen Verhältnis zur Leistungsfähigkeit der Gemeinde steht sowie
- die sog. Subsidiaritätsklausel gewahrt wird.

Vorab müssen Sie allerdings prüfen, ob diese Schrankentrias überhaupt **anwendbar** ist. Bei nichtwirtschaftlichen Unternehmen ist dieses nicht der Fall. In den Gemeindeordnungen wird bestimmt, dass Einrichtungen, die bestimmte gemeinwirtschaftliche Aufgaben erfüllen, der Schrankentrias nicht unterworfen sind.[652] Diese privilegierten Einrichtungen sind im Einzelnen gesetzlich im Wege eines Negativkatalogs benannt. Eine solche Privilegierung hat zur Folge, dass diese Einrichtungen nicht den gesetzlichen Beschränkungen wirtschaftlicher Betätigung unterliegen, so dass darauf auch kein Unterlassungsanspruch des privaten Konkurrenten gestützt werden kann.[653]

Liegt hingegen ein wirtschaftliches Unternehmen vor, muss dieses durch einen **öffentlichen Zweck** gerechtfertigt sein, also in einem (wenngleich gerichtlich nur begrenzt überprüfbaren) Interesse der örtlichen Gemeinschaft liegen.[654] Insoweit ist zu beachten, dass landesrechtlich unter bestimmten Voraussetzungen auch eine wirtschaftliche Betätigung außerhalb des Gemeindegebiets zulässig sein kann.[655]

Zur Annahme eines öffentlichen Zwecks ist eine unmittelbare Gemeinwohlförderung erforderlich, also ein öffentliches Interesse an der Versorgung mit der angebotenen Dienst- oder Sachleistung. Hieran fehlt es etwa, wenn die Betätigung ausschließlich der Gewinnerzielung dient.[656]

---

649 *Rennert* JuS 2008, 211 (215).
650 § 102 I BadWürttGO; Art. 87 I BayGO; § 100 II, III BbgGO; § 121 I 1 HessGO; § 68 I MVKV; § 108 I 2 NdsGO; § 107 I 1 GO NRW; § 85 RhPfGO; § 108 I SaarlKSVG; § 97 I 1 SächsGO; § 116 I 1 GO LSA; § 101 I SchlHGO; § 71 I ThürKO.
651 So in Bayern, NRW und Thüringen.
652 Z.B. angenommen für eine öffentlich zugängliche Saunaanlage OVG Lüneburg NVwZ 2009, 258.
653 *Schoch* JK 5/2009, NdsGemO § 108/I.
654 *Rennert* JuS 2008, 211 (215).
655 So z.B. Art. 87 II BayGO; § 121 V HessGO; § 107 III GO NRW; § 116 III GO LSA; § 101 II SchlHGO; § 71 IV ThürGO. Teilweise ist sogar eine Betätigung im Ausland zulässig, etwa gem. § 107 III, IV GO NRW; § 101 III SchlHGO.
656 *Rennert* JuS 2008, 211 (215); z.T. auch landesrechtlich ausdrücklich angeordnet (Art. 87 I 2 BayGO; § 116 I 2 SächsGO).

Eine bloße Randnutzung, bei der die Ressourcen wirtschaftlich nur besser genutzt werden, ist allerdings zulässig.[657]

Ist landesrechtlich ein »dringender« öffentlicher Zweck erforderlich,[658] wird eine Unerlässlichkeit der Erfüllung des öffentlichen Zwecks für die Existenz der Gemeindeeinwohner verlangt.[659]

Ob diese Anforderungen allerdings für den klagenden Konkurrenten Drittschutz vermitteln, wird von den jeweilig zuständigen Gerichten sehr unterschiedlich beurteilt. Überwiegend wird wohl die Auffassung vertreten, dass die Zweckbindungsklausel keinen Drittschutz zugunsten eines privaten Konkurrenten vermittelt.[660] Demgegenüber wird von dem OVG Münster die Annahme eines Drittschutzes bejaht: Wenn landesrechtlich (wie in § 107 V GO NRW) die kommunalwirtschaftliche Betätigung von einer Marktanalyse abhängt, wolle der Gesetzgeber auch einen privaten Konkurrenten des öffentlichen Unternehmens schützen.[661]

Hinweis: Falls nach der Rspr. des jeweiligen Bundeslandes der Drittschutz zugunsten des privaten Konkurrenten tatsächlich verneint wird, wird von den Prüfungsämtern gerne die Einbettung in eine kommunalaufsichtsrechtliche Klausur gewählt.

Schließlich ist die Einhaltung der **Subsidiaritätsklausel** zu prüfen. In den Gemeindeordnungen sind diese z.T. sehr unterschiedlich ausgestaltet. Überwiegend enthalten diese echte drittschützende Regelungen. Dieses ist etwa der Fall, wenn sie eine wirtschaftliche Betätigung für unzulässig erklären, wenn der öffentliche Zweck »durch einen anderen«[662] oder »durch einen privaten Dritten«[663] ebenso gut erreicht werden kann. Diese Gesetzesfassung spricht für einen subjektiven Drittschutz.[664] Wird demgegenüber eine wirtschaftliche Betätigung nur dahingehend eingeschränkt, dass »der öffentliche Zweck auf andere Weise ebenfalls erreicht werden kann«, dient die Subsidiaritätsregelung nur allgemeinen Interessen und vermittelt keinen subjektiven Rechtsschutz.[665]

2. Abwehranspruch aus Grundrechten

Im Anschluss an die Prüfung der einfachgesetzlichen Bestimmungen des Gemeinderechts prüfen Sie einen evtl. **Abwehranspruch aus Grundrechten**. Denkbar ist in erster Linie ein Abwehrrecht aus Art. 14 I GG, Art. 12 I GG sowie Art. 2 I GG.

- Allerdings schützt **Art. 14 GG** nur die Substanz des Eigentums, nicht etwa Erwerbs- oder Wettbewerbschancen. Auch schützt Art. 14 I GG nicht vor Konkurrenz, so dass eine Verletzung von Art. 14 I GG in aller Regel ausscheidet.[666]
- Zwar schützt die in **Art. 12 I GG** verbriefte Berufsfreiheit auch die Teilnahme eines Unternehmers an dem Wettbewerb; allerdings liegt bei dem infolge einer wirtschaftlichen Betätigung nur möglichen mittelbaren Eingriff eine Verletzung nur vor, wenn der Betroffene in seiner Wettbewerbsfreiheit in unerträglichem Maß eingeschränkt oder unzumutbar geschädigt wird.[667] Diese Voraussetzungen für einen Verdrängungswettbewerb liegen in aller Regel nicht vor.

---

657 *Rennert* JuS 2008, 211 (215).
658 So gem. § 101 I 1 Nr. 1 GO NRW.
659 *Hamacher* NWVBl. 2008, 81 (82).
660 *Rennert* JuS 2008, 211 (215) m.w.N.
661 OVG Münster NVwZ 2003, 1520; *Rennert* JuS 2008, 215 (216).
662 So § 102 I Nr. 3 BadWürttGO; Art. 87 I Nr. 4 BayGO; § 108 I 2 Nr. 3 NdsGO; § 108 I Nr. 3 SaarLKVG; § 116 I Nr. 3 GO LSA; § 71 I Nr. 4 ThürKO.
663 § 121 I Nr. 3 HessGO; § 100 BbgGO; § 68 I Nr. 3 GO MV; § 85 I Nr. 3 RPfGO; § 97 I Nr. 1 SächsGO.
664 *Rennert* JuS 2008, 211 (216).
665 Beachten Sie, dass die Rspr. in NRW den Drittschutz auf die Bindung der Gemeinde an den »öffentlichen Zweck« gem. § 107 I Nr. 1 GO NRW stützt – NWVBl. 2005, 68; 2008, 418.
666 *Schoch* JK 7/09; GO LSA 116/1; *Manssen* Staatsrecht II, Rn. 641; im Einzelnen s.u. Rn. 290.
667 BVerwG DVBl. 1996, 152 (153).

- Schließlich schützt **Art. 2 I GG** die Teilnahme am Wettbewerb (als Teil der allgemeinen Handlungsfreiheit); ein Eingriff ist aber erst gegeben, wenn durch die hoheitliche Maßnahme die Fähigkeit des Konkurrenten des öffentlichen Unternehmens derart eingeschränkt wäre, dass dieser sich nicht mehr als verantwortlicher Unternehmer betätigen könnte. Auch dieses scheidet regelmäßig aus. Mit diesen Erwägungen wird von der Rspr. in aller Regel ein grundrechtlicher Abwehranspruch verneint.

3. Abwehranspruch aus privatem Wirtschaftsrecht

240 Schließlich könnte ein evtl. **Anspruch aus privatem Wirtschaftsrecht** in Betracht kommen. Insb. ist wegen § 17 II 1 GVG auch zu fragen, ob ein evtl. Unterlassungsanspruch aus §§ 3, 8 UWG folgt. Dieses scheidet allerdings aus, wenn und soweit sich der Kläger nur gegen den Marktzutritt des kommunalen Wettbewerbers wendet (»ob« der Marktteilnahme) und sich hierzu auf die Verbotsnormen des kommunalen Wirtschaftsrechts beruft. Diese Bestimmungen sind nämlich nicht dazu bestimmt, im Interesse der Marktteilnehmer das Marktverhalten zu regeln.[668] Anders liegt es allerdings, wenn sich der Kläger zugleich gegen das konkrete Marktverhalten wendet (»wie« der Marktteilnahme). Wenn dieser Gesichtspunkt allerdings einen anderen Streitgegenstand bildet, lässt sich insoweit eine Prüfungskompetenz nicht aus § 17 II 1 GVG herleiten.[669]

7. Kapitel. Beamtenrecht

> **Klausurhinweis:** Durch die mit der Föderalismusreform erfolgte Änderung des GG hat der Bund die konkurrierende Gesetzgebungskompetenz zur Regelung der Statusrechte und -pflichten der Beamten der Länder und Gemeinden erworben. Ziel dieser Neukonzeption ist die Festlegung von Grundstrukturen zur Gewährleistung der erforderlichen Einheitlichkeit des Dienstrechts.[670] Ausgenommen von der konkurrierenden Kompetenz des Bundes ist das Recht der Laufbahnen sowie die Besoldung und Versorgung (Art. 74 I Nr. 27 GG). Dies hat zur Folge, dass die Länder den Status der Landesbeamten nur noch regeln dürfen, soweit das BeamtStG Regelungsbereiche offen lässt. Im Laufbahnrecht sowie in den klausurrelevanten Materien des Besoldungs- und Versorgungsrechts (hierzu nachfolgend C. und D.) ist zukünftig Landesrecht maßgebend. Allerdings sind die Regelungen des BBesG sowie des BeamtVG weiterhin anwendbar, bis landesrechtliche Regelungen vorliegen (Art. 125a GG, § 86 BBesG; § 108 BeamtVG).

A. Rechtsschutz des Beamten gegen dienstliche Anordnungen

241 Wird im Aktenauszug der Rechtsschutz des Beamten gegen dienstliche Anordnungen problematisiert (Beispiel: Weisung gegenüber Beamten, die Haarlänge zu kürzen; Weisung an Beamten, eine Dienstwaffe herauszugeben; Weisung, ein bestimmtes Dienstzimmer zu nutzen), werden Sie in der **Zulässigkeit** der Klage zu erörtern haben, ob gegen eine solche Weisung eine Anfechtungsklage (§ 42 I VwGO) **statthaft** ist. Dienstliche Anordnungen stellen allerdings i.d.R. mangels bezweckter Außenwirkung keinen Verwaltungsakt dar, wenn sie nach ihrem objektiven Sinngehalt auf organisationsinterne Wirkung abzielen.

- Diese ausschließlich interne Wirkung haben Anordnungen, wenn sie den Beamten nicht in seiner persönlichen Rechtsstellung, sondern als **Amtswalter** ansprechen, etwa indem sie regeln, auf welche Art und Weise der Beamte seinen dienstlichen Verpflichtungen nachkommen soll. Wenn die Anordnungen nur diesen organisationsinternen Zweck verfolgen, werden sie auch nicht dadurch zum Verwaltungsakt, dass sie sich auf die subjektiven Rechte des Beamten

---

668 *Rennert* JuS 2008, 211 (216).
669 *Rennert* JuS 2008, 211 (216).
670 BT-Drucks. 16/4027, 1, 1.

auswirken. Dieses wird z.B. bei dienstlichen Anweisungen über die zulässige Haarlänge[671] oder bei einer Anordnung, sich amtsärztlich untersuchen zu lassen, relevant. Ebenso wird der Anordnung gegenüber einem Polizeibeamten, dem wegen eines dienstlichen Vorfalls die Dienstwaffe entzogen wird, die Verwaltungsaktsqualität abgesprochen.[672] Folglich ist die allgemeine Leistungsklage der statthafte Hauptsacherechtsbehelf; im vorläufigen Rechtsschutz ist § 123 I VwGO statthaft.

- Außenwirkung i.S.d. § 35 S. 1 VwVfG haben hingegen Maßnahmen, die über eine organisationsinterne Weisung hinausgehend die **persönliche Rechtsstellung** des Beamten betreffen. Rechtsschutz hiergegen gewährt die Anfechtungsklage gem. § 42 I VwGO, bzw. im vorläufigen Rechtsschutz § 80 V VwGO. Hiervon erfasst sind die Ernennung und Beendigung des Beamtenverhältnisses, Versetzungen, die Festsetzung des allgemeinen Dienstalters, die Mitteilung über den Ausgang eines Bewerbungsverfahrens (!), die Festsetzung eines Schadensersatzanspruchs des Dienstherrn gegen den Beamten oder die Rückforderung überzahlter Dienstbezüge.[673]

Bitte beachten Sie, dass auch vor einer evtl. allgemeinen Leistungsklage (oder subsidiär der Feststellungsklage) die Durchführung eines **Widerspruchsverfahrens** erforderlich ist (§ 126 II 2 BBG, § 54 II 2 BeamtStG[674]), sofern nicht landesbeamtenrechtlich ein Vorverfahren unstatthaft ist.

Die Unterscheidung zwischen organisationsinterner Wirkung und persönlicher Rechtsstellung hat daher in erster Linie Auswirkungen auf die statthafte Rechtsschutzform (Anfechtungs- oder allgemeine Leistungsklage), weniger relevant ist diese Differenzierung für das Vorverfahren.[675]

Die allgemeine Leistungsklage ist **begründet**, wenn der Kläger einen Anspruch auf die Aufhebung der innerdienstlichen Anweisung aus Art. 33 II GG (!) hat. Allerdings trifft der Dienstherr seine Entscheidungen nach pflichtgemäßem Ermessen, wobei ihm weite Grenzen gesetzt sind. Diese Grenzen sind erst verletzt, wenn der Dienstherr ohne sachliche Erwägungen die Entscheidung trifft, die sich damit also als willkürlich erweist.

> **Klausurhinweis:** Strukturell ähnliche Probleme ergeben sich beim Rechtsschutz des Beamten gegen Veränderungsmaßnahmen im funktionellen Amt. Dort richtet sich der Rechtsschutz auch nach der Rechtsnatur der belastenden Maßnahme: Handelt es sich bei der Anordnung um einen Verwaltungsakt, kommt ein Anfechtungsrechtsbehelf (§ 42 I VwGO bzw. § 80 V VwGO) in Betracht; andernfalls ist Rechtsschutz mittels allg. Feststellungs- bzw. Leistungsklage bzw. § 123 VwGO zu erlangen. Insoweit gilt:
>
> - Beamtenrechtliche Versetzungen (§ 28 BBG) oder (vorübergehende) Abordnungen (§ 27 BBG) sind Verwaltungsakte. Daher ist in der Hauptsache eine Anfechtungsklage statthaft; im vorläufigen Rechtsschutz ist ein Antrag auf Anordnung (!) der aufschiebenden Wirkung gem. § 80 V 1 VwGO zu erheben, da Widerspruch und Anfechtungsklage hiergegen keine aufschiebende Wirkung entfalten (§ 126 IV BBG bzw. § 54 IV BeamtStG).
> - Umsetzungsanordnungen (Zuweisung eines Beamten in anderen Dienstposten ohne Änderung des statusrechtlichen Amtes innerhalb derselben Behörde) sind innerbehördliche Organisationsakte. Daher kommt im vorläufigen Rechtsschutz nur § 123 I VwGO in Betracht. Gleiches gilt für die bloße Änderung des Aufgabenbereichs des Beamten.

---

671 BVerwG NVwZ 2007, 781 m.w.N.; nach OVG Münster (Beschl. v. 24.02.1989) stellt demgegenüber das Verbot, Ohrschmuck während des Dienstes zu tragen, einen Verwaltungsakt dar – NJW 1989, 2770.
672 VG Wiesbaden NVwZ-RR 2007, 528.
673 Beispiele aus Hk-VerwR/*Schwarz* § 35 VwVfG Rn. 108.
674 Bis 31.03.2009: § 126 III Nr. 1 BRRG.
675 Hk-VerwR/*Schwarz* § 35 VwVfG Rn. 107.

B. Rechtsschutz im beamtenrechtlichen Konkurrentenstreit

242 Im beamtenrechtlichen Konkurrentenstreit müssen Sie wie folgt differenzieren:

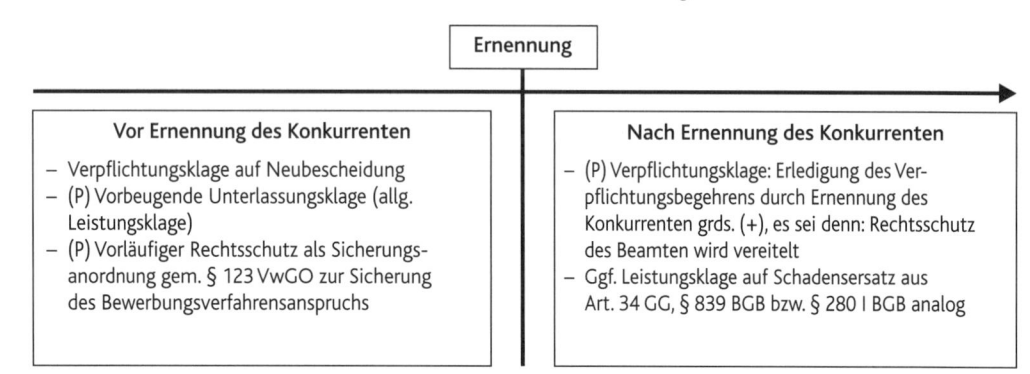

Ernennung

Vor Ernennung des Konkurrenten	Nach Ernennung des Konkurrenten
– Verpflichtungsklage auf Neubescheidung – (P) Vorbeugende Unterlassungsklage (allg. Leistungsklage) – (P) Vorläufiger Rechtsschutz als Sicherungsanordnung gem. § 123 VwGO zur Sicherung des Bewerbungsverfahrensanspruchs	– (P) Verpflichtungsklage: Erledigung des Verpflichtungsbegehrens durch Ernennung des Konkurrenten grds. (+), es sei denn: Rechtsschutz des Beamten wird vereitelt – Ggf. Leistungsklage auf Schadensersatz aus Art. 34 GG, § 839 BGB bzw. § 280 I BGB analog

Fall 1 Konkurrierender Beamter ist noch nicht ernannt – Rechtsschutz des unterlegenen Beamten?

Ist der Konkurrent noch nicht ernannt, gelten folgende Grundsätze:

- Eine **Anfechtungsklage** gem. § 42 II VwGO kommt oftmals nicht in Betracht, da ein Verwaltungsakt noch nicht erlassen worden ist. Etwas anderes gilt dann, wenn der Bewerber eine Mitteilung erhalten hat, wonach seine Bewerbung erfolglos geblieben ist. Diese Entscheidung stellt einen Verwaltungsakt dar, die mit einem Anfechtungsrechtsbehelf anzufechten ist.[676] Allerdings bringt eine bloße Anfechtung dem unterlegenen Bewerber im Hinblick auf seine eigene Rechtsstellung wenig, zumal die aufschiebende Wirkung den Dienstherrn nicht hindert, einen Konkurrenten zu befördern.[677]
- Statthaft ist eine auf beurteilungs- und ermessensfehlerfreie Neubescheidung gerichtete **Verpflichtungsklage** (§ 113 V VwGO). Die Klagebefugnis folgt aus dem möglicherweise verletzten subjektiven Recht aus Art. 33 II GG (Bewerbungsverfahrensanspruch). Die Klage ist begründet, wenn die getroffene Entscheidung den Bewerbungsverfahrensanspruch verletzt.

Der Bewerbungsverfahrensanspruch vermittelt dem Beamten einen subjektiv-rechtlichen Anspruch auf Berücksichtigung der aus Art. 33 II GG folgenden Auswahlgrundsätze. Ob diese Auswahlkriterien beachtet worden sind, wird ein Schwerpunkt der Begründetheitsprüfung der beamtenrechtlichen Konkurrentenklage bilden. Deshalb sollten Sie sich die nachfolgenden materiell-rechtlichen und verfahrensrechtlichen Anforderungen an eine ordnungsgemäße Auswahlentscheidung merken:[678]

Übersicht: Auswahlkriterien bei der beamtenrechtlichen Auswahlentscheidung

Materiell-rechtliche Anforderungen:

- Grundsatz der Bestenauslese; (P) Auswahlverfahren ggf. fehlerhaft, wenn Bewerberkreis unzulässig eingeengt oder ausgedehnt worden ist; (P) Bei Beförderungsämtern erfolgt Auswahl primär aufgrund von aktuellen Eignungs- und Leistungsvergleichen (dienstliche Beurteilungen), der eignungsrelevante Auswahlkriterien zugrunde liegen; unzulässig z.B. Geschlecht (kann allenfalls Hilfskriterium bei Auswahl gleich geeigneter Bewerber sein).
- Hilfskriterien bei der Auswahl gleich geeigneter Bewerber
    - Dienstalter, ggf. auch Lebensalter oder vorangehende Leistungsentwicklung
    - (P) Geschlecht: Frauenförderung kann Hilfskriterium sein; Vorgaben von Frauenförderplänen können andere Hilfskriterien zurückdrängen
- Auswahlkriterien in Verwaltungsvorschriften (ggf. im Aktenauszug abgedruckt)

---

676 BVerwGE 80, 127 (129); VGH Kassel NVwZ-RR 2001, 8.
677 *Finkelnburg/Dombert/Külpmann* Rn. 1343.
678 Umfassend hierzu: *Kuhla/Hüttenbrink* K 214 ff. mit Nachweisen zur Rspr.

- Grds. müssen Verwaltungsvorschriften auf Vereinbarkeit mit Grundsatz der Bestenauslese und dem Grundsatz des Gesetzesvorbehalts (wesentliche Entscheidungen wie Laufbahnprüfung von Anwärtern muss Gesetzgeber selbst regeln und darf sie nicht der Verwaltung überlassen) überprüft werden; ggf. aber Hinweis im Bearbeitervermerk beachten
- Nach Feststellung der Vereinbarkeit der Vorschriften: Umfassende Prüfung des Sachverhalts nach Kriterien der Verwaltungsvorschriften
- Gesetzliche Hilfskriterien (z.B. gesetzliche Gleichstellungsvorschriften)

↓

Bei Bewertung hat Dienstherr **Beurteilungsspielraum**, wobei er alle Kriterien in seine Entscheidung einbeziehen muss (andernfalls unvollständig ermittelter Sachverhalt)

Verfahrensrechtliche Anforderungen:

- Dienstherr muss vor Auswahlprozess ein spezifisches, dienstpostenbezogenes Anforderungsprofil festlegen
- Ggf. spezialgesetzliche Verfahrensbestimmungen für Auswahlentscheidung (z.B. im (Hoch-)Schulrecht vor Besetzung von Leitungsfunktionen); ggf. Beteiligung von Fachgremien
- Entscheidung muss aufgrund aktueller Leistungsbeurteilungen erfolgen
- (P) Abbruch des Auswahlverfahrens durch Dienstherrn grds. jederzeit möglich (Bewerbungsverfahrensanspruch geht dann unter); Ausnahme: Abbruch erfolgt willkürlich zur gezielten Ausschaltung von Bewerbern

Beachten Sie, dass auch hier ein beamtenrechtliches Widerspruchsverfahren vorzuschalten ist.

- Die daneben in Erwägung zu ziehende **vorbeugende Unterlassungsklage** (als Unterfall der allgemeinen Leistungsklage auf die Verurteilung zur Unterlassung eines Verwaltungsakts gerichtet) dient dem Ziel, zu verhindern, dass der Konkurrent in das Amt eingewiesen wird. Im Rahmen der Zulässigkeit der Klage sollten Sie nach einer einleitenden Klärung der Eröffnung des Verwaltungsrechtswegs nach § 126 I BBG (für Bundesbeamte) bzw. § 54 I BeamtStG (für Landesbeamte) auf die statthafte Klageart eingehen. Das für die Klage erforderliche qualifizierte Rechtsschutzbedürfnis besteht, da im Fall der Ernennung des Konkurrenten für den unterlegenen Bewerber ein grds. nicht wiedergutzumachender Schaden eintritt. In der Praxis wird auf die Erhebung einer vorliegenden Unterlassungsklage vielfach verzichtet, da mit dem vorrangig zu verfolgenden vorläufigen Rechtsschutz dem Antragsgegner aufgegeben werden kann, die ausgeschriebene Stelle bis zu einer abschließenden Entscheidung über den Bewerbungsverfahrensanspruch freizuhalten.
- Da diese Klausuren häufig als Anwaltsklausuren laufen, müssen Sie also gerichtlichen Rechtsschutz sicherstellen und darüber hinaus – je nach Landesrecht – einen Unterlassungswiderspruch erheben (§ 126 II 2 BBG bzw. § 54 II 2 BeamtStG).
- I.d.R. reicht ein gerichtliches Hauptsacheverfahren nicht aus, so dass Sie darüber hinaus einen **Antrag auf vorläufigen Rechtsschutz** stellen müssen. Insb. würde eine aufschiebende Wirkung eines Widerspruchs gegen die Ablehnung des unterlegenen Bewerbers den Dienstherrn nicht hindern, einen Konkurrenten zu befördern.

Der vorläufige Rechtsschutz erfolgt über § 123 I VwGO als Sicherungsanordnung zur Sicherung des Bewerbungsverfahrensanspruchs. Hierfür bieten § 80 V, 80a VwGO keinen Raum (§ 123 V VwGO). Die Antragbefugnis folgt aus dem zu sichernden subjektiven Bewerbungsverfahrensanspruch (Art. 33 II GG). Der Antrag ist begründet, wenn die Voraussetzungen für den Anordnungsanspruch und den Anordnungsgrund glaubhaft gemacht worden sind. Im Rahmen des Anordnungsanspruchs ist glaubhaft zu machen, dass der Dienstherr das Auswahlverfahren fehlerhaft durchgeführt hat und dieser Fehler für das Auswahlergebnis maßgebend war. In diesem Rahmen prüfen Sie die oben im Hauptsacheverfahren angesprochenen Gesichtspunkte. Der Anordnungsgrund folgt im Fall der sog. Statuskonkurrenz (Verhinderung der Statusverbesserung des ausgewählten Bewerbers) i.d.R. bereits aus dem Umstand, dass nach Ernennung des Konkurrenten ein Anfechtungsbegehren Erledigung findet. Bei dem Antrag auf vorläufigen Rechtsschutz müssen Sie schließlich das Verbot der Vorwegnahme der Hauptsache berücksichtigen. Daher können Sie i.d.R. nicht die (vorläufige) Ernennung des eigenen Mandanten beantragen, sondern nur eine vorläufige Verpflichtung des Antragsgegners beanspruchen, es zu unterlassen, den nach § 65 II VwGO beizuladenden Konkurrenten in das Amt einzuweisen.

Fall 2: Konkurrierender Beamter ist bereits ernannt – Rechtsschutz des unterlegenen Beamten?

Ist der Konkurrent bereits ernannt worden, hat sich das **Anfechtungsbegehren** nach h.M. erledigt, da nach erfolgter Ernennung des Konkurrenten dessen rechtliche Stellung grds. nicht mehr veränderbar ist (Grundsatz der beamtenrechtlichen Ämterstabilität); Fehler bei der Auswahl des Beamten aber jedenfalls nicht geeignet sind, die Ernennung rückgängig zu machen.[679] In diesem Fall kommt grds. nur noch Schadensersatz gem. Art. 34 GG i.V.m. § 839 BGB oder ein Anspruch analog § 280 I BGB im Rahmen einer verwaltungsrechtlichen Sonderbeziehung in Betracht. Letztere bietet vor allem den Vorteil des vermuteten Verschuldens.

Daneben stellt sich aber die Frage, ob der unterlegene Beamte ggf. einen Anspruch auf Neubescheidung mit der zulässigen **Verpflichtungsklage** herbeiführen kann. Der Klage fehlt aber das Rechtsschutzbedürfnis, wenn der Konkurrent ernannt worden ist, da keine Planstelle mehr vorhanden ist und damit rechtliche Unmöglichkeit eingetreten ist. Hiervon geht die Rspr. trotz erheblicher Kritik in der Literatur im Grundsatz nach wie vor aus. Allerdings setzt die Begrenzung des Rechtsschutzes voraus, dass sich der Kläger zumindest mit einem vorläufigen Rechtsschutzverfahren hätte zur Wehr setzen können. Alles andere wäre mit Art. 19 IV GG schwer vereinbar. Daher ist es nach der Rspr. des BVerfG erforderlich, dass der Dienstherr den unterlegenen Bewerber rechtzeitig vor der Ernennung des Konkurrenten über die Auswahlentscheidung informiert, so dass dieser vorläufigen Rechtsschutz beantragen kann. Diese Informationspflicht besteht in inhaltlicher und zeitlicher Hinsicht:

- **Inhaltlich** muss der Dienstherr neben dem Namen des Konkurrenten auch mitteilen, welche Wertungsmaßstäbe für den Dienstherrn maßgebend waren.[680]
- In **zeitlicher Hinsicht** ist erforderlich, dass der unterlegene Bewerber noch hinreichend Zeit hat, Rechtsschutzmöglichkeiten in die Wege zu leiten. Hinsichtlich dieser Zeitspanne wird eine Frist von zwischen zwei bis vier Wochen für erforderlich gehalten.

Eine Erledigung tritt damit nicht ein, wenn es der Dienstherr unterlassen hat, den unterlegenen Bewerber rechtzeitig über die Absicht zu informieren, die Stelle mit einem anderen Bewerber zu besetzen oder wenn er unter Missachtung einer vom unterlegenen Beamten erwirkten einstweiligen Anordnung gem. § 123 VwGO die Stelle anderweitig besetzt hat. In diesem Ausnahmefall kann also der unterlegene Beamte seinen Bewerbungsverfahrensanspruch trotz Ernennung des Konkurrenten mit der Verpflichtungsklage weiterverfolgen.[681]

Die auf Neubescheidung gerichtete Verpflichtungsklage ist begründet, wenn die getroffene Entscheidung rechtswidrig ist. Grds. hat der Beamte zwar keinen subjektiven Anspruch auf Beförderung; allerdings kann der Beamte nach Art. 33 II GG beanspruchen, dass über seine Bewerbung fehlerfrei entschieden wird. Dieser Anspruch umfasst vor allem die Ausübung eines pflichtgemäßen Auswahlermessens (sog. Bewerbungsverfahrensanspruch). Diese Auswahl hat gem. § 9 I 2 BBG sowie den entsprechenden landesrechtlichen beamtenrechtlichen Vorschriften ausschließlich nach den Grundsätzen von Eignung, Befähigung und fachlicher Leistung zu erfolgen. Innerhalb dieses Rahmens steht dem Dienstherrn allerdings ein Beurteilungsspielraum zu, der gerichtlich nur beschränkt überprüfbar ist (s.o.). An dieser Stelle müssen Sie also auf etwaige Fehler im Bewerbungsverfahren eingehen.

Klausurhinweis: In der Klausur stellen Sie also zunächst fest, welchen Anspruch der unterlegene Beamte geltend machen kann, nämlich den Bewerbungsverfahrensanspruch. Zweitens stellen Sie dar, dass der Dienstherr bei der Auswahlentscheidung einen gerichtlich eingeschränkt überprüfbaren Beur-

---

679 BayVGH NVwZ 1983, 755.
680 OVG Schleswig DÖV 1993, 962.
681 BVerwG NJW 2004, 870 (871).

teilungsspielraum geltend machen kann. Anschließend prüfen Sie das Vorliegen entsprechender Fehler, die zu einer nicht ordnungsgemäßen Erfüllung des Bewerbungsverfahrensanspruchs führen. Liegen solche vor, ist die Klage auf Neubescheidung begründet.

C. Ansprüche des Dienstherrn

Sofern im Aktenauszug Ansprüche des Dienstherrn (ggü. dem Beamten) problematisiert werden, können dieses entweder Schadensersatzansprüche (hierzu I.) oder Erstattungsansprüche (hierzu II.) gegen den Beamten sein. 243

I. Rechtsschutz des Beamten gegen die Geltendmachung eines Schadensersatzanspruchs des Dienstherrn

Verlangt der Dienstherr von dem Beamten Schadensersatz, wird dieser im Aktenauszug voraussichtlich mittels Leistungsbescheid geltend gemacht worden sein. Gegen diesen wendet sich der Beamte. 244

Prozessual stellt sich (neben der wegen § 54 I BeamtStG bzw. § 126 I BBG kurz zu bejahenden Eröffnung des **Verwaltungsrechtswegs**) vielfach die Frage, ob dieser Anspruch überhaupt mittels **Leistungsbescheides**, also in Form eines Verwaltungsakts geltend gemacht werden kann. Der Beamte wird ggf. einwenden, dass dieser Anspruch von dem Dienstherrn nur durch Leistungsklage geltend gemacht werden kann. Allerdings erkennt die Rspr. einhellig die für den Erlass eines regelnden Leistungsbescheides erforderliche VA-Befugnis gewohnheitsrechtlich mit der Überlegung an, dass der Staat im Über-/Unterordnungsverhältnis berechtigt sei, seine Ansprüche mittels Verwaltungsakt festzustellen.[682] Ausgeschlossen wäre aber auch eine Leistungsklage des Dienstherrn nicht. Für diese wäre der Verwaltungsrechtsweg ebenfalls eröffnet. Es handelt sich um eine Klage des Dienstherrn »aus dem Beamtenverhältnis«. In dieser Klausureinkleidung wird ggf. das **Rechtsschutzinteresse** des Dienstherrn in Zweifel gezogen. Das Rechtsschutzbedürfnis für die allgemeine Leistungsklage könnte fehlen, wenn der Dienstherr als einfacheren Weg einen VA erlassen könnte. Allerdings hat die Verwaltung nach der Rspr. des BVerwG ein Wahlrecht, ob sie mittels Verwaltungsakt oder mit einer allg. Leistungsklage vorgeht.

Materiell müssen die Voraussetzungen des § 75 BBG (bzw. der landesrechtlichen Entsprechung, vgl. auch § 48 BeamtStG) erfüllt sein. Die relevanten Prüfungspunkte ergeben sich aus der folgenden Übersicht:

Übersicht: Voraussetzungen für beamtenrechtlichen Schadensersatzanspruch

I. Verletzung einer beamtenrechtlichen Dienstpflicht, insb.:
   – Verstoß gegen beamtenrechtliche Treuepflicht
   – Verstoß gegen normative Vorschriften
   – Verletzung interner Dienstanweisungen
II. Schuldhaftes Verhalten, aber Haftungsbeschränkung auf vorsätzliche oder grob fahrlässige Dienstpflichtverletzungen; (P) Beweislastverteilung analog § 280 I 2 BGB grds. zu Lasten des Beamten (Beamter ist Schuldner). Beamter kann sich aber exkulpieren, wenn er Einzelfallcharakter des Fehlverhaltens darlegen kann
III. Schaden des Dienstherrn
   – Grds. nach allg. Regeln zu beurteilen (Differenz zwischen Vermögenslage mit und ohne Pflichtverletzung; § 249 BGB)
   – Mitverschulden eines anderen Beamten grds. nicht relevant, sondern gesamtschuldnerische Haftung (§ 75 I 2 BBG)
   – ggf. Drittschadensliquidation (DSL):

---

682 Grundlegend: BVerwGE 28, 1; vgl. auch BVerwG NVwZ 1985, 905 f.

> - Relevant, wenn Beamter durch Dienstpflichtverletzung Dritten schädigt (z.B. Lehrer (Landesbeamter) beschädigt in der Schule grob fahrlässig Kopierer des Sachkostenträgers (Gemeinde)
> - Klausurrelevantes Folgeproblem: Versäumt in vg. Fall das Land, im Wege der DSL gegen Beamten vorzugehen, ggf. Anspruch der Gemeinde aus verwaltungsrechtlicher Sonderbeziehung, das durch »schulrechtliches Gemeinschaftsverhältnis« begründet wird.

Allerdings ist der Schadensersatzanspruch der **Verjährung** innerhalb von drei Jahren nach Kenntnis des Schadens und des Schädigers unterworfen (vgl. § 75 II BBG). Als weitere Anspruchsgrundlage kommt vielfach der allgemeine öffentlich-rechtliche Erstattungsanspruch in Betracht. Dieser ist auch anwendbar; durch § 75 BBG sind nur andere Schadensersatzansprüche spezialgesetzlich verdrängt. Bei dem öffentlich-rechtlichen Erstattungsanspruch handelt es sich aber um eine öffentlich-rechtliche Parallele zu §§ 812 ff. BGB oder um ein auf Art. 20 III GG gestütztes Rechtsinstitut. Der Rechtsgedanke, dass rechtsgrundlose Vermögensverschiebungen rückgängig zu machen sind, bleibt anwendbar. Auf die Entreicherungseinrede des § 818 III BGB kommt es nicht an; maßgeblich sind die öffentlich-rechtlichen Vertrauensschutzvorschriften, auf die sich der Anspruchsgegner nicht berufen kann. Auch eine entsprechende Anwendung der Verjährungsvorschriften greift nicht.

II. Rechtsschutz des Beamten gegen die Geltendmachung sonstiger Ansprüche des Dienstherrn

245 Neben dem unter I. erörterten Schadensersatzanspruch kommt ggf. eine Rückforderung überzahlter Dienstbezüge in Betracht.

Prozessual wird (ähnlich wie oben) ggf. Streit darüber bestehen, ob der Dienstherr berechtigt ist, einen Leistungsbescheid zu erlassen, was aber auch hier ganz überwiegend anerkannt wird. Nur wenn die Überzahlung von Erben zurückgefordert wird, ist eine Leistungsklage zwingend. Diese sind schließlich nicht von dem Über-/Unterordnungsverhältnis erfasst, das die gewohnheitsrechtliche Anerkennung der VA-Befugnis im Verhältnis zwischen Dienstherrn und Beamten stützt.

Die **materiellen Voraussetzungen** der Rückforderung ergeben sich im Wesentlichen aus § 12 II BBesG (bzgl. überzahlter Besoldungsansprüche) bzw. aus § 52 II BeamtVG (bzgl. überzahlter Versorgungszahlungen). Diese Vorschriften setzen zusammenfassend voraus, dass die zurückgeforderte Leistung ohne Rechtsgrund geleistet worden ist. Schwierigkeiten kann die Frage bereiten, ob der Beamte, der die Zahlungen verbraucht hat, sich auf den Entreicherungseinwand (§ 818 III BGB) berufen kann, auf den kraft Rechtsfolgenverweisung verwiesen wird. Eine solche Entreicherungseinrede lässt die Rspr. nur bei einem Verbrauch geringer Überzahlungen zu.

Schließlich kann aus Billigkeitsgründen ganz oder teilweise abgesehen werden (§ 12 II 3 BBesG). Bei der zu treffenden Ermessensentscheidung sind u.a. das Alter, die Leistungsfähigkeit und sonstige Lebensverhältnisse des Herausgabepflichtigen zu berücksichtigen.[683]

D. Ansprüche des Beamten

246 Spiegelbildlich zum Anspruch des Dienstherrn gegen den Beamten kann die Frage aufgeworfen werden, welche Ansprüche der Beamte gegen den Dienstherrn hat. Innerhalb dieses Aufgabenkreises spielt der nachfolgend dargestellte Anspruch auf Anerkennung eines Dienstunfalles die klausurrelevanteste Rolle (hierzu I.). Daneben kann die Frage des Schadensersatzanspruchs des Beamten problematisiert werden (hierzu II.). Beide Problemkreise können in einem Aktenauszug verbunden werden (etwa wenn sich der Beamte auf einer Dienstreise verletzt und gleichzeitig dessen PKW beschädigt wird).

---

683 OVG Hamburg, Urt. v. 10.12.2009 – BeckRS 2010, 46480.

I. Anspruch auf Anerkennung eines Dienstunfalles

In unterschiedlichen Klausureinkleidungen wird das Vorliegen eines Dienstunfalles gem. § 31 I **247** BeamtVG problematisiert. Der Klausureinstieg erfolgt häufig über ein Verpflichtungsbegehren, in dem ein Beamter entweder (nur) die Anerkennung als Dienstunfall verfolgt; vielfach beansprucht der Beamte mit der Klage eine Leistung im Rahmen der Unfallfürsorge (§§ 30 II, 32 ff. BeamtVG). Dann ist das Vorliegen eines Dienstunfalls i.R.d. § 30 I 1 BeamtVG inzident zu erörtern. Der Rechtsschutz eines Beamten ist nicht wegen § 45 III BeamtVG auf eine Feststellungsklage beschränkt.[684]

Nach der in § 31 I 1 BeamtVG enthaltenen Legaldefinition stellt ein Dienstunfall ein auf äußerer Einwirkung beruhendes, plötzliches, örtlich und zeitlich bestimmbares Ereignis dar, das einen Körperschaden verursacht und in Ausübung oder infolge des Dienstes eingetreten ist.

Übersicht: Materieller Anspruch auf Anerkennung eines Dienstunfalls

I. Anspruchsgrundlage: § 31 I BeamtVG enthält Legaldefinition, bildet aber zugleich Anspruchsgrundlage (hRspr.)

II. Tatbestand
  1. Äußere Einwirkung (+) bei Trauma etc.; (P) Gelegentlich des Dienstes äußert sich anlagebedingtes Leiden (z.B. anlagebedingte Kniescheibenfehlform luxiert während des Dienstes); (P) äußere Einwirkung aber ggf. (+), wenn zum anlagebedingten Leiden äußere Einwirkung wesentlich hinzutritt
  2. Plötzliches Ereignis (+), wenn Ereignis in »verhältnismäßig kurzem Zeitraum« wirkt; nach Rspr. (+), wenn Einwirkung innerhalb einer Arbeitsschicht; (P) wenn (–) ggf. Anerkennung als Diensterkrankung nach § 31 III BeamtVG
  3. Örtlich und zeitlich bestimmbares Ereignis
  4. Eintritt eines Körperschadens einschließlich seelischer Gesundheitsstörung
  5. Kausalität zwischen äußerem Ereignis und Körperschaden; (P) bei sog. »Gelegenheitsanlass«
  6. Zusammenhang mit Dienstausübung (»Eintritt infolge des Dienstes«) (+), wenn wesentlicher ursächlicher Zusammenhang zwischen körperschädigendem Ereignis und Dienstausübung (Kriterium: u.a. räumliche Beherrschbarkeit der Gefahrensphäre); Besonderheiten:
     – (P) Erweiterung des Dienstbegriffs in § 31 I 2 BeamtVG auf Dienstreisen, dienstliche Veranstaltungen und bestimmte Nebentätigkeiten
     – (P) Erweiterung auf Körperschaden, die Beamter aufgrund pflichtgemäßer Dienstausübung oder wegen der Beamtenstellung außerdienstlich durch Angriff (§ 31 IV 1 BeamtVG) oder bei bestimmten Schädigungen im Ausland (§ 31 IV 2 BeamtVG) erleidet

III. Rechtsfolge:
  – gebundener Anspruch auf Anerkennung des Dienstunfalles, der durch Feststellungsklage, aber auch durch Verpflichtungsklage verfolgt werden kann.
  – (P) Anerkennungsfähigkeit von Unfallfolgen

---

§ 31 BeamtVG beinhaltet nach übereinstimmender Auffassung der Rspr. über die Legaldefinition hinausgehend zugleich die Anspruchsgrundlage für die Verpflichtung des Dienstherrn, ein schädigendes Ereignis als Dienstunfall anzuerkennen.[685]

- Durch das Erfordernis eines **äußeren Ereignisses** soll sichergestellt werden, dass Ereignisse, die auf der Veranlagung oder auf inneren Vorgängen in dem Beamten selbst beruhen, keinen Anspruch auf Unfallfürsorge auslösen. Daher besteht z.B. kein Anspruch auf beamtenrechtliche Versorgung, wenn sich ein anlagebedingtes inneres Leiden nur zufällig während des Dienstes äußert (Beispiel: Beamter leidet anlagebedingt unter einer erheblichen Kniescheibenfehlform, die häufig (auch bei privaten Verrichtungen) zu Luxationen führt). Äußert sich eine solche anlagebedingte Schädigung, fehlt es oftmals an einem äußeren Ereignis. Etwas anderes kann gelten, wenn unabhängig von dem inneren Leiden ein äußeres Ereignis auf den

---

684 VG Düsseldorf, Urt. v. 09.01.2009 – 13 K 4521/05.
685 VG Göttingen NJOZ 2008, 2961 (2964) m.w.N.

Körper einwirkt (z.B. dienstbedingte plötzliche körperliche Drehbewegung führt zur Luxation). Auch ein Personalgespräch ist kein äußeres Ereignis.[686] Gleiches gilt für sonstige dienstlich veranlasste Gespräche ohne objektivierbares Schädigungspotenzial.[687]
- Zur Annahme der **Plötzlichkeit** des Ereignisses ist nicht zwingend, dass es sich um ein »Augenblicksereignis« handelt. Allerdings unterscheidet sich ein Unfall von einer Krankheit (vgl. auch § 31 III BeamtVG) durch die enge zeitliche Begrenzung. Die Rspr. begrenzt die Plötzlichkeit auf Einwirkungen innerhalb einer Arbeitsschicht. Infolgedessen kann eine Sehnenscheidenentzündung, die durch erhebliche Belastungen innerhalb einer Arbeitsschicht verursacht wird, das Merkmal der Plötzlichkeit erfüllen; nicht hingegen länger andauerndes »Mobbing«.[688]
- Das Ereignis muss **örtlich und zeitlich bestimmbar** sein. Dieses Merkmal setzt die Feststellung voraus, dass der Beamte an einem bestimmten Ort zu einem konkret bestimmbaren Zeitpunkt geschädigt wurde. Lassen sich Ort und Zeit des Ereignisses nicht hinreichend genau feststellen, geht dieses zu Lasten des Beamten, da dieser die materielle Beweislast trägt. An diesem Merkmal kann z.B. die Anerkennung eines Zeckenstichs (und der nachfolgenden Neuroborreliose) als Dienstunfall scheitern, wenn u.a. nicht feststellbar ist, dass sich der Beamte bei dienstlichen Arbeiten zu einem bestimmten Zeitpunkt infiziert hat.[689] Allerdings hat das BVerwG betont, dass eine Anerkennung eines Zeckenbisses und einer darauf zurückzuführenden Neuroborreliose als Dienstunfall (bzw. Unfallfolge) in Betracht kommt, wenn Tag und Ort des Zeckenbisses hinreichend genau festgestellt werden können und der Beamte in Ausübung des Dienstes infiziert worden ist.[690]
- Die Anerkennung eines schädigenden Ereignisses als Dienstunfall setzt zudem einen **Körperschaden** voraus. Hierzu gehören neben äußerlich sichtbaren Schäden auch seelische Gesundheitsstörungen (posttraumatische Belastungsstörungen).
- Zwischen dem schädigenden Ereignis und dem Körperschaden muss zudem ein **rechtlich wesentlicher ursächlicher Zusammenhang** bestehen. Diese Kausalität fehlt, wenn der Gesundheitsschaden in seiner Ausprägung nicht rechtlich wesentlich durch die äußere Einwirkung verursacht worden ist.
- Schließlich – gerade diese Voraussetzung hat Klausurrelevanz- muss das schädigende Ereignis **in Ausübung des Dienstes** eingetreten sein. Dieses Merkmal verlangt eine besonders enge ursächliche Verknüpfung des Unfallereignisses mit dem Dienst.[691] Ausgehend von dem Normzweck des § 31 I BeamtVG stellt die Rspr. maßgeblich auf das Kriterium der räumlichen Beherrschbarkeit des Risikos ab. Ereignet sich der Unfall in den vom Dienstherrn beherrschbaren Räumen, ist der Zusammenhang mit der Dienstausübung daher regelmäßig gegeben, solange sich der Beamte bestimmungsgemäß im räumlichen Machtbereich des Dienstherrn bewegt. Eine Ausnahme gilt, wenn die im räumlichen Machtbereich ausgeübte schädigende Tätigkeit vom Dienstherrn verboten wurde oder dessen wohlverstandenem Interesse zuwiderläuft.[692] Etwas anderes gilt allerdings dann, wenn sich der Beamte in den räumlichen Machtbereich ohne einen dienstlichen Anlass für den Aufenthalt begeben hat.[693] Leistet ein Beamter außerhalb des eigentlichen Dienstortes Dienst (z.B. Schullandheimaufenthalt eines Lehrers), besteht Dienstunfallschutz, wenn die konkrete Tätigkeit, bei der sich der Unfall ereignet, in einem engen natürlichen Zusammenhang mit den dienstlichen Aufgaben oder dienstlich notwendigen Verrichtungen besteht, der Unfall also seine wesentliche Ursache in

---

686 VG Frankfurt, Urt. v. 31.08.2009 – 9 K 354/09.F.
687 VG Arnsberg, Urt. v. 20.01.2010 BeckRS 2010, 46261 (kein Dienstunfall, wenn Beamter an Gefährderansprache und nachfolgender Dienstbesprechung teilnimmt und anschließend psychisch erkrankt).
688 VG Göttingen NJOZ 2008, 2961 (2964 f.).
689 VG Augsburg, Urt. v. 26.03.2009 – Au 2 K 08.1789.
690 BVerwG, Urt. v. 25.02.2010 – 2 C 81.08 (Anerkennung bei einer Lehrerein, die einige Tage auf Klassenfahrt auf einem im Wald gelegenen Bauernhof infiziert wurde).
691 BVerwG NVwZ-RR 2008, 269 m.w.N.
692 BVerwG NVwZ-RR 2008, 269 (Verletzung eines Beamten, der auf dem Weg zum Fenster seines Dienstzimmers zu Schaden kommt, nachdem er einen Knall gehört hat. Der Zusammenhang mit der Dienstausübung wurde vom BVerwG bejaht.)
693 BVerwG BayVBl. 2009, 347.

den Erfordernissen der Dienstverrichtung hat.[694] Beachten Sie, dass gemäß § 31 I 2 BeamtVG u.a. auch Dienstreisen (hierzu § 2 I 1 Bundesreisekostengesetz – BRKG) und die Teilnahme an dienstlichen Veranstaltungen zum Dienst gehören.

Sind die tatbestandlichen Voraussetzungen erfüllt, besteht ein Anspruch auf Anerkennung des körperschädigenden Ereignisses als Unfallfolge.

Problem: Zusammenhangsbeurteilung bei (später auftretenden) Körperschäden

In der Praxis stellt sich häufig die Frage, ob eine – insb. nach einiger Zeit – auftretende Schädigung als Unfallfolge anzuerkennen ist (Beispiel: Im Mai 2010 erfolgt nachweislich Zeckenbiss während der Dienstausübung; Anfang 2011 entwickelt sich eine neurologische Folgeerkrankung, von der nicht sicher ist, ob sie auf den Zeckenbiss oder auf andere Ursachen zurückzuführen ist).

Unterscheiden Sie wie folgt:

- Auf tatbestandlicher Ebene stellt sich das Problem der zeitlichen und örtlichen Bestimmbarkeit (s.o.). Ist diese Bestimmbarkeit anzunehmen und ist nach Auswertung des voraussichtlich im Aktenauszug abgedruckten Teils eines Sachverständigengutachtens wahrscheinlich, dass die Folgeerkrankung ursächlich auf den Zeckenbiss zurückzuführen ist, ist der Zeckenbiss und dessen Folge als Unfall anzuerkennen.
- Schwieriger ist der Fall, in dem zunächst nachweislich eine Zeckenbissverletzung vorliegt und erst einige Monate später eine Folgeerkrankung auftritt. Wegen dieser wird der Beamte im Aktenauszug voraussichtlich die Gewährung von Unfallfürsorgeleistungen begehren. Sofern im Aktenauszug der ursächliche Zusammenhang zwischen Zeckenbiss und Erkrankung problematisiert wird, prüfen Sie ggf. zweistufig: Sofern der örtlich und zeitlich bestimmbare Zeckenbiss zu einem – wenngleich nicht weiter behandlungsbedürftigen – Körperschaden führt, können Sie den Zeckenbiss als Dienstunfall anerkennen. Die darüber hinausgehende (auf Feststellung des Unfallfolgenzusammenhangs bzw. auf Unfallfürsorgeleistungen gerichtete) Klage ist indessen unbegründet, wenn der ursächliche Zusammenhang zwischen Erkrankung und Unfallereignis nicht »mit an Sicherheit grenzender Wahrscheinlichkeit« feststeht.[695] Für diesen Nachweis trägt der Beamte die Beweislast.

II. Sonstige Fürsorgeansprüche

Liegt ein Dienstunfall vor, kann der Beamte die in §§ 30 II, 32 ff. BeamtVG geregelten Unfallfürsorgeansprüche geltend machen. An dieser Stelle wird auf eine umfassende Erörterung verzichtet (erstens, weil das Merkmal des Dienstunfalles oftmals den Klausurschwerpunkt bildet; zweitens, weil es im Examen »lediglich« auf eine saubere Subsumtion der Vorschriften ankommen dürfte). Ein kurzer Hinweis nur zu § 32 BeamtVG (bitte lesen!): § 32 S. 1 BeamtVG ist eine Ermessensvorschrift. Der Dienstherr ist nicht verpflichtet, unbegrenzt für Schäden an Gegenständen Ersatz zu leisten. Insb. muss der Dienstherr nicht für solche Gegenstände Ersatz leisten, die der Beamte »aus freien Stücken und ohne Veranlassung des Dienstherrn in dessen Risikosphäre bringt«.[696] Ähnlich wie beim Begriff des Dienstunfalles kommt es also (in Abwägung der Fürsorgepflicht des Dienstherrn einerseits und der sparsamen Mittelverwendung andererseits) maßgebend auf die sinnvolle Verteilung der Risikosphären an. So kann eine Schadensübernahme gerechtfertigt sein, wenn der Beamte aus dienstlichen Gründen einen privaten Gegenstand verwendet (auf Dienstreise wird Privathandy genutzt, da Dienstherr ein solches nicht zur Verfügung stellt). Benutzt der Beamte hingegen anstelle dienstlich vorhandener Arbeitsmittel private Gegenstände, drängt der Beamte dem Dienstherrn eine Risikosphäre auf, für die letzterer keinen Schadensersatz leisten muss.[697]

248

---

694 BVerwG NVwZ-RR 2008, 410 (Unfall eines Lehrers beim morgendlichen Duschen während Schullandheimaufenthalt ist Dienstunfall).
695 BVerwG, Urt. v. 22.10.1981 NJW 1982, 1893, 1894; VG Ansbach, Urt. v. 02.02.2010 – AN 1 K 08.00857 m.w.N.
696 VG Saarland, Urt. v. 29.09.2009 – 3 K 373/09.
697 OVG Lüneburg, Urt. v. 29.01.2009 – 5 LA 30/06; VG Saarland, Urt. v. 29.09.2009 – 3 K 373/09.

8. Kapitel. Schulrecht

Strukturell vielfach mit dem Beamtenrecht vergleichbare Fragestellungen können sich in schulrechtlichen Klausuren stellen. Da diese Klausuren allerdings nach unserer Erfahrung eine eher untergeordnete Rolle spielen, sollen nachfolgend nur die wichtigsten Gesichtspunkte erörtert werden.

A. Rechtsschutz gegen Schulordnungsmaßnahmen

249 Sofern im Aktenauszug der Rechtsschutz gegen schulische Ordnungsmaßnahmen problematisiert wird, erwarten die Prüfungsämter zunächst im Rahmen der **Statthaftigkeit** der Klage eine vertiefte Auseinandersetzung mit dem VA-Begriff.[698] Betroffen sind insb. die Merkmale »Regelung« und »Außenwirkung« (Problem des Sonderstatusverhältnisses).

- **Förmliche Ordnungsmaßnahmen** treffen Schüler i.d.R. in ihrer persönlichen Rechtsstellung. Dann stellen sie als regelnde Maßnahme mit Außenwirkung einen Verwaltungsakt dar, gegen die eine Anfechtungsklage gem. § 42 I 1. Var. VwGO; ggf. nach Erledigung eine FFK gem./analog § 113 I 4 VwGO statthaft ist. Zu den förmlichen Ordnungsmaßnahmen gehören z.B. der disziplinarische Ausschluss von Klassenfahrten, der schriftliche Verweis, die förmliche Umsetzung in eine Parallelklasse, der zeitweilige Ausschluss vom Unterricht, die Entlassung von der besuchten Schule oder dem Schulbesuch überhaupt oder die Überweisung in eine andere Schule.[699] Im vorläufigen Rechtsschutz ist dann ein Verfahren nach § 80 V VwGO statthaft, sofern nach § 80 II 1 Nr. 4 VwGO die sofortige Vollziehung angeordnet worden ist. Landesrechtlich kann die aufschiebende Wirkung eines Anfechtungsrechtsbehelfs ausgeschlossen sein.
- Anders verhält sich dies bei **nichtregelnden Maßnahmen** im Vorfeld einer förmlichen Ordnungsmaßnahme (z.B. formloses vorübergehendes Umsetzen in Parallelklasse oder Verweisung aus dem Unterrichtsraum).[700] Diese beinhalten keine regelnde Außenwirkung und können mangels Verwaltungsaktqualität daher nur Gegenstand einer allg. Leistungs- bzw. Feststellungsklage bzw. im vorläufigen Rechtsschutz eines Antrags nach § 123 I 1 VwGO sein.

Die **Klagebefugnis** folgt für die betroffenen Schüler aus Art. 2 I GG. Daneben ist bei wesentlichen Eingriffen sogar eine Verletzung des Art. 12 I GG (»Ausbildungsstätte«) möglich. Die Klagebefugnis der Eltern kann sich aus dem Recht auf Erziehung und Pflege der Kinder (Art. 6 II 1 GG) ergeben, sofern sie noch erziehungsberechtigt sind (§ 1626 I BGB), also bis zur Vollendung der Volljährigkeit.[701]

Ein für die Anfechtungsklage grds. erforderliches **Vorverfahren** kann gem. § 68 I 2 VwGO landesrechtlich unstatthaft sein.[702]

Probleme können sich zudem im Rahmen der **Prozessfähigkeit** ergeben, solange die Schüler noch minderjährig sind. Dann werden sie von den Eltern gemeinschaftlich vertreten (§ 1629 I BGB). Grds. müssen die Eltern die Klage gemeinsam erheben, es sei denn, es liegt eine abweichende Entscheidung des Familiengerichts vor.[703] Angesichts der möglichen Verletzung der Eltern in ihrem Grundrecht aus Art. 6 II 1 GG können diese sowohl Vertreter (des minderjährigen Schülers) als auch Beteiligte des Verfahrens sein (als Kläger im Hinblick auf das Erziehungsrecht aus Art. 6 II 1 GG). In diesem Fall liegt eine (unproblematisch zulässige) subjektive Klagehäufung im Aktivrubrum vor.

---

[698] Probleme des Verwaltungsrechtswegs werden sich wohl nicht stellen; nur bei Streitigkeiten in Privatschulen ist der ordentliche Rechtsweg eröffnet; § 13 GVG.
[699] Beispiele nach *Finkelnburg/Dombert/Külpmann* Rn. 1408 m.w.N.
[700] *Finkelnburg/Dombert/Külpmann* Rn. 1410 m.w.N.
[701] Vgl. etwa VG Münster, Beschl. v. 22.03.2010, BeckRS 2010, 47855.
[702] Beachten Sie für NRW die Regelung in § 6 II 1 Nr. 3a AG VwGO. Danach entfällt das Vorverfahren nicht, wenn es sich um einen Verwaltungsakt im Bereich des Schulrechts handelt, soweit er von Schulen erlassen wurde.
[703] *Finkelnburg/Dombert/Külpmann* Rn. 1394.

Sofern landesrechtlich das Behördenprinzip gilt, kann die Schule selbst als Behörde **richtiger Beklagter** sein. Diese wird ggf. durch den Schulleiter vertreten.[704]

Die in den Aktenauszügen problematisierten Ordnungsmaßnahmen stellen i.d.R. einen Verwaltungsakt dar, so dass im Rahmen der **Begründetheit der Klage** (§ 113 I 1 VwGO bzw. § 113 I 4 VwGO) zunächst die **formelle Rechtmäßigkeit** der Ordnungsverfügung zu erörtern ist. Hierzu enthalten die Bearbeitervermerke oft wesentliche Hinweise.

- Hierbei ist zunächst zu klären, ob die Entscheidung durch das nach dem Landesschulrecht für Ordnungsmaßnahmen **zuständige Schulgremium** (i.d.R. Lehrerkonferenz) getroffen wurde.
- Zudem folgt aus den landesschulrechtlichen Bestimmungen häufig, dass die Ordnungsmaßnahme zuvor **angedroht** werden muss.
- Außerdem wird teilweise verlangt, dass die Entscheidung über die Ordnungsmaßnahme auf die Tagesordnung der Sitzung des zuständigen Gremiums aufgenommen worden ist und der betroffene Schüler und seine Eltern Gelegenheit hatten, ihren Standpunkt darzulegen.

Beachten Sie insoweit die ggf. im Aktenauszug abgedruckten Verfahrensbestimmungen.

- Das Erfordernis einer hinreichenden Begründung gem. § 39 VwVfG und der Anhörung gem. § 28 I VwVfG ist zu beachten. Beachten Sie, dass im Aktenauszug die Heilungsmöglichkeiten gem. §§ 45 I Nr. 2 und 3, Abs. 2 VwVfG problematisiert werden können.

Innerhalb der **materiellen Rechtmäßigkeit** der Ordnungsverfügung kann zu erörtern sein, ob die Ordnungsverfügung überhaupt auf eine hinreichende Ermächtigungsgrundlage gestützt werden kann. Sofern die Maßnahme für den Betroffenen wesentlich ist, bedarf es nämlich im Hinblick auf den Grundsatz des Vorbehalts des Gesetzes (Art. 20 III GG) einer hinreichend konkreten Ermächtigungsgrundlage. Hieran ändert auch der Umstand nichts, dass das Schulverhältnis ein sog. Sonderstatusverhältnis darstellt. Es ist zwischenzeitlich anerkannt, dass auch in diesen, durch eine besondere Nähebeziehung zum Staat gekennzeichneten Rechtsverhältnissen Grundrechte nur durch oder aufgrund eines Gesetzes eingeschränkt werden dürfen.

Die in diesem Zusammenhang problematische Frage, ob die vielfach in den Landesschulordnungen enthaltenen Rechtsgrundlagen diesem Erfordernis gerecht werden, sollten Sie nur dann vertieft erörtern, wenn der Aktenauszug einen dahingehenden Vortrag der Beteiligten auch enthält. Aber auch dann wird es i.d.R. sinnvoll sein, die Rechtsgrundlage als wirksame Ermächtigungsgrundlage anzuerkennen. Hierfür kann insb. auch angeführt werden, dass bei der Anwendung der Ermächtigung eine strenge Grundrechtsbeachtung möglich ist. Sofern eine landesgesetzliche (!) Ermächtigungsgrundlage vorliegt, stellt sich das Problem einer hinreichenden Ermächtigung wohl nicht.

Die im Examen zu prüfenden und voraussichtlich im Aktenauszug abgedruckten Rechtsgrundlagen für die Ordnungsmaßnahme werden voraussichtlich von unbestimmten Rechtsbegriffen wie »schwere Verfehlung« oder »wichtiger Grund« beherrscht sein. Ein Klausurschwerpunkt wird deshalb bei einer umfassenden Erörterung liegen, ob das im Aktenauszug belegte Fehlverhalten des Klägers die konkrete Ordnungsmaßnahme stützt. Wesentlich ist hierbei zunächst, dass die Wertungen des zuständigen Gremiums gerichtlich grds. voll überprüfbar sind (Art. 19 IV GG). Ein Beurteilungsspielraum besteht i.d.R. nicht (Arg.: Die Überprüfung ist auch nach einer zeitlichen Distanz möglich und mit einer Prüfungssituation qualitativ nicht vergleichbar). Soweit allerdings die zu treffende Entscheidung maßgeblich an pädagogischen Gesichtspunkten orientiert ist, besteht ein nur eingeschränkt überprüfbarer Beurteilungsspielraum. Dieser betrifft etwa die Frage, welche Ordnungsmaßnahme konkret ausgesprochen wird.[705]

Klausurhinweis: Auf die Ermächtigungsgrundlagen, die Ordnungsmaßnahmen stützen, können Sie nicht zurückgreifen, wenn der Schulausschluss zum Schutz vor einer Gesundheitsgefährdung von Mitschülern erfolgt, weil der Adressat der Ausschlussverfügung gesundheitsgefährdend erkrankt ist. In

---

704 Z.B. in NRW gem. § 20 II 4 SchVG NRW.
705 OVG Münster, Beschl. v. 07.08.2006 – 19 E 799/06.

diesen Fällen können spezielle Ermächtigungsgrundlagen normiert sein, die sich i.d.R. auf anstehende Krankheiten i.S.d. Infektionsschutzgesetzes beziehen. Krankhafte Verhaltensstörungen, die Aggressionspotenzial entfalten, fallen nicht hierunter.[706]

B. Rechtsschutz gegen Schulorganisationsmaßnahmen

250 Entscheidungen zur Schulorganisation ergehen als Verwaltungsakt, wenn sich die getroffenen Maßnahmen unmittelbar auf die Rechtsstellung des Schülers, seiner Erziehungsberechtigten oder eines Schulträgers auswirken. Dieses ist etwa bei der Auflösung oder der Zusammenlegung bzw. Verlegung einer Schule der Fall. Hiergegen können auch die betroffenen Gemeinden klagebefugt sein (Art. 28 II GG). Sofern im Aktenauszug eine Elternvertretung (im Rahmen einer subjektiven Klagehäufung) auftritt, ist zu beachten, dass diese nicht klagebefugt ist.[707]

Keine Verwaltungsaktqualität haben solche schulorganisatorischen Maßnahmen, die den Bestand und die Zugehörigkeit des Schülers zur betroffen Schule unberührt lassen (z.B. Zusammenlegung von Klassen, Stundenplangestaltung). In diesem Fall ist nur eine Leistungsklage statthaft.

9. Kapitel. Straßen- und Straßenverkehrsrecht

A. Klausuren aus dem Straßenrecht

251 Während das Straßenverkehrsrecht (hierzu B.) in erster Linie eine gefahrenabwehrrechtliche Sonderordnungsmaterie darstellt, handelt es sich beim Straßenrecht um öffentliches Sachenrecht. Die Regelungen hierzu finden sich im Wesentlichen im FStrG des Bundes (für Bundesfernstraßen, also Bundesautobahnen und Bundesstraßen mit den Ortsdurchfahrten; § 1 I FStrG) sowie in den Landesstraßengesetzen.[708]

In vielen Prüfungsaufgaben werden straßennutzungsrechtliche Fragen problematisiert. Häufig steuern solche Klausuren auf eine inzidente Abgrenzung des erlaubnisfreien Gemeingebrauchs von der erlaubnispflichtigen Sondernutzung zu. Folgende Klausureinkleidungen sind typisch:

- Rechtsschutz gegen eine behördliche Verfügung, mit der Maßnahmen gegen eine Sondernutzung verfolgt werden (§ 8 VIIa 1 FStrG); insoweit sind die straßenverkehrsrechtlichen Eingriffsbefugnisse gegenüber der gefahrenabwehrrechtlichen Generalklausel vorrangig und verdrängen Letztere.
- Rechtsschutz gegen einen Kostenbescheid, mit dem die Behörde Kosten für die Beseitigung einer unerlaubten Sondernutzung zurück verlangt (§ 8 VIIa 2 FStrG).
- Rechtsschutz eines Adressaten gegen einen Sondernutzungsgebührenbescheid mit der Begründung, die Straßennutzung habe den Rahmen des Gemeingebrauchs nicht verlassen.

Für die Abgrenzung zwischen erlaubnisfreiem Gemeingebrauch und erlaubnispflichtiger Sondernutzung gelten folgende Grundsätze:

- **Erlaubnisfreier Gemeingebrauch** ist die Nutzung der Straße im Rahmen des Widmungszwecks. Gewidmet ist die Straße in erster Linie für den Verkehrszweck. Klausurträchtig sind vor allem die Fälle, in denen auf der Straße (über das bloße »von A nach B-Gelangen«) kommunikative Elemente verfolgt werden. In Abgrenzung zur erlaubnispflichtigen Sondernutzung legt die Rspr. den Widmungszweck der Straße erweitert aus (sog. »erweiterter Verkehrsbegriff«). Die Rspr. erkennt eine Erlaubnisfreiheit an, solange durch die Grundrechts-

---
706 VG Münster, Beschl. v. 22.03.2010, BeckRS 2010, 47855.
707 *Kuhla/Hüttenbrink* Rn. 344 m.w.N.
708 In der nachfolgenden Darstellung werden im Interesse der Einheitlichkeit die Normen des FStrG des Bundes zitiert; die landesrechtlichen Materien sind im Wesentlichen vergleichbar.

ausübung keine Beeinträchtigung des widmungsgemäßen Gebrauchs ausgelöst wird. Dieses ist aber z.B. bei Spontankunst der Fall. Da es hierfür keine Bagatellgrenze gibt, liegt (auch in Klausuren) häufig kein erlaubnisfreier Gemeingebrauch, sondern eine erlaubnispflichtige Sondernutzung vor. Eine andere Frage ist dann, ob auf die Erteilung der Erlaubnis ein Anspruch besteht, weil das Erteilungsermessen auf Null reduziert ist. In diesen Fällen ist ggf. ein Vornahmebegehren (§ 113 V 1 VwGO) erfolgreich.

- Eine über den Gemeingebrauch hinausgehende Nutzung der Straße ist **Sondernutzung.** Ist diese Straßennutzung geeignet, den Gemeingebrauch zu beeinträchtigen, bedarf es einer Sondernutzungserlaubnis. Im Hinblick auf die fehlende Bagatellgrenze sind »Großplakatanschlagtafeln« schon Sondernutzung, wenn sie mehr als 20–30 cm in den Straßenraum hineinragen.[709] Beim Aufstellen von Plakattafeln an öffentlichem Straßenraum gilt dies allemal.[710]

> **Klausurhinweis:** Für die Abgrenzung zwischen Gemeingebrauch und Sondernutzung merken Sie sich bitte insb. folgende Grundsätze:[711]
>
> - Bei der **kommunikativen Nutzung** von Straßen, d.h. solchen Nutzungen, bei der die Straße nicht in erster Linie zu Verkehrszwecken genutzt wird, erfolgt die Abgrenzung vor allem vor dem Hintergrund grundrechtlicher Gewährleistungen. Gemeingebrauch liegt noch vor, wenn in einer Fußgängerzone Medien an vorbeigehende Passanten unentgeltlich und ohne zusätzliche Hilfsmittel (z.B. Infostände) verteilt werden, solange eine deutliche Werbung (z.B. durch Ansprechen von Passanten) nicht erkennbar ist. Dann bewegt sich die Nutzung im Rahmen des Widmungszwecks, der bei einer Fußgängerzone auch in der Begegnung und der Kommunikation mit anderen Verkehrsteilnehmern besteht.[712] Nach der (allerdings umstrittenen) Rspr. kommt es maßgeblich auf das äußere Erscheinungsbild der Tätigkeit an. Sobald eine gewerbliche Motivation vorliegt, bei der das Verkehrsinteresse nur nebensächlich besteht, liegt eine Sondernutzung vor. Sie sollten sich daher merken, dass die Einwirkung grundrechtlicher Gewährleistungen nicht ohne Weiteres dazu führt, dass die Nutzung der Straße zum Gemeingebrauch wird. Diese Kriterien sind auch bei religiöser Betätigung zu beachten. Zwar kann sich eine Religionsgemeinschaft auch im Rahmen der notwendigen erwerbswirtschaftlichen Betätigung auf Art. 4 GG berufen, dies ändert aber nichts an der Erlaubnispflichtigkeit, wenn sie die Straßenwerbung planvoll in das Vermarktungskonzept einbezieht.[713]
> - Die **gewerbliche Nutzung** einer Straße ist unabhängig von der Dauer der gewerblichen Tätigkeit und des genutzten Verkaufsraums Sondernutzung, wenn sich zumindest eine Vertragspartei zur Abwicklung des Geschäfts auf der dem öffentlichen Verkehr gewidmeten Straße aufhält.[714] Daher liegt Sondernutzung vor, wenn Hilfsmittel wie z.B. Informationsstände genutzt werden. In den häufigen Klausurkonstellationen, in denen ein Informationsstand aufgestellt wird, müssen Sie also von einer erlaubnispflichtigen Sondernutzung ausgehen. Eine Sondernutzung liegt auch vor, wenn ein mit einer Werbetafel versehenes Kfz als Werbemedium im Straßenraum abgestellt wird. Das Parken ist nämlich nur dann erlaubnisfrei, sofern es Teil des »ruhenden Verkehrs« ist. Dieses folgt aus der StVO, die bundesrechtlich konkretisiert, wann Parken straßenverkehrsrechtlich zulässig ist. Nur in diesem Umfang ist Parken aufgrund des Vorrangs des Straßenverkehrsrechts (Art. 31 GG) Gemeingebrauch. Beim Abstellen von Fahrrädern geht die Rspr. (ähnlich wie beim Abstellen zugelassener und betriebsbereiter Mietwagen) von einem erlaubnisfreien Gemeingebrauch aus.[715]

Liegt eine Sondernutzung vor, steht die Entscheidung über die Erteilung der Erlaubnis im **Ermessen der Behörde**. Häufiger Klausurschwerpunkt ist die Frage der ordnungsgemäßen Ermessensausübung. Diese darf sich grds. nur an straßenrechtlichen Gesichtspunkten orientieren. Daneben darf die zuständige Straßenbaubehörde andere Gesichtspunkte berücksichtigen, die mit

---

709 *Sauthoff* NVwZ 1998, 239 (244) m.w.N.; so auch Plakattafel an Brückenpfeiler; VGH Kassel NVwZ-RR 2002, 540; so auch bei Anpflanzungen, die in das Lichtraumprofil einer Straße hineinragen (OVG Münster NWVBl. 2010, 119 (120)).
710 VGH Mannheim, Urt. v. 27.02.1987, BeckRS 2009, 38036.
711 Umfassend hierzu: *Sauthoff* NVwZ 1998, 239 (243 ff.).
712 OVG Lüneburg NVwZ-RR 1996, 247.
713 OVG Bremen GewArch 1997, 285; *Sauthoff* NVwZ 1998, 239 (246).
714 VGH Mannheim NZV 1996, 127.
715 OVG Hamburg NVwZ-RR 2010, 34; VG Hamburg NVwZ 2009, 84; OVG Hamburg NVwZ-RR 2010, 34.

dem Widmungszweck in einem sachlichen Zusammenhang stehen. Dies gilt vor allem für Ordnungskriterien, die in einem sachlichen Zusammenhang mit der Straße stehen. Daher ist es zulässig, bei der Erlaubnisentscheidung zugunsten einer extremen politischen Partei, die einen Infostand aufstellen will, auch evtl. massive Auseinandersetzungen von »Links« einzubeziehen. Fehlerhaft ist allerdings, wenn allgemeine ordnungsrechtliche Aspekte in die Entscheidung eingestellt werden. Problematisch sind z.B. Umweltschutzüberlegungen (Verbot der Verwendung von Einweggeschirr oder Untersagung der Sondernutzungserlaubnis im Hinblick auf schlechte Energieeffizienz einer Heizpyramide[716]) oder allgemeine städtebauliche Aspekte (str.). Diese werden von der Rspr. für zulässig gehalten, wenn sie einen sachlichen Bezug zur Straße haben. Unzulässig wäre etwa die Steuerung allgemeiner Ladenöffnungszeiten durch eine bestimmte Sondernutzungserteilungspraxis.[717]

Keine öffentliche, sondern eine privatrechtliche Sondernutzung liegt vor, wenn die Straße über den Widmungszweck hinausgehend genutzt, aber die Widmung nicht beeinträchtigt wird. Hiervon umfasst ist z.B. die Nutzung außerhalb des unmittelbaren Verkehrsraums (z.B. Versorgungsleitungen unterhalb der Straße). Für eine solche privatrechtliche Sondernutzung sind die Vorschriften des Zivilrechts maßgebend (z.B. §§ 903 ff. BGB). Zuständig zur Erteilung von Benutzungsrechten in Form einseitiger Gestaltungen, stillschweigender Duldungen oder zum Abschluss von Verträgen (Miete, Pacht etc.) sind die Träger der Straßenbaulast, auch wenn sie nicht Eigentümer des Straßengrundstücks sind.[718]

B. Klausuren aus dem Straßenverkehrsrecht

252 Straßenverkehrsrechtliche Klausuren tauchen regelmäßig auf. Nach unserer Erfahrung dürfte es allerdings ausreichen, wenn Sie die nachfolgenden Konstellationen und Fragestellungen beherrschen. Diese müssen allerdings »sitzen«.

I. Rechtsschutz gegen Entziehung einer Fahrerlaubnis

253 Examensrelevanter Standardfall ist der Rechtsschutz gegen die Entziehung einer Fahrerlaubnis. In prozessualer Hinsicht gibt es wenige Besonderheiten. Statthaft ist die Anfechtungsklage.

1. Entziehung der Erlaubnis wegen mangelnder Eignung (§ 3 I 1 StVG i.V.m. § 46 I 1 FeV)

Im Rahmen der **Begründetheit** der Anfechtungsklage prüfen Sie im Anschluss an die formelle Rechtmäßigkeit der Entziehungsverfügung die tatbestandlichen Voraussetzungen des § 3 I 1 StVG i.V.m. § 46 I 1 FeV (sofern die Ausnahmekonstellation der Entziehung nach dem Punktesystem gem. § 4 StVG nicht eingreift). Um § 20 FeV nicht zu umgehen, kommt es grds. darauf an, ob im Zeitpunkt der letzten behördlichen Entscheidung die Entziehungsvoraussetzungen erfüllt gewesen sind.[719] Ein späteres Wohlverhalten kann daher grds. nur in einem späteren Wiedererteilungsverfahren berücksichtigt werden.

Eine (gerichtlich in vollem Umfang überprüfbare) Ungeeignetheit zum Führen von Kfz i.S.d. § 3 I 1 StVG liegt vor, wenn der Betroffene nicht die notwendigen körperlichen und geistigen Anforderungen erfüllt. Dieses gilt vor allem bei Erkrankungen und Mängeln nach den Anlagen 4, 5 und 6. Das Vorliegen solcher Defizite bildet vielfach einen Klausurschwerpunkt:

- Als **körperliche** Mängel kommen z.B. Beeinträchtigungen des Sehvermögens in Betracht.
- Als **geistige Mängel** sind in der Klausur vor allem Alkoholverfehlungen und der Missbrauch von Betäubungsmitteln von Bedeutung. Nach § 46 I 2 FeV i.V.m. Anlage 4 Nr. 8 liegt Ungeeignetheit vor allem bei Alkoholabhängigkeit und Alkoholmissbrauch vor, da der Inhaber dann nicht mehr Alkoholkonsum und das Führen von Kfz sicher trennen kann.

---

[716] VG Berlin GewArch 2009, 495.
[717] VGH Mannheim, NVwZ-RR 2010, 164.
[718] *Leuze-Mohr/Nagel* S. 236.
[719] BVerwG, Beschl. v. 11.03.1988 NVwZ 1990, 654 (634).

In welchen Fällen Ungeeignetheit wegen des Konsums von **Betäubungsmitteln** gegeben ist, regelt Nr. 9 der Anlage 4. Wird der Betroffene berauscht im Straßenverkehr angetroffen, liegt Ungeeignetheit vor. Im Übrigen enthält Anlage 4 unterschiedliche Regelungen für den Konsum von Cannabis einerseits und dem Konsum »harter« Drogen (übrige Betäubungsmittel) andererseits.

– Bei **Cannabis** wird zwischen regelmäßigem/gewohnheitsmäßigem Konsum und einem gelegentlichem/einmaligem unterschieden. Gelegentlicher/einmaliger Konsum reicht zur Annahme der Ungeeignetheit grds. nicht aus (es sei denn, es treten weitere Unzuverlässigkeitsgründe hinzu). Demgegenüber rechtfertigt der regelmäßige Konsum von Cannabis die Annahme der Ungeeignetheit, ohne dass es hierfür einer MPU bedarf.[720]

– Bei »**harten Drogen**« (Kokain, Heroin) geht die Rspr. davon aus, dass schon der einmalige Konsum für eine Entziehung der Fahrerlaubnis ausreicht. Die zur Beurteilung der Ungeeignetheit im Fall des Cannabiskonsums entwickelten Grundsätze werden von der Rspr. auf »harte Drogen« nicht übertragen, weil Cannabis schwächer wirkt.[721] Dies ist wichtig für gerichtliche Klausuren, wenn im Aktenauszug bei dem Konsum harter Drogen geltend gemacht wird, der Kläger/Antragsteller habe (ggf. bestätigt durch Zeugenaussagen) nur einmalig harte Drogen konsumiert.

Klausurhinweis: Klausurrelevant ist auch § 46 III FeV i.V.m. § 11 VIII 1 FeV, wonach die Behörde auf die Ungeeignetheit schließen kann, wenn sich der Erlaubnisinhaber weigert, sich einer rechtmäßigen Untersuchungsanordnung zu unterziehen. Sie prüfen dann inzident die Voraussetzungen des § 46 III FeV i.V.m. §§ 11–14 FeV. Diese enthalten Regelungen zur Feststellung der Ungeeignetheit wegen Sehschwäche, Alkoholproblemen und im Hinblick auf den Konsum von Betäubungsmitteln (bitte lesen!). War hiernach die Anordnung der Untersuchung rechtmäßig (insb. anlassbezogen und verhältnismäßig) und hat der Betroffene zu Unrecht die Teilnahme abgelehnt, kann hierauf der Rückschluss auf die Ungeeignetheit gestützt werden.

Problem: Vorrang des Strafverfahrens (§ 3 III StVG)

Bei der verwaltungsbehördlichen Entziehung ist der Vorrang des Strafverfahrens zu beachten (§ 3 III StVG). Danach ist eine Verwertung des Sachverhalts durch die Verwaltungsbehörde verboten, solange dieser Gegenstand eines Verfahrens ist, in dem die Entziehung der Fahrerlaubnis in Betracht gezogen wird. Nach der Rspr. ist eine Entziehungsentscheidung während des laufenden Strafverfahrens sogar dann rechtswidrig, wenn zu einem späteren Zeitpunkt rechtskräftig festgestellt wird, dass der Inhaber zum Führen des Kfz ungeeignet ist.[722]

Problem: (kein) Beweisverwertungsverbot bei Verletzung des Richtervorbehalts

Sofern bei fehlender Gefahr im Verzug eine Blutentnahme entgegen § 81a II StPO ohne richterliche Anordnung erfolgt, stellt sich die Frage eines Beweisverwertungsverbots für das Fahrerlaubnisentziehungsverfahren. Da die Fahrerlaubnisbehörde auch die Rechtsgüter Drittbetroffener beachten muss (öffentliches Interesse am Schutz vor ungeeigneten Fahrerlaubnisinhabern), ist es gerechtfertigt, ein etwaiges strafprozessuales Verwertungsverbot gegenüber dem Interesse der Allgemeinheit an der Sicherheit des Straßenverkehrs zurücktreten zu lassen. Hierfür spricht auch folgende Abwägung: Der staatlichen Schutzpflicht für Leib und Leben anderer Verkehrsteilnehmer aus Art. 2 II 1 i.V.m. Art. 1 I 2 GG steht das unter einfachem Gesetzesvorbehalt stehende Grundrecht auf körperliche Unversehrtheit (Art. 2 II 1 GG) gegenüber, wobei eine ärztliche Blutentnahme eine relativ geringe Grundrechtsrelevanz hat.[723]

Bitte bedenken Sie, dass die Entziehung der Fahrerlaubnis bei Erfüllung der tatbestandlichen Voraussetzungen nicht im Ermessen der Behörde steht. Diese »hat« die Erlaubnis zu entziehen. Ist die Fahrerlaubnis entzogen worden, ist diese einzuziehen. Diese Einziehung ist der Vollzug der Entziehung der Fahrerlaubnis und kann in einem gerichtlichen Verfahren mit einem Annexantrag nach § 113 I 2 VwGO (bzw. im vorläufigen Rechtsschutzverfahren gem. § 80 V 3 VwGO)

---

720 BVerwG, Urt. v. 26.02.2009 – 3 C 1.08.
721 OVG Bremen, Beschl. v. 30.06.2003 – 1 B 206/03.
722 OVG Koblenz, Beschl. v. 10.05.2006 NZV 2006, 559.
723 VG Berlin NJW 2009, 245; OVG Lüneburg, Beschl. v. 16.12.2009 NJW 2010, 629; OVG Koblenz, Beschl. v. 29.01.2010 – 10 B 11226/09.OVG.

mitangefochten werden. Dieser Annexantrag ist begründet, wenn die Voraussetzungen des Vollzugs-FBA gegeben sind und die Entscheidung spruchreif ist (§ 113 I 3 VwGO).

> **Klausurhinweis:** Anfechtungsrechtsbehelfe gegen die Entziehung der Fahrerlaubnis nach § 3 I 1 StVG haben – anders als bei der Entziehung nach dem Punktesystem – aufschiebende Wirkung (§ 80 I 1 VwGO). Allerdings ordnen die Behörden i.d.R. gem. § 80 II 1 Nr. 4 VwGO die sofortige Vollziehung an. In diesem Fall besteht die Verpflichtung zur Vorlage des Führerscheins; dieses auch dann, wenn die Entscheidung mit Widerspruch oder Anfechtungsklage angefochten wird (§ 47 I 2 FeV). In einem Verfahren auf Wiederherstellung der a.W. nach § 80 V 1 VwGO wird sich die Frage nach der ordnungsgemäßen Begründung der AOsofVz stellen (§ 80 III VwGO). Die Rspr. fordert insoweit keine überspannten Anforderungen, zumal die Interessenlage in den meisten Fällen gleich gelagert ist (dem Interesse des Betroffenen an der weiteren Straßenverkehrsteilnahme steht das öffentliche Interesse am Schutz von Leben, Gesundheit und Eigentum anderer Verkehrsteilnehmer gegenüber). Die Rspr. lässt es daher ausreichen, wenn die Behörde diese Interessenlage aufzeigt und zumindest kurz darlegt, dass diese Interessenlage auch im konkreten Fall gegeben ist.[724] Im Übrigen (summarische Beurteilung des Erfolgs des Hauptsacherechtsbehelfs) gelten die allgemeinen Grundsätze. Erweist sich die Entziehungsverfügung als offensichtlich rechtmäßig, wird auch das besondere Eilinteresse (Herbeiführung der Verkehrssicherheit ab sofort) bejaht werden können.

2. Entziehung der Erlaubnis nach dem Punktesystem (§ 4 III 1 Nr. 3 StVG)

Neben (!) der Entziehung wegen mangelnder Eignung kommt eine Entziehung aufgrund des »Flensburger Punktesystems« nach § 4 III 1 Nr. 3 StVG in Betracht, wenn der Betroffene 18 Punkte oder mehr gesammelt hat und vor der Entziehung die Maßnahmen des abgestuften Sanktionssystems durchgeführt worden sind (§ 4 III 1 Nr. 1 und 2 StVG). Sind über den Erlaubnisinhaber Punkte in mindestens dieser Höhe erfasst, gilt er als ungeeignet mit der Folge, dass die Erlaubnis zu entziehen ist. Zeitlich »ergibt« sich der Punktestand i.S.d. § 4 III 1 StVG nach h.M. im Moment der Rechtskraft der maßgebenden behördlichen und gerichtlichen Entscheidungen, nicht im Zeitpunkt der Tathandlung.[725] Die Rückgabe der ggf. bereits eingezogenen Fahrerlaubnis kann ebenfalls über einen Annexantrag nach § 113 I 2 VwGO verfolgt werden.

> **Klausurhinweis:** Für den **vorläufigen Rechtsschutz** müssen Sie § 4 VII 2 StVG beachten, wonach der statthafte Anfechtungsrechtsbehelf gegen die Entziehung keine aufschiebende Wirkung entfaltet. Der Antrag nach § 80 V VwGO ist deshalb auf Anordnung der a.W. zu richten. Für die Zulässigkeit und Begründetheit des Antrags gelten im Übrigen die allgemeinen Grundsätze. Problematisch ist hierbei, ob der Antrag nach § 80 V VwGO Erfolg haben kann, wenn im Zeitpunkt der gerichtlichen Entscheidung über einen eingelegten Widerspruch noch nicht entschieden ist, aber damit zu rechnen ist, dass – wegen zwischenzeitlich eintretender teilweiser Tilgung der Punkte – der Punktestand unter 18 absinken wird. Teilweise wird in der Rspr. ein solches Absinken unter die 18 Punkte-Grenze für unbeachtlich gehalten.[726] Das OVG Bremen hingegen deutet eine andere Beurteilung für den Fall an, dass der Betroffene an einem Aufbauseminar teilnimmt.[727]

II. Rechtsschutz gegen die Anordnung zur Führung eines Fahrtenbuchs

254 Gem. § 31a I 1 StVZO kommt die Anordnung einer Fahrtenbuchauflage bei Unmöglichkeit der Feststellung des Fahrzeugführers nach einer Zuwiderhandlung gegen Verkehrsvorschriften in Betracht, wenn die Behörde die im konkreten Einzelfall angemessenen Maßnahmen zur Ermittlung des Täters ergriffen hat und diese ohne Erfolg geblieben sind. **Materiell** muss der Verkehrsverstoß »erhebliches Gewicht« haben. Dieses nimmt die Rspr. (behördenfreundlich) bereits an, wenn der Verstoß nach dem Punktekatalog punktbewährt (§ 40 FeV i.V.m. Anlage 13 zur FeV)

---

724 VGH München, Beschl. v. 04.01.2006 – 11 CS 05.1878; *Finkelnburg/Dombert/Külpmann* Rn. 1463.
725 OVG Lüneburg Beschl. v. 24.01.2007, BeckRS 2007, 20810; OVG Münster Beschl. v. 09.02.2007, BeckRS 2007, 21656.
726 OVG Münster, Beschl. v. 24.05.2006, BeckRS 2006, 23977; *Finkelnburg/Dombert/Külpmann* Rn. 1459.
727 OVG Bremen Beschl. v. 29.06.2006 NJW 2007, 394.

9. Kapitel. Straßen- und Straßenverkehrsrecht

ist.[728] Schwerpunkt der Klausur wird in materieller Hinsicht sein, ob ein ausreichender Ermittlungsaufwand vorliegt. Wenn der Betroffene, der grds. innerhalb von 14 Tagen nach dem Vorfall anzuhören ist,[729] bei der Aufklärung nicht ordnungsgemäß mitwirkt, wird dieses bejaht. In diesem Zusammenhang hat der VGH Mannheim jüngst entschieden, dass zu den notwendigen behördlichen Ermittlungsmaßnahmen auch die Anhörung des Halters gehört, wenn (z.B. wegen Messaufnahmen) feststeht, dass der Halter keinesfalls der Fahrzeugführer sein kann. Denn im Gegensatz zur Anhörung als Betroffener (der gem. § 46 I und II OWiG i.V.m. StPO ein Aussageverweigerungsrecht hat) ist der Halter grds. zur Aussage und damit zur Mitwirkung an der Aufklärung der Täterschaft verpflichtet.[730] Diese Schnittstellenproblematik zum Strafprozessrecht wird das Interesse der Prüfungsämter wecken.

Auf Rechtsfolgenebene ist eine ordnungsgemäße **Ermessensausübung** zu prüfen.

Klausurrelevant ist zudem § 31a I 2 StVZO, wonach ein Ersatzfahrzeug für ein vom Halter veräußertes oder anderweitig abgeschafftes Fahrzeug bestimmt werden kann. Ziel dieser Bestimmung ist zu verhindern, dass sich der Halter des Tatfahrzeugs entledigt und sich dadurch seiner Verpflichtung entziehen kann. Aus diesem Grund sind als »Ersatzfahrzeug« sämtliche Fahrzeuge anzusehen, die im Zeitpunkt der Veräußerung des »Tatfahrzeugs« von ihm betrieben werden und demselben Nutzungszweck dienen.

Klausurhinweis: Spielt die Klausur im vorläufigen Rechtsschutz, kommt i.d.R. ein Antrag auf Wiederherstellung der a.W. des Anfechtungsrechtsbehelfs (§ 80 V 1 2. Var. VwGO) in Betracht, sofern (was hier ebenfalls regelmäßig der Fall ist), die sofortige Vollziehung gem. § 80 II 1 Nr. 4 VwGO angeordnet wurde. Ein Fall des § 80 II 1 Nr. 2 VwGO liegt insb. nicht vor.[731] Hinsichtlich der Anforderungen an § 80 III VwGO und das besondere Eilinteresse (bei voraussichtlichem Unterliegen in der Hauptsache) gelten die Ausführungen zur Entziehung der Fahrerlaubnis entsprechend.[732] Hohe Anforderungen sind also auch hier nicht zu stellen.

III. Rechtsschutz auf Vornahme und Abwehr straßenverkehrsbeschränkender Maßnahmen

Schließlich tauchen Aktenauszüge auf, in denen (insb.) ein Anlieger einen Anspruch auf verkehrsbeschränkende Maßnahmen durch die zuständige Behörde verfolgt oder solche verkehrsbeschränkenden Maßnahmen abwehren möchte. Anknüpfungspunkt dieser behördlichen Maßnahmen ist vielfach die Abwehr von Lärm oder neuerdings die Abwehr von verkehrsbedingten Feinstaubbelastungen. 255

1. Rechtsschutz gegen die Versagung straßenverkehrsregelnder Maßnahmen

Wird der Erlass verkehrsbeschränkender Maßnahmen begehrt, ist gegen eine behördliche Ablehnung (und nach ggf. erforderlichem Widerspruchsverfahren) eine **Verpflichtungsklage** (Versagungsgegenklage gem. § 42 I 2. Var. VwGO) statthaft. Verkehrszeichen nach §§ 41 ff. StVO sind Verwaltungsakte in Form sachbezogener Allgemeinverfügungen (§ 35 S. 2 VwVfG). Sie regeln die straßenverkehrsrechtliche Benutzung der Straße in einer konkreten Verkehrssituation, wenden sich allerdings an eine Vielzahl von Verkehrsteilnehmern.[733] 256

Ein Schwerpunkt der Zulässigkeitsprüfung wird voraussichtlich die **Klagebefugnis** (§ 42 II VwGO) sein: Rechtsgrundlage für verkehrsregelnde Maßnahmen ist i.d.R. § 45 I 1 StVO, der durch die konkretisierenden Einzelermächtigungen in § 45 I 2 bis § 45 IX StVO ergänzt wird. Zwar dient § 45 I VwGO primär dem Schutz der Allgemeinheit; der Einzelne hat allerdings zumindest einen Anspruch auf eine ermessensfehlerfreie Entscheidung der Behörde über ein ver-

---

728 BVerwG, Urt. v. 17.05.1995 NJW 1995, 2866 (Fahrtenbuchauflage wegen einmaliger Missachtung eines Überholverbots); OVG Lüneburg, Beschl. v. 15.10.2003 NJW 2004, 1124 (Auflage wegen einmaligem »einfachen« Rotlichtverstoß rechtmäßig).
729 *Kuhla/Hüttenbrink* K Rn. 512 m.w.N.
730 VGH Mannheim, Beschl. v. 04.08.2009 NJW 2009, 3802.
731 VG Stuttgart NJW 2006, 792; BVerwG NJW 1979, 1054.
732 OVG Berlin NJW 2003, 2402 (2403).
733 *Kopp/Ramsauer* § 35 VwVfG Rn. 112 m.w.N.

kehrsregelndes Einschreiten, wenn eine Verletzung seiner Individualinteressen in Betracht kommt. Da der Schutzbereich des § 45 I StVO auch die Bewahrung des Einzelnen vor unzumutbaren Einwirkungen des Straßenverkehrs erfasst (vgl. z.B. Anordnungen zum Schutz der Wohnbevölkerung vor Lärm und Abgasen gem. § 45 I 2 Nr. 3 StVO), lässt sich die Klagebefugnis in der Klausur i.d.R. bejahen. Je nach landesrechtlicher Ausgestaltung ist ein **Widerspruchsverfahren** durchzuführen.

In der **Begründetheit** einer Verpflichtungsklage sind im Anschluss an die Prüfung der formellen Anspruchsvoraussetzungen (Antrag bei zuständiger Straßenverkehrsbehörde gem. §§ 44, 45 StVO) die materiellen Voraussetzungen des § 45 StVO zu prüfen. Schwerpunkt der Klausur wird voraussichtlich die Frage sein, ob die Verkehrsbeschränkung aus Gründen der Sicherheit und Ordnung des Verkehrs erforderlich ist (§ 45 I 1 StVO). Diese Frage ist anhand der konkretisierenden Bestimmungen der § 45 I 2 bis § 45 IX StVO zu prüfen. Beachten Sie, dass auf Grundlage des § 45 I 1 VwGO nur Gefahren abgewehrt werden dürfen, die sich im Straßenverkehr auswirken, § 45 I 2 StVO hingegen auch Gefahren erfasst, die durch den Straßenverkehr ausgelöst werden, sich aber nicht dort, sondern außerhalb des Straßenraums realisieren.[734] Dieser Gesichtspunkt kann eine Rolle spielen, wenn die Behörde geltend machen sollte, sie dürfe nur zum Schutz des Straßenverkehrs bzw. der Verkehrsteilnehmer einschreiten.

Besondere Examensrelevanz im Rahmen des § 45 I 2 StVO hat Nr. 3, wonach insb. Verkehrsregelungen zum Schutz der Wohnbevölkerung vor Lärm und Abgasen erfolgen können. Wichtig ist, dass die erforderliche Schwelle tatbestandlich nicht erst überschritten wird, wenn die Immissionen so schwer sind, dass sie nachweislich Gesundheitsschäden auslösen. Auch ist nicht erforderlich, dass gesetzlich bestimmte Schall- oder Schadstoffgrenzwerte überschritten werden; maßgebend ist vielmehr, ob die Verkehrsimmissionen Beeinträchtigungen auslösen, die jenseits dessen liegen, was unter Berücksichtigung der Belange des Verkehrs im konkreten Fall als ortsüblich hingenommen und damit zugemutet werden muss.[735] Hierbei können die Vorschriften der Verkehrslärmschutzverordnung allerdings eine Orientierungshilfe bilden.[736]

In den Fällen des § 45 Ia StVO wird die Eingriffsschwelle noch weiter abgesenkt, indem schon an die Verhütung von Belästigungen angeknüpft wird.

Auf **Rechtsfolgenebene** ist wichtig, dass die Behörde bei der Entscheidung, welche verkehrsregelnden Maßnahmen sie anordnet, einen Ermessensspielraum hat. Nur ausnahmsweise kommt ein gebundener Anspruch in Betracht, wenn sich der Ermessensspielraum auf Null reduziert hat. Dieses kommt etwa dann in Betracht, wenn der Verkehrslärm die Schwelle zur Körperverletzung überschritten hat. Im Übrigen besteht nur ein Anspruch auf ermessensfehlerfreie Entscheidung, so dass in der Klausur bei Vorliegen eines Ermessensfehlers nur ein Bescheidungsausspruch gem. § 113 V 2 VwGO in Betracht kommt.

Problem: Vorbehalt des Straßenrechts

Bei der Frage, welche Maßnahmen angeordnet werden, muss die Behörde den Vorbehalt des Straßenrechts gegenüber dem Straßenverkehrsrecht beachten. Zwar ist straßenverkehrsrechtlich zulässige Nutzung wegen Art. 31 GG Gemeingebrauch (sog. Vorrang des Straßenverkehrsrechts); allerdings darf straßenverkehrsrechtlich die Nutzungsart nicht dauerhaft geregelt werden (sog. Vorbehalt des Straßenrechts). Die Einhaltung dieser Grenze kann als tatbestandliche Voraussetzung oder als Ermessensgrenze erörtert werden. Merken Sie sich also, dass durch straßenverkehrsrechtliche Anordnungen keine Nutzungszustände herbeigeführt werden dürfen, die auf eine dauernde Entwidmung oder Widmungsbeschränkung hinauslaufen. Zulässig sind nur Vekehrsverbote oder -beschränkungen, die auf eine bloße »Ausklammerung« einzelner widmungsrechtlich erlaubter Verkehrs- und Benutzungsarten hinauslaufen, den widmungsgemäßen Gebrauch also »verdünnen«.[737] Dass die angeordneten Maßnahmen diese Grenze einhalten, müssen Sie kurz ansprechen.

---

[734] BVerwG NJW 2003, 601 (602).
[735] OVG Berlin-Brandenburg NVwZ-RR 2010, 15 (Anspruch auf Überprüfung bereits, wenn die Lärmbelastung noch nicht die Verkehrslärmwerte der Verkehrslärmschutzverordnung erreicht haben).
[736] OVG Münster DVBl. 2009, 458 (Verkehrslärm durch Freizeitlärm durch Motorräder).
[737] *Köckerbauer* NJW 1995, 621.

> **Klausurhinweis:** Wird der Klausurfall in ein vorläufiges Rechtsschutzverfahren eingekleidet, sollten Sie folgende Grundsätze beachten: Strebt der Antragsteller die zeitnahe Verpflichtung der Straßenverkehrsbehörde zur Anordnung verkehrsregelnder Maßnahmen an, ist ein Verfahren nach § 123 I 2 VwGO statthaft (Regelungsanordnung, da Rechtskreis erweitert werden soll). Beim Anordnungsanspruch dürfte problematisch werden, dass grds. nur ein Anspruch auf ermessensfehlerfreie Entscheidung besteht; nur im Ausnahmefall kann der Antragsteller die Verpflichtung zur Anordnung von Maßnahmen herbeiführen, wenn sich das Ermessen – etwa wegen erheblicher Gefährdungen für die Gesundheit – auf Null reduziert.[738] Zudem wird eine Verpflichtung vielfach die Hauptsache vorwegnehmen. Dieses ist nur bei besonders schwerwiegenden persönlichen oder wirtschaftlichen Nachteilen wegen Art. 19 IV GG zulässig.[739]

2. Rechtsschutz gegen die Anordnung verkehrsregelnder Maßnahmen

257 Wendet sich ein Anwohner gegen die Anordnung verkehrsregelnder Maßnahmen, ist die **Anfechtungsklage** gem. § 42 I VwGO statthaft. Die **Klagebefugnis** folgt für den von einer solchen benutzungsregelnden Allgemeinverfügung Betroffenen aus Art. 2 I GG, da sich jeder Verkehrsteilnehmer, also nicht nur der Anlieger, darauf berufen kann, dass die Voraussetzungen für eine Verkehrsbeschränkung (insb. nach § 45 StVO) nicht gegeben sind.[740]

Problematisch kann vor allem in der Anfechtungskonstellation die **Frist** zur Erhebung des Widerspruchs bzw. bei dessen Unstatthaftigkeit der Klage sein. Gem. § 70 I 1 VwGO ist der Widerspruch innerhalb eines Monats nach der Bekanntgabe des Verwaltungsakts zu erheben. Entsprechendes gilt gem. § 74 I VwGO für die Klagefrist. Die Bekanntgabe von Verkehrsschildern erfolgt nach § 45 IV StVO durch Aufstellung. Diese Vorschrift geht § 41 IV VwVfG vor. Da allerdings die Allgemeinverfügung eine Rechtsbehelfsbelehrung gem. § 58 I VwGO nicht enthalten wird, kann die Klage binnen eines Jahres nach Bekanntgabe, also der ordnungsgemäßen Aufstellung des Schildes, erhoben werden. Die individuelle Betroffenheit des Klägers und der Zeitpunkt der tatsächlichen Wahrnehmung des Schildes durch den Anwohner spielt keine Rolle.[741] Ist das Straßenverkehrsschild unanfechtbar, kommt eine Verpflichtungsklage mit dem Ziel in Betracht, die Straßenverkehrsbehörde gem. § 48 VwVfG zur Rücknahme der rechtswidrigen Verkehrsregelung zu verpflichten.[742] § 48 I 1 VwVfG enthält hierfür die Rechtsgrundlage. § 45 I 1 StVO oder § 45 III 1 StVO stellen keine Spezialregelungen dar, die § 48 VwVfG verdrängen.

Innerhalb der **Begründetheit** der Anfechtungsklage werden Sie die formelle Rechtmäßigkeit der Maßnahme prüfen. Die Zuständigkeit wird vielfach nach dem Bearbeitervermerk vorgegeben sein. Eine Anhörung ist vor Erlass der Allgemeinverfügung nach § 28 II Nr. 4 VwVfG entbehrlich.

In **materieller Hinsicht** wird die Klausur – wie in einer auf den Erlass verkehrsregelnder Maßnahmen gerichteten Klage – auf die Prüfung der Voraussetzungen des § 45 StVO hinauslaufen.

> **Klausurhinweis:** Eine auf die Aufhebung einer straßenverkehrsrechtlichen Anordnung gerichtete Anfechtungsklage kann in eventueller Klagehäufung mit einer Verpflichtungsklage kombiniert werden. So kann beispielsweise in der Hauptsache die Aufhebung einer nach § 45 I b 1 Nr. 2a StVO errichteten Bewohnerparkzone begehrt werden und hilfsweise für den Fall der Erfolglosigkeit dieses Antrags die Erteilung eines Bewohnerparkausweises. Diese Vorschrift beinhaltet neben ihrer Qualität als Ermächtigungsgrundlage auch eine Anspruchsgrundlage für den Einzelnen zur Erteilung eines Bewohnerparkausweises (Arg.: »im Zusammenhang« stehende Regelungen).[743]

---

738 *Finkelnburg/Dombert/Külpmann* Rn. 1481.
739 *Finkelnburg/Dombert/Külpmann* Rn. 1482.
740 OVG Lüneburg NJW 2007, 1609 (1610) m.w.N.
741 VGH Mannheim JuS 2010, 91 (92); *Beaucamp* JA 2008, 612.
742 VGH Mannheim, Urt. v. 19.11.2009, BeckRS 2009, 42395.
743 BVerwG, Urt. v. 28.09.1994, NJW 1995, 473.

> Obsiegt der Kläger/Antragstelle eines Anfechtungsbegehrens, kann er mit einem Annexantrag gem. § 113 I 2 VwGO bzw. § 80 V 3 VwGO den Anspruch auf Beseitigung des Verkehrsschildes verfolgen, wenn er ein entsprechendes schutzwürdiges Interesse (etwa an einer ungehinderten Zufahrt Dritter zu seinem Geschäftsgrundstück) geltend machen kann.[744]
>
> Ein vorbeugender (nicht vorläufiger!) Rechtsschutz nach § 123 VwGO gegen ein Verkehrszeichen scheidet mangels Rechtsschutzbedürfnis i.d.R. aus. Demgegenüber kann der Anspruch auf entsprechende Anordnungen mit einem Antrag nach § 123 I 2 VwGO verfolgt werden, wobei die Erfolgsaussichten eines solchen Antrags wegen des behördlichen Ermessensspielraums und wegen des grundsätzlichen Verbots der Vorwegnahme der Hauptsache begrenzt sein werden (s.o.). Vorläufiger Rechtsschutz gegen angeordnete Verkehrszeichen erfolgt nach § 80 V VwGO.

10. Kapitel. Ausländerrecht

258 Ausländer, also jede Person, die kein Deutscher i.S.v. Art. 116 I GG ist (§ 2 I AufenthG), benötigen für die Einreise und den Aufenthalt in der Bundesrepublik gem. § 4 I 1 AufenthG grds. einen Aufenthaltstitel. Es gilt ein Einreise- und Aufenthaltsverbot mit Erlaubnisvorbehalt.[745] Der Anwendungsbereich des AufenthG ist allerdings nach § 1 II Nr. 1 AufenthG nicht für Personen eröffnet, die als Unionsbürger Freizügigkeit genießen, es sei denn, das für diese Personen maßgebende FreizügG/EU (Sartorius 560) regelt etwas anderes. Die in § 1 II Nr. 2–3 AufenthG genannten Fälle haben kaum Examensrelevanz.

A. Rechtsschutz gegen Versagung eines Aufenthaltstitels nach dem AufenthG

259 Als mögliche Klausuraufgabe kann zunächst der Rechtsschutz gegen die Versagung eines Aufenthaltstitels nach dem AufenthG relevant werden. § 4 I 2 AufenthG unterscheidet folgende Aufenthaltstitel:

> **Übersicht: Aufenthaltstitel nach dem AufenthG (§ 4 I 2 AufenthG)**
>
> - **Visum** gem. § 6 AufenthG
>   - Antrag bei deutscher Auslandsvertretung im Heimatstaat (§ 71 II AufenthG)
>   - Gegen Ablehnung Verpflichtungsklage (Versagungsgegenklage gem. § 42 I 2. Alt. VwGO) gegen Bundesrepublik Deutschland, vertreten durch Auswärtiges Amt statthaft. Widerspruchsverfahren entfällt gem. § 68 I 2 Nr. 1 VwGO; nach § 52 Nr. 2 VwGO VG Berlin örtlich zuständig
> - **Aufenthaltserlaubnis** gem. § 7 AufenthG
>   - Legalisiert Aufenthalt als befristeter und zweckgebundener Aufenthaltstitel
>   - Gegen Ablehnung Verpflichtungsklage (Versagungsgegenklage gem. § 42 I 2. Alt. VwGO) gegen Land, dessen Ausländerbehörde gehandelt hat (§ 78 I Nr. 1 VwGO) oder – je nach Landesrecht – gegen Behörde selbst (§ 78 I Nr. 2 VwGO i.V.m. AG VwGO) zu erheben.
>   - Örtliche Zuständigkeit richtet sich nach § 52 Nr. 3 VwGO
> - **Niederlassungserlaubnis** gem. § 9 AufenthG
>   - Legalisiert Aufenthalt als unbefristeter Aufenthaltstitel
>   - Gegen Ablehnung Verpflichtungsklage (Versagungsgegenklage gem. § 42 I 2. Alt. VwGO) gegen Land, dessen Ausländerbehörde gehandelt hat (§ 78 I Nr. 1 VwGO) oder – je nach Landesrecht – gegen Behörde selbst (§ 78 I Nr. 2 VwGO i.V.m. AG VwGO) zu erheben.
>   - Örtliche Zuständigkeit richtet sich nach § 52 Nr. 3 VwGO
> - **Erlaubnis zum Daueraufenthalt-EG** gem. § 9a AufenthG

---

744 *Finkelnburg/Dombert/Külpmann* Rn. 1479 m.w.N.
745 *Dietz* JuS 2009, 700 (701).

I. Rechtsschutz im Hauptsacheverfahren

In einer auf die Erteilung eines Aufenthaltstitels gerichteten Klage werden verschiedene **prozes- 260 suale Fragen** relevant:

Statthaft ist eine auf die Erteilung eines Aufenthaltstitels gerichtete Verpflichtungsklage (§ 42 I 2. Var. VwGO). Schwierigkeiten können sich vor allem bei der **Klagebefugnis** (§ 42 II VwGO) ergeben: Für den Antragsteller selbst ergibt sich diese aus der einfachgesetzlichen Anspruchsgrundlage für den Aufenthaltstitel. In Deutschland lebende Familienangehörige können sich im Rechtsschutz gegen die Ablehnung eines Aufenthaltstitels nach h.M. auf Art. 6 I GG berufen.[746] Notwendig beizuladen (§ 65 II VwGO) sind die Familienangehörigen aber nicht.

Beachten Sie (u.a. für die Anfertigung des Rubrums), dass nach § 62 I Nr. 2 VwGO i.V.m. § 80 AufenthG auch minderjährige Ausländer nach Vollendung des 16. Lebensjahres zur **Vornahme von Verfahrenshandlungen** befugt sind (gleiches gilt gem. § 12 AsylVfG). Ob ein Vorverfahren durchzuführen ist, richtet sich nach § 68 I 2 VwGO i.V.m. dem jeweiligen Landesrecht bzw. gem. § 68 I 2 Nr. 1 VwGO beim Visum.[747]

Innerhalb der Begründetheit der Verpflichtungsklage prüfen Sie die formellen und materiellen Anspruchsvoraussetzungen für den Aufenthaltstitel.

Übersicht: Begründetheit der auf die Erteilung des Aufenthaltstitels gerichteten Verpflichtungsklage

A. **Formelle Anspruchsvoraussetzungen**
  I. Antrag (§ 81 I AufenthG)
  II. Zuständige Behörde (sachliche Zuständigkeit gem. § 71 AufenthG i.V.m. LandesR)
  III. Beteiligung anderer Stellen (§§ 72 ff. AufenthG); ggf. Bearbeitervermerk beachten

B. **Materielle Anspruchsvoraussetzungen**
  I. **Allgemeine Erteilungsvoraussetzungen**
   1. Für sämtliche Aufenthaltstitel: § 5 I AufenthG
   2. Für Aufenthalts- und Niederlassungserlaubnis: § 5 II AufenthG; beachte aber neue Regelung des § 18a III AufenthG
   3. Für Niederlassungserlaubnis: § 9 II–IV AufenthG
   4. Für Erlaubnis zum Daueraufenthalt-EG: §§ 9a ff. AufenthG
  II. **Besondere Erteilungsvoraussetzungen** je nach Aufenthaltszweck
   1. Aufenthalt zur Ausbildung: §§ 16 f. AufenthG
   2. Aufenthalt zur Erwerbstätigkeit: §§ 18 ff. AufenthG; neu: § 18a AufenthG
   3. Aufenthalt aus völkerrechtlichen, humanitären oder politischen Gründen: §§ 22 ff. AufenthG
   4. Aufenthalt aus familiären Gründen: §§ 27 ff. AufenthG
  III. **Keine Versagungsgründe**
   1. Zwingende Versagungsgründe:
     – § 5 IV i.V.m. § 54 Nr. 5 oder 5a AufenthG bei bestimmten Regelausweisungsgründen (z.B. Unterstützung einer terroristischen Vereinigung oder bei Gefährdung der fdGO)
     – § 10 III 2 AufenthG (Sperrwirkung bei Asylantrag)
     – § 11 I 2 AufenthG (Sperrwirkung einer Ausweisung, Zurückschiebung oder Abschiebung); Achtung: Wegen Sperrwirkung ist Ausweisungsverfügung auch VA mit Dauerwirkung, so dass bei Anfechtungsklage gegen diese auch Zeitpunkt der letzten mündlichen Verhandlung maßgebend (neuere Rspr.)
   2. Spezielle Versagungsgründe nach jeweiligem Aufenthaltszweck (§§ 16–38 AufenthG)
   3. Ermessensversagungsgründe

---

[746] *Leuze-Mohr/Krämer* S. 260 m.w.N.; Hk-VerwR/*Sennekamp* § 42 VwGO Rn. 81.
[747] Gem. § 68 I 2 VwGO ist das Vorverfahren ausgeschlossen in Bayern gem. Art. 15 II BayAGVwGO; in Berlin gem. § 4 II AGVwGO Bln; in Hessen gem. § 16a HessAGVwGO i.V.m. Nr. 3.8 der Anlage zu § 16a HessAGVwGO; in Niedersachsen gem. § 8a NdsAGVwGO; in NRW gem. § 6 I AGVwGO NRW.

> IV. Rechtsfolge
> 1. Anspruch auf Erteilung des Aufenthaltstitels in besonderen Fällen
> 2. Im Übrigen Anspruch auf ermessensfehlerfreie Entscheidung

Innerhalb der **Begründetheit** der Verpflichtungsklage ist **formell** gem. § 81 I AufenthG grds.[748] ein Antrag bei der sachlich nach § 71 I AufenthG i.V.m. Landesrecht zuständigen Ausländerbehörde erforderlich. In den §§ 72 ff. AufenthG sind zudem Beteiligungserfordernisse anderer Stellen normiert; deren Einhaltung wird sich voraussichtlich aus dem Bearbeitervermerk ergeben.

Innerhalb der **materiellen Anspruchsvoraussetzungen** für den Aufenthaltstitel prüfen Sie zunächst die allgemeinen, anschließend die besonderen Erteilungsvoraussetzungen und erörtern schließlich, ob evtl. Versagungsgründe eingreifen.

1. Allgemeine Erteilungsvoraussetzungen

§ 5 I AufenthG normiert Mindesterfordernisse, die für alle Aufenthaltstitel gelten. Klausurrelevant ist vor allem § 5 I Nr. 1 und 2 AufenthG.

- Die nach § 5 I Nr. 1 AufenthG erforderliche **Sicherung des Lebensunterhalts** ist nur gewährleistet, wenn der Ausländer den Lebensunterhalt einschl. eines ausreichenden Krankenversicherungsschutzes ohne Inanspruchnahme öffentlicher Mittel bestreiten kann (§ 2 III AufenthG). Der Leistungsbezug von Kindergeld, Erziehungsgeld oder durch Beitragszahlung erworbene Ansprüche ist jedoch unschädlich, da es sich nicht um staatliche Fürsorgeleistungen handelt. Beachten Sie diese Ausnahmen. Bisweilen wird seitens des Beklagten vorgetragen, der Kläger beziehe Sozialleistungen und könne deshalb einen Titel nicht beanspruchen. Diese Auffassung ist zu weitgehend.
- Nach § 5 I Nr. 2 AufenthG steht einem Aufenthaltstitel auch entgegen, wenn der Ausländer objektiv den Tatbestand eines **Ausweisungsgrundes** (vgl. § 55a AufenthG) erfüllt. Dieses ist ggf. inzident zu prüfen. Erforderlich ist hierbei nicht, dass eine evtl. strafgerichtliche Verurteilung vorliegt; die objektive Erfüllung eines Ausweisungsgrundes reicht bereits aus.[749]

Nach **§ 5 II AufenthG** gelten weitere Voraussetzungen für die Aufenthalts- und Niederlassungserlaubnis; für letztere sind noch weitergehende Voraussetzungen in § 9 II ff. AufenthG enthalten. Allerdings kann die 2009 eingeführte Aufenthaltserlaubnis für qualifizierte Geduldete zum Zweck der Beschäftigung (§ 18a AufenthG) abweichend von § 5 II AufenthG erteilt werden (§ 18a III AufenthG).

2. Besondere Erteilungsvoraussetzungen

261 In den §§ 16 ff. AufenthG sind – bezogen auf den jeweiligen Aufenthaltszweck – weitere besondere Erteilungsvoraussetzungen genannt. Von den Fallgruppen (Ausbildungs- und Studienzweck: §§ 16 f. AufenthG; Zweck der Ausübung einer Erwerbstätigkeit: § 18 ff. AufenthG; völkerrechtliche und humanitäre Zwecke: §§ 22 ff. AufenthG; familiäre Zwecke; »Familiennachzug«: §§ 27 ff. AufenthG) hat der Familiennachzug die größte Bedeutung. Examensrelevanz dürfte in diesem Zusammenhang § 27 Ia AufenthG haben, wonach ein Familiennachzug nicht zugelassen wird, wenn feststeht, dass die Ehe nur dem Aufenthalt im Bundesgebiet dienen soll. Dieses kann der Fall sein, wenn es sich um eine »Scheinehe« (»Ehen, die nur zum Schein« geschlossen werden und »nur auf dem Schein« bestehen) oder um eine »Zwangsehe« (Ehe, bei der mindestens ein Ehegatte zur Eingehung der Ehe durch Täuschung, List, psychischen Zwang oder psychischer Gewalt bestimmt wurde) handelt.[750] Die Nachweispflicht obliegt insoweit der Behörde.

---

748 Ausnahmsweise kann von Amts wegen bei Geburt eines Kindes im Bundesgebiet ein Aufenthaltstitel erteilt werden (§ 33 S. 1 AufenthG).
749 *Leuze-Mohr/Krämer* S. 245.
750 *Dietz* JuS 2009, 700 (702; Fn. 10, 11).

3. Keine Versagungsgründe

Schließlich können evtl. Versagungsgründe dem Erfolg des Verpflichtungsbegehrens entgegenstehen. Das AufenthG unterscheidet zwischen drei Fallgruppen. Insoweit wird auf die obige Übersicht verwiesen. Hierzu werden Sie Hinweise im Aktenauszug finden. 262

Auf **Rechtsfolgenebene** unterscheidet das AufenthG zwischen Fällen, in denen ein Rechtsanspruch auf den Aufenthaltstitel besteht und solchen, bei denen die Erteilung des Titels im Ermessen steht.

- Ein **gebundener Anspruch** auf Erteilung der Erlaubnis besteht nur ausnahmsweise, etwa beim Ehegattennachzug eines Ausländers gem. § 30 I AufenthG (»Dem Ehegatten eines Ausländers ist eine Aufenthaltserlaubnis zu erteilen, wenn...«) oder der Erteilungsanspruch beim Nachzug zu einem Deutschen (§ 28 I 1 Nr. 1 AufenthG). Daneben ist der Rechtsanspruch im Fall des Kindernachzugs (§ 32 I–III AufenthG) relevant.
- Im Übrigen besteht nur ein **Anspruch auf ermessensfehlerfreie Entscheidung**.

II. Vorläufiger Rechtsschutz im Verfahren auf Erteilung des Aufenthaltstitels

Vielfach werden ausländerrechtliche Aktenauszüge in ein vorläufiges Rechtsschutzverfahren eingekleidet. Dieses deshalb, weil im Ausländerrecht wegen der sog. Fiktionswirkung (§ 81 III, IV AufenthG) wichtige Besonderheiten zu beachten sind: 263

- Wird der Antrag des Ausländers auf Erteilung oder Verlängerung eines Aufenthaltstitels von der zuständigen Behörde abgelehnt, wird neben der Versagung des Titels zugleich auch die gesetzlich angeordnete Fiktionswirkung beendet. Diese Belastung kann mit einer Anfechtungsklage angefochten werden. Der Wegfall der Fiktionswirkung stützt das Rechtsschutzbedürfnis für die Anfechtungsklage.[751] Dieses ist prozessual ungewöhnlich, weil in Verpflichtungsbegehren einer bloßen Anfechtungsklage grds. das Rechtsschutzbedürfnis fehlt.[752] Da allerdings der Anfechtungsklage gem. § 80 II 1 Nr. 3 VwGO i.V.m. § 84 I Nr. 1 AufenthG keine aufschiebende Wirkung zukommt, wird der Klausurfall häufig im Verfahren vorläufigen Rechtsschutzes eingebettet sein. Statthaft ist ein Antrag auf Anordnung (!) der aufschiebenden Wirkung gem. **§ 80 V 1 VwGO**. Beachten Sie, dass dieses nur gilt, wenn wegen der Ablehnung des Aufenthaltstitels die Fiktionswirkung des § 81 III und IV AufenthG erloschen ist, weil ansonsten das Bleiberecht nicht fingiert wird. Analog § 42 II VwGO antragsbefugt ist neben dem Adressaten auch z.B. der Ehegatte (wegen Art. 6 I GG). Darauf, dass abweichend von den allgemeinen Grundsätzen ein über 16-jähriger Ausländer zur Vornahme von Verfahrenshandlungen fähig ist, wurde bereits hingewiesen (§ 62 I Nr. 2 VwGO i.V.m. § 80 I AufenthG).
- Hat die Fiktionswirkung des § 81 III und IV AufenthG nicht bestanden, hilft ein Antrag nach § 80 V VwGO nicht weiter. In einem solchen Fall kommt nur ein Antrag gem. **§ 123 I VwGO**, gerichtet auf die vorläufige Aussetzung der Abschiebung (§ 60a AufentG) in Betracht. Ein auf die vorläufige Erteilung des Aufenthaltstitels gerichteter Antrag (§ 123 I 2 VwGO) dürfte wegen des grds. Verbots der Vorwegnahme der Hauptsache ausscheiden. Unter diese Fallgruppe fallen Sachverhalte, in denen der Ausländer ausgewiesen (§ 51 I AufenthG) oder unerlaubt eingereist ist.[753] Ist der Antragsteller unsicher, ob die Fiktionswirkung nach § 81 III oder IV AufenthG eingreift, sollte er – das ist eher für die mündliche Prüfung und die Praxis wichtig – hilfsweise einen Antrag nach § 123 I 2 VwGO stellen.[754]

---

[751] BVerwG DVBl. 1997, 186 (187).
[752] Vgl. *Kaiser/Köster* Die öffentlich-rechtliche Klausur im Assessorexamen, Rn. 188.
[753] *Finkelnburg/Dombert/Külpmann* Rn. 1210 f.
[754] *Finkelnburg/Dombert/Külpmann* § 1212.

B. Rechtsschutz gegen aufenthaltsbeendigende Maßnahmen

264 Wegen des ausländerrechtlichen Aufenthaltsverbots mit Erlaubnisvorbehalt ist der Ausländer zur Ausreise verpflichtet, wenn er den erforderlichen Aufenthaltstitel nicht oder nicht mehr besitzt (§ 50 I und II AufenthG). Die Gründe für das Erlöschen eines Aufenthaltstitels sind in § 51 I AufenthG normiert. Besondere Klausurrelevanz haben insoweit:

- Nach § 51 I Nr. 3 AufenthG erlischt der Titel, wenn dieser nach § 48 VwVfG zurückgenommen wird, etwa weil ihn der Ausländer durch falsche Angaben erschlichen hat. Daneben kann der Titel nach § 48 VwVfG zurückgenommen werden, wenn er trotz Sperrwirkung des § 11 AufenthG erteilt wurde.[755]
- Gem. § 51 I Nr. 4 AufenthG erlischt der Aufenthaltstitel durch Widerruf nach § 52 AufenthG, der als lex specialis die Anwendbarkeit des § 49 VwVfG ausschließt.
- Besonders klausurträchtig ist § 51 I Nr. 5 AufenthG, wonach der Aufenthaltstitel durch Ausweisung erlischt. Hierfür reicht es aus, dass die Ausweisungsverfügung bekanntgegeben worden ist; auf die Bestandskraft oder sofortige Vollziehbarkeit kommt es nicht an (§ 84 II AufenthG).

I. Rechtsschutz gegen Ausweisungsverfügungen (§§ 53 ff. AufenthG)

265 Möglicherweise werden Sie einen Sachverhalt bekommen, in dem der Ausländer Rechtsschutz gegen eine an ihn adressierte Ausweisungsverfügung begehrt. Eine Ausweisungsverfügung bezweckt, einen Ausländer zur Verhinderung evtl. Störungen der öffentlichen Sicherheit aus dem Bundesgebiet zu entfernen und die Wiedereinreise zu verwehren.[756] Diese Maßnahme ist das schärfste Ordnungs- und Sanktionsmittel des AufenthG.[757]

Übersicht: Rechtsschutz gegen Ausweisungsverfügung

A. Zulässigkeit der Klage
  1. Statthaftigkeit: Anfechtungsklage (§ 42 I 1. Var. VwGO)
  2. Klagebefugnis ohne Weiteres (+) beim Adressaten; bei Drittanfechtung Klagebefugnis des Ehepartners sowie der ehelichen und nichtehelichen Kinder aus Art. 6 I GG
  3. Vorverfahren; ggf. Entbehrlichkeit gem. § 68 I 2 VwGO i.V.m. AG VwGO des Landes

B. Begründetheit der Klage
  I. Rechtmäßigkeit der Ausweisungsverfügung
   1. Formelle Rechtmäßigkeit der Ausweisungsverfügung
      a) Zuständigkeit: Ausländerbehörde (§ 71 I AufenthG)
      b) Anhörung (§ 28 I VwVfG)
      c) Schriftform (§ 77 I AufenthG)
   2. Materielle Rechtmäßigkeit der Ausweisungsverfügung
      a) Tatbestand
        aa) (P) Maßgebender Zeitpunkt: Zeitpunkt der letzten mündlichen Verhandlung, da Ausweisung wegen Sperrwirkung Dauer-VA (§ 11 II AufenthG)
          – § 53 AufenthG (Ist-Ausweisung)
          – § 54 AufenthG (Regelausweisung)
          – § 55 AufenthG (Ermessensausweisung)
        bb) kein besonderer Ausweisungsschutz gem. § 56 AufenthG
      b) Rechtsfolge
        aa) § 53 AufenthG (Ist-Ausweisung):
          – Zwingende Ausweisung, also grds. kein Ermessen
          – Ggf. gem. § 56 I 4 AufenthG Umwandlung in Regelausweisung, wenn § 56 AufenthG (+)
        bb) § 54 AufenthG (Regelausweisung)

---

[755] VGH Mannheim InfAuslR 2001, 332 (333); OVG Hamburg InfAuslR 2009, 189 ff.
[756] *Leuze-Mohr/Krämer* S. 251.
[757] *Dietz* JuS 2009, 700 (704).

> – grds. kein Ermessen (»soll«);
> – Ausnahmen:
>   – Atypischer Sachverhalt
>   – Ggf. gem. § 56 I 5 AufenthG Umwandlung in Ermessensausweisung, wenn § 56 AufenthG (+) ⟶
> cc) Bei § 55 AufenthG: Ermessen (vgl. auch § 55 III AufenthG); (P) Schutz des Art. 6 I GG; (P) Einbeziehung der Gewährleistungen der EMRK (insb. Art. 8 EMRK)
> II. Subjektive Rechtsverletzung; (P) bei Drittanfechtung (+), wegen Art. 6 I GG

Gegen eine Ausweisungsverfügung ist die **Anfechtungsklage** (§ 42 I 1. Var. VwGO) statthaft. Neben dem ohne Weiteres **klagebefugten** Adressaten sind auch Familienangehörige für eine Drittanfechtungsklage klagebefugt, weil sie geltend machen können, durch die Ausweisung in ihrem Grundrecht aus Art. 6 I GG (Fortbestand der Ehe- und Familiengemeinschaft) verletzt zu sein. Ob die Familienangehörigen Deutsche oder Ausländer sind, ist hierbei irrelevant.[758] Ggf. treten diese im Aktenauszug in subjektiver Klagehäufung auf. Je nach Landesrecht kann das **Widerspruchsverfahren** vorgeschaltet sein.

Das in der Begründetheit der Anfechtungsklage in **formeller Hinsicht** neben der sachlichen Zuständigkeit der Ausländerbehörden (§ 71 I AufenthG i.V.m. LandesR) zu beachtende Schriftformgebot (§ 77 I AufenthG) wird in Ihrem Aktenauszug gewahrt sein.

Die **Ermächtigungsgrundlagen** für eine Ausweisungsverfügung folgen aus §§ 53 ff. AufenthG.

Problem: Maßgebender Zeitpunkt im Anfechtungsverfahren gegen Ausweisungsverfügung

Problematisch ist hierbei die **Bestimmung des maßgebenden Zeitpunkts**. Bei der Anfechtungsklage ist dieses grds. der Zeitpunkt der letzten behördlichen Entscheidung, es sei denn, die Klage richtet sich gegen einen Dauer-VA. Da die Ausweisung aufgrund der mit ihr verbundenen Sperrwirkung des § 11 I 1 AufenthG ein Dauer-VA darstellt, aber die Möglichkeit eines neuen Verfahrens auf Erteilung des Aufenthaltstitels existiert, kam es – ähnlich wie im Gewerberecht im Rahmen des § 35 I GewO – nach bisher h.M. auf den Zeitpunkt der letzten behördlichen Entscheidung an.[759] Hiervon waren kraft Gemeinschaftsrechts nur bestimmte Personengruppen ausgenommen. Nach neuerer Rspr. ist allerdings für die Beurteilung der Rechtmäßigkeit einer Ausweisung bei allen Ausländern einheitlich die Sach- und Rechtslage im Zeitpunkt der letzten mündlichen Verhandlung maßgebend.[760]

> **Klausurhinweis:** Auf die letzte mündliche Verhandlung stellt das BVerwG in aktueller Rspr. auch bei der Rücknahme eines Aufenthaltstitels ab.[761] Die Interessenlage sei bei einer Rücknahme eines Aufenthaltstitels weitgehend mit der bei einer Ausweisung vergleichbar, die gleichfalls auf die Aufenthaltsbeendigung gerichtet sei.

Materiell unterscheidet das AufenthG zwischen folgenden Ausweisungen:

- Gem. § 53 AufenthG erfolgt bei erheblichen Straftaten eine **Ausweisung zwingend** (»Ist-Ausweisung«). Diese ist wegen der klaren Rechtsfolge weniger examensrelevant.
- Bei weniger dramatischen Verstößen kommt eine sog. **Regelausweisung** nach § 54 AufenthG in Betracht, es sei denn, es liegen besondere atypische Umstände vor. Dann ist nach pflichtgemäßem Ermessen über die Ausweisung zu entscheiden. Eine solche Regel-Ausnahme liegt vor, wenn im konkreten Einzelfall besondere Umstände gegeben sind, die den Ausländer entlasten oder die Ausweisung unverhältnismäßig erscheinen lassen. Deshalb sollten Sie – sofern der Aktenauszug einen Abdruck der strafgerichtlichen Entscheidung enthält – vor allem erörtern, inwieweit die Feststellungen zu Motiven und Tatumständen (situationsbedingte Einzeltat?, negative Entwicklung einer »kriminellen Karriere«?) eine belastende Gefahrenprognose

---

[758] *Finkelnburg/Dombert/Külpmann* Rn. 1220.
[759] OVG Lüneburg NVwZ 2005, 1074 (1075) m.w.N.
[760] BVerwG, Urt. v. 15.11.2007 – 1 C 45/06 BeckRS 2008, 32046; *Fricke* jurisPR-BVerwG 9/2008, Anm. 1.
[761] BVerwG, Urt. v. 13.04.2010 – 1 C 10.09.

stützen. Klausurrelevanz erfährt die Regelausweisung zudem durch § 56 I 4 AufenthG, durch die der grds. gebundene Ausweisung in eine Ermessensausweisung herabgestuft wird (s.u.).
- Bei der **Ermessensausweisung** nach § 55 AufenthG wird unter Berücksichtigung aller Umstände des Einzelfalles im pflichtgemäßen Ermessen über die Ausweisung entschieden. Neu eingeführt wurde § 55 II Nr. 10 AufenthG (bitte lesen!).

Sind die tatbestandlichen Voraussetzungen der §§ 53–55 AufenthG erfüllt, ist eine Ausweisung dennoch rechtswidrig, wenn der Betroffene einen **besonderen Ausweisungsschutz** gem. § 56 AufenthG beanspruchen kann. Wichtig ist hierbei etwa § 56 I Nr. 4 AufenthG, wonach ein Ausländer besonderen Ausweisungsschutz genießt, wenn er in einer Lebensgemeinschaft mit einem deutschen Familienangehörigen (oder ähnlichen Lebensformen) lebt. Kann sich der Ausländer auf einen besonderen Ausweisungsschutz nach § 56 I 1 AufenthG berufen, hat dieses zur Folge, dass er gem. § 56 I 2 AufenthG nur aus schwerwiegenden Gründen der öffentlichen Sicherheit oder Ordnung ausgewiesen werden kann, wobei ein solcher schwerwiegender Grund in der Regel vorliegt, wenn ein Fall des § 53 oder § 54 Nr. 5–5b oder 7 AufenthG gegeben ist (§ 56 I 3 AufenthG).

Auf der **Rechtsfolgenebene** ist ggf. zu prüfen, ob Ermessensfehler vorliegen. Nochmals: Dieses etwa dann, wenn ein Fall des § 55 AufenthG vorliegt; daneben aber auch, wenn sich die Rechtsfolge im Fall einer Regelausweisung nach § 54 AufenthG aufgrund des besonderen Ausweisungsschutzes zugunsten einer Ermessensentscheidung verschiebt (§ 56 I 5 AufenthG).

Für die Ausübung des pflichtgemäßen Ermessens gilt Folgendes: Sie müssen eine Abwägung zwischen den in § 55 I AufenthG genannten öffentlichen Interessen an der Beendigung des Aufenthalts mit den in § 55 III AufenthG (allerdings nicht abschließend benannten) Kriterien abwägen. Für diesen Klausurschwerpunkt wird der Aktenauszug die wesentlichen Gesichtspunkte enthalten.

- Zugunsten des öffentlichen Interesses an der Beendigung des Aufenthalts sprechen häufig – jedenfalls, wenn der Ausländer gegen die öffentliche Sicherheit verstoßen hat – der Gesichtspunkt der Wiederholungsgefahr oder generalpräventive Gründe. Der Gesichtspunkt der Generalprävention trägt gerade bei Drogen- und Sexualdelikten oder schweren Gewaltstraftaten.[762]
- Auf der anderen Seite sind die in § 55 III AufenthG genannten Kriterien in die umfassende Interessen- und Güterabwägung einzustellen. Relevant sind u.a. die Auswirkungen für die Familienangehörigen des Ausländers, die sich rechtmäßig im Bundesgebiet aufhalten (§ 55 III Nr. 2 AufenthG). In diesem Rahmen werden Sie insb. Art. 6 I GG (Fortbestand der Ehe und Familiengemeinschaft) einbeziehen müssen. Daneben sind folgende Aspekte in die Beurteilung einzubringen:
  – Wenn der Ausländer längere Zeit berechtigt im Inland gelebt hat (§ 56 I Nr. 1 AufenthG) oder hier aufgewachsen ist (§ 56 I Nr. 2 AufenthG) können aufenthaltsbeendigende Maßnahmen seine persönliche Existenz wesentlich gefährden oder zerstören;
  – Ist eine soziale Reintegration im Heimatland überhaupt möglich?
  – Verfügt der Ausländer noch über persönliche Bindungen zum Heimatland?

Problem: Einbeziehung der Gewährleistungen der EMRK in die Interessen- und Güterabwägung

An dieser Stelle kann die Frage relevant werden, ob auch Gewährleistungen der EMRK (insb. Art. 8 I EMRK – Anspruch auf Achtung des Privat- und Familienlebens) in die Abwägung einzustellen sind. Zunächst gilt, dass die EMRK aufgrund des Zustimmungsgesetzes (Art. 59 II GG) nur einfachen Gesetzesrang beanspruchen kann und damit vor allem keinen Vorrang vor sonstigen Bundesgesetzen hat (Art. 25 S. 2 GG). Verfassungsrang hat die EMRK ohnehin nicht.[763] Allerdings ist das GG völkerrechtsfreundlich ausgestaltet. Zur Bindung an Recht und Gesetz (Art. 20 III GG) gehört nach der Rspr. des BVerfG auch die Berücksichtigung von Gewährleistungen der EMRK im Rahmen methodisch vertretbarer Auslegungs- und Abwägungs-

---

[762] *Leuze-Mohr/Krämer* S. 252, 253.
[763] *Sachs* JuS 2005, 164 (165).

spielräume.⁷⁶⁴ Einen solchen haben Sie vor allem auch bei der Ermessensausweisung (§ 55 III AufenthG).

Merke: Der besondere Ausweisungsschutz nach § 56 AufenthG besteht in doppelter Hinsicht: Der Tatbestand wird verengt und die Rechtsfolge verschoben (»Rückstufungssystem«).⁷⁶⁵ Auf **tatbestandlicher Ebene** prüfen Sie also zunächst das Vorliegen der Voraussetzungen der §§ 53–55 AufenthG. Sind die hiernach normierten Voraussetzungen erfüllt, prüfen Sie anschließend zunächst § 56 I 1 AufenthG (kann sich der Betroffene auf einen besonderen Ausweisungsschutz berufen?) und erörtern anschließend, ob ein »schwerwiegender Grund« i.S.d. § 56 I 2 AufenthG gegeben ist. Insoweit benennt § 56 I 3 AufenthG Regelbeispiele, in denen die Ausweisung trotz besonderem Ausweisungsschutz ausnahmsweise zulässig ist. Die in § 56 I 3 AufenthG in Bezug genommenen §§ 53, 54 Nr. 5–5b und 7 AufenthG sind nach der grammatischen Fassung aber nur Regelbeispiele, so dass bei der Beurteilung der Gewichtigkeit der Gründe im Übrigen auch auf die sonstigen Fälle des § 54 AufenthG zurückgegriffen werden kann. Liegt ein schwerwiegender Grund vor, wandelt sich eine grds. nach § 53 AufenthG vorgesehene zwingende Ausweisung in eine Regelausweisung (§ 56 I 4 AufenthG) und eine Regelausweisung nach § 54 AufenthG in eine Ermessensausweisung (§ 56 I 5 AufenthG). Die Behörde muss daher in einem solchen Fall **Ermessen** pflichtgemäß ausüben. Geht sie – etwa in Verkennung eines besonderen Ausweisungsschutzes – von einer Regelausweisung aus und übersieht sie § 56 I 5 AufenthG, liegt ein Ermessensfehler vor, der gerichtlich überprüfbar ist (§ 114 S. 1 VwGO). Im Rahmen der Ermessensausübung muss die Behörde insb. den Grundsatz der Verhältnismäßigkeit beachten. Hierzu gibt § 55 III AufenthG Konkretisierungen vor.

II. Rechtsschutz im vorläufigen Rechtsschutzverfahren

Beachten Sie, dass sich der vorläufige Rechtsschutz gegen eine Ausweisungsverfügung nach § 80 V 1, 2. Var. VwGO richtet (Antrag auf Wiederherstellung der aufschiebenden Wirkung), wenn die Behörde gem. § 80 II 1 Nr. 4 VwGO die sofortige Vollziehung angeordnet hat. Die aufschiebende Wirkung entfällt nämlich nicht gem. § 84 I AufenthG. Insb. greift nicht § 84 I Nr. 1 AufenthG, da dieser nur die Ablehnung eines Antrags auf Erteilung oder Verlängerung eines Aufenthaltstitels erfasst. 266

Wird vorläufiger Rechtsschutz sowohl gegen eine nach § 80 II 1 Nr. 4 VwGO sofort vollziehbare Ausweisungsverfügung, als auch gegen die Versagung oder Nichtverlängerung des Aufenthaltstitels beantragt, kann es zum »kumulativen« Rechtsschutz kommen:⁷⁶⁶

- Bzgl. der **Ausweisungsverfügung** muss der Antragsteller einen Antrag auf Wiederherstellung der a.W. gem. § 80 V 1, 2. Var. VwGO stellen;
- Bzgl. der Ablehnung der **Erteilung bzw. Verlängerung der Aufenthaltserlaubnis** ist grds. ein Antrag auf Anordnung der a.W. nach § 80 V 1, 1. Var. VwGO statthaft; kann die Fiktionswirkung des § 81 III–IV VwGO nicht hergestellt werden, ist ein Antrag nach § 123 VwGO statthaft.

In dem gerichtlichen Verfahren wird zunächst entschieden, ob die aufschiebende Wirkung des Anfechtungsrechtsbehelfs gegen die Ausweisung wiederhergestellt wird. Bleibt es allerdings bei der sofortigen Vollziehung der Ausweisung, ist auch der vorläufige Rechtsschutz gegen die Versagung des Aufenthaltstitels erfolglos (vgl. auch § 51 I Nr. 5 AufenthG).

C. Rechtsstellung von Unionsbürgern

Unionsbürger, also Staatsangehörige der Mitgliedstaaten der EU genießen nach § 1 II AufenthG; § 11 FreizügG/EU Privilegien. Sie genießen ein **gesetzliches Freizügigkeitsrecht** (§ 2 I 1 FreizügG/EU) und benötigen insb. nach § 4 AufenthG keinen Aufenthaltstitel. Wegen dieser gesetzlichen Konzeption verändert sich auch das behördliche Eingriffsinstrumentarium. Nach 267

---

764 BVerfG JuS 2005, 164 (Görgülü).
765 *Leuze-Mohr/Krämer* S. 253.
766 *Finkelnburg/Dombert/Külpmann* Rn. 1235 f.

Maßgabe des § 6 FreizügG/EU kann es zu einem Verlust des Rechts auf Einreise und Aufenthalt kommen, der im Rahmen einer Ermessensentscheidung durch Verwaltungsakt festgestellt werden kann (§ 6 I FreizügG/EU). Konkretisierende Voraussetzungen ergeben sich aus den §§ 6 II ff. FreizügG/EU. Ist eine solche Feststellung getroffen worden, tritt nach § 7 I FreizügG/EU eine Ausreisepflicht ein, die ggf. im Wege der Abschiebung vollzogen werden kann.

11. Kapitel. Subventionsrecht

A. Rechtsschutz gegen die Versagung einer Subvention

268 Als Klausuraufgabe ist zunächst der Rechtsschutz gegen die Versagung einer von dem Kläger bzw. Mandanten begehrten Subvention denkbar. Diese Aufgabenstellung wird von Prüfungsämtern insb. als anwaltliche Aufgabenstellung bevorzugt.

> Was sind **Subventionen**? Subventionen im engeren Sinne sind vermögenswerte Zuwendungen, die der Staat oder ein anderer Träger öffentlicher Verwaltung unmittelbar oder durch Dritte an Privatpersonen zur Förderung eines im öffentlichen Interesse liegenden Zwecks leistet. Klausurrelevante Erscheinungsformen sind etwa zinsgünstige Darlehen, staatliche Bürgschaften oder staatliche Zuwendungen.

Bei der **Eröffnung des Verwaltungsrechtswegs** (§ 40 I 1 VwGO) operiert die Rspr. mit der »Zwei-Stufen-Theorie«, die auch im Zusammenhang mit dem Benutzungsanspruch bei gemeindlichen Einrichtungen Anwendung findet. Merken Sie sich Folgendes:

- Streitigkeiten über das »**Ob**« der Gewährung (bzw. Nichtgewährung oder Rückforderung) sind stets öffentlich-rechtlicher Natur und im Verwaltungsrechtsweg auszufechten.
- Geht es demgegenüber um Rechtsfragen im Zusammenhang mit der Ausgestaltung der Leistungsgewährung (also um das »**Wie**«), müssen Sie prüfen, ob diese öffentlich-rechtlich oder privatrechtlich erfolgt. Die Behörde hat ein Wahlrecht. Sie kann die Leistungsgewährung, insb. etwa Zahlungsmodalitäten, in einem privaten Darlehensvertrag regeln. Streitigkeiten im Zusammenhang mit diesem Darlehensvertrag sind dann im Zivilrechtsweg auszutragen (§ 13 GVG).

Problem: »Verlorener Zuschuss«

Wird die Zuwendung als »verlorener Zuschuss« gewährt, fehlt es an einer dem »Wie« zuzuordnenden (zweiten) Ausgestaltungsebene. Dann bedarf es eines Rückgriffs auf die »Zwei-Stufen-Theorie« nicht, da der Zuwendungsvorgang als einheitlicher öffentlich-rechtlicher Vorgang verstanden wird. In Aktenauszügen können auch die Begriffe »einmalige Beihilfe« oder »Prämie« auf einen verlorenen Zuschuss hindeuten.

Statthafte Klageart für den Rechtsschutz gegen die Versagung einer Subvention ist die **Verpflichtungsklage** (§ 42 I 2. Var. VwGO).

> **Klausurhinweis:** Weil die Gewährung der Leistung i.d.R. in das Ermessen der Behörde gestellt ist, besteht jedoch grds. nur ein Anspruch auf ermessensfehlerfreie Entscheidung. Mangels Spruchreife ist daher i.d.R. lediglich eine Bescheidungsklage (§ 113 V 2 VwGO) möglich. Nur bei einer Ermessensreduzierung auf Null kann eine Vornahmeklage (§ 113 V 1 VwGO) erfolgreich sein. Diese Reduzierung kann vor allem aus den Verwaltungsvorschriften i.V.m. Art. 3 I GG i.V.m. dem Grundsatz der Selbstbindung der Verwaltung folgen, wenn sich die Behörde durch ihre Vergabepraxis selbst gebunden hat. Dann muss sie bei unveränderten tatsächlichen Verhältnissen gleich entscheiden. Dieses kommt bei Vorliegen einer Verwaltungsvorschrift sogar beim »ersten Fall« vor, weil sich die Behörde dann selbst gebunden hat (»antizipierte Selbstbindung«). Die häufigsten Klagearten sind daher:
>
> - Grds. **Vornahmeklage** gem. § 113 V 1 VwGO, wenn gebundener Anspruch;
> - ausnahmsweise **Bescheidungsklage** gem. § 113 V 2 VwGO, wenn lediglich Anspruch auf fehlerfreie Ermessensausübung;

11. Kapitel. Subventionsrecht

- ggf. Rückausnahme bei Ermessensreduzierung auf Null. Dann **Vornahmeklage** gem. § 113 V 1 VwGO.

Bei der für die Verpflichtungsklage erforderlichen **Klagebefugnis** (§ 42 II VwGO) darf wegen des Anwendungsvorrangs einfachen Rechts nur subsidiär auf Grundrechte zurückgegriffen werden. Es reicht, wenn der Anspruch, der insb. aus folgenden Positionen folgen kann, nicht offensichtlich ausgeschlossen ist.

Übersicht: Typische Anspruchsgrundlagen für Subventionsgewährung

- Anspruch aus **anspruchsbegründenden Subventionsgesetzen** (P) Bereitstellung im bloß formellen Haushaltsgesetz (mit bloß interner Wirkung) vermittelt keinen Individualschutz, sondern ist nur Legitimation für Ausgaben der Exekutive
- Anspruch aus **öffentlich-rechtlichen Sonderbeziehungen**
  - Anspruch aus öffentlich-rechtlichem Vertrag
  - Anspruch aus Zusicherung (P) Vermittelt (frühere) Subventionsgewährung Zusicherung auf Anschlusssubvention: I.d.R. (–)
- Anspruch aus **Verwaltungsvorschriften** i.V.m. Art. 3 I GG i.V.m. Grundsatz der (ggf. antizipierten) Selbstbindung der Verwaltung, wenn
  - Vergleichbarer Sachverhalt (P) bei antizipierter Selbstbindung, wenn beim »ersten Fall« Anspruch geltend gemacht wird
  - Kein sachlicher Grund für Ungleichbehandlung (P) Keine Gleichbehandlung im Unrecht
  - Keine zulässige Änderung der Verwaltungspraxis; (P) Verstoß gegen Grundsatz des Vertrauensschutzes; (P) Verletzung des Rückwirkungsverbots

---

Innerhalb der **Begründetheit** der Klage untersuchen Sie, ob aus den vg. Positionen tatsächlich ein Anspruch hergeleitet werden kann (für die Klagebefugnis reichte es, dass dieser Anspruch nicht offensichtlich ausgeschlossen ist).

Falls sich der Kläger – bei fehlender spezialgesetzlicher Anspruchsgrundlage – auf eine Position in dem als Gesetz beschlossenen **Haushaltsplan** (vgl. für Bund Art. 110 GG) beruft, stützt diese Grundlage einen Anspruch nicht. Der Haushaltsplan vermittelt als bloß formelles Gesetz keinen Individualschutz, sondern stellt lediglich eine Legitimation für Ausgaben der Exekutive dar.[767] Man spricht in diesem Kontext auch von einer sog. Etatlegitimierung.[768]

Wichtiger ist ein möglicher Anspruch aus **öffentlich-rechtlichen Sonderbeziehungen**. So kann sich ein Anspruch auf die Subvention etwa aus einem öffentlich-rechtlichen Vertrag oder einer Zusicherung ergeben.

- Soll ein **öffentlich-rechtlicher Vertrag** den Anspruch stützen, prüfen Sie umfassend die formellen und materiellen Wirksamkeitsvoraussetzungen nach den §§ 54 ff. VwVfG.[769]
- Vielfach wird in Aktenauszügen ein möglicher Anspruch aus einer **Zusicherung** problematisiert. Zur Erinnerung folgende Übersicht:

Übersicht: Anspruch aus behördlichen Zusagen

Zusicherung	Zusage i.e.S.
Verpflichtung einer Behörde, einen bestimmten Verwaltungsakt zu erlassen oder zu unterlassen	Verpflichtung einer Behörde zu bestimmtem Tun, Dulden oder Unterlassen

---

767 *Stober* Wirtschaftsverwaltungsrecht, § 7 I 1 m.w.N.
768 BVerwGE 104, 220 (222).
769 Im Einzelnen hierzu: 1. Abschnitt, 2. Kapitel.

1. Stufe

Auslegung: Beinhaltet die behördliche Erklärung nach ihrem analog § 133 BGB auszulegenden Erklärungsgehalt überhaupt eine verbindliche Erklärung, einen bestimmten Verwaltungsakt zu erlassen bzw. zu unterlassen? In subventionsrechtlichen Klausuren wird ggf. vorgetragen, dass sich aus einer (zeitlich befristeten) Subventionsgewährung zugleich die Zusicherung ergibt, eine Anschlusssubvention zu gewähren. Einen solchen Erklärungsgehalt hat ein Subventionsbescheid aber i.d.R. nicht.

2. Stufe

Wirksamkeit der Zusicherung (§ 38 II VwVfG analog)

- Zuständigkeit (§ 38 I 1 VwVfG)
- Schriftform (§ 38 I 1 VwVfG)
- Keine Nichtigkeit; Rechtswidrigkeit schadet demgegenüber nicht (vgl. § 38 II VwVfG)

in Klausur ggf. Inzidentprüfung: Aufhebung der Bindungswirkung

- Aufhebung (ggf. auch konkludent) gem. § 38 II VwVfG i.V.m.
  - § 48 VwVfG bei rw Zusicherung
  - § 49 VwVfG bei rm Zusicherung

  Voraussetzungen der Zusicherung
  - Formell: Zuständigkeit; Verfahren; evtl. Beteiligung Dritter
  - Materiell
    - Zulässigkeit der Zusicherung
    - Rechtmäßigkeit des zugesicherten VA
    - Ggf. Ermessensausübung

- Wegfall der Geschäftsgrundlage gem. § 38 III VwVfG

Schließlich kann sich ein Anspruch aus den (im Aktenauszug abgedruckten) **Verwaltungsvorschriften i.V.m. Art. 3 I GG i.V.m. dem Grundsatz der Selbstbindung der Verwaltung** ergeben. Auf Verwaltungsvorschriften allein kann der Anspruch nicht gestützt werden, da diese bloßes Innenrecht der Verwaltung darstellen; nur in Verbindung mit dem aus Art. 3 I GG folgenden Teilhaberecht und dem Grundsatz der Selbstbindung verdichten sich diese Positionen zu einer Anspruchsgrundlage.

- Ein Anspruch auf die begehrte Zuwendung setzt voraus, dass der Antragsteller die in den Verwaltungsvorschriften für die begehrte Leistung benannten persönlichen und sachlichen Voraussetzungen erfüllt. Sie müssen an dieser Stelle den Sachverhalt unter die im Aktenauszug i.d.R. abgedruckten Verwaltungsvorschriften subsumieren. Erfüllt der Antragsteller die Voraussetzungen der Richtlinie, kann er grds. beanspruchen, dass er hiernach gefördert wird, solange diese Geltungsanspruch haben.[770] Als problematisch kann sich an dieser Stelle der »erste Fall« erweisen: Hierbei begehrt der erste Antragsteller aufgrund der Verwaltungsvorschriften eine Zuwendung, obwohl sich eine Verwaltungspraxis tatsächlich noch nicht entwickelt hat. Allerdings geht die Rspr. davon aus, dass sich die Verwaltung bereits mit dem Erlass der Verwaltungsvorschriften »antizipiert« gebunden hat, so dass auch in diesem Fall ein Teilhabeanspruch bestehen kann (Grundsatz der antizipierten Selbstbindung der Verwaltung).

---

[770] BVerwG, Urt. v. 21.08.2003, BeckRS 2003, 24376.

- Der Anspruch kann ausgeschlossen sein, wenn ein sachlicher Grund für eine unterschiedliche Behandlung gegeben ist. In diese Richtung argumentieren häufig die Anspruchsgegner.
- Problematisch sind die Fälle, in denen die Behörde ihre **Vergabepraxis geändert** hat (Bsp.: Seit 2000 gewährt Behörde bestimmte Wohnbauförderung; im Jahr 2009 schränkt sie den Anwendungsbereich der Förderung aufgrund der finanziellen Haushaltslage drastisch ein. Kann der Antragsteller dennoch einen Anspruch auf Förderung verfolgen?).

Grds. kann die Behörde eine bestimmte Förderung aus willkürfreien, d.h. sachlichen Gründen ändern.[771] Formell setzt diese Änderung der Vergabepraxis grds. voraus, dass die ändernde Vorschrift in der Form ergeht, in der die abgeänderte Vorschrift erlassen wurde. Materiell ist für die Änderung ein sachlicher Grund erforderlich. Da die Gewährung von Subventionen stets unter dem Vorbehalt des finanziell Möglichen stehen (sog. Kapazitätsvorbehalt), stellt der Wegfall der finanziellen Möglichkeiten für die Leistungsgewährung einen hinreichenden sachlichen Grund für eine Änderung der Vergabepraxis dar.

Klausurhinweis: Einige der vorstehenden Gesichtspunkte können in Klausuren, in denen der Antragsteller eine sog. **Anschlusssubvention** verfolgt, verzahnt werden. Hier beansprucht der Antragsteller die Gewährung einer Zuwendung, für die noch kein positiver Subventionsbescheid vorliegt. Der Antragsteller wird geltend machen, dass sich aus einem früheren Subventionsbescheid bereits die Zusicherung auf eine Anschlusssubvention nach Ablauf der beschiedenen Geltungsdauer ergebe. In diesem Fall müssen Sie zunächst erkennen, dass sich die Zusicherung lediglich auf die Erteilung eines weiteren Subventionsbescheides, nicht aber unmittelbar auf die Auszahlung der Subvention bezieht. Zum Zweiten kommt es in einer solchen Konstellation regelmäßig darauf an, dass Sie genau untersuchen, ob eine auf die Anschlusssubvention gerichtete **Zusicherung** gem. § 38 VwVfG abgegeben wurde. Eine solche verlangt einen dahingehenden Rechtsbindungswillen der Behörde. Dieser muss sich analog §§ 133, 157 BGB ermitteln lassen und dürfte im Normalfall – gerade mit Blick auf unsichere Haushaltslagen – fehlen. Deshalb kommt es im Regelfall gar nicht erst zur Prüfung der Wirksamkeit der Zusicherung im engeren Sinne (Zuständigkeit, Schriftform, Fortbestehen der Geschäftsgrundlage – siehe vorstehende Grafik). In der Regel werden Sie eine Zusicherung (für die Bezuschussung in Folgezeiträumen) mit der Begründung ablehnen können, dass sich der Beteiligungszeitraum auf einen bestimmten Zeitabschnitt bezieht. Der Bindungswille erstreckt sich dann gerade nicht auf die Zukunft.

Anschließend untersuchen Sie weitere Verpflichtungtatbestände. Denkbar ist der Anspruch aus der **Verwaltungsvorschrift i.V.m. Art. 3 I GG** i.V.m. dem Grundsatz der Selbstbindung der Verwaltung. Die Verwaltung ist jedoch berechtigt, ein durch Verwaltungsvorschriften festgelegtes Förderprogramm ohne Verstoß gegen den Gleichheitssatz aus sachlichen Gründen jederzeit zu ändern (Kapazitätsvorbehalt). In der Klausur wird der Antragsteller vortragen, es sei der subventionsgewährenden Stelle aus rechtsstaatlichen Gründen verwehrt, eine einmal eingeschlagene Subventionspraxis zu ändern. Ein etwaiger Vertrauensschutz wird durch eine Änderung der Subventionspraxis i.d.R. nicht verletzt sein, da es einerseits bereits am notwendigen Vertrauenstatbestand fehlen dürfte (wer einmal eine Subvention erhält, kann nicht berechtigt erwarten, dass diese auch in der Zukunft regelmäßig geleistet wird); zudem kommt dem Staat bei der Leistungsverwaltung ein weites Gestaltungsermessen zu, das nicht nur berechtigt, Leistungen zu gewähren, sondern die Leistungsgewährung auch wieder einzustellen.[772] Der Vortrag eines Klägers, die Behörde müsse eine Übergangsregelung schaffen, führt in der Regel auch nicht weiter: Eine aus dem Verhältnismäßigkeitsgrundsatz folgende Verpflichtung zum stufenweisen Abbau einer Subvention kann nach der Rspr. nur bestehen, wenn bei dem Empfänger ein besonderer Vertrauenstatbestand geschaffen wurde, der über eine langjährige Subventionierung hinausgeht, der ohne Übergangsregelung vorgenommene Eingriff also zu untragbaren (existenzvernichtenden) Folgen für den Empfänger führt.[773] Falls der Antragsteller zudem vorträgt, es läge eine Verletzung des Rückwirkungsverbots vor, bedenken Sie bitte Folgendes: Nicht nur bei Rechtsnormen, sondern auch bei Verwaltungsvorschriften ist das Rückwirkungsverbot zu beachten.[774] Zu unterscheiden ist zwischen echter und unechter Rückwirkung:

---

771 BVerwG NVwZ 1998, 273 (274).
772 BVerwG, Urt. v. 11.05.2006 – 5 C 10/05.
773 OVG Münster, Beschl. v. 14.05.2009 NWVBl. 2010, 150 (151): Die Kürzung von Fördermitteln für ein jahrzehntelang gefördertes Frauenhaus verstößt nicht gegen den Verhältnismäßigkeitsgrundsatz.
774 BVerwG, Urt. v. 11.05.2006 – 5 C 10/05.

- Eine grds. unzulässige **echte Rückwirkung** (Rückbewirkung von Rechtsfolgen) liegt vor, wenn nachträglich in abgeschlossene Sachverhalte eingegriffen wird und diese einer neuen Regelung zugeführt werden; eine echte Rückwirkung ist nur in absoluten Ausnahmefällen zulässig (etwa bei unsicherer bzw. unklarer Rechtslage oder Bagatellen).
- Eine **unechte Rückwirkung** (tatbestandliche Rückanknüpfung) ist grds. zulässig. Eine solche liegt vor, wenn eine Norm auf gegenwärtige, noch nicht abgeschlossene Sachverhalte und Rechtsbeziehungen für die Zukunft einwirkt und damit die betroffene Rechtsposition nachträglich entwertet. Hier sind allein die Grenzen des Vertrauensschutzes und des Verhältnismäßigkeitsgrundsatzes zu beachten, die erst überschritten werden, wenn die angeordnete unechte Rückwirkung zur Erreichung des Normzwecks nicht geeignet und erforderlich ist oder wenn die Bestandsinteressen der Betroffenen die Veränderungsgründe des Normgebers überwiegen. In der Klausur dürfte regelmäßig eine im Ergebnis zulässige unechte Rückwirkung gegeben sein.

B. Rechtsschutz des Begünstigten gegen Aufhebung des Subventionsbescheids

269 Falls ein bestandskräftiger Bewilligungsbescheid aufgehoben wird, verliert dieser durch den Aufhebungsbescheid seine Wirksamkeit. Das Begehren eines Klägers bzw. Mandanten richtet sich dann i.d.R. auf die Aufhebung des Aufhebungsbescheides mit der Folge, dass der alte Subventionsbescheid wieder auflebt. In zulässiger objektiver Klagehäufung (§ 44 VwGO) wird gleichzeitig i.d.R. ein auf die Rückzahlung gerichteter Erstattungsbefehl gem. § 49a VwVfG mitangefochten. Die Klagehäufung ist jedoch i.d.R. unproblematisch und sollte daher in der Klausur nicht vertieft werden.

Statthaft ist dann eine **Anfechtungsklage** (§ 42 I 1. Var. VwGO), für die der **Verwaltungsrechtsweg** nach § 40 I 1 VwGO eröffnet ist; insb. liegt eine öffentlich-rechtliche Streitigkeit vor, wenn die Leistung aufgrund eines Verwaltungsakts gewährt worden ist (actus contrarius).

Im Rahmen der **Begründetheit** müssen Sie die formelle und materielle Rechtmäßigkeit des Aufhebungsbescheides prüfen. Ob § 48 VwVfG oder § 49 VwVfG einschlägig ist, richtet sich danach, ob der ursprüngliche Bewilligungsbescheid rechtmäßig oder rechtswidrig gewesen ist.[775] Die Ausführungen unter A. können auch hier eine Rolle spielen: Das Merkmal »Rechtswidrigkeit« verlangt grds. die Verletzung von Außenrechtsnormen. Verstößt die Behörde gegen Verwaltungsvorschriften, begründet dies allein die Rechtswidrigkeit nicht (bloßes Innenrecht). Rechtswidrig ist die ursprüngliche Bewilligung erst, wenn die Verwaltungsvorschrift durch den Grundsatz der Selbstbindung i.V.m. Art. 3 I GG Außenwirkung entfaltet hat. In der Klausur ist dieses in erster Linie nur ein sprachliches Darstellungsproblem.

In **materieller Hinsicht** sind oftmals die Voraussetzungen des § 49 III 1 VwVfG zu erörtern. Hiernach kann ein (anfänglich) rechtmäßiger Verwaltungsakt mit Wirkung für die Vergangenheit widerrufen werden. Diese Ermächtigungsgrundlage ist einschlägig, da bei einer Leistungsgewährung reduzierte Anforderungen an den Grundsatz des Vorbehalts des Gesetzes gelten, so dass die Leistungsgewährung i.d.R. anfänglich rechtmäßig gewesen ist. Ob die Leistung zweckwidrig verwendet worden ist, stellt typischerweise den Schwerpunkt der Klausur dar. An dieser Stelle müssen Sie umfassend prüfen, ob gegen die im Aktenauszug i.d.R. abgedruckten Förderrichtlinien verstoßen worden ist.

Problem: Rückabwicklung gemeinschaftsrechtswidriger Subventionen

Im Rahmen einer Anfechtungsklage gegen einen Verwaltungsakt, mit dem die Bewilligung gemeinschaftsrechtswidriger Subventionen aufgehoben wird, können sich besondere Probleme ergeben, die nachfolgend zusammengefasst sind.[776] Die Prüfungsämter verlangen typischerweise keine umfassende Inzidentprüfung der Gemeinschaftsrechtswidrigkeit, sondern unterstellen (ggf. im Bearbeitervermerk oder in den angefochtenen Verwaltungsakten), dass eine bestands-

---

775 Zu den Voraussetzungen der Aufhebung im Einzelnen 1. Abschnitt, 1. Kapitel Rn. 14 ff.
776 Zum Verhältnis § 48 VwVfG und Gemeinschaftsrecht auch *Kopp/Ramsauer* § 48 VwVfG Rn. 88.

kräftige Feststellung über die Gemeinschaftsrechtswidrigkeit vorliegt. Wegen des Vorrangs des Gemeinschaftsrechts befinden Sie sich hier im Rahmen des § 48 VwVfG (Bewilligungsbescheid ist wegen der Verletzung des Gemeinschaftsrechts rechtswidrig) und nicht bei § 49 VwVfG: Aufgrund des Gemeinschaftsrechtsbezugs wird das nationale Verwaltungsverfahrensrecht wesentlich modifiziert. Bitte merken Sie sich folgende Gesichtspunkte:

Übersicht: Auswirkungen des Gemeinschaftsrechts auf § 48 VwVfG

I. Anwendbarkeit der §§ 48 ff. VwVfG auch bei Aufhebung gemeinschaftsrechtswidriger Beihilfen im Rahmen des mitgliedstaatlichen Vollzugs

II. (P) Anwendbarkeit des § 48 VwVfG (Merkmal »Rechtswidrigkeit«) (+), wenn Verletzung der Art. 107 ff. AEUV; Verstoß steht nach bestandskräftiger Kommissionsentscheidung nach Art. 288 AEUV bindend fest; Arg.: Anwendungsvorrang des Gemeinschaftsrechts u. Art. 4 III EUV (»effet utile«)

III. § 48 II VwVfG
   1. (P) Modifizierte Anforderungen bei § 48 II 3 VwVfG; Nr. 3 (»grob fahrlässiges Nichterkennen der Rechtswidrigkeit«) allenfalls bei größeren Unternehmen (+), wenn dieses nicht geprüft hat, ob Leistung gemeinschaftsrechtskonform; im Übrigen (z.B. bei kleineren Handwerksbetrieben) wird überwiegend der Ausschluss des Vertrauensschutzes nach § 48 II 3 VwVfG verneint.
   2. (P) Modifizierte Anforderungen bei § 48 II 2 VwVfG: Gemeinschaftsrechtskonform wird § 48 II 2 VwVfG so ausgelegt, dass regelmäßig Vertrauen nicht schutzwürdig, wenn andernfalls Art. 4 III EUV (effet utile) gefährdet wäre; zu dem selben Ergebnis sollten Sie gelangen, wenn Sie eine Abwägung nach § 48 II 1 VwVfG vornehmen.

IV. § 48 IV VwVfG: Wegen Anwendungsvorrang des Gemeinschaftsrechts wird § 48 IV VwVfG gemeinschaftsrechtskonform teleologisch reduziert, wenn andernfalls bestandskräftige Feststellung der Gemeinschaftsrechtswidrigkeit durch die Kommission nicht effektiv umgesetzt werden kann.

V. Rechtsfolge: Nach § 48 I 1 VwVfG zwar grds. Ermessen, hier aber ggf. Rücknahmeermessen auf Null reduziert.

C. Rechtsschutz des Wettbewerbers gegen die Begünstigung eines Konkurrenten

Klausurhinweis: Falls sich ein Wettbewerber gegen die Begünstigung eines anderen wendet, müssen Sie drei Klausurkonstellationen auseinanderhalten:

- Wettbewerber wendet sich nur gegen die Begünstigung eines Mitbewerbers (negative Konkurrentenklage – sog. Konkurrentenabwehrklage); hierzu I.
- Wettbewerber strebt Gleichstellung mit Mitbewerber an (positive Konkurrentenklage – sog. Konkurrentengleichstellungsklage); hierzu II.
- (P) Wettbewerber möchte Mitbewerber verdrängen und strebt Begünstigung an dessen Stelle an (sog. Konkurrentenverdrängungsklage); hierzu III.

I. Rechtsschutz des Wettbewerbers (nur) gegen die Begünstigung eines Konkurrenten

Wenn sich ein Marktteilnehmer nur gegen eine Begünstigung eines anderen wendet, also nicht auch gleichzeitig die eigene Begünstigung anstrebt, liegt ein Fall der negativen Konkurrentenklage vor.

Statthafte Klageart ist die Anfechtungsklage gem § 42 I 1. Var. VwGO. Eine auf die Feststellung der Rechtswidrigkeit der Begünstigung des Konkurrenten gerichtete Feststellungsklage ist dieser gegenüber subsidiär (§ 43 II VwGO). Da es sich um eine Drittanfechtung handelt, werden vertiefte Ausführungen zur **Klagebefugnis** (§ 42 II VwGO) erwartet, die Sie nicht aus dem Adressatengedanken (Art. 2 I GG) herleiten dürfen. Sie können sicher sein, dass der Klagegegner vortragen wird, der Kläger sei nicht klagebefugt, da es mit der marktwirtschaftlichen

Ordnung unvereinbar sei, wenn ein Wettbewerber gegen die Begünstigung eines Anderen vorginge. Da es aber nur um die Zulässigkeit der Klage geht, sollten Sie sich kurz fassen und die Klagebefugnis mit dem Hinweis bejahen, dass es nicht offensichtlich ausgeschlossen ist, dass der Kläger in einem subjektiven Recht (Art. 12 I GG, Art. 2 I GG, vielleicht sogar Art. 14 GG) verletzt wird.

Die Drittanfechtungsklage ist **begründet**, wenn die angefochtene Begünstigung rechtswidrig ist und den Kläger in seinen Rechten verletzt; § 113 I 1 VwGO. Denken Sie daran, dass es sich um eine Drittanfechtung handelt. Zu prüfen sind also lediglich drittschützende Vorschriften, im Regelfall wird es um die grundrechtlichen Abwehrpositionen des Konkurrenten gehen. Namentlich in Betracht kommen Art. 12 I GG, Art. 2 I GG; Art. 14 I GG und ggf. Art. 3 I GG.

- Eine Verletzung des **Art. 12 I GG** (mittelbarer Eingriff in die Berufsausübung) oder **Art. 2 I GG** (Teilnahme am wirtschaftlichen Wettbewerb) scheidet allerdings aus, sofern der Staat die Wettbewerbsfreiheit nicht empfindlich stört (existenzbedrohende Verdrängungssituation).
- **Art. 14 I GG** wird i.d.R. gleichfalls nicht verletzt sein, da durch Art. 14 GG nicht unbehinderte Erwerbschancen geschützt werden, sondern grds. nur die Eigentumssubstanz.
- Eine Verletzung des **Art. 3 I GG** kommt allenfalls in Betracht, wenn einzelnen Anbietern gezielt Nachteile zugefügt werden.[777]

Gemessen an diesen Maßstäben wird die negative Konkurrentenklage i.d.R. unbegründet sein.

II. Rechtsschutz des Wettbewerbers auf gleiche Begünstigung

271 Wenn der Kläger die dem Konkurrenten gewährte Leistung ebenfalls begehrt, liegt ein Fall der sog. positiven Konkurrentenklage vor. Im Gegensatz zur vorstehenden Konstellation ist beim **Verwaltungsrechtsweg** ein Rückgriff auf die Zwei-Stufen-Theorie notwendig, wonach eine öffentlich-rechtliche Streitigkeit nur vorliegt, soweit Streit über das »Ob« der Leistungsgewährung besteht. Statthaft ist hinsichtlich der eigenen Begünstigung die **Verpflichtungsklage** (§ 42 I 2. Var. VwGO).

Die für die Verpflichtungsklage erforderliche **Klagebefugnis** gem. § 42 II VwGO folgt aus einem möglichen Anspruch aus anspruchsbegründenden Subventionsgesetzen, öffentlich-rechtlichen Sonderbeziehungen oder aus Verwaltungsvorschriften i.V.m. Art. 3 I GG i.V.m. dem Grundsatz der Selbstbindung der Verwaltung. Ob dieser Anspruch tatsächlich besteht, ist Gegenstand der **Begründetheit**sprüfung.

III. Rechtsschutz des Wettbewerbers auf Begünstigung anstelle des Dritten

272 Falls sich der Kläger an die Stelle des Wettbewerbers stellen möchte, liegt eine Konkurrentenverdrängungssituation vor. Der Kläger muss also für seine eigene Begünstigung eine Verpflichtungsklage nach § 42 I 2. Var. VwGO erheben.

Problem: Erfordernis einer Anfechtungsklage bzgl. der Begünstigung der Mitbewerber

Problematisch ist, ob der Antragsteller neben einer auf die eigene Begünstigung gerichteten Verpflichtungsklage eine oder sogar mehrere Anfechtungsklagen bzgl. der Begünstigung der Mitbewerber erheben muss. Diese Frage sollten Sie – ähnlich wie bei dem Zugangsanspruch zu öffentlichen Einrichtungen – klausurtaktisch lösen: Ergibt sich aus dem Sachverhalt eine zahlenmäßig begrenzte Anzahl von begünstigten Mitbewerbern, die zudem namentlich benannt werden, wird der Lösungsvorschlag voraussichtlich der traditionellen Auffassung folgen, wonach die Begünstigung der Mitbewerber mittels Anfechtungsklage angefochten werden müssen. Sofern dahingehende Angaben fehlen, wird unter Zugrundelegung der neueren Rspr. vertretbar sein, das Erfordernis weiterer Anfechtungsklagen im Hinblick auf das erhebliche Kostenrisiko des Antragstellers zu verneinen. Hiernach reicht eine auf ermessensfehlerfreie Neubescheidung gerichtete Verpflichtungsklage aus. Die neuere Rspr. ist im Hinblick auf Art. 19 IV GG überzeugend. Zudem steht es der Behörde offen, durch entsprechende Nebenbestimmungen in den Be-

---

[777] OVG Münster Beschl. v. 23.03.2005, BeckRS 2005, 24965.

günstigungen der Mitbewerber die Möglichkeit einer nachträglichen Aufhebung sicherzustellen.[778]

12. Kapitel. Informationsfreiheitsrecht

Neben dem Akteneinsichtsrecht gem. § 29 VwVfG bzw. nach § 100 VwGO bestehen weitere Möglichkeiten, auf spezialgesetzlicher Grundlage an Informationen zu gelangen. Versteckt geregelt ist ein solcher z.B. im Beamtenrecht für Einsichtsrechte in die Personalakten. Wichtiger sind Informationsrechte nach den Informationsfreiheitsgesetzen des Bundes und einiger Länder. Diese Informationsansprüche – etwa nach dem Umweltinformationsgesetz des Bundes (UIG), dem Informationsfreiheitsgesetz des Bundes (IFG), entsprechenden landesrechtlichen Informationsfreiheitsgesetzen – waren bereits mehrfach Gegenstand von Examensklausuren, insb. auch in Anwaltsklausuren. Zum 01.05.2008 ist zudem das Verbraucherinformationsgesetz (VIG) in Kraft getreten. Mit diesem ist u.a. ein Anspruch auf freien Zugang zu allen Daten über Verstöße gegen das Lebensmittel – und Futtermittelgesetzbuch, über Gesundheitsgefahren, die von Lebens- und Futtermitteln ausgehen, sowie über Herkunft und Beschaffenheit von Erzeugnissen sowie über behördliche Überwachungsmaßnahmen geschaffen worden.

273

Strukturell sind die Gesetze, mit denen ein Informationszugangsrecht eröffnet wird, ähnlich aufgebaut. Auch der Rechtsschutz gegen ablehnende Entscheidungen der Behörden ist strukturell vergleichbar. Achten Sie stets darauf, welches IFG (nach dem Bearbeitervermerk) zugrunde zu legen ist. Diese unterscheiden sich inhaltlich trotz der vergleichbaren Gesetzessystematik z.T. sehr erheblich.

> **Klausurhinweis:** Falls Sie den Kopp/Ramsauer als Hilfsmittel nutzen dürfen, sollten Sie im Examen die Kommentierung zu § 29 Rn. 45 ff. zu Rate ziehen. Nachfolgend wird das IFG des Bundes (in Kraft seit 01.01.2006) erläutert.

> **Übersicht: Rechtsschutz gegen die Versagung eines Informationszugangs auf Grundlage des IFG**
>
> **A. Zulässigkeit der Klage**
>   I. Verwaltungsrechtsweg (+), auch bei Informationszugangsanspruch öffentlich-rechtlicher Art; (P) Einwirkungsanspruch nach Zwei-Stufen-Theorie ebenfalls öffentlich-rechtliche Streitigkeit; (P) Ansprüche gegen privaten Informationsträger sind bürgerlich-rechtliche Streitigkeit (§ 13 GVG); (P) Verwaltungsgerichtsweg ist nicht von Art der Information abhängig
>   II. Statthafte Klageart:
>   1. Verpflichtungsklage gem. § 42 I 2. Var. VwGO (P) Regelung (+), da über Informationszugangsanspruch durch rechtlichen Subsumtionsakt entschieden wird; allg. Leistungsklage damit grds. (–), da qualitativ nicht mit rein tatsächlicher Informationsverschaffung vergleichbar
>   2. (P) Allg. Leistungsklage – je nach gesetzlicher Ausgestaltung; vgl. z.B. § 7 I 2 IFG i.V.m. § 1 I 3 IFG – nur ausnahmsweise, wenn Einwirkungsanspruch gegenüber Hoheitsträger auf Einwirkung gegen privaten Informationsträger
>   III. Klagebefugnis gem. § 42 II VwGO (+), wenn Anspruch nach IFG nicht offensichtlich (–); (P) weitere Anspruchsgrundlagen (z.B. nach PresseG des Landes; GemO des Landes) sind denkbar
>   IV. Vorverfahren gem. § 68 I, II VwGO (P) Keine Entbehrlichkeit gem. § 68 I 2 Nr. 1 VwGO wegen § 9 IV 2 IFG oder § 6 II UIG
>   V. Rechtsschutzbedürfnis (P) § 44a VwGO schließt gerichtlichen Rechtsschutz nicht aus, da Informationszugangsrecht nach IFG im Gegensatz zu § 29 VwVfG oder § 25 VwVfG keine bloße behördliche Verfahrenshandlung

---

778 *Kopp/Schenke* § 42 VwGO Rn. 42.

> **B. Begründetheit der Klage (§ 113 V 1 VwGO)**
> I. Anspruchsgrundlage nach dem IFG; (P) Anwendbarkeit des IFG
> II. Formelle Anspruchsvoraussetzungen
>   1. Antrag
>   2. evtl. besondere Voraussetzungen nach jeweiligem IFG (z.B. Begründung gem. § 7 I 3 IFG Bund)
> III. Materielle Anspruchsvoraussetzungen
>   1. Anwendbarkeit des jeweiligen IFG (IFG Bund/IFG des Landes/UIG); (P) Anspruchsausschluss durch Zugangsregelungen in anderen Rechtsvorschriften
>   2. Antragsberechtigung
>   3. Kein Anspruchsausschluss
> IV. Rechtsfolge:
> Anspruch auf Informationszugang; nicht Übersendung von Abschriften etc.

A. Zulässigkeit einer Klage

Der Standardfall im Examen ist der Rechtsschutz eines Auskunftswilligen gegen die Ablehnung eines Informationszugangs.

Der **Verwaltungsrechtsweg** (§ 40 I 1 VwGO) ist ohne Weiteres zu bejahen, weil der Informationszugangsanspruch eine Grundlage in den öffentlich-rechtlichen Vorschriften des IFG hat. Öffentlich-rechtlicher Art ist in entsprechender Anwendung der Grundsätze der Zwei-Stufen-Theorie auch ein gegen einen Hoheitsträger geltend gemachter Anspruch auf Einwirkung gegenüber einem privaten Rechtsträger, wenn der Hoheitsträger Aufgaben der Leistungsverwaltung privat-rechtlich organisiert hat (Bsp.: Anspruch auf Zugang zu Bilanzen einer privaten GmbH, an der eine Stadt XY gesellschaftsrechtlich beteiligt ist). Diese Konstellation ist strukturell mit dem Anspruch auf Einwirkung eines Hoheitsträgers ggü. einer privaten Stadthallen-GmbH vergleichbar.

Beachten Sie, dass der Verwaltungsrechtsweg unabhängig von der Art der begehrten Information ist. Damit ist der Rechtsstreit z.B. der abdrängenden Zuweisung an das Sozialgericht (§ 51 SGG) nicht unterworfen, wenn ein Insolvenzverwalter Informationsansprüche ggü. einem Sozialversicherungsträger verfolgt.[779]

Der **Klageart** nach handelt es sich um eine

- **Verpflichtungsklage** (§ 42 I 2. Var. VwGO), wenn eine Behörde den Zugang zu den ihr zur Verfügung stehenden Informationen schaffen soll. Teilweise ergibt sich aus den IFG'en ausdrücklich die Statthaftigkeit der Verpflichtungsklage (z.B. auch § 9 IV 1 IFG Bund). Aber auch ohne ausdrückliche gesetzliche Regelung[780] erfolgt die Bereitstellung der Informationen durch Verwaltungsakt (§ 35 S. 1 VwVfG). Zwar ist die Informationsverschaffung als solche ein bloß tatsächlicher Vorgang; dieser geht allerdings eine Prüfung der rechtlichen Voraussetzungen des IFG voraus, so dass eine regelnde Entscheidung ergeht. Dass nach dem Willen des Gesetzgebers eine Verpflichtungsklage statthaft sein dürfte, ergibt sich zudem aus dem Umstand, dass vielfach ausdrücklich Regelungen zum Widerspruchsverfahren statuiert werden. Ein solches ist aber bei Leistungsklagen grds. nicht statthaft. Da die IFG'en zudem von dem Antragsgrundsatz ausgehen, dürfte dem Gesetzgeber die Entscheidung durch Verwaltungsakt vorgeschwebt haben.
- In der oben geschilderten Einwirkungsanspruchskonstellation ist demgegenüber eine **allgemeine Leistungsklage** statthaft, da die Einwirkung auf einen privaten Rechtsträger keine regelnde Entscheidung mit Außenwirkung darstellt.

Die **Klagebefugnis** (§ 42 II VwGO) folgt aus einem nicht offensichtlich ausgeschlossenen einfachgesetzlichen Recht nach dem IFG. Oftmals korrespondieren mit Ansprüchen nach dem

---
779 VG Stuttgart, Urt. v. 18.08.2009 – BeckRS 2009, 37852.
780 So fehlt z.B. im IFG NRW eine ausdrückliche Feststellung.

IFG weitere Anspruchsgrundlagen. So kann z.B. ein presserechtliches Informationsrecht nach Maßgabe des jeweiligen Pressegesetzes des Landes bestehen; daneben ergeben sich ggf. nach den jeweiligen Gemeindeordnungen Unterrichtungsansprüche der Gemeindeeinwohner (!) gegenüber dem Rat. Welche Anspruchsgrundlagen im Ergebnis greifen, ist bei der Klagebefugnis noch nicht abschließend zu beantworten.

Das in den Aktenauszügen bisweilen in Zweifel gezogene **Rechtsschutzbedürfnis** entfällt nicht wegen § 44a VwGO.[781] Danach sind zwar behördliche Verfahrenshandlungen nicht isoliert anfechtbar, so dass etwa die Ablehnung eines auf § 29 VwVfG gestützten Akteneinsichtsgesuchs nicht selbstständig anfechtbar ist. Allerdings stellt das Informationszugangsrecht nach dem IFG keine bloße Verfahrenshandlung dar, sondern beinhaltet einen eigenen materiellen Informationszugangsanspruch.

> **Klausurhinweis:** Dritte, die ein schutzwürdiges Interesse an der Verweigerung des Zugangs besitzen können, sind nach § 8 I IFG zu beteiligen. Im Aktenauszug werden diese häufig als Beigeladene auftreten. In einer Anwaltsklausur sollten Sie die Beiladung in den Zweckmäßigkeitserwägungen erörtern und in dem praktischen Teil der Klausur nicht vergessen. Sofern Rechtsschutz erfolgversprechend ist, wird i.d.R. ein Schriftsatz an das Gericht zu entwerfen sein. Dort sprechen Sie die Beiladung bei den Anträgen und im Anschluss an die Begründung der Klage an.[782] Denkbar ist allerdings auch, dass Sie als Anwalt einen Beigeladenen vertreten müssen. Dann wird es im Wesentlichen um Fragen des Anspruchsausschlusses (§ 3–6 IFG Bund) gehen.

B. Begründetheit der Klage

I. Anwendbarkeit des IFG

Regelungen über den Zugang zu amtlichen Informationen in Rechtsvorschriften außerhalb des IFG gehen diesem vor.

Problem: Verhältnis des IFG zur InsO

Problematisch kann das Verhältnis zur InsO sein, insb. wenn der Insolvenzverwalter einen Zugangsanspruch verfolgt. Ein solcher Zugangsanspruch wird durch die InsO nicht ausgeschlossen. § 97 InsO regelt nur Auskunfts- und Mitwirkungspflichten des Insolvenzschuldners (einschl. der Organe und Angestellten des Schuldners; § 101 InsO) gegenüber bestimmten Stellen.[783] Dem Informationszugangsanspruch des Insolvenzverwalters steht auch der Schutzzweck der InsO nicht entgegen.[784] Das IFG zielt nämlich darauf ab, einen Zugangsanspruch gegenüber Bundesbehörden zu statuieren. Dass ein Insolvenzverwalter hiervon ausgeschlossen sein soll, lässt das IFG nicht erkennen.

Der Ausschluss der Anwendbarkeit des IFG gilt nach § 1 III IFG nicht für § 29 VwVfG (und für die entsprechende Parallelnorm im Sozialverwaltungsrecht § 25 Sozialgesetzbuch X); daher können Ansprüche nach dem IFG und (insb. während eines laufenden Verwaltungsverfahrens) nach § 29 VwVfG nebeneinander geltend gemacht werden. Der Vorteil des IFG besteht darin, dass insoweit § 44a VwGO nicht gilt. Andererseits sind die Ausnahmetatbestände des § 29 II VwVfG z.T. enger gefasst als die §§ 3 ff. IFG. Erörtern Sie dieses in dem Gutachtenabschnitt »Zweckmäßigkeitserwägungen« eines Anwaltsgutachtens.

---

781 *Kugelmann* NJW 2005, 3609 (3613).
782 Im Einzelnen hierzu *Kaiser/Köster* Die öffentlich-rechtliche Klausur im Assessorexamen, 3. Abschnitt, Rn. 565 f.
783 Daher auch Auskunftsanspruch des Insolvenzverwalters gegenüber Sozialversicherungsträger nach dem IFG Bund; VG Stuttgart, Urt. v. 18.08.2009 – 8 K 1011/09; BeckRS 2009, 37852; SG Dortmund, Beschl. v. 01.04.2009 NZI 2009, 404.
784 OVG Münster NWVBl. 2009, 59.

Klausurhinweis: Gerade das Verhältnis zu anderen Einsichtsrechten unterscheidet sich in den unterschiedlichen landesrechtlichen Regelungen sehr. So gehen nach § 2 V des BbgAIG laufende Verwaltungsverfahren vor. Achten Sie unbedingt darauf, welches Gesetz zu prüfen ist. Wegen des Ringaustausches muss es nicht zwingend das Ihres Bundeslandes sein.

II. Anspruchsberechtigte

275 Nach § 1 I 1 IFG hat grds. »jeder«, also jede natürliche und juristische Person im In- und Ausland voraussetzungslos einen Anspruch auf Informationen. Der Informationsbegriff ist in § 2 Nr. 1 IFG legal definiert.

Eine Anspruchsberechtigung besteht nur, wenn ein Antrag gestellt wird. Je nach landesrechtlicher Ausgestaltung des IFG setzt dieser bestimmte Mindesterfordernisse voraus.

III. Anspruchsgegner

276 Anspruchsverpflichtet sind gem. § 1 I IFG Bundesbehörden sowie sonstige Bundesorgane und Einrichtungen, soweit sie öffentliche Verwaltungsaufgaben wahrnehmen (z.B. Bundestag im Rahmen der Verwaltungsaufgaben). Der Anspruch ist stets gegen die Behörde zu richten (§ 7 I 2 IFG), also auch dann, wenn sich der Anspruch eigentlich gegen eine natürliche oder juristische Person des Privatrechts richtet, derer sich die Behörde zur Erfüllung ihrer Aufgaben bedient (vgl. § 1 I 3 IFG). Beachten Sie, dass unter diese Privaten nicht Beliehene fallen (da diese selbst Behörden sind), sondern insb. Verwaltungshelfer.[785] Nochmals: Die Behörde ist aber auch dann Anspruchsgegner.

IV. Anspruchsausschluss (§§ 3–6 IFG Bund)

277 Schwerpunkt der Klausur wird voraussichtlich die Prüfung des Anspruchsausschlusses sein. Erste Erfahrungen mit den verschiedenen IFG'en erwecken den Eindruck, dass Behörden häufig dazu neigen, einen Informationsanspruchsausschluss vorschnell zu bejahen. Daher ist die Auslegung der in den IFG'en normierten Ausschlussgründe häufig Gegenstand verwaltungsgerichtlicher Entscheidungen, so dass Sie damit rechnen können, gerade mit diesen Fragen konfrontiert zu werden. Im Einzelnen:

- Einschränkungen können sich gem. § 3 IFG aus entgegenstehenden **öffentlichen Belangen** ergeben.[786] Beachten Sie insb. § 3 Nr. 2 IFG (Gefährdung der öffentlichen Sicherheit bei Bekanntwerden der Information). Zudem besteht kein Anspruch, wenn das Bekanntwerden der Information geeignet ist, fiskalische Interessen des Bundes im Wirtschaftsverkehr zu beeinträchtigen. Der von der Behörde hierauf gestützte Ausschluss greift aber nur, wenn tatsächlich Gefährdungen im Wirtschaftsverkehr zu befürchten sind. Die Abwehr von Ansprüchen gegen Hoheitsträger (z.B. nach § 839 BGB, Art. 34 GG) erfüllt diese Ausschlussregel nicht. Auch die Vermeidung von Kosten für die Auskunft sind keine »fiskalischen Interessen im Wirtschaftsverkehr«.[787]
- Zum **Schutz des behördlichen Entscheidungsprozesses** ergeben sich Einschränkungen nach § 4 IFG.
- Gem. §§ 5, 8 IFG i.V.m. den jeweiligen Datenschutzgesetzen werden **personenbezogene Daten** geschützt.
- Der **Schutz des geistigen Eigentums und von Betriebs- und Geschäftsgeheimnissen** ist gem. § 6 IFG weniger examensrelevant.

---

785 *Schmitz/Jastrow* NVwZ 2005, 984 (988).
786 Nach § 3 Nr. 1a IFG Bund besteht etwa kein Informationszugangsrecht bei nachteiligen Auswirkungen auf internationale Beziehungen. Eine dahingehende Gefahr kann etwa bei Auskünften über Fluggastbewegungen entstehen, sofern das Vertrauensverhältnis zu ausländischen Staaten beeinträchtigt werden kann; vgl. BVerwG, Urt. v. 29.10.2009 – 7 C 22/08.
787 *Schmitz/Jastrow* NVwZ 2005, 984 (992).

3. Teil. Staatsrecht

Es ist ein Irrglaube, Staatsrecht spiele im Assessorexamen keine Rolle (mehr). Das Gegenteil ist **278** der Fall. Verfassungsrechtliche Aspekte sind Gegenstand fast jeder Assessorklausur. Zwar gibt es im zweiten Staatsexamen i.d.R. keine verfassungsprozessualen Rechtsschutzkonstellationen (z.B. Verfassungsbeschwerde, konkrete Normenkontrolle). Allerdings verlangen viele verwaltungsrechtliche Klausuren zumindest Ausführungen zu Grundrechten: Sie spielen einerseits eine Rolle bei der Auslegung unbestimmter Rechtsbegriffe (Unzuverlässigkeit im Gewerberecht im Lichte von Art. 12 GG, Widerspruch zu öffentlich-rechtlichen Vorschriften bei Erlass bauordnungsrechtlicher Verfügungen vor dem Hintergrund des Art. 14 GG oder aber Vorliegen einer unmittelbaren versammlungsrechtlichen Gefahr unter Berücksichtigung des Art. 8 I GG) und müssen stets in die komplexe Abwägung der Verhältnismäßigkeitsprüfung eingestellt werden. Daher sollte man sich die wichtigsten Fallgestaltungen und in Frage kommenden Grundrechte noch einmal in Erinnerung rufen. Abschließend sei darauf hingewiesen, dass Verwaltungsrecht gelebtes Verfassungsrecht ist. Sollten Sie also in verwaltungsrechtlichen Klausuren nach dem Hintergrund kryptischer Einwendungen des Antragstellers/Klägers/Mandanten (»die Maßnahme verstößt gegen elementare Grundsätze unseres Staates«) fragen, denken Sie insb. auch an das Staatsrecht und die Vorschriften des Grundgesetzes. Es kann den einen oder anderen Punkt ausmachen.

1. Kapitel. Bezüge zum (materiellen) Verfassungsrecht

A. Anknüpfungen an Rechtsstaatsprinzip (Art. 20 III GG)

I. Verstoß gegen Rückwirkungsverbot

Häufiger wird in Aktenauszügen eine Verletzung des Rückwirkungsverbots problematisiert **279** (z.B. Beamter wendet sich gegen die Streichung eines sog. Arbeitszeitverkürzungstages; Adressat wendet sich gegen eine auf § 10 I 1 BBodSchG gestützte Sanierungsverfügung und macht geltend, die – so jedenfalls ein wiederholt zu hörender Klägervortrag – erst 1996 mit Einführung des BBodSchG begründete Sanierungspflicht gem. § 4 III BBodSchG verletze das Rückwirkungsverbot). Grundlegend ist zunächst, dass Sie zwischen der echten und der unechten Rückwirkung unterscheiden, die beide in einem engen Zusammenhang mit dem auf Art. 20 III GG fußenden Grundsatz des Vertrauensschutzes stehen. Für das Assessorexamen reicht die Beherrschung folgender Grundsätze:

- Im Rahmen der Verhältnismäßigkeitsprüfung ist die **unechte Rückwirkung** anzusprechen (auch als »tatbestandliche Rückanknüpfung« bzw. »retrospektive Rückwirkung« bezeichnet; im Examen raten wir allerdings zur Verwendung des traditionellen Terminus). Eine solche liegt vor, wenn eine gesetzliche Vorschrift in einen noch nicht abgeschlossenen Sachverhalt für die Zukunft eingreift und eine bestimmte Rechtsposition nachträglich entwertet.[788] Eine solche ist i.d.R. zulässig, da solche gesetzliche Vorschriften regelmäßig nicht gegen den Grundsatz des Vertrauensschutzes verstoßen.[789] Nur ausnahmsweise liegt eine Verletzung des Rückwirkungsverbots vor, wenn sich der Betroffene nach dem Ergebnis einer umfassenden Interessen- und Güterabwägung auf Vertrauensschutz berufen kann. Bei dieser Abwägung ist zu fragen, ob der Bürger auf den Fortbestand der Vorschrift vertrauen durfte (gerade dieses Merkmal wird i.d.R. zu verneinen sein) und wie gewichtig die von ihm getroffenen Dispositionen sind. Da allerdings ein Bürger grds. mit zukunftsbezogenen Gesetzesänderungen rechnen muss, werden Sie in aller Regel zur Zulässigkeit der unechten Rückwirkung gelangen. Damit bedarf es (im Examen) i.d.R. keiner Übergangsregelung, mit der besondere Belastungen und Härten abgemildert werden.

---

[788] *Maurer* Staatsrecht, § 17 Rn. 105 ff.
[789] BVerfGE 30, 392 (402); 95, 64 (86).

- Eine in Aktenauszügen in aller Regel nicht gegebene **echte Rückwirkung** (auch als »Rückbewirkung von Rechtsfolgen« bezeichnet) liegt vor, wenn ein Gesetz rückwirkend in einen bereits abgeschlossenen Sachverhalt eingreift oder einen bereits abgeschlossenen Sachverhalt nachträglich belastend regelt. Im Gegensatz zur unechten Rückwirkung liegt hier ein abgeschlossener Sachverhalt vor. Eine echte Rückwirkung ist grds. unzulässig. Mit dem Grundsatz des Vertrauensschutzes ist es unvereinbar, dass eine gesetzliche Regelung, die für einen bestimmten Zeitraum gegolten hat, verbindlich war und angewendet wurde, nachträglich durch eine neue Regelung ersetzt wird und hierdurch die frühere Entscheidung zum Nachteil des Bürgers verändert wird.[790] Nur ausnahmsweise ist eine echte Rückwirkung zulässig, wenn der Bürger mit einer Neuregelung rechnen musste, die bisherige Regelung unklar und verworren war, die bisherige verfassungswidrige Regelung durch eine neue, verfassungskonforme Vorschrift ersetzt werden soll, die Belastung durch die neue Vorschrift unwesentlich ist (sog. Bagatellvorbehalt) oder (restriktiv zu bejahende) überwiegende Gründe des Allgemeinwohls die Rückwirkung erfordern.[791]

II. Grundsatz der Gesetzmäßigkeit der Verwaltung

280 Das ebenfalls auf Art. 20 III GG gründende Gebot der Gesetzmäßigkeit der Verwaltung hat insb. zwei Ausprägungen:

- Zunächst muss die Verwaltung den **Vorbehalt des Gesetzes** beachten (nicht mit grundrechtseinschränkendem »Gesetzesvorbehalt« verwechseln). Hiernach ist für das Handeln der Verwaltung eine Rechtsgrundlage erforderlich, wenn eine für den Bürger wesentliche Angelegenheit betroffen ist (Wesentlichkeitstheorie). Diese Wesentlichkeit ist bei belastenden oder sonstigen grundrechtsrelevanten Maßnahmen im Bereich der Eingriffsverwaltung ohne Weiteres zu bejahen (z.B. bei grundrechtsrelevanten Maßnahmen im Gefahrenabwehrrecht (z.B. bei einer Gefährderaussprache) oder im Schulrecht). Neben grundrechtsrelevanten Maßnahmen ist die Wesentlichkeit auch bei solchen Entscheidungen gegeben, die weitgehende Bedeutung für die Allgemeinheit haben. Ist der Anwendungsbereich des Vorbehalts des Gesetzes eröffnet, bedarf es einer hinreichend konkreten Rechtsgrundlage in einem materiellen Gesetz. Problematisch kann dieses werden, wenn für eine grundrechtsrelevante Maßnahme im Gefahrenabwehrrecht keine ausdrückliche Ermächtigungsgrundlage vorliegt oder die (daher nur in Betracht kommende) Generalklausel im Hinblick auf die Wesentlichkeit der Maßnahme nicht konkret genug ist (Bsp.: Bedarf es für die Gefährderansprache einer Ermächtigungsgrundlage? Dies ist nach h.M. mit Blick auf die Grundrechtsrelevanz zu bejahen. Reicht die Generalklausel, wenn es an einer Spezialermächtigung oder Standardbefugnis fehlt. Auch diese Frage wird von der Rspr. bejaht.). Die Offenheit der Generalklausel lässt sich nämlich durch eine (richterliche) Präzisierung überwinden. Besonderheiten hinsichtlich des Vorbehalts des Gesetzes gelten insb. in folgenden Fällen:
  - Ausnahmsweise reichen nach der Rspr. bloße Zuständigkeits- oder Aufgabenzuweisungen bei **Warnerklärungen** (etwa Art. 65 S. 2 GG);
  - Besonderheiten gelten auch für die **Leistungsverwaltung**. Soweit nicht ausdrückliche gesetzliche Vorschriften die Erbringung von Leistungen von einem gesetzlichen Vorbehalt abhängig machen (z.B. für Sozialleistungen: § 31 SGB I) stellt sich die Frage, ob staatliche Leistungen ohne gesetzliche Grundlage erbracht werden dürfen. Für die klausurrelevante Gewährung von **Subventionen** reicht aus, wenn das »ob« der Leistungserbringung in einem Gesetz im formellen Sinne (Haushaltsgesetz bzw. -satzung) bestimmt ist. Die Ausgestaltung der Subventionsgewährung (»Wie«) kann in ermessenslenkenden Verwaltungsvorschriften geregelt werden. Nur ausnahmsweise, wenn in Grundrechte Dritter (insb. Konkurrenten) eingegriffen wird, bedarf es einer weitergehenden gesetzlichen Grundlage.
- Daneben muss die Verwaltung stets den **Vorrang des Gesetzes** beachten. Deren Handlungen müssen also im Einklang mit höherrangigem Recht stehen. Damit ist ein Verwaltungsakt nur rechtmäßig, wenn dieser auf eine formell und materiell wirksame Rechtsgrundlage (Gesetz oder formell und materiell wirksame Rechtsverordnung) gestützt werden kann und der Ver-

---

790 *Maurer* Staatsrecht, § 17 Rn. 117.
791 BVerfGE 88, 384 (404) (1. Senat); 87, 48 (60 f.) (2. Senat).

waltungsakt selbst formell und materiell rechtmäßig ist. Der Vorrang des Gesetzes gilt uneingeschränkt für den gesamten Bereich der Verwaltung[792]; streitig ist nur die unmittelbare Grundrechtsgeltung im Bereich der (wenig examensrelevanten) privatrechtlichen Hilfsgeschäfte (z.B. Beschaffung von Büromaterial) oder der erwerbswirtschaftlichen Betätigung (sog. fiskalischen Verwaltungstätigkeit). Im Bereich des Verwaltungsprivatrechts (Träger öffentlicher Verwaltung handelt zur Erfüllung einer öffentlichen Aufgabe in privatrechtlicher Rechtsform) sind die Grundrechte hingegen nach h.M. anwendbar.[793]

B. Verhältnis zwischen nationalem Recht und europäischem Gemeinschaftsrecht

Bei einigen Aktenauszügen kann die Frage aufgeworfen werden, in welchem Verhältnis das nationale Recht zum europäischen Gemeinschaftsrecht steht. Vielfach handelt es sich um Aktenauszüge, in denen der mitgliedstaatliche Vollzug von Gemeinschaftsrecht eine Rolle spielt (z.B. Aufhebung eines Bescheides, mit dem eine gemeinschaftsrechtswidrige Subvention gewährt wird nach §§ 48 ff. VwVfG; vorläufiger Rechtsschutz gem. § 80 V VwGO gegen Verfügung, mit der eine gemeinschaftsrechtliche Verordnung umgesetzt wird).

281

- Nach Auffassung des **EuGH** genießt das primäre und sekundäre Gemeinschaftsrecht (Art. 288 AEUV) Anwendungsvorrang vor dem nationalen Verfassungsrecht und den einfach-gesetzlichen nationalen Bestimmungen.
- Im Verhältnis zwischen einfach-gesetzlichen Vorschriften und dem Gemeinschaftsrecht hat das **BVerfG** entgegen einem z.T. befürworteten Geltungsvorrang einen Anwendungsvorrang frühzeitig anerkannt. Zwischenzeitlich geht das BVerfG aber auch davon aus, dass das Gemeinschaftsrecht Anwendungsvorrang gegenüber dem nationalen Verfassungsrecht beanspruchen kann, sofern das Gemeinschaftsrecht die Grenze eines unabdingbaren Grundrechtsschutzes nicht unterschreitet.

Die examensrelevanteste Ausprägung des damit grds. anzuerkennenden Anwendungsvorrangs des Gemeinschaftsrechts ist die gemeinschaftsrechtskonforme Auslegung nationalen Rechts. Insb. sind einfachgesetzliche Bestimmungen so auszulegen, dass der in Art. 4 III EUV verankerte Grundsatz der Gemeinschaftstreue (»effet utile«) wirksam durchgesetzt wird. In dieser Zielsetzung sind etwa die §§ 48 ff. VwVfG auszulegen (z.B. § 48 IV VwVfG, § 51 I Nr. 1 VwVfG[794] oder § 80 V VwGO).

C. Verhältnis zwischen nationalem Recht und Europäischer Menschenrechtskonvention (EMRK)

Selten wird in Klausuren das Verhältnis zwischen nationalem Recht und den Gewährleistungen der europäischen Menschenrechtskonvention problematisiert. Eine sehr wichtige Ausnahme gilt: Im Ausländerrecht, insb. beim Rechtsschutz gegen Ausweisungsverfügungen, können die Gewährleistungen der EMRK relevant werden. So sind bei der Ermessensausweisung (§ 55 AufenthG) die öffentlichen Interessen an der Aufenthaltsbeendigung den Belangen des betroffenen Ausländers gegenüber zu stellen. Je länger sich der Ausländer rechtmäßig im Bundesgebiet aufgehalten hat, hier verwurzelt ist und je länger er straffrei geblieben ist, desto eher wird sich sein Interesse am Verbleib im Bundesgebiet gegenüber dem Aufenthaltsbeendigungsinteresse durchsetzen. Klausurrelevant wird insoweit der Schutz von Ehe und Familie (nach Art. 6 I GG, aber auch nach Art. 8 I EMRK) und des Privatlebens nach Art. 8 I EMRK.[795]

282

---

792 *Maurer* Allgemeines Verwaltungsrecht, § 6 Rn. 2.
793 S.u. Grundrechtsbindung; Rn. 284.
794 Ggf. gemeinschaftsrechtskonforme Auslegung des Merkmals »Änderung der Rechtslage« bei Änderung der Rechtsprechung des EuGH, Urt. v. 13.01.2004 – Rs. C-453/00, Slg. I-837 (Kühne und Heitz).
795 *Dietz* JuS 2009, 700 (705).

Sofern im Aktenauszug die Frage aufgeworfen wird, ob die Gewährleistungen der EMRK überhaupt in die Abwägung eingestellt werden müssen, sollten Sie auf folgende Grundsätze hinweisen: Zunächst gilt, dass die EMRK aufgrund des Zustimmungsgesetzes (Art. 59 II GG) nur einfachen Gesetzesrang beanspruchen kann und damit vor allem keinen Vorrang vor sonstigen Bundesgesetzen hat (Art. 25 S. 2 GG). Verfassungsrang hat die EMRK ohnehin nicht.[796]

Allerdings ist das GG völkerrechtsfreundlich ausgestaltet. Zur Bindung an Recht und Gesetz (Art. 20 III GG) gehört nach der Rspr. des BVerfG auch die Berücksichtigung von Gewährleistungen der EMRK im Rahmen methodisch vertretbarer Auslegungs- und Abwägungsspielräume.[797] Einen solchen haben Sie vor allem auch bei der Ermessensausweisung (§ 55 III AufenthG).

2. Kapitel. Typische Grundrechtsprobleme im Assessorexamen

> **Klausurhinweis:** Häufig sind im Assessorexamen Grundrechtsfragen zu erörtern. Die **klassischen Funktionen** werden mit den Begriffen **status negativus** (Abwehrrecht des Einzelnen gegenüber dem Hoheitsträger), **status positivus** (Grundrechte als Anspruchs-, Schutzgewähr-, Teilhabe-, Leistungs- und Verfahrensrechte) und **status activus** (Grundrechte als Mitwirkungsrecht, etwa Art. 33 I–III GG) erfasst.[798]
>
> Daneben entfalten Grundrechte **objektiv-rechtliche Funktionen**. Sie stellen negative Kompetenznormen dar, indem sie den staatlichen Handlungs- und Entscheidungsspielraum begrenzen (Beispiel: Die Gesetzgebungskompetenz für das Presserecht endet dort, wo die Beschränkung der Pressefreiheit mit Art. 5 I und II GG unvereinbar ist). Zudem bilden Grundrechte den Maßstab für die Auslegung einfachen Rechts. Schließlich begründen Grundrechte Einrichtungsgarantien: Sie garantieren als Institutsgarantien privatrechtliche (z.B. Garantie der freien Presse nach Art. 5 I GG; Eigentum und Erbrecht nach Art. 14 I GG) und als institutionelle Garantien öffentlich-rechtliche Einrichtungen (z.B. Berufsbeamtentum gem. Art. 33 V GG; kommunale Selbstverwaltung gem. Art. 28 II GG) und entziehen sie damit der Disposition des Gesetzgebers.[799]

A. Grundfragen der Grundrechtsanwendung

I. Grundrechtsberechtigung

283 Unter Grundrechtsberechtigung wird die Fähigkeit verstanden, Träger bzw. Inhaber eines Grundrechts zu sein.

- Die Grundrechtsberechtigung **natürlicher Personen** ist in aller Regel unproblematisch. Hier stellt sich allenfalls (im Rahmen des persönlichen Schutzbereichs) die Frage, ob das Grundrecht als »jedermann«-Grundrecht (etwa bei Art. 2 I, II GG, Art. 3 I GG) ausgestaltet ist oder sich nur ein Deutscher auf das Grundrecht berufen kann (etwa bei Art. 8 GG, Art. 12 GG; Art. 33 I – III GG). Grundsätzlich besteht die Grundrechtsberechtigung von Geburt (Rechtsgedanke des § 1 BGB) bis zum Tod. Als Ausdehnungen vor bzw. nach dem Tod merken Sie sich:
  - **Postmortales Persönlichkeitsrecht** als besondere Ausprägung von Art. 2 I GG.[800] Dieses ist etwa bei Klausuren aus dem Friedhofs- oder Bestattungsrecht wichtig (z.B. Verpflichtungsklage auf Zustimmungserteilung zu einer Umbettung;[801] Problem der rechtlichen Unmöglichkeit des Folgenbeseitigungsanspruch bei fehlerhafter Einbettung eines Leichnams in eigentumsrechtlich geschützte Grabstätte).

---

796 *Sachs* JuS 2005, 164 (165).
797 BVerfG JuS 2005, 164 (Görgülü).
798 *Pieroth/Schlink* Grundrechte, Rn. 57.
799 *Pieroth/Schlink* Grundrechte, Rn. 70 ff.
800 BVerfGE 30, 173 (194) (Mephisto).
801 Vgl. OVG Münster NWVBl. 2008, 471.

- **Schutz des ungeborenen Lebens** (Embryo, nasciturus) nach Art. 2 II 1 GG bzw. Art. 1 I GG. Dieses ist aber weniger klausurrelevant.
- Bei inländischen **juristischen Personen** (einschließlich teilrechtsfähiger Personengemeinschaften, etwa nichtrechtsfähiger Verein, GbR) kommt es nach Art. 19 III GG darauf an, ob das Grundrecht seinem Wesen nach auf die Person anwendbar ist.
  - Juristische Personen **des öffentlichen Rechts** sind grds. nicht grundrechtsberechtigt. Als originär Grundrechtsverpflichteter können sie nicht zugleich grundrechtsberechtigt sein (sog. Konfusionsargument; streitig vor allem Eigentumsberechtigung von Gemeinden, nach h.M. aber auch zu verneinen).[802] Nur ausnahmsweise ist die Grundrechtsberechtigung bei juristischen Personen des öffentlichen Rechts im formellen Sinn anzunehmen (körperschaftlicher Status ohne Wahrnehmung von Staatsaufgaben, so dass Konfusionsargument nicht greift, etwa beim Bayerischen Roten Kreuz).[803] Grundrechtsberechtigt sind daneben juristische Personen des öffentlichen Rechts, wenn sie dem grundrechtlich geschützten Bereich spezifisch zugeordnet sind (z.B. Universitäten bei Art. 5 III GG).[804]
  - Juristische Personen des **Privatrechts** sind i.d.R. grundrechtsberechtigt. Es kommt darauf an, ob sich die Person in einer grundrechtstypischen Gefährdungslage befindet (etwa bei Kapitalgesellschaften oder Stiftungen) oder der Durchgriff auf die hinter der juristischen Person stehenden Menschen sinnvoll ist (sog. personales Substrat). In Klausuren kann dieser Gesichtspunkt etwa bei der von einem Verein angemeldeten Versammlung (Art. 8 I GG) relevant werden. Problematisch ist die Grundrechtsberechtigung bei gemischtwirtschaftlichen Unternehmen, also bei einer staatlichen Beteiligung an der Gesellschaft (z.B. Energieversorgungsunternehmen). Hier verneint die Rspr. eine Grundrechtsberechtigung, wenn der Hoheitsträger gesellschaftsrechtlich entscheidenden Einfluss auf den Geschäftsbetrieb nehmen kann (vgl. auch § 65 I Nr. 3 BHO).

II. Grundrechtsbindung

Spiegelbildlich zur Grundrechtsfähigkeit stellt sich die Frage der Grundrechtsbindung. Hierunter ist die Verpflichtung juristischer oder natürlicher Personen zu verstehen, Grundrechte anderer zu beachten. Wegen Art. 1 III GG ist die Grundrechtsbindung der Gesetzgebung und Rechtsprechung unproblematisch, aber auch in Klausuren kaum relevant. Schwieriger ist hingegen die Grundrechtsbindung der Verwaltung: Grundrechtsgebunden ist jedenfalls das öffentlich-rechtliche Verwaltungshandeln, auch wenn Beliehene öffentlich-rechtliche Aufgaben wahrnehmen. Die Bindung erstreckt sich auch auf Sonderstatusverhältnisse (examensrelevant: beamten- bzw. schulrechtliche Beziehungen). Für die problematische Grundrechtsbindung im Bereich der privatrechtlichen Verwaltungstätigkeit gelten folgende Grundsätze:

- Nach h.M. ist im **Verwaltungsprivatrecht** eine Grundrechtsbindung zu bejahen. Handelt also ein Träger öffentlicher Verwaltung zur Erfüllung einer öffentlichen Aufgabe in privatrechtlicher Rechtsform, muss er die Grundrechte beachten. Dieses ist insb. bei der öffentlich-rechtlichen Zulassungsentscheidung (erste Stufe der oftmals anzuwendenden Zwei-Stufen-Theorie) zu beachten.
- Bei **privatrechtlichen Hilfsgeschäften** und der **Fiskalverwaltung** ist nur eine eingeschränkte Grundrechtsbindung gegeben: Zwar geltend die Grundrechte nicht unmittelbar, allerdings darf die Verwaltung nicht willkürlich handeln.

B. Die »Basics« der am häufigsten auftauchenden Grundrechte

Klausurhinweis: Im Assessorexamen ist eine Grundrechtsprüfung i.d.R. in zwei Einkleidungen vorzunehmen.

---

[802] BVerfGE 61, 82 (98).
[803] *Mannssen* Grundrechte, Rn. 77.
[804] BVerfGE 31, 314 (322); *Manssen* Grundrechte, Rn. 78.

3. Teil. Staatsrecht

- Denkbar ist zunächst, dass eine von der Behörde herangezogene Ermächtigungsgrundlage auf ihre Verfassungsmäßigkeit zu überprüfen ist. Soweit der Kläger die Wirksamkeit einer einfachgesetzlichen Ermächtigungsgrundlage in Zweifel zieht, können Sie davon ausgehen, dass diese Einwendungen nicht durchgreifen, da andernfalls das Verfahren auszusetzen und das Verfahren dem BVerfG gem. Art. 100 I GG vorzulegen ist (§§ 13 Nr. 11, 80 ff. BVerfGG).[805] Anders ist dies bei untergesetzlichen Normen. Da hier ein Verwerfungsmonopol des BVerfG nicht besteht, ist eine entsprechende Norm (z.B. Gefahrenabwehrverordnung) vom Gericht umfassend zu prüfen.
- Daneben kann eine Grundrechtsprüfung bei der Prüfung der Einhaltung des Ermessensrahmens anzusprechen sein. Zudem begründet die mögliche Verletzung eines Grundrechts die Klagebefugnis (§ 42 II VwGO), wobei insoweit (bei Drittanfechtungs- und Verpflichtungsklagen) der Vorrang einfachgesetzlicher Bestimmungen zu beachten ist. Soweit eine behördliche Verfügung Freiheitsgrundrechte verletzt und damit unverhältnismäßig ist, liegt ein Ermessensfehler in Form einer Ermessensüberschreitung vor. Bei der Verletzung des allgemeinen Gleichheitsgrundsatzes liegt demgegenüber i.d.R. ein Ermessensfehler in Form eines Ermessensfehlgebrauchs vor.

Nachfolgend werden die Grundsätze der für das Assessorexamen wichtigsten Grundrechte zusammengefasst.

I. Freiheitsgrundrechte

In der Klausur prüfen Sie Freiheitsgrundrechte vor Gleichheitsgrundrechten (hierzu II.).

Übersicht: Prüfung eines Freiheitsgrundrechts

I. Schutzbereichsbetroffenheit
  1. Definition des sachlichen und persönlichen Schutzbereichs
  2. ggf. Grundrechtsberechtigung; (P) bei juristischen Personen des Privatrechts gem. Art. 19 III GG (+) bei grundrechttypischer Gefährdungslage; (P) Grundrechtsverzicht (ggf. Prüfung bei Eingriff, s.u.)

II. Vorliegen eines Eingriff
  1. Klassischer Eingriffsbegriff (+), wenn Eingriff
     - final, also nicht nur unbeabsichtigte Folge eines staatlichen Handelns ist
     - unmittelbar, also nicht bloß zwar beabsichtigte, aber mittelbare Folge staatlichen Handelns ist
     - rechtlich, also nicht nur tatsächlich Grundrechte beeinträchtigt, und
     - imperativ, also befehlend und ggf. zwangsweise Grundrechte begrenzt
  2. Nach heute anerkanntem modernen Verständnis auch (+) bei faktischen, mittelbaren nur tatsächlich wirkenden und nicht imperativen Grundrechtsbeeinträchtigungen, soweit diese dem Staat zurechenbar sind. Die Zurechenbarkeit wird bejaht, wenn Grundrechtsbeeinträchtigung
     - unmittelbare Folge staatlichen Handelns ist,
     - beabsichtigt (Finalität im engeren Sinne) oder zumindest vorhersehbar und in Kauf genommen wurde (Finalität im weiteren Sinne),
     - oder besonders schwerwiegend ist (Intensität)
  3. Eingriff (–), wenn wirksamer Grundrechtsverzicht; kann auch im Rahmen der Grundrechtsberechtigung erörtert werden.

III. Verfassungsrechtliche Rechtfertigung
  1. Vorliegen einer verfassungsgemäßen gesetzlichen Grundlage für behördliche Maßnahme?
  2. Ist behördliche Maßnahme verfassungsgemäß?
     a) Anwendung des Gesetzes in verfassungskonformer Auslegung
     b) Verhältnismäßigkeit
     c) Verfassungsimmanente Schranken
        - Zum Schutz wichtiger Verfassungsgüter
        - Zur Herbeiführung praktischer Konkordanz bei kollidierenden Grundrechten Dritter

---

805 Im Einzelnen *Kaiser/Köster* Die öffentliche-rechtliche Klausur im Assessorexamen, Rn. 229 ff.

Nachfolgend werden die im Assessorexamen am häufigsten auftauchenden Grundrechte in Grundzügen erörtert.[806]

1. Allgemeine Handlungsfreiheit (Art. 2 I GG)

| Schutzbereichsbetroffenheit | 285 |

- Allg. Handlungsfreiheit (Art. 2 I GG) hat als allgemeines Auffanggrundrecht weiten **sachlichen Schutzbereich**. Es vermittelt Anspruch, dass jede Beschränkung menschlichen Verhaltens nur aufgrund solcher Vorschriften zulässig ist, die formell und materiell verfassungsgemäß sind.[807]
- Der **persönliche Anwendungsbereich** erfasst natürliche Personen, nach dem BVerfG aber auch juristische Personen und Vereinigungen (Art. 19 III GG).[808] Auf Art. 2 I GG können sich Ausländer berufen, wenn sie sich auf Grundrechtsschutz im Anwendungsbereich eines Deutschengrundrechts berufen. Klausurrelevant ist dieses für Versammlungen von Ausländern, da Art. 8 I GG nur Deutschen offen steht.
  Klausurrelevante Anwendungsfälle sind z.B.:
  – Ausreisefreiheit aus Bundesgebiet, da Art. 11 I GG nur Einreise schützt[809]
  – Recht auf ungestörte Teilnahme am Gemeingebrauch
  – Heranziehung zu Steuern und Abgaben, da kein Vermögensschutz über Art. 14 GG, soweit keine konfiskatorische Steuer
  – Teilnahme am wirtschaftlichen Wettbewerb (beachte aber Beschränkung des Eingriffsbegriffs)

| Eingriff |

- Wegen weitem Schutzbereich wird zur Verhinderung eines ausufernden Anwendungsbereichs vielfach ein Eingriff nur bejaht, wenn es sich um eine **rechtliche Maßnahme** (und nicht nur faktische) handelt, die an einen konkreten Adressaten (und nicht an einen Dritten) gerichtet ist. Speziell für Art. 2 I GG wird damit der moderne Eingriffsbegriff wieder eingeschränkt.
- Gegen **faktische bzw. mittelbare Beeinträchtigungen** bietet Art. 2 I GG i.d.R. (Besonderheiten gelten im PBefG) keinen Schutz. Ausnahmsweise erkennt das BVerfG mittelbaren Eingriff an, wenn es um die Teilnahme am wirtschaftlichen Wettbewerb geht, z.B. bei einem staatlich veranlassten Verdrängungswettbewerb (z.B. bei Erteilung von Ausnahmegenehmigungen an Konkurrenten).[810] I.d.R. liegt ein solcher nicht vor, so dass dann Art. 2 I GG auch Klagebefugnis für Konkurrentenklage nicht stützt (unbedingt merken!).

| Verfassungsrechtliche Rechtfertigung |

Einschränkungen ergeben sich aus dem Schrankentrias des Art. 2 I GG. Wichtig ist insb. die »verfassungsmäßige Ordnung«, die die gesamte verfassungsgemäße Ordnung erfasst.

> Im **Straßenrecht** geht es typischerweise um Fragen zu Gemeingebrauch und Sondernutzung. Gemeingebrauch ist zulassungsfrei, die Erteilung einer Sondernutzungserlaubnis steht im Ermessen der Behörde. Daher ist es wichtig, ob eine bestimmte Verhaltensweise noch als Gemeingebrauch bezeichnet werden kann oder nicht. Die entsprechenden Tatbestände enthalten verschiedene unbestimmte Rechtsbegriffe (im Rahmen der Widmung, zum Verkehr), die zunächst grundrechtskonform – und zwar im Lichte der Grundrechte des Antragstellers/Klägers oder Mandanten – zu interpretieren sind. Dies führt vor dem Hintergrund von Art. 4 GG, Art. 5 I GG sowie Art. 8 GG etwa dazu, dass in Fußgängerzonen auch kommunikativer Verkehr als Gemeingebrauch angesehen wird. Vergleichbares dürfte

---
806 Im Einzelnen vgl. auch *Manssen* Grundrechte.
807 BVerfGE 29, 402 (408).
808 BVerfGE 20, 323 (336).
809 *Manssen* Grundrechte, Rn. 209.
810 BVerfGE 65, 167 (174).

> auch für Kleinkunst im Lichte des Art. 5 III GG gelten. Sprechen indes Gründe der Verkehrssicherheit oder konfligierender anderer Belange dafür, die Nutzung der Straße als Sondernutzung einer präventiven Erlaubniskontrolle zu unterwerfen, sind die Interessen des Antragstellers/Klägers oder Mandanten dann aber nochmals bei der Ermessensprüfung zur Erteilung der Sondernutzungserlaubnis einzustellen. Dies kann mitunter dazu führen, dass eine bestimmte Nutzung zwar keinen zulassungsfreien Gemeingebrauch darstellt, aber das Ermessen für die Erteilung einer Sondernutzungserlaubnis zugunsten des Betroffenen auf Null reduziert ist und widerstreitende Gegenbelange lediglich mit Nebenbestimmungen abzusichern sind (Beispiel: Die Nutzung einer Straße für eine Demonstration ist eine Sondernutzung, die der Erlaubnis bedarf. Um die Verkehrssicherheit und Flüssigkeit im Übrigen zu gewährleisten, reicht es aus, Bedingungen, Auflagen oder Befristungen zu erteilen. Die Verweigerung einer Sondernutzungserlaubnis ist demgegenüber nicht angemessen).

2. Allgemeines Persönlichkeitsrecht (Art. 2 I GG i.V.m. Art. 1 I GG)

286 | Schutzbereichsbetroffenheit

Das APR ist vom BVerfG aus Art. 2 I i.V.m. Art. 1 I GG entwickelt worden. Die Inbezugnahme des Art. 1 I GG ist für Verhältnismäßigkeitsprüfung (Rechtfertigungsebene) wichtig.

- Der **sachliche Schutzbereich** erfasst engere persönliche Lebenssphäre und Erhaltung ihrer Grundbedingungen.[811] Klausurrelevant sind folgende Fallgruppen:
  - **Informationelles Selbstbestimmungsrecht**, also Befugnis, über Preisgabe und Verwendung persönlicher Daten zu bestimmen[812] (klausurrelevant: offene Videoüberwachung an Kriminalitätsschwerpunkten (auch bei Nichtaufzeichnung, sog. Kamera-Monitoring-Prinzip); Raster- und Schleierfahndung)
  - **Schutz der Selbstdarstellung in der Öffentlichkeit**, also Befugnis, selbst zu entscheiden, wie man sich ggü. Dritten oder der Öffentlichkeit darstellen möchte (klausurrelevant: Recht am eigenen Bild, das auch über KUG geschützt wird; Recht am eigenen Wort; Recht auf Gegendarstellung und Berichtigung).
  - »Grundrecht auf Gewährleistung der Vertraulichkeit und Integrität informationstechnischer Systeme«; »Computergrundrecht«[813].
- Der **persönliche Schutzbereich** erfasst primär natürliche Personen; (P) Postmortaler Persönlichkeitsschutz (str., z.T. insoweit nur Rückgriff auf Art. 1 I GG und nicht Art. 2 I GG i.V.m. Art. 1 I GG); (P) bei juristischen Personen (Art. 19 III GG) nur Schutz über Art. 2 I GG (Gesichtspunkt: Teilnahme am Wettbewerb), str.

Eingriff

- Eingriffe erfolgen i.d.R. durch **faktische Einwirkungen** (Erhebung, Speicherung und Weitergabe von personenbezogenen Daten)
  - **(P) Grundrechtsverzicht** (z.B. Betreten eines observierten Bereichs) i.d.R. mangels dahingehender wirksamer Verzichtserklärung (–)

Rechtfertigung

- **Schrankentrias (Art. 2 I GG)**; weitergehende Einschränkung aufgrund Inbezugnahme des Art. 1 I GG: Bei Art. 2 I GG i.V.m. Art. 1 I GG ist Verhältnismäßigkeitsprüfung damit strenger als bei Art. 2 I GG.[814]

---

811 *Mannssen* Grundrechte, Rn. 223 m.w.N.
812 BVerfGE 65, 1 (43).
813 BVerfG, Urt. v. 27.02.2008 NJW 2008, 822; *Mannssen* Grundrechte, Rn. 225.
814 *Mannssen* Grundrechte, Rn. 237.

3. Schutz der körperlichen Unversehrtheit (Art. 2 II 1 GG)

Schutzbereichsbetroffenheit	287

- **Sachlicher Schutzbereich**
  - **Recht auf Leben** erfasst körperliches Dasein; (P) negatives Recht auf Suizid nach h.M. (–), aber ggf. objektive Schutzpflicht bei Gefahr der Selbsttötung (klausurrelevant: Vorliegen einer Gefahr im Sinne des POR)
  - **Recht auf körperliche Unversehrtheit** erfasst Gesundheit im biologisch-physiologischen oder psychischem Sinn
- **Persönlicher Schutzbereich:** jede natürliche Person bis zum Tod

Eingriff

Eingriff i.d.R. durch **faktische Maßnahmen** (z.B. Wasserwerfereinsatz (insoweit oft auch Art. 8 I GG); polizeilicher Schusswaffengebrauch oder Brechmittelgabe (§ 81a StPO), denkbar aber auch bei zwangsweiser (!) Veränderung der Haar- oder Barttracht)

Verfassungsrechtliche Rechtfertigung

Gesetzesvorbehalt (Art. 2 II 3 GG); wg. Wesentlichkeit förmliches Gesetz erforderlich

4. Versammlungsfreiheit (Art. 8 GG)

Schutzbereichsbetroffenheit	288

- **Sachlicher Schutzbereich:**
  - **Versammlung** (Zusammenkunft mehrerer Personen an einem Ort zum Zweck der gemeinsamen Willensbildung und/oder -äußerung)[815]
    - **Personenmehrheit** (+), wenn mindestens zwei Personen (h.M.)
    - **Gemeinsamer Zweck**; (P) Abgrenzung von Ansammlung, bei der nur mehrere Personen zufällig und ohne gemeinsames Interesse zusammenkommen
    - Nach »**engem**« Versammlungsbegriff (h.M.) nur Schutz solcher Versammlungen, bei denen kollektive Meinungsbildung und/oder -kundgabe in öffentlichen Angelegenheiten; daher (–) insb. bei bloßen Eventveranstaltungen (Loveparade)
  - **Friedlichkeit** (+), wenn nach Gesamtbild (!) kein gewalttätiger oder aufrührerischer Verlauf[816]
  - **Ohne Waffen**; (P) bei bloßer Mitführung von Schutzgegenständen Waffenfreiheit (+)
- **Persönlicher Schutzbereich:** Deutsche (Art. 116 I GG); bei Ausländern Rückgriff auf Art. 2 I GG als Auffanggrundrecht; anders: VersG erfasst auch Versammlungen von Ausländern.

Eingriff

Neben der in Art. 8 I GG genannten Anmelde- und Erlaubnispflicht alle staatlichen Maßnahmen, die Versammlungsfreiheit faktisch beeinträchtigen (gerade faktische Eingriffe sind klausurrelevant, etwa: Videoüberwachung;[817] polizeiliche Anwesenheit bei Versammlungen;[818] polizeiliches Verbot eines Lautsprechereinsatzes;[819] Teilnehmerregistrierung).

---

815 *Mannssen* Grundrechte, Rn. 460.
816 *Mannssen* Grundrechte, Rn. 466.
817 Auch ohne Aufzeichnung des gewonnenen Bildmaterials (sog. »Kamera-Monitoring-Prinzip«); VG Münster NWVBl. 2009, 487.
818 BayVGH BayVBl. 2009, 16.
819 OVG Berlin-Brandenburg NVwZ-RR 2009, 370.

3. Teil. Staatsrecht

Verfassungsrechtliche Rechtfertigung

- Für Versammlungen in **geschlossenen Räumen** greift Gesetzesvorbehalt nach Art. 8 II GG nicht. Daher nur verfassungsimmanente Schranken (Grundrechte Dritter). Allerdings beinhalten §§ 5–13 VersG für öffentliche Versammlungen (§ 1 I VersG) in geschlossenen Räumen einfachgesetzliche Konkretisierungen der verfassungsimmanenten Schranken. Im Übrigen gilt für nichtöffentliche Versammlungen nach h.M. allg. POR, soweit nicht ausnahmsweise §§ 3, 21, 23 und 28 VersG einschlägig sind.
- Für Versammlungen unter **freiem Himmel** gilt das VersG (vgl. Art. 8 II GG). (P) seit 2006 Wegfall der konkurrierenden Gesetzgebungskompetenz des Bundes (Art. 74 I Nr. 3 GG n.F.); aber ggf. Fortgeltung des VersG des Bundes über Art. 125a I GG.

> **Versammlungsrechtliche Klausuren** handeln oft von der Zulässigkeit von Verboten, Auflagen oder Auflösungen. Im Regelfall geht es hierbei um den Schutz von Anwohnern aus Art. 2 II 1 GG, um den Schutz fremden Eigentums aus Art. 14 GG oder aber um das Ehrgefühl bestimmter Personen gem. Art. 2 I GG i.V.m. Art. 1 GG. Die einfachgesetzlichen Tatbestände sowie die Rechtsfolgen der Eingriffsermächtigungen aus §§ 5, 13, 15 VersG eröffnen zahlreiche Spielräume, die als Einbruchsstellen für grundrechtliche Wertungen fungieren. Die zu schützenden Belange stehen vielfach im Konflikt mit der Versammlungsfreiheit aus Art. 8 GG. Deren Schutz und Begrenzung dient das VersG. Deshalb ist es im Lichte dieses Grundrechts auszulegen. Art. 8 GG gewährt das Zusammenkommen mehrerer Personen (nach h.M. mindestens zwei) zu einem gemeinsamen Zweck, wobei str. ist, worin dieser bestehen muss. Auf diese Frage kann es ankommen. Entscheidend ist aber, dass die Vorschriften über Versammlungen unter freiem Himmel nach den §§ 14 ff. VersG Ausdruck des verfassungsrechtlichen Gesetzesvorbehalts nach Art. 8 II GG sind und Versammlungen in geschlossenen Räumen nur aufgrund kollidierenden Verfassungsrechts reglementiert werden dürfen. Die §§ 5 ff. VersG sind entsprechend restriktiv gefasst und auszulegen. Die grundrechtskonforme Interpretation des § 5 VersG führt beispielsweise dazu, dass das Verbot gegenüber weniger grundrechtsintensiven Maßnahmen unverhältnismäßig (nicht erforderlich) ist, wenn mildere Maßnahmen den gleichen Erfolg versprechen. Das Gebot der verfassungskonformen Interpretation führt bei § 5 VersG schließlich dazu, dass diese Vorschrift auch sog. Minus-Maßnahmen zum Verbot erlaubt.

5. Berufsfreiheit (Art. 12 GG)

289

Schutzbereichsbetroffenheit

- **Sachlicher Anwendungsbereich:** Art. 12 I GG stellt einheitliches Grundrecht der Berufsfreiheit dar.
  - **Beruf** ist jede auf gewisse Dauer angelegte, der Schaffung und Erhaltung einer Lebensgrundlage dienende (Haupt-, Neben- oder Gelegenheits-)Tätigkeit, die nicht schlechthin gemeinschädlich ist; (P) ggf. zusätzlich Art. 33 GG bei unselbstständigen und staatlich gebundenen Berufen im Staatsdienst
  - Geschützt wird neben **Berufsausübung** auch **Berufswahl**, **Wahl des Arbeitsplatzes** und freie **Wahl der Ausbildungsstätte**[820]
- **Persönlicher Anwendungsbereich:** Deutsche (Art. 116 I GG); bei Ausländern Rückgriff auf Art. 2 I GG als Auffanggrundrecht

Eingriff

- (+), wenn berufliche Tätigkeit bzw. Berufswahl durch imperative Regelungen geregelt oder beeinträchtigt wird (sog. Regelungen mit **subjektiv berufsregelnder Tendenz**); z.B. gesetzliche Erlaubnis- oder Auskunftspflichten[821]

---
820 Nicht freie Ausbildung an sich; *Pieroth/Schlink* Grundrechte, Rn. 819.
821 *Mannssen* Grundrechte, Rn. 571.

- (+), bei mittelbaren oder tatsächlichen Auswirkungen, soweit **objektiv berufsregelnde Tendenz**; andernfalls Art. 2 I GG;[822] (P) bei staatlicher Wirtschaftskonkurrenz (wirtschaftl. Betätigung von Gemeinden) nach Rspr. Eingriff in Art. 12 I GG (–), allenfalls Art. 2 I GG (Wettbewerbsfreiheit)[823]

Verfassungsrechtliche Rechtfertigung

Verfassungsmäßigkeit der berufsregelnden Norm nach Drei-Stufen-Theorie[824] zu beurteilen (systematisierte Verhältnismäßigkeitsprüfung):[825]

- **Bloße Berufsausübungsregeln** (»wie« der Ausübung) gerechtfertigt, wenn zum Schutz eines Gemeinschaftsgutes geeignet, erforderlich und angemessen; klausurrelevant z.B. Ladenschlussregelungen[826]; Anmeldepflichten (z.B. im Wirtschaftsverwaltungsrecht); Werbebeschränkungen, Rauchverbote
- **Subjektive Zulassungsvoraussetzungen** (»ob« der Ausübung) gerechtfertigt, wenn die Ausübung des Berufs ohne Erfüllung der Voraussetzungen unmöglich, unsachgemäß oder (wichtig:) Gefahren oder Schäden für die Allgemeinheit mit sich brächte. Klausurrelevant insoweit insb.: Erlaubniserfordernisse nach GewO oder Befähigungsnachweispflicht im Handwerksrecht;
- **Objektive Zulassungsvoraussetzungen** (»ob« der Ausübung) gerechtfertigt, wenn zur Abwehr nachweisbarer oder höchstwahrscheinlicher schwerer Gefahren für überragend wichtiges Gemeinschaftsgut geeignet, erforderlich und angemessen

Im **Gewerberecht** geht es regelmäßig um Personalkonzessionen, die an die Zuverlässigkeit des Gewerbetreibenden anknüpfen. Hinzu kommt, dass die meisten gewerberechtlichen Ermächtigungsgrundlagen Ermessen eröffnen. Beides führt zu Grundrechtsprüfungen. Bei der Zuverlässigkeit des Gewerbetreibenden müssen Sie berücksichtigen, dass sich dieser auf die Berufsfreiheit berufen kann. Art. 12 GG schützt Wahl und Ausübung jeder auf gewisse Dauer angelegten Tätigkeit zur Schaffung und Erhaltung einer Lebensgrundlage, die nicht schlechthin verboten ist. Gewöhnliche Gewerbe erfüllen diese Voraussetzungen. Bei grundrechtskonformer Interpretation gewerberechtlicher Zuverlässigkeit führt dies zu einer restriktiven Bestimmung der Voraussetzungen. Unzuverlässig ist danach nur derjenige, der nicht die Gewähr dafür bietet, künftig das spezifische Gewerbe ordnungsgemäß auszuüben. Es kommt im Rahmen des unbestimmten Rechtsbegriffs also nicht zu einer umfassenden Moralprüfung des Gewerbetreibenden. Art. 12 GG verlangt vielmehr den belastbaren Nachweis, dass die entsprechende Person für den konkreten Betrieb des projektierten Gewerbes unzuverlässig ist. Danach muss ein Gaststättenbetreiber zwar Gewähr dafür bieten, seine Gäste ordnungsgemäß bewirten zu können (er darf also nicht selbst an Trunksucht leiden oder Betrügereien begangen haben). Auf Tierliebe kommt es aber bei dem Betrieb der Gaststätte nicht an. Vergleichbares gilt für die Ermessensbetätigung. Beschäftigt die zuverlässige Ehefrau ihren unzuverlässigen Ehemann in der Gaststätte, dann darf die Behörde zwar ein Beschäftigungsverbot des Ehemannes nach § 21 GastG aussprechen. Ein Widerruf der Genehmigung wäre jedoch ggf. unverhältnismäßig, da zumindest unangemessen. Bedenken Sie, dass die Klausuren regelmäßig auf eine umfassende Angemessenheitsprüfung hinauslaufen. Dort gehen Sie in drei Schritten vor: Zunächst prüfen Sie das Gewicht der für die ergriffene Maßnahme sprechenden Umstände. Danach stellen Sie die Intensität des Grundrechtseingriffs dar. Und schließlich führen Sie die umfassende Angemessenheitsprüfung im engeren Sinne durch.

---

822 *Mannssen* Grundrechte, Rn. 572 f.
823 BVerfGE 65, 176 ff.
824 BVerfGE 7, 377 (Apothekerurteil); *Pieroth/Schlink* Grundrechte, Rn. 846.
825 BVerfGE 13, 96 (104).
826 BVerfGE 13, 237 (240).

6. Eigentumsgarantie (Art. 14 GG)

290 | Schutzbereichsbetroffenheit

- **Sachlicher Schutzbereich** erfasst nicht Vermögen als solches, Auferlegung von Geldzahlungspflichten also grds. nicht von Art. 14 GG geschützt (Ausnahme: konfiskatorische Zahlungspflicht, diese im Examen wohl (−)); geschützt sind konkrete private und öffentlich-rechtliche vermögenswerte Rechte. Wichtig etwa:
  - **Privatrechtliche Positionen:**
    - Grundeigentum (examensrelevante Ableitung: Baufreiheit)[827]
    - Besitzrecht, auch des Mieters[828] (klausrelevant z.B. bei Wohnungsverweisungen)
    - (P) Eingerichteter und ausgeübter Gewerbebetrieb wird von BGH, BVerwG und hL dem Eigentumsbegriff hinsichtlich der Gegenstände unterworfen, die wirtschaftlichen Wert des Betriebes ausmachen.[829] Nicht geschützt wird tatsächliches Umfeld; daher kein Schutz vor Konkurrenz oder Parkmöglichkeit auf öffentlicher Straße.
  - **Öffentlich-rechtliche Positionen** (+), wenn vermögenswerte Position
    - auf eigener Leistung beruht (klausrelevant: Leistungsansprüche aus gesetzlicher Rentenversicherung, soweit auf eigener Leistung beruhend; daher (−) Hinterbliebenenversorgung der Rentenversicherung[830] oder Leistungen der Sozialhilfe),
    - der Existenzsicherung des Rechtsinhabers dienen soll und
    - dem Rechtsinhaber als privatnützig zugeordnet ist.
- Der **persönliche Schutzbereich** erfasst natürliche und juristische Personen des Privatrechts oder andere Personenvereinigungen; juristische Personen des öffentlichen Rechts sind nicht erfasst; dies auch dann nicht, wenn sie privatrechtlich Eigentum erworben haben. Art. 14 GG schützt nicht allgemein das Privateigentum, sondern das »Eigentum Privater«[831]

Eingriff

Eingriffe in Art. 14 GG sind in Form einer Inhalts- und Schrankenbestimmung (Art. 14 I 1 und 2, II GG) oder als Enteignung (Art. 14 III GG) denkbar. Die Unterscheidung richtet sich nach formalen Kriterien.

- **Inhalts- und Schrankenbestimmung** (Art. 14 I 2, II GG) (+), wenn Gesetzgeber generell und abstrakt Rechte und Pflichten hinsichtlich solcher Rechtsgüter festlegt, die als Eigentum zu verstehen sind. Beschränkungen der Eigentümerbefugnisse sind damit i.d.R. als ISB zu verstehen, wenn diese die Rechte und Pflichten des Eigentümers neu bestimmen. Typische Erscheinungsformen:
  - Beschränkungen durch förmliche Gesetze, z.B. LBO, BImSchG/LImSchG, PolG (z.B. Wohnungsverweisung)
  - Beschränkungen der Baufreiheit durch B-Pläne oder RechtsVO
- **Enteignung** (Art. 14 III GG) (+), wenn Gesetzgeber (Legislativenteignung) oder Verwaltung (Administrativenteignung) konkrete Eigentumsrechte entzieht. In Klausuren i.d.R. (−)

Verfassungsrechtliche Rechtfertigung

- **Inhalts- und Schrankenbestimmungen** dürfen insb. das Übermaßverbot nicht verletzen. Beschränkende Maßnahmen müssen verhältnismäßig sein (Art. 14 II GG), also zulässigen Zweck verfolgen, geeignet, erforderlich und angemessen sein. Zudem darf die in Art. 14 I GG verbriefte Institutsgarantie nicht leer laufen. Im Examen werden Sie hiervon i.d.R. ausgehen können. Nur zur Vollständigkeit: Wenn Verhältnismäßigkeit anders nicht zu erreichen, ist ggf. finanzieller Ausgleich zu leisten (sog. **ausgleichspflichtige Inhaltsbestimmung**).

---

[827] *Mannssen* Grundrechte, Rn. 640.
[828] BVerfGE 89, 1 (5 f.).
[829] *Pieroth/Schlink* Grundrechte, Rn. 904.
[830] BVerfGE 97, 271 (284).
[831] BVerfGE 61, 82 (109).

- Auf die Darstellung der Rechtfertigungsvoraussetzungen für **Enteignungen** wird aufgrund der geringen Klausurrelevanz verzichtet.

> **Baurechtliche Klausuren** handeln regelmäßig von der Zulässigkeit bauordnungsrechtlicher Verfügungen, sei es im Hauptsacheverfahren, als vorläufige Rechtsschutzklausur oder im Widerspruchsverfahren. Häufig geht es um die Rechtmäßigkeit einer Baueinstellung, Nutzungsuntersagung oder Abrissverfügung. In deren Rahmen ist regelmäßig ein Verstoß gegen öffentlich-rechtliche Vorschriften zu prüfen. Im Übrigen steht der Erlass bauordnungsrechtlicher Verfügungen stets im Ermessen der Baubehörden. Daher wird regelmäßig eine Verhältnismäßigkeitsprüfung verlangt, bei der die konkurrierenden Positionen in Abwägung zueinander gebracht werden. Auf der einen Seite geht es um die Durchsetzung der Belange, die hinter den verletzten Normen stehen. Wird also die Stellplatzpflicht missachtet, stehen die Leichtigkeit und Flüssigkeit des Straßenverkehrs und die damit verbundenen Interessen an Fortbewegung (Art. 2 II 2 GG) sowie Gesundheit (Art. 2 II 1 GG) in Rede. Auf der anderen Seite steht die Eigentumsgarantie des Bauherrn aus Art. 14 GG. Art. 14 GG schützt Bestand und Nutzung aller privaten vermögenswerten Rechte und Güter. Die Baufreiheit ist Ausdruck der Nutzungsfreiheit privaten Eigentums. Damit ist sie von Art. 14 GG erfasst. Deshalb läuft die Klausur auf eine Abwägung der widerstreitenden Interessen hinaus. Dies berührt vor allem die Erforderlichkeit und die Angemessenheitsprüfung. Sollte etwa der Verstoß gegen öffentlich-rechtliche Vorschriften als Voraussetzung für eine Abrissverfügung allein darin bestehen, dass das prinzipiell genehmigungsfähige Vorhaben nicht genehmigt wurde (Fall der sog. formellen Illegalität), wäre die behördliche Aufforderung an den Bauherrn, die Genehmigung zu beantragen, vor dem Hintergrund der verfassungsrechtlich verbrieften Eigentumsgarantie (Art. 14 GG) milder und ebenso effizient wie die damit nicht erforderliche Abrissverfügung.

> Beliebt sind ferner Konstellationen, in denen einem Grundstückseigentümer oder Gewerbetreibendem allgemein-polizeirechtliche oder umweltrechtliche Verpflichtungen auferlegt werden (Beispiel: dem Eigentümer eines Hanggrundstücks wird aufgegeben, einen brüchigen Felsen zu sichern oder der Inhaber eines altlastkontaminierten Grundstücks wird zur Sanierung verpflichtet). In diesen Konstellationen müssen Sie die Interessen an den polizeirechtlichen bzw. umweltrechtlichen Maßnahmen regelmäßig aus Art. 2 II 1 GG den Interessen der Antragsteller/Kläger bzw. Mandanten gegenüberstellen. Diesen geht es zumeist um den Schutz ihres Eigentums aus Art. 14 GG oder den Schutz ihrer Berufsfreiheit aus Art. 12 GG. An der Geeignetheit sowie Erforderlichkeit der polizeilichen oder umweltrechtlichen Verfügungen ist regelmäßig nicht zu zweifeln, da weniger intensive Maßnahmen als die Inanspruchnahme des Eigentümers ausscheiden. Fraglich ist aber regelmäßig die Angemessenheit der Verfügungen. Bei der Inanspruchnahme eines Grundstückseigentümers geht die Rspr. etwa davon aus, dass Sicherungsmaßnahmen oder Sanierungsbescheide dann unangemessen sind, wenn die damit verbundenen Kosten für den Adressaten den Wert des Grundstücks nach der Sicherung bzw. Sanierung übersteigen. In diesem Fall liegt ein gestörtes Verhältnis zwischen Privatnützigkeit des Eigentums aus Art. 14 I GG und Sozialpflichtigkeit des Eigentums aus Art. 14 GG vor. Zwar berechtigt die Sozialpflichtigkeit grds. zu eigentumsbeschränkenden Maßnahmen; sie ist aber zugleich auch deren Schranke. Maßnahmen jenseits der Sozialpflichtigkeit sind daher unzulässig. Deshalb wäre es im Beispielsfall zwar zulässig, den Grundstückseigentümer zur Vornahme bestimmter Handlungen zu verpflichten. Dies darf dann aber nicht auf eigene Kosten geschehen, sondern muss von der Allgemeinheit getragen werden (Gemeinlastprinzip). Vor diesem Hintergrund erklären sich schließlich auch die einfachgesetzlichen Beschränkungen der Sanierungspflicht im Bundesbodenschutzgesetz (§ 4 V und VI) oder umgekehrt die nachwirkende Sozialpflicht für aufgegebenes Privateigentum im Rahmen der Dereliktion.

II. Allgemeiner Gleichheitssatz (Art. 3 I GG)

Bei der Prüfung des sehr klausurrelevanten Art. 3 I GG sollten Sie nicht ausdrücklich von Schutzbereichsbetroffenheit sprechen. Die an den Gesetzgeber gerichtete Rechtssetzungsgleichheit (»Gleichheit des Gesetzes«) ist weniger examensrelevant. Wichtig ist hingegen die an die Verwaltung und Rechtsprechung adressierte Rechtsanwendungsgleichheit (»Gleichheit vor dem Gesetz«), die verbietet, dass wesentlich gleiche Sachverhalte ungleich behandelt werden bzw. wesentlich ungleiche Sachverhalte gleich behandelt werden.

291

> **Übersicht: Prüfungsschema Art. 3 I GG**
>
> I. Feststellung der verfassungsrechtlich relevanten Ungleich- bzw. Gleichbehandlung (wird wesentlich Gleiches ungleich oder wesentlich Ungleiches gleich behandelt)?
>   1. Bestimmung der Vergleichsgruppe und Entwicklung der Vergleichsmerkmale
>   2. Dann Klärung, ob wesentlich gleiche Personengruppe bzw. ungleiche Personengruppe vorliegt
>   3. Wenn hiernach wesentlich Gleiches ungleich oder wesentlich Ungleiches gleich behandelt wird, verfassungsrechtliche Rechtfertigung; wenn (–), dann keine Verletzung des Art. 3 I GG
> II. Rechtfertigung der Ungleichbehandlung
>   Rechtfertigung richtet sich nach Intensität, mit der eine Ungleichbehandlung die Betroffenen beeinträchtigt:
>   1. Zulässiges Differenzierungsziel
>   2. Zulässiger Differenzierungsgrund; (P) Differenzierungsverbote des Art. 3 II und III GG; (P) Art. 6 I GG; (P) Besondere Anforderungen bei staatsbürgerlichen Rechten und Pflichten (P) Art. 38 I 1 GG (Chancengleichheit der Parteien)
>   3. Verhältnis zwischen Differenzierungsziel und Differenzierungsgrund
>   – Bei Ungleichbehandlungen geringer Intensität gilt Willkürverbot: Danach Rechtfertigung (+), wenn sachlicher Grund für Ungleichbehandlung stützt
>   – Bei Ungleichbehandlungen größerer Intensität Rechtfertigung nur (+), wenn durch einen gewichtigen sachlichen Grund gerechtfertigt und Ungleichbehandlung zur Erreichung eines legitimen Zweck geeignet, notwendig und angemessen ist (sog. neue Formel).

In einigen Examensklausuren aus den Bereichen des **Subventionsrechts**, des **Polizeirechts**, des **Gewerberechts** oder des **Kommunalrechts** geht es um Prüfung des allgemeinen Gleichheitssatzes. Denken Sie etwa an den Anspruch auf Gewährung einer Subvention vor dem Hintergrund der Verwaltungspraxis (Grundsatz der Selbstbindung der Verwaltung i.V.m. Art. 3 I GG), das Verbot, bestimmte Hunde ohne Maulkorb auszuführen, die Ablehnung eines Bewerbers um einen Marktstand oder die Verweigerung des Zugangs zu einer gemeindlichen Einrichtung. Im Normalfall dürfte es ausreichen, wenn Sie erkennen, dass die geltend gemachten Ansprüche Teilhaberechte sind und deren Verweigerung durch legitime Gründe des Gemeinwohls gerechtfertigt ist (Beispiel: Ist die Auswahlentscheidung einer Behörde bei Vergabe eines Marktstandes sachgerecht, dann kann die Verweigerung der Teilhabe nicht mit Erfolg angefochten werden). In einigen Klausuren (so beispielsweise im Maulkorbfall) kommt es jedoch auf die Kenntnis der sog. neuen Formel des BVerfG an. Bei Ungleichbehandlungen größerer Intensität nimmt die Rspr. eine Verhältnismäßigkeitsprüfung zwischen den mit der Ungleichbehandlung verfolgten Interessen und den beeinträchtigten Belangen vor. Bei Ungleichbehandlungen geringerer Intensität hält die Rspr. eine Ungleichbehandlung bei Vorliegen eines sachlichen Grundes für gerechtfertigt. Entscheidend ist daher, ob die Ungleichbehandlung intensiv ist oder nicht. Dies ist von einer Reihe von Faktoren abhängig, die im Rahmen einer Gesamtschau zu bewerten sind. Es gilt die je-desto-Formel: Je näher das Differenzierungskriterium den Differenzierungsverboten des Art. 3 III GG ähnelt, desto intensiver ist die Ungleichbehandlung; je weniger der Normadressat auf die Ungleichbehandlung Einfluss nehmen kann, desto intensiver ist die Ungleichbehandlung (dies bedeutet, dass verhaltensunabhängige Faktoren wie etwa das Geschlecht zu einer tendenziell intensiven Ungleichbehandlung führen); und schließlich nimmt die Intensität umso mehr zu, je stärker sich die Ungleichbehandlung zugleich auf die Ausübung von Freiheitsrechten auswirkt.

Im **Beamtenrecht** geht es häufig um die Ernennung oder Beförderung eines Beamten. Entscheidend für die Ernennung und die Beförderung eines Beamten ist fraglos das Prinzip der Bestenauslese, wonach Befähigung, Eignung und fachliche Leistung den Ausschlag geben. Dieses Prinzip ist zwar (auch) einfachgesetzlich normiert. Es hat aber einen verfassungsrechtlichen Kern in Art. 33 II GG bzw. den entsprechenden Landesverfassungen. Wird es missachtet, so sind die widersprechenden beamtenrechtlichen Statusakte rechtswidrig. Problematisch ist nur, wann eine Missachtung gegeben ist. Ein Widerspruch zur Bestenauslese liegt vor, wenn die Behörde andere als die genannten Kriterien ihrer Entscheidung zugrunde gelegt hat. Ein Widerspruch liegt jedoch nicht vor, wenn die Behörde die Kriterien des Art. 33 II GG berücksichtigte, bei leistungsmäßigem Gleichstand mehrerer Bewerber aber demjenigen den Vorzug gegeben hat, der ein bestimmtes »Hilfskriterium« erfüllte. Entscheidend ist

2. Kapitel. Typische Grundrechtsprobleme im Assessorexamen

nur, dass das Hilfskriterium zulässig ist. Beispiel: A und B bewerben sich um dieselbe Stelle. Nach dem Prinzip der Bestenauslese sind sie gleich gut. B erhält gegenüber allerdings den Vorzug aus sozialen Erwägungen (Schwerbehinderter). In einer solchen Konstellation liegt kein Verstoß gegen Art. 33 II GG vor. Denn diese Vorschrift verlangt nur, dass nach den dortigen Kriterien differenziert wird, verbietet aber keine weiteren Hilfskriterien bei fachlichem Gleichstand. Problematisch in diesem Kontext sind »Landeskinderklauseln«, wonach die Zugehörigkeit zu einem Bundesland bei fachlicher Gleichstellung als Hilfskriterium über den Zugang zum öffentlichen Dienst mitentscheiden soll. Denn »Landeskinderklauseln« könnten vor dem Hintergrund des Art. 3 III GG (Heimat) unzulässig sein. Zu beachten ist jedoch die Zulässigkeit von Landeskinderklauseln in Ausnahmefällen wie etwa im Rahmen des Art. 35 GG.

Viel Erfolg im Examen.

Stichwortverzeichnis

Die aufgeführten Zahlen bezeichnen Randnummern.

Abfallbegriff 199
- objektiver 199
- subjektiver 199
- verobjektiviert subjektiver 199
- zur Beseitigung 199
- zur Verwertung 199
Abfallrecht 199 ff.
abfallrechtliche Generalklausel 199
Abfallvermeidungspflicht 191
Abrissverfügung 182
Abschiebung 76
Abschleppmaßnahme 84
Abschleppunternehmer 6
Abwehr- und Unterlassungsanspruch 49 ff., 117, 197
- Ehrschutz 49
- Immissionen, Abwehr 49
- Unzumutbarkeit der Unterlassung/Abwehr 52
- Verwirkung 52
Aktionsplan 198
allgemeine Handlungsfreiheit 285
allgemeiner Gleichheitssatz 291
allgemeines Persönlichkeitsrecht 56, 286
Altglascontainer 51
Änderung 142
Anlage, bauliche 142, 181
Anlage, genehmigungsbedürftige 187
Anlage, immissionsschutzrechtliche 189
Anlage, nicht genehmigungsbedürftige 195
Anlage, ortsfeste Betriebsstätte 189
Annexantrag 53, 55, 67
Anordnungen, beamtenrechtliche 241
Ansammlungen 120
Anscheinsgefahr 108
Anschluss- und Benutzungszwang 231
Anstaltsverhältnis 68
Asylbewerberheim 148
Aufgabenzuweisung 116
Aufenthaltstitel 259
Aufenthaltsverbot 95, 96
Auflage 29, 30, 37, 124
Auflage, modifizierende 37
Auflagen, versammlungsrechtliche 123 ff.
Aufsichtspflichtiger 110
Auskunft 40
Ausländerrecht 258 ff.
Ausnahmebewilligung 224
Ausreisefreiheit 285
Ausschlusssubvention 268
Außenbereich 152, 173

Austauschvertrag 46
Auswahlkriterien 242
Ausweisung 265
Ausweisungsschutz, besonderer 265

bauaufsichtliches Einschreiten 177
Baugenehmigung 140, 174
- Genehmigungspflicht 142
Bauleitplan 127
- Abwägungsausfall 135
- Abwägungsdefizit 135
- Abwägungsfehleinschätzung 135
- Planaufstellungsverfahren 135
- Zuständigkeit 134
Baulücken 150
Baunutzungsverordnung 51
Bauplanungsrecht 51, 144
Bauordnungsrecht 163
Bauordnungsverfügung 178 ff.
- Adressat 183
Baurecht 126 ff.
Baurechtliche Nachbarklage
- Begründetheit 170 ff.
- Zulässigkeit 166 ff.
Baurechtlicher Nachbarstreit 60, 166 ff.
- Sicherungsmaßnahmen 174
- vorläufiger Rechtsschutz 174 ff.
Bauvorbescheid 21
Beamtenverhältnis 68
Bearbeitungsfrist 22
Bebauungsplan
- Abwägung 139
- Anpassungspflicht vor 137
- Entwicklungsgebot vor 137
- Erforderlichkeit vor 137, 137
- Funktionslosigkeit 137
- interkommunales Rücksichtnahmegebot vor 137
- Konfliktbewältigung vor 137
- qualifizierter 171
- Trennungsgebot vor 137
Bebauungsplan, einfacher 149
Bebauungsplan, qualifizierter 148
Bebauungszusammenhang 150
Bedingung 37
bekannt und bewährt 229
Beliehener 4
Benutzungsbedingung 205
Berghütte 154
Berufsfreiheit 56, 211, 289
Beschäftigungsverbot 220

Stichwortverzeichnis

Beseitigungsverfügung 182
Bestandsschutz, aktiver 162, 184
Bestandsschutz, passiver 184
Bestenauslese 242
Bestimmtheit 95, 112
Bettelverordnungen 118
Beurteilungsspielraum 242
Beweisverwertungsverbot 253
Bewerbungsverfahrensanspruch 242
Bewilligung, wasserrechtliche 205
Blaue Tonne 199
bodenrechtliche Relevanz 144
Bodenschutzklausel 160
Bodenschutzrecht 200 ff.
— Gefahrerforschung 202
— Innenausgleich 203
— Kostenerstattungsanspruch 203
— Legalisierungswirkung 201
— Rückwirkungsverbot 201
— VA-Befugnis 203
— Verjährung 201
— Verwirkung 201
— Wertausgleich 203
bodenschutzrechtliche Generalklausel 201
Bodenschutzrecht, Verhältnis zum
— Abfallrecht 201
— Immissionsschutzrecht 201
— Wasserrecht 201
Bolzplätze 148
Bürgerbegehren 51, 232

Cannabis 253
Chancengleichheit 229
»Computergrundrecht« 286

Daseinsvorsorge 51
Dereliktion 111
Dialysezentrum 148
Dienstunfall 247
Diskoeffekt 148
doppelfunktionale Maßnahme 89
Drei-Stufen-Theorie 211, 226a, 289
Drittschadensliquidation 244
Drogen, Karte 253
Drogenkriminalität 95
Duldungspflicht 51

effet-utile 269, 281
Ehrschutz 49
Eigentum, Privatnützigkeit 111
Eigentum, Sozialpflichtigkeit 111
Eigentumsgarantie 56, 290
Eilversammlung 125
Einbürgerungsbescheid 21
Eingriff
— Äußerungen von Hoheitsträgern 51
— Eingriffsbegriff 51

— öffentlich-rechtliche Immissionen 51
— Rechtswidrigkeit 51
Einrichtung, kommunale 227
Einwirkungsanspruch 229
Emissionen 191
EMRK 265, 282
Energieverwendung 191
Enteignung 290
Entreicherung 67
Entreicherungseinrede 32
Entscheidungsfrist 22
Erdreich, kontaminiertes 199
erdrückende Wirkung 148
Erkennungsdienstliche Maßnahme 93
Erlaubnis, wasserrechtliche 205
Ermessen
— Auswahlermessen 114
— Entschließungsermessen 113
Ermessensausweisung 265
Errichtung 142
Ersatzvornahme 78
Erschließung 152
Erstattungsanspruch, öffentlich-rechtlicher 61 ff., 244
— Anwendbarkeit 62
— Herleitung 63
— Rechtsgrund 66
— Vermögensverschiebung 64
— Vertrauensschutz 67
Exmittierung von Obdachlosen 60

Factory-Outlet-Center 128, 138
Fahrerlaubnis, Entziehung 253
Fahrtenbuch 254
fanorientierte Maßnahme 92
Feinstaub 198
Festnahme von Personen 97
Fiktionswirkung 263
Fiskalverwaltung 284
Flatrate-Partys 219
Flächennutzungsplan 127, 157
Folgenbeseitigungsanspruch 49, 53 ff.
— Abgrenzung zum Abwehr- und Unterlassungsanspruch 54
— Anspruchsinhalt 59
— dreipolige Verwaltungsrechtsverhältnisse 54
— Eingriff 57
— Herleitung 55
— hoheitliche Äußerungen 54
— Mitverschulden 60
— Naturalrestitution 59
— Schadensersatz 59
— status quo ante 59
— Unmöglichkeit der Unrechtsbeseitigung 60
— unzulässige Rechtsausübung 60
— Unzumutbarkeit 60

- Vollzugs-FBA 98
- Zurechnung 58
Fraktionsausschluss 235
Frauenhaus 148
Freizügigkeitsrecht 267
Fremdkörper 151

Gaststättengesetz 211
Gaststättenrecht 15, 24, 217
Gefährderanschreiben 116
Gefährderansprache 116
Gefälligkeitsplanung 137
Gefahr 108
- abstrakte Gefahr 108, 118
- Anscheinsgefahr 108
- Gefahrenverdacht 108
- konkrete Gefahr 108
- latente Gefahr 108
- versammlungsspezifische 120
Gefahr, gegenwärtige 79
Gefahrabwehrverordnungen 118
Gefahren, immissionsrechtliche 191
Gefahrenverdacht 108
Geldforderung
- Vollstreckung von 85
Gelegenheitsverkehr 226 a
gemeinderechtlicher Zulassungsanspruch 216
Gemeindliches Einvernehmen 13, 143, 165
Gemeingebrauch 205, 251, 285
Gemeinschaftsrecht, Verhältnis zum nationalen Recht 281
gemischwirtschaftliches Unternehmen 283
Genehmigung, immissionsschutzrechtliche 188
Genehmigungsverfahren, förmliches 190
Genehmigungsverfahren, vereinfachtes 142, 176, 190
Generalklausel 88, 99
Generalklausel, bodenschutzrechtliche 201
genetische Untersuchung 93
Gerichtskosten 15
Geschäftsführung ohne Auftrag 71 ff.
gesundheitliche Zwecke 148
Gewerbe
- erlaubnisfreies 208
- erlaubnispflichtiges 208
Gewerbe, stehendes 209
Gewerbebetriebe 148
Gewerberecht 208 ff.
Glücksspiele 209
Grundrechtsberechtigung 283
Grundrechtsbindung 284
grundrechtstypische Gefährdungslage 283
Grundrechtsverzicht 286

Haftungsausschluss 68
Handwerk, zulassungsfreies 226

Handwerk, zulassungspflichtiges 222 f.
Handwerkskammer 222
Handwerksordnung 211
Handwerksrecht 222
Handwerksrolle 223
Haushaltsplan 268
Hoheitsträger, störender 100

Illegalität, formelle 182
Illegalität, materielle 182
Immissionen 49, 191
Immissionsschutz
- anlagenbezogener 186
- gebietsbezogener 198
- verhaltensbezogener 186
Immissionsschutzrecht 186, 201
Immissionsschutzrechtliche Genehmigung
- Aufhebung 194
Immissionsschutzrechtliche Nachbarklage
- Begründetheit 197
- Klageart 192, 196
- Klagebefugnis 192, 196
- Klagefrist 192, 196
- Präklusion 192
- störender Hoheitsträger 197
- Verwaltungsrechtsweg 196
- Verwirkung 192, 196
Industrie- und Handelskammer 222
Informationelle Selbstbestimmung 286
Informationsfreiheitsrecht 273
Informationsrecht 234
Informationsstand 120
Ingewahrsamnahme 97
Inhaltsbestimmung 37, 205
Inhalts- und Schrankenbestimmung 290
Innenbereich 150, 172
Innenrechtsposition, wehrfähige 234
Insolvenz 193, 212
Insolvenzordnung 274
Insolvenzverwalter 212
Integrationsprinzip 185
interkommunales Abstimmungsgebot 128
interkommunales Rücksichtnahmegebot 138
Internet-Café 210
Ist-Ausweisung 265

Kamera-Monitor-Prinzip 117
Kapazitätsgrenze 229
Kehrseitentheorie 65, 67
kirchliche Zwecke 148
körperliche Unversehrtheit 287
Kommunalaufsicht 236
Kommunalaufsichtsbeschwerde 236
Kommunalverfassungsstreit 233
konfiskatorische Steuer 285
Konfusionsargument 234, 283
Konkurrentenklage 210

Stichwortverzeichnis

Konkurrentenstreit, beamtenrechtlicher 242
Konkurrentenverdrängungsklage 229
Konzentrationswirkung 142, 191
Konzentrationszone 157, 159
Kooperationsprinzip 185
Kostenbescheid 77, 80 ff.
– Anscheinsstörer 83
– Gefahrerforschung 83
– Kostenschuldner 83
– Nichtstörer 83
– Zuständigkeitsmangel 82

Ladenschlussgesetz 216
land- und forstwirtschaftlicher Betrieb 153
Laserdrome 107
latente Gefahr 108
Leichenverordnung 118
Leistungsverwaltung 280
Linienverkehr 226 a
Luftreinhalteplan 198

Marktgewerbe 216
Maulkorbpflicht 118
Maulkorbsatzungen 118
Meldeauflage 92
Minus-Maßnahmen 125
Mitwirkungsverbote, kommunalrechtliche 136
modifizierte Auflage 205
Moscheen 148
Mülldeponie 189

Nachbar, immissionsrechtlicher 192
Nachbarbegriff, baurechtlicher 167
Nachbarhilfe 101
Nachbarrecht, Verzicht 169
Nachbarschutz
– Abstandsfläche 167
– Außenbereich 167
– Bauordnungsrecht 167
– Bebauungsplangebiet 167
– Brandschutz 167
– Gestaltungsvorschriften 167
– heranrückende Wohnbebauung 167
– Innenbereich 167
Nachbarstreit, gaststättenrechtlicher 218
Nacheile 101
Nachteile, immissionsrechtliche 191
nachträgliche Anordnung 193
Nebenbestimmungen 37 ff., 205
Negativplanung 137
nicht privilegiertes Vorhaben 162
Niederlassung 214
Normenkontrolle
– Antragsbefugnis 128
– Antragsfrist 129
– Antragsgegner 131

– Begründetheit 133
– Präklusion 130
– Rechtsschutzbedürfnis 132
– Statthaftigkeit 127
– Zulässigkeit 127
Notstandshaftung, polizeiliche 109, 111
Nutzungsänderung 142, 144
Nutzungsuntersagung 182

Offene Videoüberwachung 117
Öffentliche Belange 156
Öffentliche Einrichtung 51
Öffentliche Ordnung 107, 124
Öffentliche Sicherheit 124
– Bestand und Funktionsfähigkeit d. Staates 106
– Individualrechte 106
– Schutzgüter 106
– Unverletzlichkeit der Rechtsordnung 106
Opferkonstellation 84
Ordnungsverfügung 77, 87
Ortsteil 150

Paintballspiele 107
Passgesetz 90
personales Substrat 283
Personenbeförderungsrecht 226 a
Platzverweis 92, 94
Polizeipflicht, formelle 100
Polizeipflicht, materielle 100
postmortales Persönlichkeitsrecht 283
Präklusion, materielle 192
privatrechtliche Hilfsgeschäfte 284
privilegiertes Vorhaben 152
Prostitutionsgesetz 217
provozierte Bestellung 214
Punktesystem 253 a

Raucherclub 217
Realakte, polizeiliche 115
Rechtsanwendungsfehler 22
Rechtsbehelfsverfahren
– Aufhebung von Verwaltungsakten 33
Rechtslage, veränderte 29
Rechtsnachfolge 111
Regelausweisung 265
Reisegewerbe 213
Reisegewerbe, erlaubnisfreies 215
Reisegewerbe, erlaubnispflichtiges 214
repressives Handeln 89
Risiken, atypische 111
Rückbewirkung von Rechtsfolgen 279
Rücknahmefrist 22
Rücknahme von Verwaltungsakten 15 ff.
Rücksichtnahmegebot 148, 151, 159
Rückstellungsbescheid 21
Rückstufungssystem 265

Rückwirkung, echte 268, 279
Rückwirkung, retrospektive 279
Rückwirkung, unechte 268, 279
Rückzahlungsgebot 32
Rückwirkungsverbot 279

Sachlage, veränderte 29
Sanierungspflicht 201
Sanierungsverantwortung
– Derelinquent 201
– Gesamtrechtsnachfolger 201
– Grundrechtseigentümer 201
– Inhaber tatsächlicher Gewalt 201
– Insolvenzverwalter 201
– Verursacher 201
Satzung, kommunale 230
Schädliche Bodenveränderung 201
Schädliche Bodenveränderung, Verursacher 201
Schädliche Umwelteinwirkung 158, 191, 219
Schädlichkeitsschwelle 191
Schadensersatz, beamtenrechtlicher 244
Schankwirtschaft 217
Schließungsverfügung 211
Schlusspunkttheorie 164
Schrankentrias 239
Schulordnungsmaßnahmen 249
Schulorganisationsmaßnahmen 250
Schulrecht 249
Schwarzbau 184
Selbstbindung der Verwaltung 268
Selbstdarstellung in der Öffentlichkeit 286
Seveso-Richtlinie 195
Sicherstellung 98
– Abgrenzung zum Vollstreckungsrecht 98
Sitzungsöffentlichkeit 234
Sofortvollzug 84
Sonderbeziehungen, öffentlich-rechtliche
Sondernutzung 251
Sonderstatusverhältnis 249
soziale Adäquanz 191
Soziale Zwecke 148
Sozialverwaltungsrecht 15, 24
Speisewirtschaft 217
Spezialermächtigung 90
Splittersiedlung 150, 159
Spontanversammlung 125
sportliche Zwecke 148
Sportwetten 209
Staatshaftungsrecht 48 ff.
Staatsrecht 278
Standardbefugnis 91
Standardmaßnahme 88, 91
status activus vor 283
status negativus vor 283
status positivus vor 283
status quo ante 57, 59

Stellplatzbedarf 144
Störungsbeseitigungsanspruch, innerorganisatorisch 234
Straßenrecht 251
Straßenrecht, Vorbehalt des 256
Straßenverkehrsrecht 15, 252
Straßenverkehrsrecht, Vorrang des 256
Streubebauung 150
Subsidiaritätsklausel 97, 239
Subvention 268
Subvention, gemeinschaftsrechtswidrige 269
Subventionsrecht 268 ff.

TA Lärm 191
TA Luft 191
tatbestandliche Rückanknüpfung 279
Tatbestandswirkung 110
Tatsachenbehauptung 51
Tatsachenfehler 22
Taubenfütterungsverbot 118
Teilregelung 40
trading-down-effekt 148
Trennungsprinzip 139

Umweltrecht 185 ff.
ungeborenes Leben 283
Unfallfürsorge 248
Unionsbürger 267
unmittelbare Ausführung 84
– Abgrenzung zum Sofortvollzug 84
Unmittelbarer Zwang 78
Unmöglichkeit 112
Untersagungsverfügung 212, 214, 225
Untersagungsverfügung, erweiterte 212
Unzuverlässigkeit 212

VA-Befugnis 32, 80
Veränderungssperre 145
Verbotsmonopol 229
Verbrauch der Leistung 20
Verbringungsgewahrsam 97
Verdrängungswettbewerb 210, 239
Verfahrensvorschriften 192
Verfassungsmäßigkeit 96
Vergabepraxis, Änderung 268
Vergnügungsstätten 148
Verhaltensstörer 109, 110
Verhinderungsplanung 137, 157
Verjährung 244
verkehrsbeschränkende Maßnahmen 255 ff.
Verkehrsschild 84
Verkehrssicherungspflicht 51
Verkehrszeichen 256
verlorener Zuschuss 268
Vermögensdisposition 20
Verrichtungsgehilfe 110
Versammlung

Stichwortverzeichnis

– Störerbegriff 124
Versammlungen
– in geschlossenen Räumen 122
– unter freiem Himmel 123
Versammlungsauflösung 125
Versammlungsbegriff, enger 120
Versammlungsfreiheit 288
Versammlungsrecht 119 ff.
Vertrag, öffentlich-rechtlicher 41
Vertrauensschutz 20
Verursacherprinzip 185
Verwahrungsverhältnis 68
Verwaltungsakt 1 ff.
– Allgemeinverfügung 12
– Aufhebung 14
– begünstigender VA 18, 27
– Behördenbegriff 4
– Fachaufsicht 13
– feststellender VA 9
– Hoheitlichkeit 7
– Kommunalaufsicht 13
– Maßnahme 3
– mitwirkungsbedürftiger 42
– Nebenbestimmungen 37 ff., 42
– Öffentlich-rechtlicher Vertrag 41
– Organisationsakt 13
– organschaftliche Maßnahme 13
– Rechtmäßigkeit 26
– Rechtsaufsicht 13
– Rechtswidrigkeit 17
– rechtswidrig gewordener VA 26
– Regelung 8
– Sonderstatusverhältnis 13
– vorbereitender Akt 10
– vorläufiger VA 11
– wiederholende Verfügung 10
– Willenserklärung 8
– Zweitbescheid 10
Verwaltungshelfer 5
Verwaltungsprivatrecht 284
Verwaltungsvertrag 41, 66, 68
– Austauschvertrag 42, 46
– Gegenstandstheorie 42
– kollusives Zusammenwirken 46
– koordinationsrechtlicher 46
– Kopplungsverbot 46
– Schriftformgebot 43, 47
– subordinationsrechtlicher 46
– Urkundeneinheit 43
– Vergleichsvertrag 46
– Vertragsformverbot 45
– Zusicherung 46
– Zustimmung 43
Verwaltungsvollstreckung 74 ff.
– abgekürztes Verfahren 79
– gestrecktes Verfahren 78
– Grundverfügung 78

– Sofortvollzug 79
– Vollstreckungsverfahren 78
– Zwangsmittel 78
Verwaltungsvorschriften 17, 268
Verwirkung 184
Verwirkung, prozessuale 168
Volksverhetzung 124
Vollstreckungsabwehrklage 145
Vollstreckungshindernis 78
Vorbehalt des Gesetzes 280
Vorhabensbegriff 144
Vorrang des Gesetzes 280
Vorsorgepflicht 191
Vorsorgeprinzip 185

Waffenrecht 15, 24
Wanderhütte 154
Wanderschild 84
Warnerklärungen 280
Wasserrecht 204
Wasserwegerecht 204
Wasserwirtschaftsrecht 204
Werbefahrzeug 142
Werturteile 51
Wesentlichkeitstheorie 280
Wettbewerb, Teilnahme am 285
Widerrufsgrund 28
Widerrufsvorbehalt 29
Widerruf von Verwaltungsakten 24 ff.
Wiederaufgreifen des Verfahrens 34 ff.
Windenergieanlagen 155, 159
wirtschaftliche Betätigung 237
Wohngebäude 148
Wohngeld 15
Wohnungsprostitution 144
Wohnungsverweisung 96

Zulassung, gewerberechtliche 210
Zurückstellung von Baugesuchen 146
Zusage 40, 268
Zusicherung 40, 46, 268
Zustandsstörer 109, 111
Zuständigkeit 99 ff.
– private Rechte 100
– Privatrechtsklausel 100
– störender Hoheitsträger 100
– Subsidiaritätsklausel 100
Zuständigkeit, örtliche 101
Zuständigkeit, sachlich 100
Zutrittsverbot 220
Zuwendungen 234
Zwangsgeld 78
Zwangsmittel
– Androhung 78
– Anwendung 78
– Ersatzvornahme 78
– Festsetzung 78

- unmittelbarer Zwang 78
- Zwangsgeld 78

Zweckveranlasser 110
Zwei-Stufen-Theorie 216